CONSTITUTIONAL DOCUMENTS OF
THE INDEPENDENCE/
DOCUMENTOS CONSTITUCIONALES DE
LA INDEPENDENCIA
1811

COLECCIÓN TEXTOS LEGISLATIVOS

Títulos publicados

1. *Ley Orgánica de Procedimientos Administrativos*, con Estudios de Allan R. Brewer-Carías, Hildegard Rondón de Sansó, Gustavo Urdaneta Troconis, y José Ignacio Hernández 15ta Ed., 2da Reimpresión, Caracas 2010, 293 pp.
2. *Ley Orgánica de Salvaguarda del Patrimonio Público*, con Estudios de Alberto Arteaga S., Allan R. Brewer-Carías, Humberto Njaim y Manuel Rachadell, 3ra Ed., Caracas 1989, 256 pp.
3. *Ley Orgánica para la Ordenación del Territorio*, con Estudios de Allan R. Brewer-Carías, 3ra Ed. Caracas 1991,144 pp.
4. *La Constitución y sus Enmiendas*, con Estudios de Allan R. Brewer-Carías, 3ra Ed. actualizada, Caracas 1991, 218 pp.
5. *Ley Orgánica de Amparo sobre Derechos y Garantías Constitucionales*, con Estudios de Allan R. Brewer-Carías y Carlos M. Ayala Corao, 5ta Ed., Caracas 1996, 217 pp., 6ta Ed., Caracas 2007, 241 pp.
6. *Ley Orgánica de Ordenación Urbanística*, con Estudios de Allan R. Brewer-Carías, Cecilia Sosa Gómez, Carlos M. Ayala Corao y Humberto Romero-Muci, 3ra Ed., Caracas 1989, 280 pp.
7. *Ley Orgánica del Régimen Municipal*, con introducción general de Allan R. Brewer-Carías, Caracas 1988, 256 pp.
8. *Ley Orgánica de la Corte Suprema de Justicia*, con Estudios de Allan R. Brewer-Carías, y Josefina Calcaño de Temeltas, 3ra Ed. Actualizada, Caracas 1994, 359 pp.
9. *Ley de Mercado de Capitales*, con Estudio de Hugo Nemirovsky, Caracas 1989, 690 pp.
10. *Ley Orgánica de Régimen Municipal 1989*, con Estudios de Allan R. Brewer-Carías, Hildegard Rondón de Sansó y Carlos M. Ayala Corao, 2da Ed. ampliada, Caracas 1994, 379 pp.
11. *Leyes y Reglamentos para la Descentralización Política de la Federación*, con Estudios de Allan R. Brewer-Carías, Carlos Ayala Corao, Jorge Sánchez Mellen, Gustavo José Linares Benzo y Humberto Romero-Muci, 3ra Ed. actualizada, Caracas 1995, 445 pp.
12. *Código de Derechos Humanos*, Compilación y Estudio preliminar de Pedro Nikken, 1ra Ed., Caracas 1991, 632 pp., 2da Ed., Caracas 2006, 646 pp., 2da Ed., 1ra reimpresión, Caracas 2008, 646 pp.
13. *Ley Orgánica del Sufragio*, con Estudio de Allan R. Brewer-Carías, Caracas 1993, 241 pp.
14. *Ley para Promover y Proteger el Ejercicio de la Libre Competencia*, con Estudios de Allan R. Brewer-Carías, Gustavo Linares Benzo, Luis A. Ortiz Álvarez y Faustino Flamarique Riera, Caracas 1996, 250 pp.
15. *Ley Orgánica de la Justicia de Paz*, Victorino, Márquez F., Julio C. Fernández T., Marcos R. Carrillo P., Eva Josko de Güeron, Julio Andrés, Borges, Carlos E., Ponce S. María Elena, Sandia de Segnini, 1ra Ed., Caracas 1996, 329 pp.
16. *Legislación sobre Derecho de Autor y Derechos Conexos*, Ricardo Antequera P. y Gileni, Gómez Muci, 1ra Ed., Caracas 1998, 464 pp.
17. *Comentarios analíticos al Código Orgánico Tributario*, José Andrés, Octavio, 1ra Edición, Caracas 1998, 413 pp.
18. *Legislación sobre propiedad industrial*, Gileni Gómez Muci y Ricardo Antequera Parilli, Caracas 1999, 346 pp.
19. *Código Penal de Venezuela*, Belén Pérez Chiriboga, Caracas 2000, 936 pp.
20. *La Constitución de 1999*, Allan R. Brewer-Carías, 1ra Edición, Caracas 2000, 429 pp., 2da Ed., Caracas 2000, 505 pp., 3$^{ra.}$ Ed., (reimpresión), Caracas 2001, 505 pp., 4$^{ta.}$ Ed., Caracas 2004, 1190 pp.
21. *Régimen Legal de las Concesiones Públicas aspectos Jurídicos, Financieros y Técnicos*, Alfredo Romero Mendoza (coordinador), Jesús Caballero Ortiz, Manuel Rachadell, Víctor R. Hernández-Mendible, Chris Brown, Christian C.D. Petersen, Andrés Germán Otero L., José Gómez Oriol, Antonio Vives Llabres y Prólogo de Allan R. Brewer-Carías, Caracas 2000, 241 pp.
22. *El Régimen Legal de las ofertas públicas de adquisición de acciones y de tomas de control de empresas*, Allan R. Brewer-Carías, Caracas 2000, 150 pp.
23. *Leyes sobre los servicios públicos domiciliarios agua, electricidad, gas,* María Elena Sandia de Segnini, José Araujo-Juárez, Oscar A. Rodríguez Pacanins y Jorge A. Neher, Caracas 2001, 266 pp.
24. *Ley Orgánica de la Administración Pública*, por Allan R. Brewer-Carías, Rafael Chavero Gazdik y Jesús María Alvarado Andrade, 4ta Edición, Caracas 2009, 329 pp

25. *Ley Orgánica para la prestación de los servicios de agua potable y de saneamiento*, María Elena Sandia de Segnini, Caracas 2002, 129 pp.
26. *Ley de Expropiación por causa de utilidad pública o social*, Allan R. Brewer-Carías, Gustavo Linares Benzo, Dolores Aguerrevere Valero y Caterina Balasso Tejera, Caracas, 2002, 201 pp.
27. *Ley del Estatuto de la Función Pública*, Gustavo Briceño Vivas y Joaquín Bracho Dos Santos, 1ra Ed., 3ra Reimpresión, Caracas 2006, 139 pp. 4ta Reimpresión, Caracas 2008, 139 pp.
28. *Ley Orgánica del Tribunal Supremo de Justicia*, Allan R. Brewer-Carías, 3ra Ed. corregida y aumentada, 4ta Reimpresión, Caracas 2008, 375 pp.
29. *Estudio del Código Orgánico Procesal Penal reformado el 14-11-2001*, Belén Pérez Chiriboga, Caracas 2004, 844 pp.
30. *Leyes Orgánicas del Poder Ciudadano*, Allan R. Brewer-Carías, Roxana Orihuela, María Alejandra Correa, Gustavo Briceño Vivas y José Ignacio Hernández, 1ra Edición, 1ra Reimpresión, Caracas 2006, 401 pp.
31. *Régimen Legal de Nacionalidad, Ciudadanía y Extranjería*, Allan R. Brewer-Carías, Caracas 2005, 136 pp.
32. *Ley sobre Medidas de Salvaguardia*, Duilio David Matheus Rodríguez, Caracas 2005, 174 pp.
33. *Ley de Protección al Consumidor y al Usuario*, José Ignacio Hernández, David Quiroz Rendón, Faustino Flamerique y Rafael de Lemos Matheus, Caracas 2005, 229 pp.
34. *Ley Orgánica del Poder Público Municipal*, Allan R. Brewer-Carías, Fortunato González Cruz, José Ignacio Hernández, Luis Fraga Pittaluga, Manuel Rachadell, Adriana Vigilanza, Daniela Urosa Maggi, Belén Pérez Chiriboga, 3ra Edición corregida y aumentada, Caracas 2007, 793 pp.
35. *Ley de Responsabilidad Social en Radio y Televisión (Ley Resorte)*, Asdrúbal Aguiar, José Ignacio Hernández, Margarita Escudero, Ana Cristina Núñez Machado, Juan Manuel Raffalli A., Carlos Urdaneta Sandoval, Allan R. Brewer-Carías, Juan Cristóbal Carmona Borjas, Caracas 2005, 304 pp.
36. *Manual Jurídico sobre Comunicación Social*, Belén Pérez Chiriboga, Caracas 2006, 384 pp.
37. *Ley contra los Ilícitos Cambiarios*, José Ignacio Hernández G., Andrés Troconis, Gustavo Muci Facchín, Vicente Villavicencio, 1a Edición, Caracas 2006, 184 pp.
38. *Régimen Jurídico de Seguridad Social (Estudio constitucional y legal del Derecho a la Seguridad Social y del Sistema de Seguridad Social)*, Freddy Alberto Mora Bastidas, Caracas 2007, 576 pp.
39. *Manual Didáctico sobre el Análisis e Interpretación de los Estados Financieros*, José Félix Ruíz Montero, Caracas, 2007, 285 pp.
40. *Ley Orgánica de Prevención, Condiciones y Medio Ambiente de Trabajo (Reglamento Parcial)*, Juan Carlos Pró Rísquez, Gabriel Calleja Angulo y José Ignacio Hernández, Caracas 2007, 264 pp.
41. *Ley de Aguas*, Allan R. Brewer-Carías, Caracas 2007, pp. 139.
42. *Hacia la consolidación de un Estado socialista, centralizado, policial y militarista*, Allan R. Brewer-Carías, Caracas 2007, 160 pp.
43. *La Reforma Constitucional de 2007. Comentarios al proyecto inconstitucionalmente sancionado por la Asamblea Nacional el 2 de noviembre de 2007*, Allan R. Brewer-Carías, Caracas 2007, 225 pp.
44. *Ley de Contrataciones Públicas*, Allan R. Brewer-Carías, Carlos García Soto, Gustavo Linares Benzo, Víctor Hernández Mendible, José Ignacio Hernández G., Luis Alfonso Herrera Orellana, Miguel Mónaco, Manuel Rojas Pérez y Mauricio Subero Mujica, Caracas 2008, pp. 295; Segunda Edición, actualizada y aumentada, Allan R. Brewer-Carías, Víctor Hernández Mendible, Miguel Mónaco, Aurilivi Linares Martínez, José Ignacio Hernández G., Carlos García Soto, Mauricio Subero Mujica, Alejandro Canónigo Sarabia, Gustavo Linares Benzo, Manuel Rojas Pérez, Luis Alfonso Herrera Orellana, y Víctor Raúl Díaz Chirino, Caracas 2009, 466 pp.
45. *Leyes sobre Distrito Capital y del Área Metropolitana de Caracas*, Allan R. Brewer-Carías, Manuel Rachadell, Nelson Socorro, Enrique Sánchez Falcón, Tulio Álvarez y Juan Carmona, Caracas 2009, 210 pp.
46. *Ley Orgánica de los Consejos Comunales*, Allan R. Brewer-Carías, Caracas 2010, 100 pp.
47. *Ley Orgánica de la Jurisdicción Contencioso Administrativa*, Allan R. Brewer-Carías, Víctor Hernández Mendible, Segunda Edición, Caracas 2011, 330 pp.
48. *Ley Orgánica del Tribunal Supremo de Justicia*, Allan R. Brewer-Carías, Víctor Hernández Mendible, Caracas 2010, 304 pp.

49. *Ley Orgánica de Procesos Electorales,* Manuel Rachadell, Juan Miguel Matheus, Ricardo Antela Garrido, Pedro Afonso del Pino, Jesús María Alvarado Andrade, Luis Izquiel, José Ignacio Hernández con prólogo de Allan Brewer-Carías, Caracas, 2010, 304 pp.
50. *Leyes Orgánicas sobre el Poder Popular (Los Consejos Comunales, las Comunas, la Sociedad Socialista y el Sistema Económico Comunal),* Allan Brewer-Carías, Claudia Nikken, Luis A. Herrera Orellana, Jesús María Alvarado Andrade, José Ignacio Hernández y Adriana Vigilanza), Caracas, 2011, 721 pp.
51. *La Constitución de 1999 y la Enmienda Constitucional Nº 1 de 2009,* Allan Brewer-Carías, Caracas 2011, pp. 619
52. *Documentos Constitucionales de la Independencia 1811 / Constitutional Documents of the Independence of Venezuela 1811,* Allan R. Brewer-Carías, Caracas 2012, pp. 664.

INTERESTING OFFICIAL DOCUMENTS RELATING TO THE UNITED PROVINCES OF VENEZUELA/

DOCUMENTOS OFICIALES INTERESANTES RELATIVOS A LAS PROVINCIAS UNIDAS DE VENEZUELA
London 1812

CONSTITUTIONAL DOCUMENTS OF THE INDEPENDENCE/

DOCUMENTOS CONSTITUCIONALES DE LA INDEPENDENCIA

1811

Facsimile of the Bilingual Edition
and
General Introduction by:

ALLAN R. BREWER-CARÍAS

COLECCIÓN TEXTOS
LEGISLATIVOS
Nº 52

Editorial Jurídica Venezolana
Caracas/2012

© Allan R. Brewer-Carías
Email: allan@brewercarias.com
http://www.allanbrewercarias.com

Hecho el depósito de Ley
Depósito Legal: lf54020123401114
ISBN: 978-980-365-177-0

Editorial Jurídica Venezolana
Avda. Francisco Solano López, Torre Oasis, P.B., Local 4, Sabana Grande,
Apartado 17.598 – Caracas, 1015, Venezuela
Teléfono 762.25.53, 762.38.42. Fax. 763.5239
Email fejv@cantv.net
http://www.editorialjuridicavenezolana.com.ve

Diagramación, composición y montaje
por: Francis Gil, en letra
Book Antiqua 10, Interlineado 12, Mancha 21 x 12.5

Primera Edición 2012
La Edición consta de 750 ejemplares

NOTA DEL AUTOR / AUTHOR'S NOTE

NOTA DEL AUTOR

La primera vez que me topé con un ejemplar original del libro *Interesting Official Documents Relating to the United Provinces of Venezuela/ Documentos Interesantes relativos a Caracas*, publicado en Londres en 1812, y que se reproduce en esta obra en forma facsimilar, fue hace unos años, en 2009, con ocasión de una reunión informal que tuve con Diego Arria Salicetti, mi amigo de tantos años –desde nuestra temprana juventud–, en su casa en Nueva York. Mientras lo esperaba en la biblioteca, repasando en visual rápida los diversos libros que estaban en los estantes que tenía a la vista –lo que siempre suelo hacer al entrar en una biblioteca, pues entre otras cosas, no sólo de ello uno siempre aprende, sino que además permite conocer los intereses de su dueño–.

Siempre he pensado que los libros son efectivamente los que pueden considerarse como los mejores amigos del hombre – no los perros - . Los libros, además de ser buenos compañeros, incluso de viaje, siempre ilustran, advierten, enseñan, aconsejan, distraen, aceptan ser obsequiados, y siempre están allí, a nuestra disposición. Por ello es que hay que cuidarlos, y si son muchos, donarlos o incluso, venderlos, de manera que puedan efectivamente pasar a otras manos amigas. Jamás botarlos y menos quemarlos. Ello sólo lo hacía la Inquisición, y en tiempos modernos y grotescamente contemporáneos, los gobiernos fascistas.

Pues bien, revisando los libros de la biblioteca de mi anfitrión, me encontré con uno, sin duda viejo por la que indicaba la pasta del encuadernado, en cuyo lomo sólo había la inscripción *Documents on Venezuela*. Lo hojeé con delicadeza, pues se trataba de una edición de 1812, y quedé no sólo sorprendido sino maravillado. A pesar de todos mis estudios sobre la historia constitucional de Venezuela, en ese momento no tenía conocimiento de la existencia siquiera del libro que tenía a la vista, en el cual en una edición bilingüe, Inglés Español, estaban publicados todos los docu-

AUTHOR'S NOTE

The first time I came across with an original copy of the book *Interesting Official Documents Relating to the United Provinces of Venezuela/ Documentos Interesantes relativos a Caracas*, published in London in 1812, and which is here reproduced in a facsimile form, was a few years ago, in 2009, during an informal meeting I had with Diego Arria Salicetti, my friend of many years - from our early youth - in his home in New York. While I was waiting in his library, visually reviewing the various books that were on the shelves that I had in front of me - which I usually do when entering a library, for among other things, not only is it a learning experience, but also allows you to know the interests of their owner-.

I've always thought that books are indeed what can be considered as man's best friends - not dogs -. Books, in addition to being good company, including while traveling, always illustrate, warn, teach, advice, distract, accept being given away, and are always there, at our disposal. That is why we must care for them, and if they are many, donate them, sell them, so they can actually move on to other friendly hands. Never throw them away and much less burn them. This was only done during the Inquisition, and in modern and grotesquely contemporary times, by fascist governments.

So, checking the books in the library of my host, I found a definitely old one by the looks of the binding paste, on whose spine there was only the inscription *Documents on Venezuela*. I flipped through it gently, because it was an 1812 edition, and I was not only surprised but amazed. Despite all of my research on the constitutional history of Venezuela, at the time I was unaware even of the existence of the book I had in my hands, a bilingual English-Spanish edition, of all the constitutional docu-

mentos constitucionales de la Independencia de Venezuela elaborados y sancionados en Caracas en 1811, es decir, solo unos meses antes de la publicación del libro en Londres.

Me pregunté a mi mismo sobre lo que estaba viendo, por lo que al entrar mi anfitrión a la biblioteca, lo primero que hice fue preguntarle también sobre el libro, y que sobre cómo había llegado a sus manos. Arria sabía que se trataba de un ejemplar bibliográfico valioso, pero no tan valioso como ya yo lo había valorado. Después de haber pasado varias décadas estudiando el constitucionalismo histórico venezolano, por lo cual conocía perfectamente todos y cada uno de los textos que estaban en el libro, sabía de su importancia y originalidad. Lo que no sabía hasta ese momento es que hubiesen sido publicados en Londres, todos juntos en 1812 y además, traducidos al inglés, solo unos meses después de que se hubiesen escrito. Arria me explicó que lo había adquirido en una de las librerías de libros viejos de la Calle Cerrito de Buenos Aires, pues también le había llamado la atención la edición. Hasta allí nuestra conversación sobre el libro. Al final de nuestra entrevista, por el interés que había visto que me había despertado el libro, amablemente me lo ofreció en préstamo para que lo estudiara detenidamente. Recordamos juntos entonces el viejo dicho de que uno no debe prestar libros, pues nunca vuelven, y a pesar de ello, me lo llevé con toda la confianza del dueño de que le sería devuelto.

El estudio detallado del mismo, al cual dediqué muchas horas, provocó en mi una aún mayor curiosidad e interés, al punto de que me surgió la necesidad imperiosa de tener un ejemplar, por lo que me puse a buscarlo en las ofertas de libros viejos en Internet. Después de muchos intentos, en todo caso logré mi objetivo, y conseguí un ejemplar en buen estado que tenía un librero de New Haven, Connecticut, de manera que al poco tiempo ya tenía en mis manos un ejemplar del libro, que provenía – según el sello seco que tenía impreso en la página 4 – de la Biblioteca de una *Statistical Society of ...* [ilegible] donde habría ingresado en 1834. Teniendo el ejemplar, le pude entonces devolver sano y salvo su ejemplar a Arria.

A partir de entonces no sólo quedé obsesionado con el libro, sino que de entrada tomé la decisión de que el mismo debía ser reproducido en su versión original para el momento de su bicentenario, que es precisamente en este año de 2012.

Busqué averiguar en Caracas sobre la existencia del libro, y para ello le pedí ayuda al joven profesor de derecho constitucional, Jesús María Alvarado Andrade, quien ha trabajado conmigo en muchos temas, para que hiciese la averiguación correspondiente, lo cual hizo a cabalidad. Mi

ments of the independence of Venezuela, prepared and sanctioned in Caracas in 1811, only a few months before the book was published in London.

I asked myself about the book I was seeing, so when my host entered the library, the first thing I did was to also ask him about the book, and about how it had reached his hands. Arria knew that this was a valuable bibliographic work, but not as valuable as I had assessed. After having spent several decades studying the Venezuelan historical constitutionalism, so I perfectly knew each and every one of the texts that were in the book, I knew about its importance and originality. What I did not know until then was that they had been published in London, all together in 1812 and further translated into English, only months after they had been written. Arria explained that he had acquired it in one of the old bookstores of Calle Cerrito in Buenos Aires, because the book had also attracted his attention. Up to that point was our discussion about the book. At the end of our meeting, since he had seen my great interest about the book, he kindly offered to lend it to me so that I would study it carefully. Together then, we remembered the old adage that one should not lend books, because they are never returned, and yet in spite of that, I took it with the full trust of its owner that it would be returned.

The detailed study of the book, to which I devoted many hours, caused me a still greater curiosity and interest, to the point that I got the urge to have my own copy, so I started looking for it at offers of old book deals in the Internet. In any case, after many attempts, I achieved my goal and found a copy in good condition with a bookseller in New Haven Connecticut, so before long I had in my hands a copy of the book, coming from- according to the embossed seal printed on page 4 – the Library of a *Statistical Society of ...* [illegible] where it was registered in 1834. Having my own copy, I could then return to Arria his copy, safe and sound.

From then on, not only was I obsessed with the book, but then and there I decided that it had to be reproduced in its original version by the time of its bicentennial, which is precisely in this year of 2012.

I looked into finding out about the existence of the book in Caracas, and so I asked for the help of a young professor of constitutional law, Jesus Maria Alvarado Andrade, who has worked with me on many issues, so that he would make the appropriate investigation, which he fully did. My

agradecimiento de nuevo a Jesús María por toda su eficiente ayuda, lo que me ayudó a identificar el origen y secuelas del libro.

En efecto, después que buscó en todas las bibliotecas imaginables, para mi sorpresa me informó que sólo había un ejemplar en la Biblioteca Nacional, en la denominada Sala Manuel Arcaya, con la información de que el mismo pertenecía al Arístides Rojas, y que estaba en la Sala de Libros Raros. Me informó el profesor Alvarado, además, que su investigación lo llevó a constatar que los documentos contenidos en el libro los había publicado la Academia Nacional de la Historia, pero sólo en su versión en español, en los *Anales de Venezuela* editados en 1903; y que los mismos documentos luego se publicaron por la propia Academia Nacional de la Historia, en el conocido libro *La Constitución Federal de 1811, en la documentos afines*, Biblioteca de la Academia nacional de la Historia, No. 6, Sesquicentenario de la Independencia, Caracas 1959 (Con Estudio preliminar de Caracciolo Parra Pérez) (Reimpresa en 2009), que tanto y durante tantos años, yo había estudiado y utilizado en mis estudios. Quedaba así respondida, para mí la pregunta sobre el libro de Londres, cuyo origen y confección explico detalladamente en la **Introducción General** de este libro. Su contenido, por supuesto, era más que conocido, pero no así su versión original bilingüe, la cual desde 1812 nunca más se publicó, y era completamente desconocida.

Con un ejemplar original del libro en mis manos, y la información histórica sobre sus vicisitudes, durante los últimos tres años he dedicado mucho tiempo a estudiarlo para establecer su origen e historia. El primer resultado de mis pesquisas lo expuse en el documento que redacté sobre "Las causas de la Independencia de Venezuela explicadas en Inglaterra, en 1812, cuando la Constitución de Cádiz comenzaba a conocerse y la Republica comenzaba a derrumbarse," para ser presentado en el *V Simposio Internacional Cádiz, hacia el Bicentenario. El pensamiento político y las ideas en Hispanoamérica antes y durante las Cortes de 1812*, organizado por la Unión Latina y el Ayuntamiento de Cádiz, y que se celebró en Cádiz, entre los días 23 y 26 de noviembre de 2010.

Posteriormente, el profesor Dante Figueroa, de la *Law Library of Congress* de Washington, a quien en una ocasión, con motivo de un Seminario sobre los aportes de la revolución francesa al constitucionalismo americano en Santiago de Chile al cual ambos asistimos, le comenté sobre el libro de Londres y sobre su significado, propuso que se me invitara para hablar del mismo en la *Library of Congress*, en Washington. De nuevo quiero agradecerle su iniciativa, el cual se concretó en la invitación que recibí de

thanks again to Jesus Maria for all his efficient collabotation, which helped me identify the origin and consequences of the book.

Indeed, after searching all conceivable libraries, to my surprise, he informed me that there was only one copy of the book in the National Library of Venezuela, in the Manuel Arcaya Room, with information that it had belonged to Aristides Rojas, and that it was in the Rare Book Room. Professor Alvarado also mentioned that the documents contained in the book had been published by the National Academy of History, but only in its Spanish version, in the *Anales de Venezuela* (Annals of Venezuela) published in 1903, and that these documents where later published by the National Academy of History in the well known book *La Constitución federal de Venezuela de 1811 y documentos afines,* Biblioteca de la Academia nacional de la Historia, No. 6, Sesquicentenario de la Independencia, Caracas 1959 (Whith a Preliminary Study by Caracciolo Parra Pérez) (Reprinted in 2009), that for so many years I had studied and used in my research. Thus was answered to me the question of the London book whose origin and preparation I explain in detail in the **General Introduction** of this book. Its content, of course, was very well known, but not the original bilingual version, which since 1812 was never again published, and was completely unknown.

With a copy of the book in my hands, and the historical information about its vicissitudes, during the past three years I have spent considerable time studying in order to establish its origin and history. The first result of my inquiries I expressed in the document I wrote on *"Las causas de la Independencia de Venezuela explicadas en Inglaterra, en 1812, cuando la Constitución de Cádiz comenzaba a conocerse y la Republica comenzaba a derrumbarse,"* (The causes of the Independence of Venezuela explained in England, in 1812, when the Constitution of Cadiz began to be known and the Republic began to collapse), presented at the *"V Simposio Internacional Cádiz, hacia el Bicentenario. El pensamiento político y las ideas en Hispanoamérica antes y durante las Cortes de 1812"* (V International Symposium Cadiz, towards the Bicentennial. Political thought and ideas in Spanish America before and during the Cortes of 1812), organized by the Latin Union and the City of Cadiz, and held in Cadiz, between November 23 and 26, 2010.

Later, Prof. Dante Figueroa, from the *Law Library of Congress* in Washington D.C., who on one occasion, during a seminar on the contributions of the French Revolution to American constitutionalism in Santiago de Chile to which we both attended, and to whom I commented about the London book and its meaning, proposed to have me invited to speak about it in the Library of Congress in Washington D.C.. Again, I want to thank him for his disinterested gesture, which materialized in the invita-

la Sra. Roberta Shaffer, quien entonces era la *Law Librarian of Congress*, para dar una conferencia sobre "*The connection between the United States Independence and the Hispanic American Independence movement, and the role of some key Books published at the beginning of the 19th Century.*" La misma tuvo lugar en el magnífico edificio de la Biblioteca del Congreso en Washington, el 22 de noviembre de 2011 organizada precisamente con ocasión del Bicentenario de la publicación del libro *Interesting Official Documents Relating to the United Provinces of Venezuela,* London 1812. Mi agradecimiento, de nuevo a la Sra. Shaffer por su invitación y por las generosas palabras que pronunció de presentación a mi persona y a mi obra. Entre los asistente estuvo mi querido amigo Nelson Mezerhane, quien estaba de paso en Washington, a quien le agradezco el haberme acompañado, habiendo asistido al evento tan pronto supo de él.

Para preparar el texto de la conferencia de Washington partí, por supuesto, del trabajo elaborado para la conferencia antes mencionada de Cádiz, ampliándolo con nuevas investigaciones, para lo cual debía verter el texto que estaba en castellano al inglés. Con el objeto de agilizar el trabajo, en lugar de ponerme a traducir mi propio texto, le pedí ayuda a un antiguo alumno de derecho en Caracas, Richard Bethencourt, quien trabaja en temas de traducciones judiciales, para que me hiciese un texto con la cual trabajar. Aprovecho la ocasión para agradecerle de nuevo su ayuda, lo que me permitió continuar con mi trabajo a tiempo. Una vez que concluí el texto para la conferencia de Washington, le pedí a la profesora Carrie Steenburgh que editara el texto en inglés, lo cual hizo, como siempre inmejorablemente. A ella, de nuevo, todo mi agradecimiento por su ayuda en este y en tantos otros trabajos.

Con el texto preparado para la conferencia de Washington, por mi parte ya tenía el material necesario para pasar a redactar la **Introducción General** para esta edición del libro de Londres, lo que efectivamente hice. Pero además de la versión en inglés, a los efectos de seguir con la idea de una edición bilingüe, necesitaba tener también de nuevo el texto en castellano, para lo cual en esta oportunidad le pedí ayuda a mi querido amigo Ricardo Espina, quien ya había vertido al castellano el texto de mi libro *Dismantling Democracy. The Chávez Authoritarian Experiment,* Cambridge University Press 2010, para que me tradujera la **Introducción General** al castellano, lo que hizo a tiempo. Aprovecho también esta ocasión para agradecerle a Ricardo su amabilidad y ayuda, lo que me ha permitido tener a tiempo el texto para preparar esta edición.

Pero en el ínterin, como la idea que siempre tuve de esta edición fue hacerla facsimilar, reproduciendo tal cual el ejemplar único que tengo, el mismo debía ser escaneado, pero por supuesto, con mucho cuidado y

tion I received from Ms. Roberta Shaffer, who at the time was the *Law Librarian of Congress*, to give a lecture on ""*The connection between the United States Independence and the Hispanic American Independence movement, and the role of some key Books published at the beginning of the 19th Century.*" It took place in the magnificent building of the Library of Congress in Washington D.C., on November 22, 2011 and organized precisely on the occasion of the bicentennial of the publication of the book *Interesting Official Documents Relating to the United Provinces of Venezuela*, London 1812. My appreciation again to Ms. Shaffer for her invitation and for the generous words she said about me and my work during her presentation. Among the assistants was my dear friend Nelson Mezerhane, who was visiting Washington at the time, who I thank for accompanying me, having attended the event as soon heard from about it.

To prepare the text of the Washington conference, I started out from the work I prepared for the Cadiz Conference which I needed to translate into English, and expand with new research. In order to expedite the work, rather than do my own translation, I asked a forme student at the Law School in Caracas Richard Bethencourt, who works on legal translations issues, to write a text from which to work. I take this opportunity to thank him again for his help, which allowed me to continue with my work on time. Once the text for the Washington lecture was finished, I asked Carrie Steenburgh to edit the English text, which she did, as always, in a way that can't be better. I want to express all my gratitude to her for her help, in this and in so many other works.

With the text prepared for the Washington lecture, I already had the material needed to move on to draft the **General Introduction** for this edition of the London Book, which I effectively did. But in addition to the English version, in order to continue with the idea of a bilingual edition, I also needed to have the text translated again into Spanish, and this time I asked for the help of my dear friend Ricardo Espina, who had translated into Spanish the text of my book *Dismantling Democracy. The Chávez Authoritarian Experiment*, Cambridge University Press 2010, to translate the **General Introduction** into Spanish, which he did on time. I also take this opportunity to thank Ricardo for his kindness and help, which has given me time to prepare the text for this edition.

In the meantime, as my idea had always been to publish this book in a facsimile edition, the only copy I had of the book had to be reproduced by scanning it, but of course it would have to be done with much loving

cariño extremo para no dañar la edición. Tuve el privilegio, de que luego que le hablé a mi hermano Charles Brewer-Carías del proyecto del libro con ocasión de una visita que hizo a Nueva York para dictar una conferencia sobre sus recientes descubrimientos en el *Botanical Garden* de la ciudad, él mismo, con la experiencia que tiene en todo lo que pueda ser útil a la inteligencia y la creación, se ofreció para escanear él mismo el material, llevándose el libro con él para Caracas. Le quiero agradecer muy especialmente su dedicación en el proceso, pues sé que le tomó innumerables horas, que fueron restadas para sus investigaciones. Lo importante es que no sólo él hizo el trabajo, lo que me daba total confianza, sino que el mismo quedó impecable, como puede apreciarse de la edición, habiendo recibido de vuelta el libro en New York, casi mejor de cómo estaba !!

Y luego, vino todo el proceso de formateo editorial del libro para integrar el texto de la **Introducción General** con las páginas facsimilares del libro londinense, para lo cual de nuevo pude contar con la invalorable ayuda de mi secretaria Francis Gil, quien con toda la dedicación e interés de siempre, hizo el trabajo excepcional que se puede apreciar de esta edición. Mi agradecimiento de nuevo a ella, por toda la colaboración que siempre me ha prestado. Por otra parte, ya el libro listo para editarse le solicité a mi antiguo alumno profesor José Ignacio Hernández, que contribuyera con la obra con un trabajo a manera de prólogo, y nos ha regalado el excelente estudio sobre el pensamiento constitucional de Roscio y Yánez que se publica "A manera de Prólogo," lo cual le agradezco mucho.

Finalmente, aunque no menos importante, el libro, mis búsquedas e investigaciones, durante estos últimos tres años, fue un tema obligado de conversación en mi casa, con amigos y familiares que nos visitaron, y especialmente con Beatriz, a quien de nuevo quiero agradecerle todo su amor, apoyo y paciencia, acompañándome siempre en las a veces interminables horas que siempre he dedicado al trabajo intelectual.

El libro, aun cuando su contenido sean textos constitucionales históricos, de 1811, sancionados con motivo del proceso constituyente primigenio de la República en 1811, he decidido que salga en la Colección de Textos Legislativos de la Editorial Jurídica Venezolana, porque en definitiva, los textos que contiene son de validez permanente y universal.

Ojala todo estudiante de derecho se aproxime a los mismos, y tome conciencia de la importancia que tuvo el proceso jurídico que marcó el nacimiento del Estado venezolano hace doscientos años, y de los principios siempre válidos de constitucionalismo y democracia que contienen.

New York, Mayo 2012

care to avoid damaging it. I had the privilege, after talking with my brother Charles Brewer-Carías about the book project, during a visit he made to New York to give a lecture in the *Botanical Garden* of New York, about his recent discoveries, that he, with his experience in all that may be useful to intelligence and creation, offered to scan himself the material, taking the book with him to Caracas. I want to specially thank his particular commitment to this process, because I know it took him countless hours, which were subtracted from his own research. The important thing is that not only did he do the work, which gave me total confidence, but that it was flawless, as seen from this edition, having received the book back in New York, almost in better condition that when I gave it to him!!!

And later came all the editorial formatting of the book, to integrate the text of the **General Introduction** to the facsimile pages of the London book, for which again I was able count on the invaluable help of my secretary Francis Gil, who with all the dedication and interest as always, did exceptional work that can be appreciated in this edition. My gratitude again to her, for all the support she has always provided me. On the other hand, once the book was Reddy for printing, I asked my former student, professor José Ignacio Hernández, his contribution to the book with a study as a preface, and has given us his excelente essay on the constittuional thinking of Roscio and Yánez that is published "As a Preface," for which I am very greatful

Finally, but not lesast important, during the past three years this book, my search and research was an inevitable subject of conversation in my house, with friends and family that visited us, and particulary with Beatriz, to whom I want to thank again for all her love support, and pacience, always accompaigning me in the countless hours that I have always devoted to my intellectual work.

The book, even though its content refers to historical constitutional texts of 1811, sanctioned on the occasion of the original constituent process of the Republic in 1811, I have decided to have it published in the Legislative Text Collection of the *Editorial Jurídica Venezolana*, because ultimately, the texts it contains are of permanent and universal validity.

I hope every law student approaches these texts and become aware of the importance of the legal process which marked the birth of the Venezuelan State two hundred years ago, and the always valid principles of constitutionalism and democracy in them.

New York, May 2012

A MANERA DE PRÓLOGO / *AS A PREFACE*

El PENSAMIENTO CONSTITUCIONAL DE JUAN GERMÁN ROSCIO Y FRANCISCO JAVIER YANES

CONSTITUTIONAL THINKING OF JUAN GERMÁN ROSCIO AND FRANCISCO JAVIER YANES

Por / by **José Ignacio Hernández G.**
Profesor de Derecho Administrativo en la
Universidad Central de Venezuela y Universidad Católica Andrés Bello,
Director del Centro de Estudios de Derecho Público,
Universidad Monteávila

Professor of Administrative Law at
Universidad Central de Venezuela and at Universidad Católica Andrés Bello,
Director of the Public Law Studies Center of the
Universidad Monteávila

> *Es un tirano cualquiera que haga pasar por ley irresistible e inviolable su voluntad / Anyone that causes his will to be an irresistible and inviolable law is a tyrant*
>
> Juan Germán Roscio

> *Se han rasgado ya los velos misteriosos con que el despotismo tenía cubiertos y ahogados los sacrosantos derechos del hombre, y la ilustración ha disipado las densas tinieblas de la ignorancia / The mysterious veils that with despotism were covering and drowning the sacred rights of the men have been torn and the enlightenment has dissipated the thick darkness of ignorance*
>
> Francisco Javier Yanes,
> sesión del 30 de julio de 1811. Supremo Congreso de Venezuela

INTRODUCCIÓN*

La comprensión de nuestra Independencia, no como una gesta militar, sino como un complejo proceso encaminado a construir una República Liberal en el contexto de una "nueva mentalidad"[1], justifica analizar cuáles fueron los fundamentos políticos y jurídicos de esa República Liberal que comenzamos a edificar en 1810.

Por ello, la iniciativa del Profesor Allan R. Brewer-Carías, de publicar –doscientos años después de su aparición en Londres– una edición de la obra *Interesting Official Documents Relating to the United Provinces of Venezuela* es sin duda un acontecimiento que debe celebrarse. Se trata de la primera edición en Venezuela[2] de un Libro orientado a explicar las razones y fundamentos nuestro proceso de Independencia, a través de los

---

* Este trabajo forma parte de una investigación que inicié en 2008 sobre los fundamentos jurídicos de nuestra República Liberal concebida a partir de 1810. Partes de esta investigación han sido expuestas en distintas conferencias en la Universidad Monteávila, Simón Bolívar y Católica Andrés Bello. La presente versión se corresponde con la charla que en marzo de 2012 impartí en la Universidad Monteávila en el Encuentro de Saberes. Se entrega ahora por la gentil invitación del Profesor Allan R. Brewer-Carías. Mi agradecimiento a Inés Morales por la ayuda en la preparación de la versión en inglés de este artículo.

[1] En general, vid. Pino Iturrieta, Elías, *La mentalidad venezolana de la emancipación*, Eldorado Ediciones, Caracas, 1991, pp. 13 y ss. Véase también a Grases, Pedro, compilador, *Pensamiento político de la emancipación venezolana*, Biblioteca Ayacucho, Caracas, 2010.

[2] Como aclara el Profesor Brewer-Carías en la Introducción "el texto completo de la versión en español de los documentos se publicaron también en 1959 en el libro titulado: *La Constitución Federal de Venezuela de 1811 y Documentos Afines* ("Estudio Preliminar" por Caracciolo Parra-Pérez), Biblioteca de la Academia Nacional de la Historia, Sesquicentenario de la Independencia, Caracas 1952, 238 pp. (Reimpreso en 2009)".

INTRODUCTION*

The comprehension of our Independence, not as a military brew, but as a complicated process intended to built a Liberal Republic within the context of a "new mentality"[1], justifies analyzing which were the political and legal basis of said Liberal Republic that we began to build in 1810.

That is why the initiative of Professor Allan R. Brewer-Carías, to publish –two hundred years after its appearance in London– an edition of the work *Interesting Official Documents Relating to the United Provinces of Venezuela* is without doubt an event that must be celebrated. It is the first edition in Venezuela[2] of a Book oriented to explain the reasons and basis of

---

* This work forms part of an investigation I began in 2008 on the legal basis of our Liberal Republic beginnings on 1810. Parts of this investigation have been exposed in different conferences at the Universidad Monteávila, Simón Bolívar and Católica Andrés Bello. This version corresponds to the lecture I gave in March 2012 at Universidad Monteávila in the forum *Encuentro de Saberes*. Now I submit it due to the kind invitation of Professor Allan R. Brewer-Carías. My gratitude to Inés Morales, for the helping in the English version of this article.

[1] In general, vid. Pino Iturrieta, Elías, *La mentalidad venezolana de la emancipación*, Eldorado Ediciones, Caracas, 1991, pp. 13 et seq. Also see Grases, Pedro, compiler, *Pensamiento político de la emancipación venezolana"*, Biblioteca Ayacucho, Caracas, 2010.

[2] As Professor Brewer-Carías indicates in the Introduction "the complete text of the Spanish version of the documents were also published in 1959 in the book named: *La Constitución Federal de Venezuela de 1811 y Documentos Afines*, ("Preliminary Study" by Caracciolo Parra-Pérez), Biblioteca de la Academia Nacional de la Historia, Sesquicentenario de la Independencia, Caracas 1952, 238 pp. (Printed again in 2009)".

actos jurídicos que conformaron al gobierno republicano, represento y federal[3].

Pues no debe olvidarse –como puso en evidencia en su momento Tomás Polanco Alcántara[4]- que nuestra Independencia fue ante todo un proceso jurídico, orientado a organizar al naciente Estado venezolano como una República Liberal, a través de un conjunto de actos jurídicos de los cuales, la Obra que nos presenta el Profesor Brewer-Carías contiene una importante selección.

Sin embargo, en la historiografía convencional, la historia *patria y nacional*, en fin, *historia oficial* de nuestra República[5], el 19 de abril de 1810 marca el inicio de la gesta independentista, caracterizada además –*sobre todo, en los actuales momentos*[6]- como una gesta militar, en la cual los héroes militares han predominado sobre los héroes civiles.

Entendemos, por el contrario, que la Independencia fue un proceso procurado con la intención de asegurar la viabilidad de la República Liberal, que fue el Proyecto Nacional bajo el cual los venezolanos de entonces

---

[3] Además de la Introducción general aquí incluida, sobre esta obra puede verse, del Profesor Brewer-Carías, los siguientes "The connection between the United States Independence and the Hispanic American Independence movement, and the role of some key Books published at the beginning of the 19th century", Washington DC, 2011 y "Las causas de la Independencia de Venezuela explicadas en Inglaterra, en 1812, cuando la Constitución de Cádiz comenzaba a conocerse y la República comenzaba a derrumbarse", Cádiz, 2010. Fundamental referencia es además su obra, *Historia Constitucional de Venezuela*, Tomo I, Editorial Alfa, 2008, pp. 97 y ss. De muy reciente data, también, su trabajo *Los inicios del proceso constituyente hispano y americano. Caracas 1811–Cádiz 1812*, Editorial bid & Co. Editor, Colección Historia, Caracas, 2012.

[4] Polanco, Tomás, *Las formas jurídicas en la independencia*, Instituto de Estudios Políticos, Facultad de Derecho, Universidad Central de Venezuela, Caracas, 1962.

[5] La expresión "historia oficial" pretende describir el análisis histórico convencional que ha privado en Venezuela, y que se ha traducido incluso en premisas sociales y culturales tácitamente aceptadas. Sobre esta expresión, vid. Carrera Damas, Germán, "Sobre la historiografía venezolana", en *Historia de la historiografía venezolana (textos para su estudio)*, Universidad Central de Venezuela, Ediciones de la Biblioteca, Caracas, 1996, pp. 517 y ss.

[6] Por ejemplo, vid. Bohórquez, Carmen, "El 19 de abril de 1810. Papel de Trabajo para la discusión", tomado de http://www.bicentenario.gob.ve/noticias/wp-content/uploads/2010/04/EL-19-DE-ABRIL-DE-1810-carmenbohorquez.pdf [consulta:10.11.10]. Se afirma allí que: "Hoy, que la espada de Bolívar campea de nuevo victoriosa por América Latina, estamos obligados a completar la magna obra de nuestra independencia y a construir esa sociedad justa y de iguales, fundamento de toda libertad y de toda prosperidad".

our Independence process through legal acts that conformed the republican, representative and federal government[3].

We must not forget – as it was evidenced at his time by Tomás Polanco Alcántara[4]- that our Independence was first of all, a legal process, oriented to organize that newly born Venezuelan State as a Liberal Republic through a group of legal acts. This work of Profesor Brewer-Carías contains a relevant selection of said legal acts.

However, in the conventional historiography, the *homeland and national* history, i.e., *the official history* of our Republic[5], April 19, 1810 marks the beginning of the independents brew, which was characterized additionally –*mostly at the present time*[6]- as a military brew, where military heroes have predominated over civil heroes.

On the contrary, we understand that Independence was a process that was procured with the intention of assuring the viability of the Liberal Republic that was the National Project under which the Venezuelans

---

[3] In addition to the General Introduction included herein, regarding this work you can find in Professor's Brewer-Carías the following "The connection between the United States Independence and the Hispanic American Independence movement, and the role of some key Books published at the beginning of the 19th century", Washington DC, 2011 and "Las causas de la Independencia de Venezuela explicadas en Inglaterra, en 1812, cuando la Constitución de Cádiz comenzaba a conocerse y la República comenzaba a derrumbarse", Cádiz, 2010. Main reference is also his work, *Historia Constitucional de Venezuela", Volume I*, Editorial Alfa, 2008, pp. 97 et seq. Of a recent date, also his work, *Los inicios del proceso constituyente hispano y Americano", Caracas 1811–Cádiz 1812*, Editorial bid & Co. Editor, Colección Historia, Caracas, 2012.

[4] Polanco, Tomás, *Las formas jurídicas en la independencia,*" Instituto de Estudios Políticos, Facultad de Derecho, Universidad Central de Venezuela, Caracas, 1962.

[5] The expression "official history" pretends to describe the historical analysis that has prevailed in Venezuela, and that has been translated into a social and cultural premise tacitly accepted. Regarding this expression, vid. Carrera Damas, Germán, "Sobre la historiografía venezolana", in *Historia de la historiografía venezolana (textos para su estudio)*, Universidad Central de Venezuela, Ediciones de la Biblioteca, Caracas, 1996, pp. 517 and ss.

[6] For example, vid. Bohórquez, Carmen, "*El 19 de abril de 1810. Papel de Trabajo para la discusión*", available at http://www.bicentenario.gob.ve/noticias/wp-content/uploads/2010/04/EL-19-DE-ABRIL-DE-1810-carmen-bohorquez.pdf [consult:10.11.10]. There it is affirmed that: "Nowadays that Bolivar's spade can be seen again victoriously around Latin America, we are bound to complete the most important work of our Independence and build a fair and equal society, which is the base of all freedom and all prosperity".

decidieron organizar al naciente Estado, siguiendo de cerca los principios derivados de las revoluciones que desarrollaron poco antes de nuestro proceso de emancipación. Así, la formación de nuestra República Liberal apareció influenciada por las dos grandes revoluciones liberales del momento, como son la Revolución Americana y la Revolución Francesa[7]. No obstante, nuestra emancipación no puede ser entendida simplemente como consecuencia lineal de aquellas revoluciones. Por el contrario, la formación de la República Liberal estuvo marcada por varias características cuya enumeración conviene tener presente, en tanto ello nos permitirá ubicarnos mejor en el contexto dentro del cual se pensó y concibió, jurídicamente, a esa República Liberal.

-En *primer* lugar, la formación de nuestra República Liberal debe enmarcarse dentro de un proceso de mayor envergadura, cual es la crisis política y filosófica de la Monarquía Española, cuyos signos visibles pueden apreciarse ya para 1808. La revolución de la emancipación de la América Española –escribe Chust– "sólo se comprende desde la perspectiva hispánica. Es más, desde la trilogía especial europea-peninsular-americana"[8].

-En *segundo* lugar, como apunta Germán Carrera Damas, el 19 de abril de 1810 debe ser interpretado en ese contexto de crisis de la Monarquía española y, por ello, teniendo en cuenta que la preocupación primera era, entonces, restablecer y mantener las estructuras internas de poder propias del nexo colonial[9]. Ello explica los signos de ruptura y continuidad que se aprecian entre la Monarquía y la República, y que jurídicamente se exterioriza en la continuidad jurídica de instituciones regias en el nuevo contexto republicano (Tomás Polanco Alcántara, Juan Garrido Rovira)[10].

---

[7] Sobre ello, vid. Brewer-Carías, Allan, *Reflexiones sobre la Revolución Norteamericana (1776) y la Revolución Francesa (1799) y la Revolución Hispanoamericana (1810-1830) y sus aportes al constitucionalismo moderno*, Universidad Externado de Colombia, Editorial Jurídica Venezolana, Bogotá, 2008, pp. 29 y ss.

[8] Chust, Manuel, "Un bienio trascendental: 1808-1810", en *1808. La eclosión juntera en el mundo hispano*, Fondo de Cultura Económica-El Colegio de México, México, 2007, pp. 11 y ss.

[9] Carrera Damas, Germán, *De la abolición de la monarquía hacia la instauración de la República*, Fundación Rómulo Betancourt, Caracas, 2009, pp. 9 y ss.

[10] Polanco, Tomás, Tomás, "La continuidad jurídica durante la independencia", en *Libro homenaje a la memoria de Joaquín Sánchez Covisa*, Facultad de Ciencias Políticas y Jurídicas de la Universidad Central de Venezuela, Caracas, 1975, pp. 1055 y ss. También, véase a Garrido, Juan, *Independencia, Derecho Nacional y Derecho Español*, Universidad Monteávila, Caracas, 2011, pp. 9 y ss.

decided to organize the newly born Nation at that time, closely following the principles deriving from the revolutions that occurred shortly before our emancipation process. This way, the formation of our Liberal Republic appeared influenced by the two great revolutions of that time which were the American Revolution and the French Revolution[7]. However, our emancipation can not be understood plainly as a lineal consequence of those revolutions. On the contrary, the formation of the Liberal Republic was marked by several characteristics which listing we must be aware of, since it will allow us be set within the context where said Liberal Republic was legally thought and conceived.

-In the *first* place, the formation of our Liberal Republic must be framed within a process of greater importance, which is the political and philosophical crisis of the Spanish Monarchy, which visible signs may already be seen in 1808. The revolution of the emancipation of the Spanish America –writes Chust- "is only understood from the Hispanic perspective. More precisely, from the special European-Peninsular-American trilogy"[8].

-In the *second* place, as Germán Carrera Damas indicates that April 19, 1810 must be interpreted within said context of crisis of the Spanish monarchy and therefore, it must be taken into account that the main concern by then was to reestablish and maintain the internal power structures pertaining to the colonial bond[9]. This explains the signs of rupture and continuity that can be seen between the Monarchy and the Republic and that it is legally exteriorized in the legal continuity of regal institutions inthe new republican context (Tomás Polanco Alcántara, Juan Garrido Rovira)[10].

---

[7] On this matter, vid. Brewer-Carías, Allan, *Reflexiones sobre la Revolución Norteamericana (1776) y la Revolución Francesa (1799) y la Revolución Hispanoamericana (1810-1830) y sus aportes al constitucionalismo moderno*, Universidad Externado de Colombia, Editorial Jurídica Venezolana, Bogotá, 2008, pp. 29 et seq.

[8] Chust, Manuel, "Un bienio trascendental: 1808-1810", in *1808. La eclosión juntera en el mundo hispano"*, Fondo de Cultura Económica-El Colegio de México, México, 2007, pp. 11 et seq.

[9] Carrera Damas, Germán, *De la abolición de la monarquía hacia la instauración de la República"*, Fundación Rómulo Betancourt, Caracas, 2009, pp. 9 et seq.

[10] Polanco, Tomás, Tomás, "La continuidad jurídica durante la independencia", in *Libro homenaje a la memoria de Joaquín Sánchez Covisa"*, Facultad de Ciencias Políticas y Jurídicas de la Universidad Central de Venezuela, Caracas, 1975, pp. 1055 et seq. Also see Garrido, Juan Independence, *Independencia, Derecho Nacional y Derecho Español"*, Universidad Monteávila, Caracas, 2011, pp. 9 et seq.

-En *tercer* lugar, la República Liberal, además, tenía que implantarse en una sociedad como la venezolana de comienzos del Siglo XIX, esto es, una sociedad colonial y por ende desigual. Nuestra República Liberal debía cobrar vida en una sociedad mixta y diacrónica, con rasgos propios y diferenciables a los europeos, según ha expuesto Graciela Soriano[11].

Como puede entreverse, no era fácil la tarea de darle forma jurídica al nuevo Estado que nacería de nuestro proceso de emancipación iniciado aquel 19 de abril de 1810. De los debates del Supremo Congreso, durante todo el año 1811, prevalecería la tesis plasmada en la Constitución de 1811, de acoger la forma del gobierno republicano, representativo y federal, a fin de organizar jurídicamente al naciente Estado, organizado así como República Liberal. Sin embargo, esa solución no gozó de consenso, como lo acreditan las duras críticas que a tal modelo formulara Simón Bolívar luego de 1812, tal y como quedó resumido en dos textos, que han marcado la interpretación de la llamada Primera República en la historia patria y oficial[12].

Así, en el *Manifiesto de Cartagena* o *Memoria dirigida a los ciudadanos de la Nueva Granada por un caraqueño,* de 15 de diciembre de 1812, Bolívar calificó al sistema republicano, representativo y federal de 1811 como *"sistema tolerante"*, *"sistema improbado como débil e ineficaz"* que dio lugar a una *"república área"* en la cual tuvimos *"filósofos por jefes"*. Luego de enumerar los muchos vicios de ese, nuestro primero Gobierno, Bolívar señala que *"lo que debilitó más el Gobierno de Venezuela, fue la forma federal que adoptó, siguiendo las máximas exageradas de los derechos del hombre, que autorizándolo para que se rija por sí mismo rompe los pactos sociales y constituye a las naciones en anarquía"*. Sistema federal juzgado como el *"más opuesto a los intereses de nuestros nacientes estados"*, pues los venezolanos, para Bolívar, *"carecen de las virtudes políticas que caracterizan al verdadero republicano"*. La solución pasaba entonces por *"centralizar nuestros gobiernos americanos"*. El juicio final es severo, ciertamente: la Constitución de 1811 *"era tan contraria a nuestros intereses como favorables a los de sus contrarios"*.

---

11 Soriano, Graciela, *Venezuela 1810-1830. Aspectos desatendidos de dos décadas*, Fundación Manuel García-Pelayo, Caracas, 2003, pp. 33 y ss.
12 Los textos y un análisis integral sobre su contenido, en Brewer-Carías, Allan, "Ideas centrales sobre la organización el Estado en la Obra del Libertador y sus Proyecciones Contemporáneas"), en *Boletín de la Academia de Ciencias Políticas y Sociales*, N° 95-96, enero-junio 1984, Caracas, pp. 137-151. Véase también a Rozo Acuña, Eduardo, *Simón Bolívar. Obra política y constitucional*, Tecnos, Madrid, 2007.

-In *third* place, the Liberal Republic, additionally, had to be implanted in a society such as the Venezuelan society at the beginning of XIX Century, i.e., in a colonial society and therefore unequal. Our Liberal Republic had to exist within a mixed and non cronic society, with their own features that differentiated them from the Europeans, as it has been stated by Graciela Soriano[11].

As it can be seen, it was not easy to give legal form to the new Nation that would be born from our emancipation process that began on April 19, 1810. From the debates of the Supreme Congress, along the whole year of 1811, the thesis set on the Constitution of 1811 would prevail where it was intended to accept the form of republican, representative and federal government in order to legally organize the Nation to be born, thus organized as Liberal Republic. However, said solution did not have general consent, as evidenced by the hard critics that were made by Simón Bolívar to said model after 1812, as it is summarized in two texts that have marked the interpretation of what is called the First Republic in the official and motherland history[12].

This way, in the *Manifiesto de Cartagena* (Cartagena Manifesto) or *Memoria dirigida a los ciudadanos de la Nueva Granada por un caraqueño*, (Memoirs addressed to the citizens of Nueva Granada by a Caraqueño) dated December 15, 1812, Bolívar qualified the republican, representative and federal system of 1811 as a *"tolerant system"*, *"an disapproved system as weak and inefficient"* that gave place to an *"aeral republic"* where we had *"philosophers as chiefs"*. After listing the many vices our first Government had, Bolívar indicates *"what debilitated the most the Venezuelan Government was the federal form it adopted, following the exaggerated maxim of the human rights, which when authorizing him to be governed by himself, breaks the social pacts and constitutes the nations in anarchy"*. The Federal system judged as *"more opposed to the interest of our new born nations"*, since for Bolivar the Venezuelans, *"lack the political virtues that characterize the real republican"*. The solution was then to *"centralize our American governments"*. The final judgment is certainly severe: the 1811 Constitution *"was so contrary to our interests as favorable to its contraries"*.

---

11   Soriano, Graciela, *Venezuela 1810-1830. Aspectos desatendidos de dos décadas"*, Fundación Manuel García-Pelayo, Caracas, 2003, pp. 33 et seq.

12   The texts and an integral analysis of its content in Brewer-Carías, Allan, "Ideas centrales sobre la organización el Estado en la Obra del Libertador y sus Proyecciones Contemporáneas," in *Boletín de la Academia de Ciencias Políticas y Sociales*, N° 95-96, enero-junio 1984), January-June 1984, Caracas, pp, 137-151. See also Rozo Acuña, Eduardo, *Simón Bolívar. Obra política y constitucional"*, Tecnos, Madrid, 2007.

El segundo documento de Bolívar que queremos comentar, en relación con el sistema de gobierno republicano, representativo y federal, es el *Mensaje al Congreso de Angostura de 15 de febrero de 1819*. Allí se retoma la idea ya expuesta en 1812: *"cuanto más admiro la excelencia de la Constitución Federal de Venezuela, tanto más me persuado de la imposibilidad de su aplicación a nuestro Estado"*. Esa crítica es formulada a partir de la comparación del modelo de gobierno de la Constitución de 1811 con el modelo de gobierno surgido de la Revolución Americana. Es un prodigio –señala Bolívar– que el *"modelo en el Norte de América subsista tan prósperamente y no se trastorne al aspecto del primer embarazo o peligro"*. Tal prodigio es explicado en función al carácter único del Pueblo de Estados Unidos, todo lo cual hacía inaplicable esa fórmula al Pueblo de Venezuela. Pues *"no era dado a los venezolanos"* gozar *"repentinamente"* del sistema federal *"al salir de las cadenas"*, ya que *"no estábamos preparados para tanto bien"*. En resumen, para Bolívar *"nuestra Constitución Moral no tenía todavía la consistencia necesaria para recibir el beneficio de un Gobierno completamente representativo y tan sublime cuando que podía ser adaptado a una República de Santos"*.

Las críticas de Bolívar se enfocaban a un aspecto principal: la debilidad del Poder Ejecutivo. En el *Discurso de Angostura* Bolívar aclara que *"un Gobierno republicano ha sido, es y debe ser el de Venezuela; sus bases deben ser la soberanía del Pueblo (y) la división de poderes"*. Empero, requiere Venezuela de un Poder Ejecutivo central y fuerte, a usanza del Gobierno Británico, pues *"en las Repúblicas el Ejecutivo debe ser el más fuerte, porque todo conspira contra él"*. La debilidad del Poder Ejecutivo signo visible de la Constitución de 1811 según Bolívar, no podía justificarse para la búsqueda de una libertad absoluta, pues ello degeneraría en la tiranía, dado que *"de la libertad absoluta se desciende siempre al Poder absoluto"*.

Entre 1811 y 1830, podríamos decir –a riesgo de simplificar en exceso la temática– que nuestros sucesivos ensayos para organizar al naciente Estado venezolano giraron en torno al modelo de 1811 y a la visión de Bolívar, es decir, entre un gobierno federal y moderado y un gobierno central y fuerte. La Constitución de 1819, como la Constitución de Cúcuta de 1821, serían consideradas centrales, partícipes de un Gobierno fuerte. La Constitución de 1830, en contra, se decantaría por un modelo centrofederal, aun cuando en realidad, desde 1830, la República Liberal degeneró en la práctica en un régimen autocrático. Con lo cual, al margen de la solución planteada en nuestras Constituciones, el Gobierno de Venezuela

The second document of Bolivar that we want to comment regarding the republican, representative and federal government system is the *Mensaje al Congreso de Angostura* (Message to the Angostura Congress) dated February 15, 1819. It takes again the idea exposed in 1812: *"the more I admire the excellence of the Federal Constitution of Venezuela, the more I convince myself of the impossibility to apply it in our Nation"*. That critic was formulated based on the comparison of the government model of the 1811 Constitution with the government model that arouse from the American Revolution. It is a prodigy –indicates Bolívar- that the *"model in North America subsist so sucessfully and is not affected by the first impediment or danger"*. Said prodigy is explained based on the unique nature of the people of the United States, all of which made it inapplicable to the people of Venezuela. Since *"it was not applicable to the Venezuelans"* to "suddenly" enjoy the federal system *"upon leaving the chains"*, since *"we were not prepared for so many good things"*. In summary, for Bolívar *"our Moral Constitution did not have yet the necessary consistency to receive the benefit of a completely representative Government and so sublime that could be adapted to a Saints Republic"*.

Bolivar's critics were focused in a main aspect: the weakness of the Executive Power. In the *Discurso de Angostura* Bolívar makes clear that *"a republican Government has been, is and must be the Venezuelan; its basis must be sovereignty of the people (and) the division of the powers"*. Nevertheless, Venezuela requires a central and strong Executive Power, similar to the Britannic Government, since *"in the Republics the Executive must be the strongest one, since everything conspires against it"*. The weakness of the Executive Power, visible sign of the 1811 Constitution according to Bolivar, could not be justified for the search of an absolute freedom, because that would degenerate into tyranny since *"from the absolute freedom one descends to the absolute Power"*.

Between 1811 and 1830, we could say – risking to simplify in excess this issue- that our successive rehearsals to organize the new born Venezuelan Nation went around the model of 1811 and Bolivar's vision, i.e., between a federal and moderate government and a central and strong government. The 1819 Constitution, as well as the 1821 Constitution of Cúcuta, would be considered as central, forming part of a strong Government. The 1830 Constitution, on the contrary, went by a central-federal model, even though in reality since 1830, the Liberal Republic degenerated in the practice of an autocratic regime. With this, regardless of the solution posed in our Constitutions, the Venezuelan Government was

fue central, fuerte y autocrático[13]. Esto es, lo que Germán Carrera Damas denomina la República Liberal Autocrática[14].

No era ésa la intención, ciertamente, de quienes pensaron a la República Liberal en 1811, según se evidencia de los documentos que fueron expuestos al mundo en la Obra que hoy nos presenta el Profesor Brewer-Carías, editada en Londres en 1812. Esos documentos acreditan que la intención formal fue organizar una República Democrática fundada en la representación popular y en la federación, como forma de Gobierno más ajustada para la preservación a la libertad. Lo que sucedió es que esas ideas fueron desviadas para dar paso a un régimen autocrático. Siguiendo a Luis Castro Leiva, "solamente un liberalismo autoritario y militar podía canalizar el sentimiento popular y transformar unas huestes casi feudales vagamente inspiradas por las ideas republicanas que se entregaban, por así decirlo, a escaramuzas de guerrilla, en un ejército del pueblo (...) fue así como se tergiversó el concepto de libertad bajo la influencia conjunta de una teoría de la voluntad general y de la dictadura militar"[15].

¿Cuáles eran las ideas de quienes pensaron a la República Liberal en 1811, según los documentos que hoy se editan por vez primera en Venezuela, según la selección publicada en Londres hace doscientos años? ¿Cuáles fueron sus fuentes filosóficas? Para tratar de responder a estar preguntas hemos realizado esta introducción al pensamiento constitucional de dos de los grandes pensadores del siglo XIX venezolano, como lo son Juan Germán Roscio y Francisco Javier Yanes. La escogencia de esos dos pensadores se justifica por las dos obras escritas por ellos, que son, sin duda alguna, piezas claves para tratar de comprender a nuestra primera República Liberal. Nos referimos a *El triunfo de la libertad sobre el despotismo* (1817)[16], de Roscio y *Manual Político del Venezolano* (1839), de Yanes[17].

---

[13] Para un análisis de las Constituciones de 1811, 1819, 1821 y 1830, desde esta perspectiva, vid. *Reflexiones sobre la Revolución Norteamericana (1776) y la Revolución Francesa (1799) y la Revolución Hispanoamericana (1810-1830) y sus aportes al constitucionalismo moderno, cit.*, pp. 203 y ss.

[14] Además del trabajo antes citado, *vid.* Carrera Damas, Germán, *Colombia, 1821-1827: Aprender a edificar una República Moderna*, Fondo Editorial de Humanidades y Educación, Universidad Central de Venezuela, Academia Nacional de la Historia, Caracas, 2010, pp. 117 y ss.

[15] Castro Leiva, Luis, "Las paradojas de las revoluciones hispanoamericanas", en *Luis Castro Leiva. Obras. Volumen II. Lenguaje republicanos*, UCAB-Fundación Empresas Polar, Caracas, 2009, pp. 97 y ss.

[16] Hemos manejado la edición Yanes de la Biblioteca de la Academia Nacional de la Historia, 1959.

[17] Hemos manejado la edición de la Biblioteca Ayacucho, Caracas, 1996.

central, strong and autocratic[13]. This is, what Germán Carrera Damas denominates the Autocratic Liberal Republic[14].

Certainly, that was not the intention of those who ideated the Liberal Republic in 1811, as it is evidenced from the documents that were shown to the world in the work that Professor Brewer-Carías shows today, which were edited in London in 1812. These documents demonstrate that the formal intention was to organize a Democratic Republic based on popular representation and in the federation as the form of Government that was better adjusted to the preservation of freedom. What happened was that these ideas were deviated to give place to an autocratic regime. Following Luis Castro Leiva, "only an authoritarian and military liberalism could channel the popular feeling and transform almost feudal armies vaguely inspired by republican ideas that gave up, to call is somehow, to guerrilla quarrels in a people's army (...) it was that way that the concept of freedom was distorted under the joint influence of a general will theory and of the military dictatorship"[15].

Which were the ideas of those who ideated the Liberal Republic in 1811 according to the documents that today are being edited for the first time in Venezuela according to the selection published in London two hundred years ago? ¿Which were their philosophical sources? In order to try to answer these questions we have made an introduction to the constitutional thinking of two of the greatest thinkers of Venezuelan XIX Century, Juan Germán Roscio and Francisco Javier Yanes. The choosing of those two thinkers is justified by the two works written by them, that are, without doubt, key pieces to try to understand our first Liberal Republic. We make reference to *El triunfo de la libertad sobre el despotismo* (1817) (The triumph of freedom over despotism)[16], of Roscio and *Manual Político del Venezolano* (1839) (Political Manual of the Venezuelan), of Yanes[17].

---

[13] For an analysis of 1811, 1819, 1821 and 1830 Constitutions from this perspective, vid. Allan R. Brewer-Carías, *Reflexiones sobre la Revolución Norteamericana (1776) y la Revolución Francesa (1799) y la Revolución Hispanoamericana (1810-1830) y sus aportes al constitucionalismo moderno,"* cit., pp. 203 et seq.

[14] In addition to the mentioned work, vid. Carrera Damas, *Colombia, 1821-1827: Aprender a edificar una República Moderna,"* Fondo Editorial de Humanidades y Educación, Universidad Central de Venezuela, Academia Nacional de la Historia, Caracas, 2010, pp. 117 et seq.

[15] Castro Leiva, Luis, "Las paradojas de las revoluciones hispanoamericanas", in *Luis Castro Leiva. Obras. Volumen II. Lenguaje republicanos"*, UCAB-Fundación Empresas Polar, Caracas, 2009, pp. 97 et seq.

[16] We have used the Yanes edition of the *Biblioteca de la Academia Nacional de la Historia*, 1959.

[17] We have used the edition of the *Biblioteca Ayacucho*, Caracas, 1996.

Por ello, nuestro análisis se centrará fundamentalmente en sintetizar, de esas dos obras, el pensamiento de esto dos autores, destacando su impronta en los documentos jurídicos fundamentales de nuestra Independencia contenidos en la Obra que hoy podemos apreciar en Venezuela gracias a la iniciativa del Profesor Brewer-Carías.

I. BREVE APROXIMACIÓN A LAS OBRAS DE ROSCIO Y YANES

Juan Germán Roscio y Francisco Javier Yanes están relacionados por más de un punto en nuestra historia republicana[18]. Ambos fueron abogados, y Yanes trabajó como pasante en el escritorio de Roscio[19]. En los sucesos del 19 de abril de 1810 Roscio tuvo protagonismo especial, al haberse incorporado como "Diputado del Pueblo" a la Junta Suprema creada ese día, correspondiéndole la redacción, entre otros, del importante *Reglamento de elecciones y reunión de diputados de 1810*[20]. Roscio y Yanes fueron miembros del Congreso de 1811 y, en tal condición, firmantes de la Declaración de Independencia y de la propia Constitución (incluidos en la obra que nos presenta el Profesor Brewer-Carías) textos en cuya confección participara también activamente Roscio, autor también del *"Manifiesto que hace al mundo la Confederación de Venezuela en la América Meridional"* que se incluye en la Obra que nos presenta el Profesor Brewer-Carías. La principal conexión, en todo caso, es que ambos juristas escribieron dos obras que exponen los fundamentos de nuestra República Liberal, como dijimos: *El triunfo de la libertad sobre el despotismo*, de Roscio, y *Manual Político del Venezolano*, de Yanes[21].

---

[18] Para una aproximación a la vida y obra de Roscio, véase fundamentalmente a los trabajos de Augusto Mijares y Pedro Grases en las *Obras* de Roscio (1953). En especial, vid. Ugalde, Luis, *El pensamiento teológico-político de Juan Germán Roscio*, UCAB bid & co editor, Caracas, 2007, pp. 27 y ss. En cuanto a Yanes, para lo aquí expuesto, es fundamental la remisión al trabajo de Carrera Damas, Germán, "El modelo republicano, representativo y federal norteamericano y la formación del régimen republicano, representativo y liberal venezolano", en *Fundamentos históricos de la sociedad democrática venezolana*, Fondo Editorial de Humanidades, Universidad Central de Venezuela, Caracas, 2002, pp. 87 y ss.

[19] *Diccionario de Historia de Venezuela*, Tomo 4, Fundación Polar, Caracas, 1997, pp. 309 y ss.

[20] *Juan Germán Roscio. Escritos representativos*, Edición conmemorativa del sesquicentenario de la Batalla de Carabobo, Caracas, 1971, pp. 9 y ss.

[21] Como aclara Brewer-Carías en la Introducción a esta Obra, Roscio colaboró en la redacción de los textos allí incluidos, junto a otros juristas. De acuerdo con esa Introducción *"Los otros co-redactores de los Documentos Oficiales Interesantes fueron Francisco Javier Ustáriz, Francisco Isnardy, y Miguel José Sanz, todos*

Therefore, our analysis will be mainly based in synthesizing, from those two works, the thinking of these two authors, pointing out their impression in the basic legal documents of our Independence contained in the work that today we can appreciate thanks to the initiative of Professor Brewer-Carías.

I. BRIEF PROXIMITY OF THE WORKS OF ROSCIO AND YANES

Juan Germán Roscio and Francisco Javier Yanes are related in more than one point along our republican history[18]. Both of them were attorneys and Yanes worked as intern in Roscio's firm[19]. During April 19, 1810 Roscio had special leading role when he entered as "Representative of the People" to the Supreme Board created that day, and he was in charge of the drafting, among others, of the relevant *Reglamento de elecciones y reunión de diputados de 1810* (Ruling of elections and meetings of representatives)[20]. Roscio and Yanes were members of 1811 Congress and as such, they signed the Declaration of Independence and the Constitution (included in the work brought by Professor Brewer-Carías) in these texts also participated in an active manner Roscio, author also of *"Manifiesto que hace al mundo la Confederación de Venezuela en la América Meridional"* (Manifesto made to the world by Venezuelan Confederation in the Meridional America) that is included in the work of Professor Brewer-Carías. The main connection in any case, is that both jurists wrote two Works that pose the basis of our Liberal Republic, as we said: *El triunfo de la libertad sobre el despotismo*, of Roscio, and *Manual Político del Venezolano*, of Yanes[21].

---

[18] For an approximation of the life and work of Roscio, we mainly reviewed the works of Augusto Mijares and Pedro Grases in *Obras* de Roscio (1953). Specially, vid. Ugalde, Luis, *El pensamiento teológico-político de Juan Germán Roscio*, UCAB bid & co editor, Caracas, 2007, pp. 27 et seq. Regarding Yanes, for what we have stated, it is fundamental to remit to the work of Carrera Damas, Germán, "The republican, representative and federal north American model and the formation of the republican, representative and liberal Venezuelan regime", in *Fundamentos históricos de la sociedad democrática venezolana"*, Fondo Editorial de Humanidades, Universidad Central de Venezuela, Caracas, 2002, pp. 87 et seq.

[19] *Diccionario de Historia de Venezuela Volume 4*, Fundación Polar, Caracas, 1997, pp. 309 et seq.

[20] *Juan Germán Roscio. Escritos representativos"*, Commemorative edition of the sesquincentenary of Carabobo Battle, Caracas, 1971, pp. 9 et seq.

[21] As Brewer-Carías makes clear in the Introduction to this work, Roscio helped in the drafting of the texts included therein together with other attorneys. According to this Introduction "The other co-drafters of the Interesting Official Documents were Francisco Javier Ustáriz, Francisco Isnardy, and Miguel

Se trata, en todo caso, de dos obras escritas con propósitos muy distintos. La obra de Roscio fue escrita con la deliberada intención de evidenciar cómo las Sagradas Escrituras fundamentaban la teoría de la soberanía popular y se oponían al despotismo propio del derecho divino de los Reyes. La principal debilidad de la emancipación, para Roscio, radicaba en el temor del pueblo hacia las nuevas ideas y su incompatibilidad con la fe católica, lo que llevó a Roscio a combinar un pulcro manejo de las Escrituras con los principios básicos de la doctrina liberal. Ello llevó a Roscio a cuestionar, incluso, ciertos abusos del poder eclesiástico de entonces, lo que explicaría el influjo que su obra tuvo en Benito Juárez y sus Leyes de Reforma[22]. De acuerdo con Ugalde, el público al cual Roscio quiso orientar su libro nos serían tanto los venezolanos –en aquella época, inmersos en el fragor de la guerra- sino más bien una exposición dirigida a rebatir los argumentos teológicos del debate español del momento[23].

La obra de Yanes, por el contrario, fue escrita mucho después, en 1839, con lo cual ella se basa, entre otros textos, en el propio libro de Roscio[24]. Se trata de un texto de sólida estructura que resume los fundamentos jurídicos y políticos del gobierno republicano, representativo y federal, y de los cuatro bienes que éste debe tutelar: la libertad, la igualdad, la propiedad y la seguridad. En esa obra, Yanes insiste en las bondades del sistema federal, invocando con constancia a los pensadores de la Revolución Americana.

Tanto *El triunfo de la libertad sobre el despotismo* como *Manual Político del Venezolano* sorprenden por la erudición de las fuentes, muy presentes en esta última obra, confeccionada más como un texto doctrinal y no tanto confesional, como el trabajo de Roscio. De esa manera, Rousseau, Montesquieu, Constant, Bentham, Madison, Hamilton, Jefferson, Vattel, son al-

---

miembros activos del Congreso General en Caracas, y todos ellos, junto con Roscio y Miranda, considerados por Monteverde después de la capitulación firmada por este último, como parte del grupo de los "monstruos" de América, responsables de todos los males de las antiguas colonias". Roscio, como nos señala el Profesor Brewer-Carías, colaboró en la confección de la Obra que se nos presenta.

[22] Véase el trabajo preliminar Domingo Miliani en la edición de *El triunfo de la libertad sobre el despotismo* de la Biblioteca Ayacucho, Caracas, 1996.

[23] Ugalde, Luis, *El pensamiento teológico-político de Juan Germán Roscio*, cit., p. 106.

[24] Ramón Escovar Salom, en la presentación a la obra de 1959, indica una fecha anterior de publicación. Sin embargo, coincidimos con Carrera que tal fecha no luce plausible, pues la Constitución que cita Yanes es la Constitución de 1830 y no la Constitución de 1821, con la cual probablemente Yanes tenía cierta discrepancia.

In any case, the two works were written with very different purposes. Roscio's work was written with the express intention of evidencing how the Sacred Writing were the basis for the theory of popular sovereignty and were opposed to the despotism that was characteristic of the divine right of the Kings. The main weakness of the emancipation for Roscio, was in the fear of the people towards new ideas and its incompatibility with the catholic faith what lead Roscio to combine a neat handling of the Writings with the basic principles of the liberal doctrine. This lead Roscio to even question some abuses of the ecclesiastic power at that time, which explains the influence that his work had in Benito Juárez and his Reform Laws[22]. According to Ugalde, to public to which Roscio addressed his book was not mainly to the Venezuelans, who on those days where immersed in the clamor of a war, but to an exposition addressed to refute the theological arguments of the Spanish debate of that time[23].

On the contrary, Yanes' work was written later on, in 1839, therefore it is based, among other texts, in the same book of Roscio[24]. It was a book that had a solid structure that summarizes the legal and political basis of the republican, representative and federal government and of the four goods that must be protected by the government: freedom, equality, property and security. In that work, Yanes insists in the benefits of the federal system, constantly invoking the thinkers of the American Revolution.

Both, *El triunfo de la libertad sobre el despotismo* as well as *Manual Político del Venezolano* are surprising due to the erudition of the sources, which are very present in the latter work, drafted more as a doctrinal text and not a confessional one, such as Roscio's work. That way, Rousseau, Montesquieu, Constant, Bentham, Madison, Hamilton, Jefferson, Vattel, are some

---

José Sanz, all active members of General Congress in Caracas, and all of them together with Roscio and Miranda, considered by Monteverde after the capitulation signed by the later as part of the group of the "monsters" of America, responsible for all the evils of the former colonies". As Profesor Brewer-Carías indicates, Roscio helped in the making of this work.

[22] See the preliminary work of Domingo Miliani in the edition of *El triunfo de la libertad sobre el despotism*" of the Biblioteca Ayacucho, Caracas, 1996.

[23] Ugalde, Luis, "*El pensamiento teológico-político de Juan Germán Roscio,*" cit. p. 106.

[24] Ramón Escovar Salom, in the introduction to the work of 1959, indicates a prior date of publication. However, we agree with Carrera that said date does not seem plausible, since the Constitution that Yanes mentions is the 1830 Constitution and not the Constitution of 1821, with which Yanes probably had certain discrepancy.

gunos de los textos que pueden apreciarse en estas dos obras[25]. En ellas se expone el principio del origen popular de la soberanía y, por ende, el carácter limitado de todo Gobierno por la Ley, expresión de la voluntad general, y se realza el valor de la libertad, advirtiéndose que ha de tratarse de una libertad de acuerdo con la Ley, aun cuando ambos autores niegan la existencia de una obediencia ciega a la Ley. Ambas obras exponen las virtudes y riesgos del gobierno representativo y popular, basado en la separación de poderes. Es decir, en esas obras encontramos la justificación conceptual de la República Liberal fundada en 1811, y que tan duramente fue criticada por Bolívar. Sin duda, dentro de los "filósofos" que concibieron "repúblicas aéreas" deberíamos ubicar a Roscio y Yanes, no sólo firmantes de la Constitución de 1811 sino además, defensores de su modelo en dos obras de sólida fundamentación conceptual.

Aquí puede ubicarse una suerte de bifurcación en las obras y vidas de estos dos pensadores. Luego de la caída de la Primera República, Roscio permaneció muy relacionado a Bolívar, al punto que participa como Diputado en la Constitución de 1819, que supuso la revisión de ciertos aspectos del modelo federal de la Constitución de 1811. Morirá en 1821, ocupando el cargo de Vicepresidente de la República de Colombia[26]. Yanes igualmente participó en el Estado fundado bajo la Constitución de 1819, aun cuando no formó parte del Congreso que promulgó esa Constitución. Sí participaría como Presidente en el Congreso que promulgó la Constitución de 1830, que retoma ciertos aspectos del federalismo de la Constitución de 1811, lo que acredita un distanciamiento con la concepción de Bolívar, como ha estudiado Carrera Damas. Yanes muere en 1842, es decir, cuando ya la República Liberal había alcanzado importantes logros en su formación jurídica, como ha estudiado Elena Plaza[27].

En atención a la participación de Yanes en la Constitución de 1830, Germán Carrera Damas[28] ha observado, con agudeza, la contradicción conceptual entre Bolívar y Yanes, ante la fuerte crítica al modelo federal en el primero y la defensa de ese modelo en el segundo. Yanes aludiría, en

---

[25] Como explica Ugalde, la obra de Roscio está influencia también por Locke, entre otros. *El pensamiento teológico-político de Juan Germán Roscio, cit.*, pp. 93 y ss.

[26] Ugalde, Luis, *El pensamiento teológico-político de Juan Germán Roscio, cit.*, pp. 35 y ss.

[27] Vid. Plaza, Elena, *El Patriotismo ilustrado, o la organización del Estado en Venezuela*, Universidad Central de Venezuela, Caracas, 2007, pp. 245 y ss.

[28] Carrera Damas, Germán, "El modelo republicano, representativo y federal norteamericano y la formación del régimen republicano, representativo y liberal venezolano", pp. 95 y ss.

of the texts that can be appreciated in these two works[25]. In them, the principle of the popular power of sovereignty is exposed and therefore, the limited nature of all Government by the Law, expression of the general will and the value of freedom is enhanced, making the warning that it has to be a freedom according to the law, even when both authors deny the existence of a blind obedience to the Law. Both works show the virtues and risks of the representative and popular government, based on the separation of powers. That is to say, in these works we find the conceptual justification of the Liberal Republic founded in 1811, that was so harshly criticized by Bolívar. Without doubt, among the "philosophers" that conceived "aerial republics" we should locate Roscio and Yanes, who not only did sign the Constitution of 1811, but also defended their models in their works of solid conceptual basis.

Here we can find some kind of bifurcation in the works and lives of these two thinkers. After the fall of the First Republic, Roscio remained very related to Bolívar, to such extent as to participate as Representative in 1819 Constitution, that supposed the review of certain aspects of the federal model of the 1811. He died on 1821, being the Vice-president of the Republic of Colombia[26]. Yanes also participated in the Nation founded under the 1819 Constitution, even when it did not form part of the Congress that promulgated said Constitution. However, he did participate as President of the Congress that promulgated the 1830 Constitution that retakes certain aspects of the federalism of the 1811 Constitution, which demonstrates a greater separation from the conception of Bolívar, as it has been studied by Carrera Damas. Yanes dies in 1842, i.e., when the Liberal Republic had already made great achievements in its legal formation, as it has been studied by Elena Plaza[27].

As for the participation of Yanes in 1830 Constitution, Germán Carrera Damas[28] has sharply observed the conceptual contradiction between Bolivar and Yanes, regarding the strong critic to the federal model in the first one and the defense of said model in the second. Yanes would refer, in

---

[25] As Ugalde explains, the work of Roscio is also influenced by Locke, among other, "*El pensamiento teológico-político de Juan Germán Roscio, cit.*, pp. 93 et seq.
[26] Ugalde, Luis, *El pensamiento teológico-político de Juan Germán Roscio*," cit., pp. 35 et seq.
[27] Vid. Plaza, Elena, *El Patriotismo ilustrado, o la organización del Estado en Venezuela*", Universidad Central de Venezuela, Caracas, 2007, pp. pp. 245 et seq.
[28] Carrera Damas, Germán, *El modelo republicano, representativo y federal norteamericano y la formación del régimen republicano, representativo y liberal venezolano*, pp. 95 et seq.

tal condición, a los *"males de todo género"* que han enseñado a Venezuela a ser prudente y que *"ve en el General Simón Bolívar el origen de ellos"*. La diferencia sustancial entre el pensamiento político de Bolívar y Yanes es en cuanto al modelo federal americano, en tanto Yanes no cuestiona su viabilidad en Venezuela, según fue recogido en la Constitución de 1811, exponiendo incluso las razones por las cuales tal modelo puede devenir en un sistema protector de la libertad. Carrera acota, en este punto, que no hay en Yanes un cuestionamiento a los riesgos de ese modelo como sí puede observarse en la obra de Alexis de Tocqueville, *La Democracia en América,* cuya primera edición (1835) es incluso anterior a la obra de Yanes[29].

Otra diferencia entre ambos libros pude encontrarse en la finalidad que bajo la cual fueron escritos. *El triunfo de la libertad sobre el despotismo* fue escrita con la intención de justificar el proceso de emancipación desde las Escrituras. El libro comenzó a ser escrito por Roscio en la prisión de Ceuta, y será publicado en 1817, en plena guerra. Por ello, su tono es, además de confesional, claramente defensivo de los fundamentos de la Independencia. Ello obliga a entresacar, de la obra de Roscio, las máximas del Gobierno republicano, representativo y federal.

En contraposición, el *Manual Político del Venezuela* fue escrito en 1839, fuera del fragor de la Guerra de Independencia. Su objetivo no fue justificar los fundamentos de la emancipación, que ya para ese momento estaba consolidada con la separación de Venezuela de Colombia de acuerdo con la Constitución promulgada nueve años antes. Además, es un libro de lo que se llamaría *Derecho Político,* mucho más extenso y detallado que la obra de Roscio.

Conviene tener presente que se trata de dos obras con propósitos distintos, escritas en momentos históricos separados. Ello puede justificar diferencias de matices. Pero hay, en el fondo, un pensamiento común, compartido por dos de los actores relevantes del proceso de formación jurídica de nuestra República Liberal. Con sus diferencias y semejanzas, esas obras permiten analizar conjuntamente el pensamiento de Roscio y Yanes, a fin de comprender cuáles fueron las razones y propósitos perseguidos para organizar al naciente Estado venezolano como República Liberal, a través de un régimen republicano, representativo y federal.

---

[29] Tocqueville, Alexis de, *La democracia en América,* Fondo de Cultura Económica, México, 2009, pp. 266 y ss.

that condition to the *"evils of all kinds"* that have taught Venezuela to be prudent and that *"sees in the General Simón Bolívar their origin"*. The substantial difference between the political thinking of Bolívar and Yanes is related to the American federal model, while Yanes does not question its feasibility in Venezuela, as it was collected in the 1811 Constitution, to the point of exposing the reasons why said model may become a freedom protector system. At this point, Carrera adds that Yanes does not question the risks of that model, contrary to what can be seen in the work of Alexis de Tocqueville, *La Democracia en América*, (*Democracy in America*) which first edition (1835) is even prior to Yanes work [29].

Another difference between both books can be found in the purpose for which both books were written. *El triunfo de la libertad sobre el despotismo* was written with the intention of justifying the emancipation process from the Writings. The book began to be written by Roscio at the Ceuta prison, and was published in 1817, in the middle of the war. For that reason, its tone is also confessional, clearly defending the basis of the Independence. This mandates to pull out from Roscio's work, the maxims of the republican, representative and federal Government.

On the contrary, the *Manual Político del Venezuela* was written in 1839, apart from the clamor of the Independence War. Its purpose was not to justify the basis of the emancipation, since at that time it was consolidated with the separation of Venezuela from Colombia according to the Constitution promulgated nine years before. Also, it is a book of what would be called *Political Law*, much more extensive and detailed than Roscio's work

It is convenient to be aware that these are two works have two different purposes, written at separate moments. This can justify the different explanations. But at the end, there is a common though shared by two of the relevant authors of the legal formation process of our Liberal Republic. With their differences and similarities, these works allow to jointly analyze Roscio and Yanes' thinking in order to understand the intended reasons and purposes to organize the new born Venezuelan state as a Liberal Republic through a republican, representative and federal regime.

---

[29] Tocqueville, Alexis de, *La democracia en América"*, Fondo de Cultura Económica, México, 2009, pp. 266 et seq.

II. LA SOBERANÍA POPULAR Y EL CARÁCTER LIMITADO DEL PODER PÚBLICO. LA IDEA DE LA SUPREMACÍA CONSTITUCIONAL

El fundamento de la nueva mentalidad desarrollada en la Venezuela de finales del siglo XVII fue el origen popular de la soberanía, como superación del Derecho Divino de los Reyes. Como ha señalado Juan Carlos Rey, esta nueva concepción está muy presente en los fundamentos de la llamada Conspiración de Gual y España. Incluso, la propia crisis de la Monarquía Española, exteriorizada en 1808, atendió a la crisis filosófica derivada de la nueva concepción de la soberanía[30].

En *El triunfo de la libertad sobre el despotismo*, Roscio nos confiesa cuál era la visión predominante de la soberanía. En el Capítulo IV de esa obra nos dice Roscio: *"imaginaba yo que la soberanía era una cosa sobrenatural e invisible, reservada desde la eternidad para ciertos individuos y familias, e íntimamente unida con la palabra Rey"*. De inmediato, Roscio llama la atención sobre el error de tal premisa, apoyándose en las Escrituras para deducir que la soberanía, en realidad, reside en el pueblo como expresión de la voluntad general.

Así lo señala Roscio en el Capítulo V, una de las piezas más importantes de su obra: *"llamar soberanía al resultado de la voluntad general del pueblo, al resumen de sus fuerzas espirituales, me parecía un sueño"*. Roscio concreta la idea de la voluntad general en la Ley, pero advierte al mismo tiempo, como veremos, que el ciudadano no debe obediencia ciega a la Ley. Un punto relevante de este Capítulo V, destacado por Ugalde, es que Roscio reconoce que el cambio de pensamiento devino de la lectura de un libro sobre Derecho natural, cuya identificación no ha sido lograda a la fecha[31]. Lo particular, en todo caso, es que Roscio describe el cambio de paradigma, desde el dogma del Derecho divino de los Reyes hasta el dogma de la soberanía popular y, como derivación, del carácter limitado del Gobierno.

En efecto, al residir la soberanía en el pueblo, los representantes no ejercen un mandato propio, sino un mandato confiado por los propios ciudadanos. Yanes, en el *Manual Político del Venezolano*, nos recuerda esta idea desde el propio *Preliminar*: *"el gobierno, pues, se ha instituido para la protección y seguridad, y para la felicidad común de los miembros que componen*

---

[30] Rey, Juan Carlos, "Pensamiento político en España y sus Provincias americanas durante el despotismo ilustrado (1759-1808")", en *Gual y España. La independencia frustrada*, Fundación Empresas Polar, Caracas, 2007, pp. 43 y ss.

[31] Ugalde, Luis, *El pensamiento teológico-político de Juan Germán Roscio, cit.*, pp. 93 y ss.

II. POPULAR SOVEREIGNTY AND THE LIMITED NATURE OF THE PUBLIC POWER. THE IDEA OF CONSTITUTIONAL SUPREMACY

The basis of the new mentality developed in Venezuela at the end of the XVII century was the popular origin of sovereignty as overcoming of the Divine Law of the Kings. As Juan Carlos Rey has indicated, this new conception is very present in the so called Gual y España Conspiracy. Even the own crisis of the Spanish Monarchy exteriorized in 1808, attended the philosophical crisis deriving in the new conception of sovereignty[30].

In *El triunfo de la libertad sobre el despotismo*, Roscio confesses what was the predominant vision of sovereignty. In Chapter IV of said work Roscio tells us:: *"I imagined that sovereignty was a supernatural and invisible thing, reserved from eternity for certain individuals and families, and intimately linked to the word King"*. Immediately, Roscio calls the attention to the mistake of said premise, supported in the Writings to deduct that sovereignty at the end, resides in the people as an expression of the general will.

In Chapter V, Roscio indicates one of the most important pieces of his work: *"to call sovereignty the result of the general will of the people, the summary of its spiritual forces, seemed like a dream to me"*. Roscio concretes the idea of general will in the Law, but warns at the same time, as we will see, that the citizen does not owe blind obedience to the Law. A relevant point of this Chapter V, pointed out by Ugalde, is that Roscio recognizes that the change of thinking came from the reading of a book about natural Law, which identification has not been made yet.[31]. What is distinctive, in any case, is that Roscio describes the change of paradigm from the dogma of the divine Law of the Kings to the dogma of the popular sovereignty and as a derivative, from the limited nature of the Government.

In fact, when the sovereignty resides on the people, the representatives do not exercise their own mandate, but a mandate trusted by the citizens. Yanes, in the *Manual Político del Venezolano*, reminds us this idea from the *Preliminary Ideas*: *"thus, the government has been instituted for the protection and security and not for the benefit, honor and use of some man, some*

---

[30] Rey, Juan Carlos, "Pensamiento político en España y sus Provincias americanas durante el despotismo ilustrado (1759-1808")", en *Gual y España. La independencia frustrada*, Fundación Empresas Polar, Caracas, 2007, pp. 43 et seq.

[31] Ugalde, Luis, *El pensamiento teológico-político de Juan Germán Roscio"*, cit. pp. 93 et seq.

la sociedad; y no para beneficio, honor y utilidad de algún hombre, de alguna familia, o de alguna clase de hombres en particular". El Gobierno representativo –escribe Yanes en el Capítulo I- *"es el más conforme a los verdaderos principios. Todos los hombres tienen el derecho de gobernarse por sí mismos, y en virtud de este propio derecho cada uno tiene un derecho igual en la formación del gobierno y de las leyes que deben regirlo y juzgarlo".* El Gobierno representativo es *electivo, representativo, colectivo, alternativo y responsivo*. Se diferencia así la titularidad de la soberanía –que reside en el pueblo- del ejercicio de la soberanía –que reside en las personas en quienes la nación delega tal ejercicio.

Al comentar –y elogiar- la Constitución de 1830, Yanes explica que las bondades del Gobierno representativo derivan en la conjunción de las tres formas de gobierno conocidas: *"es el sistema representativo, el mayor y más benéfico descubrimiento de la política moderna"*, pues *"une a la libertad de la democracia, la sabiduría de la aristocracia y la energía de la monarquía; y de este modo es que en él la mayor suma de poder se une a la más grande suma de libertad".*

De acuerdo con esta posición, la soberanía popular participa en el *origen del poder* –base democrática del sistema representativo- pero también en el *ejercicio del poder* –carácter limitado del poder e incluso, de la propia Ley. En este punto, Yanes introduce la distinción entre la Constitución y la Ley, aclarando que la Constitución es la norma suprema que condiciona la forma y contenido de la Ley e incluso, condiciona a la propia soberanía popular, pues para Yanes, como veremos, la tiranía y la democracia ilimitada constituyen riesgos ciertos para la libertad.

En el desarrollo de la idea de Constitución como norma suprema, Yanes muestra la influencia notable del sistema jurídico de Estados Unidos de Norteamérica, precisamente, pues uno de los grandes aportes al Derecho Público derivado de la Revolución de Norteamérica fue la tesis de la supremacía constitucional[32]. Por ello, como señala el Profesor Brewer-Carías en la Introducción, *"el nuevo Estado constitucional creado en Venezuela hace doscientos años, puede decirse que siguió las tendencias generales del proceso constitucional que se había desarrollado en los Estados Unidos".* Esa influencia es determinada por el Profesor Brewer-Carías, además, a partir de los trabajos de "William Burke", en los cuales se emplearon expresiones propias del sis-

---

[32] Brewer-Carías, Allan, *Reflexiones sobre la Revolución Norteamericana (1776) y la Revolución Francesa (1799) y la Revolución Hispanoamericana (1810-1830) y sus aportes al constitucionalismo moderno*, cit., pp. 83 y ss.

family or some kind of man in particular". The representative Government – writes Yanes in Chapter I- *"is the most faithful to the real principles to the true principles. All men have the right to be governed by themselves and in virtue of said own right, each one has the same right in the formation of the government and of the laws that must govern and judge it"*. The representative government is *elective, representative, collective, alternative and responsive*. Thus, the ownership of the sovereignty is differentiated – which resides in the people- from the exercise of sovereignty – that resides in the persons on whom the nation delegates such exercise.

When commenting and praised – 1830 Constitution, Yanes explains that the benefits of the representative Government derive in the conjunction of the three known government forms: *"is the representative system, the greatest and most beneficial discovery of modern politic"*, since *"gathers democracy's freedom, aristocracy's wisdom and monarchy and this way is that in this system the greatest sum of power unites with the greatest sum of freedom"*.

According to this position, popular sovereignty participates in the *origin of power* –democratic base of the representative system- but also in the *exercise of power* –limited character of power and even of the Law, At this point, Yanes introduces the distinction between the Constitution and the Law, making clear that the Constitution is the supreme norm that conditions the form and content of the Law and even conditions the popular sovereignty, since for Yanes, as we will see, the unlimited tyranny and democracy constitute real risks for freedom.

Along the development of the idea of Constitution as Supreme norm, Yanes shows the notable influence of the legal system of the United States of America, precisely since one of the greatest contributions of the Public Law deriving from the North American Revolution was the thesis of the constitutional supremacy[32]. Therefore, as indicated by Professor Brewer-Carías in the Introduction, *"the new constitutional state created in Venezuela two hundred years ago, can be said that followed the general trends of the constitutional process that had developed in the United States"*. That influence is determined by Professor Brewer-Carías, also, from the works "William

---

[32] Brewer-Carías, Allan, *Reflexiones sobre la Revolución Norteamericana (1776) y la Revolución Francesa (1799) y la Revolución Hispanoamericana (1810-1830) y sus aportes al constitucionalismo moderno"*, cit. pp. 83 et seq.

tema de Estados Unidos, como "derechos del pueblo" y "soberanía del pueblo"[33].

III. LA LEY, EXPRESIÓN DE LA VOLUNTAD GENERAL

A partir del origen popular de la soberanía, Roscio se encarga de definir a la Ley como *"la expresión del voto general"*, es decir, *"la misma razón reducida a escrito, o conducida por la tradición, único código conocido antes de la invención de la escritura"* (Capítulo V). Es la Ley, como expresión de esa voluntad general, el acto que puede incidir sobre la libertad y la propiedad, dado que *"todos deben tener parte en lo que a todos toca"* (Capítulos XVI y XXXV).

La voluntad general asociada al concepto de Ley es la tesis desarrollada igualmente por Yanes. En el Capítulo I de su *Manual* escribe que la iniciativa directa para el establecimiento de las leyes no corresponde a ninguna otra corporación o individuo que no sea al pueblo. La Ley, para Yanes, *"es la expresión libre de la voluntad general, o de la mayoría de los ciudadanos, manifestada por el órgano de sus representantes legalmente constituidos"*.

Pero no basta con ese origen popular, en tanto Yanes, al igual que Roscio, añade otra característica a la Ley: ella debe ser una Ley justa y equitativa. O en palabras de Yanes, del Capítulo I, la Ley *"debe fundarse sobre la justicia y la igualdad, ha de proteger la libertad pública e individual contra toda opresión o violencia y su objeto es la utilidad común"*. A partir de esa acotación, tanto Roscio como Yanes desarrollan las críticas a la tesis de la obediencia ciega a la Ley.

Este concepto de Ley de Roscio es el que ha permitido señalar la influencia de Rousseau en su obra[34]. Lo cierto es que el énfasis de Roscio estriba en aclarar que la libertad se protege en tanto se trate de una libertad bajo la Ley, subordinada a la Ley, idea presente también Yanes, como luego se verá. De allí que el concepto de libertad que puede deducirse de las obras comentadas aparece indisolublemente asociado al de Ley como expresión de la voluntad general, que en el marco del sistema representativo era, en realidad, expresión de la mayoría, como acota Yanes y como

---

[33] Como recuerda el Profesor Brewer-Carías en la Introducción, lo probable es que Burke haya sido el seudónimo empleado, entre otros, por el propio Roscio en algunos trabajos de la *Gaceta de Caracas*.

[34] En especial, *vid.* Willwoll, Guillermo Emilio, "Sesquicentenario de Juan Germán Roscio. Suárez-Rousseau y Roscio", *Separata de la Revista de la Facultad de Derecho N° 49, Universidad Central de Venezuela*, Caracas, 1974.

Burke", where terms belonging to the United States such as "people's rights" and people's sovereignty" were used.[33].

III. THE LAW, EXPRESSION OF GENERAL WILL

From the popular origin of sovereignty, Roscio defines the Law as *"the expression of the general vote"*, i.e., *"the same reason reduced to writing, or conducted by the tradition, the only known code before the invention of the writing"* (Chapter V). Is the Law, as expression of said general will, the act that may fall over the freedom and the property, since *"all must be part of what corresponds to all"* (Chapters XVI and XXXV).

The general will associated to the concept of Law is the thesis likewise developed by Yanes. In Chapter I of its *Manual* he writes that the direct initiative for the establishment of the laws does not correspond to any other corporation or individual that is not the people. For Yanes, the Law, *"is the free expression of general will or of the majority of the citizens, expressed by the entity of its representatives legally constituted"*.

But it is not enough with that popular origin, while Yanes, at the same time as Roscio, adds another characteristic to the Law: it must be a fair and equal Law. Or in Yanes words of Chapter I, the Law *"must be based on the justice and equality, it must protect public and individual freedom against all oppression or violence and its purpose is the common use"*. From this note onwards, Roscio as well as Yanes develop the critics to the blind obedience to the Law thesis.

This Roscio's concept of Law is the one that has allowed indicating the influence of Rousseau in his work[34]. The truth is that Roscio's emphasis is to make clear that the freedom is protected provided it is a freedom under the Law, subordinated to the Law. This idea is also present in Yanes, as it will be seen later. That is the reason why the concept of freedom that can be deducted from the commented works appear indissoluble associated to the concept of Law as an expression of the general will, that in the frame of the representative system was, in reality an expression of the majority, as indicated by Yanes and how it was indicated in the

---

[33] As Professor Brewer-Carías recalls in the Introduction, it is possible that Burke was the pseudonym used, among other, by Roscio in some of the works of the *Gaceta de Caracas*.

[34] Specially, vid. Willwoll, Guillermo Emilio, "Sesquicentenario de Juan Germán Roscio". Suárez-Rousseau y Roscio", Separate Issue of the School of Law Magazine No. 49. Universidad Central de Venezuela, Caracas, 1974.

acotó, en su momento, la Constitución de 1811, según veremos. De allí surge una discrepancia respecto a la tesis de Rousseau, por sus reparos al modelo representativo, según veremos más adelante.

IV. LA OBEDIENCIA A LA LEY: UNA OBEDIENCIA RACIONAL

Como hemos visto, en Roscio la libertad aparece vinculada a la Ley como expresión de la voluntad general. Entiende Roscio que el ciudadano debe obediencia a la Ley y al Gobierno. Pero entiende también que esa obediencia no puede ser ciega. Para ello, complementa el concepto de Ley con un elemento esencial: *"no es ley el acto de la voluntad de un individuo: no es legítima, sino tiránica, la autoridad que no viene del pueblo"* (Capítulo XVI). Así, *"no puede ser derecho, ni ley, lo que carece de justicia y equidad"*.

De allí la máxima de su Capítulo XVII: *"bien entendido el genuino sentido de la palabra derecho en la definición de la libertad, se deja ver que donde reina el poder arbitrario son sinónimos el derecho y la fuerza"*. Por ello, la Ley o el Gobierno pueden devenir en tiranía, o en "invasor de la libertad", cada vez que *"injustamente priva al hombre del ejercicio de este derecho"*, al hacer *"de sus semejantes una propiedad, reduciéndolos a la esclavitud o perpetuándolos en ella"* (Capítulo XVII).

La obediencia ciega a la Ley conduce a la tiranía, según podemos leer en el Capítulo XXIX. Pues *"la ley que carece de esa bondad intrínseca, no tiene jurisdicción en el fuero interno ni merece denominarse Ley"*. Obediencia ciega –nos escribe– *"no puede ser sino el resultado de una conciencia ciega que sin discernir entre lo bueno y lo malo, ciegamente abraza cuanto se le propone"* (Capítulo XXX). La Ley debe expresar no sólo la voluntad general, sino además, la *"razón natural"*. Sobre estas ideas, Roscio formula una de las principales conclusiones de su obra: *"una obediencia ciega, una obediencia obscura, bien presto abriría el camino a la tiranía y destruiría la libertad"*. Leemos también en el Capítulo XXXVI: *"nadie tiene derecho para mandar otra cosa, ni para ser obedecido en las ilícitas"*.

Yanes complementa esa idea de Roscio, al recordar, en el *Preliminar*, que *"la sociedad no ha querido, ni podido conferir a sus representantes, jefes o mandatarios el derecho de ser injustos, ni de someterse a sus caprichos, ni tampoco dándoles facultad de ofender a sus miembros, a quienes debe seguridad, protección y equidad"*. Mostrando la influencia del pensamiento norteamericano en su obra, Yanes señala que *"aunque la voluntad de la mayoría debe prevalecer en todos los casos, esta voluntad, dice Jefferson, debe ser racional para ser justa"* (Capítulo I). La Ley debe ser racional, pues *"el principal motor, o el que hacer obrar este gobierno, es la razón, pues está fundado sobre los derechos de*

Constitution of 1811 at that time, as we will see. From there on appears a discrepancy with respect of Rousseau's thesis, for his observations to the representative model, as we will see hereinafter.

IV. THE OBEDIENCE TO THE LAW: A RATIONAL OBEDIENCE

As we have seen in the work of Roscio, freedom seems to be linked to the Law as an expression of general will. According to Roscio the citizen must obey the Law and the Government. But, also according to him, such obedience cannot be blind. For such purposes, he complements the concept of Law with an essential element: *"an act derived from the will of an individual is not law: the authority which does not come from the people is not legitimate but tyrannical"* (Chapter XVI). Therefore, *"it cannot be law what lacks justice and equity"*.

Therefore, the principle of his Chapter XVII: *"being well understood the genuine sense of the word right in the definition of freedom, it may be seen that where the arbitrary power governs, the terms right and force become synonyms"*. As a result, the Law or the Government may become a tyranny or an "invader of freedom" each time it *"unfairly deprives men from exercising this right"* upon turning *"his fellow men into a property, diminishing them to slavery or perpetuating them in it"* (Chapter XVII).

The blind obedience to the Law leads to tyranny, as we may read in Chapter XXIX. Since *"the law which lacks such intrinsic goodness has no jurisdiction in the internal venue nor deserves being referred to as Law"*. Blind obedience – he writes – *"cannot be but only the result of a blind conscience that, without distinguishing between good and evil, blindly accepts whatever is proposed thereto"* (Chapter XXX). The Law must express not only the general will but also the *"natural reason"*. On these ideas, Roscio expresses one of the main conclusions of his work: *"a blind obedience, an obscure obedience, would easily clear the path for tyranny and would destroy freedom"*. We also read in Chapter XXXVI: *"no one has the right to rule over anything or to be obeyed in illicit activities"*.

Yanes complements this idea of Roscio upon recalling, in the *Preliminary* section, that "the society has not or could not confer to its representatives, chiefs or rulers the right of being unfair, nor of being subject to their whims, and has not conferred them either the power to offend its members, to whom they will provide security, protection and equity". Showing the influence of the North American approach in his work, he points out that *"even though the will of the majority must prevail in every case, this will, according to Jefferson, must be rational in order to be fair"* (Chapter I). The Law must be rational since *"the main engine or the element which drives*

los hombres". En resumen, *"si las leyes no se cimentan en la justicia y la equidad, lejos de ser el fundamento de la libertad, ellas serán el apoyo y sostén de las más dura y odiosa tiranía, pues no hay tiranía más detestable que la que se ejerce a la sombra de la ley y so color de justicia"*.

Roscio y Yanes definen a la Ley, de esa manera, a partir de dos elementos, uno formal y el otro material. Formalmente la Ley es expresión de la voluntad general o, más en concreto –según acotación de Yanes– expresión de la mayoría. Además, debe tratarse de una Ley justa y equitativa, lo que entendemos equivale a señalar que debe tratarse de una Ley basada en la promoción y protección de la libertad. De lo contrario, las Leyes derivarán en la peor tiranía.

Hay aquí un punto de conexión con los reparos que Tocqueville dispuso al sistema de gobierno de los Estados Unidos de Norteamérica, que al basarse en la representación democrática podría derivar en la "tiranía de la mayoría"[35]. Por ello, como adelantamos, hay aquí una separación con la tesis de Rousseau, quien no admitía la idea de una representación[36]. Sin embargo, Roscio y Yanes se encargan de establecer garantías contra esa tiranía legal, al reconocer que la obediencia a la Ley no es una obediencia ciega, lo que supone el derecho a la desobediencia a la Ley que no sea justa y equitativa e incluso, el derecho a derrocar al Gobierno que devenga en tiránico.

V. LA LIBERTAD Y LA LEY. LA PROPIEDAD, IGUALDAD Y SEGURIDAD EN LA OBRA DE YANES

Non bene pro toto libertas venditur auro. No hay tesoros que contrapesen la pérdida de la libertad, nos recuerda Roscio en el Capítulo V de su obra. En el *Triunfo de la Libertad sobre el Despotismo*, Roscio aporta un concepto de libertad asociado a la Ley: *"el derecho que el hombre tiene de no someterse a una ley que no sea el resultado de la voluntad del pueblo de quien él es individuo, y para no depender de una autoridad que no se derive del mismo*

---

[35] Tocqueville, Alexis de, *La democracia en América, cit.*, pp. 254 y ss. Una explicación de ello en García de Enterría, Eduardo, *Democracia, jueces y control de la Administración*, Thomson-Civitas, Madrid, 2005, pp. 179 y ss. En general, vid. Carrera Damas, Germán, "El modelo republicano, representativo y federal norteamericano y la formación del régimen republicano, representativo y liberal venezolano", *cit*.

[36] Así lo advirtió Ramón Escovar Salom en la presentación a la edición de la obra de Yanes que hemos citado. En general vid. García de Enterría, Eduardo, *La lengua de los derechos. La formación del Derecho Público europeo tras la Revolución Francesa*, Civitas, Madrid, 2001, pp. 97 y ss.

this government is the reason because it is based on the rights of men". In summary, *"if laws are not based on justice and equity, far from being the basis of freedom, they will be the support and sustenance of the harshest and horrible tyranny, since no tyranny is more abominable than the one which is exercised under the protection of the law and under the pretext of justice"*.

Roscio and Yanes define the Law in such manner, based on two elements, one formal and one material. Formally, the Law is the expression of the general will or, more specifically – as indicated by Yanes – the expression of the majority. Moreover, it must a fair and equitable Law, which, as we understand, is the same as pointing out that it must a Law based on the promotion and protection of freedom. Otherwise, Laws will give rise to the worst tyranny.

There is a connection in this aspect with the objections of Tocqueville to the government system of the Unites States of America which, for being based on the democratic representation, could give rise to the "tyranny of the majority"[35]. For this reason, as we already indicated, there is a difference in this aspect with the thesis of Rousseau, who did not accept the idea of a representation[36]. However, Roscio and Yanes work on establishing guarantees against such legal tyranny upon acknowledging that the obedience to the Law is not a blind obedience, which supposes the right to disobey the Law that is not fair and equitable and even the right to overthrow the Government that becomes tyrannical.

V. FREEDOM AND THE LAW. THE PROPERTY, EQUALITY AND SECURITY IN THE WORK OF YANES

Non bene pro toto libertas venditur auro. Freedom is not to be sold, not for all the gold in the world. No treasures can lessen the loss of freedom, Roscio reminds us in Chapter V of his work. In the *Triumph of Freedom over Despotism*, Roscio provides a concept of freedom related to the Law: *"the right of men of not being subject to a law which is not the result of the will of the people of whom he is an individual and of not depending on an authority which does not*

---

[35] Tocqueville, Alexis de, *La democracia en América*, cit. pp. 254 et seq. An explanation of it in García de Enterría, Eduardo, *Democracia, jueces y control de la Administración*, Thomson-Civitas, Madrid, 2005, pp. 179 et seq. In general, see Carrera Damas, Germán, *"El modelo republicano, representativo y federal norteamericano y la formación del régimen republicano, representativo y liberal venezolano"*), cit.

[36] Ramón Escovar Salom warned so during the presentation of the work of Yanes quoted by us. In general, see García de Enterría, Eduardo, *La lengua de los derechos. La formación del Derecho Público europeo tras la Revolución Francesa*, Civitas, Madrid, 2001, pp. 97 et seq.

pueblo, es lo que ahora entiendo por libertad" (Capítulo XVI). Libertad, *"madre y nodriza de las virtudes sociales"*, es como tal *"irreconciliable con el despotismo, cuya duración sería efímera sin el socorro de la ignorancia, de la esclavitud y de sus otros vicios consecuentes"* (Capítulo XVIII).

La libertad se encuentra sujeta a la Ley, como explica Roscio en el Capítulo XVII, pues *"no hay libertad para ir contra sus estatutos, mientras que no sea la del cuerpo legislativo que trate de alterarlos o corregidos por la misma vía y forma que fueron sancionados"*. La libertad es *"el poder para ejecutar todo aquello que no está prohibido por ley natural y divina, o por la voluntad general del pueblo"*. Sin embargo, no puede la Ley disponer de la libertad, pues *"todo hombre es inviolable y sagrado, mientras sea justo, mientras respete, y no ataque el carácter inviolable y sagrado de la ley. Pero violarla, y pretender conservar al mismo tiempo su inviolabilidad personal, es una pretensión intolerable"*.

En Roscio podemos notar la insistencia por situar a la libertad en el marco del respeto a la Ley. Una idea presente también en Yanes, como se comprueba al leer, en el Capítulo I de su *Manual*, dedicado a los fundamentos del gobierno representativo, lo siguiente: *"la libertad legal o civil es la que deben procurar y defender los ciudadanos y consiste en la conformidad de sus acciones con lo que las leyes mandan y permiten"*. Sobre estas consideraciones, Yanes estudia, en el Capítulo III dos tipos de libertades. La libertad en sentido negativo, como el *"poder hacer todo lo que no está prohibido por las leyes"* y la libertad en sentido positivo, como *"la facultad de hacer todo aquello que debe sernos permitido hacer"*[37].

Yanes aclara, en este sentido, que la libertad no es un fin sino el medio para alcanzar la felicidad. Citando a Jeremías Bentham, afirma Yanes que *"si la felicidad se pudiera lograr sin la libertad, nada importaría, pues con tal que se logre el fin, no importa mucho por qué medios se logre. Lo que interesa, verdadera y esencialmente no es que un pueblo sea libre, sino que sea feliz"*. Por lo tanto, *"cuando la libertad está en oposición con la felicidad debe ser sacrificada a ésta"*.

Esta expresión de Yanes resulta polémica, pues pareciera admitir que la felicidad puede alcanzarse sin libertad, o sea, en despotismo. No puede ser ésa la interpretación, ciertamente, cuando toda la obra de Yanes es un fundamento teórico contra el despotismo. Además, el propio Yanes reconoce, con Roscio, que la obediencia a la Ley no puede ser ciega.

---

[37] En general, *vid.* Blanco Valdés, Roberto, *La construcción de la libertad*, Alianza Editorial, Madrid, 2010, pp. 17 y ss.

derive from the same people, is what I now understand as freedom" (Chapter XVI). Freedom, *"mother and nurturer of social virtues"* is, as such, *"irreconcilable with despotism, which duration would be ephemeral without the assistance of ignorance, slavery and its other consistent vices"* (Chapter XVIII).

Freedom is subject to the Law, as explained by Roscio in Chapter XVII, since *"there is no freedom to go against its statutes, as long as it is not that from the legislative authority which tries to amend or correct them by the same means and manner in which these were sanctioned"*. Freedom is *"the power for executing all which is not prohibited by the natural and divine law or by the general will of people"*. However, the Law cannot have freedom at its disposal since *"all men are inviolable and sacred, while they are fair, while they respect and do not attack the inviolable and sacred nature of the law. But violating it and expecting to keep its personal inviolability at the same time is an intolerable objective"*.

In Roscio, we may observe the insistence of placing freedom within the concept of respect to the Law. Another idea included in the work of Yanes, as evidenced upon reading Chapter I of his *Manual*, which is devoted to the basis of the representative government, is: *"legal or civil freedom is that to be sought and defended by citizens and involves the consistency of their actions with that required or permitted by the laws"*. Regarding this considerations, Yanes analyzes two types of freedoms in his Chapter III. In the negative sense, freedom is *"power to do everything which is not prohibited by the laws"* and, in the positive sense, freedom is *"the authority to do everything that we are allowed to do"*[37].

In this sense, Yanes explains that freedom is not a purpose but the means for achieving happiness. Quoting Jeremías Bentham, Yanes states that "if happiness could be achieved without freedom, nothing else would matter since, as long as the purpose is achieved, it doesn't matter much the means though which it was achieved. What really and essentially matters is not that people are free but that they are happy". Therefore, *"when freedom competes against happiness, it must be sacrificed for purposes of the latter"*.

This expression of Yanes is controversial since he seems to admit that happiness may be achieved without freedom, that is to say, in despotism. Certainly, this cannot be the interpretation thereof since the entire work of Yanes is a theoretical basis against despotism. Moreover, Yanes himself acknowledges, together with Roscio, that obedience to the Law cannot be

---

[37] In general, see Blanco Valdés, Roberto, *La construcción de la libertad*, Alianza Editorial, Madrid, 2010, pp. 17 et seq.

Por ello, creemos que Yanes quiso aludir en este pasaje que la libertad individual puede ser limitada a favor de la felicidad del pueblo, en tanto la libertad es, en el Gobierno representativo, un derecho que puede ser limitado en función al bien común, pero sólo –acotamos– por Leyes justas y equitativas.

El estudio de Yanes se extiende a tres principios más, relacionados con la libertad, que no son objeto de un especial tratamiento en la obra de Yanes. Nos referimos a la propiedad, la igualdad y la seguridad.

Comencemos por la propiedad, estudiada en el Capítulo V. Allí nos dice Yanes: *"de los derechos del hombre social parece debe ser el primero en el orden y en importancia"*, es decir, que la propiedad ocupa incluso un orden preferente a la libertad, pues en definitiva *"la libertad es la propiedad de sí mismo"*. Continua así: *"la propiedad es tan esencial y necesaria para la prosperidad del Estado, que conviene absolutamente protegerla y fomentarla por todos los medios posibles, asegurando a todos los individuos el pleno y completo dominio de todo lo que les pertenece legítimamente"*.

En Yanes, la violación a la propiedad conduce a la violación de la libertad, pues *"la arbitrariedad respecto de la propiedad casi siempre es seguida de la arbitrariedad sobre las personas"*. Con lo cual, aclaramos, no niega la posibilidad de limitación sobre la propiedad, admitida incluso al reconocerse la expropiación. La garantía relevante es que esa limitación debe ser resultado de una Ley justa y equitativa y, además, de una indemnización satisfactoria.

Al tratar la igualdad, en el Capítulo IV, Yanes la conecta con la propiedad, al señalar que *"la igualdad cede a la propiedad cuando ambas están en oposición y se excluyen mutuamente, porque la propiedad es el más sagrado de todos los derechos del hombre, el fundamento necesario de toda asociación política"*. Con lo cual Yanes rechaza toda idea de una igualdad real, en tanto *"la igualdad extrema llama al despotismo"*. La igualdad relevante es la igualdad legal, o sea, la igualdad ante la Ley o igualdad de derechos, pues la desigualdad real es condición inseparable a la condición humana. El único medio admisible para Yanes, a fin de enfrentar tal desigualdad es la promoción de la libertad y, con ello, de la propiedad.

Quizás con esta advertencia pretendía Yanes salvar el escollo de aplicar el principio de igualdad a una sociedad como la venezolana de entonces, desigual al haberse fundado en las bases coloniales de las clases, castas y estamentos[38]. En realidad, la existencia de tal desigualdad no es rele-

---

[38] El punto es abordado por Garrido Rovira, Juan, en "La tensión entre la libertad y la igualdad en la revolución de la Independencia y la República", *Semi-*

blind. Therefore, we believe that Yanes wanted to make reference in this passage that individual freedom may be limited in favor of people's happiness since freedom is, in the representative Government, a right that may be limited for purposes of the common good, but only – we emphasize – by fair and equitable Laws.

The analysis of Yanes includes three more principles related to freedom which are not specifically addressed in the work of Yanes. We refer to property, equality and security.

Let's begin with property, analyzed in Chapter V. Yanes states therein: *"within the rights of social men it seems to the first in order and relevance"*, this is to say that property even has a preferential position over freedom since, in the end, *"freedom is the property of our own self"*. He then states: *"property is so essential and necessary for the prosperity of the State that it is absolutely convenient to protect it and promote it by all possible means, guaranteeing to all individuals the full and complete control of everything which legitimately belongs to them"*.

In Yanes, the violation to property leads to the violation of freedom since *"arbitrariness regarding property almost always is followed by arbitrariness regarding persons"*. We therefore clarify that he does not deny the possibility of limitation over property, which he even admits upon acknowledging the expropriation. The relevant guarantee is that such limitation must be the result of a fair and equitable Law and, moreover, of a satisfactory indemnification.

Upon referring to equality in Chapter IV, Yanes relates it to property by indicating that *"equality surrenders to property when competing against each other and they mutually exclude each other because property is the most sacred right of all rights of men, the necessary basis for every political association"*. Therefore, Yanes rejects all ideas regarding real equality since *"extreme equality leads to despotism"*. The relevant equality is the legal equality, that is to say, equality before the Law or equal rights, since real inequality is an inseparable condition of the human condition. The only means acceptable to Yanes for dealing with such inequality is the promotion of freedom and, consequently, of property.

Perhaps the intention of Yanes with this warning was to avoid the inconveniences of applying the principle of equality to a society such as the Venezuelan society of those days, which was unequal for being established in the colonial fundamentals of classes, lineages and strata[38]. Actu-

---

[38] The matter is analyzed by Garrido Rovira, Juan, in "La tensión entre la libertad y la igualdad en la revolución de la Independencia y la República", *Semi-*

vante para Yanes, en tanto y en cuanto todo ciudadano pueda participar en la formación de la Ley y en el ejercicio de cargos públicos. Y aquí surge otra contradicción, ahora, con el sistema sentado con la Constitución de 1811, que reconoció dos categorías de ciudadanos, los unos, pasivos y sin derecho al voto; los otros, activos y con derecho al voto asignado, entre otras razones, por el patrimonio, de acuerdo con el régimen censitario establecido. No hay allí igualdad de derechos, siendo que la base de la desigualdad era, precisamente, la propiedad, lo que puede explicarse como uno de los signos de ruptura y continuidad entre la Monarquía y la República. No hay, en la obra de Yanes, explicación a esta aparente antinomia.

La seguridad, por último, es el fin esencial del gobierno representativo, según se explica en el Capítulo VI, es decir, promover el derecho del hombre a la conservación de su propiedad y libertad, y por ello, la conservación misma de la sociedad *"pues que ésta se formó para asegurar y proteger las propiedades"*. Y de nuevo, nos recuerda Yanes los peligros del Gobierno en manos del *"prepotente ambicioso"* que invoca los derechos del pueblo para socavar la propiedad y la libertad. Y sentencia: *"el patriotismo ha causado la ruina de muchas naciones"*.

VI. EL CARÁCTER LIMITADO DEL GOBIERNO Y EL CONCEPTO DE TIRANÍA

Roscio diferencia la Ley del Gobierno. La primera es la expresión de la voluntad general, mientras que el Gobierno está conformado por los representantes del pueblo encargados de cuidar la observancia de la Ley. Roscio se muestra desconfiado del Gobierno, al acotar que no es *"el ramo más excelente de la soberanía"*, aun cuando es *"el más eficaz para contener a los díscolos"* (Capítulo V). Por ende, advierte los riesgos del Gobierno que, incluso de origen popular, deviene en despótico: *"depender de un hombre sólo"* –nos escribe Roscio- *"es esclavitud"*.

Esta idea es desarrollada por Roscio cuando analiza el carácter vicarial o servicial del Gobierno, es decir, que el Gobierno debe ser ejecutor de la Ley de acuerdo con la voluntad de los ciudadanos, quienes mantienen su soberanía superior sobre el Gobierno. Luego, el Gobierno representativo deviene en tiranía cuando el gobernante impone su voluntad convir-

---

nario de Profesores de Derecho Público, Centro de Estudios de Derecho Público de la Universidad Monteávila, Caracas, 2010.

ally, the existence of such inequality is not relevant for Yanes since and as long as every citizen may participate in the creation of the Law and in the exercise of public offices. And another contradiction arises in this matter since the system established by the Constitution of 1811 acknowledged two categories of citizens, one of passive citizens with no right to vote and another of active citizens with an assigned right to vote, among other reasons, because of their patrimony, according to the census system established. There are no equal rights in the abovementioned since, precisely, property was the basis of inequality which may be explained as one of the signs of rupture and continuity between the Monarchy and the Republic. The work of Yanes does not include an explanation of this apparent antinomy.

Finally, security is the essential purpose of the representative government, as explained in Chapter VI, i.e. promoting the right of men to preserve their property and freedom and, therefore, preserve the society itself *"since it was established for guaranteeing and protecting properties"*. And, again, Yanes reminds us the dangers of a Government in hands of an *"ambitious arrogant"* that invokes the rights of people for undermining property and freedom. And sentences: *"patriotism has ruined many nations"*.

VI. THE LIMITED NATURE OF THE GOVERNMENT AND THE CONCEPT OF TYRANNY

Roscio establishes a difference between the Law and the Government. The former is the expression of general will while the Government is integrated by the people's representatives who are in charge of watching over the compliance with the Law. Roscio seems to distrust the Government when pointing out that it is not *"the most excellent branch of sovereignty"*, even though it is *"the most efficient for controlling the disobedient"* (Chapter V). Therefore, he warns about the risks of the Government which, even of popular origin, becomes despotic: *"depending on a single man"* – writes Roscio – *"is slavery"*.

This idea is explained by Roscio upon analyzing the vicarious or service-oriented nature of the Government, i.e. that the Government must be the enforcer of the Law according to the will of citizens, who keep their supreme sovereignty over the Government. Then, the representative Government becomes a tyranny when the ruler imposes his will by turn-

---

nario de Profesores de Derecho Público, Centro de Estudios de Derecho Público de la Universidad Monteávila, Caracas, 2010.

tiendo al ciudadano en esclavo. A esa tiranía Roscio le denomina, también, *arbitrariedad* (Capítulo XXI).

Roscio –y aquí debemos situarnos en el momento histórico de la obra- enuncia algunos remedios frente al Gobierno representativo que deviene en despótico. En el Capítulo XXXI nos habla del derecho del ciudadano de separarse del pacto social frente al Gobierno que lejos de protegerle, le ataca en sus más caros intereses, pues *"sometimiento sin patrocinio es una monstruosidad"*, ya que no puede el Gobierno *"quitarle al hombre hasta la esperanza de ser libre"*. Asimismo, alude Roscio al derecho a la resistencia (Capítulo XXXII) y al regicidio y tiranicidio (Capítulos XLV, XLVII y XLVIII).

Yanes, en su *Manual*, coincide y complementa estas consideraciones. El déspota –escribe en el Capítulo I- *"no reconoce otra ley que su voluntad y una voluntad limitada por las leyes no sería ya una voluntad despótica"*. El carácter limitado del Gobierno es, pues, la primera garantía contra el despotismo. Yanes, en este sentido, concibe a las limitaciones del Gobierno en dos niveles: el constitucional y el legal, según vimos. Es indispensable – nos escribe en el citado Capítulo- que las atribuciones del gobernante estén definidas y sean limitadas. Tal es *"el objeto de las leyes constitucionales o fundamentales, y sólo las constituciones de esta clase son las que legitiman al gobierno representativo y hacen justa y válida la delegación de la soberanía"*. E insiste en esa idea: *"ningún poder, ninguna autoridad en la tierra puede ser ilimitada"*, pues incluso *"la soberanía del pueblo no es ilimitada"*. Con lo cual, el Gobierno es limitado por la Constitución y por las Leyes.

VII. EL GOBIERNO AL SERVICIO DE LOS CIUDADANOS

Tanto Roscio como Yanes establecen garantías contra el Gobierno que, teniendo origen democrático, deviene en tiranía, cuando el poder resulta del mando de un solo hombre no subordinado a la Ley.

Así, en el *Triunfo de la Libertad sobre el Despotismo*, Roscio caracteriza al Gobierno por su función vicarial, es decir, por estar al servicio de todos los ciudadanos, quienes consecuentemente participan políticamente en el control de su gestión. En el Capítulo XIX Roscio señala que *"la nación nunca es súbdita de sus mandatorios, que ella misma elige y autoriza por la administración de sus derechos"*. Niega así que el Gobierno pueda degenerar en el mando de un solo hombre, insistiendo que *"sujetarse a la voluntad de sus propios mandatarios, sería lo mismo que dejar de ser soberano"*, enfatizando de esa manera la *"superioridad del pueblo"*.

ing the citizen into a slave. Roscio also refers to this tyranny as *arbitrariness* (Chapter XXI).

Roscio – and we must take into consideration in this section the work's historical moment – points out several remedies towards a representative Government which becomes despotic. In Chapter XXXI, he makes reference to the citizen's right of withdrawing from the social pact with the Government which, far from protecting him, attacks him in his most valued interests, because *"unsponsored subjugation is a monstrosity"* since the Government cannot *"take away from men even the hope of being free"*. Likewise, Roscio makes reference to the right to resistance (Chapter XXXII) and to regicide and tyrannicide (Chapters XLV, XLVII and XLVIII).

Yanes, in his *Manual*, agrees with and complements these considerations. The despot – he writes in Chapter I – *"does not acknowledge any law other than his will and a will which is limited by the laws would no longer be a despotic will"*. The limited nature of the Government is, therefore, the first guarantee against despotism. In this sense, Yanes considers the limitations of the Government in two levels: the constitutional and the legal, as we observed. It is essential – he writes in the abovementioned Chapter – that the powers of the ruler be defined and limited. That is *"the purpose of the constitutional or fundamental laws and only this type of constitutions are the ones that legitimate the representative government and make that the delegation of sovereignty be fair and valid"*. And he insists in this idea: *"no power, no authority on earth can be unlimited"* since even *"the sovereignty of people is not unlimited"*. Therefore, the Government is limited by the Constitution and the Laws.

VII. THE GOVERNMENT AT THE SERVICE OF CITIZENS

Both Roscio and Yanes establish guarantees against the Government which despite of having a democratic origin becomes a tyranny when the power results from the ruling of a single man who is not subordinated to the Law.

In this sense, in the *Triumph of Freedom over Despotism* (*Triunfo de la Libertad sobre el Depotismo*), Roscio describes the Government according to its vicarious duty, i.e. for being at the service of all citizens who, consequently, have political participation in the control of its performance. In Chapter XIX, Roscio points out that *"the nation is never subject to its rulers, who are elected and authorized by itself for the administration of its rights"*. He therefore refuses that the Government may degenerate into the ruling of a single man, insisting that *"abiding to the will of its own rulers would be the same as no longer being sovereign"*, making emphasis to the *"supremacy of people"*.

Si los gobernantes ejercen la soberanía lo hacen sólo por delegación de los ciudadanos, con lo cual el mandatario sólo es el *"primer administrador de una nación, constituido por el voto general de ella"* (Capítulo XLIX). Por ello, los ciudadanos mantienen siempre el poder de controlar al Gobierno, como explica Roscio en otra de las piezas básicas de su obra, el Capítulo L. A los ciudadanos toca la elección del gobierno y a ellos corresponde *"fiscalizar su conducta, removerlos o conservarlos, prorrogarles el tiempo de su servicio, tomarles cuenta y razón de su administración: en una palabra, todo cuando conduzca a la salud del pueblo, que es la suprema ley, a precaver y remediar todo lo que sea detrimento suyo"*, dado que *"la nación como soberana es el juez único y privativo de sus funcionarios, de su elección, revocatoria, vacantes, caducidad, incidencias y consecuencias de su oficio"*. Ello se conecta con el concepto de obediencia en el pensamiento de Roscio: debe tratarse de una obediencia racional, derivada de la Ley justa y equitativa.

Yanes coincide con esta idea, al recordar en el *Preliminar* que *"el gobierno, pues, se instituyó por la sociedad para su seguridad, perfección y bienestar"*. Para añadir luego: *"la sociedad fue primero: ella es independiente y libre en su origen: por ella y para ella fue que se instituyó el gobierno, que no es sino instrumento suyo. A la sociedad corresponde mandar, al gobierno servir"*. Por ende, el pueblo puede poner o quitar a los gobernantes. Así, nos resume esta máxima: *"los gobiernos son hechos para los gobernados y no los gobernados para los gobiernos"*. Y con una frase que es en realidad de Adams, nos recuerda que el fin último es la existencia de un gobierno de Leyes, no un gobierno de hombres.

Tanto Roscio como Yanes entienden que la delegación de la soberanía no priva a los ciudadanos del ejercicio de la libertad política para controlar la actuación del Gobierno. En el Capítulo I de su *Manual*, Yanes asigna un rol relevante a la libertad de expresión en este sentido. Así, *"el fundamento de todo gobierno representativo es la opinión pública, la cual debe venir siempre de fuera del gobierno, es decir, que va del público al gobierno y no al revés"*. Y agrega, en el Capítulo III, *"cuando el supremo poder de un estado se halla en manos de una o muchas personas cuya conducta no puede ser inspeccionada por el pueblo, el goce de la libertad civil e individual es débil, incierto e insubsistente"*.

En este punto, tanto Roscio como Yanes demuestran su desconfianza hacia el Gobierno, por la propensión a degenerar en despotismo. Esa desconfianza es muy acusada en Yanes, quien nos recuerda, en el Capítulo III, que *"los hombres que han ejercido un poder de esta especie y se han hecho los primeros hombres del estado"*, naturalmente desean *"retener el poder por más tiempo que el que la ley les permite y aun por toda la vida (...) el espíritu del*

If rulers exercise sovereignty, they only do so because of the delegation of citizens, being the ruler only the *"first administrator of a nation, appointed by the general vote thereof"* (Chapter XLIX). Therefore, citizens always keep the power to control the Government, as explained by Roscio in another main part of his work, Chapter L. Citizens are responsible for the election of the government and they are in charge of *"supervising their behavior, removing or keeping them, extending the period for which these will be at their service, requiring them to render accounts and reasons for their administration: i.e., everything that leads to the wellbeing of people, which is the supreme law, to prevent and remedy everything which may be detrimental thereto"* since *"the nation, as sovereign, is the sole and exclusive judge of its officers, of their election, revocation, vacancies, expiration, incidences and consequences of their activities"*. This is connected to the concept of obedience in the idea of Roscio: it must be a rational obedience, derived from the fair and equitable Law.

Yanes agrees with this idea upon recalling in the *Preliminary* section that *"the government was therefore established by the society for its security, perfection and welfare"*. Adding later: *"the society came first: it is independent and free in its origin: by it and for it was established the government, which is only an instrument thereof. The society is in charge of ruling, the government of serving"*. Therefore, people may appoint or remove rulers. In this sense, he summarizes this principle: *"governments are made for citizens instead of citizens for governments"*. And with a phrase which actually belongs to Adams, he reminds us that the ultimate goal is the existence of a government of laws and not a government of men.

Both Roscio and Yanes understand that the delegation of sovereignty does not deprive citizens of exercising political freedom for controlling the performance of the Government. In Chapter I of his *Manual*, Yanes confers a relevant role to freedom of speech in this sense. In this sense, *"the basis of every representative government is public opinion, which must always come from outside the government, i.e. it must go from the public to the government and not the other way around"*. And he adds, in Chapter III, *"when the supreme power of a state is in hands of one or several persons whose behavior cannot be supervised by the people, the enjoyment of civil and individual freedom is weak, uncertain and non-enduring"*.

In this point, both Roscio and Yanes show their lack of trust towards the Government for the tendency of degenerating into despotism. This lack of confidence is highly argued by Yanes, who reminds us, in Chapter III, that *"men who have exercised this kind of power and have become the first men of the state"* naturally wish *"to hold on to power for a period longer than the period permitted by the law and even for life (...) the spirit of men is so natu-*

hombre es tan naturalmente sospechoso que apenas un ciudadano se eleva sobre sus compatriotas, cuando se le supone el deseo de hacerse absoluto".

Este principio, en el pensamiento de Roscio y Yanes, permite apreciar la desconfianza de éstos hacia el Gobierno, pues por la propia naturaleza del hombre, el gobernante tenderá a abusar de su poder. Para evitar ello establecen un conjunto de limitaciones al Gobierno que constituyen las bases fundamentales de nuestro Derecho Público. Así, el Gobierno debe estar sujeto a la Constitución y a la Ley, y debe orientar su actividad al servicio de los ciudadanos. Además, los ciudadanos mantienen la libertad política para controlar al Gobierno, lo que evidencia que la concepción del régimen representativo no se hacía en menoscabo de tal libertad de participación. De allí la relevancia dada a la opinión pública, y por ende, a la libertad de expresión como instrumento contralor del Gobierno.

VIII. LA SEPARACIÓN DE PODERES

Aun cuando la doctrina de la separación de poderes no tiene, en la obra de Roscio, un extenso desarrollo, está muy presente en las consideraciones que efectúa sobre las distintas funciones del Gobierno y la Ley, lo que presupone la separación del Poder Ejecutivo y del Poder Legislativo. En el Capítulo XLIX refiere a la independencia del Poder Judicial, cuando nos dice: *"nunca faltan en las monarquías absolutas, testigos y jueces que sirvan gustosamente a los Reyes en semejantes empresas"*, en alusión a los desmanes de los Reyes. En el Capítulo L, al enunciar lo que podríamos considerar las "máximas" del régimen republicano, Roscio insiste sobre esta idea, al aludir a que *"el bien común es la única mira de todo gobierno"* y que *"este interés exige que los poderes legislativos, ejecutivo y judicatario sean distinguidos y definidos y que su organización asegure la libre representación de los ciudadanos"*[39].

En el *Manual Político del Venezolano,* por su propia temática, sí hay un desarrollo extenso de este principio, cuyo fundamento para Yanes es el carácter representativo del Gobierno. Así, nos dice en el *Preliminar* que *"la mejor organización social consiste en hallar la mejor distribución posible de los poderes políticos. El gobierno representativo reconoce la división de los poderes*

---

39 Como puede evidenciarse del Reglamento de 1810, Roscio concebía a la separación de poderes como garantía de la libertad frente a la tiranía derivada de la concentración de poderes. Podemos leer en ese Reglamento: *"habitantes de Venezuela: buscad en los anales del género humano las causas de las miserias que han minado interiormente la felicidad de los pueblos y siempre la hallaréis en la reunión de todos los poderes"*

rally suspicious that only a citizen rises above his fellow citizens when his wish is becoming absolute".

This principle, in the thoughts of Roscio of Yanes, shows us of their lack of trust towards the Government since, due to the specific nature of men, the ruler will tend to abuse of his power. In order to avoid so, they establish a series of limitations for the Government which represent the fundamental basis of our Public Law. In this sense, the Government must be subject to the Constitution and the Law and its activity must be at the service of citizens. Moreover, citizens retain the political freedom of controlling the Government, which evidences that the conception of the representative regime was not made to diminish such freedom of participation. Hence the relevance granted to public opinion and, therefore, to freedom of speech as an instrument for controlling the Government.

VIII. THE SEPARATION OF POWERS

Even though the doctrine of separation of powers is not comprehensively explained in the work of Roscio, it is highly present in his considerations about the several duties of the Government and the Law, which presupposes the separation of the Executive Power and the Legislative Power. In Chapter XLIX, he refers to the independence of the Judicial Power when telling us: *"absolute monarchies never lack witnesses and judges who are gladly at the service of Kings in such businesses"*, making reference to the outrages of the Kings. In Chapter L, upon making reference to the "principles" of the republican regime, Roscio insists in this idea when making reference to the fact that *"the common wellbeing is the sole objective of every government"* and that *"this interest requires that the legislative, executive and judicial powers be differentiated and defined and that their organization guarantees the free representation of citizens"*[39].

In the *Political Manual of the Venezuelan* (*Manual Político del Venezolano*), due to its theme, there is a broad explanation of this principle, which basis, according to Yanes, is the representative nature of the Government. In this sense, he tells us in the *Preliminary* section that *"the best social organization consists of finding the best distribution possible of political powers. The representative government acknowledges the division of public*

---

[39] As evidenced by the Regulation of 1810, Roscio conceived the separation of powers as a guarantee of freedom towards the tyranny derived from the concentration of powers. We may read in such Regulation: *"inhabitants of Venezuela: search in the history of humankind the causes of the miseries which have internally undermined the happiness of peoples and you will always find the concentration of all powers"*

públicos en tres ramales que son: el deliberativo, el ejecutivo y el judicial". Separación de poderes que se justifica como medida para prevenir el despotismo, según puede leerse en el Capítulo I: *"aunque en el régimen representativo la soberanía de ejercicio reside en el poder legislativo, debe cuidarse que ni el ejecutivo ni el judicial sean un ciego instrumento de aquél"*.

IX. EL RÉGIMEN FEDERAL EN LA OBRA DE YANES Y EL SISTEMA AMERICANO

El Capítulo II del *Manual del Político del Venezolano* de Yanes se dedica enteramente al régimen federal, aspecto que no es tratado en la obra de Roscio. Ello puede responder a la intención con la cual *El triunfo de la libertad sobre el despotismo* fue escrito, y el énfasis dado en justificar el régimen representativo, como ya hemos señalado.

Yanes no cesa en elogios al régimen federal. Entre todas las formas de gobierno conocidas –escribe– *"ninguna puede asegurarse es más perfecta que la representación federal, porque encierra los menos inconvenientes; porque produce la mayor suma de bienes y felicidad, y contiene la mayor porción de garantías para gozar los ciudadanos, con seguridad, en la vida privada, de sus derechos naturales..."*. La bondad del régimen federal radica en que él protege en mejor medida a la libertad, *"preservándola de la anarquía a que propenden los gobiernos populares"*.

En este Capítulo II puede apreciarse la notable influencia del sistema político de Estados Unidos de Norteamérica, y en especial, de los escritos de Hamilton y Madison en *The Federalist,* que son citados por Yanes. De acuerdo con Hamilton y Madison[40], la democracia pura –democracia directa– es la más propensa a que predomine una facción, mientras que en una República, al operar la delegación, tal facción tiene menos probabilidades de sobresalir. Yanes asume estos planteamientos para enfatizar que el gobierno republicano basado en una *federación*, es decir, el gobierno fundado en la unión de un "conjunto de estados perfectos" que conservan cierta porción de su soberanía, es el modelo que plantea las *"curas para las enfermedades a que más frecuentemente está expuesto el gobierno republicano"*. Así lo demuestra la fundación de Estados Unidos de Norteamérica, que *"fue un acontecimiento enteramente nuevo"*.

---

[40] En concreto, Yanes cita los números 9 y 10, de Hamilton y Madison, respectivamente. *The Federalist. A commentary on the Constitution of the United States,* The Modern Library, 2000, pp. 47 y ss.

powers in the following three branches: the deliberative, the executive and the judicial". A separation of powers which is justified as a measure for preventing despotism, as it may be read in Chapter I: *"even though in the representative regime the exercise sovereignty lies in the legislative power, caution must be taken that neither the executive nor the judicial be a blind instrument thereof"*.

IX. THE FEDERAL REGIME IN THE WORK OF YANES AND THE AMERICAN SYSTEM

Chapter II of the *Political Manual of the Venezuelan* of Yanes is entirely devoted to the federal regime, aspect which is not included in the work of Roscio. This may be due to the intention with which *"The triumph of freedom over despotism"* was written and the emphasis on justifying the representative regime, as we have already pointed out.

Yanes repeatedly praises the federal regime. Among all known types of government –he writes– *"none can be guaranteed as more perfect than the federal representation because it involves the lesser inconveniences; because it produces the greatest amount of goods and happiness and has the greatest portion of guarantees to be enjoyed citizens, with security, in private life, of their natural rights..."* The advantage of the federal regime lies in the fact that it protects freedom to a better extent, *"protecting it from the anarchy to which popular governments have tendency"*.

In this Chapter II, it may be seen the notable influence of the political system of the United States of America and, especially, of the written works of Hamilton and Madison in *The Federalist*, which are quoted by Yanes. According to Hamilton and Madison[40], the pure democracy – direct democracy – is the most susceptible to the predomination of a faction, while in a Republic, for applying the delegation, such faction has fewer probabilities to stand out. Yanes implements these approaches for making emphasis in the fact that the republican government based on a *federation*, i.e. the government based on the union of a "series of perfect states" which preserve a certain portion of their sovereignty, is the model which provides the *"cures for the diseases to which the republican government is more frequently exposed to"*. This is evidenced by the creation of the United States of America, which *"was an entirely new event"*.

---

[40] Specifically, Yanes quotes numbers 9 and 10 of Hamilton and Madison, respectively. *The Federalist. A commentary on the Constitution of the United States*, The Modern Library, 2000, pp. 47 et seq.

Yanes entiende que los riesgos del Gobierno representativo por él advertidos (riesgos que pueden degenerar en una tiranía) son atenuados en la medida en que se asuma la forma federal, pues ello debilitará el poder del Gobierno central e incrementará sus controles. Esa fue, recordamos, la fórmula que asumida en la Constitución de 1811 fue duramente criticada por Bolívar. Como asoma Carrera Damas[41], podríamos encontrar, en este Capítulo II del *Manual* de Yanes una réplica a la crítica que Bolívar formulara al Gobierno federal, en especial, con ocasión al discurso de Angustura de 1819. Así, en su Capítulo III, puede leerse: *"el despotismo ilimitado y la democracia sin freno son igualmente contrarios a la libertad civil; en cualquier forma de gobierno en que se conceda un poder ilimitado, o excesivo (...) la libertad civil será necesariamente imperfecta"*.

Esta reflexión nos lleva a un punto relevante, que nos limitamos a asomar. Hemos dicho que no hay, en la obra de Roscio, una defensa tan explícita al modelo federal. Asimismo, habíamos señalado que Roscio –a diferencia de Yanes- participó activamente en la Constitución de 1819, que tal y como ha recordado Irene Loreto, replantea el modelo federal[42]. Esa participación podría marcar un punto de diferencia importante en el pensamiento de Roscio y Yanes, el primero, favorable a un régimen centralista, mientras que el segundo, defensor firme del sistema federal.

En todo caso, la admiración del sistema americano, en Yanes, no es "admiración ciega", pues Yanes advierte que ese sistema pudo ser exitoso gracias a la constitución natural de los ciudadanos americanos, frase que basada en la obra Tomas Paine difundida en aquélla época[43], recuerda las observaciones –ya comentadas- de Tocqueville sobre la democracia en América. Pero no analiza Yanes las razones por las cuales la constitución

---

[41] Carrera Damas, Germán, "El modelo republicano, representativo y federal norteamericano y la formación del régimen republicano, representativo y liberal venezolano", *cit.*, pp. 98 y ss.

[42] Loreto, Irene, *Algunos aspectos de la historia constitucional venezolana*, Academia de Ciencias Políticas y Jurídicas, Caracas, 2010, pp. 151 y ss.

[43] En concreto, la cita es de Paine, Thomas, *Common sense*, Dover-Thrift-Editions, New York, 1997. Como recuerda el Profesor Brewer-Carías en la Introducción, Manuel García De Sena publica en 1812 una traducción en español de las obras de Paine, incluyendo ésta. Se trató de un conjunto de libros traducidos y publicados en Filadelfia en español que "fueron concebidos como instrumentos para explicar a los suramericanos el significado, alcance y fundamentos constitucionales de la Revolución Americana, habiendo sido utilizados para la redacción de varios de los documentos oficiales de la Independencia publicados en el libro de Londres".

Yanes understands that the risks of the representative Government (risks which may degenerate into a tyranny), risks which he warned about, are mitigated to the extent in which the federal system is implemented, since it would weaken the power of the central Government and increase its controls. That was the formula, as we recall, implemented by the 1811 Constitution which was harshly criticized by Bolivar. As pointed out by Carrera Damas[41], we could find, in this Chapter II of the *Manual* of Yanes, a replica of the criticism made by Bolivar to the federal Government, especially on the occasion of the Angostura address of 1819. In this sense, in his Chapter III, it may be read: *"unlimited despotism and unrestricted democracy are equally contrary to civil freedom; in any type of government in which an unlimited or excessive power is granted (…) civil freedom will be necessarily imperfect"*.

This observation brings us to a relevant point to which we will make limited reference. We have said that the work of Roscio does not include such an explicit defense of the federal model. Likewise, we have pointed out that Roscio – unlike Yanes – was actively involved in the Constitution of 1819 which, such as recalled by Irene Loreto, reconsiders the federal model[42]. This involvement could represent a relevant point of difference in the thought of Roscio and Yanes, being the former favorable to a centralist regime while the latter was a strong defender of the federal system.

In any case, the admiration of the American system in Yanes is not a "blind admiration" since Yanes points out that such system was able to succeed thanks to the natural constitution of the American citizens, a phrase which, based on the work of Thomas Paine published in such era[43], reminds us of the remarks –already commented– made by Tocqueville regarding democracy in America. But Yanes does not analyze the

---

[41]   Carrera Damas, Germán, El modelo republicano, representativo y federal norteamericano y la formación del régimen republicano, representativo y liberal venezolano"), cit. pp. 98 et seq.

[42]   Loreto, Irene, Some *Algunos aspectos de la historia constitucional venezolana*), Academia de Ciencias Políticas y Jurídicas, Caracas, 2010, pp. 151 et seq.

[43]   Specifically, the quotation is from Paine, Thomas, *Common sense,* Dover-Thrift-Editions, New York, 1997. As recalled by Professor Brewer-Carías in the Introduction, Manuel García De Sena published in 1812 a Spanish translation of the Works of Paine, including this one. It was a series of books translated into Spanish and published in Philadelphia which "were conceived as instruments for explaining to South Americans the meaning, scope and constitutional basis of the American Revolution, having been used for the writing of several official documents about the Independence published in the book of London".

natural de los venezolanos permitiría la subsistencia del régimen representativo, republicano y federal, siendo que tal fue, como indicamos, la principal objeción puesta por Bolívar.

X. LA INTERPRETACIÓN DE LOS DOCUMENTOS HISTÓRICOS RECOPILADOS A TRAVÉS DEL PENSAMIENTO DE ROSCIO Y DE YANES

Los documentos que se incluyen en *Interesting Official Documents Relating to the United Provinces of Venezuela* evidencian la influencia de Roscio, en especial, pues como indica el Profesor Brewer-Carías en la Introducción general preparada para esta primera edición venezolana, participó en la redacción de esos textos. La soberanía popular y la idea de Ley como expresión de la voluntad general; el carácter limitado del Gobierno y la idea de libertad, entre otras, están presentes en estos documentos. Sobre esos documentos, y teniendo en cuenta la Constitución de 1830, fue que Yanes escribió su Manual. Conviene efectuar algunos comentarios a tales documentos, de acuerdo con lo que hemos expuesto hasta ahora.

Antes incluso que la Independencia, declarada el 5 de julio de 1811, el 1 de julio la Sección Legislativa de la Providencia de Caracas, presidida por Yanes, realizó la solemne declaración de *Derechos de los Pueblos*, incluida en la obra presentada por el Profesor Brewer-Carías, siguiendo así las formas de las Revoluciones liberales[44].

En el texto de la *Declaración de Derechos de los Pueblos* de 1 de julio de 1811 (artículo 3), se señala que la Ley "se forma por la expresión libre y solemne de la voluntad general que se expresa por los apoderados del pueblo para que representen sus derechos. Ley que, en los términos del artículo 5, impone reglas comunes que coartan a los ciudadanos, quienes ya no obrarán por su opinión o voluntad, sino por el *deber de obediencia* a la Ley, que aparece expresamente refrendado en el artículo 6. El ciudadano obedece a la Ley por la "razón común", en tanto la Ley no "atenta contra la libertad, sino cuando se aparta de la naturaleza y de los objetos, que deben estar sujetos a una regla común". Como se observa, ello coincide con el planteamiento que, tiempo después, defenderían Roscio y Yanes en cuanto a la Ley como expresión de la voluntad general y la existencia de un deber de obediencia racional. Por ello, como acota la *Declaración* en su

---

[44] Brewer-Carías, Allan, *La Constitución de la Provincia de Caracas de 31 de enero de 1812*, Academia de Ciencias Políticas y Sociales, Caracas, 2011 y *Las Declaraciones de Derechos del Pueblo y del Hombre de 1811*, Academia de Ciencias Políticas y Sociales, Caracas, 2011.

reasons by which the natural constitution of Venezuelans would allow the endurance of the representative, republican and federal regime, despite of the fact that it was, as we indicated, the main objection made by Bolivar.

X. THE INTERPRETATION OF THE HISTORICAL DOCUMENTS GATHERED THROUGH THE THOUGHT OF ROSCIO AND YANES

The documents included in *Interesting Official Documents Relating to the United Provinces of Venezuela* evidence the influence of Roscio, especially since he was involved in the writing of such texts, as indicated by Professor Brewer-Carías in the general Introduction prepared for this first Venezuelan edition. Popular sovereignty and the notion of Law as an expression of the general will; the limited nature of the Government and the notion of freedom, among others, are included in such documents. Yanes wrote his *Manual* based on such documents and taking into consideration the Constitution of 1830. It is important to make some comments about such documents according to the abovementioned.

Even before the Independence declared on July 5, 1811, on July 1st, the Legislative Section of the Province of Caracas, presided by Yanes, made the solemn declaration of Rights of Peoples (*Derechos de los Pueblos*), included in the work presented by Professor Brewer-Carías, following therefore the models of liberal Revolutions[44].

In the text of the Declaration of Rights of Peoples of July 1, 1811 (Article 3), it is stated that the Law "is formed by the free and solemn expression of general will that is expressed by people's representatives for purposes of representing their rights. A Law which, according to the terms of Article 5, imposes common rules which restrict citizens, who will no longer act on the basis of their opinion or will but on the basis of the *duty of obedience* towards the Law, which is expressly provided for in Article 6. The citizen obeys the Law because of the "common reason", in the meantime, the Law does not "attempt against freedom but when it deviates from the nature and objectives which must be subject to a common rule". As seen, this is consistent with the approach that Roscio and Yanes would defend afterwards regarding the Law as an expression of the general will and the existence of a rational duty of obedience. Therefore, as stated by

---

[44] Brewer-Carías, Allan, *La Constitución de la Provincia de Caracas de 31 de enero de 1812*, Academia de Ciencias Políticas y Sociales, Caracas, 2011 and *Las Declaraciones de Derechos del Pueblo y del Hombre de 1811*), Academia de Ciencias Políticas y Sociales, Caracas, 2011.

artículo 12, todo acto jurídico ejercido contra un ciudadano sin las formalidades de la Ley es arbitrario y tiránico.

También encontramos en esa Obra la "Declaración de Independencia", que recoge las motivaciones de la decisión a favor de la *independencia absoluta* aprobada el 5 de julio de 1811, de acuerdo con el texto redactado por Roscio e Isnardy y aprobada el 7[45]. La Independencia ha sido valorada entre nosotros como una "gesta militar". En realidad, entendemos que la *absoluta independencia* de España fue asumida como condición necesaria para la realización del gobierno republicano, representativo y federal, como se evidencia luego del estudio de los debates del Supremo Congreso, durante ese mes de julio de 1811[46].

Así se evidencia también del texto de la Constitución de 1811, incluido igualmente en esta Obra. La *Constitución Federal para los Estados Unidos de Venezuela* recogió los principios del régimen republicano, basado en la separación de poderes ("el ejercicio de esta autoridad confiada a la Confederación no podrá jamás hallarse reunido en sus diversas funciones", de acuerdo con su preámbulo), e incluye, en sus artículos 141 y siguientes, normas inéditas que, más bien, parecen declaraciones sobre principios políticos. En efecto, ese artículo 141 señala que al constituirse los hombres en sociedad ellos renuncian a la "libertad ilimitada y licenciosa a que fácilmente los conducían sus pasiones, propias sólo del estado salvaje". Asimismo, el artículo 144 define a la soberanía como el "supremo poder de reglar o dirigir equitativamente los intereses de la comunidad", y ella reside en la "masa general de los habitantes", ejerciéndose por medio de sus representantes (pero nunca por un individuo, como acota el artículo 145). De esa manera, "la ley es la expresión libre de la voluntad general o de la mayoría de los ciudadanos", y debe proteger "la libertad pública e individual contra toda opresión o violencia", con lo cual, la tiranía vuelve a ser definida en referencia a los actos ejercidos contra cualquier persona "fuera de los casos y contra las formas que la Ley determina".

Nótese que la voluntad general se equipara a la voluntad de la mayoría como defenderían Roscio y Yanes. Por ello, la libertad es concebida dentro de los límites a la Ley, reconociéndose que "no se puede impedir lo que no está prohibido por la Ley y ninguno podrá ser obligado a hacer lo que ella no prescribe". Por consiguiente, la Ley es vinculante –artículo

---

[45] Véase el relato de estos hechos en Gil Fortoul, José, *Historia constitucional de Venezuela, Tomo primero, cit.*, pp. 206 y ss.

[46] *Libro de actas del Supremo Congreso de Venezuela, Tomo I,* Academia Nacional de la Historia, 1959, pp. 149 y ss. La *absoluta independencia* aprobada el 5 de julio es el resultado inmediato del debate iniciado dos días antes.

Article 12 of the *Declaration*, every legal action taken against a citizen without complying with the legal formalities is arbitrary and tyrannical.

We also find in this Work the "Declaration of Independence", which comprises the motivations of the decision in favor of the *absolute independence* approved on July 5, 1811, according to the text written by Roscio and Isnardy and approved on the 7th[45]. The Independence has been seen among us as a "military endeavor". Actually, we understand that the *absolute independence* from Spain was assumed as a necessary condition for the achievement of the republican, representative and federal government, as evidenced after studying the debates of the Supreme Congress during that month of July of 1811[46].

This is also evidenced in the text of the Constitution of 1811, included in this Work as well. The *Federal Constitution for the United States of Venezuela (Constitución Federal para los Estados Unidos de Venezuela)* comprised the principles of the republican regime, based on the separation of powers ("the exercise of this authority entrusted to the Confederacy will never be gathered in its several duties", according to its preamble), and includes, in its Articles 141 et seq., unprecedented rules which seem to be declarations about political principles rather than rules. In fact, such Article 141 sets forth that men, upon constituting a society, give up "the unlimited and tacit freedom to which they were easily drawn by their passions, specific only of the wild state". Likewise, Article 144 defines sovereignty as the "supreme power of equitably ruling or directing the interests of the community" and it lies in the "general mass of inhabitants", being exercised through its representatives (but never by an individual, as specified by Article 145). Therefore, "the law is the free expression of the general will or of the majority of citizens" and must protect "public and individual freedom against every oppression or violence", reason by which tyranny is defined again as the actions taken against any person "disregarding the cases and the manners specified by the Law".

Please notice that the general will is compared with the will of the majority such as Roscio and Yanes would defend. Therefore, freedom is conceived within the limits of the Law, being acknowledged that "it cannot be forbidden what is not prohibited by the Law and no one will be forced to do what is not provided for therein". Consequently, the Law is

---

[45] See the narration of these events in Gil Fortoul, José, *Historia constitucional de Venezuela*, First Volume, cit pp. 206 et seq.

[46] *Libro de actas del Supremo Congreso de Venezuela*, Volume I, National Academia Nacional de la Historia, 1959, pp. 149 et seq. The *absolute independence* approved on July 5th is the immediate result of debate initiated two days earlier.

227- salvo cuando esté en contradicción con el tenor de la Constitución, pero sin preverse un específico mecanismo de control judicial[47]. Roscio y Yanes, como vimos, insistieron en que la obediencia a la Ley no era ciega, con lo cual el ciudadano podía apartarse de la Ley.

XI. A MODO DE RECAPITULACIÓN. LA REPÚBLICA LIBERAL EN ROSCIO Y YANES

Como se acredita de los documentos históricos recopilados hace doscientos años en Londres, nuestra Independencia fue, antes que nada, un proceso orientado a perfeccionar la existencia de la República Liberal, y por ello, un proceso de lucha contra el despotismo, a partir de la concepción civil del poder. Entre quienes explicaron la nueva concepción del poder, formando un nuevo Derecho Público para la libertad, sin duda, Juan Germán Roscio y Francisco Javier Yanes han de ocupar lugar central, del cual es preciso rescatarlos ante la insistencia de exaltar sólo a nuestros héroes militares.

Para ello, es preciso emprender iniciativas como la que ha asumido el Profesor Allan R. Brewer-Carías, de difusión de los documentos históricos que delinean a nuestra República Liberal, y que permiten entender el carácter civil de nuestro proceso de Independencia, como un proceso hacia la libertad. En la Introducción preparada por el Profesor Brewer-Carías para esta edición se insiste en este punto:

> "con todo ese peso militar inicial, la construcción civil de los primeros años de la República y el extraordinario esfuerzo cívico para establecer una república democrática enmarcada en la Constitución Federal de Venezuela de diciembre de 1811 y en todos los otros documentos publicados en el libro de Londres 1812, desafortunadamente fueron enterrados con la peyorativa e absolutamente injusta calificación que se utilizó en aquella época como de la "Patria Boba," con el sólo propósito de descalificar la democracia, vendiendo la idea de la necesidad de gobernantes militares o autoritarios en nuestros países"

Al publicar este trabajo en la Colección de Textos Legislativos, quiso el Profesor Brewer-Carías contribuir a su mayor difusión, en especial, entre los estudiantes. Ojala todo estudiante de derecho –escribe- "se aproxime a los mismos, y tome conciencia de la importancia que tuvo el proceso jurídico que marcó el nacimiento del Estado venezolano hace

---

[47] Por el contrario, se prefirió un control político. Tovar Tamayo, Orlando, *La jurisdicción constitucional*, Academia de Ciencias Políticas Sociales, Caracas 1983, pp. 84 y ss.

binding – Article 227 – unless if it contravenes the Constitution, but without setting forth a specific judicial control mechanism[47]. Roscio and Yanes, as we have seen, insisted that obedience towards the Law was not blind, being the citizen able to infringe the Law as a result thereof.

XI. BY MEANS OF RECAP: THE LIBERAL REPUBLIC IN ROSCIO AND YANES

As evidenced by the historical documents gathered two hundred years ago in London, our Independence was, first of all, a process oriented towards the improvement of the existence of the Liberal Republic and, therefore, a process of struggle against despotism based on the civil conception of power. Among those who explained the new conception of power, creating a new Public Law for freedom, undoubtedly, Juan Germán Roscio and Francisco Javier Yanes should have an important place from which they should be rescued in virtue of the insistence of exalting only hour military heroes.

In order to do so, it is important to carry out initiatives such as the one undertaken by Professor Allan R. Brewer-Carías for the diffusion of historical documents which outline our Liberal Republic and which allow understanding the civil nature of our Independence process, as a process towards freedom. In the Introduction prepared by Professor Brewer-Carías for this edition, he insists in this aspect:

> "with the whole initial military relevance, the civil construction of the first years of the Republic and the extraordinary civic effort for establishing a democratic republic defined in the Federal Constitution of Venezuela of December 1811 and in all other documents published in the book of London of 1812, were unfortunately buried with the pejorative and absolutely unfair qualification *"Patria Boba"* (*Foolish Fatherland*) which was used during such era only for purposes of disqualifying democracy, promoting the idea of the need of having military or authoritarian rulers at our countries"

By publishing this work in the Collection of Legislative Texts, the intention of Professor Brewer-Carías was to contribute with a greater diffusion, especially among students. I hope every law student –he wrote– "gets acquainted with them and becomes aware of the relevance of the legal process which was essential for the creation of the Venezuelan State

---

[47] On the contrary, they preferred a political control. Tovar Tamayo, Orlando, *La jurisdicción constitucional*, Academia de Ciencias Políticas Sociales, Caracas 1983, pp. 84 et seq.

doscientos años, y de los principios siempre válidos de constitucionalismo y democracia que contienen".

Nos sumamos plenamente a esta aspiración del Profesor Brewer-Carías, y también, nos sumamos a las palabras con las que finaliza las Observaciones Preliminares que los editores incluyeron en la Obra de 1812:

"El ejemplo que da Venezuela al resto de la América Española es como la Aurora de un día sereno. ¡Ojalá que ninguna ocurrencia siniestra retarde o impida los progresos de una causa, que tiene por objeto esparcir los beneficios de una regeneración civil hasta los últimos confines de aquella hermosa porción de la tierra!"

No ocurrió así, pues como nos relata el Profesor Brewer-Carías en la Introducción General, "*las ironías políticas del destino de los pueblos quisieron que esas "siniestras ocurrencias" o eventos desafortunados acaecieran, y trágicamente, para el momento en el cual el libro que explicaba el proceso de independencia de Venezuela contentivo de los Documentos Oficiales Interesantes comenzara efectivamente a circular en Inglaterra, el gobierno de la República independiente era ya una cosa del pasado. Esto provocó que después que su edición se completó, el libro cayó en el más absoluto olvido, al menos durante un siglo*".

Tampoco parece que fueron afortunadas las obras de Roscio y de Yanes en cuanto a su impronta en aquella República. De la obra de Roscio, nos comenta Ugalde que lo más probable es que haya tenido poca difusión en la época[48]. Straka opina, además, que la fundamentación teológica y política de Roscio no fue necesaria para convencer a los nacientes "republicanos", quienes admitían la validez del sistema republicano-liberal de Estados Unidos[49]. Por su parte, el *Manual* de Yanes, que no tenía como propósito justificar la Independencia, no parece haber tenido tampoco trascendencia relevante dentro de nuestro Derecho Público. Nuestros principios básicos republicanos –o la "tradición republicana" a la cual alude el artículo 350 de la Constitución de 1999- en cierto modo quedaron a un lado. A ese olvido contribuyó, sin duda, el tradicional culto militar y militarista de nuestra historia patria y oficial.

---

[48] Ugalde, Luis, *El pensamiento teológico-político de Juan Germán Roscio*, cit., pp. 85 y ss.

[49] Straka, Tomás, "De la *república aérea a la república monárquica*: el nacimiento de la república venezolana 1810-1830", *Las independencias de Iberoamérica*, Fundación Empresas Polar, Universidad Católica Andrés Bello, Fundación Konrad Adenauer, Universidad Michoacana de San Nicolás de Hidalgo, Caracas, 2011, pp. 424 y ss.

two hundred years ago and of the permanently valid principles of constitutionalism and democracy comprised therein".

We absolutely agree with this intention of Professor Brewer-Carías and we agree as well with the final words of the Preliminary Comments included by the editors in the Work of 1812:

> "The example set by Venezuela to the rest of Spanish America is like the Aurora of a serene day. Hopefully no sinister event will interrupt or impede the progresses of a cause which purpose is to spread the benefits of a civil regeneration to the farthest places of such beautiful portion of the earth!"

None of this happened, since, as stated by Professor Brewer-Carías in the General Introduction, "*the political ironies of the destiny of peoples wished for these "sinister events" or unfortunate events to happen and, tragically, by the time this book, which explained the independence process of Venezuela included in Interesting Official Documents, actually began its distribution in England, the government of the independent Republic was already a matter of the past. As a result, after completing its editing, the book was completely disregarded for at least a century*".

It seems that the works of Roscio and Yanes were also unfortunate in regards to their relevance at such Republic. Regarding the work of Roscio, Ugalde told us that it might have been poorly distributed during such era[48]. Moreover, Straka believes that the theological and political grounds implemented by Roscio were not necessary for convincing the emerging "republicans", who acknowledged the validity of the republic-liberal system of the United States[49]. In turn, the *Manual* of Yanes, which purpose was not to justify the Independence, didn't seem to have much relevance either within our Public Law. Our basic republican principles –or the "republican tradition" provided for in Article 350 of the Constitution of 1999– were sort of left aside. The traditional military or militarist veneration of our national and official history certainly contributed which such disregard.

---

[48] Ugalde, Luis, *El pensamiento teológico-político de Juan Germán Roscio, cit.*, pp. 85 et seq.

[49] Straka, Tomás, *De la república aérea a la república monárquica: el nacimiento de la república venezolana 1810-1830". Las independencias de Iberoamérica*, Fundación Empresas Polar, Universidad Católica Andrés Bello, Fundación Konrad Adenauer, Universidad Michoacana de San Nicolás de Hidalgo, Caracas, 2011, pp. 424 et seq.

De allí la importancia de difundir nuestros principios republicanos, como ha hecho el Profesor Brewer-Carías al presentarnos la primera edición venezolana de *Interesting Official Documents Relating to the United Provinces of Venezuela*. Con este breve ensayo hemos querido dar algún aporte, también, a la difusión de esos principios, a través del estudio de dos obras que se concibieron para explicar, a los venezolanos, en qué consiste ser republicanos y cuál es la importancia de oponerse al despotismo y la tiranía, como patologías que socavan nuestra libertad.

La Unión, (Venezuela), Abril de 2012

Hence the relevance of diffusing our republican principles, such as done by Professor Brewer-Carías upon introducing the first Venezuelan edition of *Interesting Official Documents Relating to the United Provinces of Venezuela*. With this brief essay, our goal is to contribute as well with the diffusion of our principles through the study of two works that were conceived for explaining to Venezuelans the meaning of being republicans and the relevance of opposing to despotism and tyranny for being pathologies which undermine our freedom.

La Unión (Venezuela), April 2012

INTRODUCCIÓN GENERAL / GENERAL INTRODUCTION

Sobre el significado y la importancia del libro:
DOCUMENTOS OFICIALES INTERESANTES RELATIVOS A LAS PROVINCIAS UNIDAS DE VENEZUELA,
publicado en Londres en 1812

On the meaning and importance of the book:
INTERESTING OFFICIAL DOCUMENTS RELATING TO THE
UNITED PROVINCES OF VENEZUELA,
published in London in 1812

Por / by **Allan R. Brewer-Carías**
Profesor de la Universidad Central de Venezuela
Simón Bolívar Professor y Fellow of Trinity College,
University of Cambridge (1985-1986)
Profeseur Associé, Université de Paris II, Panthéon-Assas (1989-1990)
Adjunct Professor of Law, Columbia Law School, New York (2006-2008)

El testimonio escrito más importante sobre el primer proceso constituyente desarrollado en América Latina en tiempos modernos, hace doscientos años, como consecuencia del proceso de independencia de Venezuela en 1811, fue un libro publicado el año siguiente, en 1812, en Londres, titulado: **Documentos Oficiales Interesantes Relativos a las Provincias Unidas de Venezuela**, que contiene la colección de los documentos constitucionales oficiales más importantes y otros documentos políticos que apoyaron el proceso de independencia y el establecimiento del nuevo Estado de las Provincias Unidas de Venezuela. Ese es el libro que ahora se reimprime por primera vez en esta obra, y al cual están dirigidos los comentarios de esta Introducción general.

Se trata de una verdadera obra maestra editorial con muchas viñetas de buen gusto, "Una obra de agradable presentación e interesante contenido,"[1] que refleja el proceso político y constitucional que dio origen a un nuevo Estado moderno en la América Hispana, que nació, incluso, antes de que las *Cortes Generales* de España sancionaran la Constitución de la Monarquía Española de Cádiz, del 18 de marzo de 1812.

Este importante libro, aunque se refería a Venezuela, no fue editado ni publicado en Caracas, donde se habían producido y se estaban produciendo los hechos políticos registrados. Fue editado y publicado en Londres, pero con la peculiaridad de que se trató de una edición bilingüe, única en su tipo para la época, con el texto en inglés y en castellano, impresa por W. Glidon, *Rupert Street, Haymarket*, para varias librerías: Longman and Co. Paternoster-Row; Durlau, *Soho-Square*; Hartding, *St. Jame's Street*; y W. Mason, N° 6, *Holywell Street*, Strand, & c. & c.

El texto de todos los documentos contenidos en el libro en castellano y en ingles, se publicó en paralelo a lo largo de sus páginas, con el

---

[1] Véase Carlos Pi Sunyer, *Patriotas Americanos en Londres (Miranda, Bello y otras figuras)*, (Ed. y prólogo de Pedro Grases), Monteávila Editores, Caracas 1978, p. 211.

The most important written testimony of the first constitution-making process developed in modern times in Latin America two hundred years ago, as a consequence on the independence process of Venezuela in 1811, is a book published the following year (1812) in London titled: ***Interesting Official Documents Relating to the United Provinces of Venezuela***, containing the collection of the most important official constitutional documents and other political papers supporting the independence process and the establishment of the new State of the United Provinces of Venezuela. This is the book that for the first time is now here republished, and to which the comments of this General Introduction are directed.

It is a real masterpiece edition with many vignettes of good taste, "with a nice presentation and interesting content,"[1] reflecting the political and constitutional process that gave rise to a new modern State in Hispanic America, all produced even before the *Cortes Generales* of Spain sanctioned the modern Constitution of the Spanish Monarchy of Cádiz, of March 18, 1812.

This important book, although referred to Venezuela, nonetheless was not edited and published in Caracas where the political facts reported in had and were occurring. It was edited and published in London, but not only in English but in a unique bilingual Spanish-English edition, printed by W. Glidon, Rupert-Street, Haymarket, for various booksellers: Longman and Co. Paternoster-Row; Durlau, Soho-Square; Hartding, St. Jame's Street; and W. Mason, no. 6, Holywell Street, Strand, & c. & c.

The double text of all the documents contained in the book was set in a parallel way along its pages, having the Spanish text on even

---

[1] See Carlos Pi Sunyer. *Patriotas Americanos en Londres (Miranda, Bello y otras figuras)*, (Ed. y prólogo de Pedro Grases), Monteávila Editores, Caracas 1978, p. 211

texto en español en las páginas pares, y el texto de inglés en las páginas impares. En la parte superior de su portada, se incluye un título simplificado del libro: **Documentos Interesantes relativos a Caracas / Interesting Documents relating to Caracas**; incluyendo en la parte inferior de la página, un grabado de T. Wogeman con un alegoría "al gusto de la época", que según la descripción de Carlos Pi Sunyer, tenía "una figura femenina que representa América, otra que simboliza la República, y lleva una tablilla en la que está escrita la palabra 'Colombia', y un querube con un rollo de pergamino con el título "Constitución de Venezuela."[2] De hecho, más que una viñeta con una alegoría, realmente se trataba del "el escudo de armas" oficial del nuevo Estado independiente y soberano, que había sido formalmente aprobado por el Congreso General de las Provincias de Venezuela, y que ordenó se incluyera en la bandera oficial del Estado.[3]

Esta extraordinaria y muy bella pieza editorial tenía la intención de explicar en inglés y español, en Europa, en el momento en que los hechos se estaban sucediendo, las razones y motivos de las acciones políticas que desde 1808 había tenido lugar en Caracas con motivo de la independencia de Venezuela, que con el tiempo fueron el inicio de la independencia de toda la Hispanoamérica de España. Estas razones fueron resumidas específicamente en el texto del "Manifiesto que hace al mundo la Confederación de Venezuela en la América Meridional," fechado el 30 de julio de 1811 y que está incluido en el libro, explicando "las razones en que ha fundado su Absoluta Independencia de la España, y cualquiera otra dominación extranjera." Asimismo el libro, además de las *Observaciones Pre-*

---

[2] *Idem*, p. 211
[3] El 5 de julio de 1811, el mismo día de la Declaración de Independencia, el Congreso General de Venezuela nombró una Comisión compuesta por Francisco de Miranda, Lino de Clemente y José de Satta y Bussy, con el fin de diseñar la bandera del nuevo Estado soberano e independiente. La propuesta fue presentada y aprobada el 9 de julio de 1811. La Bandera estaba formada con los colores amarillo, azul y rojo en franjas desiguales, más ancha la primera que la segunda, y ésta más que la tercera. Sobre la franja amarilla, en el extremo superior izquierdo, aparecía el siguiente Escudo de armas: Una india sentada en una roca, portando en la mano izquierda un asta rematada por un gorro frigio, rodeada por diversos símbolos del desarrollo: el comercio, las ciencias, las artes, un caimán y vegetales; detrás de ella, la inscripción "Venezuela Libre" y a sus pies, una cinta con la palabra "Colombia," la cual equivalía, entonces a "América." Este escudo es precisamente el que aparece en la portada del libro de Londres de 1812. Por orden del Poder Ejecutivo Republicano, la Bandera fue izada oficialmente por primera vez el 14 de julio de 1811. Véase *"Evolución histórica de la Bandera Nacional,"* en: http://www.efemeridesvenezolanas.com:80/html/evolucion.htm

pages, and the English text on odd pages. In the upper party of its front page, a simplified title of the book was included, as: ***Documentos interesantes relativos à Caracas / Interesting Documents relating to Caracas***; being included in the lower part of the page, an engraving of T. Wogeman with an allegory "of contemporary taste," which according to the description of Carlos Pi Sunyer, had "a female figure representing America, another figure that symbolizes the republic and that has a tablet on which is written the word 'Colombia' and a cherub with a roll of parchment with the title 'Constitution of Venezuela.'"[2] In fact, more that an vignette with an allegory, it really was the official "coat of arms" of the new independent and sovereign State which was formally adopted by the General Congress, and ordered to be included in the official Flag of the State.[3]

This extraordinary and very beautiful piece was intended to explain in English and Spanish in Europe, when the facts were happening, the reasons and motives of the political actions that since 1808 had taken place in Caracas or the independence of Venezuela, which eventually were the beginning of the independence of all Spanish America from Spain. Those reasons were specifically summarized in the text of the "Declaration (*Manifiesto*) made to the World by the Confederation of Venezuela in South America," which is included in the book, dated July 30, 1811, explaining "reasons on which she has founded her Absolute Independence of Spain, and of every other Foreign Power whatever." In addition, in the book, in addition to the initial *Preliminary Remarks* that for-

---

[2] *Idem*, p. 211.

[3] On July 5th, 1811, the same day of the Declaration of Independence, the General Congress of Venezuela appointed a Commission composed by Francisco de Miranda, Lino de Clemente and José de Satta y Bussy, in order to design the Flag of the new sovereign and independent State. The proposal was submitted and approved on July 9th, 1811, on a Flag with three colors: yellow, bleu and red disposed in non-equal strips, wider the first, less wider the second and less the third. On the yellow stripe, in its upper left side, a coat of arms was included with an Indian female figure sitting on a rock handling with his left hand an flagpole with a bonnet on the top, surrounded by a few symbols of development: commerce, sciences, arts, an alligator and vegetables; in her back an inscription: "Venezuela Libre," an on her feets, a ribbon with the word "Colombia," equivalent at that time to "America." This coat of arms is precisely the one that appears in the fron page of the 1812 London Book. The Flag was officially hoisted for the first time on July 14th 1811. See "Evolución histórica de la Bandra Nacional," available at: http://www.efemeridesvene-zolanas.com:80/html/evolucion.htm

liminares que precedieron los textos oficiales, contenía los documentos más importantes adoptados y sancionados por el Congreso General de la Confederación de Venezuela, es decir, algunos textos de la *Declaración de los Derechos del Pueblo* del 1º de julio 1811, el *Acta de Independencia* del 5 de julio de 1811, y la *Constitución de la Confederación de los Estados de Venezuela* del 21 de diciembre de 1811. El Congreso General que aprobó todos esos textos fue una asamblea constituyente que había sido convocada por primera vez en la América hispana, integrada por diputados electos que representaron a siete de las nueve provincias que integraban la Capitanía General de Venezuela. Este Congreso, al declarar la independencia de las Provincias de España, en concreto desconoció a todas las autoridades españolas, no sólo los de las colonias, sino también a los gobernantes en la Península, en particular al Consejo de Regencia de la Monarquía española, y a las propias *Cortes Generales* de Cádiz.[4] Como nos lo ha recordado Juan Garrido Rovira, la Asamblea Constituyente 1811:

> "asumió el reto de los tiempos y marcó los ideales político-culturales de los siglos, entre otros: Independencia política; especial consagración de la libertad de pensamiento; separación de poderes; sufragio, representación y participación de los ciudadanos en el gobierno; equidad social; consagración y respeto de los derechos y deberes del hombre; limitación y control del poder; igualdad política y civil de los hombres libres; reconocimiento y protección de los derechos de los pueblos indígenas; prohibición del tráfico de esclavos; gobierno popular, responsable y alternativo; autonomía del poder judicial sobre bases morales; la nación por encima de las facciones."[5]

El libro se refiere, por lo tanto, a los documentos más importantes que podían contribuir, en 1812, a explicar la situación de Venezuela en la lucha por su independencia ya declarada respecto de España. Es por eso que en el libro, especial importancia tienen los textos del *Acta de Independencia* del 5 de julio de 1811, que contiene "la declaración solemne que hizo el Congreso General de Venezuela de la independencia absoluta de esta parte de la América Meridional," la *Constitución de la Confederación de los Estados de Venezuela* del 21 de diciembre de 1811;[6] y el ya mencionado

---

[4] Sobre los aspectos constitucionales del proceso de independencia de Venezuela desde 1810. Véase Allan R. Brewer-Carías, *Historia Constitucional de Venezuela*, Tomo I, Editorial Alfa, Caracas 2008, pp. 195-278.

[5] Véase Juan Garrido Rovira, *El Congreso Constituyente de Venezuela*, Bicentenario del 5 de julio de 1811, Universidad Monteávila, Caracas 2010, p. 12.

[6] Véase el texto de estos documentos en Allan R. Brewer-Carías, *Las Constituciones de Venezuela*, Academia de Ciencias Políticas y Sociales, Caracas 2008, Tomo I, pp. 545-579.

warded the documents, effectively contained the most important documents adopted and sanctioned by the General Congress of the Confederation of Venezuela, namely some texts of the *Declarations of the Rights of the People* of July 1st, 1811; the *Declaration of Independence* of July 5th, 1811, and the *Federal Constitution of the United Provinces of Venezuela* of December 21st, 1811. The General Congress that approved all those texts was the first Constituent Assembly convened in Hispanic America, integrated by elected deputies representing seven of the nine provinces of the General Captaincy of Venezuela. Such Congress, by declaring the independence of the Provinces from Spain, specifically denied all the Spanish authorities, not only those of the Colonies but those governing from Spain, in particular the Council of Regency of the Spanish Monarchy, and the very *Cortes Generales* of Cadiz themselves.[4] As reported by Juan Garrido Rovira, the 1811 Constituent Assembly:

> "assumed the challenge of the times and check marked the political-cultural ideals of the centuries, among others: Political independence; special consecration of the freedom of thought; separation of powers; suffrage, representation and participation of the citizens in the government; social fairness; consecration and respect of the rights and duties of the man; limitation and control of power; political and civil equality of free men; recognition and protection of the rights of the indigenous towns; prohibition of the traffic of slaves; popular, responsible and alternative government; autonomy of the judicial power on moral basis; the nation over the factions."[5]

The book refers, therefore, to the most important documents that could contribute, in 1812, to explain the situation of Venezuela in its struggle for the already declared independence from Spain. That is why in the book, particular importance have the texts of the *Declaration of Independence* of July 5th, 1811, containing "the solemn declaration that the General Congress of Venezuela made on the absolute independence of this part of Southern America;" of the *Constitution of the Confederation of Statesof Venezuela* of December 21st, 1811;[6] and of the already mentioned the

---

[4] On the constitutional aspects of the process of independence of Venezuela since 1810. See Allan R. Brewer-Carias, *Historia Constitucional de Venezuela*, Vol. I, Editorial Alfa, Caracas 2008, pp. 195-278.

[5] See Juan Garrido Rovira, *El Congreso Constituyente de Venezuela*, Bicentenario del 5 de julio de 1811, Universidad Monteávila, Caracas 2010, p.12.

[6] See the text of these documents in Allan R. Brewer-Carías, *Las Constituciones de Venezuela*, Academia de Ciencias Políticas y Sociales, Caracas 2008, Vol. I, pp. 545-579.

"*Manifiesto que hizo al mundo la Confederación de Venezuela en la América Meridional*" de fecha 30 de julio 1811, "formado y mandado publicar por acuerdo del Congreso General de sus Provincias Unidas," y firmado en el "Palacio Federal de Caracas," dedicado a expresar "las razones en que se ha fundado su absoluta independencia de España, y de cualquiera otra dominación extranjera." Todos estos documentos, como se señala en el *Manifiesto*, tenían el propósito de asegurar a los "¡Hombres libres, compañeros de nuestra suerte!" que dieran una "mirada imparcial y desinteresada" sobre lo que estaba ocurriendo en Venezuela.

Dada la ausencia de textos en inglés que ofrecieran datos sobre el proceso de independencia que se había iniciado formalmente en Hispano América con los sucesos de Caracas, con este libro se pretendía, como se afirmó en las *Observaciones Preliminares*, ilustrar sobre la situación de Venezuela, que había sido la primera provincia en el Nuevo Mundo:

> "en romper las cadenas que la ligaban á la Madre Patria, al cabo de dos años empleados en vanos esfuerzos para obtener reformas y desagravios, después de haber sufrido quantos oprobios é indignidades pudieron acumularse sobre ella, ha proclamado por fin aquel sagrado é incontestable derecho que tiene todo pueblo para adoptar las medidas mas conducentes á su bienestar interno, y mas eficaces para repeler los ataques del enemigo exterior."

A tal efecto, en las mismas *Observaciones Preliminares* se expresó que "la urgencia de las causas qua han compelido" a las Provincias "a esta medida extrema" aparece en el *Manifiesto* que dirige al mundo imparcial. También se mencionó que "la justicia, de las miras de sus representantes, dirigidas a la salud de sus constituyentes, se echa también de ver en la Constitución formada para la formación y administración de las leyes, como en el resultado de sus declaraciones solemnes,", afirmando que desde la independencia," "los habitantes de Venezuela han visto por la primera vez definidos sus derechos y aseguradas sus libertades."

En fin, se afirmaba en las *Observaciones Preliminares*, además, que "en los documentos que componen este volumen, no se hallarán ni principios menos grandes, ni consecuencias menos justas, que en las mas celebres medidas de las Cortes, cuya liberalidad y filantropía es harto inferior á la de los Americanos," indicando que "el ejemplo que da Venezuela al resto de la América Española" era "como la Aurora de un día sereno." En consecuencia, el documento expresaba los deseos de los redactores que "¡Ojala que ninguna ocurrencia siniestra retarde ó impida los progresos" de la causa de la independencia Hispano Americana.

Sin embargo, en este caso, las ironías políticas del destino de los pueblos quisieron que esas "siniestras ocurrencias" o eventos desafortunados

"*Manifesto that the Confederation of Venezuela in Southern America made to the World*" dated July 30th, 1811, "made and ordered to be published by accord of the General Congress of the United Provinces of the Confederation" and signed in the "Federal Palace of Caracas" devoted to express the reasons on which "its absolute independence from Spain and any other foreign domination." All these documents -as was stated in the *Manifesto*- had the purpose of assure that "the Free Men and Fellows of our Destiny!" would give "an unbiased and disinterested glance" to what at that time was happening in Venezuela.

Given the lack of literature in the English language reporting those facts of the independence process that had formally begun in Spanish America from the events occurred in Caracas, the book -as declared in the *Preliminary Remarks*- pursued to describe the situation in Venezuela, as the first Spanish province in the New World:

> "to break up the chains that bound it to the Mother Country after two years spent in vain efforts for reform and relief and after having suffered as many shames and indignities it could possibly stand, and has now at last proclaimed the sacred and incontestable right of every people to adopt the means most conducive for its national welfare and most effective to repel the attacks of the foreign enemy."

Towards that end, in the same *Preliminary Remarks* was expressed that "the emergency of the causes that compelled" the Provinces "to adopt this extreme measure appears in the *Manifesto* that was addressed to the World unbiased. It was also mentioned that "the justice of the views of its representatives, directed to the health of the constituency people, is clearly shown in the Constitution which was established for the formation and administration of the laws and shown as well in the result of its solemn declarations," stating that since the independence, "the inhabitants of Venezuela have seen, for the first time, their rights established and their liberties secured."

In short, the *Preliminary Remarks* further stated that "in the documents that make up this volume, one shall find no less great principles nor less fair consequences than in the most celebrated actions of the *Cortes*, whose liberality and philanthropy is quite inferior to that of the Americans;" noting that "the example given by Venezuela to the rest of Spanish America" was "like the dawn of a clear sky." Consequently, the document expressed the wishes of the drafters that "hopefully, no sinister occurrence will delay or prevent the progress" of the Spanish American cause of independence.

Nonetheless, in this case, the political ironies of the life of nations would have it that a "sinister occurrence" or a unfortunate events

acaecieran, y trágicamente, para el momento en el cual el libro que explicaba el proceso de independencia de Venezuela contentivo de los *Documentos Oficiales Interesantes* comenzara efectivamente a circular en Inglaterra, el gobierno de la República independiente era ya una cosa del pasado. Esto provocó que después que su edición se completó, el libro cayó en el más absoluto olvido, al menos durante un siglo, cuando se prestó atención a una de sus copias "descubierta" a principios del siglo XX por un miembro de la Academia de la Historia de Venezuela, quien lo llevó a Caracas. El hecho es que, en cualquier caso, desde el año 1812 el libro editado con tanto esmero por los agentes de la nueva República, al salir de la imprenta se convirtió en un texto obsoleto, y nunca fue reeditado.

Esta edición de 2012, por lo tanto, es la primera reimpresión de este libro que se haya hecho en dos siglos;[7] un propicio medio para celebrar no sólo el Bicentenario de su publicación, sino el bicentenario de los hechos registrados en el mismo, es decir, la Independencia de Venezuela y el inicio del proceso de independencia de toda Hispano América.

---

[7] Los textos de los documentos, sólo en su versión en español, fueron publicados en el libro *La Constitución Federal de Venezuela de 1811 y documentos afines*, Academia Nacional de la Historia, Caracas 1959.

did in fact took place, so tragically, by the time the book describing the process of independence of Venezuela to whom the *Interesting Official Documents* referred actually began to circulate in England, the government of the independent Republic was already a thing of the past. This provoked that after its edition was completed, eventually the book was completely forgotten at least for a century, when some attention was given to one of its copies "discovered" at the beginning of the twentieth century, by a member of the Academy of History of Venezuela who took it to Caracas. The fact is that, in any event, since 1812 the book edited with such care by the agents of the new Republic became an obsolete text, and was never reprinted.

This 2012 edition, consequently, is the first reprint ever made in two centuries of this book;[7] a propitious mean to celebrate not only the Bicentenary of its publication, but the Bicentenary of the facts recorded in it, that is, the Independence of Venezuela and the beginning of the Independence process of all Hispanic America.

---

[7] The text of the documentos, Orly in their Spanish version were published in the book *La Constitución Federal de Venezuela de 1811 y documentos afines*, Academia Nacional de la Historia, Caracas 1959.

I. LOS ANTECEDENTES DEL PROCESO DE INDEPENDENCIA DE VENEZUELA DE 1811: LA CRISIS POLÍTICA DE ESPAÑA DESDE 1808

Como ya se mencionó, de todos los países de América Latina, Venezuela fue el primero en declarar su independencia de España en 1811, estableciendo al poco tiempo un nuevo Estado con una forma federal de gobierno, el primero de su tipo después del establecido tres décadas antes en los Estados Unidos de América, mediante la unión de siete provincias coloniales que eran parte de la Capitanía General de Venezuela.

En la organización colonial del territorio de la América Hispana, las capitanías generales formaban la división territorial comúnmente utilizada para organizar las provincias menos importantes, fuera de la jurisdicción de los Virreinatos, en las que por el contrario, se incluían las provincias ricas y más importantes.[8] En consecuencia, la revolución hispano americana se inició en el nuevo continente, no en las capitales opulentas e ilustradas de los virreinatos, sino en la provincia pobre y marginal de Caracas, cuya capital, la ciudad de Caracas, era también la capital de la Capitanía General. Al mismo tiempo en la península española varios gobiernos *de facto* locales estaban en el proceso de lucha en una guerra sangrienta por la independencia contra los franceses que habían invadido su territorio, siendo esta situación una de las razones principales que provocaron el levantamiento político en el otro lado del Atlántico. Estos hechos eran conocidos en Caracas y sus noticias, que reflejaban "la situación desesperada de España," circulaban por las provincias en el momento en el cual los franceses entraron en la Península. A todo ello, se añadió "el temor de caer en manos de los propios usurpadores," todo lo cual como se señalaba en las *Observaciones Preliminares* del libro.

> "fueron las causas principales de la resolución tomada por los Americanos de no confiar más tiempo su seguridad a la administración de los Europeos, y de poner sus negocios al cuidado de Juntas o Asambleas Provinciales formadas al ejemplo y por los mismos medios que España"

---

[8] En el área del Caribe había dos virreinatos: el Virreinato de Nueva España - México - y el Virreinato de Nueva Granada - Colombia -. Las Provincias de la Capitanía General de Venezuela, no estando sujetas políticamente en forma directa a ninguno de los Virreinatos, y careciendo de un gobierno político y judicial uniforme, quedaron sometidas a dos diferentes Audiencias, que eran los más altos órganos de gobierno colonial: las Provincias centrales a la Audiencia de Santo Domingo, la más antigua de todas en la América Hispana, y las Provincias occidentales, situadas en las región de los Andes, a la Audiencia de Santa Fe.

I. THE BACKGROUND OF THE 1811 INDEPENDENCE PROCESS OF VENEZUELA: THE POLITICAL CRISIS OF SPAIN SINCE 1808

Of all Latin American countries, as already mentioned, Venezuela was the first one to declare its independence from Spain in 1811, subsequently establishing a new State, with a federal form of government, the first of its kind after the one established three decades before in the United States of America, by uniting seven colonial Provinces that were part of the General Captaincy of Venezuela.

Within the colonial territorial organization of Spanish America, the general captaincies were territorial division commonly used for the organization of less important provinces, outside the jurisdiction of the Viceroyalties in which on the contrary were included the rich and more important provinces.[8] Consequently, the Spanish American revolution started in the new Continent, not in the opulent and illustrated capitals of the Viceroyalties, but in the poor and marginal Province of Caracas, which capital, the city of Caracas, was also the capital of the General Captaincy; at the same time that in the Spanish Peninsula various *de facto* local governments were in the process of fighting a bloody war of independence against the French that had invaded the territory; being such situation among the main reasons that caused the political uprising in the other side of the Atlantic. Those facts were known and their news reflecting "the hopeless state of Spain" circulates in the provinces at the time the French entered Andalusia; to which was added "the dread of falling into the hands of the same usurpers," all of which as pointed out in the *Preliminary Remarks* of the book,

> "were the chief causes of the Americans resolving no longer to trust to the administration of their European governors, conceiving their own affairs more secure when confided to their own assemblies or Juntas, whom they created after the manner of the Provinces of Spain."

---

[8] In the area of the Caribbean there were two Viceroyalties: The Viceroyalty of Nueva España –México– and the Viceroyalty of Nueva Granada –Colombia–. The Provinces of the General Captaincy of Venezuela not being politically directlly subjected to any of those Viceroyalties, lacking a uniform political and judicial government were subjected to two different *Audiencias*, which were the highest Colonial governmental bodies: the central provinces to the *Audiencia* of Santo Domingo, the oldest of all in Hispanic America; and the occidental provinces, those located in the Andes region, to the *Audiencia* of Santa Fe.

En esos años de comienzos del siglo XIX, por otra parte, debe decirse que la Revolución ya había terminado en Francia, particularmente después del período del Terror, de lo cual resultó que la República fuera eclipsada y secuestrada por un nuevo régimen autoritario que convirtió a Napoleón Bonaparte en Cónsul de por vida en 1802, proclamándolo, en 1804, Emperador también de por vida, por supuesto, de acuerdo con el principio hereditario, con lo que en 1808 se llegó a suprimir propia República Toda Europa se vio amenazada y en gran parte fue ocupada o controlada por el Emperador, quién estaba conduciendo un Estado de guerra. España, en la frontera, no se escapó de las garras de Napoleón de su juego de diplomacia continental.[9] En ese contexto, y tras el Tratado de Fontainebleau firmado el 27 de octubre de 1807 por los representantes de la Corona Española y del Imperio Napoleónico, los dos países acordaron el reparto de Portugal, cuyos príncipes habían huido a Brasil. En una cláusula secreta del Tratado se incluyó la concesión del territorio del Algarve, bajo título hereditario, a Manuel Godoy, el ministro favorito de Carlos IV, previéndose la invasión de Portugal por las tropas napoleónicas a través de España.

Pero la verdad es que diez días antes de la firma del Tratado, las tropas de Napoleón ya estaban en España y habían cruzado la frontera con Portugal, lo que significa que en marzo de 1808, más de 100.000 hombres de los ejércitos de Napoleón ya estaban en España. Al mismo tiempo, el rey Carlos IV ya sabía de la trama de su hijo Fernando para sacarlo del trono (y secuestrar a Godoy), por lo que presumiblemente el Rey ya le había perdonado. Por otro lado, desde febrero de 1808, ya existía un regente en Portugal (Junot), que actuaba en nombre del Emperador, por lo que el Tratado de Fontainebleau y el reparto del territorio de Portugal, era inválido. Napoleón pensó inicialmente que la familia real española seguiría el ejemplo de la de Portugal[10] y se escaparía a Cádiz y de allí a América,

---

9   Véase Joseph Fontana, *La crisis del antiguo Régimen 1808–1833*, Barcelona 1992.
10 Antes de que las tropas francesas (que desde noviembre 1807 ya habían invadido España) llegaran a la frontera con Portugal, el príncipe Juan de Braganza (quien era regente del reino de Portugal debido a la enfermedad de su madre, la reina María) y su corte, se refugiaron en Brasil, estableciendo la sede del gobierno Real en Río de Janeiro, en marzo de 1808. Ocho años más tarde -en 1816 - el príncipe Juan se coronó como Juan VI de la Corona del Reino Unido de Portugal, Brasil y Algaves (con su capital en Río de Janeiro). En la península, Portugal era gobernada por un Consejo de Regencia que estuvo controlado por el comandante de las fuerzas británicas. Una vez que Napoleón fue derrotado en Europa, Juan VI regresó a Portugal dejando a su hijo Pedro como regente de Brasil. A pesar de que las Cortes restablecieron el territorio de Brasil a su estado anterior lo cual requería que el regente Pedro regresara a la Península, él -al igual que hicieron las Cortes de Portugal-,

In those years of the early nineteenth century, the Revolution had already ended in France after the Terror period, and the Republic been overshadowed and hijacked by a new authoritarian regime that made Napoleon Bonaparte in 1802 a Consul for life, proclaiming him, in 1804, Emperor for life, of course, according to the hereditary principle, suppressing in 1808 the very republic itself. All Europe was threatened and much of it was occupied or controlled by the Emperor, who was conducting a state that was at war. Spain, on the border, did not escape the grips of Napoleon and his continental diplomacy game.[9] In such context, and following the Treaty of Fontainebleau signed on October 27, 1807 by the representatives of the Spanish Crown and the Napoleonic Empire, the two countries agreed on the distribution of Portugal, whose princes had fled to Brazil. In a secret clause of the Treaty, the grant of the territory of the Algarve -under hereditary title- to Manuel Godoy, the favorite minister of Charles IV, was included, as well as the invasion of Portugal by the Napoleonic troops through Spain.

But the truth is that ten days before the signing of the Treaty, Napoleon's troops were already in Spain and had crossed the Portugal border, which meant that by March 1808, more than 100,000 men of Napoleon's armies were already in Spain. At the same time, King Charles IV had known of his son Ferdinand's plot to seize him from the throne (and snatch Godoy), for which presumably the King had forgiven him. On the other hand, since February 1808, there was already a regent in Portugal (*Junot*), who was acting on behalf of the Emperor, whereby the Treaty of Fontainebleau and the distribution of Portugal's territory, had become invalid. Napoleon initially thought that the Spanish royal family would follow the example of that of Portugal,[10] and would fly to Cadiz and

---

[9] See Joseph Fontana, *La crisis del antiguo Régimen 1808–1833*, Barcelona 1992.

[10] Before the French troops (which since November 1807 had already invaded Spain) arrived at the Portugal border, Prince John of Braganza (who was regent of the kingdom of Portugal due to the illness of his mother Queen Mary) and his Court took shelter in Brazil, settling the royal government at Rio de Janeiro on March 1808. Eight years later -in 1816- Prince John took the Crown of the United Kingdom of Portugal, Brazil and Algaves (with its capital in Rio de Janeiro) as John VI. On the peninsula, Portugal was governed by a Regency Council that was controlled by the commander of the British forces. Once Napoleon was defeated in Europe, John VI returned to Portugal leaving his son Peter as regent for Brazil. Although the Cortes reinstated the territory of Brazil to its previous status and required from the Regent Pedro to return to the Peninsula, he -like the Portuguese Cortes- also convened a Constituent Assembly in Brazil proclaiming Brazil's independence on September 1822 and where, on October 12 that year, he was proclaimed Emperor of Brazil (as Peter I of Braganza and Borbon). In 1824, the Imperial Constitution of Brazil

pero al final cambió de opinión, imponiendo la entrega a Francia de todo el territorio de España al norte del Ebro, incluyendo los Pirineos, como condición para la distribución de parte del Reino de Portugal a España.

La presencia de las tropas francesas en España y la concentración de las tropas españolas en Aranjuez provocaron todo tipo de rumores, incluida la mencionada posible huida del Monarca a Andalucía y a las Américas, que ya el rey había descartado. Sin embargo, estos rumores tuvieron que ser aclarados por el monarca, quien anunció en una proclama a los súbditos españoles que la concentración de tropas en Aranjuez no estaban allí para defender a su persona ni acompañarlo en un viaje "que su maldad los ha hecho asumir como necesario". La concentración de tropas en Aranjuez, sin embargo, fue realmente parte de una conspiración en curso contra el gobierno de Godoy, liderada, entre otros, por el mismo Príncipe de Asturias, Fernando, futuro Fernando VII, que buscaba también la abdicación de su padre, Carlos IV, con la complicidad de agentes franceses y la ayuda del odio popular que se había desarrollado contra Godoy, por la ocupación francesa del reino.

La noche de 18 de marzo de 1808 estallaron disturbios en Aranjuez,[11] que originaron una revuelta popular que condujo a la detención de Godoy y al saqueo de sus propiedades por parte de la turba, y finalmente, a la abdicación de Carlos IV en su hijo Fernando, como se anunció el 19 de marzo 1808 como parte de sus intrigas. Sin embargo, en la misma noche Carlos IV ya estaba diciendo a sus siervos que no había abdicado, y dos días después, el 21 de marzo de 1808, se arrepintió de su abdicación en una proclama en la cual declaró que:

> "Protesto y declaro que todo lo manifestado en mi decreto del 19 de Marzo, abdicando la corona a mi hijo, fue forzado por precaver mayores males y la efusión de sangre de mis queridos vasallos, y por tanto de ningún valor"

---

convocó a una Asamblea Constituyente en Brasil, proclamando la independencia de Brasil de septiembre de 1822, y donde, el 12 de octubre ese año, fue proclamado Emperador de Brasil (como Pedro I de Braganza y Borbón). En 1824, la Constitución imperial de Brasil fue aprobada. Dos años más tarde, en 1826, el Emperador brasileño regresó a Portugal tras la muerte de su padre, Juan VI, para asumir el reino portugués como Pedro IV, aunque por un corto tiempo. Véase Félix A. Montilla Zavalía, "*La Experiencia Monárquica americana: Brasil y México,*" en Debates de Actualidad, Asociación Argentina de Derecho Constitucional, Año XXIII, N ° 199, enero / abril de 2008, pp. 52 ss.

[11] Véase un relato de los acontecimientos de marzo en Madrid y Aranjuez y los documentos completos sobre la abdicación de Carlos IV, en J.F. Blanco y R. Azpúrua, *Documentos para la Historia de la Vida Pública del Libertador…, op. cit.,* Tomo II, pp. 91 a 153.

thence to America, but eventually changed his mind, imposing the delivery to France of all the territory of Spain north of the Ebro, including the Pyrenees, as a condition for the distribution of the middle Portuguese Kingdom to Spain.

The presence of French troops in Spain and the concentration of Spanish troops in Aranjuez led to all sorts of rumors, including the mentioned possible flight of the Monarch to Andalusia and the Americas, which the King had discarded. However, such rumors had to be clarified by the monarch who announced in a proclamation to the Spanish subjects that the concentration of troops in Aranjuez neither had to defend his person nor accompany him on a journey "that your malice has made you assume as one required." The concentration of troops in Aranjuez, however, was truly a part of an ongoing conspiracy against the government of Godoy, lead, among others, by the very Prince of Asturias –Ferdinand, future Ferdinand VII- who sought also the abdication of his father - Charles IV-, with the complicity of French agents and the help of the popular hatred that had developed against Godoy, due to the French occupation of the kingdom.

On the night of March 18, 1808 riots erupted in Aranjuez,[11] originating a popular revolt that led to the arrest of Godoy and the destruction of his properties by the mob and, finally, and to the abdication of Charles IV in his son Ferdinand as was announced on March 19, 1808 as part of his intrigues. Nonetheless, on the same night Charles IV was already telling his servants that he had not abdicated, and two days later, on March 21, 1808, he regretted his abdication stating in a proclamation that:

> "I contest and declare that everything stated on my decree of March 19 abdicating the crown on my son, was forced to prevent greater evils and bloodshed of my dear subjects and, therefore, is of no value."

---

was passed. Two years later, in 1826, the Brazilian Emperor returned to Portugal following the death of his father, John VI, to assume the Portuguese kingdom as Peter IV, although for a short time. See Felix A. Montilla Zavalía, "La experiencia monárquica americana: Brasil y México," en *Debates de Actualidad*, Asociación argentina de derecho constitucional, Año XXIII, No. 199, enero/abril 2008, pp. 52 ss.

[11] See an account of the March events in Madrid and Aranjuez and the entire documents concerning the abdication of Charles IV, in J.F. Blanco y R. Azpúrua, *Documentos para la Historia de la Vida Pública del Libertador...*, op. cit., Vol. II, pp. 91 a 153.

También escribió a Napoleón clarificando su situación diciendo:

"Yo no he renunciado en favor de mi hijo sino por la fuerza de las circunstancias, cuando el estruendo de las armas y los clamores de una guardia sublevada me hacían conocer bastante la necesidad de escoger la vida ó la muerte, pues esta última se hubiera seguido después de la de la reina"

A pesar de estas declaraciones, Carlos IV no sólo nunca recuperaría la corona, sino que tres días más tarde, su hijo, como Fernando VII entraría en Madrid triunfante, iniciando un reinado corto en el cual uno de sus primeros decretos fue el de ordenar la requisa de los bienes de Godoy, originando la ira popular contra dichos bienes que fueron asaltados en todo el Reino. En todo caso, pero pocas horas después de la llegada del nuevo rey a Madrid, el 23 de marzo de 1808, el general Joaquín Murat, Comandante de las tropas francesas en España también llegaría a la ciudad, ordenando que Godoy fuera salvado de un linchamiento definitivo, haciendo caso omiso a la presencia del nuevo rey en la ciudad que estaba ya ocupada por los franceses. En cuanto al ex rey Carlos IV y su familia, por orden de Murat, el 9 de abril de 1808 fueron trasladados a El Escorial, y luego, el 30 de abril de 1808, a Bayona, donde Napoleón los esperaba. Para ese momento, ya estaban en Bayona, primero Fernando VII, quien había llegado el 20 de abril, y también el propio ministro Godoy, quien había llegado 26 de abril de 1808. Todos ellos se habían volcado hacia el Emperador para conseguir apoyo y reconocimiento, con lo que Napoleón se había convertido en el árbitro de la crisis política de la monarquía española.

Estando el reino bajo su control, Napoleón decidió apoderarse del mismo para lo cual siguió la siguiente trayectoria: En primer lugar, el 5 de mayo de 1808, obtuvo una nueva abdicación de Carlos IV, esta vez, en nombre del propio Napoleón; en segundo lugar, al día siguiente, el 6 de mayo de 1808 hizo que Fernando VII abdicara la corona en su padre Carlos IV, [12] sin decirle lo que había hecho el día anterior; y tercero, con la firma de los Tratados de Bayona, unos días más tarde, el 10 de mayo de 1808, Carlos IV y Fernando VII solemnemente transfirieron todos sus derechos sobre la Corona Española y las Indias al Emperador Napoleón,[13] "como el único que, en el estado a que han llegado las cosas, puede restablecer el orden," a cambio de asilo, pensiones y propiedades en Francia.[14] Además, desde el 25 de mayo 1808, Napoleón había nombrado, a Joaquín

---

12　*Idem,* Tomo II, p. 133.
13　*Idem,* Tomo II, p. 142.
14　*Idem,* Tomo II, pp. 142 a 148.

He also wrote to Napoleon, clarifying the situation, saying:

"I did not yield on my son. I did it by force of circumstances, when the thunder of guns and the cries of the revolted garrison made me recognize the need to choose life or death, since the latter would have been followed by that of the queen."

Despite these declarations, Charles IV would not only ever recover the crown, but three days later, Ferdinand VII would enter Madrid triumphantly, initiating a short-days reign in which one of his first decrees was to order the requisition of Godoy's assets, originating a popular rage against those assets that overturned throughout the Kingdom. But within hours of the arrival of the new King in Madrid, on March 23, 1808, the General Joachim Murat, Lieutenant General of the French troops in Spain also arrived in the city, ordering for Godoy to be saved from a definite lynching, ignoring the very presence of the new King in the city that was already occupied by the French. Moreover, under the command of Murat the former King Charles IV and his family were transferred, on April 9, 1808 to El Escorial, and then further to Bayonne, on April 30, 1808, where Napoleon awaited for them. At Bayonne, Ferndinand VII had already arrived on April 20, and also did the very Minister Godoy on April 26, 1808. All of them had turned to the Emperor in pursue of support and recognition, whereby Napoleon had become the referee of the Spanish monarchy political crisis.

While the kingdom was under his control, he decided to take it over following these subsequent path: First, on May 5, 1808, he obtained a new abdication of Charles IV, this time, on behalf of Napoleon himself; second, on the next day, May 6, 1808 he made Ferdinand VII abdicate the crown in his father Charles IV,[12] without telling him what he had done just before; and third, by the signing of the Treaties of Bayonne, a few days later, on May 10, 1808, Charles IV and Ferdinand VII solemnly transferred all their rights to the Crown of Spain and the Indies to the Emperor Napoleon[13] "as the only one that -in the present state of things as they have become- can restore order" in exchange for asylum, pensions and property in France.[14] Besides, since May 25, 1808 Napoleon had also named Joachim

---

12 *Idem,* Vol. II, p. 133.
13 *Idem,* Vol. II, p. 142.
14 *Idem,* Vol. II, pp. 142 a 148

Murat, Gran Duque de Berg y Cleves, como del Lugarteniente General del Reino,[15] expresando al pueblo español:

> "Vuestra Monarquía es vieja: mi misión se dirige a renovarla, mejoraré vuestras instituciones, y os haré gozar de los beneficios de una reforma sin que experimentéis quebrantos y convulsiones"

Prometió, además, "una Constitución que concilie la santa y saludable autoridad del Soberano con las libertades y privilegios del pueblo."[16]

El siguiente paso fue la instauración en Madrid del hermano del Emperador, José Bonaparte, como nuevo Rey de España, manteniendo las formas políticas a través de la convocatoria de un Consejo y el otorgamiento de una Constitución conocida como la Constitución de Bayona de julio de 1808. Dicha Constitución, sin embargo, no dio ninguna estabilidad institucional al Reino ya que antes que fuera promulgada, en mayo de 1808, España ya había comenzado su guerra de independencia contra Francia, en la que gobiernos *de facto* locales tendrían el papel clave de asumir la representación del pueblo bajo el impulso de las iniciativas de la gente.[17]

Fue el secuestro de los monarcas españoles en Francia lo que provocó una rebelión popular que estalló en Madrid el 2 de mayo de 1808, que generó muertes y fusilamientos provocados por la guarnición francesa.[18] El emperador juró vengar a los franceses muertos, y sin lugar a dudas, la toma del Reino de España fue parte de esa venganza. Pero en realidad, lo que fue vengado fueron los españoles que murieron en los trágicos tiroteos del 3 de mayo, a partir de lo cual el pueblo español extendió la rebelión por toda España, funcionando como común denominador la reacción contra las tropas francesas. Como consecuencia del levantamiento que se extendió a todos los pueblos y ciudades, durante la guerra se establecieron espontáneamente en todas las capitales de las provincias, *Juntas* de Armamento y Defensa, que asumieron el poder *de facto* del pueblo. Fueron integradas por las personas más importantes de cada localidad, y quedando encargadas de la suprema dirección de los asuntos locales y de la realización y organización de la resistencia contra los franceses. Desde aquí, entonces, estalló la Guerra de la Independencia.

---

[15] *Idem*, Tomo II, p. 153.
[16] *Idem*, Tomo II, p. 154.
[17] Véase A. Sacristán y Martínez, *Municipalidades de Castilla y León*, Madrid, 1981, p. 490.
[18] Véase F. Blanco y R. Azpúrua, *Documentos para la Historia de la Vida Pública del Libertador...*, *op. cit.*, Tomo II, p. 153.

Murat -Grand Duke of Berg and Cleves- as Lieutenant General of the Kingdom,[15] expressing to the Spanish people:

"Your monarchy is old: My mission is intended to renew it: your institutions shall improve; and I will have you enjoy the benefits of a reform, without experiencing failures, unrests and commotions."

He promised, moreover, "a constitution that reconciles the holy and sovereign authority of the ruler with the liberties and privileges of the People."[16]

Consequently, the Emperor's brother -Joseph Bonaparte- was installed in Madrid as the new King of Spain, keeping the political forms through the granting of a council and issuing a statute known as the Constitution of Bayonne of July 1808. Said constitution, however, did not give any institutional stability to the Kingdom since before it was granted Spain had already begun, on May of 1808, its war of independence against France in which local *de facto* governments had the key role, assuming the people's representation at the prompting of the people's initiatives.[17]

In fact, the factual abduction of the Spanish monarchs in France provoked a popular rebellion that exploded in Madrid on May 2, 1808, which generated bloody events due to the repression unleashed by the French garrison.[18] The Emperor vowed to avenge the dead Frenchmen, and without doubt, the seizure of the kingdom of Spain was part of that revenge. But what was avenged were the Spaniards that were killed in the tragic shootings of May 3. The Spanish people spread rebellion throughout all Spain; and what worked as the common denominator for it was the reaction against the French troops. Therefore, as the uprising became widespread in the towns and cities, Armament and Defense *Juntas* began to be spontaneously established during the war in all the capitals of the provinces, assuming the *de facto* power of the people. They were formed by the leading individuals of each locality, and were charged with the supreme direction of local affairs, and with the holding and organizing the resistance against the French. From here then the War of Independence broke out.

---

[15]   *Idem*, Vol. II, p. 153.
[16]   *Idem*, Vol. II, p. 154.
[17]   See A. Sacristán y Martínez, *Municipalidades de Castilla y León*, Madrid, 1981, p. 490.
[18]   See F. Blanco y R. Azpúrua, *Documentos para la Historia de la Vida Pública del Libertador...*, *op. cit.*, Vol. II, p. 153.

Estas *Juntas*, aun cuando compuestas por personas designadas por aclamación popular, tenían como agenda común defender la monarquía que estaba simbolizada en la persona de Fernando VII, por lo que las mismas siempre actuaron en nombre del Rey. Sin embargo, de hecho se había producido una revolución política, de manera que el sistema absolutista de gobierno pasó a ser sustituido por un sistema municipal popular, democrático y autónomo representado plenamente en las *Juntas* locales[19] Estas, a través de sus delegados, se unieron para la formación de Juntas Provinciales en representación de los municipios agrupados en un territorio determinado, y a su vez, estas *Juntas* Provinciales formaron una *Junta* Suprema o Central que se estableció en Sevilla. En 1810, fue esta *Junta Central* de Gobierno del Reino la que se vio obligada a establecerse en Cádiz, en el extremo sur de Andalucía, donde al resolver su cesación, nombró un Consejo de Regencia para gobernar el Reino, y convocó, al mismo tiempo, elecciones de representantes de todas las provincias españolas con el fin de formar las *Cortes Generales* a fin de redactar una nueva Constitución, que fue la Constitución de 1812 Cádiz.

La noticia sobre la ocupación del territorio español por los ejércitos de Napoleón y la adopción de la Constitución de Bayona el 6 de julio de 1808, se conocieron oficialmente en Caracas un mes después, el 15 de agosto de 1808,[20] cuando tales hechos fueron formalmente informados al Capitán General de Venezuela mediante decretos reales, entre los cuales estaba el Decreto Real de proclamación de Fernando VII del 20 de abril de 1808. Esos decretos se abrieron en la reunión del *Ayuntamiento* de Caracas de ese día 15 de julio de 1808,[21] cuatro meses después se hubiera expedido, y después de que ya habían ocurrido todos los acontecimientos antes mencionados.

Es decir, para esta fecha, dos meses antes, en mayo de 1808, los otros graves acontecimientos ya mencionados habían tenido lugar en la península española, como la abdicación a la Corona por Fernando VII en su padre, la transferencia de la Corona por Carlos IV a Napoleón. Estos eventos, por tanto, hicieron que las noticias iniciales fueran totalmente inútiles, particularmente porque, además, una semana antes de su recepción, como se ha señalado, José Napoleón había sido proclamado "Rey de las Españas y de las Indias", y había decretado la Constitución de Bayona

---

[19] Véase O. C. Stoetzer, *Las Raíces Escolásticas de la Emancipación de la América Española*, Madrid, 1982, p. 270.

[20] Véase J. F. Blanco y R. Azpúrua, *Documentos para la Historia de la Vida Pública del Libertador...*, op. cit., Tomo II, pp. 126, 127.

[21] *Idem*, Tomo II, pp. 127 ss.

These *Juntas*, although composed of individuals nominated by popular acclamation, had as a common agenda to defend the monarchy symbolized in the person of Ferdinand VII, for which reason these committees always acted on behalf of the King. Nevertheless, the fact was that a political revolution developed, through which the absolutist system of government was replaced by popular, democratic and fully autonomous municipal system of *Juntas*.[19] These local *Juntas*, through delegates, joined in the formation of Provincial *Juntas*, representing the municipalities grouped in a particular territory; and at their turn, these Provincial Juntas, formed a Supreme or Central *Junta* that was established in Seville. In 1810, this *Junta Central* of Government of the Kingdom was the one that was forced to settle in Cádiz, in the extreme south of Andalucía, where it appointed a Council of Regency to govern the Realm, convening, at the same time, the elections of representatives of all the Spanish provinces in order to form the *Cortes Generales* (Parliament) for the purpose of drafting a new Constitution, which is known as the 1812 Cádiz Constitution.

The news about the occupation of Spanish territory by the armies of Napoleon and the adoption of the Constitution of Bayonne on July 6, officially became known in Caracas one month later, in August 15, 1808, when such facts were formally given to the Captain-General of Venezuela by royal decrees, among which was that the Royal Decree of proclamation of Ferdinand VII of April 20, 1808,[20] which was precisely opened at the meeting of the *Ayuntamiento* of Caracas of that day (July 15, 1808),[21] four months after it had been issued.

Of course, by that time -two months earlier, in May 1808- other serious events already mentioned had also taken place in the Spanish Peninsula, such as the abdication of the Crown by Ferdinand VII in his father and the transfer of the Crown by Charles IV to Napoleon. These events made the initial news entirely useless because, besides, a week before receiving them, as noted, Joseph Napoleon had proclaimed himself "King of the Spains and the Indies," and had decreed the Constitution of Bayonne

---

[19] See O. C. Stoetzer, *Las Raíces Escolásticas de la Emancipación de la América Española*, Madrid, 1982, p. 270.
[20] See J. F. Blanco y R. Azpúrua, *Documentos para la Historia de la Vida Pública del Libertador...*, op. cit., Vol. II, pp. 126, 127.
[21] *Idem*, Vol. II, pp. 127 ss.

el 6 de julio de 1808. No es de extrañar, por tanto, los devastadores efectos políticos que en Venezuela tuvo la noticia de última hora acerca de los conflictos políticos reales, entre padre e hijo; la abdicación forzada del trono por la violencia de Napoleón; y la ocupación del territorio español por los ejércitos del Emperador. Todo ello, además, empeoró, dado el hecho de que el conocimiento tardío de estas noticias había sido porque las mismas fueron entregadas por emisarios franceses que habían venido a Caracas para tal fin, exacerbando con ello la incertidumbre en la provincia.

Al recibir la noticia, el Capitán General de Venezuela Juan de Casas, que desde 1807 había asumido el cargo tras la muerte de su titular (Manuel de Guevara y Vasconcelos), [22] hizo una declaración solemne el 18 de julio 1808, indicando que debido a que "ningún gobierno intruso e ilegítimo puede aniquilar la potestad legítima y verdadera" por los hechos acaecidos en la Península "en nada se altera la forma de gobierno ni el Reinado del Señor Don Fernando VII en este Distrito."[23] Es más, el 27 de julio, el *Ayuntamiento* de Caracas se sumó a tal manifestación al afirmar que "no reconocen ni reconocerán otra Soberanía que la suya (Fernando VII), y la de los legítimos sucesores de la Casa de Borbón." [24]

En esa misma fecha, incluso, el Capitán General se dirigió al *Ayuntamiento* exhortándolo a que se erigiese en esta Ciudad "una Junta a ejemplo de la de Sevilla,"[25] para cuyo efecto, el Ayuntamiento tomó conocimiento

---

[22] Fue precisamente durante la administración de Guevara Vasconcelos, de quien Casas era sub-comandante, cuando José María España, uno de los cabecillas de la llamada conspiración de Gual y España (1797), y la primera de las víctimas de las ideas republicanas en Venezuela, fue colgado con gran despliegue de terror en la plaza principal de Caracas (1799); y también cuando Francisco de Miranda desembarcó en La Vela de Coro en 1806, con de su pequeña expedición independentista, manteniéndose en Coro por cinco días.

[23] *Idem*, Tomo II, p. 169.

[24] *Idem*, Tomo II, p. 169.

[25] El 17 de junio de 1808, por ejemplo, la Junta Suprema de Sevilla explicó a los dominios españoles de América los acontecimientos "más importantes que llevaron a la creación de la Junta Suprema de Sevilla que, en nombre de Fernando VII, rige los reinos de Sevilla, Córdoba, Granada, Jaén, provincias de Extremadura, Castilla la Nueva y en los territorios que quedan por sacudir el yugo del emperador de los franceses." Véase el texto de la proclamación del 17 de junio de 1808. J. F. Blanco y R. Azpúrua, *Documentos para la Historia de la Vida Pública del Libertador...*, *op. cit.*, Tomo II, pp. 154-157, y 170-174. Véase C. Pérez Parra, *Historia de la Primera República de Venezuela*, Biblioteca de la Academia Nacional de la Historia, Caracas, 1959, Tomo I. pp. 311 y ss., y 318.

on July 6, 1808. No wonder, therefore, the devastating political effects on Venezuela of the late news about the royal political disputes among father and son; the forced abdication of the throne by the violence of Napoleon; and the occupation of Spanish territory by the Emperor's armies; all of which became worse due to the fact that the late knowledge of these news had been because they were delivered by relevant French emissaries who had come to Caracas for such purpose, exacerbating thereby the uncertainties.

Upon receiving the news, the Captain-General of Venezuela Juan de Casas, who since 1807, as Deputy Lieutenant, had assumed the office upon the death of the holder (Manuel de Guevara y Vasconcelos[22]), made a solemn declaration of July 18, 1808, stating that because "no illegitimate and intruder government can destroy the legitimate and true power... in no ways is the form of government or the Reign of the Lord Master Ferdinand VII altered in this district."[23] What's more, on July 27, the City Council or *Ayuntamiento* of Caracas joined in by stating that "we do not and shall not recognize sovereignty other than his (Ferdinand VII) and of the legitimate successors to the House of Bourbon."[24]

The Captain-General Casas, on that same date, addressed the *Ayuntamiento* urging it to erect in this city "a *Junta* after the example of that of Seville."[25] For that purpose the Council acknowledged the act by

---

[22] It was precisely during the administration of Guevara y Vasconcelos and when de casas was his Deputy Lieutenant, when José María España, one of the ringleaders of the so-called conspiracy of Gual y España (1797)), and the first of the victims of the republican ideas in Venezuela, wad hung with great display of terror in the main square of Caracas (1799); and also when Francisco de Miranda landed in La Vela de Coro in 1806, with his small independence expedition, staying in Coro for five days.

[23] *Idem*, Vol. II, p. 169.

[24] *Idem*, Vol. II, p. 169.

[25] On June 17, 1808, for example, the Supreme Junta of Seville explained to the Spanish dominions in America the "major events that have led to the creation of the Supreme Board of Seville which, on behalf of Ferdinand VII, rules the kingdoms of Seville, Cordoba, Granada, Jaén, provinces of Extremadura, Castilla la Nueva and the remaining territories to be shaking off the yoke of the Emperor of the French". See the text of the proclamation of June 17, 1808 in J. F. Blanco y R. Azpúrua, *Documentos para la Historia de la Vida Pública del Libertador...*, op. cit., Vol. II, pp. 154-157, y 170-174. See C. Pérez Parra, *Historia de la Primera República de Venezuela*, Biblioteca de la Academia Nacional de la Historia, Caracas, 1959, Vol. I. pp. 311 y ss., y 318.

del acto del establecimiento de aquélla[26] y acordó estudiar un "Prospecto" cuya redacción encomendó a dos de sus miembros. Dicho proyecto llegó a ser aprobado el 29 de julio de 1808, pasándolo para su aprobación al Presidente, Gobernador y Capitán General.[27]

El Capitán General, sin embargo, nunca llegó a considerar la propuesta, a pesar de la representación que el 22 de noviembre de 1808 le habían enviado las primeras notabilidades de Caracas que habían sido designadas para tratar con él sobre "la formación y organización de la *Junta* Suprema." En dicha representación, se registró el hecho de la instalación de los consejos bajo el nombre de la *Juntas* Supremas en las capitales de provincia de la península, acerca de las cuales se dijo:

"Nobles esfuerzos de la nación por defensa de la religión, del rey, de la libertad e integridad del Estado y estas mismas le sostendrán bajo la autoridad de la soberana central, cuya instalación se asegura haberse verificado. Las provincias de Venezuela no tienen ni menos lealtad, ni menos ardor, valor ni constancia, que las de la España Europea."

Por tanto, el Ayuntamiento informó al Capitán General que creía que era:

"Absolutamente necesario poner en práctica la decisión del Presidente, Gobernador y Capitán General informada al Honorable Ayuntamiento para la formación de una Junta Suprema que se someta a la Junta Soberana de España y sea capaz de ejercer la autoridad suprema en esta Ciudad, mientras que nuestro amado rey Fernando VII vuelve al trono."[28]

Con este fin y para "evitar todo motivo de preocupación y desorden," el Ayuntamiento decidió nombrar "representantes del pueblo" para tratar con el Presidente, Gobernador y Capitán General sobre el proyecto y la organización de la Junta Suprema.[29] El Capitán General, Juan de Casas, quien después de haber declarado la conveniencia de la constitución de la *Junta de Caracas*, con el tiempo, no sólo no accedió a la petición que se le

---

[26] Véase el acta del Ayuntamiento del 28 de julio de 1808 en J.F. Blanco y R. Azpúrua, *Documentos para la Historia de la Vida Pública del Libertador...*, op. cit., Tomo II, p. 171.

[27] Véase el texto del folleto y su aprobación del 29 de julio de 1809. *Ibid.*, pp. 172-174;. Y C. Pérez Parra, *Historia de la Primera República*, op. cit., p. 318.

[28] Véase el texto en J.F Blanco y R. Azpúrua, *Documentos para la Historia de la Vida Pública del Libertador...*, op. cit., Tomo II, pp. 179-180; C. Parra Pérez, *Historia de la Primera República ...*, op. cit., Tomo I, 133.

[29] J.F. Blanco y R. Azpúrua, *Documentos para la Historia de la Vida Pública del Libertador...*, Tomo II, pp. 179-180.

which the Seville *Junta* was established,[26] and agreed to study a "proposal," the writing of which was assigned to two of the City Council members, which being approved on July 29, 1808, was submitted for approval to the "President, Governor and Captain-General."[27]

The Captain-General, however, never came to consider the proposal not even withstanding the representation that had been sent to him on November 22, 1808 by the most notables citizens in Caracas and which was designated to deal with the Captain-General on "the formation and organization of the Supreme *Junta*." In said representation, the fact of the installation of councils under the name of Supreme *Juntas* in the provincial capitals of the peninsula, was recorded. About such *Juntas* it was said:

> "The nation's noble efforts for the defense of religion, the king and the freedom and integrity of the state have rested and rests; and these very ones will sustain Thou under the authority of the Central Sovereign, which installation is claimed to have been done. The provinces of Venezuela do not have less loyalty nor less ardor, courage and perseverance than those of the European Spain."

Therefore the *Ayuntamiento* reported to the Captain-General that it believed it was:

> "Absolutely necessary to put into effect the decision of the President, Governor and Captain-General reported to the Honorable Ayuntamiento for the formation of a Supreme Junta which will be subject to the Sovereign Junta of Spain and will be able to exercise the supreme authority in this City while our beloved King Ferdinand VII returns to the throne."[28]

To this end and to "prevent all cause for concern and disorder," the *Ayuntamiento* decided to name "people's representatives" for dealing with the President, Governor and Captain-General on the project and the organization of the Supreme *Junta*."[29] The Captain-General, Juan de Casas, after having declared for the desirability of the constitution of the *Caracas Junta*, eventually not only did not agreed to the request made to him, but

---

[26] See the City Hall minute of July 28, 1808 in J.F. Blanco y R. Azpúrua, *Documentos para la Historia de la Vida Pública del Libertador...*, op. cit., Vol. II, p. 171.

[27] See the text of the prospectus and its approval of July 29, 1809. Ibid., pp. 172-174; and C. Pérez Parra, History of the First Republic, *Historia de la Primera República...*, op. cit., p. 318.

[28] See text in J.F. Blanco y R. Azpúrua, *Documentos para la Historia de la Vida Pública del Libertador...*, op. cit., Vol. II, pp. 179–180; C. Parra Pérez, *Historia de la Primera República ...*, op. cit., Vol. I, 133.

[29] J.F. Blanco y R. Azpúrua, *Documentos para la Historia de la Vida Pública del Libertador...*, Vol. II, pp. 179–180.

hizo, sino que más bien lo vio como una ofensa al orden público y a la seguridad, persiguiendo y juzgando a los peticionarios.[30]

El resultado fue que si bien los agitadores criollos no lograron hacer que el Cabildo se constituyese en Junta Suprema conservadora de los derechos de Fernando VII, desde el 15 de agosto de 1808 nada pudo detener el desarrollo de la revolución en medio de la agitación general de la provincia, particularmente por las noticias que seguían llegando, aún cuando tardíamente durante el año siguiente (1809), sobre la invasión general de España por los ejércitos franceses. Dicha invasión había llegado a abarcar casi todo el territorio peninsular, habiendo quedado reducido el funcionamiento del gobierno provisional de la Junta Central, a la Isla de León en Cádiz.

Todos estos hechos relacionados con la crisis política de la Corona Española, que fueron una de las principales razones que promovieron el proceso de independencia en las provincias de Venezuela, fueron explicados en los documentos publicados en el libro de Londres de 1812. Por ejemplo, en la Declaración de Independencia los representantes de: "Las provincias de Caracas Cumaná, Barinas, Margarita, Barcelona, Mérida y Trujillo", reunidos en el Congreso, declararon que la independencia había sido el producto de la "plena y absoluta posesión" de los derechos de tales "Provincias Unidas," "que forman la Confederación Americana de Venezuela en el Continente Meridional," que:

"recobramos justa y legítimamente desde el 19 de abril de 1810, en consecuencia de la jornada de Bayona y la ocupación del trono español por la conquista y sucesión de otra nueva dinastía constituida sin nuestro consentimiento."

Y en esa misma *Declaración de Independencia* se expresó que:

"Las cesiones y abdicaciones de Bayona, las jornadas de El Escorial y de Aranjuez, y las órdenes del lugarteniente duque de Berg, a la América, debieron poner en uso los derechos que hasta entonces habían sacrificado los americanos a la unidad e integridad de la nación española."

Este vínculo entre la crisis política de España y el proceso de independencia como una de las principales causas de este último, fue señalado también, y argumentado extensamente, en el *Manifiesto* de 1811, donde se expresó que cuando "Caracas supo las escandalosas escenas de El Escorial y Aranjuez," ya "presentía cuáles eran sus derechos y el estado en que

---

[30] *Idem.*, Tomo II, pp. 180-181; L. A. Sucre, *Gobernadores y Capitanes Generales de Venezuela*, Caracas, 1694, pp. 312-313.

further saw it as an offense to public order and safety, persecuting and judging the petitioners.[30]

The result was that although the agitating creoles failed to have the *Ayuntamiento* established as a Supreme *Junta* for the Preservation of the Rights of Ferdinand VII, since August 15th, 1808 nothing could stop the progression of the revolution in the midst of the general unrest of the province, particularly due to the news that kept coming in, even though late in the following year (1809), on the general invasion of Spain by French armies. By that time, the invasion had come to encompass almost the entire peninsula, having been the operations of the provisional government of the *Junta Central of Spain* reduced to the Island of Leon, in Cádiz.

All these facts regarding the political crisis of the Spanish Crow, being one of the main reasons that caused the independence process in the provinces of Venezuela, were explained in the documents published in the London book of 1812. For example, in the *Declaration of Independence* the Representatives "Provinces of Caracas, Cumana, Varinas, Margarita, Barcelona, Merida, And Truxillo" assembled in Congress, declared that the independence was the product of the "the full and absolute possession" of the rights of such "united Provinces" that were "forming the American Confederation of Venezuela, in the South Continent;" which they:

> "recovered justly and legally from the 19th of April, 1810, in consequence of the occurrences in Bayona, and the occupation of the Spanish Throne by conquest, and the succession of a new Dynasty, constituted without our consent."

And in the same *Declaration of Independence* it was stated that:

> "The Cessions and Abdications at Bayona, the Revolutions of the Escorial and Aranjuez, and the Orders of the Royal Substitute, the Duke of Berg, sent to America, suffice to give virtue to the rights, which till then the Americans had sacrificed to the unity and integrity of the Spanish Nation."

This link between the political crisis in Spain and the independence process, as one of the main causes of the latter, was also stated and argued extensively in the *Manifesto* of 1811, noting that when "Caracas learnt the scandalous scenes that passed in El Escurial and Aranjuez," it already "perceived what were her rights, and the state in which these were placed

---

[30] *Idem.*, Vol. II, pp. 180–181; L. A. Sucre, *Gobernadores y Capitanes Generales de Venezuela*, Caracas, 1694, pp. 312–313.

los ponían aquellos grandes sucesos;" y que si bien "todos conocen el suceso del Escorial en 1807," sin embargo, "quizá habrá quien ignore los efectos naturales de semejante suceso."

Por ello, en el *Manifiesto* se hizo el siguiente resumen de los aspectos más relevantes de la crisis española, con la debida aclaratoria, sin embargo, de que no era el ánimo del Congreso "entrar a averiguar el origen de la discordia introducida en la casa y familia de Carlos IV;" que se atribuían "recíprocamente la Inglaterra y la Francia, y ambos gobiernos tienen acusadores y defensores." Incluso, en el *Manifiesto* se hacía referencia a que tampoco era el propósito hacer referencia al "casamiento ajustado entre Fernando y la entenada de Bonaparte, la paz de Tilsit, las conferencias de Erfuhrt, el tratado secreto de S. Cloud y la emigración de la casa de Braganza al Brasil". En cambio, lo que se consideró "cierto y lo propio" de los venezolanos, fue que "por la jornada del Escorial quedó Fernando VII declarado traidor contra su padre Carlos IV."

Sobre ello, se afirmó en el *Manifiesto*:

"Cien plumas y cien prensas publicaron a un tiempo por ambos mundos su perfidia y el perdón que a sus ruegos le concedió su padre; pero este perdón como atributo de la soberanía y de la autoridad paterna relevó al hijo únicamente de la pena corporal; el Rey, su padre, no tuvo facultad para dispensarle la infamia y la inhabilidad que las leyes constitucionales de España imponen al traidor, no sólo para obtener la dignidad real, pero ni aun el último de los cargos y empleos civiles. Fernando no pudo ser jamás Rey de España ni de las Indias."

El recuento de los sucesos posteriores se hizo en el mismo *Manifiesto* de la siguiente manera:

"A esta condición quedó reducido el heredero de la Corona, hasta el mes de marzo de 1808 que, hallándose la Corte en Aranjuez, se redujo por los parciales de Fernando a insurrección y motín el proyecto frustrado en El Escorial. La exasperación pública contra el ministerio de Godoy sirvió de pretexto a la facción de Fernando para convertir indirectamente en provecho de la nación lo que se calculó, tal vez, bajo otros designios. El haber usado de la fuerza contra su padre, el no haberse valido de la súplica y el convencimiento, el haber amotinado el pueblo, el haberlo reunido al frente del palacio para sorprenderlo, arrastrar al ministro y forzar al Rey a abdicar la Corona, lejos de darle derecho a ella, no hizo más que aumentar su crimen, agravar su traición y consumar su inhabilidad para subir a un trono desocupado por la violencia, la perfidia y las facciones. Carlos IV, ultrajado, desobedecido y amenazado con la fuerza, no tuvo otro partido favorable a su decoro y su venganza que emigrar a

by those great occurrences," and while "every one is aware of the occurrences which happened at the Escorial, in 1807," however, "perhaps every one is not acquainted with the natural effects of these events."

Therefore, in the *Manifesto* a summary of the most important aspects of such events was given, with an appropriate clarification, however, their explanation by the Congress was not intended "to enter into the discovery of the origin of the discord that existed in the family of Charles IV," leaving to England and France to "attribute it to themselves" for which "both governments have their accusers and defenders." So the *Manifesto* expressed that it was not the intention of the Congress to refer to the "marriage agreed on between Ferdinand and the daughter-law of Buonaparte, the peace of Tilsit, the conferences at Erfuhrt, the secret treaty of St. Cloud, and the emigration of the house of Braganza to the Brazils;" considering instead that what was of the "most materially concerns" to the Venezuelans was the fact that at "El Escorial, Ferdinand VII was declared a traitor against his father, Charles IV."

On this, the Congress said in the *Manifiesto*:

"A hundred pens, and a hundred presses published at the same time in both worlds, his perfidy, and the pardon which at his prayer, was granted to him by his father, but this pardon as an attribute of the sovereignty and of paternal authority, only absolved the son from corporal punishment; the king, his father, had no power to free him from the infamy and inability which-the constitutional laws of Spain impose on the traitor, not only to hinder him from obtaining the royal dignity, but even the lowest office or civil employment. Ferdinand, therefore, never could be king of Spain, or of the Indies."

The account of the subsequent events was made in the same *Manifiesto*, as follows:

"To this condition the heir of the crown remained reduced, till the month of March, 1808, when, whilst the court was at Aranjuez, the project frustrated at the Escorial was converted into insurrection and open mutiny, by the friends of Ferdinand. The public exasperation against the ministry of Godoy, served as a pretext to the faction of Ferdinand, and as a plea indirectly to convert into the good of the nation, what was perhaps calculated under other designs. The fact of using force against his father; his not rather recurring to supplication and convincing arguments; his having excited mutiny on the part of the people; his having assembled them in front of the palace in order to surprise it, to insult the minister, and force the king to abdicate his crown; far from giving him any title to it; only tended to increase his crime, to aggravate his treachery, and complete his inability to ascend the throne, vacated by means of violence, perfidy, and factions. Charles IV outraged, disobeyed, and threatened with force, had no other alternative left him,

Francia para implorar la protección de Bonaparte a favor de su dignidad real ofendida. Bajo la nulidad de la renuncia de Aranjuez, se juntan en Bayona todos los Borbones, atraídos contra la voluntad de los pueblos a cuya salud refirieron sus resentimientos particulares; aprovechóse de ellos el Emperador de los franceses, y cuando tuvo bajo sus armas y su influjo a toda la familia de Fernando, con varios próceres españoles y suplentes por diputados en Cortes, hizo que aquél restituyese la Corona a su padre y que éste la renunciase en el Emperador, para trasladarla en seguida a su hermano José Bonaparte."

Todo esto, se afirmó en el *Manifiesto* de 1811, se ignoraba o se sabía "muy por encima" en Venezuela, "cuando llegaron a Caracas los emisarios del nuevo Rey," sosteniendo que "la inocencia de Fernando, en contraposición de la insolencia y despotismo del favorito Godoy," había sido "el móvil de su conducta, y la norma de las autoridades vacilantes el 15 de julio de 1808;" de manera que ante "la alternativa de entregarse a una potencia extraña o de ser fiel a un Rey que aparecía desgraciado y perseguido," el Congreso General afirmó en el Manifiesto que:

"triunfó la ignorancia de los sucesos del verdadero interés de la Patria y fue reconocido Fernando, creyendo que mantenida por este medio la unidad de la nación, se salvaría de la opresión que la amenazaba y se rescataría un Rey de cuyas virtudes, sabiduría y derechos estábamos falsamente preocupados"

El resultado fue según se expresó en el *Manifiesto* que:

"Fernando, inhábil para obtener la corona, imposibilitado de ceñirla, anunciado ya sin derechos a la sucesión por los próceres de España, incapaz de gobernar la América y bajo las cadenas y el influjo de una potencia enemiga, se volvió desde entonces, por una ilusión, un príncipe legítimo, pero desgraciado, se fingió un deber el reconocerlo, se volvieron sus herederos y apoderados cuantos tuvieron audacia para decirlo, y aprovechando la innata fidelidad de los españoles de ambos mundos empezaron a tiranizarlos nuevamente los intrusos gobiernos que se apropiaron la soberanía del pueblo a nombre de un Rey quimérico, y hasta la junta Mercantil de Cádiz quiso ejercer dominio sobre la América."

El tema también fue objeto de consideraciones en el *Acta de Independencia*, donde se observó que:

suitable to his decorum, and favourable to his vengeance; than to emigrate to France to implore the protection of Buonaparte, in favour of his offended royal dignity. Under the nullity of the abdications of Aranjuez, all the Bourbons assemble in Bayona, carried there against the will of the people, to whose safety they preferred their own particular resentments; the Emperor of the French, took advantage of them, and when he held under his controul, and within his influence, the whole family of Ferdinand, as well as several of the first Spanish dignitaries and substitutes for deputies in the Cortes; he caused the son to restore the crown to his father, and the latter then to make it over to him the Emperor, in order that he might afterwards confer it on his brother Joseph Napoleon."

All this -the 1811 it was affirmed in the *Manifesto* - was unknown or known only superficially in Venezuela "when the emissaries of the new king reached Caracas" arguing about "the innocence of Ferdinand, compared with the insolence and despotism of the favourite Godoy;" impelling and directing the conduct of Caracas "when the local authorities wavered on the 15th of July, 1808;" having "being left to choose between the alternative of delivering herself up to a foreign power, or of remaining faithful to a king, who appeared unfortunate and persecuted." In such situation, the General Congress said in the *Manifiesto* that:

"the ignorance of events triumphed over the true interests of the country, and Ferdinand was acknowledged, under a belief that, by this means, the unity of the nation being maintained, she would be saved from the threatened oppression, and a king be ransomed, of whose virtues, wisdom and rights, we were falsely prepossessed."

The result, as expressed in the same *Manifiesto*, was that:

"Ferdinand, disqualified and unable to obtain the crown; previously announced by the leaders of Spain as dispossessed of his rights to the succession; incapable of governing in America, held in bondage, and under the influence of a foreign power; from that time, became by illusion, a legitimate but unfortunate prince; it was feigned a duty to acknowledge him; as many as had the audacity to call themselves such, became his self-created heirs and representatives, and taking advantage of the innate fidelity of the Spaniards of both worlds, and forming themselves into intrusive governments, they appropriated to themselves the sovereignty of the people, in the name of a chimerical king, began to exercise new tyrannies, and even of the commercial Junta of Cadiz sought to extend her control over America."

The issue also came under consideration in the *Declaration of Independence*, which noted that:

"Cuantos Borbones concurrieron a las inválidas estipulaciones de Bayona, abandonando el territorio español, contra la voluntad de los pueblos, faltaron, despreciaron y hollaron el deber sagrado que contrajeron con los españoles de ambos mundos, cuando, con su sangre y sus tesoros, los colocaron en el Trono a despecho de la casa de Austria; por esta conducta quedaron inhábiles e incapaces de gobernar a un pueblo libre, a quien entregaron como un rebaño de esclavos. Los intrusos gobiernos que se abrogaron la representación nacional aprovecharon pérfidamente las disposiciones que la buena fe, la distancia, la opresión y la ignorancia daban a los americanos contra la nueva dinastía que se introdujo en España por la fuerza; y contra sus mismos principios, sostuvieron entre nosotros la ilusión a favor de Fernando, para devorarnos y vejarnos impunemente cuando más nos prometían la libertad, la igualdad y la fraternidad, en discursos pomposos y frases estudiadas, para encubrir el lazo de una representación amañada, inútil y degradante. Luego que se disolvieron, sustituyeron y destruyeron entre sí las varias formas de gobierno de España, y que la ley imperiosa de la necesidad dictó a Venezuela el conservarse a sí misma para ventilar y conservar los derechos de su Rey y ofrecer un asilo a sus hermanos de Europa contra los males que les amenazaban, se desconoció toda su anterior conducta, se variaron los principios, y se llamó insurrección, perfidia e ingratitud, a lo mismo que sirvió de norma a los gobiernos de España, porque ya se les cerraba la puerta al monopolio de administración que querían perpetuar a nombré de un Rey imaginario."

Estas ideas se retomaron en las *Observaciones Preliminares* al libro londinense, aún con otro lenguaje, insistiendo en que "reforma ha sido el grito general," considerando que en Europa, se habían "visto naciones enteras combatir animosamente por extirpación de abusos envejecidos" de manera que "aquellos mismos que más acostumbrados estaban á arrastrar las cadenas del despotismo, se han acordado de sus derechos largo tiempo olvidados, y se han reconocido todavía hombres."

De manera que no podía esperarse que la América Española cuyos habitantes habían sido:

"tanto tiempo hollados y esclavizados, y donde mas que en otra parte alguna era indispensable una reforma, fuese la unica que permaneciese tranquila, la unica que resignada con su triste destino viese indolentemente, que quando los Gobiernos de la Peninsula se ocupaban en mejorar la condicion del Español Europeo, á ella sola se cerraba toda perspectiva de mejor suerte, que sus clamores eran desechados, y que aun se le imponia una degradacion todavía mayor, que la que habia sufrido baxo el regimen corrompido de los Ministros de Carlos IV"

"All the Bourbons concurred to the invalid stipulations of Bayona, abandoning the country of Spain, against the will of the People; --they violated, disdained, and trampled on the sacred duty they had contracted with the Spaniards of both Worlds, when with their blood and treasure they had placed them on the Throne, in despite of the House of Austria. By such a conduct, they were left disqualified and incapable of governing a Free People, whom they delivered up like a flock of Slaves. The intrusive Governments that arrogated to them- selves the National Representation, took advantage of the dispositions which the good faith, distance, oppression, and ignorance, created in the Americans, against the new Dynasty that had entered Spain by means of force; and, contrary to their own principles, they sustained amongst us the illusion in favour of Ferdinand, in order to devour and harass us with impunity: at most, they promised to us liberty, equality, and fraternity, conveyed in pompous discourses and studied phrases, for the purpose of covering the snare laid by a cunning, useless, and degrading Representation. As soon as they were dissolved, and had substituted and destroyed amongst themselves the various forms of the Government of Spain; and as soon as the imperious law of necessity had dictated to Venezuela the urgency of preserving itself, in order to guard and maintain the rights of her King, and to offer an asylum to her European brethren against the ills that threatened them; their former conduct was divulged: they varied their principles, and gave the appellations of insurrection, perfidy, and ingratitude, to the same acts that had served as models for the Governments of Spain; because then was closed to them the gate to the monopoly of administration, which they meant to perpetuate under the name of an imaginary King."

These ideas were also resumed in the *Preliminary Remarks* of the London book, even with another language and insisting that "reform has been the watch-word" arguing that in Europe "whole nations have been seen to struggle for redress of grievances," so that "even those who have been longest accustomed to clank the galling chains of Despotism, have pondered on their long forgotten rights, and have felt that they were yet men."

So it could not be expected that the Spanish America whose inhabitants have been:

"so long trampled upon, and enslaved, where a reform was in short the most wanting, would alone standstill, and bear with her former hardships; that she would calmly behold, whilst the governments of Spain, were busied in meliorating their own condition, that she was yet debarred from all relief, her claims unheard, and that she was even left in a more degraded state, than Under the corrupt administration of the late ministers of Charles IV."

Al contrario, en las *Observaciones Preliminares* se añadía que la América española también había sentido el "choque eléctrico" de los contrastes, de manera que "penetrados los Americanos de la justicia de sus demandas," comenzaron a reclamarlas, particularmente frente a la "doble opresión de la Corona y del monopolio" y las "gravosas é irracionales restricciones que agobiaban a todas las clases, y sofocaban en ellas toda especie de actividad y de industria," con "leyes, extraviadas de su benéfico objeto, que no servían ya para el castigo del culpable, ni para la protección del inocente." En esa situación, se argumentaba en dichas *Observaciones Preliminares*, lo que se veían a cada paso eran "actos de la más bárbara arbitrariedad" careciendo los "nativos de una equitativa participación en los empleos de confianza ó de lucro," prevaleciendo un sistema de gobierno ignominioso "contrario á los más esenciales derechos del género humano, y opuesto á los dictados de la justicia y de la razón".

En una palabra, se concluía las *Observaciones Preliminares*, la condición de los americanos no podía considerarse sino como la de un "oscuro" "vasallaje feudal de la España." En las Provincias de la colonia, por otra parte, existían "vacíos inmensos en todos los ramos de industria, ocasionados "por la grosera ignorancia de los mas comunes inventos," sometidas como estaban a "un sistema de monopolio, dictado por el injusto principio de preferencia á los pocos, y tan hostil á la fecundidad de las artes," denunciándose en particular que en la Provincia de Caracas no se permitió "enseñar matemáticas, tener imprenta, escuela de pilotaje, ni clase de derecho público, ni se toleró que hubiese Universidad en Mérida;" todo lo cual no podía "contradecirse por los mal descarados panegiristas del poder arbitrario, ni paliarse por las especiosas producciones de las prensas de Cádiz, empeñadas en probar las ventajas de la dependencia y del monopolio."

En fin, se argumentó en las *Observaciones Preliminares* que no se podía pretender que sólo a las provincias de las Américas se les negasen sus derechos, y el poder "velar sobre su integridad," se les exigiera "que para la distribución de justicia" tuvieran que "atravesar un océano de dos mil leguas," y que en "momentos tan críticos como el actual, subsistan desnudos de todas las atribuciones de los seres políticos, y dependan de otra nación, que un enemigo poderoso amenaza aniquilar;" y que quedasen "como una nave sin timón," expuestos "a los rudos embates dé la mas furiosa tempestad política, y prontas a ser la presa de la primera nación ambiciosa que tenga bastante fuerza para apoderarse de ellas."

On the contrary, in the *Preliminary Remarks* it was added that Spanish Americans had also "felt the electric shock" of the contrasts, so that being confident "of the justice of their demands," for which they have "asked redress, but it was denied;" they began to pursue them, particularly in regard to the double oppression "by the crown, and by monopolies," and to the "burdensome and unreasonable restrictions, destructive of all enterprize " with laws that had lost their useful purpose and "did not inflict punishment on the guilty, nor afford protection to the innocent." In that situation -it was argued in said *Preliminary Remarks*- what was found at every step were "arbitrary acts" which were "common;" lacking the natives a "fair participation in offices of trust and emolument;" and prevailing an ignominious system of government "disgraceful to the Statute books of Spain and the Indies, opposed to the common rights of mankind, and hostile to the dictates of truth and reason."

In short the *Preliminary Remarks* concluded, saying that the condition of the Spanish Americans "could be considered in no other state than in that of feudal vassallage to Spain." In the colonial provinces, on the other hand, there were huge gaps in all "branches of industry, occasioned by wanton ignorance" as they were subjected to a "system of monopoly, generated by a false principle of preference to few, but hostile to productive labour," denouncing in particular that in the Province of Caracas "it was not allowed to teach mathematics, to have a printing-press, a school for the tuition of navigation, or the study of *jus publicum*; and that in Merida, one of the provinces of Venezuela, an university was not tolerated." All of which could not be deny by "the most unblushing advocates for arbitrary power" "nor can they ever be palliated by the ingenious and specious pieces written in Cadiz to prove the utility and advantages of dependence and monopoly."

Hence, in the *Preliminary Remarks* it was argued that it could not be expected that only the provinces of the Americas be denied of their rights and the ability to "guard against the rapid encroachments of power, and to repair the breach;" to demand from them "that for the distribution of justice" they had "to traverse an ocean of two thousand leagues;" that in moments so critical as those in which they were, they were "to depend, as political nothings, on a nation, herself threatened with destruction from a powerful foe;" and that they remain "like a vessel deprived of her helm, left to be buffeted by the rude tempests ready to assail them, and be exposed to become the prey of the first ambitious nation that may have the strength to effect their conquest."

II. LA DEPOSICIÓN DE LAS AUTORIDADES COLONIALES, LA INDEPENDENCIA Y EL PROCESO CONSTITUYENTE ENTRE 1810 Y 1811

En la Provincia de Caracas, luego de los sucesos de 1808, se había comenzado a afianzar el sentimiento popular de que el gobierno que existía en la misma era pro-bonapartista lo cual se también achacó al Mariscal de Campo, Vicente de Emparan y Orbe, quien en marzo de 1809 había sido nombrado por la Junta Suprema Gubernativa como Gobernador de la Provincia de Venezuela, en reemplazo del Gobernador Juan de Casas.[31] Como se dijo, esa Junta Suprema Central y Gubernativa del Reyno se había constituido en Aranjuez el 25 de septiembre de 1808, y se había trasladado luego a Sevilla el 27 de diciembre de 1809, integrada por mandatarios de las diversas provincias del Reino, la cual tomó la dirección de los asuntos nacionales.[32] Fue por ello que el 12 de enero de 1809, el Ayuntamiento de Caracas reconoció en Venezuela a dicha Junta Central, como gobierno supremo del imperio.[33]

Fue días después, que la Junta Suprema Central, por otra parte, por Real Orden del 22 de enero de 1809, dispondría la muy importante resolución de que:

"Los vastos y preciosos dominios que la España posee en las Indias no son propiamente colonias o factorías, como los de otras naciones, sino una parte esencial e integrante de la monarquía española...".[34]

Como consecuencia de esta trascendente declaración se consideró que las Provincias de América debían tener representación y constituir parte de la Junta Suprema Central, a cuyo efecto se dispuso la forma cómo habrían de elegirse los diputados y vocales americanos, a través de los Ayuntamientos coloniales, pero en absoluta minoría en relación a los representantes peninsulares.[35]

---

31   Véase L. A. Sucre, *Gobernadores y Capitanes Generales...*, op. cit., p. 314.
32   Véase texto en J. F. Blanco y R. Azpúrua, *Documentos para la Historia de la Vida Pública del Libertador...*, op. cit., Tomo II, pp. 174 y 179.
33   Véase Parra Pérez, *Historia de la Primera República* op. cit., Tomo II, p. 305.
34   Véase texto en J.F. Blanco y R. Azpúrua, *Documentos para la Historia de la Vida Pública del Libertador...*, op. cit., Tomo II, pp. 230-231; O. C. Stoetzer, *Las Raíces Escolásticas de la Emancipación...*, op. cit., p. 271.
35   Esto fue protestado en América. Véase, por ejemplo, el *"Memorial de Agrarios"* de C. Torres del 20 de Noviembre l 1809 en J.F. Blanco y R. Azpúrua, *Documentos para La Historia de la Vida Pública del Libertador, op. cit*, Tomo II, pp. 243-

II. THE DEPOSITION OF THE COLONIAL AUTHORITIES, THE INDEPENDENCE AND THE CONSTITUTION MAKING PROCESS IN 1810 AND 1811

In any case, after the events of 1808, the feeling among the people in the Caracas province that the provincial government was pro-bonapartist had begun to rise and was also attributed to the Field Marshal, Vicente Emparan and Orbe, who had been appointed by the Supreme Governing *Junta* of Spain as Governor of the Province of Venezuela, in March 1809, succeeding Governor de Casas.[31] This Kingdom's Supreme Central and Governing *Junta*, as mentioned, had been established at Aranjuez on September 25, 1808 and had been moved to Seville later on December 27, 1809, comprising representatives of the various provinces of the Kingdom, taking charge of the national interests.[32] That was why on January 12, 1809, the *Ayuntamiento* of Caracas recognized such Central *Junta* in Venezuela, as the supreme government of the empire.[33]

It was days later that the Central Supreme *Junta* by the very important but to late Royal Order of January 22, 1809, decided that:

> "The vast and beautiful domains which Spain has in the Indies are not properly colonies or factories, like those of other nations, but an essential and integral part of the Spanish monarchy...."[34]

As a result of this important statement it was considered that the Provinces of the Americas should have its representation and be part of the Central Supreme *Junta*, for which matter the way to elect Spanish American representatives and vocals was implemented by appointment through the American *Ayuntamientos*, but in an absolute minority in relation to the mainland representatives.[35]

---

[31] See L. A. Sucre, *Gobernadores y Capitanes Generales...*, op. cit., p. 314.
[32] See text in J. F. Blanco y R. Azpúrua, *Documentos para la Historia de la Vida Pública del Libertador...*, op. cit., Vol. II, pp. 174 y 179.
[33] See Parra Pérez, *Historia de la Primera República ...*, op. cit., Vol. II, p. 305.
[34] See text in J.F. Blanco y R. Azpúrua, *Documentos para la Historia de la Vida Pública del Libertador...*, op. cit., Vol. II, pp. 230-231; O. C. Stoetzer, *Las Raíces Escolásticas de la Emancipación...*, op. cit., p. 271.
[35] This was protestated in America. See for example the "Memorial de Agrarios" de C. Torres de 20 de noviembre de 1809 en J. F. Blanco y R. Azpúrua, *Documentos para la Historia de la Vida Pública del Libertador...*, op. cit., Vol. II, pp. 243-246; and O.C. Stoetzer, *Las Raíces Escolásticas de la Emancipación...*, op. cit., p. 272. In some cases a process of election was established and applied, e.g., in the province of Guayana. See texts in J. F. Blanco y R. Azpúrua, *Documen-*

En todo caso, para comienzos de 1809, ya habían aparecido en la Península manifestaciones adversas a la Junta Suprema Central y Gubernativa, a la cual se había acusado de usurpadora de autoridad. Ello condujo, en definitiva, a que la misma procediera a la convocatoria a Cortes para darle legitimación a la representación nacional, lo que hizo la Junta por Decretos de 22 de mayo y 15 de junio de 1809, fijándose la reunión de las Cortes para el 1° de marzo de 1810, en la Isla de León.[36] En dichas Cortes, en todo caso, debían estar representadas las Juntas Provinciales del Reino y representantes de las Provincias de Indias, que debían ser electos conforme al reglamento dictado el 6 de octubre de 1809. En cuanto a los representantes de América, después de interminables discusiones sobre su número y la forma de elección, al final efectivamente fueron designados, pero en forma supletoria por americanos residentes en Cádiz.[37]

Mientras tanto, en mayo de 1809, ya había llegado a Caracas el nuevo Presidente, Gobernador y Capitán General de Venezuela, Vicente Emparan y Orbe, quien era conocido en las provincias de Venezuela, pues había servido como Gobernador General de Cumaná entre 1792 y 1804, con ideas liberales al punto que se le atribuye haber ayudado a Manuel Gual, el otro responsable de la conspiración de 1797, a embarcar clandestinamente para Trinidad.

Sin embargo, él era el Gobernador, y ya había recibido la advertencia que había dado el mismo mes de su nombramiento por la Junta Suprema Gubernativa de España a todos los gobernantes de las provincias de América, sobre los peligros de la extensión de las maquinaciones del Emperador hacia las Américas.[38] Como se indicó en las *Observaciones Preliminares* del libro londinense, sobre que "había motivo para desconfiar de los Virreyes y Capitanes Generales," ello se comprobó por los sucesos posteriores, pues los mismos no tuvieron:

246; y O.C. Stoetzer, *Las Raíces Escolásticas de la Emancipación op. cit.*, p. 272. En algunos casos, un proceso de elección se estableció y aplicó, por ejemplo, en la provincia de Guayana. Véanse los textos de J.F. Blanco y R. Azpúrua, *Documentos para La Historia de la Vida Pública del Libertador ...*, op. cit., Tomo II, pp. 260-261.

[36] Véase el texto en J.F. Blanco y R. Azpúrua, *Documentos para la Historia de la Vida Pública del Libertador...*, op. cit., Tomo II, pp. 234–235.

[37] Véase E. Roca Roca, *América en el Ordenamiento Jurídico...*, op. cit., p. 21; J. F. Blanco y R. Azpúrua, *Documentos para la Historia de la Vida Pública del Libertador...*, op. cit., Tomo II, pp. 267–268.

[38] Véase el texto en J.F. Blanco y R. Azpúrua, *Documentos para la Historia de la Vida Pública del Libertador...*, op. cit., Tomo II, pp. 250–254.

In any case, in early 1809, adverse events against the Supreme Central and Governing *Junta* had already appeared in the Peninsula, being the *Junta* itself accused of usurping authority. This led, ultimately, to the convening of the General *Cortes* to give legitimacy to the national representation which the *Junta* made by decree of May 22 and June 15, 1809 fixing the meeting of the *Cortes* on March 1, 1810 at the Island of Leon.[36] In those *Cortes*, in any event, the Kingdom's Provincial *Juntas* and the representatives of the Provinces of the Indies should be represented and had to be elected in accordance with regulations issued on October 6th, 1809. As to the representatives of Spanish America and after endless discussions about their number and form of election arose, the final choice of them was actually made, being chosen as *suplentes*, among the Spanish Americans residents in Cadiz.[37]

In the mean time, in May 1809, as mentioned, the new President, Governor and Captain-General of Venezuela -Vicente Emparan and Orbe- had already arrived in Caracas. He was known in the provinces of Venezuela as he had served as Governor General of Cumana between 1792 and 1804 with so much liberal ideas that he was credited with helping Manuel Gual to board clandestinely to Trinidad, the other party responsible for the conspiracy of 1797.

Nonetheless, he was the Governor, and he received the warning given the same month of his appointment by the Supreme Governing *Junta* of Spain to all the Provinces of America on the dangers of the spreading of the Emperor's machinations to the Americas.[38] This was enough, as mentioned in the *Preliminary Remarks* of the London book, "to suspect the whole of the viceroys and governors," which was confirmed by the subsequent events, as these officers

---

tos para la Historia de la Vida Pública del Libertador..., op. cit., Vol. II, pp. 260-261.

[36] See text in J.F. Blanco y R. Azpúrua, *Documentos para la Historia de la Vida Pública del Libertador...*, op. cit., Vol. II, pp. 234-235.

[37] See E. Roca Roca, *América en el Ordenamiento Jurídico...*, op. cit., p. 21; J. F. Blanco y R. Azpúrua, *Documentos para la Historia de la Vida Pública del Libertador...*, op. cit., Vol. II, pp. 267-268.

[38] See text at J.F. Blanco y R. Azpúrua, *Documentos para la Historia de la Vida Pública del Libertador...*, op. cit., Vol. II, pp. 250-254.

"reparo en proclamar la doctrina de que la América debe correr igual suerte que la Península, y que si la una es conquistada, debe someterse la otra al mismo señor. Los jefes coloniales estaban preparados para esta ocurrencia, y habiendo sido escogidos por el Príncipe de Paz, nada era mas natural que el que volviesen á sus antiguas miras."

En consecuencia, ese temor que surgió en Caracas respecto del subyugamiento completo de la Península por parte de los franceses, sin duda, fue lo que provocó que comenzara la conspiración por la independencia de la Provincia de Venezuela; de lo cual, incluso, el mismo Emparan estaba en conocimiento antes de su llegada a Caracas.[39] Su acción de gobierno, por otra parte lo llevó a enemistarse incluso con el clero y con el Ayuntamiento, lo que contribuyó a acelerar la reacción criolla. Así, ya para fines de 1809, en la Provincia había un plan para derribar el gobierno en el cual participaban los más destacados jóvenes caraqueños, entre ellos, Simón Bolívar, futuro Libertador de Venezuela, Colombia, Ecuador, Perú y Bolivia, quien había regresado de España en 1807, todos amigos del Capitán General.[40] Este adoptó diversas providencias al descubrir el plan, pero fueron débiles, provocando sólo protestas del Ayuntamiento.[41]

En España, el 29 de enero de 1810, luego de los triunfos franceses en Andalucía, la Junta Central Gubernativa del Reino había resuelto reconcentrar la autoridad del mismo, nombrando un Consejo de Regencia asignándole el poder supremo, aun cuando limitado por su futura sujeción a las Cortes que debían reunirse meses después.[42] Se anunciaba, así, la disposición de que "las Cortes reducirán sus funciones al ejercicio del poder legislativo, que propiamente les pertenece; confiando a la Regencia el del poder ejecutivo"[43]

El Consejo de Regencia, en ejercicio de la autoridad que había recibido, el 14 de febrero de 1810 dirigió a los españoles americanos una "alocución" acompañada de un Real Decreto disponiendo la concurrencia a las Cortes Extraordinarias de diputados de los dominios españoles de América y de Asia, al mismo tiempo que de diputados de la Península.[44]

---

[39] Véase G. Morón, *Historia de Venezuela*, Caracas, 1971, Tomo III, p. 205
[40] C. Parra Pérez, *Historia de la Primera República ...*, op. cit., Tomo I, pp. 368-371
[41] *Idem.*, p. 371
[42] Véase J. F. Blanco y R. Azpúrua, *Documentos para la Historia de la Vida Pública del Libertador...*, op. cit., Tomo II, pp. 265-269.
[43] *Idem*, Tomo II, p. 269.
[44] Véase el texto en *Idem*, Tomo II, pp. 272-275.

"all proclaimed the doctrine that America ought to share the same fate as the Peninsula, and that when the one was conquered, the other was to submit; in short, the commanders abroad were prepared for this alternative, they had been previously chosen by the Prince of Peace, and were ready to be moulded to the views on which he had acted."

Consequently, the fear that arose in Caracas on the full subjugation of the Peninsula, no doubt, was what prompted the beginning of the conspiracy for the independence of the Province of Venezuela; an event of which even Emparan was aware, prior to arriving in Caracas.[39] His government action, on the other hand led him to alienate himself even from the clergy and the *Ayuntamiento*, events which contributed to accelerate the reaction of the Creoles. Thus, by the end of 1809 there was put a plan in the Province to overthrow the government and in which partook the most outstanding youth of Caracas, including Simón Bolívar, the future Liberator of Venezuela, Colombia, Ecuador, Perú and Bolivia, who had returned from Spain in 1807, and were all friends of the Captain-General.[40] The Captain took several actions as he discovered the plan but the orders were weak, arousing protests from the *Ayuntamiento*.[41]

Similarly, on January 29, 1810 after the French victories in Andalusia, the Central Governing *Junta* had decided to recall the Kingdom's authority by appointing a Regency Council with the supreme power although limited by its submission to the *Cortes* which was scheduled to meet months later.[42] Thus, the decision was announced that "the *Cortes* will reduce their functions to the exercise of the legislative power, which properly belongs to them, entrusting the Regency with the exercise of the executive power."[43]

In exercise of the authority it had received, the Regency Council addressed a "speech" on February 14, 1810 to the Spanish Americans with which said Council accompanied a royal decree mandating attendance to the Extraordinary *Cortes* by the deputies of the Peninsula and simultaneously by the deputies of the Spanish dominions in America and Asia.[44]

---

[39] See G. Morón, *Historia de Venezuela*, Caracas, 1971, Vol. III, p. 205.
[40] C. Parra Pérez, *Historia de la Primera República ...*, op. cit., Vol. I, pp. 368–371.
[41] *Idem.*, p. 371.
[42] See J. F. Blanco y R. Azpúrua, *Documentos para la Historia de la Vida Pública del Libertador...*, op. cit., Vol. II, pp. 265–269.
[43] *Idem*, Vol. II, p. 269.
[44] See text at *Idem*, Vol. II, pp. 272–275.

Entre tanto, en las Provincias de América se carecía de noticias sobre los sucesos de España, cuyo territorio, como se indicó, con excepción de Cádiz y la Isla de León, estaba en poder de los franceses. Estas noticias y la relativa a la disolución de la Junta Suprema Central y Gubernativa por la constitución del Consejo de Regencia, sólo se llegaron a confirmar en Caracas el 18 de abril de 1810.[45]

Por ello, pasa ese momento, la idea de la desaparición del Gobierno Supremo en España, y la necesidad de buscar la constitución de un gobierno para la Provincia de Venezuela, para asegurarse contra los designios de Napoleón, sin duda, fue el último detonante del inicio de la revolución de independencia de América.

En Caracas, lo cierto fue que el Gobernador no pudo detener la conspiración, de manera que en aquél 19 de abril de 1810, luego de rechazar la nueva propuesta de constituir una Junta y dar por terminada la sesión del Cabildo, al salir del mismo para asistir a los oficios propios del jueves santo en la Catedral de Caracas, el Gobernador fue obligado por la muchedumbre a volver al Ayuntamiento, diciéndole "A Cabildo, señor, el pueblo os llama a cabildo para manifestar su deseo".[46] El resultado de la insurrección civil o golpe de Estado contra las autoridades coloniales,[47] de la deposición del Gobernador y Capitán General, y el establecimiento de un nuevo gobierno autónomo;[48] decisión adoptada por los miembros del

---

[45] Véase *Idem*, Tomo II, pp. 380 y 383.

[46] Véase sobre estos eventos, Juan Garrido Rovira, *La Revolución de 1810*, Universidad Monteávila, Caracas 2009, pp. 97 ss.

[47] Véase los documentos pertinentes sobre los hechos del 19 de abril de 1811, en *El 19 de Abril de 1810*, el Instituto Panamericano de Geografía e Historia, Caracas, 1957. Véase también Juan Garrido Rovira, *La Revolución de 1810*, cit., Enrique Viloria Vera y Allan R. Brewer-Carías, *La Revolución de Caracas de 1810*, Centro de Estudios Ibéricos y Americanos de Salamanca, Caracas, 2011. Varios meses antes de los sucesos de Caracas, el 10 de agosto de 1809, tuvo lugar una insurrección en Quito en el que un grupo de indígenas bajo el mando de Juan Pío Montúfar, Marqués de Selva Alegre, también depuso a las autoridades coloniales y estableció una Junta Suprema juramentando lealtad a Fernando VII, en lo que ha sido considerado como la primera señal de independencia en las colonias americanas españolas. Sin embargo, el movimiento, al final no tomó forma y tres meses más tarde las tropas de virrey del Perú ya se habían apoderado de la capital, restaurando el gobierno español. Véase los documentos de Montúfar y de Rodríguez de Quiroga, ministro de Gracia y Justicia del Consejo Supremo en Quito, José Luis Romero y Luis Alberto Romero (coord.), *Pensamiento Político de la Emancipación*, Biblioteca Ayacucho, Tomo I, Caracas 1985, pp. 47-50.

[48] Las noticias de la revolución de Caracas sólo llegaron a Londres en junio de 1810, y fue Francisco de Miranda quien envió los informes a la prensa local (*Morning Chronicle, Courier*). Véase Mario Rodríguez, "William Burke" y Fran-

Meanwhile, there were no news in the Provinces of America about the events occurred in Spain, which the territory was held by the French except for Cadiz and the Island of Leon. Such news and the ones referring to the dissolution of the Central and Governing Supreme *Junta* due to the establishment of the Regency Council, as mentioned, only became known in Caracas on April 18, 1810.[45]

The thought of the disappearance of the Supreme Government in Spain and the need to seek the establishment of a government for the Province of Venezuela to secure itself against the Napoleon's schemes, no doubt, were the final trigger for the beginning of the Spanish American independence revolution.

In Caracas, what was certain is that the Governor could not stop the conspiracy, so much so that on that April 19, after rejecting the new proposal to establish a *Junta* and after terminating the session of the *Ayuntamiento*, he was forced by the mob to return to the Council as he was leaving from it to attend the services of Good Thursday in the Cathedral of Caracas, being told: "To the *Cabildo* (Town Hall), Sir, the people are calling you to the Council to express their desire."[46] The result of such civil insurrection or coup d'état against the colonial authorities,[47] deposing the Governor and General Captain, and establishing a new autonomous government,[48] was the decision adopted by the members of the

---

[45] See *Idem*, Vol. II, pp. 380 y 383.

[46] See on these events, Juan Garrido Roivira, *La Revolución de 1810*, Universidad Monteávila, Caracas 2009, pp.97 ss.

[47] See the relevant documents on the facts of April 19, 1811 in *El 19 de Abril de 1810*, Instituto Panamericano de Geografía e Historia, Caracas, 1957. See also Juan Garrido Rovira, *La Revolución de 1810*, cit.,; Enrique Viloria Vera and Allan R. Brewer-Carías, *La Revolución de Caracas de 1810*, Centro de Estudios Ibéricos y Americanos de Salamanca, Caracas 2011. Several months before the Caracas events, in August 10, 1809, an insurrection took place in Quito in which a group of natives under the command of John Pius Montúfar, Marquis of Selva Alegre, also deposed the colonial authorities and established a Supreme Junta also swearing loyalty to Ferdinand VII, in what has been regarded as the first sign for independence in the Spanish American colonies. However, the movement ended up not taking shape and three months later Peru's Viceroy's troops had taken over the capital and restored the Spanish government. See the documents of Montúfar and of Rodríguez de Quiroga, Grace and Justice Minister of the Quito Supreme Junta in José Luis Romero y Luis Alberto Romero (Coord.), *Pensamiento Político de la Emancipación*, Biblioteca Ayacucho, Vol. I, Caracas 1985, pp. 47–50.

[48] The news of the Caracas revolution only reached London on June 1810, and it was Francisco de Miranda who sent the reports to the local press (*Morning Chronicle, Courier*). See Mario Rodríguez, *"William Burke" and Francisco de Mi-*

Ayuntamiento para sustituir al propio Consejo, incorporando al mismo nuevos miembros como "representantes del pueblo" constituyéndose en *Junta Suprema de Venezuela Conservadora de los Derechos de Fernando VII*, secuestrado por Napoleón.[49]

Sobre estos hechos del día jueves Santo, 19 de abril de 1811, se expresó en el *Manifiesto* de 1811, que en el mismo "se desplomó en Venezuela el coloso del despotismo, se proclamó el imperio de las leyes y se expulsaron los tiranos con toda la felicidad, moderación y tranquilidad que ellos mismos han confesado y ha llenado de admiración y afecto hacia nosotros a todo el mundo imparcial."

Ese día, que el Congreso General en el *Manifiesto* consideró que debió ser el día, "cuando la independencia debió declararse," Venezuela, con "una mano firme y generosa," depuso "a los agentes de su miseria y su esclavitud," y colocando

"el nombre de Fernando VII a la frente de su nuevo gobierno, juraba conservar sus derechos, prometía reconocer la unidad e integridad política de la nación española, abrazaba a sus hermanos de Europa, les ofrecía un asilo en sus infortunios y calamidades, detestaba a los enemigos del nombre español, procuraba la alianza generosa de la nación inglesa y se prestaba a tomar parte en la felicidad y en la desgracia de la nación de quien pudo y debió separarse para siempre"

---

cisco de Miranda. *La Palabra y Acción en la emancipación de la América Hispana*, University Press of America, Lanham, Nueva York, Londres, 1994, p. 276. En la edición del 31 de julio 1810 de *El Español*, publicado en Londres y dirigido por José Blanco-White, se hizo un importante comentario sobre la Revolución de Caracas, al final de un comentario referido a un libro de Alejandro de Humboldt (*Ensayo político sobre el Reino de Nueva España, Paris 1808-1809*, París, 1808-1809), verificando el carácter provisional del nuevo gobierno, reconociendo el mandato de Fernando VII, y dando consejos al Consejo de Regencia de España si quería evitar "excitar universalmente el espíritu independiente de los americanos." Véase el texto de Juan Goytisolo, *Blanco White. El Español y la Independencia l Hispanoamérica*, Taurus 2010, pp. 111 ss.

[49] El 28 de julio de 1808, un intento previo fue hecho en el Ayuntamiento de Caracas para establecer una Junta siguiendo el patrón de las Juntas formadas en España, pero fracasó debido a la oposición del Capitán General. Véase el texto de José Félix Blanco y Ramón Azpúrua, *Documentos para la Historia de la Vida Pública del Libertador... cit.*, Tomo II, p. 171. Coincidentemente, el 20 de julio de 1808, Francisco de Miranda en una carta enviada al Marqués del Toro, miembro del Ayuntamiento de Caracas, propuso al consejo municipal hacerse cargo del gobierno de la provincia. Véase el texto en Francisco de Miranda, *Textos sobre la Independencia*, Biblioteca de la Academia Nacional de la Historia, Caracas 1959, pp. 100-101. Véase también Giovanni Meza Dorta, *Miranda y Bolívar*, bid & co. Editor, Caracas 2007 p. 43.

Ayuntamiento to replace the Council itself, incorporating new members as representatives of the people into a *Junta Suprema de Venezuela Conservadora de los Derechos de Fernando VII*, kidnapped by Napoleon.[49]

Regarding this decision, the General Congress in the 1811 *Manifesto* expressed that in that day "the Colossus of despotism was cast down in Venezuela, the empire of the laws proclaimed, and the tyrants expelled, with all the felicity, moderation, and tranquillity, that they themselves have confessed; so much so, as even to have filled with admiration and friendship for us, the rest of the impartial world."

That day, as was considered by the General Congress in the *Manifiesto*, should have been "when the independence should have been declared;" a day when Venezuela with "one strong and generous hand [...] deposed the agents of her misery and her slavery," and placing:

"the name of Ferdinand the 7th at the head of her new government, swore to maintain his rights, promised to acknowledge the unity and integrity of the Spanish nation, opened her arms to her European, brethren, offered them an asylum in their misfortunes and calamities, equally hated the enemies of the Spanish name, sought the generous alliance of England, and prepared to take part in the felicity or misfortune of the nation from whom she could, and ought to have eternally separated."

---

randa. The Word and the Deed in Spanish America's Emancipation, University Press of America, Lanham, New York, London 1994, p. 276. In the July 31, 1810 issue of *El Español*, published in London and directed by José Blanco-White, he made an important commentary on the Caracas Revolution, at the end of a comment referred to a book of Alexander Humboldt (*Ensayo politico sobre el Reino de Nueva España*, Paris 1808-1809), verifying the provisional character of the new government, recognizing the rule of Ferdinand VII, giving some advice to the Council of Regency of Spain if they wanted to prevent to "universally excite the independent spirit of the Americans." See the text in Juan Goytisolo, *Blanco White. El Español y la independencia de Hispanoamérica*, Taurus 2010, pp. 111 ss.

[49] On July 28, 1808, a previous attempt was made in the *Ayuntamiento* of Caracas to establish a Junta following the pattern of the Juntas formed in Spain, but it failed because of the opposition of the Captain General. See the text in José Félix Blanco y Ramón Azpúrua, *Documentos para la Historia de la Vida Pública del Libertador... cit.*, Vol. II, p. 171. Coincidentally, on July 20, 1808, Francisco de Miranda in a letter sent to the Marquis del Toro, member of the *Ayuntamiento* of Caracas, proposed to the municipal council to take charge of the government of the province. See the text in Francisco de Miranda, *Textos sobre la Independencia*, Biblioteca de la Academia Nacional de la Historia, Caracas 1959, pp. 100-101. See also Giovanni Meza Dorta, *Miranda y Bolívar*, bid & co. Editor, Caracas 2007 p. 43.

Los venezolanos, se dijo en el *Manifiesto*, reconocieron "los imaginarios derechos del hijo de María Luisa," y respetando la desgracia de la nación, dieron parte de la "resolución a la misma Regencia que desconocíamos," y ofrecieron:

"no separarnos de la España siempre que hubiese en ella un gobierno legal, establecido por la voluntad de la nación y en el cual tuviese la América la parte que le da la justicia, la necesidad y la importancia política de su territorio"

En todo caso, esto ocurrió apenas seis meses después que se emitiera la Instrucción para la elección de los constituyentes de las Cortes de Cádiz en España (6 de octubre de 1809) y cinco meses antes de su instalación el 24 de septiembre de 1810. Es decir, en el momento en que la asamblea general de representantes en España iniciaba sus actividades, ya en una de las colonias estaba en curso una rebelión política en la cual el cuerpo Municipal de Caracas había ignorado a las autoridades coloniales españolas, y había establecido una Junta de gobierno autónoma, siguiendo el mismo patrón de la Juntas españolas que se crearon en casi todas las provincias de España durante la guerra de independencia. No obstante, la Junta Americana tuvo una característica distintiva importante, y era el hecho de que tenía una inspiración adicional en los nuevos principios republicanos sobre la base de la soberanía del pueblo y la representación derivados de las revoluciones norteamericana y francesa que se habían tenido lugar sólo dos o tres décadas antes, pero que ya habían penetrado en la provincia.

En efecto, como se mencionó anteriormente, el Ayuntamiento de Caracas, en su sesión del 19 de abril de 1810 (el día después de la publicación de la correspondencia sobre la situación política en la Península) depuso a la autoridad establecida, habiendo registrado en sus actas el primer acto constitutivo de un nuevo gobierno y el inicio de la formación jurídica de un nuevo Estado,[50] asumiendo el "mando supremo" o la "suprema autoridad" de la Provincia[51] "por consentimiento del mismo pueblo."[52]

---

[50] Véase en general Tomás Polanco, "Interpretación jurídica de la Independencia," en *El Movimiento Emancipador de Hispanoamérica, Actas y Ponencias*, Caracas, 1961, Tomo IV, pp. 323 y ss.

[51] Véase el texto de la minuta del Ayuntamiento de Caracas del 19 de abril de 1810 en Allan R. Brewer-Carias, *Las Constituciones de Venezuela, op. cit.*, pp. 531-533.

[52] Esto se indica en el "Boletín Informativo" enviado por el Ayuntamiento el 19 de abril de 1810 a las autoridades y las entidades empresariales de Venezuela. Véase J. F. Blanco y R. Azpúrua, *Documentos para la Historia de la Vida Pública del Libertador..., op. cit.*, Tomo II, pp. 401-402. Véase también en *Textos Oficiales de la Primera República de Venezuela*, Biblioteca de la Academia Nacional de la Historia, 1959, Tomo I, p. 105.

The Venezuelan people -the *Manifesto* indicated- acknowledged "the imaginary rights of the son of Maria Louisa" and respecting the "misfortunes of the nation" they gave "official notice to the same Regency we disowned," offering

> "not to separate from Spain, as long as she maintained a legal government, established by the will of the nation, and in which America had that part, given to her by justice, necessity, and the political importance of her territory."

In any case, this occurred just six months after the Instruction for the election of the constituents of the Cádiz *Cortes* had been issued in Spain (October 6, 1809) and five months before their installation on September 24, 1810. That is, by the time that general assembly of representatives began its activities, already in one of the Colonies a political rebellion was in course in which the Municipal body of Caracas had ignore the Spanish colonial authorities, and established, following the same pattern of the Spanish *Juntas* established in almost all the provinces of Spain during the war of independence, an autonomous *Junta* of government. Nonetheless, the American *Junta* had an important distinction, and was the fact that it had additional inspiration in the new republican principles based on the sovereignty of the people and representation derived from the North American and French Revolutions that had occurred only two and three decades before.

In effect, as mentioned, the *Ayuntamiento* of Caracas, on its April 19, 1810 session (the day after the publication of the political situation in the Peninsula) deposed the established authority, having its minutes recorded the first constitutional act of a new government and the beginning of the legal formation of a new state,[50] assuming the "supreme command" or "supreme authority" of the Province[51] "by the approval of the very people."[52]

---

[50] See generally Tomás Polanco, "Interpretación jurídica de la Independencia" en *El Movimiento Emancipador de Hispanoamérica, Actas y Ponencias*, Caracas, 1961, Vol. IV, pp. 323 y ss.

[51] See the minute text of the Ayuntamiento de Caracas of April 19, 1810 in Allan R. Brewer-Carias, *Las Constituciones de Venezuela, op. cit.*, pp. 531-533.

[52] This is provided in the "Newsletter" sent by the City Hall on April 19, 1810 to the authorities and corporate entities of Venezuela. See J. F. Blanco y R. Azpúrua, *Documentos para la Historia de la Vida Pública del Libertador...*, *op. cit.*, Vol. II, pp. 401–402. See also in *Textos Oficiales de la Primera República de Venezuela*, Biblioteca de la Academia Nacional de la Historia, 1959, Vol. I, p. 105.

Se estableció, así, un "nuevo gobierno" que fue reconocido en la capital, al cual quedaron subordinados "todos los empleados del ramo militar, político y demás."⁵³ El Ayuntamiento, además, procedió a destituir las antiguas autoridades del país y a proveer a la seguridad pública y conservación de los derechos del Monarca cautivo, y ello lo hizo "reasumiendo en sí el poder soberano."⁵⁴

La motivación de esta Revolución se expuso en el texto del Acta, en la cual se consideró que por la disolución de la Junta Suprema Gubernativa de España, que suplía la ausencia del Monarca, el pueblo había quedado en "total orfandad", razón por la cual se estimó que:

"El derecho natural y todos los demás dictan la necesidad de procurar los medios de conservación y defensa y de erigir en el seno mismo de estos países un sistema de gobierno que supla las enunciadas faltas, ejerciendo los derechos de la soberanía, que por el mismo hecho ha recaído en el pueblo."

Para adoptar esa decisión, por supuesto, el Ayuntamiento tuvo que desconocer la autoridad del Consejo de Regencia,⁵⁵ considerando que:

---

53   *Idem.*
54   Tal como se especifica en la declaración de la Junta Suprema al Inspector General Fernando Toro el 20 de abril de 1810. Véase J.F. Blanco y R. Azpúrua, *Documentos para la Historia de la Vida Pública del Libertador...*, op. cit., Tomo II, p. 403 y Tomo I, p. 106, respectivamente.
55   Lo que se afirma una vez más, en una correspondencia enviada a la misma Junta de Regencia de España, explicando los hechos, razones y fundamentos para el establecimiento del nuevo gobierno J. F. Blanco y R. Azpúrua, *Documentos para la Historia de la Vida Pública del Libertador...*, op. cit., Tomo II, p. 408; and *Textos oficiales...*, op. cit., Tomo I, pp. 130 y ss. En particular, en una carta del 3 de mayo de 1810, que la Junta Suprema de Caracas envió a la Junta Suprema de Cádiz y a la Regencia, se cuestionó la asunción por parte de estas entidades indicando que "que sustituyéndose indefinidamente unas a otras, sólo se asemejan en atribuirse todas las delegaciones de la soberanía que, no habiendo sido hecha por el Monarca reconocido, ni por la gran comunidad de españoles de ambos hemisferios, no puede menos de ser absolutamente nula, ilegítima, y contraria a los principios sancionados por nuestra misma legislación" (*Textos oficiales...*, op. cit., Tomo I, p. 130); y agregó que "de poco se necesitará para demostrar que la Junta Central carecía de una verdadera representación nacional; porque su autoridad no emanaba originalmente de otra cosa que de la aclamación tumultuaria de algunas capitales de provincias, y porque jamás han tenido en ella los habitantes del nuevo hemisferio la parte representativa que legítimamente le corresponde" (*Idem*, p. 132). La Junta Suprema de Caracas concluía su comunicación diciendo: "En una palabra, desconocemos el nuevo Consejo de Regencia..." (*Idem*, p. 134).

Thus a "new government" was thereby established and recognized in the Capital City and to it were submitted "all the employees of the military political and other branches."[53] Moreover, the *Ayuntamiento* moved to dismiss the former authorities of the country and to provide public safety and preservation of the rights of the captive monarch. This it did by "resuming the sovereign power on itself."[54]

The motivation of this revolution was discussed in the text of the Minute, in which it was considered that because of the dissolution of the Supreme Governing *Junta* of Spain -which supplied for the absence of the monarch- the people had been left in "total orphan hood", a reason for which it was found that:

> "The natural right and every other right dictate the necessity to seek means for the preservation and defense; and to erect, at the very heart of these countries, a system of government capable of mending the said faults by exercising sovereignty rights which, by the same reason, have rested in the people."

In reaching this decision, of course, the *Ayuntamiento* had to ignore the authority of the Regency Council,[55] considering that:

---

[53] *Idem*.

[54] As specified in the declaration of the Supreme Junta to the Inspector General Fernando Toro on April 20, 1810. See J.F. Blanco y R. Azpúrua, *Documentos para la Historia de la Vida Pública del Libertador...*, op. cit., Vol. II, p. 403 y Vol. I, p. 106, respectivamente.

[55] What was asserted again, in a correspondence sent to the very Regency Board of Spain, explaining the facts, reasons and grounds for the establishment of the new government. J. F. Blanco y R. Azpúrua, *Documentos para la Historia de la Vida Pública del Libertador...*, op. cit., Vol. II, p. 408; and *Textos oficiales...*, op. cit., Vol. I, pp. 130 y ss. Particularly, in a letter of May 3, 1810, the Supreme Junta of Caracas addressed the Supreme Junta of Cadiz and the Regency, questioning the assumption by these entities "that replacing each other indefinitely, they are only similar in attributing to themselves entirely a delegation of sovereignty, which not having been made neither by the recognized monarch nor by the large community of Spaniards in both hemispheres, can not fail but to be null and void, illegal and contrary to the principles enshrined in our legislation" (*Textos oficiales...*, op. cit., Vol. I, p. 130); adding that "little will be needed to show that the Central Council lacked a true national representation because its authority emanated originally from nothing but from the turbulent acclamation of some provincial capitals and because the people of the hemisphere never had in it the rightful representative part that its legitimately owed to them" (*Idem*, p. 132). The Caracas'Junta concluded: "In one word, we disregard the new Regency Council" (*Idem*, p. 134).

"No puede ejercer ningún mando ni jurisdicción sobre estos países, porque ni ha sido constituido por el voto de estos fieles habitantes, cuando han sido ya declarados, no colonos, sino partes integrantes de la corona de España, y, como tales han sido llamados al ejercicio de la soberanía interna y a la reforma de la Constitución Nacional."

En todo caso, el Ayuntamiento de Caracas estimó que aun cuando pudiera prescindirse de lo anterior, dicho Consejo de Regencia, por las circunstancias de la guerra y de la conquista y usurpación de las armas francesas en la Península, era impotente y sus miembros no podían valerse a sí mismos. De allí que en el Cabildo Extraordinario, al ser forzado el Presidente, Gobernador y Capitán General a renunciar al mando, el mismo quedó depositado en el Ayuntamiento. Así se expresó, además, en el Acta de otra sesión del Ayuntamiento del mismo día 19 de abril de 1810, con motivo del "establecimiento del nuevo gobierno" en la cual se dispuso que los nuevos empleados debían prestar juramento ante el cuerpo municipal, prometiendo:

"Guardar, cumplir y ejecutar, y hacer que se guarden, cumplan y ejecuten todas y cualesquiera ordenes que se den por esta Suprema Autoridad soberana de estas Provincias, a nombre de nuestro rey y señor don Fernando VII" [56]

Se estableció, así, en Caracas, "una Junta Gubernativa de estas Provincias, compuesta del Ayuntamiento de esta Capital y de los vocales nombrados por el voto del pueblo," [57] y en un Manifiesto donde se ya hablaba de "la Revolución de Caracas" y se refería a "la independencia política de Caracas," la Junta Gubernativa prometió:

"Dar al nuevo gobierno la forma provisional que debe tener, mientras una Constitución aprobada por la representación nacional legítimamente constituida, sanciona, consolida y presenta con dignidad política a la faz del universo la provincia de Venezuela organizada, y gobernada de un modo que haga felices a sus habitantes, que pueda servir de ejemplo útil y decoroso a la América." [58]

---

[56] Véase el texto en *Idem*, J.F. Blanco y R. Azpúrua, *Documentos para la Historia de la Vida Pública del Libertador...*, op. cit., Tomo I, p. 393.

[57] Así se le llama en el Manifiesto del 1º de mayo de 1810. Véase, en *Textos Oficiales...*, cit., Tomo I. p. 121.

[58] Véase el texto en J. F. Blanco y R. Azpúrua, *Documentos para la Historia de la Vida Pública del Libertador...*, op. cit., Tomo II, p. 406, y en *Textos Oficiales...*, op. cit., Tomo I, p. 129.

> "It cannot exercise any control or jurisdiction over these countries because it has neither been established by the vote of these faithful people, when these people have been already declared not settlers but integral parts of the Crown of Spain and as such called to the exercise of domestic sovereignty and to the reform of the national Constitution."

In any case, the *Ayuntamiento* felt that while the latter exercises could be waived, the Regency Council was impotent and its members could not rely on themselves because of the circumstances of the war, conquest and usurpation of the peninsula by the French arms. Thence at the Extraordinary City Council Assembly, once the President, Governor and Captain-General was forced to resign, the authority rested with the *Ayuntamiento*, which was expressed also in the minutes of another meeting of it on the same day of April 19, 1810 to mark the "establishment of the new government," in which it was decided that the new employees had to give oath before the *Ayuntamiento*, thereby promising:

> "To keep, fulfill and enforce and cause to have them kept, fulfilled and enforced any and all orders given by the Supreme Sovereign Authority of these Provinces in the name of our Lord and King Ferdinand VII."[56]

It was thus established, in Caracas, "a Governing *Junta* of these Provinces comprised of the *Ayuntamiento* of this Capital and the vocals appointed by the people's vote;"[57] and in a Proclamation which spoke of "the Revolution of Caracas" and referred to "the political independence of Caracas", the Governing *Junta* promised:

> "To grant the new government with the appropriate interim form it should have, while a constitution adopted by legitimately established national representatives moves to sanction, consolidate and present with political dignity to the face of the universe an organized and orderly province of Venezuela in a way that makes its people happy and may provide useful and decent example to the Americas."[58]

This Caracas *Junta* was formally organized two months later, in June 1810, as mentioned, following the general pattern of similar *Juntas*, being

---

[56] See text at *Idem*, J.F. Blanco y R. Azpúrua, *Documentos para la Historia de la Vida Pública del Libertador...*, op. cit., Vol. I, p. 393.

[57] So it is called in the *Manifesto* of May 1, 1810. See in *Textos Oficiales...*, cit., Vol. I. p. 121.

[58] See text in J. F. Blanco y R. Azpúrua, *Documentos para la Historia de la Vida Pública del Libertador...*, op. cit., Vol. II, p. 406, y en *Textos Oficiales...*, op. cit., Vol. I, p. 129.

Esta Junta de Caracas fue organizada formalmente dos meses más tarde, en junio de 1810, y como se mencionó anteriormente, siguió el patrón general de Juntas similares de la península, siendo, en ambos casos, la motivación inicial de estos actos constitutivos básicamente el mismo y entre otros factores, como ya se mencionó, la extrema inestabilidad política que desde 1808 había venido afectando al gobierno español, debido a la ausencia de Fernando VII de España, que estaba en cautiverio en Francia por parte del emperador Napoleón Bonaparte; la invasión de la Península por el ejército francés, y el nombramiento de José Bonaparte como Rey de España por el Emperador, después de la promulgación de una nueva Constitución para el Reino, en Bayona, en 1808.

En todo caso, lo que aparentemente era el inicio de una reacción local por parte de una entidad municipal de una de las más pobres provincias españolas en América contra la invasión napoleónica en la península ibérica, rápidamente se transformó en la primera expresión exitosa del proceso de independencia respecto de España. Por ello, días después de los sucesos del 19 de abril de 1810, el 27 de abril de 1810, se ordenaría que los sucesos fuesen informado a todos los Ayuntamientos de América, invitándolos a participar en "el gran trabajo de la Confederación Hispanoamericana,[59] promoviendo así la revolución entre las otras Provincias de América. "El ejemplo que Caracas dio," fue seguido inmediatamente por casi todas las Provincias de la Capitanía General,[60] con excepción de Coro y Maracaibo;[61] habiendo ocurrido similares insurrecciones en otras jurisdicciones, como en Buenos Aires, el 25 de mayo de 1810, y en Bogotá, en la Nueva Granada el 20 de julio de 1810.[62]

En cuanto a las provincias de Venezuela, el 27 de abril de 1810, en Cumaná, el Ayuntamiento asumió la representación de Fernando VII, y "su legítima sucesión." En Barinas, el 5 de julio de 1810, el Ayuntamiento

---

[59] Véase detalles de los acontecimientos y los escritos de Rafael Seijas, Arístides Rojas, L. Vallenilla Lanz, Christopher L. Mendoza y otros, en *El 19 de abril de 1810, op. cit.*, pp. 63 ss.

[60] Véase en *Las Constituciones Provinciales, op. cit.*, pp. 339 y ss.

[61] Véase la correspondencia de la Junta Suprema en lo que respecta a la actitud del Ayuntamiento de la ciudad de Coro, y del Gobernador de Maracaibo, en el *Textos Oficiales..., cit.*, Tomo I, pp. 157 a 191. Véase además los textos publicados en J. F. Blanco y R. Azpúrua, *Documentos para la Historia de la Vida Pública del Libertador..., op. cit.*, Tomo II, p. 248 a 442, y 474 a 483.

[62] Véase por ejemplo, *Actas de Independencia. Mérida, Trujillo y Táchira en 1810*, Halladas y publicadas por Tulio Febres Cordero, 450 Años de la Fundación de Mérida, 1558-2008, Mérida 2007; Ángel F. Brice (Ed.), *Las Constituciones Provinciales*, Academia Nacional de la Historia, Caracas, 1959.

in both cases, the initial motivation of these constituent acts basically the same, and among other factors, as mentioned, the extreme political instability that since 1808 had been affecting the Spanish government, due to the absence of Ferdinand VII from Spain, who was held captive in France by Emperor Napoleon Bonaparte; the invasion of the Peninsula by the French Army; and the appointment of Joseph Bonaparte as King of Spain by the Emperor after enacting a new Constitution for the Realm, in Bayonne in 1808.

In any case, what apparently was the beginning of a local reaction of a municipal organization of the capital of one of the poorest Spanish provinces in America against the Napoleonic invasion in the Iberian Peninsula, quickly became the first successful expression of independence from Spain. Days after the April 19th, 1811 events, on April 27, 1810 it was ordered that they be reported to all the *Ayuntamientos* in America, inviting them to participate in "the great work of the Spanish-American Confederation,"[59] promoting the revolution among the other Provinces of America. The "example given by Caracas" was immediately followed by almost all the Provinces of the General Captaincy,[60] with the exception of Coro and Maracaibo,[61] as well as in other jurisdictions, like Buenos Aires on May 25, 1810, and Bogota, Nueva Granada on July 20, 1810.[62]

Accordingly, on April 27, 1810 in Cumana, the *Ayuntamiento* assumed the representation of Ferdinand VII and "his legitimate succession". On July 5, 1810 the *Ayuntamiento* of Barinas decided to go forth and establish

---

[59] See details of the events and the writings of Rafael Seijas, Aristides Rojas, L. Vallenilla Lanz, Christopher L. Mendoza and others, in *El 19 de abril de 1810*, *op. cit.*, pp. 63 ss.

[60] See at *Las Constituciones Provinciales, op. cit.*, pp. 339 y ss.

[61] See the Supreme Junta correspondence in regard to the attitude of the Coro Municipal Council and Maracaibo's Governor, at *Textos Oficiales...*, *cit.*, Vol. I, pp. 157 a 191. See besides the texts that are published by J. F. Blanco y R. Azpúrua, *Documentos para la Historia de la Vida Pública del Libertador...*, *op. cit.*, Vol. II, p. 248 a 442, y 474 a 483.

[62] See for instance, *Actas de Independencia. Mérida, Trujillo y Táchira en 1810*, Halladas y publicadas por Tulio Febres Cordero, 450 Años de la Fundación de Mérida, 1558-2008, Mérida 2007; Ángel F. Brice (Ed.), *Las Constituciones Provinciales*, Academia Nacional de la Historia, Caracas, 1959.

decidió proceder a formar "una Junta Superior que recibiese la autoridad de este pueblo que la constituye mediante ser una provincia separada". El 16 de septiembre de 1810, el Ayuntamiento de Mérida decidió, "en representación del pueblo," adherirse a la causa común que defendían las Juntas Supremas y Superiores que ya se habían constituido en "Santa Fe, Caracas, Barinas, Pamplona y Socorro," y resolvió, con representación del pueblo, erigiese en una Junta "que asumiese la autoridad soberana." El Ayuntamiento de Trujillo el 9 de octubre de 1810, convino en instalar "una Junta Superior conservadora de nuestra Santa Religión, de los derechos de nuestro amadísimo, legítimo, soberano Don Fernando VII y su Dinastía y de las derechos de la Patria." El 12 de octubre de 1811, en la Sala Consistorial de la Nueva Barcelona se reunieron "las personas visibles y honradas del pueblo de Barcelona," y resolvieron declarar la independencia con España de la Provincia y unirse con Caracas y Cumaná, creándose al día siguiente, una Junta Provincial para que representara los derechos del pueblo[63].

En Caracas, la Junta Suprema de Venezuela comenzó por asumir en forma provisional las funciones legislativas y ejecutivas, definiendo en el Bando del 25 de abril de 1810, los siguientes órganos del Poder Judicial: "El Tribunal Superior de apelaciones, alzadas y recursos de agravios se establecerá en las casas que antes tenía la audiencia"; y el Tribunal de Policía "encargado del fluido vacuno y la administración de justicia en todas las causas civiles y criminales estará a cargo de los corregidores" [64]

Como se ha mencionado, este movimiento revolucionario iniciado en Caracas en abril de 1810, meses antes de la instalación de las Cortes de Cádiz, indudablemente que siguió los mismos moldes de la Revolución francesa y tuvo además la inspiración de la Revolución norteamericana,[65] de manera que incluso puede considerarse que fue una Revolución de la burguesía, de la nobleza u oligarquía criolla, la cual, al igual que el tercer estado en Francia, constituía la única fuerza activa nacional.[66] Inicialmente, entonces, la revolución de independencia en Venezuela fue el instrumento de la aristocracia colonial, es decir, de los blancos o mantuanos,

---

[63] Véase las Actas de la Independencia de las diversas ciudades de la Capitanía General de Venezuela en *Las Constituciones Provinciales*, Academia Nacional de la Historia, 1959, pp. 339 y ss.

[64] *Textos oficiales ...*, op. cit., Tomo I, pp. 115-116.

[65] Véase José Gil Fortoul, *Historia Constitucional de Venezuela*, Tomo primero, *Obras Completas*, Vol. I, Caracas, 1953, p. 209.

[66] Véase José Gil Fortoul, *Historia Constitucional de Venezuela*, op. cit., Tomo primero, p. 200; Pablo Ruggeri Parra, *Historia Política y Constitucional de Venezuela*, Tomo I, Caracas, 1949, p. 31.

the *Ayuntamiento* of Merida decided "on behalf of the people" to adhere to the joint efforts done by the Supreme and Superior *Juntas* which had already been established in Santa Fe, Caracas, Barinas, Pamplona and Socorro and resolved (with a people's representation) to establish a *Junta* "that would assume the sovereign authority." The *Ayuntamiento* of Trujillo agreed to install "a Supreme *Junta* for the preservation of our Holy Religion; for the rights of our beloved, legitimate and sovereign master Ferdinand VII and his dynasty; and for the rights of the Homeland." On October 12, 1811 in the City Council of New Barcelona "the distinguished and honorable people of Barcelona" came together and decided to declare the independence of the province from Spain and to join together with Caracas and Cumana. The next day a Provincial Junta was created to represent the rights of the people.[63]

In any case, in Caracas, the Venezuela's Supreme *Junta* began to assume the legislative and executive functions, on an interim basis, establishing in the Proclamation of April 25, 1810 these bodies for the Judiciary: "The Superior Court of Appeals, Petitions and Resorts for grievances will be established in the houses the *Audiencia* had before;" and the Police Tribunal, that was "in charge of the smooth application and administration of justice in all civil and criminal cases, will be headed by the magistrates."[64]

As mentioned, this revolutionary movement initiated in Caracas, on April 1810, undoubtedly followed the same pattern of the French Revolution and it was also inspired by the American Revolution,[65] so much that it may even be considered that it was a revolution of the native bourgeoisie, aristocracy or oligarchy, which like the *Trier État* in France was the only active nationwide force.[66] Initially then, the independence revolution in Venezuela was the instrument of the colonial aristocracy - that is, of the Caucasians or aristocrats - used to react against colonial authority and take over the government of the land that had been discovered, con-

---

[63] See the Independence Proceedings of the several cities of the Captaincy General of Venezuela at *Las Constituciones Provinciales*, Academia Nacional de la Historia, 1959, pp. 339 y ss.
[64] *Textos oficiales ..., op. cit.*, Vol. I, pp. 115–116.
[65] See José Gil Fortoul, *Historia Constitucional de Venezuela*, First Volume, *Obras Completas*, Vol. I, Caracas, 1953, p. 209.
[66] See José Gil Fortoul, *Historia Constitucional de Venezuela, op. cit.*, Vol. primero, p. 200; Pablo Ruggeri Parra, *Historia Política y Constitucional de Venezuela*, Vol. I, Caracas, 1949, p. 31.

para reaccionar contra la autoridad colonial y asumir el gobierno de las tierras que habían sido descubiertas, conquistadas, colonizadas y cultivadas por sus antepasados.[67] No se trató, por tanto, inicialmente, de una revolución popular, pues los pardos, a pesar de constituir la mayoría de la población, apenas comenzaban a ser admitidos en los niveles civiles y sociales como consecuencia de la Cédula de "Gracias, al Sacar," vigente a partir de 1795 y que, con toda la protesta de los blancos, les permitía a aquellos adquirir mediante el pago de una cantidad de dinero, los derechos reservados hasta entonces a los blancos notables. [68]

Por ello, teniendo en cuenta la situación social pre-independentista, sin duda puede calificarse de "insólito" el hecho de que en el Ayuntamiento de Caracas, transformado en Junta Suprema, se le hubiera dado "representación" no sólo a estratos sociales extraños al Cabildo, como los representantes del clero y los denominados del pueblo, sino a un representante de los pardos.[69] Estos actos políticos fueron criticados

---

[67] En este sentido, por ejemplo, L. Vallenilla Lanz es categórico al considerar que "en todo proceso justificativo de la Revolución (de independencia) no debe verse sino la pugna de los nobles contra las autoridades españolas, la lucha de los propietarios territoriales contra el monopolio comercial, la brega por la denominación absoluta entablada de mucho tiempo atrás por aquella clase social poderosa y absorbente, que con razón se creía dueña exclusiva de esta tierra descubierta, conquistada, colonizada y cultivada por sus antepasados. En todas estas causas se fundaba no sólo el predominio y la influencia de que gozaba la nobleza criolla, sino el legítimo derecho al gobierno propio, sin la necesidad de apelar a principios exóticos tan en pugna con sus exclusividades y prejuicios de casta." Véase Vallenilla Laureano Lanz, *Cesarismo Democrático*. Estudio sobre las bases sociológicas de la Constitución efectiva en Venezuela, Caracas 1952, pp. 54 y 55.

[68] Sobre el Decreto Real *"Gracias al Sacar"* del 10/02/1795. Véase J. F. Blanco y R. Azpúrua, *Documentos para la Historia de la Vida Pública del Libertador...*, op. cit., Tomo I, pp. 263 a 275. Cf. Federico Brito Figueroa, *Historia Económica y Social de Venezuela. Una estructura para su estudio*, Tomo I, Caracas, 1966, p. 167; y L. Vallenilla Lanz, *Cesarismo Democrático*, op. cit., pp. 13 y ss. En este sentido, cabe señalar que en la situación social existente en el período anterior a la independencia existían indicios de la lucha de clases entre los blancos o aristócratas que constituían el 20% de la población y los pardos y los negros constituían el 61% de la población. Ello se materializarían más adelante en la rebelión de 1814. Véase F. Brito Figueroa, op. cit., tomo I, pp. 160 y 173. Cf. Ramón Díaz Sánchez, "Evolución social de Venezuela (hasta 1960)," en M. Picón Salas y otros, *Venezuela Independiente 1810-1960*, Caracas, 1962, p. 193.

[69] Véase José Gil Fortoul, *Historia Constitucional de Venezuela*, op. cit., Tomo primero, pp. 203, 208 y 254. Es de tener en cuenta, como señala A. Grisanti, que "El Cabildo estaba representado por las oligarquías provinciales extremadamente celosas de sus prerrogativas políticas, administrativas y sociales, y que detentaban el Poder por el predominio de contadas familias nobles o en-

quered, settled and cultivated by their ancestors.⁶⁷ It was not, therefore, a popular revolution at its beginnings, as the *pardos* people, despite being the majority of the population, were just beginning to be admitted to the civil and social circles as a result of the decree of *"Gracias, al Sacar"*. This decree was in force since 1795 and, notwithstanding the complaints of the white people, it allowed the *pardos* to acquire, by paying a sum of money, rights previously reserved to the renown whites.⁶⁸

Hence, considering the pre-independence social situation, it may, no doubt, be described as "unusual" the fact that in the *Ayuntamiento* of Caracas (having become a Supreme *Junta*) there had been given representation not only to the social strata out of the *Ayuntamiento* (such as the representatives of the clergy and the so-called "representatives of the people") but also to a representative of the *pardo* people.⁶⁹ These political actions

---

67 In this sense, for example, L. Vallenilla Lanz is categorical, considering that "in every procedure in support of the Revolution (of independence) nothing should be seen other than the struggle of the noblemen against the Spanish authorities, the struggle from the landowners against the monopoly of trade, the long ago by that powerful and compelling social class which no wonder believed the sole owner of these lands that had been discovered, conquered, settled and cultivated by their ancestors. In all these cases, not only the predominance and influence enjoyed by the native nobility was based, but also the legitimate right to self-government without the need to resort to exotic principles so much in conflict with their privileges and caste prejudices." See Vallenilla Laureano Lanz, *Cesarismo Democrático*. Estudio sobre las bases sociológicas de la Constitución efectiva en Venezuela, Caracas 1952, pp. 54 y 55.

68 On the *"Gracias, al Sacar"* Royal Decree of 10/02/1795 see J. F. Blanco y R. Azpúrua, *Documentos para la Historia de la Vida Pública del Libertador...*, op. cit., Vol. I, pp. 263 a 275. *Cf.* Federico Brito Figueroa, *Historia Económica y Social de Venezuela. Una estructura para su estudio*, Vol. I, Caracas, 1966, p. 167; and L. Vallenilla Lanz, *Cesarismo Democrático*, op. cit., pp. 13 y ss. In this regard, it should be noted that in the social situation existing at the pre-independence period there were indications of class struggles between whites or aristocrats (who constituted 20 % of the population and the browns and blacks who constituted 61 % of the population); these indications will later materialize in the rebellion of 1814. See F. Brito Figueroa, op. cit., Vol. I, pp. 160 y 173. *Cf.* Ramón Díaz Sánchez, "Evolución social de Venezuela (hasta 1960)," en M. Picón Salas y otros, *Venezuela Independiente 1810–1960*, Caracas, 1962, p. 193.

69 See José Gil Fortoul, *Historia Constitucional de Venezuela*, op. cit., Vol. I, pp. 203, 208 y 254. It should be borne in mind, as noted by A. Grisanti, that "The council was represented by the provincial oligarchies extremely jealous of their political, administrative and social prerogatives, and who held power by the dominance of few noble or ennobled families, who monopolized the city posts ..."See Angel Grisanti, Prólogo al libro *Toma de Razón, 1810 a 1812*, Caracas, 1955. The change of attitude in the Caracas City Hall is therefore undoubtedly due to the influence of its enlightened members who received the egalitarianism from the French Revolution: *Cf.* L. Vallenilla Lanz,

públicamente en Manifiesto publicado en Filadelfia por el antiguo Capitán General Emparan, el 6 de julio de 1810,[70] los cuales fueron rebatidos en la "Refutación á la Proclama del Ex-capitán General Emparan," publicada en Caracas como "contestación del Gobierno de Venezuela." Dicha Refutación fue redactada por Ramón García de Sena, hermano de Manuel García de Sena,[71] el traductor de las obras de Paine, quien luego sería el redactor de *El Publicista Venezolano* (órgano del Congreso General de 1811), y después destacado oficial del Ejercito de Venezuela, Secretario de Guerra y Marina en 1812 y, además, uno de los firmantes de la extensísima "Constitución de la República de Barcelona Colombiana," de 12 de enero de 1812.[72]

El éxito inmediato que tuvo la difusión de las ideas revolucionarias originadas en Caracas, provocó el diseño de una segunda tarea por parte de la nueva Junta de Gobierno, que fue establecer un poder central constituido mediante la unión de todas las provincias de la antigua Capitanía General. La secuela del rápido y expansivo proceso revolucionario de las Provincias de Venezuela, fue entonces que para junio de 1810 ya se había comenzado a hablar oficialmente de la "Confederación de Venezuela."[73] Por su parte, la Junta de Caracas, con representantes de Cumaná, Barcelona y Margarita ya había venido actuando como Junta Suprema pero, por

---

noblecidas, acaparadoras de los cargos edilicios...". Véase Ángel Grisanti, Prólogo al libro *Toma de Razón, 1810 a 1812*, Caracas, 1955. El cambio de actitud del Cabildo caraqueño, por tanto, indudablemente que se debe a la influencia que sus miembros ilustrados recibían del igualitarismo de la Revolución Francesa: *Cf.* L. Vallenilla Lanz, *Cesarismo Democrático, cit.*, p. 36. Este autor insiste en relación a esto de la manera siguiente: "Es en nombre de la Enciclopedia, en nombre de la filosofía racionalista, en nombre del optimismo humanitario de Condorcet y de Rousseau como los revolucionarios de 1810 y los constituyentes de 1811, surgidos en su totalidad de las altas clases sociales, decretan la igualdad política y civil de todos los hombres libres," *op. cit.*, p. 75.

[70] En la edición del El Mercurio Venezolano del 1 de enero de 1811 el Manifiesto de Emparan fue objeto de comentarios y una respuesta al mismo fue ofrecido en el siguiente número de la revista. Véase la edición facsimilar en<http://cic1.ucab.edu.ve/hmdg/bases/hmdg/textos/Mercurio/Mer_Enero1811.pdf>.

[71] Véase el texto en *El Mercurio Venezolano*, N° II, Febrero 1811, pp. 1-21, edición facsimilar publicada en <http://cic1.ucab.edu.ve/hmdg/bases/hmdg/textos/Mercurio/Mer_Febrero1811.pdf>.

[72] Véase *Las Constituciones Provinciales* (Estudio Preliminar por Ángel Francisco Bice), Biblioteca de la Academia Nacional de la Historia, Caracas 1959, p. 249.

[73] Véase la "Refutación a los delirios políticos del Cabildo de Coro, de orden de la Junta Suprema de Caracas" dated June 1, 1810, at *Textos Oficiales..., op. cit.*, Tomo I, p. 180.

were criticized publicly in the *Official Declaration* published in Philadelphia by the former and deposed Captain-General Emparan on July 6, 1810[70] which was refuted in the "Rebuttal to the Proclamation of Former Captain-General Emparan" ordered to be published as a "reply from the Government of Venezuela." This reply was written by Ramón García de Sena,[71] the brother of Manuel García de Sena, the translator of the works of Paine, who was editor of "*El Publicista Venezolano*," a journal of the General Congress of 1811. He would later be an outstanding officer of Venezuela's army and a Secretary of War and Navy in 1812. Ramón Garcia de Sena also appears as signing the very extensive "Constitution of the Republic of Columbian Barcelona" dated January 12, 1812.[72]

The immediate success of the spreading of the revolutionary ideas initiated in Caracas, provoked the design of the second task of the new *Junta*, which was to establish a well constituted central power by uniting all the provinces of the General Captaincy. The fact was that the outcome of the rapid and expansive revolutionary process of the provinces of Venezuela provoked that by June 1810, the idea of a "Confederation of Venezuela"[73] had already begun to be spoken of officially, and the Caracas *Junta* (comprising representatives of Cumana, Barcelona and Margarita) had been already acting as a Supreme Junta without obviously fully exer-

---

Cesarismo Democrático, op. cit., p. 36. The author stresses in connection with this as follows: "It is in the name of the Encyclopedia, in the name of rationalist philosophy, in the name of Condorcet's and Rousseau's humanitarian optimism that the revolutionaries of 1810 and the constituents of 1811, proceeding entirely from the upper social classes, enacted civil and political equality of all free men," *op. cit.*, p. 75.

[70] In the *El Mercurio Venezolano* dated January 1st. 1811 the said *Manifesto* of Emparan was commented upon and a response to it was offered at the following number of the journal. See the facsimilar edition at <http://cic1.ucab.edu.ve/hmdg/bases/hmdg/textos/Mercurio/Mer_Enero 1811.pdf>.

[71] Véase el texto en *El Mercurio Venezolano*, N° II, Febrero 1811, pp. 1-21, edición facsimilar publicada en <http://cic1.ucab.edu.ve/hmdg/bases/hmdg/textos/Mercurio/Mer_Febrero1811.pdf>.

[72] See *Las Constituciones Provinciales* (Estudio Preliminar por Ángel Francisco Bice), Biblioteca de la Academia Nacional de la Historia, Caracas 1959, p. 249.

[73] See the "Refutación a los delirios políticos del Cabildo de Coro, de orden de la Junta Suprema de Caracas" dated June 1, 1810, at *Textos Oficiales..., op. cit.*, Vol. I, p. 180.

supuesto, sin ejercer plenamente el gobierno en toda la extensión territorial de la antigua Capitanía General. De allí la necesidad que había de formar un "Poder Central bien constituido," es decir, un gobierno que uniera las Provincias, por lo que la Junta Suprema estimó que había "llegado el momento de organizarlo" a cuyo efecto, procedió a convocar:

> "A todas las clases de hombres libres al primero de los goces del ciudadano, que es el de concurrir con su voto a la delegación de los derechos personales y reales que existieron originariamente en la masa común."

En esta forma, la Junta llamó a elegir y reunir a los diputados que habían de formar "la Junta General de Diputación de las Provincias de Venezuela," para lo cual dictó, el 11 de junio de 1810, el Reglamento de Elecciones de dicho cuerpo,[74] en el cual se previó, además, la abdicación de los poderes de la Junta Suprema en la Junta o Congreso General, quedando sólo como Junta Provincial de Caracas (Cap. III, art. 4). Este Reglamento de Elecciones, sin duda, fue el primero de todos los dictados en materia electoral en el mundo hispanoamericano

Paralelamente a la emisión del Reglamento sobre elecciones de la Junta Suprema, la Junta nombró a Simón Bolívar y a Luis López Méndez como comisionados para representar al nuevo gobierno ante el Reino Unido, quienes con Andrés Bello como secretario, viajarían a Londres, mientras la Junta continuaba con la política exterior que había comenzado desde su instalación. Los comisionados tenían la misión de fortalecer las relaciones con Inglaterra y solicitar ayuda inmediata para resistir a la amenaza de Francia. En ello tuvieron éxito, logrando obtener la ayuda expresada específicamente en el compromiso de Inglaterra de defender al gobierno de Caracas de los "contra los ataques o intrigas del tirano de Francia".[75]

Los comisionados venezolanos, como lo señaló Francisco de Miranda con quien se relacionaron en Londres, habían continuado lo que el Precursor había iniciado "desde veinte años a esta parte... en favor de nues-

---

[74] Véase el texto en *Textos Oficiales...*, *op. cit.*, Tomo II, pp. 61-84; y en Allan R. Brewer-Carías, *Las Constituciones de Venezuela*, *op. cit.*, Tomo I, pp. 535-543.

[75] Véase el boletín enviado el 7 de diciembre de 1810 por el Secretario de las Colonias de Gran Bretaña a los jefes de las Indias Occidentales Británicas, en el J. F. Blanco y R. Azpúrua, *Documentos para la Historia de la Vida Pública del Libertador...*, *op. cit.* Tomo II, p. 519. Véase igualmente, el artículo publicado en la *Gaceta de Caracas*, el Viernes, 26 de octubre 1810 sobre las negociaciones de los comisionados. Véase en J. F. Blanco y R. Azpúrua, *Documentos para la Historia de la Vida Pública del Libertador...*, *op. cit.*, Tomo II, p. 514.

cising the government in the entire expanded territory of the General Captaincy. Hence there was the need to form a "well-established central authority", that is, a government that would unite the provinces. For that matter the Supreme Junta found that the "time to organize it had come" and summoned:

> "All kinds of free men to the first of the joys of the citizen which is to agree by its vote to delegate the personal and property rights that are originally found in the common mass of the population."

In this way, the *Junta* called to elect and convene the representatives (*diputados*) who were to form "the Representatives General *Junta* of the Provinces of Venezuela" and pursuant thereto it issued on June 11, 1810 the Election Regulations of said Congress[74] which, moreover, anticipated the abdication of the powers of the Supreme *Junta* on behalf of the General Congress. Consequently, the Supreme *Junta* of Caracas was to remain only as the Provincial *Junta* of Caracas (Chapter III, art. 4). These regulations on elections, no doubt, were the first electoral statute approved in Latin America.

In parallel to the issuing of the Supreme *Junta* Elections Regulations, the *Junta* appointed Simón Bolívar and Luis López Mendez as commissioners to represent the new government in the United Kingdom, who with Andrés Bello as Secretary, traveled to London, while such Junta continued with the foreign policy it began since its installation. The commissioners had the mission to strengthen relations with England and request immediate aid to resist the threat of France. The commissioners were basically able to obtain the aid, specifically expressed in the commitment of ngland to defend the government of Caracas from the "attacks or plots of the tyrant of France."[75]

As recorded by Francisco de Miranda with whom they associated in London, the Venezuelan commissioners had continued what the Precursor had begun "twenty years ago [...] for our emancipation and inde-

---

[74] See text at *Textos Oficiales...*, *op. cit.*, Vol. II, pp. 61–84; y en Allan R. Brewer-Carías, *Las Constituciones de Venezuela*, *op. cit.*, Vol. I, pp. 535-543.

[75] See the newsletter sent on December 7, 1810 by the Colonial Secretary of Great Britain to the heads of the British West Indies at J. F. Blanco y R. Azpúrua, *Documentos para la Historia de la Vida Pública del Libertador...*, *op. cit.* Vol. II, p. 519. Similarly, the article published in the Gazette of Caracas on Friday, October 26, 1810 on the negotiations of the commissioners. See at J. F. Blanco y R. Azpúrua, *Documentos para la Historia de la Vida Pública del Libertador...*, *op. cit.*, Vol. II, p. 514.

tra emancipación o independencia."[76] Luego de la breve estancia londinense, Bolívar y Miranda regresaron a Caracas en diciembre de 1810. Bolívar actuó en la Junta Patriótica, junto con Miranda, y este último, además, fue electo como diputado por el Pao para formar el "Congreso General de Venezuela," el cual se instaló el 2 de marzo de 1811.[77] Andrés Bello, por su parte, permanecería en Londres como Secretario de la Legación de Venezuela, correspondiéndole seguir desarrollando las relaciones establecidas por Miranda con la comunidad inglesa y con los españoles interesados en la suerte de América, y además, tomar a su cargo entre 1811 y 1812, la preparación y edición de este libro londinense sobre los *Documentos Oficiales Interesantes*.

En todo caso, en Venezuela, en medio de la situación de ruptura total que existía entre las Provincias de Venezuela y la Metrópolis, se realizaron las elecciones del Congreso General, en las cuales participaron siete de las nueve Provincias que para finales de 1810 existían en el territorio de la antigua Capitanía General de Venezuela,[78] habiéndose elegido 44 diputados por las Provincias de Caracas (24), Barinas (9), Cumaná (4), Barcelona (3), Mérida (2), Trujillo (1) y Margarita (1).[79] Dichos diputados electos formaron la "la Junta General de Diputación de las Provincias de Venezuela"[80] la cual asumió el carácter de un Congreso Nacional de representantes. El 2 de marzo de 1811, dichos representantes, en efecto, se instalaron en dicho Congreso Nacional a través del siguiente juramento:

"Juráis a Dios por los sagrados Evangelios que váis a tocar, y prometéis a la patria conservar y defender sus derechos y los del Señor F. VII, sin la menor relación a influjo de la Francia, independiente de toda forma de gobierno de la península de España, y sin otra representación que la que reside en el Congreso General de Venezuela."[81]

---

[76] Véase la carta de Miranda a la Junta Suprema de 3 de agosto 1810, en J. F. Blanco y R. Azpúrua, *Documentos para la Historia de la Vida Pública del Libertador...*, op. cit., Tomo II, p. 580.

[77] Véase C. Parra Pérez, *Historia de la Primera República...*, op. cit., Tomo I, Caracas 1959, pp. 15 y 18.

[78] Las Provincias que participaron fueron las de Caracas, Barinas, Cumaná, Barcelona, Mérida, Trujillo y Margarita. Véase José Gil Fortoul, *Historia Constitucional de Venezuela*, op. cit., Tomo primero, p. 223, y en J.F. Blanco y R. Azpúrua, *Documentos para la Historia de la Vida Pública del Libertador...*, op. cit., Tomo II, pp. 413 y 489.

[79] Véase C. Parra Pérez, *Historia de la Primera República ...*, op. cit., Tomo I, p. 477.

[80] Véase Gil Fortoul, *Historia Constitucional de Venezuela*, op. cit., Tomo primero, p. 224.

[81] *Idem*, Tomo I, p. 138; Tomo II, p. 16.

pendence."[76] In any case, Bolivar and Miranda returned to Caracas on December 1810 and Francisco de Miranda was elected representative for El Pao to form the General Congress of Venezuela which was installed on March 2, 1811.[77] As aforementioned, it would be Andrés Bello, who remained in London as Secretary of the Delegation of Venezuela, to further develop relations with the English and Spanish community that were interested in the fate of Spanish America, and to take over the final editing process and publication of the London book *Interesting Official Documents* in 1811 and 1812.

In any case, amidst the situation of total split between the provinces of Venezuela and the Metropolis, by the end of 1810, indirect elections in two levels were held, with a relative universal system of vote, in seven of the nine provinces that existed in the territory of the General Captaincy of Venezuela.[78] The results was the election of 44 representatives (*diputados*) from the provinces of Caracas (24), Barinas (9), Cumana (4), Barcelona (3), Mérida (2), Trujillo (1) and Margarita (1).[79] The elected representatives formed the "General *Junta* of Representatives for the Provinces of Venezuela"[80] that assumed the character of a National Congress of representatives. On March 2, 1811, the representatives were installed in such National Congress through the following oath:

> "You hereby swear to God under the Holy Gospels that you are about to receive and hereby promise to the Nation that you shall preserve and defend the nation's rights and those of our Lord F. VII without the slightest influence from France and regardless of any type of government existing in the peninsula of Spain and without any interest other than the representation that the General Congress of Venezuela stands for."[81]

---

[76] See the Letter from Miranda to the Supreme Junta of August 3, 1810 at J. F. Blanco y R. Azpúrua, *Documentos para la Historia de la Vida Pública del Libertador...*, op. cit., Vol. II, p. 580.

[77] See C. Parra Pérez, *Historia de la Primera República...*, op. cit., Vol. I, Caracas 1959, pp. 15 y 18.

[78] The partaking provinces were the provinces of Caracas, Barinas, Cumaná, Barcelona, Mérida, Trujillo y Margarita. See José Gil Fortoul, *Historia Constitucional de Venezuela*, op. cit., Vol. I, p. 223, y en J. F. Blanco y R. Azpúrua, *Documentos para la Historia de la Vida Pública del Libertador...*, op. cit., Vol. II, pp. 413 y 489.

[79] See C. Parra Pérez, *Historia de la Primera República ...*, op. cit., Vol. I, p. 477.

[80] See Gil Fortoul, *Historia Constitucional de Venezuela*, op. cit., Vol. I, p. 224.

[81] *Idem*, Vol. I, p. 138; Vol. II, p. 16.

Después de la instalación del Congreso General se comenzó a hablar en todas las Provincias de la "Confederación de las Provincias de Venezuela," las cuales conservaron sus peculiaridades políticas propias, a tal punto que al mes siguiente, en la sesión del 6 de abril de 1812, el Congreso General resolvió exhortar a las "Legislaturas provinciales" que acelerasen la formación de sus respectivas Constituciones.[82]

El Congreso al haber sustituido a la Junta Suprema, para organizar el nuevo gobierno adoptó el principio de la separación de poderes, conservando el poder legislativo; designando, el 5 de marzo de 1811, a tres ciudadanos para ejercer el Poder Ejecutivo Nacional, turnándose en la presidencia por períodos Semanales; y constituyendo, además, una Alta Corte de Justicia.

Además, el 28 de marzo de 1811, el Congreso nombró una comisión para redactar la Constitución de la Provincia de Caracas, la cual debía servir de modelo a las demás Provincias de la Confederación.[83] Esta comisión tardó mucho en preparar el proyecto, por lo que algunas Provincias, como se indica más adelante, procedieron a dictar sus Constituciones para organizarse políticamente.

Por otra parte, el 1º de julio de 1811, el Congreso ya había proclamado los Derechos del Pueblo,[84] declaración que puede considerarse como la tercera declaración de derechos de rango constitucional en el constitucionalismo moderno.

El 5 de julio de 1811, el Congreso, integrado por los representantes de las provincias de Margarita, de Mérida, de Cumaná, de Barinas, de Barcelona, de Trujillo y de Caracas, aprobó la *Declaración de Independencia*, pasando a denominarse la nueva nación, como Confederación Americana de Venezuela;[85] provocando el abandono del compromiso inicial manifestado el 19 de abril 1810 de conservar los derechos de Fernando VII. Ello provocó la necesidad de que el Congreso General justificara y explicara las razones de la ruptura del juramento, ya que en el *Manifiesto* del mismo se consideraba a Fernando VI como "presunto rey, no apto para reinar."

---

[82] Véase *Libro de Actas del Supremo Congreso de Venezuela 1811–1812*, Biblioteca de la Academia Nacional de la Historia, Caracas, 1959, Tomo II, p. 401.

[83] Véase Allan R. Brewer-Carías, *La Constitución de la Provincia de Caracas de 30 de enero de 1812*, Academia de Ciencias Políticas y Sociales, Caracas 2011.

[84] Véase Allan R. Brewer–Carías, *Las Constituciones de Venezuela, op. cit.*, pp. 549-551. Véase las referencias en el trabajo de Pedro Grases, *La conspiración de Gual y España y el ideario de la Independencia*, Caracas 1978.

[85] Véase el texto de las sesiones del 5 de julio de 1811, en *Libro de Actas... cit.*, pp. 171 a 202. Véase el texto de la Declaración de Independencia en Allan R. Brewer–Carías, *Las Constituciones de Venezuela, cit.*, pp. 545-548.

After the installation of the General Congress the use of the expression of the "Confederation of the Provinces of Venezuela" began to spread out in all the provinces, which had kept their own political specificities having the following month -at the session of April 6, 1812- the General Congress decided to urge the "provincial legislatures" to accelerate the formation of their relevant constitutions.[82]

In any case, the Congress replaced the Supreme *Junta* adopting the principle of separation of powers to organize the new government, designating on March 5, 1811 three citizens to exercise the State Executive Branch taking weekly turns in office and also establishing a High Court of Justice.

On March 28, 1811, Congress appointed a committee to draft the Constitution of the Province of Caracas which would serve as standard for the other Provinces of the Confederation.[83] This commission was slow to develop the project, so some provinces, as indicated below, proceeded to make their own in order to organize themselves politically.

On July 1, 1811 Congress proclaimed the *Declaration of the Rights of the Peoples*,[84] a proclamation that can be taken as the third declaration of constitutional rights in modern constitutionalism.

On July 5, 1811, Congress being comprised of the representatives of the provinces of Margarita, Merida, Cumana, Barinas, Barcelona, Trujillo and Caracas, adopted the *Declaration of Independence* and renamed the new nation as the American Confederation of Venezuela,[85] provoking the initial abandonment of the compromise manifested on April 19th 18122 to seek for the conservancy of the rights of Ferdinand VII. This provoked the need for the General Congress to justify and explain the reasons for the breakdown of the oath, considering Ferdinand VI in the *Manifiesto* as a "presumtive king, unfit to reign."

---

[82] See *Libro de Actas del Supremo Congreso de Venezuela 1811–1812*, Biblioteca de la Academia Nacional de la Historia, Caracas, 1959, Vol. II, p. 401.
[83] See Allan R. Brewer-Carías, *La Constitución de la Provincia de Caracas de 30 de enero de 1812*, Academia de Ciencias Políticas y Sociales, Caracas 2011.
[84] See Allan R. Brewer-Carías, *Las Constituciones de Venezuela, op. cit.*, pp. 549-551. See references in the work of Pedro Grases, *La conspiración de Gual y España y el ideario de la Independencia*, Caracas 1978.
[85] See the text of the meetings of July 5, 1811 in *Libro de Actas... cit.*, pp. 171 a 202. See the text of the Declaration of Independence at Allan R. Brewer-Carías, *Las Constituciones de Venezuela, cit.*, pp. 545-548.

En dicho *Manifiesto* de 1811, en efecto, se expresó que aún cuando todos "los males de este desorden y los abusos de aquella usurpación podrían creerse no imputables a Fernando," quien había sido "reconocido ya en Venezuela cuando estaba impedido de remediar tanto insulto, tanto atentado y tanta violencia cometida en su nombre," se consideró:

> "necesario remontar al origen de sus derechos para descender a la nulidad e invalidación del generoso juramento con que los hemos reconocido condicionalmente, aunque tengamos que violar, a nuestro pesar, el espontáneo silencio que nos hemos impuesto, sobre todo lo que sea anterior a las jornadas del Escorial y de Aranjuez"

El tema era considerado como de orden moral y jurídico, por lo que en el *Manifiesto* se consideró necesario no "dejar nada al escrúpulo de las conciencias, a los prestigios de la ignorancia y a la malicia de la ambición resentida," afrontando el tema directamente, explicando las razones que tuvo Venezuela para haberse desprendido del "juramento condicional con que reconoció a Fernando VII" en abril de 1810, al haber declarado en julio de 1811 "su independencia de toda soberanía extraña". A tal efecto se explicó, con estricto enfoque jurídico, que dicho "juramento promisorio" no había sido "otra cosa que un vínculo accesorio que supone siempre la validación y legitimidad del contrato que por él se rectifica," por lo que de no haber habido "vicio que lo haga nulo o ilegítimo," "la obligación de cumplirlas está fundada sobre una máxima evidente de la ley natural.

Y en cuanto al "Juramento" ante Dios, se afirmó que:

> "jamás podrá Dios ser garante de nada que no sea obligatorio en el orden natural, ni puede suponerse que acepte contrato alguno que se oponga a las leyes que él mismo ha establecido para la felicidad del género humano."

En todo caso, se argumentó que "aun cuando el juramento añadiese nueva obligación a la del contrato solemnizado por él, siempre sería la nulidad del uno inseparable de la nulidad del otro," de manera que "si el que viola un contrato jurado es criminal y digno de castigo, es porque ha quebrantado la buena fe, único lazo de la sociedad, sin que el perjurio haga otra cosa que aumentar el delito y agravar la pena." Se agregó que "la ley natural que nos obliga a cumplir nuestras promesas y la divina que nos prohíbe invocar el nombre de Dios en vano, no alteran en nada la naturaleza de las obligaciones contraídas bajo los efectos simultáneos e inseparables de ambas leyes, de modo que la infracción de la una supone siempre la infracción de la otra."

Thus, in the 1811 *Manifesto*, in fact, there was said that even when all the "the evils of this disorder, and the abuses of such an usurpation might be considered as not imputable to Ferdinand," who had been "already acknowledged in Venezuela, at the same time that he was unable to remedy so much insult, such excesses, and so much violence committed in his name," it was considered:

> "it necessary to remount to the origin of these same rights, that we may then descend to the nullity and invalidity of the generous oath by which we conditionally acknowledged him; notwithstanding we have, in spite of ourselves, to violate the spontaneous silence we had imposed upon us, respecting every thing that was anterior to the transactions of El Escurial and Aranjuez."

The matter was regarded as a moral and legal one, so that in the *Manifesto* it was considered necessary "that no handle should be left for the scruples of conscience, for the illusions of ignorance, and for the malice of wounded ambition," confronting the issue by explaining the reasons of Venezuela to have detached itself from the "conditional oath by which" Ferdinand VII was recognized in April 1810, and that "the representative body that now declares its independence of every other foreign power, previously acknowledged Ferdinand VIIth" in July 1811. For such purpose it was said that such "promissory oath" was "no more than an accessory bond, which always pre-supposes the validity and legitimacy of the contract ratified by the same," so, were there not been "vice which may render it null and illegitimate, [...] the obligation to comply with them, is founded on an evident maxim of the natural law."

And as for the "oath" before God it was stated that:

> "God can at no time guarantee any thing, that is not binding in the natural order of things, nor can it be supposed he will accept of any contract, opposed to those very laws he himself has established, for the felicity of the human race."

In any case, it was argued that "even when the oath were to add any new obligation to that of the contract thereby confirmed, the nullity of the one, would at all times be inseparable to the nullity of the other," so that "if he who violates a sworn contract, is criminal and worthy of punishment, it is, because he has violated good faith, the only bond of society; without the perjury doing more than serving to increase the crime, and to aggravate the punishment." Additionally, it was said "that natural law which obliges us to fulfill our promises, and that divine one which forbids us to invoke the name of God in vain, do not in any manner alter the nature of the obligations contracted under the simultaneous and inseparable effects of both laws; so that the infraction of the one, supposes the infraction of the other."

Bajo estos principios, sin duda expuestos de la mano de los juristas que integraban el Congreso General, en el *Manifiesto* se procedió a analizar "el juramento incondicional con que el Congreso de Venezuela ha prometido conservar los derechos que legítimamente tuviese Fernando VII, sin atribuirle ninguno que, siendo contrario a la libertad de sus pueblos, invalidase por lo mismo el contrato y anulase el juramento," para lo cual se comenzó por constatar que, al fin, "a impulsos de la conducta de los gobiernos de España, han llegado los venezolanos a conocer la nulidad en que cayeron los tolerados derechos de Fernando por las jornadas del Escorial y Aranjuez, y los de toda su casa por las cesiones y abdicaciones de Bayona;" concluyéndose que:

> "de la demostración de esta verdad nace como un corolario la nulidad de un juramento que, además de condicional, no pudo jamás subsistir más allá del contrato a que fue añadido como vínculo accesorio. Conservar los derechos de Fernando, fue lo único que prometió Caracas el 19 de abril, cuando ignoraba aún si los había perdido; y cuando aunque los conservase con respecto a la España, quedaba todavía por demostrar si podía ceder por ellos la América a otra dinastía, sin su consentimiento."

En todo caso, fueron "las noticias que a pesar de la opresión y suspicacia de los intrusos gobiernos de España" se llegaron a saber en Venezuela sobre "la conducta de los Borbones y los efectos funestos que iba a tener en América esta conducta," lo que permitió que se formaran:

> "un cuerpo de pruebas irrefragables de que no teniendo Fernando ningún derecho, debió caducar, y caducó, la conservaduría que le prometió Venezuela y el juramento que solemnizó esta promesa (*Jurabis in veritate, et in judicio, et in justitia, Jerem. Cap. 4*). De la primera parte del aserto es consecuencia legítima la nulidad de la segunda."

Pero el *Manifiesto* de 1811 fue más allá, afirmándose en él que "Ni el Escorial, ni Aranjuez, ni Bayona fueron los primeros teatros de las transacciones que despojaron a los Borbones de sus derechos sobre la América. Ya se habían quebrantado en Basilea (*Tratado de Basilea* del 15 de Julio de 1795) y en la Corte de España las leyes fundamentales de la dominación española en estos países," habiendo Carlos IV cedido "contra una de ellas (*Ley 1, tít. 1 de la Recopil. de Indias*) la isla de Santo Domingo a Francia" y enajenado "la Luisiana en obsequio de esta nación extranjera."

Under these principles -certainly laid down by the hands of the jurists who were members of the General Congress- in the *Manifesto* was analyzed the "conditional oath by which the Congress of Venezuela has promised to preserve the rights legally held by Ferdinand VII without attributing to it any other, which, being contrary to the liberty of the people, would of consequence invalidate the contract, and annul the oath," for which purpose it begun by finding that, at last, "impelled by the conduct of the governments of Spain, the people of Venezuela became sensible of the circumstances, by which the tolerated rights of Ferdinand VII were rendered void in consequence of the transactions of El Escorial and Aranjuez; as well as those of all his house, by the cessions and abdications made at Bayonne;" concluding that:

> "from the demonstration of this truth, follows, as a corollary, the invalidity of an oath, which, besides being conditional, could not subsist beyond the contract to which it was added, as an accessory bond. To preserve the rights of Ferdinand, was all that Caracas promised on the 19th of April, at a time she was ignorant he had lost them and even if he retained them, with regard to Spain, it remains to be proved, whether, by virtue of the same, he was able to cede America to another dynasty, without her own conset."

In any case, it was "the advices, which in spite of the oppression and cunning of the intrusive governments of Spain, Venezuela was enabled to obtain of the conduct of the Bourbons, and the fatal effects the same was about to entail on America," what allowed to have formed :

> "a body of irrefragable proofs, evincing, that as Ferdinand no longer retained any rights, the preservation thereof, which Venezuela promised, as well as the oath by which she confirmed this promise, consequently are, and ought to be done away (*Jurabis in veritate, et in judicio, et in justitia, Jerem. Cap. 4*). Of the first of the position, the nullity of the second, becomes a legitimate consequence."

But the 1811 *Manifesto* went beyond that by affirming in it that "the Escorial, Aranjuez, or Bayona, were the first theatres of the transactions, which deprived the Bourbons of their rights to America. Already in Basil (*Treaty of Basilea* of 15 of July 1795) and in the court of Spain, the fundamental laws of the Spanish dominion in these countries," having ceaded Charles IV "contrary to one of them" (*Ley 1, tít. 1 de la Recopil. de Indias*) "the island of St. Domingo to France, and disposed of Louisiana to the same foreign power."

Por ello, se afirmó en el *Manifiesto*, que:

> "estas inauditas y escandalosas infracciones autorizaron a los americanos contra quienes se cometieron y a toda la posteridad del pueblo colombiano, para separarse de la obediencia y juramento que tenía prestado a la Corona de Castilla, como tuvo derecho para protestar contra el peligro inminente que amenazaba a la integridad de la monarquía en ambos mundos, la introducción de las tropas francesas en España antes de la jornada de Bayona, llamadas sin duda por alguna de las facciones borbónicas para usurpar la soberanía nacional a favor de un intruso, de un extranjero, o de un traidor."

Volviendo a las acciones que se habían producido en Venezuela desde el 15 de julio de 1808 hasta el 5 de julio de 1811, y ante las pretensiones de que se pudiera oponer a los venezolanos el juramento dado para la conservación de los derechos de Fernando VII "para perpetuar los males que la costosa experiencia de tres años nos ha demostrado como inseparables de tan funesto y ruinoso compromiso," el Congreso General indicó en el *Manifiesto* que ya era tiempo de abandonar dicho "talismán que, inventado por la ignorancia y adoptado por la fidelidad, está desde entonces amontonando sobre nosotros todos los males de la ambigüedad, la suspicacia y la discordia," considerando que "Fernando VII es la contraseña universal de la tiranía en España y en América."

El desconocimiento de Fernando VII como supuesto rey, y por tanto, del juramento que se había dado en 1810 para conservar sus derechos, eran pues evidentes en la mente de los diputados del Congreso General de Venezuela en 1811, cuyos miembros, en el *Manifiesto*, oponiendo "tres siglos de agravios contra ella, por tres años de esfuerzos lícitos," protestaron además de pasada, que si "la hiel y el veneno" hubiesen sido los agentes de la "solemne, veraz y sencilla manifestación," de protesta ante el Juramento de conservar los derechos de Fernando VII, hubieran

> "empezado a destruir los derechos de Fernando por la ilegitimidad de su origen, declarada en Bayona por su madre y publicada en los periódicos franceses y españoles; haríamos valer los defectos personales de Fernando, su ineptitud para reinar, su débil y degradada conducta en las Cortes de Bayona, su nula e insignificante educación y las ningunas señales que dio para fundar las gigantescas esperanzas de los gobiernos de España, que no tuvieron otro origen que la ilusión de la América ni otro apoyo que el interés político de Inglaterra, muy distante de los derechos de los Borbones."[86]

---

[86] El *Manifiesto* fue claro en decir que "La opinión pública de España y la experiencia de la revolución del Reino, nos suministrarían bastantes pruebas de la

Therefore, it was stated in the *Manifesto* that these:

> "unheard of, and scandalous in fractions, authorized the Americans, against whom they were committed, as well as the whole of the Columbian people, to separate from the obedience and lay aside the oath, by which they had bound themselves to the crown of Castile, in like manner, as they were entitled to protest against the eminent danger, which threatened the integrity of the monarchy in both worlds, by the introduction of French troops into Spain previous to the transactions of Bayona; invited there, no doubt, by one of the Bourbon factions, in order to usurp the national sovereignty in favour of an intruder, a foreigner, or a traitor."

Returning to the actions in Venezuela which took place from July 15, 1808 to July 5, 1811, and upon the possible claims that the oath given for the preservation of the rights of Ferdinand VII could be raised against the Venezuelans "in order to perpetuate those evils, which the dear bought experience of three years has proved to be inseparable to so fatal and -ruinous an engagement," the General Congress stated in the *Manifiesto* that the time had come to "abandon a talisman invented by ignorance, and adopted by a misguided fidelity, for ever since it was, it has not failed to heap upon us all the evils attendant on an ambiguous state, and on suspicion and discord," considering that "Ferdinand the Seventh, is the universal watch-word for tyranny in Spain, as well as America."

The disregard for Ferdinand VII as alleged king, and therefore, for the oath that had been given in 1810 to preserve his rights, were evident in the mind of the General Congress of Venezuela in 1811, whose members in the *Manifesto*, opposed "three centuries of injuries, [...] by three years of lawful, generous and philanthropic efforts," also protested, in passing, that if "gall and poison" had been the agents of the "solemn, true and candid manifestation" of protest against the pledge to preserve the rights of Ferdinand VII, they would have:

> "began by destroying the rights of Ferdinand, in consequence of the illegitimacy of his origin, declared by his mother in Bayona, and published in the French and Spanish papers; we should have proved the personal defects of Ferdinand, his ineptitude to reign, his weak and degraded conduct in the Cortes of Bayona, his inefficient and insignificant education, and the want of proofs which he never gave to found the gigantic hopes of the governments of Spain, which had no other origin than the illusion of America, nor any other support than the political interest of England, much opposed to the Bourbons"[86]

---

[86] The *Manifesto* made clear that "the public opinion in Spain and the Kingdom's revolution experience, would provide us with abounding evidence of

Pero, en el *Manifiesto* se proclamó que como "la decencia es la norma de nuestra conducta," sus redactores estaban "prontos a sacrificar" las "mejores razones," particularmente considerando que hartas eran "las alegadas para demostrar la justicia, necesidad y utilidad de nuestra resolución, a cuyo apoyo sólo faltan los ejemplos con que vamos a sellar el juicio de nuestra independencia."

Se declaró además en el *Manifiesto* que:

"aun cuando hubiesen sido incontestables los derechos de los Borbones e indestructible el juramento que hemos desvanecido, bastaría solo la injusticia, la fuerza y el engaño con que se nos arrancó para que fuese nulo e inválido, desde que empezó a conocerse que era opuesto a nuestra libertad, gravoso a nuestros derechos, perjudicial a nuestros intereses y funesto a nuestra tranquilidad."

En resumen, en el *Manifiesto* se afirmó en general que:

"Tres distintas oligarquías nos han declarado la guerra, han despreciado nuestros reclamos, han amotinado a nuestros hermanos, han sembrado la desconfianza y el rencor entre nuestra gran familia, han tramado tres horribles conjuraciones contra nuestra libertad, han interrumpido nuestro comercio, han desalentado nuestra agricultura, han denigrado nuestra conducta y han concitado contra nosotros las fuerzas de la Europa, implorando, en vano, su auxilio para oprimirnos. Una misma bandera, una misma lengua, una misma religión y unas mismas leyes han confundido, hasta ahora, el partido de la libertad con el de la tiranía. Fernando VII libertador ha peleado contra Fernando VII opresor, y si no hubiésemos resuelto abandonar un nombre sinónimo del crimen y la virtud, sería al fin esclavizada la América con lo mismo que sirve a la independencia de la España."

Los mismos sentimientos se expresaron en el *Acta de la Independencia*, indicando que cuando los venezolanos:

"fíeles a nuestras promesas, sacrificábamos nuestra seguridad y dignidad civil por no abandonar los derechos que generosamente conservamos a Fernando de Borbón, hemos vistoque a las relaciones de la fuerza que le ligaban con el emperador de los franceses ha añadido los vínculos de sangre y amistad, por los que hasta los gobiernos de España han declarado ya su resolución de no reconocerle sino condicionalmente."

---

conducta de la madre y las cualidades del niño, sin recurrir al manifiesto del Ministro Azanza" ("publicado después de la jornada de Bayona y circulado en esta Capital, a pesar de la anterior opresión") "y a las memorias secretas de María Luisa."

But it was proclaimed in the *Manifesto* that since "decency is the guide of our conduct "its editors were ready to sacrifice" the "best reasons," particularly considering that sufficient were the alleged ones "to prove the justice, necessity and utility of our resolution, to the support of which nothing is wanting, but the examples by which we will strive to justify our independence."

So, it was proclaimed in the *Manifesto* that

"Even when the rights of the Bourbons had been incontestible, and indelible the oath, which we have proved not to exist; the injustice, force and deceit, with which the same was snatched from us, would suffice to render it void and of no effect, as soon as it was discovered to be opposed to our liberty, grievious to our rights, prejudicial to our interests, and fatal to our tranquility."

In short, it was stated in the *Manifesto* in general that:

"Three distinct oligarchies have declared war against us, have contemned our claims, have excited civil dissensions amongst us, have sown the seeds of discord and mistrust in our great family, have plotted three horrible conspiracies against our liberty, have interrupted our trade, have suppressed our agriculture, have traduced our conduct, and have sought to raise against us an Europian power, by vainly imploring its aid to oppress us. The same flag; the same language, the same religion, and the same laws, have, till now, confounded the party of liberty, with that of tyranny; Ferdinand VII as liberator, has been opposed to Ferdinand VII as oppressor; and, if we had not resolved to abandon a name, at the same time synonimous with crime and virtue, America would at length be enslaved by the same force that is wielded for the independence of Spain."

The same concerns were expressed in the *Declaration of Independence*, stating that when the Venezuelans:

"faithful to our promises, were sacrificing our security and civil dignity, not to abandon the rights which we generously preserved to Ferdinand of Bourbon, we have seen that, to the relations of force which bound him to the Emperor of the French, he has added the ties of blood and friendship; in consequence of which, even the Governments of Spain have already declared their resolution only to acknowledge him conditionally."

---

the mother's behavior and the attributes of the child, without resort to the minister Azanza proclamation (made public after the Bayonne journey and distributed in this capital city despite the former oppression) and without resort to the secret memoirs of Maria Luisa."

Se declaró entonces en el *Acta de Independencia* que en "esta dolorosa alternativa" había "permanecido tres años en una indecisión y ambigüedad política, tan funesta y peligrosa,"

> "hasta que la necesidad nos ha obligado a ir más allá de lo que nos propusimos, impelidos por la conducta hostil y desnaturalizada de los gobiernos de España, que nos ha relevado del juramento condicional con que hemos sido llamados a la augusta epresentación que ejercemos."

En todo caso, después de la *Declaración de Independencia*, y la publicación del *Manifiesto*, el Congreso General sancionó el 21 de diciembre 1811, bajo la inspiración de la Constitución de los Estados Unidos y de la Declaración Francesa de los Derechos del Hombre,[87] la primera constitución latinoamericana, la Constitución Federal para los Estados de Venezuela.[88] En ella, la división del Poder Supremo en tres ramas fue específicamente previsto (legislativa, ejecutiva y judicial),[89] con un sistema presidencial de gobierno, el establecimiento de la supremacía de la ley como "la libre expresión de la voluntad general,"[90] y la soberanía

---

[87] Véase José Gil Fortoul, *Historia Constitucional de Venezuela, op. cit.*, Tomo Primero, pp. 254 y 267.

[88] Véase *Libro de Actas del Supremo Congreso de Venezuela 1811-1812*, (Estudio Preliminar: Ramón Díaz Sánchez), Biblioteca de la Academia Nacional de la Historia, 2 vols. Caracas 1959. Véase el texto en Allan R. Brewer-Carías *Las Constituciones de Venezuela, op. cit.*, pp. 555-579. También en *La Constitución Federal de Venezuela de 1811 y documentos afines*, Biblioteca de la Academia Nacional de la Historia, Caracas 1959. Véase también Juan Garrido Rovira, "La legitimación de Venezuela (El Congreso Constituyente de 1811)," en Elena Plaza y Ricardo Combellas (Coordinadores), *Procesos Constituyentes y Reformas Constitucionales en la Historia de Venezuela: 1811-1999*, Universidad Central de Venezuela, Caracas 2005, tomo I, pp. 13-74.

[89] En el *Preliminar* de la Constitución se establece explícitamente que "El exercicio de esta autoridad confiada à la Confederacion, no podrá jamàs hallarse reunido en sus diversas funciones. El Poder Supremo debe estar dividido en Legislativo, Executivo, y Judicial, y confiado á distintos Cuerpos independientes entre sí, en sus respectivas facultades ... " Adicionalmente en la sección 189 se insiste que " Los tres departamentos esenciales del Gobierno, á saber: el Legislativo; el Executivo, y el Judicial, es preciso que se conserven tan separados, é independientes el uno del otro, quando lo exija la naturaleza de un Gobierno libre, ó quanto es conveniente con cadena de conexion que liga toda la fabrica de la Constitucion en un modo indisoluble de amistad, y union.".

[90] "La ley es la expresion libre de la voluntad general, ò de la mayoría de los ciudadanos, indicada por el órgano de sus Representantes legalmente constituidos. Ella se funda sobre la justicia, y la utilidad comun, y ha de proteger la libertad pública é individual contra toda opresion ò violencia.". "Los actos exercidos contra qualquiera persona fuera de los casos, y contra las formas

It was then stated in the *Declaration of Independence* that "this mournful alternative" had

"remained three years, in a state of political indecision and ambiguity, so fatal and dangerous, [...] till necessity has obliged us to go beyond what we at first proposed, impelled by the hostile and unnatural conduct of the Governments of Spain, which have disburdened us of our conditional oath, by which circumstance, we are called to the august representation we now exercise."

In any case, after the Declaration of Independence was issued, ant the Manifiesto was published, the General Congress sanctioned on December 21st, 1811 under the inspiration of the United States Constitution and of the French Declaration of the Rights of Man,[87] the first Federal Constitution for the States of Venezuela and all Latin American countries.[88] In it, the division of the Supreme Power in three categories was specifically provided (legislative, executive and judiciary),[89] with a presidential system of government; establishing the supremacy of the law as "the free expression of the general will,"[90] and the sovereignty

---

[87] See José Gil Fortoul, *Historia Constitucional de Venezuela, op. cit.*, Vol. I, pp. 254 y 267.

[88] See *Libro de Actas del Supremo Congreso de Venezuela 1811-1812*, (Estudio Preliminar: Ramón Díaz Sánchez), Biblioteca de la Academia Nacional de la Historia, 2 vols. Caracas 1959. See the text at Allan R. Brewer-Carías *Las Constituciones de Venezuela, op. cit.*, pp. 555-579. Also in *La Constitución Federal de Venezuela de 1811 y documentos afines*, Biblioteca de la Academia Nacional de la Historia, Caracas 1959. See also Juan Garrido Rovira, "La legitimación de Venezuela (El Congreso Constituyente de 1811)," en Elena Plaza y Ricardo Combellas (Coordinadores), *Procesos Constituyentes y Reformas Constitucionales en la Historia de Venezuela: 1811-1999*, Universidad Central de Venezuela, Caracas 2005, Vol. I, pp. 13-74.

[89] In the *Preliminar* of the constitution there is explicitly stated that "The exercise of this authority, entrusted to the Confederation, shall never be found at once in its various functions. The Supreme Power shall be divided into the legislative, executive and judicial branches and shall be entrusted to separate bodies free from each other and in their respective powers ... " In addition, section 189 insisted that "the three essential government departments, namely the legislative, executive and judicial, must be retained as separate and independent from each other as required by the nature of a free government which is what is convenient to the connection string that ties all the fabric of the Constitution in an indissoluble mode of Friendship and Union".

[90] "The law is the free expression of the general will or the majority of the citizens, as indicated by the body of their legally constituted representatives. It is founded on justice and the common good, and must protect the public freedom and individuality against all oppression and violence". "The acts, other than the ones established by the law, perpetrated wrongfully against anyone are wicked, and if through them the constitutional authority or free-

basada en el pueblo ejercida por los representantes.[91] Sus 228 artículos estaban destinados a regular el poder legislativo (artículos 3 a 71), el Poder Ejecutivo (artículos 72 a 109), el Poder Judicial (artículos 110 a 118), las provincias (artículos 119 a 134) y los "Derechos Humanos que deben ser observadas en el toda la extensión del Estado" (artículos 141 a 199). Las provincias se declararon como Estados soberanos, cada uno también habiendo adoptado su propia constitución o forma de gobierno (Constituciones Provinciales), bajo los mismos principios del constitucionalismo moderno.[92]

En todo caso, con un texto constitucional de este tipo, después de las revoluciones políticas y constitucionales que habían tenido lugar unas décadas antes en América del Norte y en Francia, ésta era la primera vez que se producía un proceso constitucional republicano de este tipo en la historia moderna.[93] Este proceso se produjo incluso antes de la sanción de la muy importante Constitución de Cádiz de la monarquía española en marzo de 1812, también siguiendo los mismos principios constitucionales modernos;[94] cuando las relaciones entre las autoridades de gobierno en

que la ley determina, so iniquos, y si por ellos se usurpa la autoridad constitucional, ó la libertad del pueblo, serán tiránicos.l" (Sections 149 and 150).

[91] "A Una sociedad de hombres reunidos baxo unas mismas leyes, costumbres, y gobierno, forma una soberanía" "La soberanía de un pais, ò supremo poder de reglar, y dirigir equitativamente los intereses de la comunidad reside pues esencial y originariamente en la masa general de sus habitantes y se exercita por medio de Apoderados ò Representantes de estos, nombrados y establecidos conformes á la Constitucion." "Ningun individuo, ninguna familia, ninguna porcion ò reunion de ciudadanos, ninguna corporacion particular, ningun pueblo, ciudad, ò partido, puede atribuirse la soberanía de la sociedad, que es imprescriptible, inagenable é indivisible en su esencia y orígen, ni persona alguna podrà exercer qualquiera funcion pública del gobierno, sino la ha obtenido por la Constitucion." (Sections 143, 144 and 145)."

[92] Véase *Las Constituciones Provinciales* (Estudio Preliminar por Ángel Francisco Bice), Biblioteca de la Academia Nacional de la Historia, Caracas 1959; Allan R. Brewer-Carías, *Historia Constitucional de Venezuela*, Tomo I, Editorial Alfa, Caracas 2008, pp. 239 ss.

[93] Sobre los aspectos constitucionales del proceso de independencia de Venezuela desde 1810, véase Allan R. Brewer-Carias, *Historia Constitucional de Venezuela*, Tomo I, Editorial Alfa, Caracas 2008, pp. 195-278.

[94] Véase Allan R. Brewer-Carías, "La Constitución de Cádiz de 1812 y los principios del constitucionalismo moderno: su vigencia en Europa y en América," en *Anuario Jurídico Villanueva*, III, Año 2009, Villanueva Centro Universitario, Universidad Complutense de Madrid, Madrid 2009, pp. 107-127; "El paralelismo entre el constitucionalismo venezolano y el constitucionalismo de Cádiz (o de cómo el de Cádiz no influyó en el venezolano)," en *Libro Homenaje a Tomás Polanco Alcántara*, Estudios de Derecho Público, Universidad Central de Venezuela, Caracas 2005, pp. 101-189. Véase también, Allan

-that rested in the people of the country- was exercised by the representatives.[91] Its 228 sections were intended to govern the legislature (Sections 3 to 71), the Executive (Sections 72 to 109), the Judiciary (Sections 110 to 118), the Provinces (Sections 119 to 134) and the Human Rights to be observed in the entire extension of the State (Sections 141 to 199). The provinces declared themselves as sovereign states, having each also adopted its own constitution or form of government (Provincial Constitutions) under the same principles of modern constitutionalism.[92]

In any case, with a constitutional text of this kind, after the political and constitutional revolutions that a few decades before had taken place in North America and in France, this was the first time that a republican constitutional process of this kind had occurred in modern history,[93] a process that occurred even before the sanctioning of the very important Constitution of the Spanish Monarchy of Cádiz, in March 1812, also following the same modern constitutional principles;[94] a process which

---

dom of the people are encroached they shall be tyrannical" (Sections 149 and 150).

[91] "A society of men gathered under the same laws, customs and government compose a sovereignty." "The sovereignty of a country or the supreme power to fairly regulate or administer the interests of the community resides, then, essentially and originally in the general aggregate of the people and is exercised through their agents or representatives appointed or established under the Constitution." "Neither an individual, nor a particular family, nor any village, town or partition may attribute itself with the sovereignty of society, which is irrevocable, inalienable and indivisible in its essence and origin; nor may any person exercise any public function of government if it has not achieved it under the Constitution (Sections 143, 144 and 145)."

[92] See *Las Constituciones Provinciales* (Estudio Preliminar por Ángel Francisco Bice), Biblioteca de la Academia Nacional de la Historia, Caracas 1959; Allan R. Brewer-Carías, *Historia Constitucional de Venezuela*, Vol. I, Editorial Alfa, Caracas 2008, pp. 239 ss.

[93] On the constitutional aspects of the process of independence of Venezuela since 1810 see Allan R. Brewer-Carias, *Historia Constitucional de Venezuela*, Vol. I, Editorial Alfa, Caracas 2008, pp. 195-278.

[94] See Allan R. Brewer-Carías, "La Constitución de Cádiz de 1812 y los principios del constitucionalismo moderno: su vigencia en Europa y en América," en *Anuario Jurídico Villanueva*, III, Año 2009, Villanueva Centro Universitario, Universidad Complutense de Madrid, Madrid 2009, pp. 107-127; "El paralelismo entre el constitucionalismo venezolano y el constitucionalismo de Cádiz (o de cómo el de Cádiz no influyó en el venezolano)," en *Libro Homenaje a Tomás Polanco Alcántara*, Estudios de Derecho Público, Universidad Central de Venezuela, Caracas 2005, pp. 101-189. See also, Allan R. Brewer-Carías, *Los inicios del proceso constituyente Hispano y Americano, Caracas 1811-Cádiz 1812*, bid & co. Editor, Caracas 2012.

España y las nuevas autoridades independientes en Caracas se encontraban en su peor momento

En el *Acta de la Independencia* se aclaró expresamente que sus redactores no querían empezar "alegando los derechos que tiene todo país conquistado, para recuperar su estado de propiedad e independencia," y procedieron a olvidar "la larga serie de males, agravios y privaciones que el derecho funesto de conquista" había causado "indistintamente a todos los descendientes de los descubridores, conquistadores y pobladores de estos países;" por lo que "corriendo un velo sobre los trescientos años de dominación española en América," procedieron a presentar los hechos "auténticos y notorios que han debido desprender y han desprendido de derecho a un mundo de otro, en el trastorno, desorden y conquista que tiene ya disuelta la nación española." También en el *Manifiesto* se consideraba a América como "condenada por más de tres siglos a no tener otra existencia que la de servir a aumentar la preponderancia política de España"

Fue en el *Manifiesto* de 1811, por tanto, donde sí hubo abundantes referencias a esa situación general de América en relación con España, comenzando por destacar que había sido el "instinto de la propia seguridad" el que al fin había dictado a los americanos "que había llegado el momento de obrar, para coger el fruto de trescientos años de inacción y de paciencia;" considerando que si bien "el descubrimiento del Nuevo Mundo" había sido "uno de los acontecimientos más interesantes a la especie humana," no iba a ser "menos la regeneración de este mismo mundo degradado desde entonces por la opresión y la servidumbre," de manera que "levantándose del polvo y las cadenas," la revolución de América iba a ser la "más útil al género humano"…"cuando, constituida y gobernada por sí misma, abra los brazos para recibir a los pueblos de Europa,"…"como amigos, y no como tiranos: como menesterosos, y no como señores; no para destruir, sino para edificar; no como tigres, sino como hombres".

"Escrito estaba," se explicó en el *Manifiesto*, "que no debía gemir la mitad de la especie humana bajo la tiranía de la otra mitad," constatándose sin embargo que lo que había ocurrido en Europa y en América durante esos trescientos años, mostraba que "todo, todo aceleraba los progresos del mal en un mundo, y los progresos del bien en el otro." Se destacó, por ejemplo, "la injusticia" de la "dependencia y degradación" de América "cuando todas las naciones han mirado como un insulto a la equidad política, el que la España despoblada, corrompida y sumergida en la inac-

---

R. Brewer-Carías, *Los inicios del proceso constituyente Hispano y Americano, Caracas 1811- Cádiz 1812*, bid & co. Editor, Caracas 2012.

occur, precisely when the relations between the governing authorities in Spain and the new independent authorities in Caracas were in its worst shape

By declaring the independence, as the drafters of the *Declaration of Independence* explicitly made clear, they did not want to begin by "by alleging the rights inherent in every conquered country, to recover its state of property and independence;" preferring to forget "the long series of ills, injuries, and privations, which the sad right of conquest" had "indistinctly caused, to all the descendants of the Discoverers, Conquerors, and Settlers of these Countries [...] Drawing a veil over the three hundred years of Spanish dominion in America," they proceeded to put forward the "the authentic and well-known facts, which ought to have wrested from one world, the right over the other, by the inversion, disorder, and conquest, that have already dissolved the Spanish Nation." In this, in the *Manifiesto* was also considered America, as "condemned for more than three centuries, to have no other existence than to serve to increase the political preponderance of Spain, without the least influence or participation in her greatness,"

It was then in the *Manifesto* of 1811, where the General Congress did refer liberally to the general situation of America in connection with Spain, beginning by pointing out that it was the "instinct of self-security" the one that finally ordered the Americans "that the moment of acting had arrived, and that it was time to reap the fruits of three hundred years of inaction and patience." For such purpose, they took into consideration that just as the "discovery of the new world" had been "one of the most interesting occurrences to the human race," so too "the regeneration of this same world, degraded from that period by oppression and servitude" would be "no less meaningful," so that America, "raising herself from the dust, and freed of her chains" will offer a revolution to be "most useful to the human race" allowing "America, when constituted and governed by her own self," to "open her arms to receive the people of Europe [...] friends, and not as tyrants; as men in need, not as lords; not to destroy, but to build; not as tigers, but as men."

As explained on the *Manifesto*, "It was written in her ineffable designs, that one half of the human race should not groan under the tyranny of the other," finding, however, that what had happened in Europe and America during those three hundred years proved that "all, all accelerated the progress of evil in one world, and that of good in the other." The *Manifesto* noted, for example, "the unfairness" "the injustice" of "dependence and degradation" of America "when every nation has viewed as an insult to political equity, that Spain, unpeopled, corrupted, and sunk in a

ción y la pereza por un gobierno despótico, tuviese usurpados exclusivamente a la industria y actividad del continente los preciosos e incalculables recursos de un mundo constituido en el feudo y monopolio de una pequeña porción del otro."

América, por ello, era una alternativa para la España agobiada por el desgobierno, y era una "ventajosa alternativa que la América esclava presentaba a través del océano a su señora la España, cuando agobiada por el peso de todos los males y minada por todos los principios destructores de las sociedades, le pedía que la quitase las cadenas para poder volar a su socorro".

No fueron sin embargo atendidos los clamores de la América, y en particular de Venezuela, como se afirmó en el *Manifiesto*, habiendo sido Venezuela "la primera" que había jurado "a la España los auxilios generosos que ella creía homenaje necesario;" "que había conocido "los desórdenes que amenazaban la destrucción de la España;" que había proveído "a su propia conservación, sin romper los vínculos que la ligaban con ella; "que sintió los efectos de su ambiciosa ingratitud;" y que había sido "hostilizada por sus hermanos." De allí se concluyó en el *Manifiesto* que Venezuela entonces iba "a ser la primera" que iba a recobrar "su independencia y dignidad civil en el Nuevo Mundo."

"Para justificar esta medida de necesidad y de justicia," fue precisamente que se elaboró el mencionado *Manifiesto* para "presentar al Universo las razones" de la independencia, y llamar la atención de que "los intereses de Europa no pueden estar en contraposición con la libertad de la cuarta parte del mundo que se descubre ahora a la felicidad de las otras tres;" y de que "sólo una Península Meridional puede oponer los intereses de su gobierno a los de su nación para amotinar el antiguo hemisferio contra el nuevo, ya que se ve en la impotencia de oprimirlo por más tiempo." La conducta represiva de España frente a Venezuela, se consideraba en el *Manifiesto* como suficiente para justificar "no sólo nuestra independencia, sino hasta la declaración de una enemistad irreconciliable con los que, directa o indirectamente, hubiesen contribuido al desnaturalizado sistema adoptado contra nosotros;" conscientes sus redactores de que "no podemos salir de la condición de siervos, sin pasar por la calumniosa nota de ingratos, rebeldes y desagradecidos."

En este sentido, otros aspectos tratados en el *Manifiesto* al justificar la independencia de las Provincias de España, se refieren a los supuestos títulos que pudo haber tenido España sobre las Américas, así como la afirmación de que los derechos sobre esas tierras eran de americanos descendientes de los conquistadores.

state of inaction and sloth by a despotic government, should have exclusively usurped from the industry and activity of the rest of the continent, the precious and incalculable resources of a world, constituted in the fief and monopoly of a small portion of the other."

America, therefore, was an option to the anarchy-ridden Spain and it was an "advantageous alternative, that enslaved America presented on the other side of the ocean, to her mistress Spain, when cast down by the weight of every evil, and undermined by every destructive principle of society, she called upon her to ease her of her chains, that she might fly to her succour."

The claims of America were, however, not heard, particularly those of Venezuela and as stated in the *Manifesto*, Venezuela was "the first to pledge to Spain, the generous aid which she considered as a necessary homage"; the first "to know the disorders that threatened the destruction of Spain;" and "the first to provide for her own safety, without breaking the bonds that held her to the mother country." Nonetheless, Venezuela was also the first to perceive the effects of Spain's "ambitious ingratitude"; and "was the first on whom war was made by her brethren." From there it was, hence, concluded in the *Manifesto* that Venezuela was therefore "the first to recover her independence and civil dignity in the new world."

It was precisely "In order to justify this measure of necessity and justice" that the *Manifesto* was drawn up "to present to the universe, the reasons" for the independence and drawing attention to the fact that "the interest of Europe cannot clash with the liberty of a quarter of the globe, that now shews itself to the felicity of the other three," and that "none but a South Peninsula can oppose the interests of its government, to those of its nation, in order to raise the old hemisphere against the new one, now that the impossibility of oppressing it any longer." The Spain's repressive demeanor against Venezuela was considered in the *Manifesto* enough to justify "not only our independents but even also the declaration of an irreconcilable enmity against those who directly, or indirectly, have contributed to fee unnatural system now adopted against us;" the drafters being aware that "we cannot extricate ourselves from the condition of slaves, without being branded with the calumny of being ingrates, rebels, and unthankful."

In this regard, other aspects treated in the *Manifiesto* when justifying the independence of the provinces from Spain, referred to the supposed titles that Spain might have had on the Americas as well as the assertion that the rights over those lands were first with the Americans descendants of the Conquerors.

A tal efecto, se partió del principio de "que América no pertenece, ni puede pertenecer al territorio español;" y que si bien:

> "los derechos que justa o injustamente tenían a ella los Borbones, aunque fuesen hereditarios, no podían ser enajenados sin el consentimiento de los pueblos y particularmente de los de América, que al elegir entre la dinastía francesa y austríaca pudieron hacer en el siglo XVII lo que han hecho en el XIX."

En cuanto a "la Bula de Alejandro VI y los justos títulos que alegó la Casa de Austria en el Código Americano," se dijo en el *Manifiesto*, que "no tuvieron otro origen que el derecho de conquista, cedido parcialmente a los conquistadores y pobladores por la ayuda que prestaban a la Corona para extender su dominación en América."

En todo caso, se alegaba en el *Manifiesto*:

> "que, acabado el furor de conquista, satisfecha la sed de oro, declarado el equilibrio continental a favor de la España con la ventajosa adquisición de la América, destruido y aniquilado el Gobierno feudal desde el reinado de los Borbones en España y sofocado todo derecho que no tuviese origen en las concesiones o rescriptos del Príncipe, quedaron suspensos de los suyos los conquistadores y pobladores."

Por lo que en estricta lógica jurídica "demostrada que sea la caducidad e invalidación de los que se arrogaron los Borbones," entonces "los títulos con que poseyeron estos países los Americanos descendientes de los conquistadores", poseían esos países", debían:

> "revivir; no es perjuicio de los naturales y primitivos propietarios, sino para igualarlos en el goce de la libertad, propiedad e independencia que han adquirido, con más derecho que los Borbones y cualquier otro a quien ellos hayan cedido la América sin consentimiento de los americanos, señores naturales de ella."

En el *Manifiesto* se insistió en esto, además, al señalar "que la América no pertenece al territorio español es un principio de derecho natural y una ley del derecho positivo," [...]"ninguno de los títulos, justos o injustos, que existen de su servidumbre, puede aplicarse a los españoles de Europa;" de manera que "toda la liberalidad de Alejandro VI, no pudo hacer otra cosa, que declarar a los reyes austríacos promovedores de la fe, para hallar un derecho preternatural con que hacerlos señores de la América." Porque:

> "Ni el título de Metrópoli, ni la prerrogativa de Madre Patria pudo ser jamás un origen de señorío para la península de España: el primero lo perdió desde que salió de ella y renunció sus derechos el monarca tolerado por los americanos, y la segunda fue siempre un

To this end, the constant principle "of natural, and a law of positive right" invoked was that "America does not belong to the territory of Spain;" and that while:

> "the rights which the Bourbons, justly or unjustly, had to it, notwithstanding they were hereditary, could not be disposed of without the consent of the people, and particularly of those of America, who, on the election between the French and Austrian dynasties, might have done in the 17th century, what they have now done in the 19th."

As for "The bull of Alexander IV and the just titles which the house of Austria alleged in the American code," it was also reported in the *Manifesto*, that it "had no other origin, than the right of conquest, partially ceded to the conquerors and settlers, for the aid they had rendered to the crown in order to extend its dominion in America."

At any event, it was alleged in the *Manifiesto*, it seemed that:

> "the fury of conquest had ceased; when the thirst for gold was satisfied; when the continental equilibrium was declared in favour of Spain, by the advantageous acquisition of America; the feudal government destroyed and rooted up from the time of the reign of the Bourbons in Spain, and every right extinct that did not originate in the new concessions or mandates of the prince, the conquerors and settlers then became absolved of theirs."

So in strict legal sense, "as soon as the lameness and invalidity of the rights arrogated to themselves by the Bourbons, is demonstrated," then "the titles by which the Americans, descendents of the conquerors, possessed these countries," should have:

> "revive; not in detriment to the natives and primitive proprietors, but to equalise them in the enjoyment of liberty, property, and independence, which they always held by a right stronger than that of the Bourbons, or of any others to whom they may have ceded America, without the consent of the Americans, its natural owners."

This was emphasized in the *Manifesto* but also noting the fact that not belonging America "to the territory of Spain," as a "principle of natural, and a law of positive right, [...] no title, just or unjust, which exists of her slavery, can apply to the Spaniards of Europe; and all the liberality of Alexander VI, could not do more, than declare the Austrian kings promoters of the faith, in order to find out for them a preternatural right, whereby to make them Lords of America," because:

> "Neither the pre-eminence of the parent state, nor the prerogative of the mother country, could at any time ground the origin of Lordship on the part of Spain. The first was lost, from the time that the monarch, aknowledged by the Americans, left the country and renounced his

> abuso escandaloso de voces, como el de llamar felicidad a nuestra esclavitud, protectores de indios a los fiscales e hijos a los americanos sin derecho ni dignidad civil."

El *Manifiesto* constataba, además, que "por el sólo hecho de pasar los hombres de un país a otro para poblarlo, no adquieren propiedad los que no abandonan sus hogares ni se exponen a las fatigas inseparables de la emigración;" en cambio,

> "los que conquistan y adquieren la posesión del país con su trabajo, industria, cultivo y enlace con los naturales de él, son los que tienen un derecho preferente a conservarlo y transmitirlo a su posteridad nacida en aquel territorio, y si el suelo donde nace el hombre fuese un origen de la soberanía o un título de adquisición, seria la voluntad general de los pueblos y la suerte del género humano, una cosa apegada a la tierra como los árboles, montes, ríos y lagos."

Y con cierta ironía, para reforzar el aserto, se afirmó en el *Manifiesto* que: "jamás pudo ser tampoco un título de propiedad para el resto de un pueblo el haber pasado a otro una parte de él para probarlo;" ya que

> "por este derecho pertenecería la España a los fenicios o sus descendientes, y a los cartagineses donde quiera que se hallasen; y todas las naciones de Europa tendrían que mudar de domicilio para restablecer el raro derecho territorial, tan precario como las necesidades y el capricho de los hombres."

En consecuencia, de todo ello, resultaba, como se afirmó en el *Acta de Independencia*, que:

> "es contrario al orden, imposible al Gobierno de España, y funesto a la América, el que, teniendo ésta un territorio infinitamente más extenso, y una población incomparablemente más numerosa, dependa y esté sujeta a un ángulo peninsular del continente europeo."

Finalmente, en atención a todas las "sólidas, públicas e incontestables razones de política" para justificar las causas de la independencia, a las cuales por lo demás se destinan todos los documentos publicados en el libro londinense, y que se expresaron sumariamente en el *Acta de Independencia*, la conclusión fue que los venezolanos "en uso de los imprescriptibles derechos que tienen los pueblos para destruir todo pacto convenio o asociación que no llena los fines para que fueron instituidos

rights, and the second, always amountted to nothing more than a scandalous abuse of words; as was that of calling our slavery, felicity: that of saying the *fiscals* were the protectors of the Indians; and that the sons of Americans were divested of every right and civil dignity."

The *Manifesto* also noted that "By the mere act of men passing from one country to another to settle it, those who do not leave their homes, acquire no property, nor do they expose themselves to the hardships inseparable to emigration;" instead:

"those who conquer and obtain possession of a country by means of their labour, industry, cultivation, and connection with the natives thereof, are they who have a preferable right to preserve it and transmit it to their posterity born therein; for if the country where one is born, were considered as an origin of sovereignty, or a title of acquisition; the general will of nations, and the fate of the human race, would then be riveted to the soil, in like manner as are the trees, mountains, rivers and lakes."

And somewhat ironically, to reinforce the assertion, it was stated in the *Manifesto* that "Neither could it ever be considered as a title of property to the rest of a nation, for one part thereof to have past over to another country to settle it;" because:

"for by a right of this nature, Spain herself would belong to the Phoenicians, their descendants, or to the Carthagenians, wherever they may be found*; even the whole of the nations of Europe, would have to change their abodes to make room and re-establish so singular a territorial right; home would then become as precarious as are the wants and caprices of men."

Consequently, in view of all of this there was - as stated in the *Declaration of Independence* – that:

"It is contrary to order, impossible to the Government of Spain, and fatal to the welfare of America, that the latter, possessed of a range of country infinitely more extensive, and a population incomparably more numerous, should depend and be subject to a Peninsular Corner of the European Continent."

Finnaly, in view of all the "solid, public, and incontestible reasons of policy," to justify the cause of independence, the conclusion was according to the *Declaration of Independence*, that the Venezuelans "in compliance with the imprescriptible rights enjoyed by nations, to destroy every pact, agreement, or association, which does not answer the purposes for which

---

* In this comparison, no notice is taken of the disputes respecting primitive history.

los gobiernos, creemos que no podemos ni debemos conservar los lazos que nos ligaban al gobierno de España, y que, como todos los pueblos del mundo, estamos libres y autorizados, para no depender de otra autoridad que la nuestra." Ello fue precisamente lo que llevó a que, cumpliendo a la vez el "indispensable deber" de "proveer a nuestra conservación, seguridad y felicidad, variando esencialmente todas las formas de nuestra anterior constitución" hubiesen declarado:

> "solemnemente al mundo que sus Provincias unidas son, y deben ser desde hoy, de hecho y de derecho, Estados libres, soberanos e independientes y que están absueltos de toda sumisión y dependencia de la corona de España o de los que se dicen o dijeren sus apoderados o representantes, y que como tal Estado libre e independiente tiene un pleno poder para darse la forma de gobierno que sea conforme a la voluntad general de sus pueblos"

Se trataba, sin duda a la manifestación más clara del ejercicio del derecho de rebelión o de insurrección, señalada en el *Acta de Independencia* como un "indispensable deber proveer a nuestra conservación, seguridad y felicidad, variando esencialmente todas las formas de nuestra anterior constitución," el cual se expresó con más detalle en el *Manifiesto* del Congreso General de 1811. En él, el Congreso, entre las justificaciones de la independencia de Venezuela, se refirió al "derecho de insurrección de los pueblos" contra gobiernos despóticos. A tal efecto, se partió de la afirmación de que "los gobiernos no tienen, no han tenido, ni pueden tener otra duración que la utilidad y felicidad del género humano;" y "que los reyes no son de una naturaleza privilegiada, ni de un orden superior a los demás hombres; que su autoridad emana de la voluntad de los pueblos."

De manera que luego largas y razonadas citas sobre la rebelión de los pueblos de Israel en la Historia antigua, que no habrían sido "protestados por Dios," se concluyó en el *Manifiesto* con la pregunta de si acaso debía ser "peor condición el pueblo cristiano de Venezuela para que, declarado libre por el Gobierno de España, después de trescientos años de cautiverio, pechos, vejaciones e injusticias, no pueda hacer lo mismo que el Dios de Israel que adora, permitió en otro tiempo a su pueblo, sin indignarse ni argüido en su furor."

governments were established; we believe that we cannot, nor ought not, to preserve the bonds which hitherto kept us united to the Government of Spain; and that, like all the other nations of the world, we are free, and authorised not to depend on any other authority than our own." This was precisely what led them ("We, the Representatives of the United Provinces of Venezuela"), while simultaneously meeting with the "indispensable duty" to "provide for our own preservation, security, and felicity, by essentially varying all the forms of our former constitution," to:

> "declare solemnly to the world, that its united Provinces are, and ought to be, from this day, by act and right, Free, Sovereign, and Independent States; and that they are absolved from every submission and dependence on the Throne of Spain, or on those who do, of may call themselves its Agents and Representatives; and that a free and independent State, thus constituted, has full power to take that form of Government which may be conformable to the general will of the People."

This was, without doubt, the clearest manifestation of the right of rebellion or insurrection exercised in the *Declaration of Independence*, as an "indispensable duty to provide for our own preservation, security, and felicity, by essentially varying all the forms of our former constitution," and which was expressed in more detail in the General Congress 1811 *Manifesto*. In it, the Congress, among the reasons for the independence of Venezuela referred to the "right of insurrection of the peoples" against despotic governments. To this end, it was relied on the statement that: "never had, nor can have, any other duration than the utility and felicity of the human race, that kings are not of any priviledged nature, nor of an order superior to other men;" and "kings are not of any priviledged nature, nor of an order superior to other men; that their authority emanates from the will of the people."

So, after long and reasoned quotes on the rebellion of the people of Israel in ancient history, which would not have been "questioned by God," the conclusion in the *Manifesto* was made with the question of whether the condition of the "Christian people of Venezuela could be still in a worse plight," in the sense that "after being declared free by the government of Spain, after 300 years of captivity, exactions, hardships and injustice, shall they not be allowed to do what the God of Israel, whom they equally adore, formerly permitted to his people, without being spurned, and without vengeance being deprecated upon them?"

La respuesta en el *Manifiesto* no fue otra que "Su dedo divino es el norte de nuestra conducta y a sus eternos juicios quedará sometida nuestra resolución," afirmándose que "si la independencia del pueblo hebreo no fue un pecado contra la ley escrita, no podrá serlo la del pueblo cristiano contra la ley de gracia," argumentándose que "jamás ha excomulgado la Silla Apostólica a ninguna nación que se ha levantado contra la tiranía de los reyes o los gobiernos que violaban el pacto social," de manera que:

"Los suizos, los holandeses, los franceses y los americanos del Norte proclamaron su independencia, trastornaron su constitución y variaron la forma de su gobierno, sin haber incurrido en otras censuras que las que pudo haber fulminado la Iglesia por los atentados contra el dogma, la disciplina o la piedad y sin que éstas trascendiesen a la política ni al orden civil de los pueblos."

En las *Observaciones Preliminares* al libro londinense también se insistió sobre el tema del derecho de los pueblos a la rebelión y a la representación, partiéndose del "principio invariable, que las sociedades deben gobernarse por si mismas." A tal efecto, en las *Observaciones Preliminares* se hizo referencia a la obra de John Locke para quien, se dijo:

"todo gobierno legitimo se deriva del consentimiento del pueblo, porque siendo los hombres naturalmente iguales, no tiene ninguno de ellos derecho de injuriar á los otros en la vida, salud, libertad ó propiedades, y ninguno de quantos componen la sociedad civil está obligado ó sujeto al capricho de otros, sino solamente á leyes fixas y conocidas hechas para el beneficio de todos: no deben establecerse impuestos, sin el consentimiento de la mayoridad, expresado por el; pueblo mismo ó por sus apoderados: los Reyes y Principes, los Magistrados y Funcionarios de todas clases, no exercen otra autoridad legitima, que la que les ha sido delegada por la nación; y por tanto, cuando esta autoridad no emplea en el pro comunal, tiene el pueblo el derecho de reasumirla, sean cuales fueres las manos en que. estuviere colocada.

Concluyéndose en las *Observaciones Preliminares* que precisamente "estos inajenables derechos" fueron los que ejerció "el Pueblo de Venezuela", cuando "sus habitantes han tomado la resolución de administrar por si mismos sus intereses, y decidir no depender más tiempo de gobernantes, que contaban con entregarlos á la Francia;[95] estando seguros que:

---

[95] Se hizo referencia a las "órdenes de José Napoleón a los diversos gobiernos de América".

The response in the *Manifesto* to this question was no other than "It is his divine hand that guides our conduct, and to his eternal judgements our resolution shall be submitted," asserting that "If the independence of the Hebrew people was not a sin against the written law, that of a Christian people cannot be such against the law of grace;" and arguing that "At no time has the Apostolical see excommunicated any nation that has risen up against the tyranny of those kings or governments, which had violated the social compact," so that:

> "The Swiss, Dutch, French, and North Americans, proclaimed their independence, overturned their constitution, and varied their forms of government, without having incurred any other spiritual censures than those which the church might have fulminated for the infringements on the belief, discipline or piety, but without their being connected with political measures, or alluding to the civil transactions of the people."

In the *Preliminary Remarks* to the book the issue over the right of peoples to revolt and to its representation was reiterated again, based on the "invariable principle that "Societies ought to be self-governed." To that end, reference was made in the *Preliminary Remarks* to the work of John Locke to whom, as indicated in the book:

> "all legitimate government is derived from the consent of the people, that men are naturally equal, and that no one has a right to injure another in his life, health, liberty, or possessions, and that no man, in civil society, ought to be subject to the arbitrary will of others, but only to known and established laws, made by general consent, for the common benefit. That no taxes are to be levied on the people, without the consent of the majority, given by themselves, or by their representatives. That the ruling power ought to be govern by declared and received laws, and not by extemporary dictates, and undetermined resolutions. That kings and princes, magistrates, and rulers of every class, have no just authority but what is delegated to them by the people; and which when not employed for their benefit, the people have always a right to resume in whatever hands it may be placed."

Thereby the *Preliminary Remarks* referred precisely to "these sacred rights" which were those exercised by "the people of Venezuela" when they "resolved to administer their own concerns," and to decide "to be no longer dependent on governors who were ready to deliver them up to the French,"[95] relying confidently in that:

---

[95] Reference was made to "Joseph Napoleon's orders to the various governments in America."

> "las páginas de la historia no podran menos de recordar con aprobacion, el uso que en tales circunstancias ha hecho aquel pueblo de sus derechos: derechos, cuya existencia ha sido reconida por los Españoles mas ilustrados, y entre otros por Don Gaspar Jovellanos, quien en el famoso dictamen presentado á la Junta Central el 7 de Octubre de 1808, dice expresamente: "que quando un pueblo descubre la sociedad de que es miembro en inminente peligro, y conoce que los administradores de aquella autoridad que debe gobernarle y defenderle estan sobornados y esclavizados, entra naturalmente en la necesidad de defenderse á si mismo, y de consiguiente adquire un legitimo aunque extraordinario derecho de insurrección." ¿Se dira pues que tales máximas, solo son fundadas para los Españoles Europeos, y no para los Americanos?"

En las *Observaciones Preliminares* se recurrió por una segunda vez al pensamiento de John Locke,[96] refiriéndolo como "nuestro inimitable Locke,"[97] indicando que el mismo observaba justamente "que las revoluciones no son nunca ocasionadas por pequeños vicios en el manejo de los negocios públicos." Al contrario,

> "Grandes desaciertos en los que administran, muchas leyes injustas y perniciosas, y todos los deslices de la fragilidad humana son todavía poca parte para que el pueblo se amotine ó murmure; pero si una larga serie de abusos, prevaricaciones y artificios, que todos llevan un mismo camino, hacen visible al pueblo un designio, de manera que todos resientan el peso que los oprime, y vean el término, á que son conducidos, no será de extrañar que se levanten y depositen el poder en manos que les asegurn los objetos para que fué instituido el Gobierno."

Por último, en las *Observaciones Preliminares* también se recurrió a Montesquieu a quien se atribuyó la "máxima" o "ley inmutable," de que "las naciones solo pueden salvarse por la restauración de sus principios perdidos," concluyéndose entonces que:

> "El único modo de efectuarlo que quedaba á los Americanos, era el de tener gobernantes de su propia elección, y responsables á ellos por su conducta: con tales condiciones hubieran accedido gustosos á formar una parte igual y constitutiva de la nacion Española. Solo, pues, el importante fin de su seguridad, y el de libertarse de los males

---

[96] Se hizo referencia al *Tratado sobre el Gobierno civil*, Lib. 3 § 225.

[97] Carlos Pi Sunyer, dijo que esta frase podría reforzar la idea de que las Observaciones Preliminares pudieran haber sido escritas por un inglés, pero sin embargo lo desestimó, atribuyendo su uso más al hecho de que el texto estaba dirigido a una audiencia Inglesa. Carlos Pi Sunyer. *Patriotas Americanos en Londres…, op. cit.*, p. 216.

"in the pages of impartial history, they will be found to have acted correctly. They have made use of that right which the most enlightened Spaniards have acknowledged to exist, and Don Gaspar Jovellanos, in the famous opinion which he laid before the Central Junta on the 7th Oct. 1808, expressly says, 'that when a people discovers the imminent danger of the society of which it is member, and knows that the administrators of the authority who ought to govern and defend it, are suborned and enslaved, it naturally enters into the necessity of defending itself,' and of consequence acquires an extraordinary and legitimate 'right of insurrection.' And can it be argued, that these are maxims only formed for the Spaniards of Europe, and that they do not extend to the Americans.?"

In the *Preliminary Remarks*, another reference was made to the criterion of John Locke,[96] referring to him as "our inimitable Locke"[97] indicating that he observed in fact "that revolutions happen not upon every little mismanagement of public affairs." On the contrary:

"Great mistakes in the ruling part, many wrong and inconvenient laws, and all the slips of human frailty, will be borne by the people without muting or murmer. But if a long train of abuses, prevarications, and artifices, all tending the same way, make the design visible to the people, and they cannot but feel what they lie under, and see whither they are going, it is not to he wonde ed, that they should then rouze themselves, and endeavour to put the rule into such, hands which may secure to them the ends for which government was at first erected."

Finally, resort was also made to Montesquieu in the *Preliminary Remarks* to whom was credited establishing "as a maxim, if not an immutable law" that "that nations can be saved only by the recovery of their lost principles;" then concluding that:

"the only mode left to the Americans was, to have governors of their own choice, answerable to them alone for their conduct; and under such circumstances they have always been ambitious of forming an equal and component part of the Spanish Nation. It was therefore for their own security and in order to get out of the orphan state

---

[96] Reference was made to the *Tratado sobre el Gobierno civil* [Treaty on the Civil Government], Lib. 3 § 225.

[97] Carlos Pi Sunyer said that this phrase could bolster the view that the *Preliminary Remarks* may have been written by an Englishman, which however he dismissed, attributing the use of it more to the fact that the text was addressed to the English audience. Carlos Pi Sunyer. *Patriotas Americanos en Londres...*, op. cit., p. 216.

de una orfandad política,induxeron el pueblo de Venezuela á colocar su confianza en un cuerpo de Representantes de su propia elección. El suceso feliz de sus trabajos aparece en las declaraciones del pueblo, mismo, y en el contraste de le que era el pais; y de lo que ya comienza á ser"

in which they were plunged, that the people of Venezuela, resolved to place their confidence in a body of Representatives of their own choice, and that their labours have advanced the public happiness, is evinced by the expressions of the people themselves, by the contrasted state of what the country was, and what it now is."

III. LA REACCIÓN DE LAS AUTORIDADES ESPAÑOLAS CONTRA LAS PROVINCIAS DE VENEZUELA: EL BLOQUEO Y LA INVASIÓN MILITAR PARA "PACIFICAR" LAS PROVINCIAS

El proceso de independencia de las Provincias de Venezuela, con todas sus justificaciones, como se señaló en el *Manifiesto* y se ha analizado anteriormente, se desarrolló a partir 1808 hasta 1811, después de los sucesos de El Escorial, Aranjuez y Bayona. Dicho proceso de la independencia se enmarcó en el curso de tres épocas, como se dijo en el *Manifiesto*, cuando "desde el 15 de julio de 1808" se arrancaron a los venezolanos "las resoluciones del 19 de abril de 1810 y 5 de julio de 1811," cuyas tres épocas –se afirmó– "formarán el primer período de los fastos de Venezuela regenerada, cuando el buril imparcial de la historia trace las primeras líneas de la existencia política de la América del Sur."

Ese tiempo de "tres años" que transcurrieron "desde que debimos ser libres e independientes y hasta que resolvimos serlo" y, en particular, "desde el 19 de abril de 1810 hasta el 5 de julio de 1811," se consideró en el *Manifiesto* como la época "más interesante de la historia de nuestra revolución," si bien estuvo signada por "una amarga y penosa alternativa de ingratitudes, insultos y hostilidades por parte de España." Sobre ello, en el *Manifiesto* se comenzó por dar cuenta de cómo en Caracas las autoridades locales aceptaron "los despachos del lugarteniente del Reino, Murat," y "apoyando" sus órdenes exigían a los venezolanos "el reconocimiento del nuevo Rey," Ello, hizo estallar la revolución.

En efecto, la primera de las fechas que se mencionaron en el *Manifiesto*, como el inicio del proceso de independencia, fue la del 15 de julio de 1808, que fue precisamente cuando formalmente llegaron al Cabildo de Caracas las noticias sobre la asunción de la Corona por Fernando VII, el 20 de marzo de 1808, después de los sucesos de Aranjuez; lo que provocó la propuesta ante el Ayuntamiento por parte del Capitán General de Venezuela para formar y organizar la Junta Suprema. Sobre este proyecto, en el *Manifiesto* de 1811 se indicó sobre la reacción del Capitán General Emparan ante la Audiencia, declarando "que no había en Caracas otra ley ni otra voluntad que la suya," lo que se manifestó en varios excesos y violencias cometidas. Entre estos, en el *Manifiesto* se destacó el que se hubiera fuera arrojado de las Provincias "al Capitán D. Francisco Rodríguez y al Asesor del Consulado D. Miguel José Sanz," "quienes fueron confinados a Cádiz y a Puerto Rico;" que se hubiese procedido a "encadenar y condena de hombres buenos arrancados de sus hogares con el pretexto de vagos... sin forma ni figura de juicio ... al trabajo de obras públicas", y que Emparan hubiese adoptado las decisiones de "revocar y suspender las determinaciones de la Audiencia, cuando no eran conformes a su capricho y arbi-

III. THE REACTION OF THE SPANISH AUTHORITIES AGAINST THE PROVINCES OF VENEZUELA: THE BLOCKADE AND THE MILITARY INVASION TO "PACIFY" THE PROVINCES

The process of independence of the Provinces of Venezuela, with all its justifications, as was pointed out in the *Manifiesto*, developed from 1808 up to 1811, after the events of the El Escorial, Aranjuez and Bayonne, inserted within the progression of three periods that were forced out from the Venezuelans, which the General Congress said had started "from the 15th July 1808," the "resolutions of the 19th April 1810" and "of the 5th July 1811;" composing three epochs that "will form the first period of the glories of regenerated Venezuela, when the impartial pen of history shall record the first lines of the political existence of South America."

This period of "three years" which elapsed "since we ought to be free and independent, till the period when we resolved to be so," and, in particular, "from the 19th of April 1810 to the 5th July 1811," was considered in the *Manifesto* as the "most interesting of the history of our revolution," although it was marked by "a bitter and painful alternative of acts of ingratitude, insults and hostilities on the part of Spain." In regard to that, the *Manifesto* began an account on how local authorities in Caracas accepted "the dispatches of the kingly substitute Murat" and "supporting" his orders they required Venezuelans "allegiance to the new king." This ignited the revolution.

Indeed, the first of the dates mentioned in the *Manifesto* as the beginning of the independence process is that of July 15, 1808, as aforementioned, was precisely when the news formally came to the *Ayuntamiento of Caracas* about the assumption to the Crown of Ferdinand VII on March 20, 1808, after the Aranjuez events; which provoked the proposal made before the *Ayuntamiento* by the Captain-General of Venezuela for the formation and organization of the Supreme *Junta*. About this project, the *Manifesto* of 1811 referred to the late reaction of the new Captain-General Vicente de Emparan before the *Audiencia*, saying "that in Caracas there was no other law nor will but his own," which fully manifested in several arbitrary acts and excesses." Among these, emphasis was made in the *Manifiesto* on the expelling from the Provinces of "Captain Don Francisco Rodriguez, and the assessor of the board of trade, Don Miguel Jozé Sanz, all embarked for Cadiz and Puerto Rico;" the condemnation "of a considerable multitude of good men, snatched from their homes under the pretence of vagrants [...] without either form or appearance of trial [...] to the labour of the public works;" and the Emparan's decisions "revoking and suspending the resolutions of the *Audiencia*, when not conformable to his

trariedad." Y todas estas acciones, como se informó en el *Manifiesto*, "después de sostener a todo trance su ignorancia y su orgullo; después de mil disputas escandalosas con la Audiencia y el Ayuntamiento; después de reconciliarse, al fin, con estos déspotas todos los togados para hacerse más impunes e inexpugnables contra nosotros," para convenir "en organizar y llevar a cabo el proyecto, a la sombra de la falacia, del espionaje y la ambigüedad."[98]

En *el Manifiesto* de 1811, por ello, se hizo específica referencia a órdenes como la expedida el 30 de abril de 1810, para que

"Bajo el Pretexto de no atender sino a la guerra, se embruteciesen más España y América, se cerrasen las escuelas, no se hablase de derechos ni premios, ni se hiciese más que enviar a España dinero, hombres americanos, víveres, frutos preciosos, sumisión y obediencia."

Además, se daba cuenta que "bajo las más severas conminaciones, se restablecía la Inquisición política con todos sus horrores, contra los que leyesen, tuviesen o recibiesen otros papeles, no sólo extranjeros, sino aun españoles, que no fuesen de la fábrica de la Regencia." Incluso se denunció en el *Manifiesto* que se habían mandado "abrir sin excepción alguna todas las correspondencias de estos países, atentado desconocido hasta en el despotismo de Godoy, y adoptado sólo para hacer más tiránico el espionaje contra la América."

Como se ha mencionado, en medio de la crisis política general de la Corona y la relación entre España y las Provincias de América, después de declarar que no eran colonias sino parte del imperio español, una vez que las Cortes fueron convocadas, se emitió un decreto para asegurar la representación de las provincias americanas de España. En relación con esa "representación", sin embargo, en el *Manifiesto* de 1811 se registró y destacó, por el contrario, la falta de representación que se pretendía dar a las provincias españolas de América en las Cortes, hasta el punto de afirmar que:

"si los trescientos años de nuestra anterior servidumbre no hubieran bastado para autorizar nuestra emancipación, habría sobrada causa en la conducta de los gobiernos que se arrogaron la soberanía de una nación conquistada, que jamás pudo tener la menor propiedad en América, declarada parte integrante de ella; cuando se quiso envolverla en la conquista."

---

[98] Hay una indicación en el *Manifiesto* que lo anterior es el resultado de testimonios auténticos que descansaban en los archivos "a pesar de la vigilancia con que se saquearon estos" por parte de las autoridades españolas

caprice and absolute will." And all these actions, as reported in the *Manifiesto*, "after supporting his ignorance and pride to the utmost lengths: after many scandalous disputes between the *Audiencia* and the municipal body, and after all the law characters being reconciled to these despots, in order that they might be more secure and inexpugnable against us," and plotting "to organize and carry into effect, under the shadow of fallacy, the projects of espionage and ambiguity."[98]

In the 1811 *Manifesto*, therefore, specific reference was made to orders such as the one issued on April 30, 1810, so that

> "under the pretence of attending only to the war, both Spain and America might be sunk toper into a state of ignorance, it was ordained that rights and premiums should not be heard of, and that nothing was to be done, but sending to Spain, money, American men, provisions, colonial productions, submission, and obedience."

Furthermore, the *Manifesto* reported that "under the most severe threats of punishment, a political inquisition with all its horrors, was established against those who should read, possess, or receive other papers, not only foreign, but even Spanish, that were not out of the Regency's manufacture." The *Manifesto* even denounced that all correspondence had been "ordered to be opened; an excess unknown even under the despotism of Godoy, and only adopted to cause the espionage over America to be more tyrannical."

As aforementioned, in the midst of the general political crisis in the Crown and in the relation between Spain and the American provinces, after declaring that they were no more Colonies but parties of the Spanish empire, once the Cortes were convened, a decree was issued to assure the representation of the Spanish American provinces. On this "representation," nonetheless, the 1811 *Manifesto* sensitively recorded and stressed, to the contrary, about the lack of representation that was intended to give to the Spanish American provinces in the *Cortes*, to the point of stating that:

> "If the three hundred years of our former servitude, have not sufficed to authorize our emancipation, there would be sufficient cause in the conduct of the governments, which arrogated to themselves the sovereignty of a conquered nation, which never could have any property in America, declared an integral part of the same, whilst they attempted again to involve it in conquest."

---

[98] There is an indication in the *Manifest* that the foregoing is the result of true testimonies that rested in the files "even after the vigilance with which they were looted" by the Spanish authorities.

Se agregó en el *Manifiesto* que "si los gobernantes de España hubiesen estado pagados por sus enemigos no habrían podido hacer más contra la felicidad de la nación vinculada en su estrecha unión y buena correspondencia con la América," destacándose cómo "con el mayor desprecio a nuestra importancia y a la justicia de nuestros reclamos, cuando no pudieron negarnos una apariencia de representación, la sujetaron a la influencia despótica de sus agentes sobre los Ayuntamientos a quienes se sometió la elección."

Peor aún, cuando los americanos comparaban la situación de la representación en España, donde "se concedía hasta a las provincias ocupadas por los franceses y a las Islas Canarias y Baleares un representante a cada 50.000 almas, elegido libremente por el pueblo," se destacaba que en América "apenas bastaba un millón para tener derecho a un representante, nombrado por el Virrey o Capitán General bajo la firma del Ayuntamiento."

En todo caso, luego de la Revolución de Caracas del 19 de abril de 1811, la Junta Suprema de Venezuela se dirigió con fecha 3 de mayo de 1810 a la Junta de Regencia de España, en respuesta a los papeles que se habían recibido de la Junta Suprema de Cádiz y del Consejo de Regencia requiriendo el "reconocimiento" de la última como "legítima depositaria de la soberanía española," informándole no sólo sobre los acontecimientos y decisiones del nuevo gobierno de Caracas, sino sobre el hecho de que formalmente, el gobierno de Venezuela "desconocía" a la tal Regencia como gobierno de España.[99] Sobre la ésta, cuyo gobierno se calificó en el *Manifiesto* como "intruso e ilegítimo," se indicaba que a la vez que declaraba libres a los americanos "en la teoría de sus planes," los "sujetaba en la práctica a una representación diminuta e insignificante, creyendo que a quien nada se le debía, estaba en el caso de contentarse con lo que le diesen sus señores."

Pretendía la Regencia mantener la ilusión de los americanos quienes ya conocían, según lo señalado en el *Manifiesto*,

"lo poco que debíamos esperar de la política de los intrusos apoderados de Fernando: no ignorábamos que si no debíamos depender de los virreyes, ministros y gobernadores, con mayor razón no podíamos estar sujetos a un Rey cautivo y sin derechos ni

---

[99] Véase el texto redactado por José de las Llamosas y Martín Tovar Ponte, quien después fue diputado por San Sebastián en el Congreso General en *El Mercurio Venezolano*, Nº I, Enero de 1811, pp. 7-14, edición facsimilar publicada en <http://cic1.ucab.edu.ve/hmdg/bases/hmdg/textos/Mercurio/Mer_Enero1811.pdf>.

Added in the *Manifesto* was that: "If the governors of Spain had been paid by her enemies, they could not have done more against the felicity of the nation, bound in its close union and good correspondence with America;" stressing out how "with the greatest contempt of our importance, and of the justice of our claims, when they could not deny us the appearance of a representation, they subjected it to the despotic influence of their agents over the municipalities to whom the election was committed."

Worse yet was it when the Americans got to compare their representation status within Spain where "at the same time [...] they allowed even for the provinces in possession of the French, as well as the Canaries and Balearic islands, a representative for each fifty thousand souls, freely elected by the people" but in America "scarcely a million sufficed to have the right of one representative, named by the Viceroy or Captain General, under the signature of the municipality."

In any case, the fact is that after the 19th of April 1811 Revolution of Caracas, the Supreme Junta of Venezuela addressed the Regency Council of Spain on May 3, 1810 in response to the papers that had been received from the Cadiz Supreme *Junta* and the Regency Council, and which were requiring the "recognition" of the latter as the "legitimate repository of the Spanish sovereignty." In such letter, the *Junta* reported not only about the events and decisions of the new government in Caracas, but it also purported to formally inform that the government of Venezuela "disregarded" such Regency as the government of Spain.[99] On the Regency -whose government was called in the *Manifesto* as "intrusive and illegitimate"- the address indicated that while the Regency declared the Americans free "in the theory of their plans," it "subjected them in practice to a *tiny and insignificant representation*, assuming that those to whom nothing is owed are to be content with whatever their master gives them."

The Regency expected to maintain the illusion of the Spanish Americans who already knew as was pointed out in the *Manifiesto*,

"how little we should expect from the intruder representatives of Ferdinand: We did not ignore that if we were not to rely on the viceroys, ministers and governors, more so could we neither be subjected to a captive King with no titles or authority nor be subjected to a void

---

[99] See the text drafted by José de Las LLamosas y Martín Tovar Ponte who later was deputy for San Sebastian in the General Congress at *El Mercurio Venezolano*, N° I, Enero de 1811, pp. 7-14, edición facsimilar publicada en <http://cic1.ucab.edu.ve/hmdg/bases/hmdg/textos/Mercurio/Mer_Enero 1811.pdf>.

autoridad, ni a un gobierno nulo e ilegítimo, ni a una nación incapaz de tener derecho sobre otra, ni a un ángulo peninsular de la Europa, ocupado casi todo por una fuerza extraña"

Adicionalmente, en el *Manifiesto* se expresó que había sido en vano el hecho de que se hubiese declarado y publicado en España que ésta "había empezado a existir de nuevo desde el abandono de sus autoridades, desde las cesiones de los Borbones e introducción de otra dinastía," y que recobrando "su absoluta independencia y libertad," "daban este ejemplo a las Américas para que ellas recuperasen los mismos derechos que allí se proclamaban.[100]

Se consideró así, que la Junta Central aún cuando variando el lenguaje de la liberalidad y la franqueza, "adoptó la perfidia el talismán de Fernando, inventado por la buena fe;" sofocando, "aunque con maña y suavidad, el proyecto sencillo y legal de Caracas, para imitar la conducta representativa de los gobiernos de España," haciendo referencia al "Proyecto del año de 1808, para hacer una Junta de Gobierno y conservación como las de España," con lo que se entabló "un nuevo género de despotismo, bajo el nombre facticio de un Rey reconocido por generosidad y destinado a nuestro mal y desastre, por los que usurpaban la soberanía"

El *Manifiesto* dio entonces cuenta de cómo durante esos años "se ocultaban las derrotas y desgracias de las armas en España; se forjaban y divulgaban triunfos pomposos e imaginarios contra los franceses en la Península y en el Danubio; y a la vez:

"se figuraban conspiraciones, se inventaban partidos y facciones, se calumniaba a todo el que no se prestaba a iniciarse en los misterios de la perfidia, se inventaban escuadras y emisarios franceses en nuestros mares y nuestro seno, se limitaban y constreñían nuestras relaciones con las Colonias vecinas, se ponían trabas a nuestro comercio; todo con el fin de tenernos en una continua agitación, para que no fijásemos la atención en nuestros verdaderos intereses."

Sin embargo, a pesar de ello, los venezolanos empezaron "a desconfiar de los Gobiernos de España y sus agentes;" y comenzaron a descubrir "todo el horroroso porvenir" que los amenazaba, tomando conocimiento

---

[100] En el *Manifiesto* son citados como apoyos "Diversas formas que surgieron con el primer impulso de la revolución en España. El Conde de Floridablanca, contestando a la Junta Central del Consejo de Castilla. Un Manifiesto del mismo Consejo Central, y la Universidad de Sevilla respondiendo la consulta de este último."

and illegitimate government or to a nation unable to assert a right over another or to a mainland angle of Europe which has been almost entirely occupied by a foreign power."

The *Manifesto* in addition said, that it had been to no effect the declaration and proclamation in Spain that Spain "had received a new existence since the abandonment of her authorities, since the cessions of the Bourbons, and the introduction of the new dynasty," and that recovering "their absolute independence and liberty" they offered this example to the Americans, "that they might recover the same rights there proclaimed."[100]

It was then considered in the *Manifiesto* that the *Junta Central* -even when it "began to vary the language of liberality and sincerity […] perfidiously adopted the talisman of Ferdinand, at first invented by good faith," suppressing, "but with cunning and sweetness, the plain and legal project of Caracas to imitate the representative conduct of the governments of Spain," referring to the "project agitated in 1803 to form a Junta, intended for the administration of governments and public safety, like those of Spain," and with "they began to set on foot a new species of despotism, under the factitious name of a king, acknowledged only from a principle of generosity, and destined to effect our ill and disaster, by those who had usurped the sovereign power."

The *Manifesto* then gave an account of how during those years "the defeats and misfortunes of the Spanish armies were concealed; pompous and imaginary triumphs over the French, in the Peninsula and on the Danube" while at the same time:

> "parties and factions were imagined, every one was calumniated who did not consent to be initiated in the mysteries of perfidy; fleets and emissaries from the French were figured, as being in our seas and amongst us; our relations with the neighbouring colonies were circumscribed and restricted; our trade was newly fettered; and the whole, to the end of keeping us in a state of continual agitation, that we might not fix our attention on our real interests."

However, despite this, according to the *Manifiesto*, the Venezuelans began "to lose confidence in the governments of Spain and their agents" and began to discover "the horrid futurity that threatened" them, noting

---

[100] In the *Manifiesto* there are cited as supports "Various forms that came out with the first impulse of the revolution in Spain. The Count of Floridablanca, answering the Central Council to the Council of Castile. A *Manifesto* of the same Central Council. And the University of Seville, answering the latter's query."

de "la verdadera suerte de la Península, el desorden de su Gobierno, la energía de sus habitantes, el formidable poder de sus enemigos y la ninguna esperanza de su salvación"

Los venezolanos, decía el *Manifiesto* "encerrados en nuestras casas, rodeados de espías, amenazados de infamia y deportación, apenas podíamos lamentar nuestra situación, ni hacer otra cosa que murmurar en secreto contra nuestros vigilantes y astutos enemigos." Sin embargo, "exhalados en la amargura y la opresión," "encerrados en las cuatro paredes de su casa e incomunicados entre sí," se afirma que "apenas hubo un ciudadano de Caracas que no pensase que había llegado el momento de ser libre para siempre, o de sancionar irrevocablemente una nueva y horrorosa servidumbre"

Es por eso que, todos los venezolanos, según se indicó en el *Manifiesto*, comenzaron a:

"descubrir la nulidad de los actos de Bayona, la invalidación de los derechos de Fernando y de todos los Borbones que concurrieron a aquellas ilegítimas estipulaciones: la ignominia con que habían entregado como esclavos a los que los habían colocado en el trono contra las pretensiones de la Casa de Austria; la connivencia de los intrusos mandatarios de España a los planes de la nueva dinastía; la suerte que estos planes preparaban a la América, y la necesidad de tomar un partido que pusiese a cubierto al Nuevo Mundo de los males que le acarreaba el estado de sus relaciones con el antiguo"

En el *Manifiesto* también se dejo, en contraste, que en España:

"nada veían más que desorden, corrupción, facciones, derrotas, infortunios, traiciones, ejércitos dispersos, provincias ocupadas, falanges enemigas y un gobierno imbécil y tumultuario, formado de tan raros elementos."

En consecuencia, como se señaló en el *Manifiesto*:

"Tal era la impresión uniforme y general que advertían en el rostro de todos los venezolanos los agentes de la opresión, destacados a sostener a toda costa la infame causa de sus constituyentes: cada palabra producía una proscripción; cada discurso costaba una deportación a su autor, y cada esfuerzo o tentativa para hacer, en América lo mismo que en España, si no hacia derramar la sangre de los americanos era, sin duda, una causa suficiente para la ruina, infamia y desolación de muchas familias."[101]

---

[101] En el *Manifiesto* se cita la "deportación de varios oficiales de reputación y ciudadanos con rango y honestidad, promulgada el 20 de marzo de 1810 por Emparan."

that "the true fate of Spain, the disorders of her government, the energy of her inhabitants, the formidable power of her enemies, and the groundless hopes of her salvation."

The *Manifesto* reported that the even though Venezuelans were shut up in their "own houses, surrounded by spies, threatened by infamy and banishment, scarcely were we able to bewail our own situation, or to do more than secretly to complain against our vigilant and cunning enemies;" and that were "exhaled in the moments of bitterness and oppression [...] shut up within the walls of our own houses, and debarred from all communication with our fellow-citizens," the fact was that "scarcely was there one individual of Caracas, who did not think, that the moment of being for ever free had arrived, or else that, of irrevocably sanctioning a new and horrid slavery."

That is why, all Venezuelans, said the *Manifiesto*, started to:

"discover the nullity of the acts of Bayonne, the invalidity of the rights of Ferdinand, and of alllivered up as slaves, those, who had placed them on the throne, in opposition to the pretensions of the house of Austria; the connivance of the intrusive mandataries of Spain, to the plans of the new dinasty; the fate that these same plans prepared for America, and the necessity of taking some resolve, that might shield the new world from the calamities that were about to result from its relations with the old one."

In the *Manifesto* it was also reported, in contrast, that in Spain:

"they beheld nothing but disorder, corruption, factions, defeats, misfortunes, treacheries, dispersed armies, whole provinces in the power of die enemy, the ready phalanxes of the latter, and at the head of all, a weak and tumultuary government, formed out of such rare elements."

Consequently, as pointed out in the *Manifesto*, such was the general and uniform noticed:

"on the faces of all the people of Venezuela by the agents of oppression, sent out to support, at every hazard, the infamous cause of their constituents; every word produced a proscription, every discourse cost banishment to its author, and every effort or attempt to do the same in America, as had been done in Spain, if it did not cause the blood of Americans to flow, it was at least sufficient, for the ruin, infamy, and desolation of many families."[101]

---

[101] In the *Manifesto* there is quoted the "Deportation of several reputable officers and citizens of rank and honesty, enacted on March 20, 1810 by Emparan."

Como se dijo en el *Manifiesto*, en España hubo un "errado cálculo" al momento en el cual, "menesterosa y desolada, pendiente su suerte de la generosidad americana, y casi en el momento de ser borrada del catálogo de las naciones," sin embargo, "parecía que, trasladada al siglo XVI y XVII, empezaba a conquistar de nuevo a la América con armas más terribles que el hierro y el plomo." Y los americanos, por su parte, cada día captaban nuevas pruebas de la suerte que los amenazaba, "colocados en la horrorosa disyuntiva de ser vendidos a una nación extraña o tener que gemir para siempre en una nueva e irrevocable servidumbre."

Había resonado en los oídos de Caracas, en todo caso, el ruido de "la irrupción de los franceses en las Andalucias, la disolución de la Junta Central, a impulsos de la execración pública y la abortiva institución de otro nuevo proteo gubernativo, bajo el nombre de Regencia." Esta, se dijo, anunciaba "con ideas más liberales," que "cualquiera otra época hubiera ésta deslumbrado a los americanos," procurando reforzar la ilusión en los americanos "con promesas brillantes, teorías estériles y reformas y anuncios" de que su suerte no estaba "en las manos de los virreyes, de los ministros, ni de los gobernadores." Pero al mismo tiempo, sus agentes "recibían las más estrechas órdenes para velar sobre nuestra conducta, sobre nuestras opiniones y no permitir que éstas saliesen de la esfera trazada por la elocuencia que doraba los hierros preparados en la capciosa y amañada carta de emancipación.

En esa situación contradictoria, en el *Manifiesto* se afirmó, en relación con las decisiones adoptadas en las provincias de Venezuela con miras a su "transformación política", que:

"Llegaban cada día a nuestras manos nuevos motivos para hacer, por cada uno de ellos, lo que hicimos después de tres siglos de miseria y degradación. En todos los buques que llegaban de España venían nuevos agentes a reforzar con nuevas instrucciones a los que sostenían la causa de la ambición y la perfidia, con el mismo objeto se negaba el permiso de regreso a España a los militares y demás empleados europeos, aunque lo pidiesen para hacer la guerra contra los franceses."

Debe recordarse que durante esos mismos años 1808 a 1811, cuando en las antiguas colonias americanas de Venezuela se desarrollaba un proceso de construcción institucional de un Estado independiente, en España la situación institucional también era precaria. Luego de los alzamientos generalizados contra la invasión francesa a partir de mayo de 1808, y la sucesiva y espontánea constitución de Juntas Provisionales en los pueblos y ciudades para la defensa de la nación, para septiembre de 1808, la necesidad de conformar una unidad de dirección a la guerra y a la política era

war and the politics was imperative by September 1808 and it led to the formation of a Central Junta composed of reputable people, some of which had even been part of the reign of Charles IV.

The choice between forming a Regency or a Central *Junta* to deal with the conduct of the affairs of the kingdom in the absence of Fernando VII, resulted in the need to convoke the General Cortes, an act that was consulted to the country in 1809. Upon the advancement of the French troops, the Central Junta that operated in Seville had to retreat to the Isle of León (San Fernando), where it ended up appointing a Regency Council on January 29, 1810 while terminating its own functions and calling the nation to Parliament through the election of representatives under the Rules later issued by the Regency Council on October 6, 1810; these rules also included representatives from the Spanish American colonies' territories, which territories were sought to be unified to the Kingdom.Before that, however, on August 1, 1810, the Regency Council had declared a strict blockade status for the Province of Caracas because its people "committed an act of defiance by declaring themselves *free* from the metropolis and by creating a governing board purported to exercise the relevant independent authority."[102] Undoubtedly, the events in Cara-cas had been those of a true political revolution; a coup d'état against the Spanish authorities by the Municipality which had assumed the supreme power of the Province disregarding any authority in the Peninsula, even the Regency Council.

This confronting situation between Spain and Venezuela was profusely highlighted in the *Manifiesto* of 1811 with which the General Congress of Venezuela told the world the reasons for the Independence. In it, in fact, it was reported that not only "the arrogant mandataries of our country, were not however, the only ones, authorized to support the horrid plot of their constituents" but that

> "from the sad and ominous reign of the Junta of Seville, the Central one, and the Regency; and under the system of political freemasonry, founded on the machiavelic pact, they all accorded in mutually substituting, replacing, and assisting each other, in the plans combined against the felicity and political existence of the new world."

---

[102] See at J. F. Blanco y R. Azpúrua, *Documentos para la Historia de la Vida Pública del Libertador...op. cit.,* Vol. II, p. 571. The blockade was run by the Royal Commissioner Cortabarría from Puerto Rico, starting January 21, 1811. See at J. F. Blanco y R. Azpúrua, *Documentos para la Historia de la Vida Pública del Libertador..., op. cit.,* Vol. III, p. 8; C. Parra Pérez, *Historia de la Primera República..., op. cit.,* Vol. I, p. 484.

imperiosa, lo que condujo a la formación de la Junta Central integrada por personalidades ilustradas, algunas de las cuales, incluso, habían formado parte del gobierno de Carlos IV.

La opción entre constituir una Regencia o una Junta Central que se ocupara de la conducción de los asuntos del Reino en ausencia de Fernando VII, fue lo que terminó imponiendo la necesidad de la convocatoria a las Cortes generales, lo que se consultó al país en 1809. La Junta Central que funcionaba en Sevilla, ante el avance de las tropas francesas, tuvo que retirarse hacia la Isla de León (San Fernando), donde terminó por designar el Consejo de Regencia el 29 de enero de 1810, poniendo fin a sus funciones y convocando paralelamente a la Nación a Cortes Generales, mediante elección de representantes conforme al Reglamento que luego dictaría el Consejo de Regencia el 6 de octubre de 1810, que incluía también a representantes de los territorios de las colonias americanas, a las cuales se las quería integrar al Reino.

Antes, sin embargo, el 1º de agosto de 1810, el Consejo de Regencia había declarado en estado de riguroso bloqueo a la Provincia de Caracas, por haber sus habitantes "cometido el desacato de declararse independientes de la metrópoli, y creando una junta de gobierno para ejercer la pretendida autoridad independiente."[102] Sin duda, los acontecimientos de Caracas, como hemos señalado habían sido los de una auténtica revolución política, con un golpe de Estado dado contra las autoridades españolas por el Cabildo Metropolitano, el cual había asumido el poder supremo de la Provincia, desconociendo toda autoridad en la Península, incluyendo el Consejo de Regencia.

Esta situación de confrontación entre España y Venezuela, quedó destacada con gran profusión en el *Manifiesto* de 1811, con el cual el Congreso General de Venezuela explicó al mundo las razones de la Independencia. En el mismo, en efecto, se denunció que no sólo habían sido "los mandones de nuestro territorio los que estaban autorizados para sostener la horrorosa trama de sus constituyentes" sino que:

"desde los funestos y ominosos reinados de las juntas de Sevilla, Central y Regencia y con un sistema de francmasonería política bajo un pacto maquiavélico, estaban todos de acuerdo en sustituirse,

---

[102] Véase en J. F. Blanco y R. Azpúrua, *Documentos para la Historia de la Vida Pública del Libertador...op. cit.*, Tomo II, p. 571. El bloqueo fue comandado por el Comisionado Regio Cortabarría desde Puerto Rico, comenzando el 21 de enero de 1811 Véase en J. F. Blanco y R. Azpúrua, *Documentos para la Historia de la Vida Pública del Libertador...*, *op. cit.*, Tomo III, p. 8; C. Parra Pérez, *Historia de la Primera República...*, *op. cit.*, Tomo I, p. 484.

war and the politics was imperative by September 1808 and it led to the formation of a Central Junta composed of reputable people, some of which had even been part of the reign of Charles IV.

The choice between forming a Regency or a Central *Junta* to deal with the conduct of the affairs of the kingdom in the absence of Fernando VII, resulted in the need to convoke the General Cortes, an act that was consulted to the country in 1809. Upon the advancement of the French troops, the Central Junta that operated in Seville had to retreat to the Isle of León (San Fernando), where it ended up appointing a Regency Council on January 29, 1810 while terminating its own functions and calling the nation to Parliament through the election of representatives under the Rules later issued by the Regency Council on October 6, 1810; these rules also included representatives from the Spanish American colonies' territories, which territories were sought to be unified to the Kingdom.Before that, however, on August 1, 1810, the Regency Council had declared a strict blockade status for the Province of Caracas because its people "committed an act of defiance by declaring themselves *free* from the metropolis and by creating a governing board purported to exercise the relevant independent authority."[102] Undoubtedly, the events in Cara-cas had been those of a true political revolution; a coup d'état against the Spanish authorities by the Municipality which had assumed the supreme power of the Province disregarding any authority in the Peninsula, even the Regency Council.

This confronting situation between Spain and Venezuela was profusely highlighted in the *Manifiesto* of 1811 with which the General Congress of Venezuela told the world the reasons for the Independence. In it, in fact, it was reported that not only "the arrogant mandataries of our country, were not however, the only ones, authorized to support the horrid plot of their constituents" but that

> "from the sad and ominous reign of the Junta of Seville, the Central one, and the Regency; and under the system of political freemasonry, founded on the machiavelic pact, they all accorded in mutually substituting, replacing, and assisting each other, in the plans combined against the felicity and political existence of the new world."

---

[102] See at J. F. Blanco y R. Azpúrua, *Documentos para la Historia de la Vida Pública del Libertador...op. cit.,* Vol. II, p. 571. The blockade was run by the Royal Commissioner Cortabarría from Puerto Rico, starting January 21, 1811. See at J. F. Blanco y R. Azpúrua, *Documentos para la Historia de la Vida Pública del Libertador...,* op. cit., Vol. III, p. 8; C. Parra Pérez, *Historia de la Primera República...,* op. cit., Vol. I, p. 484.

reemplazarse y auxiliarse mutuamente en los planes combinados contra la felicidad y existencia política del Nuevo Mundo."

En el *Manifiesto* se denunció la conducta de los dirigentes de la Península con respecto a la América, considerándose que había sido "mucho más dura e insultante" "comparada con la que aparece respecto de la Francia;" y los "gobiernos intrusos, ilegítimos, imbéciles y tumultuarios" que en la Península se habían llamado hasta ese momento "apoderados del Rey o representantes de la nación." En fin, se denunció que la "América sola es la que está condenada a sufrir la inaudita condición de ser hostilizada, destruida y esclavizada," pues "parece que la independencia de América causa más furor a España que la opresión extranjera que la amenaza, al ver que contra ella se emplean con preferencia recursos que no han merecido aún las provincias que han aclamado al nuevo Rey."

Los mismos sentimientos se expresaron en el *Acta de Independencia* en la cual se explicó que a pesar de la moderación y generosidad mostrada por las Provincias hacia España, "se nos declara en estado de rebelión, se nos bloquea, se nos hostiliza, se nos envían agentes a amotinarnos unos contra otros, y se procura desacreditarnos entre las naciones de Europa implorando sus auxilios para oprimirnos;" Esto fue seguido, con referencia a los venezolanos nombrados en Cádiz como representantes de las Provincias ante las Cortes, que,

"se nos condena a una dolorosa incomunicación con nuestros hermanos; y para añadir el desprecio a la calumnia se nos nombran apoderados, contra nuestra expresa voluntad, para que en sus Cortes dispongan arbitrariamente de nuestros intereses bajo el influjo y la fuerza de nuestros enemigos."

Sobre estas cuestiones, además, y en relación con el sistema inicial de elección de los representantes de las Provincias de América a las Cortes de Cádiz en 1810, que debían ser nombrados por los Ayuntamientos, la *Declaración de Independencia* insistió en que:

"para sofocar y anonadar los efectos de nuestra representación, cuando se vieron obligados a concedérnosla, nos sometieron a una tarifa mezquina y diminuta y sujetaron a la voz pasiva de los Ayuntamientos, degradados por el despotismo de los gobernadores, la forma de la elección: lo que era un insulto a nuestra sencillez y buena fe, más bien que una consideración a nuestra incontestable importancia política."

Y se agregó en el *Acta de la Independencia* que sordos siempre a los gritos de justicia que se expresaban desde América, los gobiernos de España lo que procuraron fue "desacreditar todos nuestros esfuerzos declarando

The Peninsula leaders' demeanor over America was reported in the *Manifesto*, considering that it was "harder and more insulting [...] compared with that she appears to exercise with regard to France;" and referring to the "intrusive, illegitimate, weak and tumultuary governments" which in the Peninsula had been called "themselves the agents of the King, or representatives of the nation." Finally, it was reported that "America alone, is condemned to endure the unheard of condition, of being warred upon, destroyed, and enslaved," because "it appears that the independence of America, creates more irritation to Spain, than the foreign oppression that threatens her; for against her, are preferably employed, measures that have not even been used against the very provinces, that have proclaimed the new king."

The same feelings were expressed in the *Declaration of Independence* in which it was said that despite the moderation and generosity shown by the provinces to Spain, they "were declared in a state of rebellion; we were blockaded; war was declared against us; agents were sent amongst us, to excite us one against the other, endeavouring to take away our credit with the other Nations of Europe, by imploring their assistance to oppress us." This was followed, referring to the Venezuelans that were appointed in Cádiz as representatives of the Provinces to the Cortes, by denouncing that

> "we are condemned to a mournful in-communication with our brethren; and, to add contempt to calumny, empowered agents are named for us, against our own express will, that in their Cortes they may arbitrarily dispose of our interests, under, the influence and force of our enemies."

On these matters, in addition, and regarding to the initial system of electing the representatives of the American provinces to the *Cortes* of Cádiz in 1810, which were to be appointed by the *Ayuntamientos*, the Declaration of Independence insisted that:

> "In order to crush and suppress the effects of our Representation, when they were obliged to grant it to us, we were submitted to a paltry and diminutive scale; and the form of election was subjected to the passive voice of the Municipal Bodies, degraded by the despotism of the Governors: which amounted to an insult to our plain dealing and good faith, more than a consideration of our incontestible political importance."

And in the *Declaration of Independence* it was added that the Spanish governments, always deaf to the cries for justice that were made from the Americas, only sought to "to discredit all our efforts, by declaring as criminal, and stamping with infamy, and rewarding with the scaffold and con-

criminales y sellando con la infamia, el cadalso y la confiscación," todas las tentativas que, en diversas épocas, habían hecho algunos americanos para la felicidad de su país."

Según el *Manifiesto*, la reacción del Consejo de Indias contra Venezuela equivalía a pretender "conquistar de nuevo a Venezuela con las armas de los Alfíngers y Weslers,"[103] los factores alemanes a quienes Carlos V había "arrendado estos países," a los efectos de continuar el sistema de dominación española en América," con lo que en definitiva se afirmaba que "el nombre de Fernando" había perdido "toda consideración entre nosotros y debe ser abandonado para siempre."

Como se ha mencionado, el centro de operaciones para la lucha contra Venezuela lo ubicó la Regencia en la isla de Puerto Rico, que se constituyó, como se dijo en el *Manifiesto*, en:

"la guarida de todos los agentes de la Regencia, el astillero de todas las expediciones, el cuartel general de todas las fuerzas antiamericanas, el taller de todas las imposturas, calumnias, triunfos y amenazas de los Regentes; el refugio de todos los malvados y el surgidero de una nueva compañía de filibusteros, para que no faltase ninguna de las calamidades del siglo XVI a la nueva conquista de la América en el XIX."

A cargo de las operaciones contra la Provincia estaría el Gobernador de Puerto Rico, Salvador Meléndez y Bruna, calificado en el Manifiesto como el "Bajá Meléndez" o "el tirano de Borinquen" a quien se le acusó de declarar la guerra a las Provincias, constituyéndose además, en "carcelero gratuito de los emisarios de paz y confederación," y de haber robado "con la última impudencia más de 100.000 pesos de los caudales públicos de Caracas, que se habían embarcado en la fragata Fernando VII para comprar armamento y ropa militar en Londres."

En la Provincia, en cambio, "aun a pesar de tanto insulto, de tanto robo y de tanta ingratitud," los asuntos de gobierno continuaban sin variar conforme al juramento de la conservación de los derechos de Fernando VII, de manera que "el acto sublime de su representación nacional, se publicó a nombre de Fernando VII;" bajo su "autoridad fantástica" se sostuvieron "todos los actos de nuestro gobierno y administración, que ninguna necesidad tenía ya de otro origen que el del pueblo que la había

---

[103] El *Manifiesto* hace referencia a los "Primeros tiranos de Venezuela, autorizados por Carlos V y promovedores de la guerra civil entre sus primitivos habitantes"

fiscation, every attempt, which at different periods some Americans have made, for the felicity of their country."

According to the *Manifesto*, the reaction of one of the Ministers of the Indies Council against Venezuela amounted to try again to "conquering Venezuela, with the same arms as those of the Alfingers and the Weslers"[103] the German factors to whom Charles V had "let out these provinces" for the purposes of continuing "the system of Spanish domination in the Americas" thereby ultimately stating that "the name of Ferdinand" had lost "every consideration amongst us, and consequently ought to be abandoned for ever."

As has been mentioned, the Spanish headquarters for the confrontation against Venezuela was established on the island of Puerto Rico by the Regency, which was, as stated in the *Manifesto*,

> "the haunt of all the agents of the Regency, the place of equipment for all the expeditions, the head quarters of all the anti-American forces, the workshop of all the impostures, calumnies, triumphs, and threats of the Regents; the refuge of all the wicked, the rendezvous port of a new set of Filibustiers, in order that there might not be wanting any of the calamities of the sixteenth century, to the new conquest of America, in the nineteenth."

In charge of the operations against the Province was the Governor of Puerto Rico, Salvador Meléndez y Bruna, named in the *Manifesto* as the "*Bajá* Meléndez" or "the tyrant of Borriquen" who was accused of declaring war on the Provinces and thereby also becoming "himself into the gratuitous jail-keeper, of the emissaries of peace and confederation," and of "in the most barefaced manner," plundering "more than one hundred thousand dollars of the public funds, belonging to Caracas, that had been embarked on board the ship Ferdinand the seventh, in order to purchase stores and military clothing in London."

In the Province, instead, it was said in the *Manifiesto*, "notwithstanding so much insult, robbery, and ingratitude," the new government business continued unchanged according to the oath for the preservation of the rights of Ferdinand VII, so that "the sublime act of her national representation was proclaimed in the name of Ferdinand VII." It was then declared that "under his fantastical authority, all the acts of our government and administration were sustained, though they required no other origin than the people who had constituted them;" and that under "the laws and

---

[103] The *Manifesto* made reference to the "First tyrants of Venezuela authorized by Charles V and promoters of the civil war between its original inhabitants."

constituido;" y conforme a "las leyes y los códigos de España," se juzgó una "horrible y sanguinaria conspiración de los europeos" e incluso las mismas se infringieron "para perdonarles la vida," y no manchar con la sangre la memoria de nuestra revolución;" e incluso, "bajo el nombre de Fernando" se buscó unir a la Confederación a las provincias de Coro y Maracaibo que y se anunciaba en el Manifiesto "reconquistaremos a Guayana, arrancada dos veces de nuestra confederación, como lo está Maracaibo, contra el voto general de sus vecinos."

De todos estos acontecimientos, parecía "que ya no quedaba nada que hacer para la reconciliación de España o para la entera y absoluta separación de la América," y a pesar de que "Venezuela quiso agotar todos los medios que estuviesen a su alcance, para que la justicia y la necesidad no le dejasen otro partido de salud que el de la independencia que debió declarar desde el 19 de abril de 1810," dada la repercusión que los principios de la revolución habían tenido en toda América, y en particular "desde el Orinoco hasta el Magdalena y desde el Cabo Codera hasta los Andes," tuvo "que endurar nuevos insultos antes que tomar el partido doloroso de romper para siempre con sus hermanos." Así, se expresó en el *Manifiesto* de 1811 que:

"sin haber hecho Caracas otra cosa que imitar a muchas provincias de España y usar de los mismos derechos que había declarado en favor de ella y de toda la América, el Consejo de Regencia; sin haber tenido en esta conducta otros designios que los que le inspiraba la suprema ley de la necesidad para no ser envueltos en una suerte desconocida y relevar a los Regentes del trabajo de atender al gobierno de países tan extensos como remotos, cuando ellos protestaban no atender sino a la guerra; sin haber roto la unidad e integridad política con la España; sin haber desconocido como podía y debía, los caducos derechos de Fernando; lejos de aplaudir por conveniencia, ya que no por generosidad, tan justa, necesaria y modesta resolución, y sin dignarse contestar siquiera o someter al juicio de la nación nuestras quejas y reclamaciones, se la declara en estado de guerra, se anuncia a sus habitantes como rebeldes y desnaturalizados; se corta toda comunicación con sus hermanos; se priva de nuestro comercio a la Inglaterra; se aprueban los excesos de Meléndez, y se le autoriza para cometer cuanto le sugiriese la malignidad de corazón, por más opuesto que fuese a la razón y justicia, como lo demuestra la orden de 4 de septiembre de 1810, desconocida por su monstruosidad aun entre los déspotas de Constantinopla y del Indostán; y por no faltar un ápice a los trámites de la conquista, se envía bajo el nombre de pacificador un nuevo

regulations of Spain [...] a horrible and sanguinary conspiracy of the Europeans" was judged; laws that "were even infringed to save their lives, in order that the philanthropic memory of our revolution might not be stained with the blood." It was also stated in the *Manifiesto* that even under the name of Ferdinand "endeavours were made to inform and reduce the imperious mandataries of Coro and Maracaybo, who perfidiously kept separated from our interests," announcing that "we will reconquer Guayana, twice snatched from our confederation, as was Maracaybo, against the general wishes of its inhabitants."

From all these events, the Manifiesto affirmed, that it seemed "that nothing was now left to be done for the reconciliation of Spain, or for the entire and absolute separation of America," and even though "Venezuela was desirous of draining every means left within her reach, in order that justice and necessity should leave her no other safe alternative than that of independence, which ought to have been declared from the 15th of July 1808, or from the 19th of April 1810, "given the impact that the revolution principles had had in the Americas," and particularly "from the Orinoko, as far as El Magdalena; and from Cape Codera, as far as the Andes," the country had 'to endure fresh insults, before we fly to the painful extreme of breaking with our brethren for ever." Thus, the 1811 *Manifesto* expressed that:

> "Caracas, without having done more than imitate many of the provinces of Spain; and used the same rights which the Council of Regency declared in her favour, as well as that of all America; without having had in this conduct, other designs than those inspired by the supreme law of necessity not to be involved in an unknown fate, and to relieve the Regents of the trouble of attending to the government of countries, as well extensive as remote, at the same time that they protested that they would attend to nothing but the war; without having torn asunder her unity and political integrity with Spain; without having disowned, as was possible and proper, the .lame rights of Ferdinand; far from applauding for convenience, if not from sentiments of generosity, so just, necessary, and modest a resolution, and without answering even, or submitting to the judgment of the nation our complaints and claims, is declared in a state of war, her inhabitants are proclaimed rebels, and unnaturalized; every communication is cutoff with her brethren; England is deprived of her trade, the excesses of Melendez are approved, and he is authorized to commit whatever his malignity of heart may suggest to him, however opposed to reason and justice, as is proved by the order of the 4th of Sept. 1810, unheard of for its enormity, even amongst the despots of Constantinople or Indostan; and not to deviate in the least from the plots of the conquest, a new *Encomendero* is sent out under the name of a pacificator, who, with more prerogatives than the conquerors

Encomendero, que con muchas más prerrogativas que los conquistadores y pobladores se apostase en Puerto Rico para amenazar, robar, piratear, alucinar y amotinar a unos contra otros, a nombre de Fernando VII"

Se refería el *Manifiesto* a la decisión de la Regencia de nombrar a Antonio Ignacio de Cortavarría como Comisionado Regio a cargo de la pacificación de las Provincias de Venezuela, con sede en Puerto Rico. Hasta entonces, como se observó en el *Manifiesto*, a pesar de las ordenes que se habían dado al gobernador Meléndez de Puerto Rico, "los progresos del sistema de subversión, anarquía y depredación que se propuso la Regencia luego que supo los movimientos de Caracas," habían sido lentos; pero "trasladado ya el foco principal de la guerra civil" más cerca de las Provincias, adquirieron más intensidad capitaneados por "los caudillos asalariados por Cortabarría y Meléndez," con la "discordia soplada de nuevo por Mijares, hinchado y ensoberbecido con la imaginaria Capitanía General de Venezuela."[104]

De ello resultó no sólo el derramamiento de sangre americana en las costas de Coro, sino "los robos y asesinatos" cometidos en dichas costas "por los piratas de la Regencia;" "el miserable bloqueo destinado a seducir y conmover nuestras poblaciones litorales;" "los insultos hechos al pabellón inglés;" "la decadencia de nuestro comercio;" "la horrorosa perfidia de Guayana y la deportación insultante de sus próceres a las mazmorras de Puerto Rico;" y "los generosos e imparciales oficios de reconciliación, interpuestos sinceramente por un representante del Gobierno británico en las Antillas[105] y despreciados por el pseudo pacificador."

De todo ello, se denunció en el *Manifiesto*, derivaban:

"todos los males, todas las atrocidades y todos los crímenes que son y serán eternamente inseparables de los nombres de Cortabarría y Meléndez en Venezuela y que han impelido a su gobierno a ir más allá de lo que se propuso al tomar a su cargo la suerte de los que lo honraron con su confianza."

En particular, el *Manifiesto* denunció con énfasis lo que llamó "la misión de Cortabarría en el siglo XIX, comparado el Estado de la España que la decretó y el de la América a quien se dirigía," lo cual demostró "hasta

---

[104] El documento se refería a Fernando Mijares nombrado Capitán General de Venezuela para sustituir a Emparan, pero que nunca ocupó un puesto en la capital.

[105] *El Manifiesto* se refiere al oficio del Excoa. Sr Almirante Cochrane, en el Secretario de Estado.

and settlers themselves was to take his post in Puerto Rico, and thence to threaten, rob, pirate, deceive, excite civil disturbances, and all in the name of Ferdinand VII."

The *Manifesto*, in this paragraph, precisely referred to the Regency's decision to appoint Antonio Ignacio de Cortavarría or Cortabarría as Regional Commissioner based in Puerto Rico, in charge of the "pacification" of the provinces of Venezuela. Until then, as noted in the *Manifesto*, although orders had been given to governor Melendez of Puerto Rico "the progress of the system of subversion, anarchy, and depredation, which the Regency proposed to itself on hearing of the movements of Caracas" had been slow; but since "the principal focus of the civil war, being transferred nearer" of the Provinces, the progress became more intense as they were directed by "the chiefs hired by Cortavarria and Melendez" with the "the discord newly fanned by Miyares, rendered vain and arrogant by the imaginary and promised Captain-generalship of Venezuela."[104]

The outcome from all the actions that was deployed from Puerto Rico was not only the shedding of American blood on the coast of Coro, but "the robberies and assassinations" committed in such coast "by the pirates of the Regency," the "miserable blockade, intended to seduce and rise up our shore settlements; [...] the insults committed on the English flag; [...] the falling off of our trade; [...] the horrid perfidy in Guyana, and the insulting deportation of its leading characters to the Moorish dungeons jails in Puerto Rico;" being "the generous and impartial offices of reconciliation sincerely interposed by a representative of the British Government in the Antilles"[105] scorned by the "pseudo-pacificater."

From this all –it was denounced in the *Manifesto*- derived:

> "all the evils, all the atrocities, and all the crimes, which are, and ever will be, inseparable to the neames of Cortavarria and Melendez in Venezuela, which have impelled her government to go beyond what was proposed, when it took upon itself the fate of those who honoured it with their confidence."

In particular, the *Manifiesto* emphatically denounced what it called "the mission of Cortavarria in the 19th Century, and th estate of Spain who decreed it, compared with America, agains whom it is directed," which showed "to what an extreme the illusion of ambition blinds those, who on the depravation of the people, found all the origin of their

---

[104] The document referred to Fernando Mijares appointed Captain-Generalof Venezuela to replace Emparan but who never held office in the capital.

[105] The *Manifesto* referred to the official dispatch of Admiral Cochrane in the Secretary of State's Office.

qué punto ciega el prestigio de la ambición a los que fundan en el embrutecimiento de los pueblos todo el origen de su autoridad." Con el sólo hecho del nombramiento del mencionado "pacificador" Cortabarría, -se dijo en el *Manifiesto*-, "habría bastante para autorizar nuestra conducta" reproduciéndose con ello involuntariamente en la imaginación de los redactores del *Manifiesto*, "el espíritu de Carlos V, la memoria de Cortés y Pizarro y los males de Moctezuma y Atahualpa" "al ver renovados los adelantados, pesquisidores y encomenderos" pero después de "trescientos años de sumisión y sacrificios."

Sobre la misión de Cortabarría, se concluía señalando que:

"La plenipotencia escandalosa de un hombre autorizado por un gobierno intruso e ilegítimo, para que con el nombre insultante de pacificador despotizase, amotinase, robase y (para colmo del ultraje) perdonase a un pueblo noble, inocente, pacífico, generoso y dueño de sus derechos solo puede creerse en el delirio impotente de un gobierno que tiraniza a una nación desorganizada y aturdida con la horrorosa tempestad que descarga sobre ella"

Debe recordarse que una vez convocadas las Cortes en 1810, fueron instaladas el 24 de septiembre de 1810 en la Isla de León, siendo trasladadas cinco meses más tarde a Cádiz, reuniéndose en el oratorio de San Felipe Neri. Estaban integradas por representantes electos en las provincias de la península española, y también con algunos americanos "representantes", que fueron nombrados como suplentes en la Isla de León, entre los españoles americanos residentes en la Península.

El trabajo constituyente de las Cortes de Cádiz concluyó con la sanción de la Constitución de la Monarquía española de 18 de marzo de 1812, cuyo texto revolucionó a España, sentando las bases para el derrumbamiento del Antiguo Régimen y para el inicio del constitucionalismo moderno en España, plasmado en los principios de soberanía nacional, división de poderes, libertad de imprenta y en la abolición de los privilegios y de la inquisición. Pero al igual que la Constitución de Venezuela de 1811 que tuvo corta vida, la Constitución de Cádiz también tuvo corta vigencia. No debe olvidarse que luego de celebrado en Valençay un Tratado secreto entre Napoleón y Fernando VII el 8 de diciembre de 1813, el primero renunció al trono de España, con lo cual Fernando VII pudo entrar a España el 29 de marzo de 1814 con el propósito de jurar la Constitución que le había impuesto el Consejo de Regencia. Había pasado 6 años en el exilio, y regresó, lamentablemente, no para seguir la obra de los constituyentes de Cádiz, sino para acabar con ella. El 4 de mayo de 1814 derogó las Cortes de Cádiz y anuló la Constitución de 1812, reinstaurando el absolutismo, y declarando reos de muerte a todos los que defendieran la

authority." Just by the appointment of said peacemaker Cortabarría – as reported in the *Manifiesto-*, "alone sufficed to authorized our conduct," thereby unwittingly playing in the minds of the drafters of the *Manifesto* "the spirit of Charles V, the memory of Cortes and Pizarro, and the manes of Montezuma and Atahualpa [...] when we see the *Adelantados, Pesquisidores,* and *Encomenderos*" but after "300 years of submission and sacrifices."

On the mission of Contabarria the *Manifiesto* concluded by noting that:

> "The scandalous plenitude of power confided to a man, authorized by an intrusive and illegitimate government, that under the insulting name of pacificator, he might despotize, excite, rob, and (to crown the insult) that he might offer pardon to a people, noble, innocent, tranquil, generous, and masters of their own rights; could only be credited in the impotent delirium of a government that tyranises over a nation disorganized and stunned by the horrid tempest that overtakes her."

It must be remembered that the Cortes of Cadiz after being were convened in 1810, they were installed on September 24, 1810 in the Island of León, being moved five months later to Cádiz, gathering at the Chapel of San Felipe Neri. They were integrated by representative elected in the Spanish Peninsula Provinces, and also with some American "representatives" which were appointed as alternates in the very Island of León from within the Spanish Americans residing at the Peninsula.

The work of the Constituent Cortes of Cadiz concluded with the adoption of the March 18, 1812 Constitution of the Spanish Monarchy, the content of which revolutionized Spain laying the groundwork for the collapse of the Ancien Regime and the beginning of modern constitutionalism embodied in the principles of national sovereignty, separation of powers, freedom of the press and the abolition of privileges and the Inquisition. But like the 1811 Federal Constitution of Venezuela was short lived, so did the Constitution of Cadiz. In effect, after the secret Treaty signed in Valençay on December 8, 1813 between Napoleon and Ferdinand VII, the first renounced to the throne of Spain, whereby Fernando VII could go to back to his country, what he did on March 29, 1814, among other, for the purpose of swearing the new Constitution imposed on him by the Regency Council. He had spent 6 years in exile, and returned, but unfortunately, not to continue the work of the constituents of Cadiz but to end it. On May 4, 1814 he repealed the Cadiz *Cortes* and voided the 1812 Constitution, restored absolutism and persecuted all

Constitución anulada. El 1° de octubre de 1814 Carlos IV de nuevo, abdicaría por segunda vez en su hijo los derechos al Trono de España y al Imperio de las Indias.

Sin embargo, las bases del constitucionalismo habían quedado sentadas. Debe recordarse que una vez instaladas las Cortes en 1810, el primero de sus decretos (Decreto N° 1) fue para declarar "nula, de ningún valor ni efecto la cesión de la Corona que se dice hecha en favor de Napoleón" reconociendo a Fernando VII como Rey.[106] Además, "no conviniendo queden reunidos el Poder Legislativo, el Ejecutivo y el Judiciario," se reservaron las Cortes Generales el Poder Legislativo y atribuyeron al Consejo de Regencia el ejercicio del Poder ejecutivo.[107] En esa sesión de instalación de las Cortes en la Isla de León concurrieron 207 diputados, entre ellos 62 americanos, suplentes, y entre ellos, supuestamente dos por la Provincia de Caracas, los señores Esteban Palacios y Fermín de Clemente, quienes también habían sido designados como suplentes, reclutados en la Península[108] de acuerdo con las reglas establecidas por el Consejo de Regencia sólo 15 días antes, el 8 de septiembre de 1810.

Es cierto que los diputados suplentes que habían sido designados por Venezuela pidieron instrucciones a la Junta Suprema de Caracas, la cual sin embargo respondió, el 1° de febrero de 1811, que consideraba la reunión de las Cortes "tan ilegal como la formación del Consejo de Regencia" y, por tanto, que "los señores Palacios y Clemente carecían de mandato alguno para representar las Provincias de Venezuela", por lo que "sus actos como diputados eran y serían considerados nulos." [109] Ya el 23 de enero de 1811, la Junta Suprema se había dirigido a los ciudadanos rechazando el nombramiento de tales diputados suplentes, calificando a las Cortes como "las Cortes cómicas de España." [110]

---

[106] Véase J. F. Blanco y R. Azpúrua, *Documentos para la Historia de la Vida Pública del Libertador...*, op. cit., Tomo II, pp. 657.

[107] Véase en E. Roca Roca, *América en el Ordenamiento Jurídico ...*, op. cit., p. 193.

[108] Véase J. F. Blanco y R. Azpúrua, *Documentos para la Historia de la Vida Pública del Libertador...*, op. cit., Tomo II, pp. 656. Véase además, Eduardo Roca Roca, *América en el Ordenamiento Jurídico ...*, op. cit., pp. 22 y 136.

[109] Véase el texto en la *Gaceta de Caracas*, martes 5 de febrero de 1811, Caracas, 1959, Tomo II, p. 17. Véase también C. Parra Pérez, *Historia de la Primera República ...*, op. cit., Tomo I, p. 484.

[110] "Nuestros antiguos tiranos tienden nuevos lazos para prendernos. Una misión vergonzosa y despreciable nos manda que ratifiquemos el nombramiento de los diputados suplentes que ellos aplicaron a Venezuela. Las Cortes cómicas de España siguen los mismos pasos que su madre la Regencia: ellas, más bien en estado de solicitar nuestro perdón por los innumerables ultrajes

those who would defend the void Constitution. On October 1, 1814 Charles IV again abdicated his rights for the second time in his son to the throne of Spain and the Empire of the Indies.

However, the constitutional foundations of the new Constitutional Monarchy were set. It must be remembered that after the installation of the *Cortes* of 1810, the first of its decrees (Decree No. 1) was to declare "void and with no value nor effect the crown's transfer said to be made on behalf of Napoleon," acknowledging Ferdinand VII as King.[106] In addition, "being unsuitable that the Legislature, Executive and Judiciary branches remained united", the General *Cortes* reserved for them the Legislature, and the Regency Council assigned itself the exercise of the Executive power.[107] In the installation session of the *Cortes* in the Island of León, 207 deputies convened, including 62 Spanish Americans alternates, and among them presumably two for the Province of Caracas, Esteban Palacios and Fermín de Clemente, who had also been appointed as alternate members recruited in the Peninsula,[108] according to the rules set forth by the Regency Council only 15 days earlier, on September 8, 1810.

It is true that the deputy representatives who had been appointed in Cádiz for Venezuela had asked for directions to the Supreme *Junta* of Caracas, on February 1, 1811, the *Junta* replied not only considering the meeting of the *Cortes* "as illegal as the establishment of the Regency Council," but also alleging that "Mr. Palacios and Mr. Clemente had no authority to represent the provinces of Venezuela" and that "their actions as members were and would be considered void."[109] Already by January 23, 1811, the Supreme Junta had addressed the people rejecting the appointment of such alternate members, calling the *Cortes* as "the funny *Cortes* of Spain."[110]

---

[106] See J. F. Blanco y R. Azpúrua, *Documentos para la Historia de la Vida Pública del Libertador...*, *op. cit.*, Vol. II, pp. 657.

[107] See in E. Roca Roca, *América en el Ordenamiento Jurídico ..., op. cit.*, p. 193.

[108] See J. F. Blanco y R. Azpúrua, *Documentos para la Historia de la Vida Pública del Libertador...*, *op. cit.*, Vol. II, pp. 656. See further, Eduardo Roca Roca, *América en el Ordenamiento Jurídico ..., op. cit.*, pp. 22 y 136.

[109] See the text in the *Gaceta de Caracas*, martes 5 de febrero de 1811, Caracas, 1959, Vol. II, p. 17. See also C. Parra Pérez, *Historia de la Primera República...*, *op. cit.*, Vol. I, p. 484.

[110] "Our ancient tyrants tend new bonds to seize us. A shameful and despicable mission tells us to ratify the appointment of alternate members they assigned to Venezuela. The funny Cortes of Spain follow the same steps than their mother the Regency: instead of assuming the position of requesting our pardon for the many offenses and insults with which they have persecuted us

Por ello, la ruptura constitucional derivada de la Independencia de Venezuela no sólo se había operado de parte de la Junta Suprema de Caracas en relación con la Regencia sino que continuó con respecto de las Cortes, las cuales además, se involucraron directamente en el conflicto. Por ello, en Venezuela se las consideraron como "ilegítimas y cómicas," rechazándose en ellas toda representación de las Provincias de Venezuela.

Se afirmó entonces en el *Manifiesto* que irritaba:

"ver tanta liberalidad, tanto civismo y tanto desprendimiento en las Cortes con respecto a la España desorganizada, exhausta y casi conquistada; y al mismo tiempo, tanta mezquindad, tanta suspicacia, tanta preocupación y tanto orgullo con América, pacífica, fiel, generosa, decidida a auxiliar a sus hermanos"

Además, comparando el tratamiento dado por el gobierno español a las provincias en ambos lados del Atlántico, en el Manifiesto se afirmó que "ninguna de las provincias rendidas o contentas con la dominación francesa se le ha tratado como a Venezuela;"

"ninguna de ellas ha sido hasta ahora declarada traidora, rebelde y desnaturalizada como Venezuela, y para ninguna de ellas se ha creado una comisión pública de amotinadores diplomáticos para armar españoles contra españoles, encender la guerra civil e incendiar todo lo que nose puede poseer o dilapidar a nombre de Fernando VII."

En el conflicto abierto, por ejemplo, las Cortes llegaron incluso a "premiar" a las Provincias de la antigua Capitanía General de Venezuela que no se habían sumado al movimiento independentista (Maracaibo, Coro, Guayana). Por ello, mediante el Decreto CXXXIII de 6 de febrero de 1812, las Cortes concedieron a la ciudad de Guayana el adorno de su escudo de armas con trofeos de cañones, balas, fusiles, bandera y demás insignias militares, como premio por haber apresado a los rebeldes de Nueva Barcelona en la acción del 5 de septiembre de 1811; y por Decreto CCXII de 8 de diciembre de 1812 le concedieron el título de "muy noble y muy leal", con motivo de los sucesos de Venezuela ocurridos del 15 al 16 de marzo de 1812. Las Cortes también distinguieron a la ciudad de Coro, por Decreto CCXXXVVII de 21 de marzo de 1813, con el título de "muy noble y leal" y escudo alusivo, otorgándose la distinción de "Constancia

---

y vilipendios con que nos han perseguido, y reducidas a implorar nuestra protección generosa por la situación impotente y débil en que se encuentran, sostienen, por el contrario, las hostilidades contra de la América y apuran, impía y bárbaramente, todos los medios para esclavizarnos." Véase *Textos Oficiales ..., op. cit.,* Vol. II, p. 17.

Therefore, the constitutional breakdown resulting from the independence of Venezuela had not only operated from the part of the Supreme Junta of Caracas against the Regency but it continued against the *Cortes*, which got directly involved in the conflict, for which they were considered in Venezuela as "illegitimate and funny," denying in them any ability to represent the provinces of Venezuela.

It was then stated in the *Manifesto* that it was irritating:

> "to see so much liberality, so much civism, and so much disinterest in the Cortes, with regard to Spain, disorganized, exhausted, and nearly conquered; and at the same time, so much meanness, so much suspicion, prejudice, and pride, towards America; tranquil, faithful, generous, decided to aid her bretheren."

In addition, and comparing the treatment given by the Spanish government to the provinces in both sides of the Atlantic, in the *Manifiesto* was stated that

> "not one of the provinces surrendered, or satisfied with the dominion of the French [have] been treated like Venezuela; [...] not one of them has yet been declared traiterous, in rebellion, and unnaturalized as was Venezuela; [and for none of them has been created a public commission of diplomatic mutineers, to arm Spaniard against Spaniard, to fan the flame of civil war, and to burn and delapidate all that cannot be held in the name of Ferdinand the seventh."

In the open conflict between the Spanish government and the new Venezuelan State, for example, the *Cortes* themselves went so far as to "reward" the provinces of the former General Captaincy of Venezuela that had not joined the independence movement (Maracaibo, Coro, Guyana). Consequently, the *Cortes* granted the City of Guayana the adornment of their coat of arms with cannon trophies, bales, rifles, flags and other military insignia as a reward for having apprehended the New Barcelona rebels in the action of September 5, 1811 (Decree N°. CXXXIII of February 6, 1812); and they awarded it with the title of the "very noble and very loyal" one in connection with the events in Venezuela that took place from the 15th to 16th of March of 1812 (Decree N° CCXII of December 8, 1812). The *Cortes* also distinguished the City of Coro with the title of the "very noble and fair," with the relevant shield, giving the members of the *Ayuntamiento* of the city the award of "The Accomplishment of the City of

---

and reducing themselves to implore our generous protection in light of the powerless and weak situation they are in, they, on the contrary, maintain hostilities against the Americas and rush, godless and barbarously, all means to enslave us." See *Textos Oficiales ..., op. cit.,* Vol. II, p. 17.

de Coro" a favor de los Capitulares por el comportamiento de la ciudad en las turbulencias que habían "inflingido a varias provincias de Venezuela" y su defensa frente a los insurgentes de Caracas en 28 de noviembre de 1812. También la ciudad de Maracaibo, por Decreto CCXXXVIII de 21 de marzo de 1813, recibió el título de "muy noble y leal" por las mismas razones de la ciudad de Coro. Como se dijo, estos reconocimientos de las Cortes derivaban del hecho de que las provincias de Maracaibo y Guayana y la ciudad de Coro, no se habían sumado a la revolución de Independencia, ni habían conformado el Congreso General que en 1811 sancionó la Constitución Federal para los Estados de Venezuela. [111]

Sobre las Cortes, el *Manifiesto* de 1811 explicó que luego de los "rápidos y raros gobiernos" que se habían sucedido en España desde la Junta de Sevilla, "se apeló a una aparente liberalidad," y "se aceleraron y congregaron tumultuariamente las Cortes que:

> "deseaba la nación, que resistía el gobierno comercial de Cádiz y que se creyeron al fin necesarias para contener el torrente de la libertad y la justicia, que rompía por todas partes los diques de la opresión y la iniquidad en el nuevo mundo."

Sin embargo, al analizar su composición, el Congreso General en el *Manifiesto* se preguntó incrédulo sobre "por qué especie de prestigio funesto para España se cree que la parte de la nación que pasa el océano o nace entre los trópicos adquiere una constitución para la servidumbre, incapaz de ceder a los conatos de la libertad;" afirmando como harto estaban demostrados en los papeles públicos de la Provincia de Venezuela, todos:

> "los vicios de que adolecen las Cortes con respecto a la América y el ilegítimo e insultante arbitrio adoptado por ellas para darnos una representación que resistiríamos, aunque fuésemos, como vociferó la Regencia, partes integrantes de la nación y no tuviésemos otra queja que alegar contra su gobierno sino la escandalosa usurpación que hace de nuestros derechos, cuando más necesita de nuestros auxilios."

El Congreso General destacó en el *Manifiesto* que estaba efuso de que a las Cortes habría llegado la noticia de las razones que había dado la

---

[111] Véase el texto de los decretos en Eduardo Roca Roca, *América en el Ordenamiento Jurídico ...*, op. cit., pp. 79-80.

Coro" in connection with the city's demeanor during the commotions that had "inflicted on several provinces of Venezuela" and their defense against the insurgents in Caracas on November 28, 1812 (Decree No. CCXXXVVII of March 21, 1813). Also the city of Maracaibo, received the title of the "very noble and fair" for the same reasons than the City of Coro, granting the members of its *Ayuntamiento* "The Accomplishment of the City of Coro" (by Decree N° CCXXXVIII of March 21, 1813). As noted above, this recognition by the *Cortes* of Cádiz arose from the fact that the provinces of Maracaibo and Guayana, and the city of Coro had not joined the independence revolution nor had they been part of the General Congress which in 1811 enacted the Federal Constitution for the States of Venezuela.[111]

On the *Cortes*, the 1811 *Manifesto* said that after the "strange and short-lived governments" that had followed in Spain since the *Junta* of Seville "they recurred to a system of apparent liberality," assembling the representatives in an "accelerated and tumultuously" way; *Cortes* that were

> "so desired by the nation, yet opposed by the commercial government of Cadiz, but which were at length considered necessary, in order to restrain the torrent of liberty and justice, which in every quarter burst the mounds of oppression and iniquity in the new world."

Yet when analyzing its composition, the Venezuelan General Congress in the *Manifesto* asked itself skeptically "by what kind of deception, fatal to Spain, it is believed, that the part of the nation which passes the ocean, or is born under the tropics, acquires a constitution suitable to servitude, and incapable of ceding to the efforts of liberty," affirming, as was clearly evidenced in the newspapers of the Province of Venezuela:

> "the defects under which the Cortes laboured respecting America, and the illegal and insulting measures by them adopted, to give us therein a representation which we could not but oppose, even though we were, as the Regency had loudly boasted us to be, integral parts of the nation, and had no other complaints to allege against their government, than the scandalous usurpation of our rights, at a moment they most required our aid."

The General Congress noted in the *Manifesto* that it was gushing on that the *Cortes* would have received news of the reasons that the *Junta* of

---

[111] See the text of the decrees in Eduardo Roca Roca, *América en el Ordenamiento Jurídico* ..., op. cit., pp. 79–80.

Junta de Caracas "a su pérfido enviado,"[112] cuando "frustradas las misiones anteriores, inutilizadas las cuantiosas remesas de Gacetas llenas de triunfos, reformas, heroicidades y lamentos, y conocida la ineficacia de los bloqueos, pacificadores, escuadras y expediciones," en la Península:

> "se creyó que era necesario deslumbrar el amor propio de los americanos, sentando bajo el solio de las Cortes a los que ellos no habían nombrado, ni podían nombrar los que crearon suplentes con los de las provincias ocupadas, sometidas y contentas con la dominación francesa."

Así, se denunció en el *Manifiesto* de 1811, que "se escribió el elocuente manifiesto que asestaron las Cortes en 9 de enero de este año [1811] a la América,"[113]

---

[112] El Congreso General se refería a la "conducta execrable y notoria de Montenegro, desnaturalizado por el Gobierno Español.

[113] Se refería al "Manifiesto de las Cortes generales y extraordinarias a la Nación" de 9 de enero de 1811, donde se daban las razones para la independencia de España frente a las pretensiones de Napoleón. Véase el texto publicado en *El Mercurio Venezolano*, Vol. I, Caracas, febrero 1811. Véase el texto del periódico en versión facsimilar en http://cic1.ucab.edu.ve/hmdg/bases/hmdg/textos/Mercurio/Mer_Febrero 1811.pdf. Debe destacarse que el redactor de El Mercurio en 1811 era precisamente Francisco Isnardy, Secretario del Congreso General, quien como tal firmó el Manifiesto del Congreso de 1811. En la nota que precede el texto del "Manifiesto de las Cortes generales," sin duda de la pluma de Isnardy, se redactó el siguiente texto parodiando lo que podría haber dicho Napoleón, y cuyo texto se recoge en el Manifiesto del Congreso General, al decirse que: "En uno de nuestros Periódicos ("Mercurio Venezolano" de febrero de 1811), hemos descubierto el verdadero espíritu del manifiesto en cuestión, reducido al siguiente raciocinio que puede mirarse como su exacto comentario: "La América se ve amenazada de ser víctima de una nación extraña o de continuar esclava nuestra; para recobrar sus derechos y no depender de nadie, ha creído necesario no romper violentamente los vínculos que la ligaban a estos pueblos; Fernando ha sido la señal de reunión que ha adoptado el Nuevo Mundo, y hemos seguido nosotros; él está sospechado de connivencia con el Emperador de los franceses y si nos abandonamos ciegamente a reconocerlo demos un pretexto a los americanos que nos crean aún sus representantes para negarnos abiertamente esta representación; puesto que ya empiezan a traslucirse en algunos puntos de América estos designios, manifestemos de antemano nuestra intención de no reconocer a Fernando sino con ciertas condiciones; éstas no se verificarán jamás y mientras que Fernando, ni de hecho ni de derecho, es nuestro Rey, lo seremos nosotros de la América, y este país tan codiciado de nosotros, y tan difícil de mantener en la esclavitud, no se nos irá tan pronto de las manos."

Caracas had given to "their perfidious envoy"[112] when "the former missions being frustrated, the great shipments of newspapers, filled with triumphs, reforms, heroic acts, and lamentations, being rendered useless, and the inefficacy of blockades, pacificators, squadrons, and expeditions, made known" in the Peninsula:

> "it was thought necessary to dazzle the self love of the Americans, by seating near the throne of the Cortes, members whom the latter had never named, nor who could be chosen by those who created them into their substitutes, as in like manner they did others for the provinces in possession of the French."

So then, the 1811 General Congress *Manifesto* reported regarding "the eloquent manifest" written by the Cortes on the 9th of January, 1811, against America,[113] that it was:

---

[112] The General Congress was referring to "Montenegro, excecrable and notorious for his conduct, and unnaturalized by the Spanish government."

[113] Reference was made to the "Manifesto issued by General and Special *Cortes* to the Nation" of January 9, 1811, where the reasons were given for Spain's independence from Napoleon's claims. See the text published in *El Mercurio Venezolano*, Vol I, Caracas, febrero 1811. See the newspaper's text in facsimile version in <http://cic1.ucab.edu.ve/hmdg/bases/hmdg/textos/Mercurio/Mer_Febrero1811.pdf>. It should be noted that the editor of *El Mercurio* in 1811 was precisely Francisco Isnardy, Secretary of the General Congress, who as such signed the *Manifesto* of the Congress of 1811. On the note preceding the text of the Manifest of the General Cortes -undoubtedly from the pen of Isnardy- the following text was drafted mimicking what Napoleon could have said and was included in the *Manifesto* of the General Congress upon such Manifest saying that "In one of our newspapers (*"Mercurio Venezolano,"* February 1811), we have discovered the true spirit of the Manifest in point, which reduced to the following reasoning may be regarded as an assertive commentary to it: "America is threatened to becomo the victim of a foreign power, or to continue to be our slave; but in order to recover her rights, and thorw off all dependency whatever she has considered it necessary not violently to break the ties which held her bound to his country. Ferdinand has been the signal of re-union which the new world has adopted, and we have followed; he is suspected of connivance with the Emperor of the French, and if we give ourselves up blindly to acknowledge him, we afford the Americans a pretext for believing us still his representatives and openly denying us this character, and as these designs already begin to be understood in some parts of America, let us previously manifest our intention, not to acknowledge Ferdinand but under certain condicitons; these will never be carried into effect, and whilst Ferdinand neither in fact, or right, is our king, we shall be enabled to reign over America, which country so much coveted by us, and so difficult to maintain in slavery, will not then so easily slip through our fingers.us and so hard to keep in slavery, will not go so quickly out of our hands" In a Footnote it was added that "These are expressions put

> "con una locución digna de mejor objeto; bajo la brillantez del discurso, se descubría el fondo de la perspectiva presentada para alucinarnos. Temiendo que nos anticipásemos a protestar todas estas nulidades, se empezó a calcular sobre lo que se sabía, para no aventurar lo que se ocultaba. Fernando, desgraciado, fue el pretexto que atrajo a sus pseudo-representantes los tesoros, la sumisión y a esclavitud de la América, después de la jornada de Bayona; y Fernando, seducido, engañado y prostituido a los designios del Emperador de los franceses, es ya lo último a que apelan para apagar la llama de la libertad que Venezuela ha prendido en el continente meridional."

Pero a pesar de tal manifestación de las Cortes "destinada a conmover la América," el Congreso General indicó en el Manifiesto que era del convencimiento "que entre las cuatro paredes de las Cortes se desatienden de nuestra justicia, se eluden nuestros esfuerzos, se desprecian nuestras resoluciones, se sostienen a nuestros enemigos, se sofoca la voz de nuestros imaginarios representantes, se renueva para ellos la Inquisición,[114] al paso que se publica la libertad de imprenta y se controvierte si la Regencia pudo declararnos libres y parte integrante de la nación."

Por otra parte, la persecución contra la Provincia "desde la isla de Puerto Rico" no cesó con la integración de las Cortes, por lo que en el *Manifiesto* del Congreso General se dio cuenta de que "Meléndez, nombrado Rey de Puerto Rico por la Regencia," quedó "por un decreto de las Cortes:"

> "con la investidura equivalente de gobernador, nombres sinónimos en América, porque ya parecía demasiado monstruoso que hubiese dos reyes en una pequeña isla de las Antillas españolas. Cortabarría solo bastaba para eludir los efectos del decreto, dictado sólo por un involuntario sentimiento de decencia. Así fue que cuando se declaraba inicua, arbitraria y tiránica la investidura concedida por la Regencia a Meléndez y se ampliaba la revocación a todos los países de América que se hallasen en el mismo caso que Puerto Rico, nada se decía del plenipotenciario Cortabarria, autorizado por la misma Regencia contra Venezuela, con las facultades más raras y escandalosas de que hay memoria en los fastos del despotismo orgánico."

Y precisamente, después del decreto de las Cortes, se denunció en el *Manifiesto*, fue que se habían sentido "más los efectos de la discordia, promovida, sostenida y calculada desde el fatal observatorio de Puerto Rico;" que se habían "asesinados inhumanamente los pescadores y costa-

---

[114] En una nota al pié en el *Manifiesto* que hizo al mundo se indicó que había "noticias positivas de que el Sr. Mexía, Suplente de Santa Fe, ha sido encerrado en la Inquisición por su liberalidad de ideas."

"worded in a style worthy of a better object, but under the brilliancy of diction, the back ground of the perspective, designed *to* deceive us, was discovered. Fearing that we should be beforehand to protest against the whole of these nullities, they began to calculate on what was already known, not to risque what was yet hidden. The misfortunes of Ferdinand, were the pretexts that had obtained for his pseudo-representatives, the treasures, submission and slavery of America, after the events of Bayona; and Ferdinand seduced, deceived and prostituted to the designs of the Emperor of the French, is now the last resourse to which they fly, to extinguish the flames of liberty, which Venezuela had kindled in the South Continent."

But despite this demonstration of the *Cortes* "destined to stir up, and excite commotions in America" the General Congress said in the *Manifesto* that it was its belief that "within the walls of the *Cortes*, justice is overlooked, our efforts are eluded, our resolutions contemned, our enemies upheld, the voices of our imaginary representatives suppressed, the inquisition is renewed against them [114] at the same time liberty of the press is proclaimed, and it is controversially discussed, whether the Regency could or not, declare us and an integral part of nation."

On the other hand, the persecution developed against the Provinces of Venezuela "from the island of Puerto Rico" did not end with the establishment of the *Cortes*, for which cause the *Manifesto* of the General Congress recorded that "Melendez, named king of Puerto Rico by the Regency," was left by a decree of the *Cortes*:

"with the equivalent investiture of governor, synonimous names in America; because it now appeared, too monstrous to have two kings, in a small island of the Spanish Antilles. Cortavarria alone, was sufficient to elude the effects of a decree, only dictated by an involuntary sentiment of decency. Thus it happened, that when the investiture, granted by the Regency to Melendez was declared iniquitous, arbitrary, and tyrannical, and a revocation was extended to all the countries of America, then situated as was Puerto Rico, nothing was said of the plenipotentiary Cortavarria, authorized by the same Regency against Venezuela, with powers, the most uncommon and scandalous, ever remembered in the annals of organical despotism."

And just after the decree of the *Cortes*, as it was reported in the 1811 General Congress *Manifesto*, was that "the effects of that discord, promoted, sustained, and aimed from the fatal observatory of Puerto Rico, were

---

into the mouth of a Spaniard, and illustrative of the opinions agitated in the Cortes respecting the allegiance to Ferdinand."

[114] In a Footnote to the *Manifesto* it was reported that "El Sr. Mexia, was at one time in danger of being put into the inquisition, for his liberal sentiments."

neros en Ocumare por los piratas de Cortabarria;" que habían "sido bloqueadas, amenazadas e intimadas Cumaná y Barcelona;" que se habían "organizado y tramado una nueva y sanguinaria conjuración contra Venezuela, por el vil emisario introducido pérfidamente en el seno pacífico de su patria para devorarla; que se había "alucinado a la clase más sencilla y laboriosa de los alienígenas de Venezuela; y que "por las sugestiones del pacificador de las Cortes, después del decreto de éstas," se había turbado e interrumpido "la unidad política de nuestra Constitución," promoviéndose la discordia entre las Provincias:

> "para que en un mismo día quedase sumergida Venezuela en la sangre, el llanto y la desolación, asaltada hostilmente por cuantos puntos han estado al alcance de los agitadores, que tiene esparcidos contra nosotros el mismo Gobierno que expidió el decreto a favor de Puerto Rico y de toda la América. El nombre de Fernando VII es el pretexto con que va a devorarse el Nuevo Mundo; si el ejemplo de Venezuela no hace que se distingan, de hoy más, las banderas de la libertad clara y decidida, de las de la fidelidad maliciosa y simulada"

En todo caso, la amenaza del enviado de Puerto Rico, Domingo Monteverde como jefe del ejército invasor español y la necesidad de defender la República, llevaron al Congreso General, el 4 de Abril de 1812, a delegar en el Poder Ejecutivo todas las facultades necesarias,[115] avenido éste nombrado, el 23 de abril de 1812, como Generalísimo a Francisco de Miranda, con poderes dictatoriales. En esta forma, la guerra de independencia obligó, con razón, a dejar de un lado la Constitución. Como el Secretario de Guerra, José de Sata y Bussy, quien había sido Diputado de San Fernando de Apure en el Congreso General, le comunico en correspondencia dirigida a Miranda ese mismo día 23 de abril de 1812:

> "Acaba de nombraros el Poder Ejecutivo de la Unión, General en Jefe de las armas de toda la Confederación Venezolana con absolutas facultades para tomar cuantas providencias juzguéis necesarias a salvar nuestro territorio invadido por los enemigos de la libertad Colombiana; y bajo este concepto no os sujeta ley alguna ni reglamento de los que hasta ahora rigen estas Repúblicas, sino que al contrario no consultareis mas que la Ley suprema de salvar la patria; y a este efecto os delega el Poder de la Unión sus facultades naturales y las extraordinarias que le confirió la representación nacional por decreto de 4 de este mes, bajo vuestra responsabilidad."[116]

---

[115] Véase *Libro de Actas del Congreso de Venezuela 1811-1812*, Biblioteca de la Academia Nacional de la Historia, tomo II, Caracas, 1959, pp. 397 a 399.

[116] Véase *Archivo del General Miranda, op. cit*, Tomo XXIX, pp. 396 y 397.

more severely felt;" that "the fishermen and coasters were inhumanly assassinated in Ocumare, births pirates of Cortavarria;" that "Cumana and Barcelona where blockaed, threatened and summoned;" being a "a new and sanguinary conspiracy, against Venezuela," plotted and organized "by a vile emissary, who perfidiously entered the pacific bosom of his country, in order to devour it." The *Manifesto* also referred to the deceptions practiced "on the most innocent and lavorious classes of the imported colonists of Venezuela;" and that "by the suggestions of the Pacificator of the *Cortes*, and posterior to the said decree, [...] the political unity of our Constitution was interrupted in Valencia" promoting thereby disagreements among the provinces:

> "in order that on the same day, Venezuela might be deluged in blood, and sunk in affiction and desolation: be hostilely assaulted from every point within the reach of the conspirators, who were scattered amongst us by the same government, which issued the decree in favor of Puerto Rico and of all America. The name of Ferdinand VII is the pretext under which the new World is about to be laid waste, if the example of Venezuela does not henceforward cause the banners o fan unshaken and decided liberty, to be distinguished from those of a malicious and dissembled fidelity."

In any case, the threat of the envoy from Puerto Rico, Domingo Monteverde as head of the Spanish invader army, and the need to defend the Republic, led the General Congress, on April 4, 1812 to delegate the executive branch with all the necessary powers,[115] appointing, on April 23, 1812, Generalissimo Francisco de Miranda with dictatorial powers. In this way, the war of independence forced, quite rightly, to put aside the Constitution. As Secretary of War, José de Sata y Bussy (who had been deputy for San Fernando de Apure in the General Congress) notified in a letter addressed to Miranda that same day of April 23 1812:

> "The executive branch of the Union has just appointed you Chief-General of the arms of the entire Venezuelan Confederation with absolute authority to take all necessary actions you deem fit to save our country which has been invaded by the enemies of the Colombian freedom; and under this concept neither the law nor the regulations hitherto governing these republics shall bind you but instead you shall need to ask no more than to the Supreme Law of saving the country; and to this end the power of the Union has delegated under your responsibility its natural and extraordinary capacities given to it from the national representation by decree of the 4th of this month."[116]

---

[115] See *Libro de Actas del Congreso de Venezuela 1811–1812*, Biblioteca de la Academia Nacional de la Historia, Vol. II, Caracas, 1959, pp. 397 a 399.
[116] See *Archivo del General Miranda, op. cit*, Vol. XXIX, pp. 396 y 397.

En la sesión del Congreso del 4 de abril de 1812, se había acordado que "la medida y regla" de las facultades concedidas al Poder Ejecutivo fuera la salud de la Patria; y que siendo esa la suprema ley, "debe hacer callar las demás;"[117] pero a la vez, se acordó participar a las "Legislaturas Provinciales" la vigencia de la Constitución Federal sin perjuicio de las facultades extraordinarias al Poder Ejecutivo.[118] El Congreso, el 4 de abril de 1812, además, había exhortado a las mismas "Legislaturas provinciales" que obligaran y apremiasen a los diputados de sus provincias a que sin excusa ni tardanza alguna se hallaren en la ciudad de Valencia para el 5 de julio de 1812, para determinar lo que fuera más conveniente a la causa pública.[119] Esta reunión, sin embargo, nunca se pudo realizar.

En esta forma, en la historia constitucional venezolana, a los pocos meses de sancionada la Constitución de 1811, se produjo, por la necesidad de salvar la República, la primera ruptura del hilo constitucional. La dictadura, sin embargo, duró poco, pues el 25 de julio de 1812 se firmó la Capitulación de Miranda, con la aceptación de la ocupación del territorio de la provincia de Caracas por Monteverde.[120] El coronel Simón Bolívar (1783–1830), quien tenía a su cargo la plaza militar de Puerto Cabello, la había perdido días antes y a mediados de Julio, antes de la Capitulación, había comunicado los sucesos a Miranda.[121] Entre las múltiples causas de la caída de la Primera República está, sin duda, la pérdida de la plaza de Puerto Cabello.

Después de la firma de la Capitulación, Monteverde desconoció los términos del Armisticio, Miranda fue detenido en La Guaira, entre otros, por Simón Bolívar la noche del 31 de julio de 1812, habiendo Bolívar logrado salir de La Guaira a fines de agosto, con salvoconducto otorgado por Monteverde, hacia Curazao y luego a Cartagena.

El resultado más importante del proceso constituyente provocado por el movimiento de Independencia, como ya se ha mencionado, fue la Constitución Federal de 1811, cuyo texto condicionó el desarrollo de las instituciones políticas y constitucionales de Venezuela hasta nuestros

---

[117] Véase *Libro de Actas del Congreso de Venezuela...*, *op. cit.*, pág. 398.
[118] *Idem*, p. 400.
[119] *Ibídem*, pp. 398–399.
[120] Véase los documentos en *Archivo del General Miranda*, tomo XXIV, *op. cit.*, pp. 509 a 530. También en J.F. Blanco y R. Azpúrua, *Documentos para la Historia de la Vida Pública del Libertador...*, *op. cit.*, pp. 679 y ss.
[121] *Idem.* pp. 415 a 430.

At the session of April 4, 1812, it was agreed that "the measure and rule" of the powers granted to the executive branch was the health of the nation; and that that being the supreme law it "should silence every other;"[117] yet it was also agreed to notify the "Provincial Legislatures" the validity of the Federal Constitution notwithstanding the extraordinary authority bestowed on the Executive Branch.[118] The Congress, on April 4, 1812, had also asked the same "Provincial Legislatures" to force and urge the deputies of their provinces to attend, without excuse or delay, to the city of Valencia on July 5, 1812 in order to determine what would be most beneficial for the public cause.[119] Nonetheless, this meeting never took place.

In this way it is that in the Venezuelan constitutional history, the first break of the constitutional line was produced only a few months after the sanctioning of the Constitution of 1811 because of the need to save the Republic. The dictatorship, however, was short-lived as on July 25, 1812 Miranda signed a Capitulation and accepted the occupation of the province territory of Caracas by Monteverde.[120] Previously, Colonel Simón Bolívar had lost the garrison of Puerto Cabello, which he was in charge of, and since mid-July -before the capitulation- he reported the events to Miranda.[121] Among the many causes for the fall of the First Republic, the loss of Puerto Cabello was, no doubt, one of them.

After the signing of the Capitulation, Monteverde disregarded its terms and Miranda was detained the night of July 30th, 1812, and Bolivar was able to leave La Guaira in late August to Curacao and then to Cartagena.

As for the constitution making process provoked by the Independence process, as mentioned, is most important result was the 1811 Federal Constitution that conditioned the development of the Venezuelan political and constitutional institutions still to this day, having in one way or

---

[117] See *Libro de Actas del Congreso de Venezuela...*, op. cit., pág. 398.

[118] *Idem*, p. 400.

[119] *Ibidem*, pp. 398–399.

[120] See the documents at *Archivo del General Miranda*, Vol. XXIV, op, cit., pp. 509 a 530. Also in J.F. Blanco y R. Azpúrua, *Documentos para la Historia de la Vida Pública del Libertador...*, op. cit., pp. 679 y ss.

[121] *Idem*. pp. 415 a 430.

días, habiendo influido de una manera u otra en todas las Constituciones venezolanas hasta la presente, sancionada en 1999.[122]

Sin embargo, en cuanto a su aplicación, la realidad es que para cuando el libro que aquí se publica con los *Documentos Oficiales Interesantes* de la Independencia, estaba en proceso de edición en Londres, la labor de construcción del Estado independiente quedó a medio hacer, pues apenas se instaló el gobierno republicano en la capital federal de Valencia, el 1 de marzo de 1812, la reacción realista se comenzó a sentir con el Capitán de fragata Domingo de Monteverde a la cabeza, lo que fue facilitado por los efectos devastadores del terremoto que desoló a Caracas el 24 del mismo mes de marzo de 1812, que los Frailes y el Arzobispo de Caracas atribuyeron a un castigo de Dios por la revolución de Caracas.[123]

Después de la Capitulación firmada en julio de 1812, puede decirse que ninguna norma constitucional fue aplicada en las provincias de Venezuela, ni siquiera las de la Constitución de Cádiz 1812 la cual formalmente se juró en Caracas en una ceremonia militar, no cívica, seis meses después, el 3 de diciembre de 1812. Dicha Constitución, en todo caso, tuvo una aplicación limitada, incluso en la península debido a que durante sus años de vigencia (1812-1814) el país estaba todavía en gran parte ocupado por los franceses, y el rey se mantenía ausente. Cuando regresó en 1814, hizo caso omiso de la soberanía de las Cortes de Cádiz, y como se dijo, formalmente anuló y derogó la Constitución.

---

[122] Desde la Constitución de 1811, y durante los últimos doscientos años, Venezuela ha tenido veintiséis Constituciones sancionadas sucesivamente en 1811, 1819, 1821, 1830, 1857, 1858, 1864, 1874, 1881, 1891, 1893, 1901, 1904, 1909, 1914, 1922, 1925, 1928, 1929, 1931, 1936, 1945, 1947, 1953, 1961 y 1999. Este número excesivo de "constituciones," fue básicamente el producto de la ausencia de la "enmienda" como técnica de revisión constitucional, por lo que en su gran mayoría se trató tan sólo reformas parciales y puntuales, por lo general provocadas por factores políticos coyunturales. Es decir, este número de constituciones no se corresponde con igual número de pactos políticos fundamentales originarios de los nuevos regímenes políticos y formas de gobierno constitucional. Véanse los textos de todas las Constituciones venezolanas desde 1811, en Ulises Picón Rivas, *Índice Constitucional de Venezuela*, Caracas, 1944; Luis Mariñas Otero, *Las Constituciones de Venezuela*, Madrid, 1965; Allan R. Brewer-Carías, *Las Constituciones de Venezuela*, Academia de Ciencias Políticas y Sociales, 2 Vols., Caracas 2008.

[123] Véase J.F. Blanco y R. Azpúrua, *Documentos para la Historia de la Vida Pública del Libertador...*, *op. cit.*, Tomo III, pp. 614 y ss.

another, influenced all the Venezuelan Constitutions up to the present in force sanctioned in 1999.[122]

Nonetheless, as for its enforcement, the reality is that by when the book *Interesting Official Documents* was being edited in London, the work for the establishment of a Venezuelan independent State was left half done because as soon as the Republican government was installed in the capital city of Valencia, on March 1, 1812, the Royalist reaction conducted by Monteverde against the Republic began to be felt, which was favored by the devastating effects of the earthquake that ravaged Caracas on March 26th, 1812 and which the Friars and the Archbishop of Caracas attributed to a punishment of God for the revolution of Caracas.[123]

After the Capitulation signed on July 1812, no constitutional rule was applied in the provinces of Venezuela, not even the ones of the Cádiz 1812 Constitution that formally was swear in Caracas six months later, on December 3, 1812, in a military – not civic - ceremony. Such Constitution, in any case, had limited application even in the Peninsula because during its years of enforcement (1812-1814) the country was still largely occupied by the French, and the King remained absent; and when he did return in 1814, he disregarded the sovereignty of the *Cortes* of Cadiz, and formally annulled and repealed the Constitution.

---

[122] Since the 1811 Constitution, and during the last two hundred years, the Venezuelan independent state has been subjected to twenty-six Constitutions sanctioned successively in 1811, 1819, 1821, 1830, 1857, 1858, 1864, 1874, 1881, 1891, 1893, 1901, 1904, 1909, 1914, 1922, 1925, 1928, 1929, 1931, 1936, 1945, 1947, 1953, 1961 and 1999. This excessive number of "constitutions" was the product of the absence of the "amendment" constitutional revision technique, so in their great majority they were mere partial and punctual reforms generally provoked by circumstantial political factors. That is, this number of constitutions does not correspond to similar number of fundamental political pacts originating new political regimes and forms of constitutional government. See the texts of all the Venezuelan Constitutions since 1811, in Ulises Picón Rivas, *Índice Constitucional de Venezuela*, Caracas, 1944; Luis Mariñas Otero, *Las Constituciones de Venezuela*, Madrid, 1965; Allan R. Brewer-Carías, *Las Constituciones de Venezuela*, Academia de Ciencias Políticas y Sociales, 2 Vols., Caracas 2008.

[123] See J.F. Blanco y R. Azpúrua, *Documentos para la Historia de la Vida Pública del Libertador…, op. cit.,* Vol. III, pp. 614 y ss.

IV. LOS REDACTORES DE LOS *DOCUMENTOS OFICIALES INTE-RESANTES DE LA INDEPENDENCIA DE VENEZUELA*, SU ENCARCELAMIENTO A LA CAÍDA DE LA REPÚBLICA, Y EL CONSIGUIENTE DESPRECIO POR LA CONSTITUCIÓN

Los documentos constitucionales que resultaron del proceso de Independencia de Venezuela, publicados en el libro de Londres como los *Documentos Oficiales Interesantes relacionados con las Provincias Unidas de Venezuela*, con los cuales se había definido el marco constitucional del nuevo Estado, fueron concebidos y escritos por una formidable equipo de juristas venezolanos, que en ese momento, además de ser fluidos en inglés y francés, y con acceso a todos los libros nuevos que lograban ingresar a las provincias, fueron los principales actores del proceso constituyente, habiendo participando personalmente y de una manera muy activa desde sus inicios el 19 de abril de 1810, en el proceso de independencia. Todos perseguidos políticos por este delito y, en particular, por haber escrito esos "peligrosos" documentos.

Uno de esos juristas fue Juan Germán Roscio (1763-1821), experimentado abogado y teórico pardo, quien fue uno de los "representantes del pueblo" incorporado en la Junta Suprema en 1810.[124] De inmediato se convirtió en Secretario de Relaciones Exteriores de la nueva Junta de Gobierno, y redactor de la *Gaceta de Caracas*, que no sólo era el diario oficial del gobierno, sino el principal diario del país. Desde esas posiciones, mantuvo estrechas relaciones con Andrés Bello, el primer editor de la *Gaceta* y con quien trabajó en el Departamento de Relaciones Exteriores hasta que este viajó a Londres en julio de 1810, como Secretario de los Comisionados enviados por la Junta a Londres buscando apoyo del gobierno británico.[125] Bello, como se sabe, fue un prolífico escritor, considerado como "el intelectual más prominente o el Primer Humanista de la América Hispana,"[126] quien desarrolló su actividad intelectual principal en Chile, donde se instaló algunas décadas más tarde. Después que los comisiona-

---

[124] Véase Luis Ugalde s.j., *El pensamiento teológico-político de Juan Germán Roscio*, Universidad Católica Andrés Bello, bid & co. Editor, Caracas 2007, p. 39.

[125] Andrés Bello entregó a José M. Blanco White, editor en Londres de la revista llamada *"El Español,"* una carta de Roscio del 28 de enero de 1811, que fue respondida por éste el 11 de julio de 1811. Ambas cartas fueron publicadas en *El Español*. Véase el texto en José Félix Blanco and Ramón Azpúrua, *Documentos para la Historia de la Vida Pública del Libertador...*, op. cit., Tomo III, pp. 14-19.

[126] Véase Pedro Grases, *Andrés Bello: El primer Humanista de América*, Ediciones El Tridente, Buenos Aires 1946; *Escritos Selectos*, Biblioteca Ayacucho, Caracas 1988, p. 119.

IV. THE DRAFTERS OF THE *INTERESTING OFFICIAL DOCUMENTS* OF THE VENEZUELAN INDEPENDENCE, THEIR IMPRISONMENT AT THE FALL OF THE REPUBLIC, AND THE SUBSEQUENT COMPETENT OF THE CONSTITUTION

As for the constitutional documents that resulted from the Venezuelan independent process published in the London book as the *Interesting Official Documents Relating to the United Provinces of Venezuela*, in which the constitutional framework of the new State was defined, they were conceived and written by a formidable team of Venezuelan lawyers, who at that time, in addition to being fluent in English and French, and with access to all the new books that managed to get into the provinces, were the principal actors personally participating in the process of independence in a very active way since its beginnings on April 19, 1810; being all politically persecuted for such crime and particularly for of having written such "dangerous" documents.

Among them, mention must be made of Juan Germán Roscio (1763-1821), an experienced *pardo* attorney and theorist, who was one of the "representatives of the people" called to be incorporated in the Caracas *Junta* of 1810.[124] He quickly became Secretary of State (Foreign Affairs) of the new *Junta*, and editor of the *Gaceta de Caracas*, which was not only the official journal of the government, but the main journal of the country. From those positions, he maintained close relations with Andrés Bello, the first editor of the *Gaceta* and who worked with him in the Department of Foreign Affairs until he traveled to London in July 1810, as Secretary of the Commissioners sent by the *Junta* to London seeking support from the British government.[125] Bello, as we all know was a prolific writer, considered as the most prominent intellectual or the First Humanist of Spanish America,"[126] who developed his main intellectual activities in Chile where he settled some decades later. After the commissioners returned to Cara-

---

[124] See Luis Ugalde s.j., *El pensamiento teológico-político de Juan Germán Roscio*, Universidad Católica Andrés Bello, bid & co. Editor, Caracas 2007, p. 39.

[125] Andrés Bello delivered José M. Blanco White, the editor in London of the journal named "*El Español*," a letter of Roscio dated January 28, 1811, which was answered by the latter on July 11, 1811. Both letters were published in *El Español*. See the text in José Félix Blanco and Ramón Azpúrua, *Documentos para la Historia de la Vida Pública del Libertador...*, op. cit., Vol. III, pp. 14-19.

[126] See Pedro Grases, *Andrés Bello: El primer Humanista de América*, Ediciones El Tridente, Buenos Aires 1946; *Escritos Selectos*, Biblioteca Ayacucho, Caracas 1988, p. 119.

dos regresaron a Caracas, Bello permaneció en Londres, siendo como se mencionó, instrumento clave para la edición y publicación de este libro.

Roscio, quien era muy amigo de Bello, también supervisó a través de él, la edición del libro *Documentos Oficiales Interesantes*, siendo él mismo uno de los principales co-redactores de los documentos, así como de otros documentos como el ya mencionado *Reglamento para la Elección de los representantes de las Provincias de Venezuela* en el Congreso General y, por supuesto, el muy importante *Manifiesto* emitido por el Congreso General explicando al mundo las razones del proceso de independencia.

Los otros co-redactores de los *Documentos Oficiales Interesantes* fueron Francisco Javier Ustáriz, Francisco Isnardy, y Miguel José Sanz, todos miembros activos del Congreso General en Caracas, y todos ellos, junto con Roscio y Miranda, considerados por Monteverde después de la capitulación firmada por este último, como parte del grupo de los "monstruos" de América, responsables de todos los males de las antiguas colonias. Ellos fueron apresados después de la Capitulación de Miranda en julio de 1812, y enviados a prisión. Miranda resultó ser la víctima más prominente de la traición de sus subordinados, entre ellos de Simón Bolívar, el ex comandante de Puerto Cabello, de Manuel María de las Casas, el jefe militar del Puerto de la Guaira, y de Miguel Peña, Jefe Civil de dicho puerto.[127] Después del encarcelamiento de Miranda, Monteverde expidió un salvoconducto a Bolívar, quien logró escapar de la persecución posible a Cartagena, en las provincias de Nueva Granada. Como escribió el propio Monteverde el 26 de agosto de 1812 en una carta enviada a las autoridades españolas:

"Yo no puedo olvidar los interesantes servicios de Casas, ni de Bolívar y Peña, y en su virtud no se han tocado sus personas, dando solamente al segundo sus pasaportes para países extranjeros, pues sus influencias y conexiones podrían ser peligrosas en estas circunstancias." [128]

En cuanto a los "monstruos de América," ellos fueron víctimas directas de la nueva "Ley de la conquista" impuesta por los nuevos conquistadores españoles en las provincias de Venezuela, precisamente al mismo

---

[127] Véase el texto de la carta en Giovanni Meza Dorta, *Miranda y Bolívar, Dos visions*, 3a ed., bid & co. Editor, Caracas 2011, Appendix 18, pp. 204-206, 143 ss.

[128] Véase el texto de la carta en Giovanni Meza Dorta, *Miranda y Bolívar, Dos visions*, 3a ed., bid & co. Editor, Caracas 2011, Appendix 18, pp. 204-206.143 ss.

cas, Bello remained in London, being as mentioned, the key instrument for the editing and publication of the book.

Roscio, who was a close friend of Bello, also supervised through him the edition of the *Interesting Official Documents* book, being himself one of the main co-drafter of the documents, as well as of other documents like the already mentioned Regulation for the Election of Representatives of the Provinces of Venezuela to the General Congress, and of course, of the very important *Manifiesto* issued by the General Congress to the World explaining reasons of the independence process.

The other co-drafters of the *Interesting Official Documents* were Francisco Javier Ustáriz, Francisco Isnardy, and Miguel José Sanz, all active members of the General Congress in Caracas, and all of them together with Roscio and Miranda, considered by Monteverde after the Capitulation signed by the latter, as part of the "monsters of America" responsible for all the evils of the former colonies. They were all captured after Miranda's Capitulation in July 1812, and sent to prison. Miranda resulted to be the most prominent victim of betrayal by his own people and subordinates, particularly by Simón Bolívar, the former Commander of Puerto Cabello; Manuel María de las Casas, the military chief of the Port of La Guaira; and Miguel Peña, the civil chief of said Port.[127] After Miranda's imprisonment, Monteverde issued a passport to Bolívar, who then managed to escape from possible persecution to Cartagena in the provinces of Nueva Granada. As Monteverde himself wrote on August 26, 1812 in a letter sent to the Spanish authorities:

"I cannot forget the interesting services of Casas, nor of Bolívar and Peña, and because of their persons have not been touched, giving only to the second his passport to foreign countries, due to that in these circumstances, his influence and connection could be dangerous." [128]

As for the "monster of America" they were the direct victims of the new "rule of conquest" imposed by the new Spanish conquerors in the provinces of Venezuela; precisely at the same time that in London the

---

[127] See Giovanni Meza Dorta, *Miranda y Bolívar, Dos visions*, 3a ed., bid & co. Editor, Caracas 2011, pp. 143 ss., 153 ss.; Mario Rodriguez, *William Burke" and Francisco de Miranda, cit.* p. 488.

[128] "See the text of the letter in Giovanni Meza Dorta, *Miranda y Bolívar, Dos visions*, 3a ed., bid & co. Editor, Caracas 2011, Appendix 18, pp. 204-206.143 ss.

tiempo en el cual en Londres comenzaba a entrar en circulación el libro; un libro que ninguno de ellos llegaría siquiera a ver.

Miranda, después de haber sido detenido en las prisiones de La Guaira, trasladado luego al castillo de Puerto Cabello y, al castillo el Morro de San Felipe en Puerto Rico, terminó en la prisión de La Carraca en el arsenal de Cádiz, donde murió en 1816 sin haber sido sometido a proceso alguno.[129] Roscio, por su parte, quién también fue encarcelado y enviado a Cádiz, logró ser puesto en libertad un año antes, en 1815, cuando viajó a Filadelfia, donde publicó en 1817 otro libro muy importante con sus reflexiones finales del proceso de la independencia titulado: "*El triunfo de la libertad sobre el despotismo, En la confesión de un pecador arrepentido de sus errores políticos, y dedicado a desagraviar en esta parte a la religión ofendida con el sistema de la tiranía.* [130]

Este "sistema de la tiranía", argumentaba Roscio, no era otro que el desarrollado por España tras la declaración de independencia de Venezuela, a fin de lograr la "pacificación" de las provincias venezolanas. A tal efecto, la Junta Suprema de España, y más tarde el Consejo de Regencia, como se ha mencionado, reaccionó de una manera muy agresiva en contra de los procesos de independencia, asignando a una fuerza militar encargada de la "pacificación" con sede en Puerto Rico, la invasión de la provincias de Venezuela, desde donde el comandante español Domingo de Monteverde zarpó, llegando a las costas de Venezuela en febrero de 1812.[131] Un mes más tarde, en la víspera del terrible terremoto del 26 de

---

[129] Véanse las cartas que envió desde la prisión en Puerto Cabello, Puerto Rico y Cádiz a todas las autoridades españolas, entre ellas las Cortes Generales, e incluso el rey Fernando VII, de fechas 8 de marzo 1813, 6 de junio 1813, 30 de junio de 1814 y 25 de septiembre 1814, impotente, reclamando justicia, en Francisco de Miranda, *América Espera*, cit, pp. 474, 480, 484, 487, 491. Véanse, en particular la primera carta que envió a la Audiencia de Caracas el 8 de marzo 1813 en la cual argumentó sobre la violación de la nueva Constitución de Cádiz de 1812 y sobre los términos de la capitulación, en Francisco de Miranda, *Textos sobre la Independencia*, cit., pp. 163-172.

[130] En la imprenta de Thomas H. Palmer. La segunda edición de 1821 también se hizo en Filadelfia en la imprenta de M. Carey & Sons.

[131] Véanse los documentos en el *Archivo del General Miranda*, La Habana, 1950, tomo XXIV, pp. 509 a 530. También en José Félix Blanco y Ramón Azpúrua, *Documentos para la Historia de la Vida Pública del Libertador ... cit.*, Vol. III, pp. 679 y ss. también en José de Austria, *Bosquejo de la Historia Militar de Venezuela*, Biblioteca de la Academia Nacional de la Historia, Tomo I, Caracas 1960, pp. 340 ss.

book was beginning to be available; a book that none of them ever gotten to see.

After being detained in Puerto Cabello and later, in the prison of San Felipe El Morro in Puerto Rico, Miranda died in Cádiz in 1816 without being subjected to any sort of trial.[129] Roscio, from his part, who was also imprisoned and sent to Cádiz, managed to be released the previous year, in 1815, traveling to Philadelphia where he published in 1817 another very important book with his late reflections of the independence process titled: "*El triunfo de la libertad sobre el despotismo, En la confesión de un pecador arrepentido de sus errores políticos, y dedicado a desagraviar en esta parte a la religión ofendida con el sistema de la tiranía* [The Triumph of Freedom over Despotism in the Confession of a Repentant Sinner from his Political Mistakes and Dedicated to make Amends in this Part, of the Offended Religion with the System of Tyranny].[130]

This "System of Tyranny" argued by Roscio was no other than the one developed by Spain after the independence of Venezuela was declared, in order to achieve the "pacification" of the Venezuelan provinces. For such purpose, the *Junta Suprema* of Spain, and later the Council of *Regencia*, as mentioned, reacted in a very aggressive way against the independence processes, assigning to a "pacification" military task with headquarters located in Puerto Rico, the invasion of the Venezuelan provinces, from where the Spanish Commander Domingo de Monteverde sailed, arriving in the coasts of Venezuela in February of 1812.[131] One month later, on the eve of the terrible earthquake (March 26th, 1812) that

---

[129] See the letters he sent fron the prisons in Puerto Cabello, Rico and Cádiz to all Spanish authorities, including the *Cortes Generales* and even King Ferdinand VII, dated March 8, 1813, June 6, 1813, June 30, 1814 and September 25, 1814 helplessly claiming for justice, in Francisco de Miranda, *América Espera, cit*, pp. 474, 480, 484, 487, 491. See specifically the first letter he sent to the Audiencia of Caracas on March 8, 1813 where he argues on the violation of the new Cádiz Constitution of 1812 and on the terms of the capitulation, in Francisco de Miranda, *Textos sobre la Independencia, cit.*, pp. 163-172.

[130] In the press of Thomas H. Palmer. The second edition of 1821 was also made in Philadelphia in the Press of M. Carey & Sons.

[131] See the documents at the *Archivo del General Miranda*, La Habana, 1950, Vol. XXIV, pp. 509 a 530. Also in José Félix Blanco y Ramón Azpúrua, *Documentos para la Historia de la Vida Pública del Libertador de Colombia, Perú y Bolivia. Puestos por orden cronológico y con adiciones y notas que la ilustran*, La Opinión Nacional, Vol. III, Caracas 1877, Edición facsimilar: Ediciones de la Presidencia de la República, Caracas 1977, 1983, pp. 679 y ss. Also in José de Austria, *Bosquejo de la Historia Militar de Venezuela*, Biblioteca de la Academia Nacional de la Historia, Vol. I, Caracas 1960, pp. 340 ss.

marzo de 1812 que devastó a Caracas,[132] y también con efectos devastadores en las instituciones del nuevo Estado, el 25 de marzo 1812 Monteverde logró tomar la ciudad de Carora.

La destrucción física y moral de las provincias originó una terrible crisis política y social que fue seguida por la destrucción de toda la institucionalidad de la República, eliminándose el orden republicano. Después de la Capitulación firmada entre Miranda y Monteverde en julio de 1812, tras siete meses de su ejecución, la Constitución Federal de 1811 fue sustituida por el régimen militar de la Conquista, produciendo entre otros hechos la destrucción de la memoria histórica de la nueva República. El Archivo de la Provincia fue saqueado, lo que provocó la desaparición de los manuscritos originales de los *Documentos Oficiales Interesantes* de la Independencia. Los textos de muchos se salvaron debido a su publicación en la *Gaceta de Caracas*, pero en particular, el texto de todos, en su versión inicial se salvó porque todas las copias fueron enviadas a Londres con anterioridad, precisamente para su publicación en el libro, que se estaba imprimiendo al mismo tiempo que los manuscritos originales iban desapareciendo.

Habiendo sido abrogada la Constitución de 1811 por la fuerza militar, las autoridades invasoras debían procurar la publicación en Venezuela de la Constitución de Cádiz, recién sancionada cuando estos acontecimientos ocurrían (marzo de 1812). Para el caso, el Capitán General Fernando Mijares recién nombrado Gobernador de la antigua Provincia de Venezuela (cargo que materialmente no llegó a ejercer efectivamente jamás), le remitió a Monteverde desde Puerto Cabello, pocos días después de la firma de la Capitulación, el 13 de agosto de 1812, veinte ejemplares del texto constitucional monárquico, con las correspondientes órdenes y disposiciones que habían dado las Cortes para su publicación y observancia.[133] Monteverde no lo hizo de inmediato, sino que fue unos meses después cuando publicó la Constitución "a la manera militar," asumiendo

---

[132] Véase sobre el terremoto, la descripción de Louis Delpech publicada en *Le Journal de Paris*, en Mayo de 1813. Véase el texto en Jesús Rosas Marcano, *La independencia de Venezuela y los periódicos de Paris, 1808-1825*, Caracas 1964, pp. 135-140. Véase una versión en Inglés de la carta en Mario Rodríguez, "William Burke" and Francisco de Miranda. The Word and the Deed of the Spanish America's Independence, University Press of America, 1994, pp. 451-454. Véase también el importante mensaje de la Legislatura de la Provincia de Caracas de 09 de abril 1812, *Idem.*, p. 436; y los comentarios sobre los eventos de Miguel José Sanz, "Bases para un gobierno provisional en Venezuela," in Pedro Grases (Ed.), *Pensamiento Político de la Emancipación Venezolana*, Biblioteca Ayacucho, Caracas 1988, pp. 111 ss.

[133] Véase José de Austria, *Bosquejo de la Historia militar...*, *op. cit.*, Tomo I, p. 364.

devastated Caracas[132] and also with devastating effects in the institutions of the new State, on March 25th 1812 Monteverde managed to take the town of Carora.

The physical and moral destruction of the provinces originated a terrible political and social crisis that was followed by the entire institutional destruction of the Republic, being the republican order eliminated. After the Capitulation between Miranda and Monteverde was signed in July 1812, after seven months of enforcement, the Federal Constitution of 1811 was substituted by the military rule of Conquest, producing among other facts, the destruction of the historical memory of the new Republic. The Archives of the Province, in effect, were sacked, provoking the disappearance of the original manuscript of the *Interesting Official Documents* of Independence. Some copies were saved due to their publication in the *Gaceta de Caracas,* and particularly because all the copies were previously sent to London for its publication in the book, being printed at the same time that their original manuscripts were disappearing.

Having the Federal Constitution of 1811 been repealed by military force, the invading authorities should have sought the swearing in Venezuela of the Cadiz Constitution, recently enacted (March 1812) when these events occurred. For that matter the newly appointed Governor of the former Province of Venezuela, Captain-General Fernando Mijares (position that he materially failed to effectively ever exercise), sent to Monteverde from Puerto Cabello, a few days after the signing of the capitulation, on 13 August 1812, twenty copies of the constitutional monarchic text, with the corresponding orders and provisions given by the *Cortes* for its publication and enforcement.[133] Monteverde failed to do so immediately, being only a few months later that he published the Constitution but in a "military fashion" assuming an omnipotent power contrary

---

[132] See on the earthquake, the description of Louis Delpech published in *Le Journal de Paris*, in May 1813. See the text in Jesús Rosas Marcano, *La independencia de Venezuela y los periódicos de Paris, 1808-1825*, Caracas 1964, pp. 135-140. See an English version of the letter in Mario Rodríguez, *"William Burke" and Francisco de Miranda. The Word and the Deed of the Spanish America's Independence*, University Press of America, 1994, pp. 451-454. See also the important Message of the Legislature of the Province of Caracas of April 9, 1812, *Idem.*, p. 436; and the comments on the events of Miguel José Sanz, "Bases para un gobierno provisional en Venezuela," in Pedro Grases (Ed.), *Pensamiento Político de la Emancipación Venezolana*, Biblioteca Ayacucho, Caracas1988, pp. 111 ss.

[133] See José de Austria, *Bosquejo de la Historia militar...*, op. cit., Vol. I, p. 364.

un poder omnímodo contrario al del propio texto de la Constitución de Cádiz.[134] Sobre ella, el mismo Monteverde informó de manera hostil al Gobierno Metropolitano que si llegó a publicar la Constitución de Cádiz, había sido "por un efecto de respeto y obediencia, no porque consideré a la provincia de Venezuela merecedora todavía de que participase de los efectos de tan benigno código."[135]

De ello dio cuenta Simón Bolívar, al año siguiente en Cartagena, en su "Exposición sucinta de los hechos del Comandante español Monteverde, durante el año de su dominación en las Provincias de Venezuela," de fecha 20 de septiembre de 1813, en la cual dijo:

> "Pero hay un hecho, que comprueba mejor que ninguno la complicidad del Gobierno de Cádiz. Forman las Cortes la constitución del Reino, obra por cierto de la ilustración, conocimiento y experiencia de los que la compusieron. La tuvo guardada Monteverde como cosa que no importaba, o como opuesta a sus ideas y las de sus consejeros. Al fin resuelve publicarla en Caracas. La publica ¿y para qué? No sólo para burlarse de ella, sino para insultarla y contradecirla con hechos enteramente contrarios. Convida a todos, les anuncia tranquilidad, les indica que se ha presentado el arca de paz, concurren los inocentes vecinos, saliendo muchos de las cavernas en que se ocultaban, le creen de buena fe y, como el fin era sorprender a los que se le habían escapado, por una parte se publicaba la Constitución española, fundada en los santos derechos de libertad, propiedad y seguridad, y por otra, el mismo día, andaban partidas de españoles y canarios, prendiendo y conduciendo ignominiosamente a las bóvedas, a los incautos que habían concurrido a presenciar y celebrar la publicación.
>
> Es esto un hecho tan notorio, como lo son todos los que se han indicado en este papel, y se explanarán en el manifiesto que se ofrece. En la provincia de Caracas, de nada vale la Constitución española; los mismos españoles se burlan de ella y la insultan. Después de ella, se hacen prisiones sin sumaria información; se ponen grillos y cadenas al arbitrio de los Comandantes y Jueces; se quita la vida sin formalidad, sin proceso..."[136]

---

[134] Véase Manuel Hernández González, "La Fiesta Patriótica. La Jura de la Constitución de Cádiz en los territorios no ocupados (Canarias y América) 1812-1814," en Alberto Ramos Santana y Alberto Romero Ferrer (eds), *1808-1812: Los emblemas de la libertad*, Universidad de Cádiz, Cádiz 2009, pp. 104 ss.

[135] Véase José de Austria, *Bosquejo de la Historia militar...*, op. cit., Tomo I, p. 370.

[136] *Ibídem*, Tomo II, pp. 111 a 113.

to the very text of the Constitution of Cadiz.[134] About it, the same Monteverde reported antagonistically to the Metropolitan Government that if he had come to publish the Constitution of Cadiz, it had been "out of respect and obedience, but not because I considered the province of Venezuela still worthy of partaking on the effects of such a benign code."[135]

Further, the following year, Simon Bolivar gave an account in Cartagena on the events regarding the non-application of the Constitution of Cadiz in Venezuela, on his "Brief Statements on the Deeds of the Spanish Commander Monteverde, during the Year of his Rule in the Provinces of Venezuela" dated September 20, 1813, in which he said:

"But there is one fact that confirms better than any other the complicity of the Cadiz Government. The Cortes created the Constitution of the Monarchy -a work, for certain, that was the fruit of the enlightenment, knowledge and experience of those who composed the Cortes- and Monteverde kept it as something that did not matter or as opposed to his ideas and the ideas of his advisers. He finally resolves to publish it in Caracas. But what did he publish it for? Not only to make fun of it but also to insult and contradict it with deeds entirely contrary to the Constitution. He invites everyone, announces peace and tells them that the Ark of Peace has been brought, and thenceforth the innocent neighbors gather and many leaving the dens in where they were hiding. They trusted him in good faith but since the purpose was to surprise those that had escaped him, there was, on the one hand, the proclamation of the Spanish Constitution -based on the sacred rights of liberty, property and security-, while on the other hand, Spanish and Canarian units came the same day and seized the unaware who had come to witness and celebrate the publication. And they were disgracefully driven into the vaults.

This is a fact so well known as are all those which have been indicated in this paper and which will be expanded in the proposed proclamation. In the province of Caracas, the Spanish Constitution is of no avail; the Spanish themselves make fun of it and call it names. After the Constitution, arrests are made absent summary information; shackles and chains are put at will by commanders and judges; life is taken away without formalities, without trial..."[136]

---

[134] See Manuel Hernández González, "La Fiesta Patriótica. La Jura de la Constitución de Cádiz en los territorios no ocupados (Canarias y América) 1812-1814," en Alberto Ramos Santana y Alberto Romero Ferrer (eds), *1808-1812: Los emblemas de la libertad*, Universidad de Cádiz, Cádiz 2009, pp. 104 ss.

[135] See José de Austria, *Bosquejo de la Historia militar...*, op. cit., Vol. I, p. 370.

[136] *Ibídem*, Vol. II, pp. 111 a 113.

En Venezuela, por tanto, en 1812, la situación institucional era de orden fáctico pues el derrumbe del gobierno constitucional republicano fue seguido, en paralelo, por el desmembramiento de las propias instituciones coloniales. Por ello, Monteverde, durante toda su campaña en Venezuela entre 1812 y 1813, desconoció la exhortación que habían hecho las propias Cortes de Cádiz en octubre de 1810, sobre la necesidad de que en las provincias de Ultramar donde se hubiesen manifestado conmociones (sólo era el caso de Caracas), si se producía el "reconocimiento a la legítima autoridad soberana" establecida en España, debía haber "un general olvido de cuanto hubiese ocurrido indebidamente."[137] La reacción de los patriotas contra la violación de la Capitulación que había firmado Francisco de Miranda el 25 de julio de 1812, por parte de Monteverde, llevó a éste a decir, en representación que dirigió a la Regencia el 17 de enero de 1813, que:

> "Desde que entré en esta Capital y me fui imponiendo del carácter de sus habitantes, conocí que la indulgencia era un delito y que la tolerancia y el disimulo hacían insolentes y audaces a los hombres criminales." [138]

Agregaba su apreciación sobre "la frialdad que advertí el día de publicación de la Constitución y la falta de concurrencia a actos públicos de alegría," lo que supuestamente lo habría apartado de sus intentos de gobernar con "dulzura y afabilidad." Al contrario, ordenó "la prisión de los que se conocían adictos a la revolución de 1810," y se rebeló contra la propia Real Audiencia que "había puesto en libertad algunos mal vistos del pueblo que irritaban demasiado mi fueros", ordenando a los Comandantes militares que no liberaran los reos a la justicia. [139]

Por ello, el 30 de diciembre de 1812, en oficio dirigido al Comandante militar de Puerto Cabello, Monteverde, en desprecio del Tribunal de la Real Audiencia y en franco desacato a sus decisiones, le ordenaba:

> "Por ningún motivo pondrá usted en libertad hombre alguno de los queestén presos en esa plaza por resulta de la causa de infidencia, sin que preceda orden mía, aún cuando la Real Audiencia determine

---

[137] Véase Decreto V, 15 de octubre de 1810, en Eduardo Roca Roca, *América en el Ordenamiento Jurídico de las Cortes de Cádiz*, Granada, 1986, p. 199.

[138] Véase el texto en J.F. Blanco y R. Azpúrua, *Documentos para la Historia de la Vida Pública del Libertador...*, op. cit., Tomo IV, p. 623-625.

[139] *Idem*, p. 623-625.

In Venezuela, therefore, in 1812, the institutional situation was a *de facto* one since the collapse of the republican constitutional government was followed, simultaneously, by the displacement of the colonial institutions themselves. Thus, Monteverde, throughout his campaign in Venezuela between 1812 and 1813, ignored the appeal that had been made by the very *Cortes* of Cadiz since October 1810, in the sense that in the provinces where rebellions had occurred, and this in fact was only the case of Caracas, there should be "a general oblivion of all that had unduly happened" if the "recognition of the legitimate sovereign authority" established in Spain was made.[137] The terms of the Capitulation signed between Miranda allowing the military occupation of the Provinces, nonetheless was violated by Monteverde, persecuting and imprisoning in an indiscriminate way all those who have collaborated with the independence, to the point that in report he addressed to the Council of Regency on January 17, 1813, he said that:

> "Since I entered this Capital City and became aware of the character of its inhabitants, I realized that indulgence was a crime and that tolerance and feint would turn insolent and reckless the criminal men."[138]

He added his appreciation about "the apathy I noticed the day the Constitution was proclaimed and the lack of enthusiastic attendance at public events" which allegedly had him depart from his attempts to rule "gently and kindly." He convened a meeting with the population and ordered "the arrest of those who were known as addicts to the 1810 revolution" even in contempt of the very *Audiencia* of Caracas that "had released individuals viewed as suspects by the people and that over irritated my dispositions," instructing the military commanders not to release the prisoners to justice.[139]

Therefore, on December 30, 1812, in a letter addressed to the military commander of Puerto Cabello, Monteverde, in contempt of the *Audiencia* orders and defying it, ordered:

> "Under no circumstances will you release some of the men who are imprisoned in that place for reason of disloyalty, without my prior order, even when the Royal Audience decides the release, in which case

---

[137] See Decreto V, 15 de octubre de 1810, en Eduardo Roca Roca, *América en el Ordenamiento Jurídico de las Cortes de Cádiz*, Granada, 1986, p. 199.

[138] See the text in J.F. Blanco y R. Azpúrua, *Documentos para la Historia de la Vida Pública del Libertador...*, op. cit., Vol. IV, p. 623-625.

[139] *Idem*, p. 623-625.

la soltura, en cuyo caso me lo participará Ud. para la resolución que corresponde."[140]

La Real Audiencia acusó a Monteverde de infractor de las leyes, de lo que decía en su representación, que "se me imputa que perturbo estos territorios, los inquieto y pongo en conmoción, violando las leyes que establecen su quietud."[141] Monteverde concluyó señalando que:

> "Así como Coro, Maracaibo y Guayana merecen estar bajo la protección de la Constitución de la Monarquía, Caracas y demás que componían su Capitanía General, no deben por ahora participar de su beneficio hasta dar pruebas de haber detestado su maldad, y bajo este concepto deben ser tratadas por la ley de la conquista; es decir, por la dureza y obras según las circunstancias; pues de otro modo, todo lo adquirido se perderá."[142]

En esos años entre 1812 y 1814, por tanto, la situación en Venezuela fue de guerra total, de guerra a muerte, no habiendo tenido aplicación efectiva ni la Constitución Federal de 1811 ni la Constitución de Cádiz de 1812. Monteverde comandó una dictadura militar,[143] represiva y despiadada contra los que habían tomado partido por la revolución de 1810. Por ello, la respuesta de los patriotas se puede resumir en aquella terrible proclama de Simón Bolívar, desde Mérida, el 8 de julio de 1813:

> "Las víctimas serán vengadas: los verdugos exterminados. Nuestra bondad se agotó ya, y puesto que nuestros opresores nos fuerzan a una guerra mortal, ellos desaparecerán de América, y nuestra tierra será purgada de los monstruos que la infestan. Nuestro odio será implacable, y la guerra será a muerte."[144]

En las Provincias de Venezuela, en consecuencia, no había Constitución alguna que no fuera el mando militar de realistas y patriotas. Monteverde gobernó con la más brutal ley de la conquista; y Bolívar y los patriotas gobernaron con la ley dictatorial del "plan enérgico," del "poder

---

[140] Véase el texto en José de Austria, *Bosquejo de la Historia militar..., op. cit.*, Tomo I, pp. 365 y 366.
[141] Véase J.F. Blanco y R. Azpúrua, *Documentos para la Historia de la Vida Pública del Libertador..., op. cit.*, Tomo IV, pp. 623–625.
[142] *Idem*.
[143] Véase J. Gil Fortoul, *Historia Constitucional de Venezuela*, Obras Completas, Caracas, 1953 Tomo I, p. 214.
[144] *Idem*, Tomo I, p. 216.

you will report to me in furtherance to the corresponding resolution."[140]

The *Audiencia* accused Monteverde of infringing the law for which reason, after accepting that "I am charged of disturbing these lands, that I bring unrest to them and put them in shock, in violation of the laws established for their peace;"[141] he explain himself noting that:

> "As well as Coro, Maracaibo and Guayana deserve to be under the protection of the Constitution of the Monarchy, Caracas and all others who made up the General Captaincy of Caracas, should not, by now, be part of its benefits until furnishing proof of having abhorred their evils; and under this concept they should be treated by the Rule of Conquest, that is, by the corresponding harshness and toils. Otherwise everything that has been gained shall be lost."[142]

In those years between 1812 and 1814, therefore, the situation in Venezuela owas one of total war -a war to death- having neither the Federal Constitution of 1811 nor the Cadiz Constitution of 1812 any effective enforcement. Monteverde led a military dictatorship,[143] repressive and ruthless against those who had sided with the revolution of 1810. That is why the response of the patriots may be summarized in that terrible proclamation of Simon Bolivar, from Merida, on July 8, 1813:

> "The victims will be avenged: the executioners killed. Our goodness is exhausted already and as our oppressors force us to a deadly war, they shall disappear from America, and our land shall be purged off from the monsters that infest it. Our hatred is implacable, and war shall be to death."[144]

In the Provinces of Venezuela, therefore, there was no other constitution than the military commands of Royalists and Patriots. Monteverde ruled with the most brutal *rule of conquest*; and Bolivar and the patriots ruled with the dictatorial law of the "vigorous plan" or the

---

[140] See the text in José de Austria, *Bosquejo de la Historia militar...*, op. cit., Vol. I, pp. 365 y 366.
[141] See J.F. Blanco y R. Azpúrua, *Documentos para la Historia de la Vida Pública del Libertador...*, op. cit., Vol. IV, pp. 623–625.
[142] *Idem*.
[143] See J. Gil Fortoul, *Historia Constitucional de Venezuela*, Obras Completas, Caracas, 1953 Vol. I, p. 214.
[144] *Idem*, Vol. I, p. 216.

soberano" de quien había sido proclamado Libertador, y que, como decía Bolívar, "tan buenos sucesos me ha proporcionado." [145]

Lo cierto fue, como lo dijo el Arzobispo de Caracas, Narciso Coll y Prat en un Edicto Circular de 18 de diciembre de 1813, al recomendar en cambio la observancia de la "ley de la Independencia" adoptada el 5 de julio de 1811:

> "Esta ley estuvo sin vigor mientras las armas Españolas ocuparon estas mismas Provincias, más al momento que vencieron las de la República, y a su triunfo se unió la aquiescencia de los pueblos, ella recobró todo su imperio, y ella es la que hoy preside en el Estado venezolano."[146]

Pero las Cortes de Cádiz opinaban distinto. Ellas habían felicitado mediante Orden de 21 de octubre de 1812, a Domingo Monteverde y a las tropas bajo su mando, "por los importantes y distinguidos servicios prestados en la pacificación de la Provincia de Caracas."[147] Meses después, el 15 de diciembre del mismo año 1812, Bolívar haría público su famoso *Manifiesto de Cartagena* o *"Memoria dirigida por un caraqueño a los ciudadanos de la Nueva Granada,"*[148] en la cual expuso las causas de la pérdida de la República, atribuyéndolas a la debilidad del régimen político adoptado en la Constitución de 1811, cuyo texto, precisamente, se venía de publicar en Londres, unos meses antes en ese mismo año 1812, en el libro *Documentos Oficiales Interesantes relacionados con las Provincias Unidas de Venezuela.*

De todos estos hechos políticos y militares primigenios, resulta que las guerras de independencia en Venezuela fueron el comienzo del militarismo latinoamericano. El gobierno militar iniciado por Monteverde, como consecuencia de las guerras de independencia lideradas por Bolívar, continuó los años siguientes, conduciendo a un desprecio generalizado y lamentable respecto de la Primera República y su institucionalidad, la cual se enmarcaba precisamente en los *Documentos Oficiales Interesantes* publicados en este libro, la cual fue considerada débil, y culpable de ser la principal causa de su caída. Tal actitud incluso dio lugar a la calificación

---

[145] Véase J. Gil Fortoul, *Historia Constitucional de Venezuela*, op. cit., Tomo I, p. 221.

[146] Véase J.F. Blanco y R. Azpúrua, *Documentos para la Historia de la Vida Pública del Libertador...*, op. cit., Tomo IV, p. 726.

[147] Véase en Eduardo Roca Roca, *América en el Ordenamiento Jurídico...*, op. cit., p. 81.

[148] Véase el texto en Simón Bolívar, *Escritos Fundamentales*, Monte Ávila Editores, Caracas, 1982, pp. 57 y ss.; y en *Proclamas y Discursos del Libertador*, Caracas, 1939, pp. 11 y ss.

"sovereign power" of who had been proclaimed the Liberator. Such proclamation, as Bolivar said, "so good events has it provided me with."[145]

The lawless situation even lead the Archbishop of Caracas, Narciso Coll y Prat in a Circular Edict of December 18, 1813, to recommending the observance of the "Law of Independence" adopted on July 5, 1811:

> "This law was without effect while the Spanish forces occupied these very Provinces, but as soon as the republic forces won over -and the people's acquiescence joined their victory- this law regained all its empire and it's now the one presiding the Venezuelan state."[146]

But the Cadiz *Cortes* and their envoys felt differently. They formally saluted Domingo Monteverde and the troops under his command by Decree of October 21, 1812, for "the important and distinguished services in the pacification of the Province of Caracas."[147] Two months later, on December 15 of that year 1812, Bolivar would give out to the people his celebrated *Manifiesto de Cartagena* or "A Memorial addressed to the citizens of New Granada by a Caracas native,"[148] in which he described the reasons for the loss of Venezuela, attributing them to the weakness of the political system adopted in the Constitution of 1811 - the text of which had been already published in London a few months earlier in that same year 1812, in the book *Interesting Official Documents Relating to the United Provinces of Venezuela*.

The wars of independence in Venezuela, in any case, were the beginning of the Latin American militarism. The military rule initiated by Monteverde, as a consequence of the wars of independence led by Bolívar, continued in the following years leading to a generalized and unfortunate disdain for the First Republic and its institution – all embodied in the *Interesting Official Documents* published in the book, which were considered weak, and were blamed as being the main cause of its fall. Such

---

[145] See J. Gil Fortoul, *Historia Constitucional de Venezuela, op. cit.*, Vol. I, p. 221.
[146] See J.F. Blanco y R. Azpúrua, *Documentos para la Historia de la Vida Pública del Libertador...*, *op. cit.*, Vol. IV, p. 726.
[147] See en Eduardo Roca Roca, *América en el Ordenamiento Jurídico...*, *op. cit.*, p. 81.
[148] See text in Simón Bolívar, *Escritos Fundamentales*, Monte Ávila Editores, Caracas, 1982, pp. 57 y ss.; y en *Proclamas y Discursos del Libertador*, Caracas, 1939, pp.11 y ss.

del ilustrado período inicial republicano como el de la "Patria Boba,"[149] de lo cual, históricamente, resulto un culto militarista desafortunado respecto del mismo Bolívar, el cual se ha mantenido en muchos de los países "bolivarianos" hasta la actualidad.

Es por eso que el nombre de Simón Bolívar ha sido evocado tantas veces por los gobernantes en la historia política de Venezuela, principalmente por aquellos con raíces militares y autoritarias, con el fin de atraer a seguidores y tratar de dar un poco de fundamento doctrinario a sus regímenes. Este fue el caso de Antonio Guzmán Blanco en el siglo XIX y de Cipriano Castro, Juan Vicente Gómez, Eleazar López Contreras y Marcos Pérez Jiménez en el siglo XX. Es por eso que el profesor John Lynch, el biógrafo europeo más importante de Bolívar, señaló que "el culto tradicional a Bolívar ha sido utilizado como una ideología conveniente por dictadores militares, culminando con los regímenes de Juan Vicente Gómez y Eleazar López Contreras," explicando sin embargo, que "ellos más o menos respetaron el pensamiento básico del Libertador, aún cuando tergiversaban su significado."[150] Sin embargo, al referirse a la situación en Venezuela a comienzos del Siglo XXI, el mismo profesor Lynch concluyó sus comentarios sobre el uso del nombre de Bolívar diciendo que:

> "En 1999, los venezolanos se sorprendieron al enterarse de que su país había pasado a llamarse 'la República Bolivariana de Venezuela' a propuesta del presidente Hugo Chávez, quien se llamó a sí mismo un'revolucionario bolivariano.' Populistas autoritarios, neocaudillos, o militaristas bolivarianos, cualquiera que sea su denominación,

---

[149] Véase, por ejemplo, con respecto a la *Nueva Granada*, el uso de la expresión en *La Patria Boba*, un libro que contiene obras de J.A. Vargas Jurado (*Tiempos Coloniales*), José María Caballero (*Días de la Independencia*), y J.A. de Torres y Peña (Santa Fé Cautiva), Bogotá 1902. La obra de Caballero fue publicada como *Diario de la Independencia*, Biblioteca de Historia Nacional, Bogotá 1946, y *Diario de la Patria Boba*, Ediciones Incunables, Bogotá 1986. Véase también, José María Espinosa, *Recuerdos de un Abanderado, Memorias de la Patria Boba 1810-1819*, Bogotá 1876. Véase también Mario Rodríguez, "William Burke" and Miranda, cit., pp. 526, 529. Véase en Venezuela, Germán Carrera Damas, *El culto a Bolívar, esbozo para un estudio de la historia de las ideas en Venezuela*, Universidad Central de Venezuela, Caracas 1969; Luis Castro Leiva, *De la patria boba a la teología bolivariana*, Monteávila, Caracas 1987; Elías Pino Iturrieta, *El divino Bolívar. Ensayo sobre una religión republicana*, Alfail, Caracas 2008; Ana Teresa Torres, *La herencia de la tribu. Del mito de la independencia a la Revolución bolivariana*, Editorial Alfa, Caracas, 2009. Véase también el estudio de la historiografía de estos libros en Tomás Straka, *La épica del desencanto*, Editorial Alfa, Caracas 2009.

[150] Véase John Lynch, *Simón Bolívar: A Life*, Yale University Press, New Haven, CT, 2007, p. 304.

attitude even lead to their qualification as being of a *Patria Boba* (Foolish Motherland),[149] historically resulting in an unfortunate militarist cult of the same Bolivar, that has remained in many of the "Bolivarian" countries up to present times.

That is why that the name of Simón Bolívar has been evoked many times in Venezuela's political history by rulers, mainly of military and authoritarian roots, in order to attract followers and to give some "doctrinal" basis to their regimes. This was the case of Antonio Guzmán Blanco in the nineteenth century and of Cipriano Castro, Juan Vicente Gómez, Eleazar López Contreras, and Marcos Pérez Jiménez in the twentieth century. That is why Professor John Lynch, the most important European biographer of Bolívar, has pointed out that "the traditional cult of Bolivar has been used as a convenient ideology by military dictators, culminating with the regimes of Juan Vicente Gómez and Eleazar López Contreras," explaining that "these had at least more or less respected the basic thought of the Liberator, even when they misrepresented its meaning."[150] Nonetheless, referring to situation in Venezuela at the beginning of the 21st Century, the same Professor Lynch concluded his comments on the use of the name of Bolívar saying that:

> "In 1999, Venezuelans were astonished to learn that their country had been renamed 'the Bolivarian Republic of Venezuela' by decree of President Hugo Chávez, who called himself a 'revolutionary Bolivarian.' Authoritarian populist, or neocaudillos, or Bolivarian milita-

---

[149] See for instance, regarding the *Nueva Granada*, the use of the expresión in *La Patria Boba*, a book containing works of J.A. Vargas Jurado (*Tiempos Coloniales*), José María Caballero (*Días de la Independencia*), y J.A. de Torres y Peña (Santa Fé Cautiva), Bogotá 1902. The work of Caballero was published as *Diario de la Independencia*, Biblioteca de Historia Nacional, Bogotá 1946, and *Diario de la Patria Boba*, Ediciones Incunables, Bogotá 1986. See also, José María Espinosa, *Recuerdos de un Abanderado, Memorias de la Patria Boba 1810-1819*, Bogotá 1876. See also Mario Rodríguez, "William Burke" and Miranda, cit, pp. 526, 529. See in Venezuela, Germán Carrera Damas, *El culto a Bolívar, esbozo para un estudio de la historia de las ideas en Venezuela*, Universidad Central de Venezuela, Caracas 1969; Luis Castro Leiva, *De la patria boba a la teología bolivariana*, Monteávila, Caracas 1987; Elías Pino Iturrieta, *El divino Bolívar. Ensayo sobre una religión republicana*, Alfail, Caracas 2008; Ana Teresa Torres, *La herencia de la tribu. Del mito de la independencia a la Revolución bolivariana*, Editorial Alfa, Caracas 2009. See also the historiography study on these books in Tomás Straka, *La épica del desencanto*, Editorial Alfa, Caracas 2009.

[150] See John Lynch, *Simón Bolívar: A Life*, Yale University Press, New Haven, CT, 2007, p. 304.

invocan a Bolívar, no con menos fervor que como lo hicieron gobernantes anteriores, aun cuando sería dudoso que hubiera respondido a sus llamadas ...Pero la nueva herejía, lejos de mantener, como se dice, una continuidad con las ideas constitucionales de Bolívar, inventó un nuevo atributo, el Bolívar Populista, y en el caso de Cuba, le dio [a Bolívar] una nueva identidad, el Bolívar socialista. Mediante la explotación de la tendencia autoritaria que sin duda existió en el pensamiento y la acción de Bolívar, los regímenes en Cuba y Venezuela proclaman al Libertador como patrono de sus políticas, distorsionando sus ideas en el proceso." [151]

En todo caso, con todo ese peso militar inicial, la construcción civil de los primeros años de la República y el extraordinario esfuerzo cívico para establecer una república democrática enmarcada en la Constitución Federal de Venezuela de diciembre de 1811 y en todos los otros documentos publicados en el libro de Londres 1812, desafortunadamente fueron enterrados con la peyorativa e absolutamente injusta calificación que se utilizó en aquella época como de la "Patria Boba," con el sólo con el propósito de descalificar la democracia, vendiendo la idea de la necesidad de gobernantes militares o autoritarios en nuestros países. [152]

---

[151] *Idem.* Véase también sobre el tema, A.C. Clark, *The Revolutionary Has No Clothes: Hugo Chávez's Bolivarian Farce*, Encounter Books, New York 2009, pp. 5-14.

[152] Véase, por ejemplo, el libro clásico de Laureano Vallenilla Lanz, *Cesarismo Democrático. Estudio sobre las bases sociológicas de la Constitución efectiva en Venezuela*, Caracas 1952.

rists, whatever their designation, invoke Bolívar no less ardently than did previous rulers, though it is doubtful whether he would have responded to their calls...But the new heresy, far from maintaining continuity with the constitutional ideas of Bolívar, as was claimed, invented a new attribute, the populist Bolívar, and in the case of Cuba gave him a new identity, the socialist Bolívar. By exploiting the authoritarian tendency, which certainly existed in the thought and action of Bolívar, regimes in Cuba and Venezuela claim the Liberator as patron for their policies, distorting his ideas in the process."[151]

In any case, with all that militaristic initial weight, the civilian construction of the first years of the Republic and the extraordinary civic effort to establish a democratic republic, all embodied in the Federal Constitution of Venezuela of December 1811, and in all the documents published in the London 1812 book, unfortunately were buried with the pejorative and absolutely unjust qualification used on those times as of the *Patria Boba*, with the only for the purpose of disqualifying democracy, selling the idea of the need in our countries for a military or authoritarian ruler.[152]

---

[151] Idem. See also on the subject, A.C. Clark, *The Revolutionary Has No Clothes: Hugo Chávez's Bolivarian Farce*, Encounter Books, New York 2009, pp. 5-14.

[152] See for instante, the classical book of Laureano Vallenilla Lanz, *Cesarismo Democrático. Estudio sobre las bases sociológicas de la Constitución efectiva en Venezuela*, Caracas 1952.

V. LA PUBLICACIÓN DEL LIBRO *DOCUMENTOS OFICIALES INTERESANTES* EN LONDRES, EN 1812, COMO TESTIMONIO ESCRITO DEL PROCESO DE INDEPENDENCIA, Y EL PAPEL DESEMPEÑADO EN EL PROYECTO POR FRANCISCO DE MIRANDA

Pero a pesar de todas esas desviaciones, fue en el libro *Documentos Oficiales Interesantes relacionados con las Provincias Unidas de Venezuela*, donde por primera vez fueron publicados juntos, no sólo en Inglés, sino también en castellano, todos los documentos constitucionales principales del extraordinario proceso de Independencia de Venezuela de 1811, cuya edición fue el resultado de un proyecto oficial diseñado por las nuevas autoridades a comienzos de 1812.

Siendo una iniciativa oficial, por ello el libro no tuvo autoría, siendo su contenido la recopilación de los documentos escritos y aprobados democráticamente por los representantes del pueblo para asegurar las bases constitucionales del nuevo Estado.

El libro fue precedido, a manera de introducción, por unas *Observaciones Preliminares* que aparecieron también sin autoría, donde se que explican los propósito del mismo. No siendo dichas *Observaciones Preliminares*, en sí mismas, uno de los "documentos oficiales," muchos intentos se han hecho para tratar de determinar su autoría. Por ejemplo, Carlos Pi Sunyer atribuyó la autoría de las mismas al propio Andrés Bello, con base en una referencia hecha por Fray Servando Teresa de Mier María, uno de los amigos de Miranda en Londres, en el sentido de que el texto sobre "la insurrección de Venezuela" habría sido "un sólido y elocuente opúsculo del Secretario de la Legación."[153] Como se ha mencionado, Andrés Bello, en ese momento, era precisamente el Secretario de la Delegación que quedó en Londres luego de la visita de los Comisionados de Venezuela en 1810. Otros, como Caracciolo Parra-Pérez, han considerado que probablemente fue Miguel José Sanz quien escribió las *Observaciones Preliminares* de las que dijo, además, que "sin duda, fueron revisadas por Bello."[154] En cualquier caso, basta leer las *Observaciones Preliminares* junto con todos los otros documentos oficiales que figuran en el libro, para darse cuenta de que, sin duda, fueron escritas por muchas plumas, especialmente por los que participaron directamente en la redacción los propios *documentos*

---

[153] Esta es la opinión de Carlos Pi Sunyer, *Patriotas Americanos en Londres…, op. cit.*, pp. 211-223. Véase el comentario en Ivan Jasksic, *Andrés Bello. La pasión por el orden*, Editorial Universitaria, Imagen de Chile, Santiago de Chile 2001.

[154] Véase Caracciolo Parra-Pérez, "Estudio Preliminar" en *La Constitución Federal de Venezuela de 1811 y Documentos Afines*, Biblioteca de la Academia Nacional de la Historia, Sesquicentenario de la Independencia, Caracas 1952, p. 12.

V. THE PUBLICATION OF THE BOOK *INTERESTING OFFICIAL DOCUMENTS* IN LONDON IN 1812 AS THE WRITTEN TESTIMONY OF THE INDEPENDENCE PROCESS, AND THE ROLE PLAYED IN THE PROJECT BY FRANCISCO DE MIRANDA

But despite all those deviations, it was in the book: *Interesting Official Documents Relating to the United Provinces of Venezuela*, where for the first time ever, not only in English but also in Spanish, all the main constitutional documents of the extraordinary Venezuelan independence process of 1811 were published together, as the result of an official project that was designed by the new authorities at the beginning of 1812.

Being an official venture, the book had no authorship, its content being the collection of the documents written and democratically approved by the representative of the people to secure the constitutional foundations of the new State.

The book was preceded by an introductory *Preliminary Remarks* explaining its general purpose, also without authorship. Not being in itself one of the "official document," attempts have been made to determine its author. For instance, Carlos Pi Sunyer had attributed the authorship of the *Preliminary Remarks* to Andrés Bello himself, based on a reference made by Fray Servando Maria de Mier, one of the London friends of Miranda, in the sense that the text on "the insurrection of Venezuela" would have been "a solid and eloquent booklet of the Secretary of the Delegation that remained in London after the visit of the Commissioners." As mentioned, Andrés Bello at that time was precisely the secretary of the 1810 Venezuelan Commissioners to London.[153] Others like Caracciolo Parra-Pérez considered that Miguel José Sanz was probably the one who wrote the *Preliminary Remarks* of which he said "were undoubtedly reviewed by Bello."[154] In any case, it is enough to read the *Preliminary Remarks*, all together with all the others of the official documents contained in the book, to realize that it was without doubt written by many pens, particularly of those who participated directly in the drafting of the *official documents*

---

[153] This is the view of Carlos Pi Sunyer, *Patriotas Americanos en Londres...*, op. cit., pp. 211-223. See the comment in Ivan Jasksic, *Andrés Bello. La pasión por el orden*, Editorial Universitaria, Imagen de Chile, Santiago de Chile 2001.

[154] See Caracciolo Parra-Pérez, "Estudio Preliminar" in *La Constitución Federal de Venezuela de 1811 y Documentos Afines*, Biblioteca de la Academia Nacional de la Historia, Sesquicentenario de la Independencia, Caracas 1952, p. 12.

oficiales. Es decir, teniendo en cuenta que el libro fue publicado bajo los auspicios del Gobierno para expresar su posición en relación con el proceso de independencia, no es posible creer que los mismos autores de los documentos no hubieran participado de modo alguno en la elaboración de las Observaciones Preliminares en las que sus mismos puntos de vista fueron resumidos.[155]

Andrés Bello, por supuesto, estando en Londres, y encargado del proceso de edición del libro, debe haber hecho importantes esfuerzos de edición, incluso añadiendo comentarios como, por ejemplo, las referencias a las obras de "nuestro inimitable Locke," y tal vez a la de Montesquieu.

El hecho es que todos los documentos incluidos en el libro, fechados entre julio y diciembre de 1811, fueron enviados a Andrés Bello a Londres en los primeros meses de 1812, sin lugar a dudas por Juan Germán Roscio, autor de muchos de esos documentos, quien había sido Secretario de Relaciones Exteriores del nuevo gobierno y era mejor amigo de Bello en Venezuela. Lo cierto fue que Bello logró editar y publicar el libro de una manera muy expedita, en cuestión de pocos meses, incluyendo en el proceso la supervisión de la traducción de los textos al inglés.

Por supuesto, toda esta tarea no fue nada fácil. Navegar entre La Guaira y Southampton en Inglaterra, era un viaje bastante complicado que por lo general tomaba varias semanas o meses, y las copias de los documentos eran por lo general manuscritas, como también era el caso de las traducciones. En cualquier caso, incluso en Londres, en esa época, la impresión de libros en general, era también una labor tipográfica importante. Pero a pesar de todos estos factores, la verdad es que la publicación del libro en Londres se hizo en un tiempo récord, como estaba previsto, estando además, apoyado y financiado por los emisarios del recién independiente nuevo gobierno venezolano.

Pero la vida no siempre sigue el camino diseñado por los hombres, y los libros no siempre salen de la imprenta como lo han previsto sus autores o editores. En este caso, un libro que fue concebido para servir como explicación escrita del proceso de independencia de Venezuela, debido a

---

[155] Además, leyendo las *Observaciones Preliminares* y el *Manifiesto*, es evidente la presencia de la misma pluma que participó en la redacción de algunos escritos de William Burke, como por ejemplo, las consideraciones sobre el significado de la promesa de Fernando VII del término la patria en relación con España. Véase William Burke, *Derechos de la América del Sur y México*, vol. 1, de la Academia de la Historia, Caracas 1959, pp. 239 y 243.

themselves. That is, considering that the book was one published under the auspices of the Government to express the Government's position regarding the independence process, it is not possible to believe that the very authors of the documents would have not partaken in any way in the making of the *Preliminary Remarks* in which their very points of view were summarized.[155]

Andrés Bello, of course, being in London, and in charge of the editing process of the book, must have done important editing efforts, even adding remarks like for instance the references to the works of "our inimitable Locke," and perhaps of those of Montesquieu.

The fact is that all the documents included in the book, dated between July and December 1811, were sent to Andrés Bello in London in the first months of 1812, without doubts by Juan Germán Roscio, the secretary of State of the new government and the closest friend of Bello in Venezuela. Bello managed to edit and publish the book in a very expeditious way, that is, in a matter of a few months, including the supervision of the translation of the texts into English.

Of course, the whole task, in any event, was not an easy one. To sail between La Guaira and Southampton in England, was quite a complicated journey that generally took several weeks or months; and copies of documents were generally handwritten, as was also the case of translations. In any case, even in London at the time, printing books in general was also a major typographic enterprise. Nonetheless, despite all these factors, the truth is that publication of the book in London as planned, supported and financed by envoys of the newly independent Venezuelan government, was made in record time.

But life not always follows the path designed by man, and books do not always get out of the printing press as planned by its authors or editors. In this case, a book that was conceived to serve as an written explanation of the independence process of Venezuela, due to the political

---

[155] Further, reading the *Preliminary Remarks* and the *Manifesto*, it is evident the presence of the same pen that participated in the drafting of some writings of William Burke, as for example, the considerations about the meaning of the Pledge to Fernando VII or the term *patria* (Motherland) in relation to Spain. See William Burke, *Derechos de la América del Sur y México*, Vol. 1, Academia de la Historia, Caracas 1959, pp. 239 y 243.

los acontecimientos políticos que tuvieron lugar en el nuevo Estado mientras el libro estaba siendo editado e impreso en Londres, resultó ser una especie de trágica de publicación oficial "post mortem," que comenzó a estar disponible sólo cuando la recién nacida República ya se había derrumbado y sus instituciones, creadas mediante los documentos publicados en el libro, estaban desapareciendo como consecuencia de la invasión militar de las provincias hechas por el ejército español de "pacificación," cuyo centro de operaciones había sido establecido por la Regencia en Puerto Rico.

Una cosa está clara en el proceso de publicación del libro, y es que su edición fue terminada, con seguridad, después de la fecha del terremoto que devastó Caracas, y que tuvo lugar el 26 de marzo 1811, lo que se evidencia de la nota colocada al artículo 67 de la Constitución de 1811, y que está en la parte inferior de la página del texto en Inglés.[156] Ello implica, además, que la edición salió, también, después de la promulgación de la Constitución de Cádiz de 18 de marzo de 1812. Por otra parte, es seguro que la composición final del libro también se habría completado antes llegara a Londres la noticia de la Capitulación firmada el 25 de julio 1811 entre Francisco de Miranda y el Comandante del Ejército español, Domingo Monteverde, y a través de la cual la República de Venezuela había dejado de existir como Estado soberano.[157] De lo contrario alguna nota también se habría añadido al texto, a menos que deliberadamente no haya sido hecho para evitar que el proyecto editorial y su propósito se desmoronasen.[158] La caída de la República y de alguna manera la "inutilidad" editorial inmediata del proyecto que se desarrolló en Londres, por supuesto, también produjo efectos devastadores en Bello, quién se quedó en

---

156   El pie de página informaba que el Congreso había decidido hacer de Valencia, en lugar de Caracas, la Capital Federal de la República (15 de febrero de 1812), donde los representantes se habían reunido "en el momento del reciente terremoto de Caracas" (26 de marzo 1812).

157   Véase el texto de la Capitulación en Francisco de Miranda, *América Espera* (J.L Salcedo Bastardo, Ed), Biblioteca Ayacucho, Caracas 1982, pp. 465 ss).

158   En ese sentido, Carlos Pi Sunyer, suponiendo que el libro había salido de la imprenta a finales de 1812, dijo: "Es probable que en el momento en que se publicara, Bello ya sabía acerca de los acontecimientos que condujeron a la caída de la primera República de Venezuela, porque el 12 de octubre, López Méndez dirigió una comunicación a lord Castlereagh, refiriéndose a ello, escrito de puño y letra de Bello, en un momento en que se cree que el libro no había sido publicado todavía, o que acababa de ser publicado " Véase Carlos Pi Sunyer. *Patriotas Americanos en Londres... op. cit.,* p. 222.

events that occurred in the new State while the book was being edited and printed in London, resulted in a tragic sort of "post mortem" official publication. It began to be available only when the newly born Republic had already crumbled and its institutions designed in the documents published in the book were disappearing as a consequence of the military invasion of the provinces made by the Spanish army from the "pacification" headquarter that the Spanish Regency had established in Puerto Rico.

One thing is clear in the publication process of the book, and it is that its edition was for sure completed after the date of the earthquake that devastated Caracas that occurred on March 26th, 1811 which is evidenced by the footnote placed at the bottom of the page of the English text to Article 67 of the Constitution of 1811,[156] and thus, after the enactment of the Constitution of Cadiz of March 18, 1812. On the other hand, it is sure that the final composition of the book also was completed before the news of the Capitulation signed on July 25, 1811 between Francisco de Miranda and the Commander of the Spanish Army, Domingo Monteverde, through which the Republic of Venezuela ended as a sovereign state,[157] made it to London. Otherwise some note would also have had been added to the text, unless it had deliberately not been made to avoid the publishing project to crumble.[158] The crumbling of the Republic and in some way of the immediately "useless" editorial project that was developed in London, of course, also produced devastating effects upon Bello, who

---

[156] The footnote informed that the Congress had decided to made Valencia, instead of Caracas, the Federal Capital of the Republic (February 15th, 1812) where the representatives had been assembled "at the time of the late earthquake at Caracas" (March 26th, 1812).

[157] Se the text of the capitulation in Francisco de Miranda, *América Espera* (J.L Salcedo bsastardo, Ed), Biblioteca Ayacucho, Caracas 1982, pp. 465 ss).

[158] In that sense, Carlos Pi Sunyer, assuming that the book had come off the press by the end of 1812, said: "It is likely that at the time to be published, Bello had already known about the events that led to the fall of the first Republic of Venezuela; because on October 12, Lopez Mendez directs a communication to Lord Castlereagh, referring to them, written in Bello's handwriting, a time when it is believed that the book had been not yet issued or that it had just been issued" See Carlos Pi Sunyer. *Patriotas Americanos en Londres... op. cit.,* p. 222.

Londres durante algunas décadas, con grandes dificultades, poco ánimo y escasas actividades académicas.[159]

Pero el libro tuvo, sin embargo, alguna importancia posterior, particularmente por el hecho de que los originales manuscritos de los documentos que contenía, entre ellos, los textos de la Constitución Federal y de la Declaración de Independencia, desaparecieron después de la invasión española de 1812.

En el caso particular del manuscrito original del *Acta de la Declaración de Independencia* del 5 de julio de 1811, la cual permaneció desaparecido por casi cien años, sucedió que en 1903, en vísperas de la celebración del centenario de la Independencia, el gobierno venezolano, en ausencia del texto original, llegase a declarar oficialmente que la única copia real y auténtica de dicha Acta era precisamente la que se había publicado en el libro de Londres de 1812, y de allí, otra importancia histórica que tiene.

A tal efecto, después de que una copia del libro fuese adquirida en Europa por un miembro de la Academia Venezolana de la Historia, y después de que la materia fuera objeto de un estudio por parte de la Academia, ésta emitió un dictamen formal sobre la autenticidad del texto incluido en el libro de Londres. Esta opinión fue seguida por la decisión oficial del Gobierno, aprobada por decreto del Presidente de la República Cipriano Castro,[160] en la que se afirmaba que, puesto que el libro estaba agotado y sólo existía una copia en Venezuela (el adquirido por la Academia Nacional de Historia), se ordenaba la publicación de los documentos de la edición original, aún cuando sólo en la versión en castellano.[161]

Debe mencionarse, que cuatro años después de la decisión oficial del gobierno sobre la copia auténtica de la Declaración de Independencia, que en 1907, tanto el manuscrito original perdido como casi todos los textos incluidos en el libro sobre *Documentos Oficiales Interesantes* de 1811, fueron

---

[159] Véase Ivan Jasksic, *Andrés Bello. La pasión por el orden*, Bid & co. Editores, Caracas 2007, pp. 88 ss.

[160] Publicado en *Gaceta Oficial* N° 8863 de 28 de mayo de 1903

[161] Véase *Prólogo a los Anales de Venezuela*, Academia Nacional de la Historia, Caracas, 1903. La versión en español de la *Observaciones Preliminares* que precede a diversos documentos del libro, se publicó en J.F. Blanco y R. Azpúrua, *Documentos para la Historia de la Vida Pública del Libertador...*, op. cit., Tomo III, pp. 391-395. El texto completo de la versión en español de los documentos se publicaron también en 1959 en el libro titulado: *La Constitución Federal de Venezuela de 1811 y Documentos Afines* ("Estudio Preliminar" por Caracciolo Parra-Pérez), Biblioteca de la Academia Nacional de la Historia, Sesquicentenario de la Independencia, Caracas 1952, 238 pp. (Reimpreso en 2009).

remained in London and for a few decades without great difficulties and without much academic activities.[159]

But despite all these effects, in the long run, the book produced very important effects, particularly due to the fact that the original manuscripts of the documents it contained, among them the texts of the Federal Constitution and of the Declaration of Independence, disappeared after the Spanish invasion in 1812.

In the particular case of the original manuscript of the *Declaration of Independence* of July 5, 1811, it remained in fact disappeared for almost one hundred years, to the point that in 1903, on the eve of the celebration of the centenary of the Independence, the Venezuelan government, in absence of the original text, officially declared that the only real and authentic copy of the Declaration of Independence was precisely the one published in the London book of 1812, hence, its historical importance.

For such purpose, after one copy of the book was acquired in Europe by a member of the Venezuelan Academy of History, and after the matter being studied by the Academy, it gave its formal opinion on the authenticity of the text included in the London book. This opinion was followed by the official decision of the Government, adopted by decree of President of the Republic Cipriano Castro,[160] in which it was stated that since the book was out of print and there was only one copy existing in Venezuela (the one acquired by the National Academy of History), the publication of the original edition comprising only the Spanish version of the documents was ordered.[161]

Nonetheless, it must be mentioned that in 1907, four years after the official decision of the government regarding the authentic copy of the Declaration of Independence, the lost original manuscript, as well as all the texts of the 1811 *Interesting Official documents* were found with the

---

[159] See Ivan Jasksic, *Andrés Bello. La pasión por el orden*, Bid & co. Editores, Caracas 2007, pp. 88 y ss.

[160] Published al *Official Gazette* N° 8863 of May 28, 1903

[161] See *Prólogo a los Anales de Venezuela*, Academia Nacional de la Historia, Caracas, 1903. The Spanish version of the *Observaciones Preliminares* that precedes the book's various documents was published in J.F. Blanco y R. Azpúrua, *Documentos para la Historia de la Vida Pública del Libertador...*, op. cit., Vol. III, pp. 391-395. The complete text of the Spanish version of the documents were also published in 1959 in the book headed: *La Constitución Federal de Venezuela de 1811 y Documentos Afines* ("Estudio Preliminar" por Caracciolo Parra-Pérez), Biblioteca de la Academia Nacional de la Historia, Sesquicentenario de la Independencia, Caracas 1952, 238 pp. (Reprinted in 2009).

encontrados con el casual descubrimiento de dos grandes volúmenes que recopilaban las actas de las sesiones del Congreso General de 1811. Dichos volúmenes se encontraron por casualidad, como se producen casi todos los descubrimientos, en la ciudad de Valencia, donde había comenzado a funcionar la Capital Federal de la República en marzo de 1812. En esa ciudad, los dos grandes volúmenes que contienen estos preciosos documentos se habían mantenido durante un siglo en manos privadas, y se utilizaban sin darse cuenta de su contenido, como cuerpos duros colocados en un banco para que los jóvenes alumnos de clases privadas de piano pudiesen alcanzar las teclas del instrumento.[162]

Después de estos descubrimientos, el hecho es que la edición bilingüe del libro londinense de 1812 fue ignorada por completo, y nunca más fue reeditada. Habiendo sido publicada en Londres, y sin una República a la cual promover, las copias de la primera edición casi desaparecieron, conservándose algunas, si acaso, en estantes viejos de bibliotecas universitarias.

En cualquier caso, la elección de la ciudad de Londres para la edición y publicación del libro, no había sido casual, sino que al contrario, sin duda, debe haber sido una elección de Miranda, siendo como era él en ese momento, no sólo un "hombre de mundo,"[163] sino la persona del mundo hispanoamericano más importante y conocida en Europa, relacionada con el proceso de independencia de América del Sur. Se trataba de una persona realmente extraordinaria, tanto que William Spencer Robertson, su biógrafo más importante, lo identificó como:

"Precursor, Caballero Errante y Promotor de la libertad hispanoamericana. Fue el primer sudamericano ilustrado que realizó un viaje por los Estados Unidos y por Europa. Su vida ofrece un interés incomparable, porque fue el único personaje de su tiempo que participó en la lucha por la independencia de las Trece Colonias, la Revolución Francesa y la guerra de liberación de la América hispana."[164]

---

[162] Los libros que contienen los manuscritos de las Actas del Congreso estaban en posesión de dos familias en Valencia, y el historiador Francisco González Guinand participó en su rescate en 1907. Véase Ramón Días Sánchez, Estudio Preliminar" en *Libro de Actas del Supremo Congreso de Venezuela 1811-1812*, Academia Nacional de la Historia, Caracas 1959, pp. 11-13.

[163] Véase *Miranda: A Man of the World*, Dedicated to the Bicentennial of the U.S., Instituto de Estudios Históricos Mirandinos, 1976.

[164] Véase William Spence Robertson, *The Life of Miranda*, The University of North Carolina Press, Chapel Hill 1929, vol. 1, p. ix.

casual discovery of two big bound volumes of the Minutes of the sessions of the General Congress of 1811. They were found by chance, as almost all discoveries occur, in the city of Valencia, where the Federal Capital of the Republic began to function in March 1812. In that city, the two big volumes containing such precious documents had remained for a century in private hands, being used without noticing their content, as hard cushions placed upon a bench in order for young pupils to sit high for the purpose of playing the piano.[162]

After those discoveries, the fact is that the 1812 bilingual edition of the book remained completely ignored, and never again was republished. Published in London, and without a Republic to which promote, the copies of the first edition almost disappeared.

In any case, the choice of London for the publishing of the book was not a casual one; it undoubtedly was a Miranda choice, being as he was, at that time, by far, not only a "Man of the World,"[163] but the most important person known in Europe related to the South American independence process. He was such an extraordinary person, that William Spencer Robertson, his most important biographer, identified as:

> "Precursor, Knight-Errant, and Promoter of Spanish-American liberty. He was the first cultured South American to make a tour of either the United States or Europe. His life has a unique interest because he was the only personage of his time to participate in the struggle for the in dependence of the Thirteen Colonies, the French revolution, and the war for the liberation of Spanish America."[164]

---

[162] The Books containing the manuscripts of the Minutes of the Congress were in possession of two families in Valencia, and the historian Francisco González Guinand participated in their rescue in 1907. See Ramón Días Sánchez, Ëstudio Preliminar" in *Libro de Actas del Supremo Congreso de Venezuela 1811-1812*, Academia Nacional de la Historia, Caracas 1959, pp. 11-13.

[163] See *Miranda: A Man of the World*, Dedicated to the Bicentennial of the U.S., Instituto de Estudios Históricos Mirandinos, 1976.

[164] See William Spence Robertson, *The Life of Miranda*, The University of North Carolina Press, Chapel Hill 1929, vol. 1, p. ix.

Miranda, en efecto, había nacido en Caracas en 1750, habiendo dejado Venezuela en 1776, un año antes de la creación de la Capitanía General de Venezuela (1777). Viajó a España, rechazando la intolerancia y la opresión que prevalecía en la provincia, y que había afectado la situación de su padre, nacido en las Islas Canarias. A su llegada a Madrid, se alistó en un regimiento militar de la Corona española y fue a Cádiz, donde conoció a John Turnbull (1776) uno de sus principales protectores, y quien años después se convertiría en uno de sus apoyos financieros más importantes, e incluso quien preparó, con la ayuda de su hijo, su fallida fuga de la prisión de La Carraca, de Cádiz, en 1816, el año de su muerte. Esta estrecha relación que tuvo Turnbull con Miranda hizo que este lo nombrara incluso como su albacea.[165]

Sus acciones militares iniciales fueron en el norte de África y más tarde, desde la base militar española en la isla de Cuba, en América del Norte, en la toma de Pensacola y de las Bahamas (1781), de las que obtuvo promociones, pero también enemigos. Durante sus primeros años en España, en 1778, había sido acusado y perseguido por el Tribunal de la Inquisición, entre otros motivos, por haber comprado "libros prohibidos,"[166] y luego, en 1781, por un supuesto contrabando de mercancías desde Jamaica a La Habana durante una misión secreta militar que le fue asignada,[167] cargos todos por los que fue declarado inocente en 1799.[168]

En todo caso, el Cuba, se las arregló para evadir la orden de detención que se dictó en su contra el 11 de marzo de 1782,[169] tomando la decisión de viajar a América del Norte, con el consentimiento del comandante del ejército español en el Caribe, Juan Manuel Cajigal, a quien le explicó que no era "prudente" para él quedarse en Cuba, siendo una "medida de precaución indispensable" el evitar su detención.[170] Pasó un año en América del Norte (1783-1784), recorriendo las antiguas colonias, donde se reunió personalmente con los líderes más importantes de la Revolución Americana (Washington, Hamilton, Jefferson, entre otros), con quien comenzó a discusión sus planes de liberación para "Colombia." Conociendo

---

[165] Véase su testamento del 1 de agosto de 1810 en Francisco de Miranda, *América Espera* [Ed. J.L. Salcedo Bastardo], Biblioteca Ayacucho, Caracas 1892, pp. 329).

[166] Véanse las referencias a las decisiones en Tomás Polanco Alcántara, *Miranda*, Caracas 1997, pp. 22, 28 30)

[167] Véase en Tomás Polanco Alcántara, *Miranda, cit.*, p. 27

[168] *Idem*, p. 160 ss.

[169] *Idem*, p. 31

[170] Véase su carta a Cajigal de fecha 16 de abril 1783 en Francisco de Miranda, *América Espera, cit.* pp. 57-58)

Miranda, in effect, was born in Caracas in 1750, leaving Venezuela in 1776 one year before the General Captaincy of Venezuela was created (1777). He went to Spain, rejecting the bigotry and oppression that prevailed in the province, which had affected the status of his father, who was born in the Canary Islands. Upon his arrival in Madrid, he enrolled in a military regiment of the Spanish Crown and went to Cádiz, at which time he met John Turnbull (1776) one of his main protectors and who years after would become one of his most important financial supporters, and even who prepared, with the aide of his son, his failed escape from La Carraca, the Cadiz prison in 1816, the year of his death. This close relation lead Miranda to named Turnbull as his executor.[165]

His initial military actions were in Northern Africa and later, from its base in Cuba, in North America, in the taking of Pensacola and the Bahamas (1781), which gave him promotions, but also enemies. Since his first years in Spain, since 1778, he had been accused and persecuted by the Inquisition Tribunal, among other motives, because having bought "prohibited books,"[166] to which was added an accusation of supposedly smuggling goods from Jamaica to La Havana during a secret military mission assigned to him in 1781,[167] charges from which he was declared not guilty in 1799.[168]

He managed to evade the order of detention that was issued against him on March 11, 1782,[169] and made the decision to travel to North America, with the agreement of the Commander of the Spanish army in the Caribbean, Juan Manuel Cajigal, to whom he explained that it was not "prudent" to remain in Cuba, being a "indispensable precaution" to avoid detention.[170] He spent one year in North America (1783-1784) where he personally met with the most important leaders of the American Revolution (Washington, Hamilton, Jefferson, among others) with whom he began to discus his liberation plans for "Colombia." Knowing about

---

[165] See his testament of August 1 1810 in Francisco de Miranda, *América Espera* [Ed. J.L. Salcedo Bastardo], Biblioteca Ayacucho, Caracas 1892, pp. 329)
[166] See the references to the decisions in Tomás Polanco Alcántara, *Miranda*, Caracas 1997, pp. 22, 28 30)
[167] See in Tomás Polanco Alcántara, *Miranda, cit.*, p. 27
[168] *Idem*, p. 160 ss.
[169] *Idem*, p. 31.
[170] See his letter to Cajigal dated April 16, 1783 in Francisco de Miranda, *América Espera, cit.* pp. 57-58)

a persecución española que se había desplegado en su contra,[171] se embarcó hacia Londres (1785), donde, entre otros, se reunió con el coronel William Steuben Smith, quien había sido ayudante de campo de George Washington y con quien comenzó un largo viaje de observación militar hacia Prusia (1785).

Las publicaciones sobre Miranda en Londres habían alertado nuevamente a las autoridades españolas de su presencia en Europa, lo que luego de su periplo europeo le impidió regresar a Londres, por el peligro de ser detenido.[172] Miranda había viajado a Sajonia, Austria, Italia, Egipto, Trieste, Constantinopla, el Mar Negro y Crimea (1786), donde, después de reunirse con el príncipe Gregory Potemkin de Rusia, viajó con él a Kiev como invitado del gobierno ruso. Fue recibido por la emperatriz Catalina de Rusia, de quien recibió un apoyo efectivo para sus proyectos con respecto a la América española. Con un pasaporte ruso, viajó desde San Petersburgo a Suecia, Noruega y Dinamarca, donde, de nuevo, se enteró de la intención del gobierno español de detenerlo en Estocolmo. Luego se dirigió a los Países Bajos y Suiza, llegando a París a través de Marsella, con otro nombre (el señor de Meroff).

Se las arregló para regresar a Inglaterra en vísperas de la Revolución Francesa, en junio de 1789, con la esperanza de encontrar apoyo para sus proyectos de liberar a la América española. Allí se reunió con el primer ministro, William Pitt (1790), y al no encontrar el apoyo que esperaba, viajó a París, con las mismas ideas y con la intención de volver a Rusia (1792). En París, la Revolución ya estaba instalada, por lo que la invasión de Champagne por las fuerzas de Prusia le obligó a aceptar un puesto de comando militar en las fuerzas francesas con el rango de mariscal de campo, bajo el mando del general Charles Dumouriez (1792). Por sus acciones militares, fue nombrado Comandante en Jefe del Ejército del Norte. Sin embargo, el desastre militar de Neerwinden que obligó al ejército francés a evacuar los Países Bajos, dio lugar a cargos de traición contra Dumouriez por querer restaurar la monarquía, quien fue llevado a un juicio en el cual había la intención de involucrar a Miranda con su actuación. Miranda fue perseguido por Robespierre, detenido y sometido a juicio ante el Tribunal Revolucionario de París, pero fue declarado inocente en el proceso que se desarrolló en su contra. El 22 de diciembre de 1797 firmó,

---

[171] Véase Tomás Polanco Alcántara, *Miranda, cit.*, p. 62
[172] *Idem*, p. 115

the Spanish persecution deployed against him,[171] he sailed to London (1785), where among others, he met Colonel William Steuben Smith, who was Aide de Camp to George Washington and with whom he began a military observation journey to Prussia (1785).

The publications in London about Miranda alerted again the Spanish authorities of his presence in Europe, which prevented him from returning to London, due to the danger of being detained.[172] Miranda then traveled to Saxony, Austria, Italy, Egypt, Trieste, Constantinople, the Black Sea and Crimea (1786), where, after meeting with Prince Gregory Potemkin of Russia, he traveled with him to Kiev as a guest of the Russian government. He was received by the Empress Catherine of Russia from whom he received effective support for his projects regarding Spanish America. With a Russian passport, he traveled from Petersburg to Sweden, Norway and Denmark, where, again, he heard of the Spanish government intent to detain him in Stockholm. He then proceeded to the Netherlands and Switzerland arriving in Paris via Marseille, using another name (M. de Meroff).

He managed to return to England on the eve of the French revolution, in June 1789, hoping to find support for his projects of freeing Spanish America. There he met with the Prime Minister, William Pitt (1790); but not finding the support he had expected, he traveled back to Paris, with the same ideas and with the intention of going back to Russia (1792). In Paris, the Revolution was already installed, so the invasion of Champagne by the Prussian forces compelled him to accept a military command post in the French forces under the command of General Charles Dumouriez, with the rank of field marshal (1792). For his military actions, he was appointed Commander-In-Chief of the Northern Army. Nonetheless, the Neerwinden military disaster which forced the French army to evacuate the Netherlands and which resulted in treason charges against Dumouriez for wanting to restore the Monarchy, led to a trial against him in which he intended to involve Miranda in his performance. Miranda was persecuted by Robespierre, detained and submitted to trial before the Revolutionary Tribunal of Paris, but was declared not guilty in the process that unfolded against him. In December 22, 1797 he signed, in Paris,

---

[171] See Tomás Polanco Alcántara, *Miranda, cit.*, p. 62
[172] *Idem*, p. 115

en París, con otros "representantes de los pueblos y provincias de América,"[173] José del Pozo y Sucre, José de Salas el "Acta de París" proclamando la "independencia" de las provincias americanas. Volvió a Londres en 1799, donde el Primer Ministro, William Pitt, esta vez fue que comenzó a prestar atención a sus planes de independencia de América española.[174]

Durante esos años, Miranda fue quizás uno de los hispanoamericanos más perseguidos y buscados por la Corona Española, siendo a su vez, uno de los más importantes promotores y precursores del movimiento de independencia de la América española.

Después de fijar su residencia en Londres en 1799, se quedó allí hasta 1805 cuando regresó a Nueva York, con el fin de organizar, en 1806, una importante expedición con fines independentistas a las costas de Venezuela, donde desembarcó dos veces, proclamando la independencia y sus ideas libertarias,[175] aunque finalmente fracasó en sus propósitos.[176] Regresó a Londres en 1808, sólo para reforzar sus proyectos de independencia, regresando a Venezuela en diciembre de 1810, después de tres décadas de ausencia, una vez que la revolución de independencia había comenzado.

El sello que dejó en el proceso político de Venezuela es, por supuesto, indeleble, lo que se reflejó, particularmente, en el proceso de publicación de este libro en Londres. Aunque Miranda estuvo en Caracas desde diciembre de 1810 hasta julio de 1812, precisamente durante el tiempo en el cual se redactaron todos los documentos publicados en el libro, y durante el proceso de su edición, su publicación en Londres sólo fue posible debido a las sólidas y firmes relaciones políticas y editoriales que Miranda había desarrollado, y a los contactos que había establecido durante sus años de residencia en Londres, sobre todo a partir de 1799 hasta que realizó su viaje de regreso a Caracas en octubre de 1810.

Esas relaciones incluyeron a muchas personas, no sólo interesadas en la emancipación de América del Sur de España y por tanto, involucradas en el proceso político para su independencia, sino también pertenecientes a la vida intelectual de Londres. En ese grupo, sin duda, Francisco de

---

173   Véase en Francisco de Miranda, *América Espera*, cit., p. 195; Francisco de Miranda, *Textos sobre la Independencia*, Biblioteca de la Academia Nacional de la Historia, Caracas 1959, pp. 49-57
174   Véase Tomás Polanco Alcántara, *Miranda, cit.*, pp. 145 ss.
175   Véanse las Proclamas en Francisco de Miranda, *América Espera*, cit. p. 356 ss.
176   Véase su carta a Castlereagh explicando las razones del fracaso de la expedición, en Francisco de Miranda, *América Espera*, cit. p. 366 ss.

with other "representative of the peoples and provinces of America" (José del Pozo y Sucre, José de Salas) the "Act of Paris" proclaiming the "independence" of the American provinces,[173] returning to London, where the Prime Minister, William Pitt (1798), this time began to pay attention to his plans of Spanish American independence.[174]

During those years, Miranda was perhaps one of the most pursued and searched of all Spanish-Americans by the Spanish Crown, being in turn, one of the most important promoters and forerunners of the independence movement regarding Spanish America.

After fixing his residence in London in 1799, he stayed until 1805 when he went back to New York, in order to organize, in 1806, an important expedition with independence purposes to the coast of Venezuela, where he came twice ashore, proclaiming independence and libertarian ideas;[175] although eventually failing in his purposes.[176] He returned to London in 1808 only to reinforce his independence projects and to return to Venezuela, after three decades of absence in December 1810 once the independence revolution had started.

His seal in that process in Venezuela is of course indelible, even imprinted in the process of publication of our London book. Although Miranda was in Caracas from December 1810 until July 1812, precisely during the writing process of all the documents published in the book and during its editing process, its publication in London was only possible due to the solid and tight set of political and editorial relations and contacts that he had established during his years of residence in London, particularly from 1799 until he began his journey of return to Caracas in October 1810.

These relations involved many persons not only interested in the emancipation of South America from Spain, and deeply involved in the political process for independence, but also in the intellectual life of London. In that group, no doubt, Francisco de Miranda was the key person,

---

[173] See in Francisco de Miranda, *América Espera, cit.*, p. 195; Francisco de Miranda, *Textos sobre la Independencia*, Biblioteca de la Academia Nacional de la Historiaa, Caracas 1959, pp 49-57
[174] See Tomás Polanco Alcántara, *Miranda, cit.*, pp. 145 ss)
[175] See the Proclaims in Francisco de Miranda, *América Espera, cit.* p. 356 ss
[176] See his letter to Castlereagh explaining the reasons of the failure of the expedition, in Francisco de Miranda, *América Espera, cit.* p. 366 ss

Miranda era la persona clave, cuyos contactos y organización hizo posible la publicación del libro, aunque para el momento del proceso de edición ya estaba en Venezuela, como Comandante en Jefe o *Generalísimo* del Ejército Republicano en defensa de la República en contra de la invasión por las fuerzas militares españolas.

whose contacts and organization made possible the publication of the book, although at the time of the editing process he was in Venezuela, as Commander in Chief or *Generalísimo* of the Republican Army defending the Republic against the invasion by the Spanish military forces.

VI. LOS *DOCUMENTOS OFICIALES INTERESANTES* RELACIONADOS CON LA INDEPENDENCIA DE VENEZUELA, SU INSPIRACIÓN EN LAS IDEAS DE LA REVOLUCIÓN FRANCESA Y AMERICANA, Y EL PAPEL DESEMPEÑADO POR UN TAL "WILLIAM BURKE"

En cualquier caso, y gracias a la red de relaciones dejadas por Miranda en Londres, los documentos publicados hace doscientos años en el muy importante libro de Londres de 1812, fueron y siguen siendo no sólo los documentos fundamentales de la independencia de Venezuela, sino los más importantes que se hayan publicado en Inglés en relación con el proceso de la independencia de la América española. Ellos constituyen la evidencia más visible del impacto efectivo que los principios del constitucionalismo moderno derivados de las revoluciones americana y francesa, produjeron en el proceso constituyente de Venezuela y de la América hispana en 1811,[177] donde por primera vez en la historia esos principios fueron aplicados y desarrollado conjuntamente.[178]

De acuerdo con esos principios, el nuevo Estado constitucional creado en Venezuela hace doscientos años, puede decirse que siguió las tendencias generales del proceso constitucional que se había desarrollado en los Estados Unidos. En Venezuela, en efecto, un Congreso General[179]

---

[177] Véase Allan R. Brewer-Carías, *Reflexiones sobre la Revolución Norteamericana (1776), la Revolución Francesa (1789) y la Revolución Hispanoamericana (1810-1830) y sus aportes al Constitucionalismo Moderno*, 2ª Edición Ampliada Universidad Externado de Colombia, Editorial Jurídica Venezolana, Bogotá 2008.

[178] Como Juan Garrido Rovira ha señalado 1811 la Asamblea Constituyente Venezolana de 1811, "asumió el reto de los tiempos y marcó los ideales político-culturales de los siglos, entre otros: Independencia política; especial consagración de la libertad de pensamiento y expresión; soberanía del pueblo; separación de poderes; sufragio, representación y participación de los ciudadanos en el gobierno; equidad social; consagración y respeto de los derechos y deberes del hombre; limitación y control del poder; igualdad política y civil de los hombres libres; reconocimiento y protección de los derechos de los pueblos indígenas; prohibición del tráfico de esclavos; gobierno popular, responsable y alternativo; autonomía del poder judicial sobre bases morales; la nación por encima de las facciones.." En *El Congreso Constituyente de Venezuela*, Bicentenario del 5 de julio de 1811, Universidad Monteávila, Caracas 2010, p. 12.

[179] Véase Ramón Díaz Sánchez (Editor), *Libro de Actas del Supremo Congreso de Venezuela 1811–1812*, Academia Nacional de la Historia, Caracas, 1959; Pedro Grases (Compilador), *El pensamiento político de la Emancipación Venezolana*, Ediciones Congreso de la República, Caracas 1988; Tulio Chiossone, *Formación Jurídica de Venezuela en la Colonia y la República*, Universidad Central de Venezuela, Caracas, 1980.

VI. THE *INTERESTING OFFICIAL DOCUMENTS* RELATED TO THE VENEZUELAN INDEPENDENCE, THEIR INSPIRATION ON THE IDEAS OF THE FRENCH AND AMERICAN REVOLUTION, AND THE ROLE PLAYED BY A CERTAIN "WILLIAM BURKE"

In any case, and thanks to the grid of relations left by Miranda in London, the documents published two hundred years ago in the very important London book were and still are not only the fundamental documents on the Venezuelan Independence but most important documents ever published in English regarding the process of the independence of Spanish America. They are the most conspicuous evidence of the effective impact that the modern principles of constitutionalism, derived from the American and French Revolutions, produced in the constitution making process of Venezuela and Hispanic America in 1811,[177] where for the first time in history those principles were conjointly applied and developed.[178]

According to those principles, the new constitutional State created in Venezuela two hundred years ago, followed the general trends of the constitutional process of the United States. In Venezuela, also a General Congress[179]

---

[177] See Allan R. Brewer-Carias, *Reflexiones sobre la Revolución Norteamericana (1776), la Revolución Francesa (1789) y la Revolución Hispanoamericana (1810-1830) y sus aportes al Constitucionalismo Moderno*, 2ª Edición Ampliada Universidad Externado de Colombia, Editorial Jurídica Venezolana, Bogotá 2008.

[178] As Juan Garrivo Rovira has pointed out, the Venezuelan 1811 Constituent Assembly, "assumed the challenge of the times and check marked the political-cultural ideals of the centuries, among others: Political independence; special consecration of the freedom of thought and expression; people's soverignty; separation of powers; suffrage, representation and participation of the citizens in the government; social fairness; consecration and respect of the rights and duties of the man; limitation and control of power; political and civil equality of free men; recognition and protection of the rights of the indigenous towns; prohibition of the traffic of slaves; popular, responsible and alternative government; autonomy of the judicial power on moral basis; the nation over the factions." In *El Congreso Constituyente de Venezuela*, Bicentenario del 5 de julio de 1811, Universidad Monteávila, Caracas 2010, p.12.

[179] See Ramón Díaz Sánchez (Editor), *Libro de Actas del Supremo Congreso de Venezuela 1811-1812*, Academia Nacional de la Historia, Caracas, 1959; Pedro Grases (Compilador), *El pensamiento político de la Emancipación Venezolana*, Ediciones Congreso de la República, Caracas 1988; Tulio Chiossone, *Formación Jurídica de Venezuela en la Colonia y la República*, Universidad Central de Venezuela, Caracas, 1980.

también integrado por representantes electos en este caso de las "Provincias Unidas" de la antigua Capitanía General de Venezuela, no sólo declaró su independencia en 1811, sino que también sancionó una "Constitución Federal de los Estados de Venezuela,"[180] siendo Venezuela el primer país en la historia constitucional moderna que adoptó la forma federal del Estado, después de los Estados Unidos de América.

Venezuela fue también, después de Estados Unidos, el primer país en seguir todos los principios generales del constitucionalismo moderno en su Constitución, como son, los de la supremacía constitucional, la soberanía del pueblo, la representación política y el republicanismo, la declaración de derechos fundamentales,[181] la organización del Estado de acuerdo con el principio de separación de poderes con un sistema de pesos y contrapesos, la superioridad de la ley como expresión de la voluntad general, el establecimiento de un sistema presidencial de gobierno y representantes electos al Senado y a la Cámara diputados, la organización, dentro de la federación, de un sistema completo de gobiernos locales, y la provisión de un Poder Judicial integrado por jueces que imparten justicia en nombre de la nación con poderes de revisión judicial.[182]

Pero el tema que nos interesa destacar ahora, en relación con esta inspiración, por supuesto, se refiere a la forma a través de la cual todas esas ideas y principios lograron penetrar en las provincias venezolanas, y pasar a través del estricto control establecido por la Inquisición en las colonias españolas e influir en las élites del país, tal como quedó plasmado, precisamente, en los *Documentos Oficiales Interesantes* publicados en el libro de Londres.

El hecho es que durante la época colonial española, como ocurre hoy en día en todos los sistemas autoritarios de gobierno, los libros, así como

---

[180] Véase Caraccciolo Parra Pérez (Editor), *La Constitución Federal de Venezuela de 1811 y Documentos afines*, Academia Nacional de la Historia, Caracas, 1959, pp. 79 ss.; and Allan R. Brewer-Carías, *Las Constiuciones de Venezuela*, Acadeia de Ciencias Políticas y Sociales, Vol. I, Caracas 2008, pp. 553-581.

[181] Véase Allan R. Brewer-Carías, *Las declaraciones de derechos del pueblo y del hombre de 1811*, Academia de Ciencias Políticas y Sociales, Caracas 2011.

[182] Véase Allan R. Brewer-Carías, *Reflexiones sobre la Revolución Norteamericana (1776), la Revolución Francesa (1789) y la Revolución Hispanoamericana (1810-1830) y sus aportes al constitucionalismo moderno*, Universidad Externado de Colombia, Bogotá 2008, pp. 204 ff; Allan R. Brewer-Carías, "El paralelismo entre el constitucionalismo venezolano y el constitucionalismo de Cádiz (o de cómo el de Cádiz no influyó en el venezolano)," en *Libro Homenaje a Tomás Polanco Alcántara*, Estudios de Derecho Público, Universidad Central de Venezuela, Caracas 2005, pp. 101-189.

integrated by elected representatives of the "United Provinces," of the former General Captaincy of Venezuela, not only declared Independence in 1811, but also sanctioned a "Federal Constitution for the United States of Venezuela;"[180] being Venezuela the first country in modern constitutional history to adopt the federal form of State after the United States of America.

Venezuela was also, after the United States, the first country to follow all the general principles of modern constitutionalism in its Constitution, namely, the principles of constitutional supremacy, sovereignty of the people, political representation and republicanism; including a declaration of fundamental rights or bill of rights;[181] the organization of the State according to the principle of separation of power with a system of checks and balances, and the superiority of the law as expression of the general will; the establishment of a presidential system of government and elected representatives to the senate and the representatives chamber (*diputados*); the organization, within the federation, of a complete system of local governments; and the provision of a Judicial Power integrated by judges imparting justice in the name of the nation with judicial review powers.[182]

But the main question that I want now to highlight regarding this inspiration, of course, relates to the way through which all those ideas and principles managed to enter in the provinces and could pass through the strict Spanish colonial control of the Inquisition, influencing the elites of the country, and being embodied precisely in the *Interesting Official Documents* published in the London book.

The fact is that during Spanish colonial times, as it happens nowadays in all authoritarian systems of government, books, as well as pens

---

[180] See Caraccciolo Parra Pérez (Editor), *La Constitución Federal de Venezuela de 1811 y Documentos afines*, Academia Nacional de la Historia,bCaracas, 1959, pp. 79 ff.; and Allan R. Brewer-Carías, *Las Constiuciones de Venezuela*, Acadeia de Ciencias Políticas y Sociales, Vol. I, Caracas 2008, pp. 553-581.

[181] See Allan R. Brewer-Carías, *Las declaraciones de derechos del pueblo y del hombre de 1811*, Academia de Ciencias Políticas y Sociales, Caracas 2011.

[182] See Allan R. Brewer-Carías, *Reflexiones sobre la Revolución Norteamericana (1776), la Revolución Francesa (1789) y la Revolución Hispanoamericana (1810-1830) y sus aportes al constitucionalismo moderno*, Universidad Externado de Colombia, Bogotá 2008, pp. 204 ff; Allan R. Brewer-Carías, "El paralelismo entre el constitucionalismo venezolano y el constitucionalismo de Cádiz (o de cómo el de Cádiz no influyó en el venezolano)," in *Libro Homenaje a Tomás Polanco Alcántara*, Estudios de Derecho Público, Universidad Central de Venezuela, Caracas 2005, pp. 101-189.

las plumas y lápices, fueron y son considerados como armas peligrosas, de manera que no podían propagarse libremente en todas las provincias. Este fue y es particularmente cierto con los libros relacionados con ideas como la libertad, los derechos de las personas, la representación política y soberanía de los pueblos, la separación de poderes y el control del poder político. A principios del siglo XIX, todos los libros relativos a esos asuntos eran considerados como muy peligrosos y prohibidos en la América hispana, de manera que su introducción, tráfico y posesión fueron perseguidos por el Tribunal de la Inquisición.

Pero como siempre sucede con los libros, y a pesar de todas las prohibiciones, siempre se las arreglan para estar disponibles y en manos de las personas apropiadas, como sucedió en esos momentos, a pesar de la Inquisición. La consecuencia, de esa difusión clandestina, sin embargo, fue la persecución y el castigo. Este fue el caso, por ejemplo, de libros y folletos relacionados con la Declaración francesa de los Derechos del Hombre y del Ciudadano de 1789, los cuales, por supuesto que habían sido formalmente prohibidos por el Tribunal de la Inquisición de Cartagena de Indias,[183] así como por los Virreyes del Perú Nueva España, y Santa Fe y por el Presidente de la Audiencia de Quito. Es por eso que a pesar de la prohibición, su difusión en las provincias de Venezuela a finales del siglo XVIII, llevó al Capitán General a informar a la Corona sobre el hecho de que "los principios de la libertad y de independencia, tan peligrosos para la soberanía de España están empezando a gestarse en las cabezas de los americanos."[184]

El texto de la Declaración francesa de de los Derechos del Hombre y del Ciudadano de 1789 se publicó de manera clandestina en las colonias, como fue el caso de la traducción hecha por Antonio Nariño en Santa Fe de Bogotá en 1792. Ello constituyó un grave delito, al punto de que en 1794[185] originó un proceso judicial muy famoso en el cual el Tribunal de la Inquisición condenó a Nariño a diez años de presidio en África, además de a la confiscación de todos sus bienes, su expulsión a perpetuidad de las Américas, y la quema, a manos del verdugo, del libro que contenía los Derechos del Hombre.[186]

Por esa misma época, el Secretario del Real y Supremo Consejo de Indias había dirigido una nota de fecha 7 de junio de 1793 al Capitán Ge-

---

183 Véase P. Grases, *La Conspiración de Gual y España y el Ideario de la Independencia*, cit., p. 13.
184 Véase en J. F. Blanco y R. Azpúrua, *1789*, cit., Tomo I, p. 177.
185 *Id.*, Tomo I p. 286.
186 *Id.*, Tomo I, pp. 257-259.

and pencils, were and are considered dangerous weapons, and could not spread freely throughout the provinces. This was and is particularly true about books related to ideas such as liberty, freedom, rights of the people, political representation, and peoples' sovereignty, separation of powers and control of political power. At the beginning of the 19th century, those books were considered very dangerous and forbidden in Hispanic America, and their introduction, trafficking and possession were persecuted by the Inquisition Tribunal.

But as always happens with books, and in spite of all prohibitions, they always manage to be available and in the precise hands, as was also the case in such times, despite the Inquisition; being the consequence of such clandestine diffusion, also persecution and punishment. This was the case, for instance, of books and pamphlets related to the 1789 French Declaration of Rights of Man and Citizens. They were of course formally prohibited by the Inquisition Tribunal of Cartagena de Indias,[183] as well as by the Viceroys of Peru, Nueva España and Santa Fe and by the President of the *Audiencia* of Quito. That is why, despite the prohibition and having spread to the provinces of Venezuela at the end of the 18th century, the General Captain informed the Crown about the fact that "principles of liberty and independence so dangerous to the sovereignty of Spain are beginning to brew in the heads of the Americans."[184]

The text of the French 1789 Declaration of Rights was even published in a clandestine way in the colonies, as was the case of the translation made by Antonio Nariño in Santa Fe de Bogotá in 1792. That was a grave crime to the point that in 1794,[185] it originated a very famous judicial process in which the Inquisition Tribunal condemned Nariño to 10 years in prison in Africa, in addition to the confiscation of all his properties, his perpetual expulsion from the Americas, and the burning, by the hands of the executioner, of the book containing the Rights of Man.[186]

In those same years, the Secretary of the Royal and Supreme Council of Indias also directed a note to the General Captain of Venezuela dated

---

[183] See P. Grases, *La Conspiración de Gual y España y el Ideario de la Independencia*, cit., p. 13.
[184] See in J. F. Blanco y R. Azpúrua, *Documentos para la historia de la vida pública del Libertador*, cit., Vol. I, p. 177.
[185] *Id.*, Vol. I p. 286.
[186] *Id.*, Vol. I, pp. 257-259.

neral de Venezuela, llamando su atención sobre los designios del Gobierno de Francia y de algunos revolucionarios franceses, como también de otros promovedores de la subversión en dominios de España en el Nuevo Mundo, que -decía- "Envían allí libros y papeles perjudiciales a la pureza de la religión, quietud pública y debida subordinación de las colonias."[187]

Pero fue un hecho casual acaecido en España en 1796, el que tendría el impacto inicial más importante en el proceso de independencia de las provincias de Venezuela. Una conspiración, llamada de San Blas, debía estallar en Madrid ese mismo año con el fin de establecer una República inspirada en la Revolución Francesa, en sustitución de la monarquía. La conspiración fracasó, y los conspiradores, entre ellos, Juan Bautista Mariano Picornell y Gomilla y Manuel Cortes de Campomares, después de ser condenados a muerte, gracias a la intervención del Agente francés, les fueron conmutadas sus penas, por la reclusión perpetua en los insalubres calabozos de Puerto Cabello, Portobelo y Panamá.[188] Fueron enviados entonces a las cárceles del Caribe, habiendo sido dejados transitoriamente en la prisión de La Guaira, el puerto principal de la provincia de Venezuela.

Al año siguiente, en 1797, los conspiradores lograron escapar,[189] entrando en contacto con la élite local del Puerto, fomentando la conspiración en la provincia, la cual fue encabezada por Manuel Gual y José María España, la cual ha sido considerada como "el intento de liberación más serio en Hispano América antes del de Miranda en 1806."[190] La conspiración de Gual y España también fracasó,[191] siendo sin embargo el producto resultante de la conspiración, un conjunto de documentos que habrían de tener la mayor influencia en el proceso constitucional de Hispanoamérica, entre los que se destacaban una obra sobre *Derechos del Hombre y del Ciudadano con varias máximas Republicanas, y un Discurso Preliminar dirigido a los Americanos*, que por supuesto fue prohibida por la Real Audiencia de Caracas el 11 de diciembre de ese mismo año 1797, considerando que tenía:

---

[187] *Id.*, Tomo I, p. 247.
[188] Véase P. Grases, *La Conspiración de Gual y España… cit.*, pp. 14, 17, 20.
[189] Véase en J.F. Blanco y R. Azpúrua, *Documentos para la historia de la vida pública del Libertador. cit.*, Tomo I, p. 287; P. Grases, *La Conspiración de Gual y España… cit.*, p. 26.
[190] P. Grases, *La Conspiración de Gual y España. op. cit.*, p. 27.
[191] Véase en J. F. Blanco y R. Azpúrua, *Documentos para la historia de la vida pública del Libertador. cit.*, Tomo I, p. 332.

June 7, 1793, asking him to be aware of the intention of the French Government and of some French revolutionaries, as well as some promoters of subversions in the Spanish domains in the new World, that - it was said - "Send there books and documents damaging the purity of the religion, the public peace and the due subordination of the colonies."[187]

But it was a casual fact that occurred in Spain in 1796, which would be the one that was going to have the most important impact in the independence process in the provinces of Venezuela. A conspiracy, called of San Blas, was supposed to take place in Madrid that same year in order to establish a Republic inspired by the French Revolution in substitution of the Monarchy. The conspiration failed, and the conspirators, among them, Juan Bautista Mariano Picornell y Gomilla and Manuel Cortés de Campomares, after being condemned to death, due to the intervention of the French Agent, had their sentence commuted into life imprisonment in the unhealthy dungeons of Puerto Cabello, Portobello and Panama.[188] They were then sent to the Caribbean prisons, being transitorily placed in the prison of La Guaira, the main port of the province of Venezuela.

The conspirators managed to escaped the following year, 1797,[189] and began to get in touch with the local elite in the Port, encouraging the conspiracy headed by Manuel Gual and José María España, considered to be the "most serious liberation intent of Hispanic America before the Miranda intent in 1806."[190] The conspiracy also failed,[191] but the product resulting from the intent were a group of papers which were to have enormous importance in the constitutional process of Hispanic America, among them, a book titled *Derechos del Hombre y del Ciudadano con varias máximas Republicanas, y un Discurso Preliminar dirigido a los Americanos*, which of course, was subsequently prohibited by the *Real Audiencia* of Caracas on December 11, 1797. The Tribunal considered that:

---

[187] *Id.*, Vol. I, p. 247.
[188] See P. Grases, *La Conspiración de Gual y España... cit*, pp. 14, 17, 20.
[189] See in J.F. Blanco y R. Azpúrua, *Documentos para la historia de la vida pública del Libertador. cit.*, Vol. I, p. 287; P. Grases, *La Conspiración de Gual y España... cit.*, p. 26.
[190] P. Grases, *La Conspiración de Gual y España. op. cit.*, p. 27.
[191] See in J. F. Blanco y R. Azpúrua, *Documentos para la historia de la vida pública del Libertador. cit.*, Vol. I, p. 332.

"toda su intención a corromper las costumbres y hacer odioso el real nombre de su m ajestad y su justo gobierno; que a fin de corromper las costumbres, siguen sus autores las reglas de ánimos cubiertos de una multitud de vicios, y desfigurados con varias apariencias de humanidad..."[192]

El libro, probablemente impreso en Guadalupe, en 1797[193] contenía una traducción de la Declaración francesa que precedió la Constitución de 1793,[194] es decir, la correspondiente a la época del Terror, más violenta y abiertamente invitando a la revolución activa.[195]

Después de la conspiración de Gual y España, y a pesar de su fracaso y de la feroz persecución que se desató en contra todos los que participaron en ella, el otro acontecimiento importante considerado como un antecedente de la independencia de Venezuela, fue el antes mencionado desembarco de la expedición comandada por Francisco de Miranda en las costas de Venezuela (Puerto Cabello y Coro) en 1806, el cual ha sido considerado como el acontecimiento más importante relativo a la independencia ocurrido antes de la abdicación de Carlos IV y la subsecuente abdicación de Fernando VII en Bayona a favor de Napoleón.[196] Miranda, por ello, ha sido considerado como el Precursor de la Independencia del continente Américo-colombiano, habiéndose materializado sus ideas en las proclamas independentistas que escribió y publicó en la imprenta que llevaba en la misma corbeta Leander desde que zarpó de Nueva York, embarcación que contrató para liderizar la invasión a Venezuela, y en los cuales propuso la independencia mediante la formación de una federación de Concejos Municipales Libres,[197] basada en los principios constitucionales franceses y norteamericanos.

Esa imprenta iba a ser, precisamente, y por casualidad, la primera imprenta introducida en las provincias de Venezuela. Esto ocurrió dos

---

192 Véase P. Grases, *La Conspiración de Gual y España...*, cit., p. 30.
193 A pesar de que en la primera página aparece como publicado en Madrid, en la imprenta de la Verdad, el año 1797. Véase Pedro Grases, "Estudio sobre los 'Derechos del Hombre y del Ciudadano'," en el libro *Derechos del Hombre y del Ciudadano* (Estudio Preliminar por Pablo Ruggeri Parra y Estudio histórico-crítico de Pedro Grases), Academia Nacional de la Historia, Caracas 1959, pp. 147, 335.
194 *Id.*, pp. 37 ss.
195 *Id.*
196 Véase O.C. Stoetzer, *Las Raíces Escolásticas de la Emancipación de la América Española*, Madrid, 1982, p. 252.
197 Véase Francisco de Miranda, *Textos sobre la Independencia*, Biblioteca de la Academia Nacional de la Historia, Caracas, 1959, pp. 95 ss., y 115 ss.

"it had all the intention of corrupting the habits and of making hateful the royal name of his Majesty and of his just government; that for the purpose of corrupting the habits, its authors follow the rules of conduct covered by a multitude of vices, disfigured by a few humanitarian appearances."[192]

The book, probably printed in Guadalupe in 1797[193] contained the translation of the French declaration that preceded the Constitution of 1793,[194] that is, the one of the epoch of the Terror, more violent and openly inviting active revolution.[195]

After the Gual and España Conspiration, and despite its failure and the fierce persecution that followed against all those that had participated in it, the other important event considered as a direct antecedent of the Venezuelan independence was the ashore of the expedition commanded by Francisco de Miranda in the Venezuelan coast (Puerto Cabello y Coro) in 1806, considered to be the most important event regarding the independence that occurred before the abdication of Charles IV and the subsequent abdication of Ferdinand VII in Bayonne in favor of Napoleon.[196] That is why, as mentioned, Miranda has been considered the Precursor of the Independence of the American Columbian Continent, his ideas materialized in the libertarian proclamations he wrote and published in the printing press he bought in New York and that he had in his ship, the Leander, the vessel he contracted in order to lead the invasion of Venezuela, proposing the independence through the formation of a federation of Free Municipal Councils[197] based on some French and North American constitutional principles.

That printing press was going to be, precisely and by chance, the first printing press ever introduced in the Provinces of Venezuela, This

---

[192] Véase P. Grases, *La Conspiración de Gual y España...*, cit., p. 30.

[193] Despite that in the front page it appears as published in Madrid, in the printing press of la Verdad, year 1797. See Pedro Grases, "Estudio sobre los 'Derechos del Hombre y del Ciudadano'," in the book *Derechos del Hombre y del Ciudadano* (Estudio Preliminar by Pablo Ruggeri Parra and Estudio histórico-crítico by Pedro Grases), Academia Nacional de la Historia, Caracas 1959, pp. 147, 335.

[194] *Id.*, pp. 37 ss.

[195] *Id.*

[196] See O.C. Stoetzer, *Las Raíces Escolásticas de la Emancipación de la América Española*, Madrid, 1982, p. 252.

[197] See Francisco de Miranda, *Textos sobre la Independencia*, Biblioteca de la Academia Nacional de la Historia, Caracas, 1959, pp. 95 ss., y 115 ss.

años después de la fallida invasión de Miranda, en 1808, cuando el gobierno colonial de Venezuela decidió autorizar su adquisición en Trinidad, donde Miranda la había dejado antes de regresar a Londres, siendo adquirida por Mateo Gallagher,[198] el editor del *Trinidad Weekly Courant*. La imprenta fue llevada a Caracas por sus dueños, junto con Francisco González de Linares quien actuó en nombre del Capitán General Juan de Casas. La Real Hacienda concedió un préstamo para las operaciones de impresión, teniendo al Gobierno como su principal cliente.

Fue de esa manera como se introdujo la imprenta en Venezuela, siendo la *Gaceta de Caracas* la primera publicación periódica en Venezuela, comenzando a partir del 24 de octubre de 1808.[199] En esa imprenta se editó el primer libro publicado en Venezuela, titulado *Resumen de la Historia de Venezuela*, un libro de Andrés Bello, quien entonces era un muy alto y distinguido funcionario de la Capitanía General y, como se ha mencionado quien, más tarde jugaría un papel importante en la edición del libro sobre los *Documentos Oficiales Interesantes*, en Londres. El propio Bello, como ya se mencionó, fue el primer editor de la *Gaceta de Caracas*.

Pero no sólo fue la imprenta, una cuestión de penetración tardía en las marginales provincias de Venezuela, en particular comparado con su introducción décadas antes en los principales virreinatos en América, sino que desde su introducción en 1808, fue sometida a una estricta censura. Esto quedó registrado en las mismas *Observaciones Preliminares* del libro de Londres, en las que se hace referencia a "las prensas públicas.... marcadas con la censura y la reprobación," y, en general, al hecho de que en las provincias coloniales:

"baxo las mas geveras conminaciones se restablecía la inquisición política con todos sus horrores, contra los que leyesen, tubiesen o recibiesen otros papeles, no solo estrangeros, sino aúm Españoles que no fuesen de la fabrica de la Regencia."[200]

Sin embargo, y a pesar de la prohibición, las ideas revolucionarias de Francia y de América fueron ampliamente extendidas por la América

---

[198] Véase Tomás Polanco Alcántara, *Miranda, cit.*, pp. 208, 227.
[199] Véase "Introducción de la imprenta en Venezuela" en Pedro Grases, *Escritos Selectos*, Biblioteca Ayacucho, Caracas 1988, pp. 97 ss.
[200] En la carta enviada por Miranda a Richard Wellesley Jr., el 7 de enero de 1810, expresa lo mismo: "No había sino una imprenta en toda la provincia, la cual estaba en Caracas y el gobierno español había siempre excluido de los puertos todas las publicaciones que no eran enviadas por el mismo" Véase, en Francisco de Miranda, *América Espera* (Ed. J.L. Salcedo Bastardo), Biblioteca Ayacucho, Caracas 1892, p. 445.

occurred two years after the failed Miranda invasion, in 1808, when the colonial government of Venezuela decided to authorize its acquisition in Trinidad, where Miranda left it before returning to London, being acquired by Matthew Gallagher,[198] the editor of *Trinidad Weekly Courant*. The printing press was brought to Caracas by its owners along with Francisco Gonzales de Linares who acted on behalf of the Captain General Juan de Casas. The Royal Treasury granted a mortgage loan for the printing operations with the Government as its main customer.

In that way was how printing was introduced in Venezuela, being the *Gaceta de Caracas* the first periodical publication in Caracas, beginning on October 24, 1808.[199] Regarding this printing press, in it the first book edited in Venezuela was published, titled *Resumen de la Historia de Venezuela*) [Summary of the History of Venezuela]; a book of Andrés Bello who was then a very high and distinguished official of the General Captaincy and as mentioned, later played an important role in the editing of the book, *Interesting Official Documents*, in London. Bello himself, as already mentioned, was the first editor of the *Gaceta de Caracas*.

But not only was printing before 1808 a belated matter in the marginal provinces of Venezuela, particularly compared to the introduction of printing press decades before in the main Viceroyalties in America, but since its introduction, it was subjected to strict censure. This was recorded in the same *Preliminary Remarks* preceding our London book, in which references are made to "the public prints...branded with censure and reprobation," and in general, to the fact that in the Colonial provinces:

> "under the most severe threats of punishment, a political inquisition with all its horrors, was established against those who should read, possess, or receive other papers, not only foreign, but even Spanish, that were not out of the Regency's manufacture." [200]

Nonetheless, and despite the prohibition, the French and the American revolutionary ideas extensively spread in Spanish America, thanks to

---

[198] See Tomás Polanco Alcántara, *Miranda*, cit, pp. 208, 227.

[199] See "Introducción de la imprenta en Venezuela" in Pedro Grases, *Escritos Selectos*, Biblioteca Ayacucho, Caracas 1988, pp. 97 ss.

[200] In the letter Miranda sent to Richard Wellesley Jr.in January 7, 1810, he expresses the same: "There were no printing press in the provinces, and the Spanish government always excluded from the countries all the publications not sent by itself." See in Francisco de Miranda, *América Espera* (Ed. J.L. Salcedo Bastardo), Biblioteca Ayacucho, Caracas 1892, p. 445.

española, gracias precisamente a algunos libros que fueron introducidos de manera clandestina, y cuyo contenido es la única explicación de la influencia que tuvieron los principios fundamentales de las mismas en el proceso constituyente de 1810 -1811, imbuido en los *documentos oficiales* de la Independencia publicados en el libro de Londres. Entre esos libros hay que mencionar, por ejemplo, a los que se refieren al proceso de la revolución y de la independencia de los Estados Unidos de América, y que se introdujeron en Venezuela debido a la labor de un grupo de venezolanos que residían en Filadelfia, quienes los tradujeron y publicaron, o que sirvieron de enlace para su publicación en Venezuela.

El primer libro que debe ser mencionado fue uno publicado en Filadelfia en 1810, cuando la revolución estaba en sus primeras etapas en Caracas, por Joseph Manuel Villavicencio, oriundo de la Provincia de Caracas, y que contiene la que sin duda fue la primera traducción al castellano de la *Constitución de los Estados Unidos de América*.[201] Dicho libro fue ampliamente distribuido en la América hispana a pesar de la prohibición impuesta por la Inquisición a ese tipo de publicaciones, e incluso, fue reimpreso en Bogotá y en Cádiz, en 1811, durante la discusión de la Constitución de 1812 Cádiz.

El segundo libro que deber mencionarse, también publicado en Filadelfia y en español, contiene la traducción de las obras más importantes de Thomas Paine,[202] las cuales también tuvieron amplia difusión en la América hispana. Contenía el texto en castellano de "El Sentido Común" de Paine (Filadelfia, 1776), y el texto de dos de sus "Disertaciones sobre los primeros principios del gobierno". También contenía la versión en castellano de la Declaración de Independencia (4 de julio de 1776), los Artículos de la Confederación (1778), el texto de la Constitución de los Estados Unidos (8 de julio de 1778), y de su primeras doce Enmiendas (1791, 1798, 1804), y el texto de las Constituciones de Massachusetts (1780), New Jersey (1776), Virginia (1776) y Pennsylvania (1790), y Connecticut.[203] Este libro, también, sin duda con la primera traducción al cas-

---

[201] *Constitución de los Estados Unidos de América. Traducida del inglés al español por don Joseph. Manuel Villavicencio*, Filadelfia, Imprenta de Smith y M'Kenzie, 1810.

[202] Sobre el significado de la obra de Paine en la Independencia de los Estados Unidos, véase, por ejemplo, Joseph Lewis, *Thomas Paine. Author of the Declaration of Independence*, Freethought Press, New York 1947.

[203] Una edición moderna de este trabajo es *La Independencia de la Costa Firme, justificada por Thomas Paine treinta años ha*. Traducida del Inglés al español por Manuel García de Sena. Prólogo de Pedro Grases, Comité de Orígenes de la Emancipación, núm. 5. Instituto Panamericano de Geografía e Historia, Cara-

some books that were introduced in a clandestine way, whose content is the only explanation of the basic principles that influenced the constitution making process of 1810-1811 imbued in the *Interested Official Documents* of the Independence published in the London book. Among those books, mention must be made to a few of them referred to the revolution and independence process of the United States of America, that were introduced in Venezuela, due to the work of a group of Venezuelans residing in Philadelphia, who translated and published them, or who served as links for their publication in Venezuela.

The first book that has to be mentioned is one published in Philadelphia in 1810 by Joseph Manuel Villavicencio, a native of the Province of Caracas, when the revolution was in its first stages in Caracas, containing what can be considered as the first Spanish translation of the Constitution of the United States of America, titled *Constitución de los Estados Unidos de América*.[201] This was, without doubt, the first translation into Spanish of the American Constitution. It was widely distributed in Spanish America despite the ban imposed by the Inquisition to such kind of publications; and was even reprinted in Bogotá and in Cádiz in 1811, during the discussion of the 1812 Cádiz Constitution.

The second book to be mentioned also published in Philadelphia and in Spanish, contained the translation of the most important works of Thomas Paine,[202] which also had extensive diffusion in Spanish America. It contained the text in Spanish of "Common Sense" (Philadelphia, 1776), and the text of two of Paine's "Dissertations on the Principles of Government." It also contained the Spanish version of the Declaration of Independence (July 4, 1776), the Articles of the Confederation (1778), the text of the Constitution of the United States and Perpetual Union (July 8, 1778), and its first twelve Amendments (1791, 1798, 1804); and the text of the Constitutions of Massachusetts (1780), New Jersey (1776), Virginia (1776), and Pennsylvania (1790), and Connecticut.[203] This book, also with

---

[201] *Constitución de los Estados Unidos de América. Traducida del inglés al español por don Jph. Manuel Villavicencio*, Filadelfia, Imprenta de Smith y M'Kenzie, 1810.

[202] On the significance of Paine's work in the Independence of the United States see, for example, Joseph Lewis, *Thomas Paine. Author of the Declaration of Independence*, Freethought Press, New York 1947.

[203] A modern edition of this work is *La Independencia de la Costa Firme, justificada por Thomas Paine treinta años ha*. Translated from English into Spanish by Manuel García de Sena. Foreword by Pedro Grases, Comité de Orígenes de la Emancipación, núm. 5. Instituto Panamericano de Geografía e Historia, Caracas, 1949. In addition, it must be mentioned that the same Manuel García de Sena also published in 1812 -with the same house of T. and J. Palmer in

tellano de todos esos documentos, fue el trabajo de otro venezolano, Manuel García de Sena, y se publicó con el título: *La Independencia de la Costa Firme, justificada por Thomas Paine treinta años ha. Extracto de Sus Obras.*[204] Manuel garcía de sena fue hermano de Ramón García de Sena quien estuvo muy activo en el proceso de independencia en Venezuela, actuando como militar, e incluso como constituyente, en la redacción de la Constitución de la antigua provincia de Nueva Andalucía, el *Código Constitucional del Pueblo Soberano de Barcelona Colombiana,"* constituido como uno de los Estados soberanos del nuevo Estado en Venezuela; texto de 12 de enero de 1812, que firmó junto a Francisco Espejo.[205]

Por lo tanto, en 1811 estos libros publicados en Filadelfia en español, fueron concebidos como instrumentos para explicar a los suramericanos el significado, alcance y fundamentos constitucionales de la Revolución Americana, habiendo sido utilizados para la redacción de varios de los *documentos oficiales* de la Independencia publicados en el libro de Londres,[206] donde es posible encontrar la influencia directa, por ejemplo, de los trabajos de Paine. La traducción de Antonio García de Sena, como él mismo lo explicó en la Introducción de su libro, tenía la intención de "ilustrar principalmente a sus conciudadanos acerca de la legitimidad de la Independencia y el beneficio que debe derivar de la misma sobre la base de la situación política, social y económica de los Estados Unidos." Por eso, entre las primeras acciones que tomó Domingo Monteverde en Caracas después de la ocupación de la misma en 1812, fue ordenar la incautación de todas las copias de esa "peligrosa" traducción de materiales de la revolución de América del Norte.

---

cas, 1949. Además, hay que mencionar que el mismo Manuel García de Sena también publicó en 1812-con la misma casa de T. y J. Palmer, en Filadelfia, la traducción al español de la tercera edición (1808) del libro de John McCulloch de *Concise History of the United States, from the Discovery of America, till 1807,* bajo el título de *Historia Concisa de los Estados Unidos desde el descubrimiento de la America hasta el año 1807.*

[204] El libro fue publicado por la prensa de T. y J. Palmer, 288 pp. Una reimpresión de este trabajo se realizó por el Ministerio de Relaciones Exteriores de Venezuela en 1987, como edición conmemorativa del Bicentenario de la Constitución de los Estados Unidos de América, Caracas, 1987.

[205] Véase *Las Constituciones Provinciales*, Academia Nacional de la Historia, 1959, p. 249.

[206] Por ejemplo, en el libro, la expresión "derechos del pueblo" fue utilizada por Paine (por ejemplo en el "sistema representativo, fundado en los derechos del pueblo"), y se reprodujo en muchos de los *documentos oficiales interesantes*. Véase Manuel García de Sena, *La Independencia de Costa Firme justificada por Thomas Paine treinta años ha*, Edición del Ministerio de Relaciones Exteriores, Caracas 1987, pp. 90, 111, 112, 118, 119.

the first translation into Spanish of those documents, was the work of another Venezuelan, Manuel García de Sena, and was published with the title: *La Independencia de la Costa Firme justificada por Thomas Paine treinta años ha. Extracto de sus obras* [204] [The Independence of the Mainland as Justified by Thomas Paine, Thirty Years Ago. An Excerpt of His Works.] He was the brother of Ramón Garcia de Sena who was very active in the independence process in Venezuela, acting as a military and even as a constituent, in the drafting of the Constitution of the "Sovereign Republic of Barcelona Colombiana, one of the States-provinces of the new State in Venezuela, of January 12, 1812, which he signed together with Francisco Espejo.[205]

In 1811, therefore, these books, published in Philadelphia in Spanish, were conceived as instruments in order to explain to South Americans the meaning and scope of the American Revolution and its constitutional foundations, being used for the writing of several of the *Interesting Official Documents* of the Independence published in our London book,[206] in which it is possible to find direct influence for instance of Paine's work. The translation of Antonio García de Sena, as he himself explained in the Introduction of his book, was intended to "primarily illustrate his fellow citizens about the legitimacy of the Independence and the benefit that should come from it based on the social, political and economic situation of the United States." That is why, among the first actions that Domingo Monteverde took after occupying Caracas in 1812 was to order the seizure of all copies of that "dangerous" translation of North American revolution materials.

Philadelphia- the Spanish translation of the third edition (1808) of John M'Culloch's book *Concise History of the United States, from the Discovery of America, till 1807,* under the title of *Historia Concisa de los Estados Unidos desde el descubrimiento de la America hasta el año 1807.*

[204] The book was published by the press of T. and J. Palmer, 288 pp. A reprint of this work was carried out by the Ministry of Foreign Affairs of Venezuela in 1987, as a Commemorating Edition of the Bicentennial Anniversary of the Constitution of the United States of America, Caracas 1987.

[205] See *Las Constituciones Provinciales*, Academia Nacional de la Historia, 1959, p. 249.

[206] For instance, in the book, the expression "rights of the people" was used by Paine (for instance "representative system founded upon the rights of the people"), and was reproduced in many of the *Interesting Official Documents*. See in Manuel García de Sena, *La Independencia de Costa Firme justificada por Thomas Paine treinta años ha*, Edición del Ministerio de Relaciones Exteriores, Caracas 1987, pp. 90, 111, 112, 118, 119.

El hecho es que a pesar de toda la prohibición y la persecución, todos estos papeles tuvieron un impacto importante en Venezuela y, en general en América Latina,[207] por lo que a la hora de la Independencia fueron pasando de mano en mano, e incluso, parte de ellos fueron publicados en la *Gaceta de Caracas*,[208] la cual desde 1810, había pasado a ser la fuente más importante de información sobre el sistema constitucional de América del Norte y, en particular, sobre el funcionamiento de su sistema federal de gobierno.

Por otra parte, y más importante, desde noviembre de 1810 hasta marzo de 1812, en dicha *Gaceta de Caracas* fueron publicados regularmente una serie de editoriales y artículos relacionados con el funcionamiento del sistema constitucional de América del Norte, precisamente durante los mismos meses del proceso constituyente que se desarrollaba en Caracas, los cuales sin duda, influyeron de una manera importante a los redactores venezolanos de los *documentos oficiales* de la Independencia.

Casi todos estos artículos y editoriales se publicaron bajo la autoría de un tal "William Burke", quien para ese momento ya había "escrito" en años anteriores, en particular entre 1806 y 1808, tres libros, publicados en Londres, dos de ellos directamente relacionados con la Independencia de Sur América, en los cuales se destacan el papel que Francisco de Miranda debía desempeñar en él. Es por eso que, como ha dicho Mario Rodríguez, el historiador e investigador que más ha estudiado al prolífico escritor William Burke, y su relación con Miranda, que:

> "La Primera Repúblican de Venezuela, quizás más que cualquier otro país de de la América española, gracias a la presencia de"

---

[207] Véase, en general, Pedro Grases, *Libros y Libertad*, Caracas 1974; y "Traducción de interés político cultural en la época de la Independencia de Venezuela," en *El Movimiento Emancipador de Hispano América, Actas y Ponencias*, Academia Nacional de la Historia, Caracas 1961, Tomo II, pp. 105 y ss.; Ernesto de la Torre Villas y Jorge Mario Laguardia, *Desarrollo Histórico del Constitucionalismo Hispanoamericano*, UNAM, México 1976, pp. 38-39. Véase, en sentido contrario Jaime E. Rodríguez O., "La influencia de la emancipación de Estados Unidos en la independencia de Hispanoamérica," en *Procesos. Revista Ecuatoriana de Historia*, N° 31, Quito 2010, pp. 25-43; y "Independencia de los Estados Unidos en las independencias hispanoamericanas," in *Revista de Indias*, vol. LXX, N° 250, Madrid 2010, pp. 691-714.

[208] Parte del libro de García de Serna, incluyendo en él la traducción de obras de Paine - fueron publicados en las ediciones del el 14 y 17 de enero 17 de 1812. Véase Pedro Grases "Manual García de Sena y la Independencia de Hispanoamérica" en la edición de García de Sena publicada por el Ministerio del Interior, Caracas 1987, p. 39.

The fact is that despite all the prohibition and persecutions, all these papers had an important impact in Venezuela and generally in Latin America,[207] so at the time of the Independence they were passing from hand to hand, and even part of them were published in the *Gaceta de Caracas*,[208] which since 1810 had resulted to be the most important source of information about the North American constitutional system, and particularly about the functioning of its federal system of government.

On the other hand, and more important, from November 1810 until March 1812, a series of editorials and articles were regularly published in the *Gaceta de Caracas* related to the functioning of the North American constitutional system, precisely during the same months of the constitution-making process in Caracas, influencing in an extremely important way the Venezuelan drafters of the *Interesting Official Documents*.

Almost all these articles and editorials were published under the name of a certain "William Burke," who at that time had already authored during the previous years, particularly between 1806 and 1808, three books published in London, two of them directly related to South American Independence highlighting the role that Francisco de Miranda needed to play in it. That is why, as it has been said by Mario Rodríquez, the historian and researcher who has most studied this prolific writer, William Burke, and his relation with Miranda:

"The First Venezuelan Republic, perhaps more that any other Spanish American country had within its reach unquestionably more in-

---

[207] See generally, Pedro Grases, *Libros y Libertad*, Caracas 1974; and "Traducción de interés político cultural en la época de la Independencia de Venezuela," in *El Movimiento Emancipador de Hispano América, Actas y Ponencias*, Academia Nacional de la Historia, Caracas 1961, Vol. II, pp. 105 y ss.; Ernesto de la Torre Villas y Jorge Mario Laguardia, *Desarrollo Histórico del Constitucionalismo Hispanoamericano*, UNAM, México 1976, pp. 38-39. See in contrary sense Jaime E. Rodríguez O., "La influencia de la emancipación de Estados Unidos en la independencia de Hispanoamérica,"in *Procesos. Revista Ecuatoriana de Historia*, No. 31, Quito 2010, pp. 25-43; and "Independencia de los Estados Unidos en las independencias hispanoamericanas," in *Revista de Indias*, vol. LXX, No. 250, Madrid 2010, pp. 691-714.

[208] Part of the book by Garcia de Serna -including in it the translation of Paine's works – were published the issues of January 14 and 17, 1812. See Pedro Grases "Manual García de Sena y la Independencia de Hispanoamérica" in the edition of García de Sena published by the Ministry of Domestic Affairs, Caracas 1987, p. 39.

William Burke, sin duda, tuvo a su alcance más información sobre el modelo de los EE.UU. que otros en América del Sur,."[209]

Rodríguez concluyó su aseveración afirmando que "muchas de las ideas de Burke fueron reflejadas en la Constitución de diciembre de 1811," habiendo sido sus artículos en la *Gaceta de Caracas*, la fuente más importante de influencia de los principios constitucionales norteamericanos en la nueva República de Venezuela.

Pero con respecto a este prolífico y muy distinguido escritor, que en sus trabajos reflejaba un conocimiento enciclopédico único y extraordinario, lo cierto es que sólo se lo conoció en los medios londinenses y venezolanos a través de sus escritos, siendo su existencia, como persona real, todavía materia de conjetura. Lo cierto es que no hay crónica alguna de la época que lo identifique como una persona real, ni el Londres ni en Caracas.

Sólo una cosa es absolutamente cierta sobre este extraordinario personaje: Entre 1806 y 1810 fue autor de libros y artículos publicados en Inglaterra, incluso en el *Edinburgh Review*, precisamente en la época que Miranda estaba en Londres. Luego, cuando Miranda viajó a Venezuela en 1810 y hasta 1812, Burke aparece también en Caracas, donde también escribió y publicó artículos y libros, pero esta vez en castellano, incluyendo artículos relacionados con la situación política española, los cuales fueron publicados en la *Gaceta de Caracas*. Otro dato a retener es que después de la detención de Miranda y de Roscio, en 1812, William Burke se desvaneció.

Todos estos hechos son, sin duda, elementos de sospecha. Sin embargo, la historiografía venezolana explica[210] que William Burke "llegó" a Caracas, supuestamente en diciembre de 1810, junto con Miranda, permaneciendo en Venezuela hasta el 30 de julio de 1812, esto es, hasta la noche en la cual Miranda fue apresado en el Puerto de La Guaira. La verdad es que aquellos que viajaron con Miranda desde Inglaterra a Caracas

---

[209] Véase Mario Rodríguez, *"William Burke" and Francisco de Miranda*, cit., p. 529.

[210] En la historiografía venezolana se dice que Burke fue un "publicista irlandés" con "estrechas relaciones con Miranda," quien había viajado desde Londres a Nueva York y luego a Caracas a finales de 1810. Véase "Nota de la Comisión Editora," William Burke, *Derechos de la América del Sur y México*, Vol. 1, Academia de la Historia, Caracas 1959, p. xi.). Se ha dicho además, que en Caracas, participó como uno de los "instigadores importantes del momento" (Ver Elías Pino Iturrieta, *Simón Bolívar*, Colección Biografías de El Nacional N° 100, Editora El Nacional, Caracas, 2009, p. 34) junto a otros patriotas en el proceso de independencia. A finales de la República, Burke supuestamente habían huido a Curazao en julio de 1812 y habría muerto a finales de ese año en Jamaica.

formation on the U.S. model than others in South America, thanks to the presence of "William Burke."[209]

Rodríguez concluded his assertion affirming that "many of Burke's ideas were reflected in the Constitution of December, 1811," his articles in the *Gaceta de Caracas*, being the most important source reflecting the influence of the North American constitutional principles in the new Venezuelan Republic.

But regarding this very distinguished and prolific writer with a unique and extraordinary encyclopedic knowledge, the fact is that eventually he was only known through his writings, being his existence as a real person still a mater of conjecture.

Only one thing is absolutely certain about this extraordinary personage: Between 1806 and 1810 he authored books and articles published in England, including in the *Edinburgh Review*, precisely while Miranda was in London. After Miranda traveled to Venezuela in 1810 and up to 1812, he supposedly also went to Caracas and authored articles and books, but this time in Spanish, including articles related to the Spanish political situation that were all published in the *Gaceta de Caracas*. The other aspect is that after the imprisonment of Miranda and Roscio, in 1812, William Burke just vanished.

All these facts are, without doubt, elements for suspicion. Notwithstanding, Venezuelan historiography explains[210] that William Burke "arrived" in Caracas, supposedly in December 1810, together with Miranda, remaining in Venezuela until the 30th of July 1812, that is, up to the night when Miranda was imprisoned in the port of La Guaira. The truth is that those who actually sailed with Miranda from England to Caracas were

---

[209] See Mario Rodríguez, *"William Burke" and Francisco de Miranda*, cit., p. 529.
[210] In the Venezuelan historiography it is told that Burke was an "Irish publisher" with "close relations with Miranda," who ad traveled from London to New York and then to Caracas by the end of 1810. See "Nota de la Comisión Editora," William Burke, *Derechos de la América del Sur y México*, Vol. 1, Academia de la Historia, Caracas 1959, p. xi.). It has been told also that in caracas he participated as one of the "important instigators of the moment" (See Elías Pino Iturrieta, *Simón Bolívar*, Colección Biografías de El Nacional No.100, Editora El Nacional, Caracas, 2009, p. 34) along with other patriots in the process of independence. By the end of the republic, Burke had allegedly fled to Curacao in July 1812 and would have died by the end of that year in Jamaica.

fueron dos de sus más importantes asistentes en Londres, Manuel Cortés Campomares y José María Antequera, y su secretario personal, Pedro Antonio Leleux, habiendo permanecido con él hasta que fue hecho prisionero el 30 de julio de 1812.

Por lo que respecta a William Burke, ha sido identificado como un irlandés, e inicialmente en el libro publicado en Londres en 1806, sobre *History of the Campaign of 1805 in Germany, Italy, Tyrol, etc.* [Historia de la Campaña de 1805 en Alemania, Italia, Tirol, etc.],[211] como un "cirujano del ejército" (*Late Army Surgeon*). Este libro trató sobre las guerras napoleónicas de esos años desarrolladas después de la reacción de los aliados europeos en contra de Francia, cuyos ejércitos habían ocupado la mayor parte de Europa y habían amenazado con invadir Inglaterra. Contiene una descripción detallada sobre la política militar de las guerras napoleónicas durante 1805, y sobre la reacción de las grandes potencias europeas contra Francia. El libro contiene, además, referencias concretas a la batalla de Trafalgar que tuvo lugar en octubre de 1805 entre las flotas combinadas de Francia y España y la Marina Británica, la cual pondría fin a los intentos de Napoleón de invadir a Inglaterra. En el Apéndice del libro se incluyeron importantes documentos y tratados firmados entre las potencias aliadas, así como diversas proclamas de Napoleón, y en la portada del libro, como se ha mencionado, Burke fue identificado como un "cirujano del ejército" (Late Army Surgeon).[212]

Este libro fue seguido ese mismo año de 1806, por otro libro del mismo William Burke que se refirió a un tema totalmente distinto, también publicado en Londres, con el título "*South American Independence: or the Emancipation of South America, the Glory and Interest of England, "by William Burke, the author of the Campaign of 1805,"* publicado por J. Ridgway, Londres 1806.

---

[211] By William Burke, Late Army Surgeon, London, Impreso por James Ridgway, N° 170, Opposite Bond Street, Picadilly, 1806. Vease las referencias en Joseph Sabin, *Bibliotheca Americana. A Dictionary of Books relating to America, from its Discovery to the Present Time* (continued by Wilberforce Eames, and completed by Robert William Glenroie Vail), New York, 1868-1976. En el ejemplar de este libro comentado por Mario Rodríguez, señaló que en una especie de publicidad, el editor de Ridgway también se refiere a una obra de William Burke (*The Armed Briton: or, the Invaders Vanquished. A Play in Four Acts*), y a otra obra: *The Veterinary Tablet, or, a Concise View of all the Diseases of the Horse; with their Causes, Symptoms, and most approved Modes of Cure, By a Veterinarian Surgeon*. Véase Mario Rodríguez, "*William Burke*" *and Miranda*, cit., pp. 129, 546.

[212] Véase la referencia en *Annual Review and History of Literature for 1806*, Arthur Aikin, Ed., Longman etc, Ridgway, London 1807, p. 162.

two of his most important aides in London, Manuel Cortés Campomares and José María Antepara, and his personal secretary Pedro Antonio Leleux, all remaining with him until his imprisonment on July 30th, 1812.

As per William Burke, he has been identified as a Irishmen, and initially, in his book published in London in 1806, the *History of the Campaign of 1805 in Germany, Italy, Tyrol, etc.*,[211] as a "late Army Surgeon." This book is about the Napoleonic wars of that year developed after the reaction of the European Allied against France, whose armies had occupied most of Europe and had threatened to invade England. It contains a detailed account on military policy of the Napoleonic Wars during 1805, and on the reaction of the great European powers against France. The book contained particular references to the battle of Trafalgar held in October 1805 between the combined fleets of France and Spain and the British navy, which would end Napoleon's attempts to invade England. In the book's appendix there were included important documents and treaties signed between the Allied powers as well as various proclamations of Napoleon, and on the cover of the book, as mentioned, Burke was identified as a "Late Army Surgeon." [212]

This book was forwarded that same year, 1806, by another book of the same William Burke that referred to an entirely different subject, also published in London, with the title: *South American Independence: or the Emancipation of South America, the Glory and Interest of England, "by William Burke, the author of the Campaign of 1805,"* J. Ridgway, London 1806.

---

[211] By *William Burke, Late Army Surgeon, London,* Printed for James Ridgway, No. 170, Opposite Bond Street, Picadilly, 1806. See references in Joseph Sabin, *Bibliotheca Americana. A Dictionary of Books relating to America, from its Discovery to the Present Time* (continued by Wilberforce Eames, and completed by Robert William Glenroie Vail), New York, 1868-1976. In the copy of this book commented by Mario Rodríguez, he noted that in a some sort of advertising, the editor Ridgway also refers to a work by William Burke (*The Armed Briton: or, the Invaders Vanquished. A Play in Four Acts*), and to another work: *The Veterinary Tablet, or, a Concise View of all the Diseases of the Horse; with their Causes, Symptoms, and most approved Modes of Cure, By a Veterinarian Surgeon.* See Mario Rodríguez, "William Burke" and *Miranda*, cit., pp. 129, 546.

[212] See the reference in *Annual Review and History of Literature for 1806*, Arthur Aikin, Ed., Longman etc, Ridgway, London 1807, p. 162.

A pesar de ser un tema bastante diferente, en la primera página del libro, el mismo William Burke aparece como su autor, aunque esta vez sin ninguna referencia a la profesión de veterinario del autor, siendo, no obstante manifiesta intención del editor de establecer un vínculo claro entre el autor de este libro y el del anterior sobre la campaña militar de 1805. La idea del editor fue, sin duda, consolidar un nombre en el mundo editorial, utilizando en este caso, un apellido que por cierto era muy conocido en Inglaterra, como "Burke," pero en un momento en el cual, en realidad, no correspondía al de persona alguna viva en el Reino Unido.[213]

En efecto, en las Islas Británicas se pueden encontrar personas reales con el nombre de William Burke antes y después de los años en que este William Burke escribió sus libros. Fue el caso, por ejemplo, unas décadas antes, de William Burke (1729-1797) quien fue co-autor con su primo, Edmund Burke, ambos irlandeses, de un libro publicado en Londres en 1760, titulado: *An Account of the European Settlements in America, in six Parts*.[214] Edmond Burke, por su parte, fue también autor de renombre del libro: *Reflections on the Revolution in France. And on the Proceeding in Certain Societies in London Relative to That Event in a Letter Intended to Have Been Sent to a Gentleman in Paris*, 1790. Al final del siglo XVIII, por lo tanto, Burke era un nombre muy bien establecido en el mundo académico y editorial, pero por supuesto, ninguno de los mencionados autores irlandeses tenía relación alguna con el Burke de principios del siglo XIX.

El otro verdadero William Burke (1792-1829), que puede ser rastreado en la historia del reino Unido durante esos tiempos, más joven que el William Burke que escribió en Londres y en Caracas, actuó en un mundo muy diferente al de los libros, aunque también en un mundo muy publicitado, como es el mundo de la delincuencia. Años después de la publicación de los libros de William Burke en Londres y Caracas, en efecto, otro William Burke se hizo famoso como un criminal que, junto con un cómplice, William Hare (ambos también de Irlanda), se dedicaron al saqueo de tumbas y al comercio con cadáveres humanos. Por esos crímenes fue juzgado y ahorcado en 1829, y su cuerpo diseccionado ante 2000 estudiantes de medicina de la Universidad de Edimburgo. Su esqueleto to-

---

[213] No hay referencias bibliográficas en el Reino Unido sobre William Burke quién supuestamente escribió entre 1805 y 1810, por lo que puede decirse que tal persona no existió, salvo en las portadas de los libros que llevan su nombre.

[214] Publicado por Rand J. Dodsey (London 1760).

Despite being quite a different subject, in the front page of the book, the same William Burke appears as its author, although now without any reference to the veterinarian profession of the author, being nonetheless the manifest intention of the editor to establish a clear link between the author of this book with the previous one on the *Campaign of 1805*. The editor's idea was, without doubt, to consolidate a name in the publishing world, using in this case a very well known name like "Burke," but at a time in which it did not actually correspond to any living person in the United Kingdom.[213]

Real persons with that name of William Burke, in effect, can be found in the British Islands before and after the years in which our William Burke wrote his books. It was the case, for instance, a few decades before, of the William Burke (1729-1797) who was the co-author with his cousin, Edmund Burke – both Irish - of a book published in London in 1760, entitled: *An Account of the European Settlements in America, in six Parts*.[214] Edmond Burke, on the other hand, was also the very well renowned author of the book: *Reflections on the Revolution in France. And on the Proceeding in Certain Societies in London Relative to That Event in a Letter Intended to Have Been Sent to a Gentleman in Paris*, 1790. By the end of the 18th century, therefore, Burke was a very well established name in the editorial world, of course, those Irish authors not having any relation with our Burke of the beginning of the 19th century.

The other real William Burke (1792-1829), who can be traced in history during those times, younger than our William Burke, acted in quite a different world than books, although also a publicized world, which was the world of crime. Years after the publication of our William Burke's books in London, in effect, another William Burke became notorious as a criminal who along with an accomplice, William Hare (both of them also Irish), began to plunder graves and to trade in human corpses. For such crimes, he was tried and hanged in 1829; and his body was stuffed before 2000 medical students at the University of Edinburgh. His skeleton can

---

[213] There are no biographical references in the United Kingdom on William Burke who allegedly wrote between 1805 and 1810, for what can be said that there was no such person, except in the covers of the books that bear the name.

[214] Published by Rand J. Dodsey (London 1760)

davía se puede ver en el Museo de la Universidad de Edimburgo.[215] Este Burke, por supuesto, no tenía ninguna relación con el William Burke que nos interesa.

Como se ha mencionado, este William Burke de comienzos del siglo XIX tenía que ser un febril intelectual y escritor, director y editor, quien, además de los dos libros ya mencionados, también escribió y publicó en Londres, en 1807, otro libro con el título *Additional Reasons for our Immediately Emancipating Spanish America: deducted from the New and Extraordinary Circumstances of the Present Crisis: and containing valuable information respecting the Important Events, both at Buenos Ayres and Caracas: as well as with respect to the Present Disposition and Views of the Spanish Americans: being intended to Supplement to "South American Independence," by William Burke, Author of that work.*"[216]

Este nuevo libro estaba destinado a complementar el anterior, pero haciendo referencia a dos acontecimientos concretos e importantes que se habían producido en América del Sur entre 1806 y 1807, precisamente después de su ocurrencia. En este libro, una vez más, es evidente el vínculo que se sigue desarrollando en la secuencia entre el autor de este trabajo y los autores de la obra anterior de 1806. En la Segunda Edición ampliada de este libro se incluyó, además, la *Letter to the Spanish Americans* [Carta dirigida a los españoles americanos] de Juan Pablo Viscardo y Guzmán, que Miranda había publicado en Londres en francés, en 1799, y en español, en 1801.[217]

Los hechos que motivaron la publicación de este nuevo libro con *Additional Reasons...*[Razones adicionales...], fueron, por una parte, la expedición organizada en 1806 por el propio Francisco de Miranda con el propósito de iniciar el proceso de independencia de la América Hispana y que zarpó de Nueva York y desembarcó en la provincia de Venezuela, fracasando en su intento; y por la otra, la invasión realizada en 1807 por John Whitelocke, comandante en jefe de las fuerzas británicas en el Río de la Plata, al puerto de Buenos Aires en 1807, quien también había fracasado en su intento.

---

215 Véase la referencia en R Richardson, Death, *Dissection and the Destitute*, Routledge & Kegan Paul, London 1987 and <http://www.science museum.org.uk/broughttolife/people/burkehare.aspx>.
216 Publicado por F. Ridgway, London 1807. (Ridgway, London 1808)".
217 Publicado por F. Ridgway, Ridgway, London 1808, pp. 95-124.

still be seen at the Edinburgh University Museum.[215] This Burke, of course, had no relation to our William Burke.

As mentioned, our William Burke was a febrile intellectual and writer, editor and publisher, who, in addition to the two already mentioned books, wrote and published in London in 1807 another book with the title: *Additional Reasons for our Immediately Emancipating Spanish America: deducted from the New and Extraordinary Circumstances of the Present Crisis: and containing valuable information respecting the Important Events, both at Buenos Ayres and Caracas: as well as with respect to the Present Disposition and Views of the Spanish Americans: being intended to Supplement to "South American Independence," by William Burke, Author of that work.*[216]

This new book was intended to complement the previous one, but with references to two particular and important events that had occurred in South America between 1806 and 1807, precisely after its appearance. In this book, again, it is noticeable the bond that continues to be develop in the sequence between the author of this work and the authors of the previous work of 1806. In this lat book, it must be mentioned, the *"Letter to the Spanish Americans"* by Juan Pablo Viscardo y Guzmán, which Miranda had published in London in French, on 1799, and in Spanish, in 1801, was also included, in its "Second Edition" Enlarged.[217]

These events that motivated the new book with *Additional Reasons...*, were: first, the expedition organized in 1806 by Francisco de Miranda for the purpose of initiating the process of independence of His panic America that sailed from New York and disembarked in the Province of Venezuela, failing in his attempt; and second, the invasion in 1807 by John Whitelocke, Commander-In-Chief of the British forces in the *Río de la Plata*, of the port of Buenos Aires in 1807, who also failed in his attempt.

---

[215] See reference in R Richardson, Death, *Dissection and the Destitute*, Routledge & Kegan Paul, London 1987 and <http://www.sciencemuseum.org.uk/broughttolife/people/burkehare.aspx>.
[216] Published by F. Ridgway, London 1807. (Ridgway, London 1808)".
[217] Published by F. Ridgway, Ridgway, London 1808, pp. 95-124.

En efecto, la segunda parte del libro está dedicada a analizar el primero de dichos nuevos acontecimientos, es decir, la expedición de Francisco de Miranda el año anterior, de 1806, la cual con el conocimiento de las autoridades británicas y de las autoridades de los Estados Unidos, aunque sin su apoyo oficial, zarpó el 3 de febrero 1806 con un grupo de hombres reclutados y contratados en el puerto de Nueva York para invadir la provincia de Venezuela. Miranda llegó a Nueva York desde Londres en noviembre de 1805, donde su amigo William Steuben Smith le ayudó a montar la expedición. Tanto el Presidente de los Estados Unidos de la época, Thomas Jefferson, y su Secretario de Estado, James Madison, fueron debidamente informados sobre el proyecto.[218] Sin embargo, después, en un juicio que se desarrolló en Nueva York en contra de aquellos que ayudaron a Miranda, entre ellos, el propio Smith, Jefferson y Madison en particular, argumentaron que era falso que ellos hubieran apoyado la expedición de Miranda.[219]

En todo caso, la expedición llegó al puerto de Jacmel, en Haití, el 17 de febrero de 1806. Allí, el emperador Jean-Jacques Dessalines acababa de ser asesinado y Petion estaba en el proceso de consolidar su poder en el sur de la isla. De Jacmel, Miranda pasó a las islas de Curazao, Aruba y Bonaire, y desde allí, el 25 de abril de 1806, desembarcó en Puerto Cabello, habiendo fracasando en su empresa de esta primera invasión. A continuación, hizo escala en el puerto de Granada el 27 de mayo de 1806, donde se reunió con el Almirante Alexander Cochrane, comandante de la flota británica en el Caribe, consiguiendo su ayuda con barcos y suministros. De allí Miranda pasó a Trinidad, donde llegó el 2 de junio, y desde donde, el 23 de julio de 1806, zarpó hacia la Vela de Coro, donde desembarcó a principios de agosto de 1806. La expedición no encontró eco en la población la cual ya había sido advertida por las autoridades coloniales. Salió Miranda de La Vela, sin resultado alguno, salvo el legado del conjunto muy rico de papeles con las proclamas de independencia escritas por él en Trinidad y Coro, en su calidad de "Comandante General del Ejército Colombiano: a los Pueblos habitantes del Continente Américo-Colombiano."[220]

---

[218] Véase la carta de Miranda a Thomas Jefferson y James Madison del 22 de enero 1806 sobre el secreto de la expedición, en Francisco de Miranda, *América Espera*, cit. p. 340

[219] Véase la referencia en Tomás Polanco Alcántara, *Miranda*, cit., p. 194

[220] Véase Francisco de Miranda, *Textos sobre la Independencia*, Academia Nacional de la Historia, Caracas 1959, pp. 93-99.

In effect, the second part of the book is devoted to analyzing the first of the new events, that is, Francisco de Miranda's expedition the previous year, 1806, that with the understanding of the British authorities and that of the United States authorities -although without their official support- sailed on February 3, 1806 with a group of men from New York to invade the province of Venezuela. Miranda arrived in New York from London in November 1805, where his friend William Steuben Smith helped him mount the expedition, being the President of the United States, Thomas Jefferson, and the Secretary of State, James Madison, duly informed about the project.[218] Nonetheless, after a trial was developed in New York against those who helped Miranda, particularly Smith, Jefferson and Madison argued that it was false that they would have supported the expedition of Miranda.[219]

In any event, the expedition arrived to the port of Jacmel in Haiti, on February 17, 1806 (where the emperor Jean Jacques Dessalines had just been assassinated and where Petion was in the process of consolidating his power in the South of the Island, Miranda came to the islands of Curacao, Aruba and Bonaire. From there, on April 25, he landed in Puerto Cabello failing in his first invasion undertaking. He then put in at the port of Grenada on May 27, where he met with Admiral Alexander Cochrane -commander of the British fleet in the Caribbean- getting his help with boats and supplies. Subsequently, Miranda arrived in Trinidad on June 2, from where on July 23, he sailed to the Vela de Coro where he landed in early August 1806. The expedition found no echo in the population which had already been warned by the colonial authorities, remaining as its results, the very rich set of papers with the proclamations of independence written by Miranda in Trinidad and Coro, in its capacity as "Commander General of the Colombian Army to the People Residing in the American-Colombian Continent."[220]

---

[218] See Miranda's letter to Thomas Jefferson and James Madison dated January 22, 1806 on the secrecy of the expedition, in Francisco de Miranda, *América Espera, cit.* p. 340

[219] See the reference in Tomás Polanco Alcántara, *Miranda, cit.*, p. 194

[220] See Francisco de Miranda, *Textos sobre la Independencia,* Academia Nacional de la Historia, Caracas 1959, pp. 93-99.

En cuanto a la primera parte de la obra *Additional Reasons...* [Razones adicionales...], la misma fue dedicada a analizar y criticar la fracasada invasión británica a la ciudad de Buenos Aires que tuvo lugar al mando de John Whitelocke en junio de 1807, al mando de un ejército de unos 10.000 hombres, después de haber ocupado Montevideo en abril de ese año. La resistencia de los habitantes de Buenos Aires fue definitiva, superando a las fuerzas británicas y provocando la capitulación de Whitelocke en condiciones humillantes, la que fue ratificada en julio de 1807. Whitelocke se vio obligado a evacuar la frontera sur del Río de la Plata en 48 horas, y liberar a la ciudad de Montevideo en los dos meses siguientes. Todo esto ocurrió el 1 de septiembre, cuando Whitelocke dejó la desembocadura del Río de la Plata junto con todo su ejército. A su llegada a Inglaterra en enero de 1808, Whitelocke fue sometido a una corte marcial que lo declaró culpable de todos los cargos que se le hicieron, dándolo de baja y declarándolo "no apto e indigno para servir a Su Majestad en ninguna clase militar." Con estos hechos, según se argumenta en el libro, los generales y almirantes británicos se convencieron que América del Sur nunca volvería a ser británica.

Fue precisamente al análisis de estos dos importantes eventos que se dedicó este tercer libro de William Burke, el cual terminó con una crítica a la idea de cualquier intento de liberar a la América hispana por parte de una invasión británica o extranjera, y a la promoción de la idea de que la invasión debía se dirigida por los propios hispanoamericanos, promoviendo el papel que Francisco de Miranda debía tener en ese proceso de la independencia de América del Sur. En el libro, incluso se formulaba una petición directa dirigida al Gobierno Británico solicitando apoyo económico, "con cifras exactas correspondientes a los proyectos de Miranda."[221]

A tal efecto, el libro, después de incluir una breve biografía de Miranda, continuó inmediatamente con la defensa del Precursor contra de las calumnias que se habían difundido sobre él y acerca de sus intenciones en la fracasada expedición a Venezuela, describiendo a Miranda como el "Washington de América del Sur," y formulando la propuesta de que Miranda fuera inmediatamente ayudado con una fuerza militar que comprendiera entre 6.000 y 8.000 hombres a fin de lograr la independencia de su propio país, Caracas, y desde allí, la independencia del resto de la América española. Miranda, se argumentó en el libro, podía lograr de esa

---

[221] Véase Georges L. Bastin, "Francisco de Miranda, "precursor" de traducciones," en *Boletín de la Academia Nacional de Historia de Venezuela*, N° 354, Caracas 2006, pp. 167-197 y también en <http://www.histal.umontreal.ca/pdfs/FranciscoMirandaPrecursorDeTraducciones.pdf>.

On the other hand, the first part of this work was dedicated to analyzing and criticizing the failed British invasion of the city of Buenos Aires in June 1807, under the command of John Whitelocke with an army of about 10,000 men, after having occupied Montevideo in April of that year. The resistance of the people of Buenos Aires was definitive, beating the British forces and bringing about the capitulation of Whitelocke in humiliating conditions, which was ratified in July 1807. Whitelocke was forced to evacuate the southern border of the Río de la Plata in 48 hours, and to release the city of Montevideo in the two subsequent months. All this occurred on September 1 when Whitelocke left the estuary along with all his army. Upon his arrival in England in January 1808, Whitelocke was subjected to a martial court that found him guilty of all charges put to him, discharging and declaring him "unfit and unworthy to serve His Majesty in any military class." With these events, as recorded in the book, the British generals and admirals became convinced that South America would never be British.

It was precisely to the analysis of these two important events that this third book of William Burk was dedicated, ending with a criticism of the idea of any attempt to liberate Hispanic America by foreign or British invasion, and promoting the idea of invasion led by Hispanic Americans themselves, promoting the role that Francisco de Miranda needed to have in that process of the independence of South America, even with a direct petition directed to the British government seeking economic support "with precise figures corresponding to the Miranda projects."[221]

For such purpose, the book, after the brief biography of Miranda, goes on directly to make a defense of the Precursor against the slanders that were spread about him about his intentions over the expedition to Venezuela, describing Miranda as the "South America's Washington", and then goes on to make the proposition that Miranda be immediately aided with a military force comprising 6,000 to 8,000 men in order to achieve the independence of its own country, Caracas, and from there the independence of the rest of Spanish America. Miranda, it was argued, could achieve

---

[221] See Georges L. Bastin, "Francisco de Miranda, "precursor" de traducciones," in *Boletín de la Academia Nacional de Historia de Venezuela*, N° 354, Caracas 2006, pp.167-197 and also at <http://www.histal.umontreal.ca/pdfs/FranciscoMirandaPrecursorDeTraducciones.pdf>.

manera lo que ningún militar británico podría hacer directamente porque sería rechazado como acababa de pasar en Buenos Aires. De esta manera, decía el libro, el proyecto de la independencia hispanoamericana no debía ser retrasado un día más.

Otro hecho es claro acerca de este William Burke y la autoría de este tercer libro, y es que para el momento en que apareció en Londres, en 1807, Miranda se encontraba todavía en el Caribe (Barbados), a la espera de regresar a Londres después de su fallida invasión a la Provincia de Caracas. Se trataba, en todo caso, de una publicación destinada a allanar su retorno, por lo cual del mismo recuento de su expedición publicado en el libro de Burke,[222] es posible concluir que buena parte de los textos hayan sido escritos por el propio Miranda, o bajo su dirección. El hecho es que los trabajos relacionados con su expedición y utilizados para el libro fueron enviados a Londres por Miranda con quien para el momento era su representante personal, el coronel Gabriel Conde de Rouvray, quien viajó desde Barbados con la documentación completa de la expedición para buscar el apoyo británico para una nueva invasión. Rouvray llegó a Londres en diciembre de 1806 y de inmediato se puso en contacto con dos intelectuales y autores muy distinguidos del mundo londinense, James Mill y Jeremy Bentham, quienes eran sus amigos más importantes en Londres.

Adicionalmente, Miranda debió haberles dejado a ellos, antes de su partida para su expedición, documentos importantes relacionados con el proceso de independencia hispanoamericana, incluyendo su propia biografía que fue publicada también en el libro de Burke. Dejando ahora a James Mill en Londres como representante de Miranda, Rouvray regresó a Barbados a principios de 1808, con copias del nuevo libro de Burke, *Additional Reasons...*, [Razones adicionales...], con el recuento de su expedición.[223] En ella, se sostuvo que si Gran Bretaña hubiera dado un apoyo eficaz a Miranda, su expedición no habría fracasado. Por lo demás, la segunda mitad del texto fue dedicada a promover el General Miranda

---

[222] De esta empresa, y además de la historia en el libro de Burke, se publicó en Nueva York un libro crítico (probablemente escrito por uno de los estadounidenses involucrados en la aventura): *The History of Don Francisco de Miranda's Attempt to Effect a revolution in South America in a Series of Letters*, Boston 1808, London 1809. Véase Mario Rodríguez, *"William Burke" and Francisco de Miranda. The Word and the Deed in Spanish America's Emancipation*, University Press of America, Lanham, New York, London 1994, p. 108.

[223] Véase Mario Rodríguez, *"William Burke" and Francisco de Miranda. The Word and the and the Deed in Spanish America's Emancipation*, University Press of America, Lanham, New York, London 1994, p. 153.

in that way what no British military could claim directly for it would be rejected as it had just been the case in Buenos Aires. In this way, the project of Spanish American independence -the book read- should not be delayed one more day.

Another fact is clear about our William Burke and his authorship of this third book, and it is that by the time it appeared in London, in 1807, Miranda was still in the Caribbean (Barbados) waiting to return to London after his failed invasion of the Province of Caracas. It was, in any case, a publication intended to prepare his return, so from the recount of his expedition published in Burke's book,[222] it is possible to conclude that it was written by Miranda himself or under his direction. The fact is that the papers related to his expedition used for the book were sent to London by Miranda with his personal representative, Colonel Count Gabriel de Rouvray, who traveled from Barbados with the complete documentation of the expedition in order to seek British support for a new invasion. Rouvray arrived in London in December 1806 and immediately got in contact with two very distinguished London's authors and intellectuals that were the most important friends of Miranda in London, no other that James Mill and Jeremy Bentham.

In addition, Miranda must have left them, before his departure for his expedition, important documents related to the Hispanic American independence process, including his own biography that was also published in Burke's book. Leaving James Mill in London as Miranda's representative, Rouvray returned to Barbados in early 1808, with copies of Burke's new book, *Additional Reasons...*, with the recount of the expedition.[223] In it, it was finally argued that if Britain would have given Miranda effective support, his expedition would have not failed; the second half of the text being devoted to promote General Miranda as the most capable person to lead the task of freeing Spanish America with British support.

---

[222] Of this undertaking and in addition to the story in Burke's book, there was published in New York a critical book (probably written by one of the Americans involved in the venture): *The History of Don Francisco de Miranda's Attempt to Effect a revolution in South America in a Series of Letters*, Boston 1808, London 1809. See Mario Rodríguez, *"William Burke" and Francisco de Miranda. The Word and the Deed in Spanish America's Emancipation*, University Press of America, Lanham, New York, London 1994, p. 108.

[223] See Mario Rodríguez, *"William Burke" and Francisco de Miranda. The Word and the and the Deed in Spanish America's Emancipation*, University Press of America, Lanham, New York, London 1994, p. 153..

como la persona más capaz para dirigir la tarea de liberar a la América Hispana, con el apoyo británico.

En esa época, James Mill era ya un filósofo e historiador escocés famoso y prominente escritor y columnista (1773-1836). Fue el padre de John Stuart Mill, y un escritor prolífico, siendo sus obras más conocidas las siguientes: *Historia Británica de la India* (1818), *Elementos de Economía Política* (1821), *Ensayo sobre el Gobierno* (1828) y *Análisis de los Fenómenos de la Mente Humana* (1829). Como editor y antes de la publicación de estas obras, había repasado todos los temas imaginables, habiendo en muchas ocasiones tratado cuestiones relativas a la independencia de la América Hispana, citando, por ejemplo, documentos de Juan Pablo Viscardo y Guzmán, que sólo Miranda tenía. El artículo *Pensamientos de un inglés sobre el estado y crisis presente de los asuntos en Sudamérica*, publicado en *El Colombiano*, un diario fundado por el mismo Miranda y editado en Londres, que apareció cada quince días, entre marzo y mayo de 1810, debía corresponder a Mill, como lo demuestran las referencias que se hacen en sus propios trabajos sobre la América Hispana publicados años antes en el *Edinburgh Review* (enero y julio de 1809). Este artículo fue reproducido también en la *Gaceta de Caracas* el 25 de enero de 1811, y sin duda fue llevado por Miranda a Venezuela, junto con muchos otros documentos, en diciembre de 1810.[224]

Jeremy Bentham, por su parte, abogado muy distinguido, filósofo y político radical, entre el universo de los asuntos de su interés, también se había ocupado de los asuntos hispano americanos. Él fue conocido principalmente por su filosofía moral, en especial basada en el principio del utilitarismo, que evaluaba las acciones sobre la base de sus consecuencias.

Es evidente que esta alianza entre Miranda, Mill y Bentham, es donde se puede encontrar el factor clave para identificar al prolífico escritor "William Burke," y su empresa editora, como un nombre de pluma o seudónimo, la cual produjo como resultado, no solo el diseño editorial de varios libros sobre la independencia de la América Hispana, sino también la promoción que se hizo en ellos al general Francisco de Miranda, incluyendo las referencias a las guerras napoleónicas de 1805. Todo esto sugiere que los libros de Burke eran en realidad libros de "naturaleza cooperativa,"[225] publicados con la participación del propio Francisco de Miranda

---

[224] *Idem*, pp. 267-268.
[225] Véase Eugenia Roldán Vera, *The British Book Trade and Spanish American Independence. Education and Knowledge Transmission in Transcontinental Perspective*, Ashgate Publishing, London 2003, p. 47. Mario Rodríguez es el autor que ha estudiado a "William Burke" de la manera más precisa y completa como el

At that time, James Mill was already a renowned and prominent Scottish philosopher and historian, writer and columnist (1773-1836) and father of John Stuart Mill. He was a prolific writer, his best known works being: *British History of India* (1818), *Elements of Political Economy* (1821), *Essay on Government* (1828) and *Analysis of the Phenomena of the Human Mind* (1829). As an editor and before the publication of these works, he reviewed every imaginable topic and on many occasions he turned to issues relating to Spanish American independence, for example, citing documents of Juan Pablo Viscardo y Guzman. The article *"Pensamientos de un inglés sobre el estado y crisis presente de los asuntos en Sudamérica"* (An Englishman's thoughts over the situation and present crisis of affairs in South America), published in 1810 in *El Colombiano*, which was a newspaper founded and edited by Miranda in London that year, that appeared each fifteen days, between March and May 1810, should correspond to Mill, as evidenced by the references made therein to Mill's works on Spanish America published years before in the *Edinburgh Review* (January and July, 1809). This article was also reproduced in the *Gaceta de Caracas*, January 25, 1811 and was taken by Miranda to Venezuela, along with many others papers, on December 1810.[224]

Jeremy Bentham, on his side, was very distinguished lawyer, philosopher and political radical, who from among the universe of matters of their interest, was becoming concerned with the Spanish American affairs. He is primarily known for his moral philosophy, especially his principle of utilitarianism, which evaluates actions based upon their consequences.

It is evident that it was in this alliance between Miranda, Mill and Bentham, where the key factor to identify our prolific writer "William Burke" and his editing venture, can be found, as a pen name or pseudonym, which resulted not only from the editorial design of all his books on the Spanish American independence, but also from the promotion that was made in the books of Francisco de Miranda -including the references to the Napoleonic Wars of 1805 -. All this suggests that the Burke's books were of a "collaborative nature,"[225] aldo published with the participation

---

[224] *Idem*, pp. 267-268.
[225] See Eugenia Roldán Vera, *The British Book Trade and Spanish American Independence. Education and Knowledge Transmission in Transcontinental Perspective*, Ashgate Publishing, London 2003, p. 47. Mario Rodriguez is the author that has studied "William Burke" more accurately and comprehensively as the pseudonym under which James Mill and Jeremy Bentham had written several articles on Spanish America. See Mario Rodriguez, *William Burke" and Francisco de Miranda: The World and Deed in Spanish America's Emancipation*, University Press of America, Lanham, New York, London 1994, pp. 123 ss.,

y de sus amigos de Londres, Mill y Bentham,[226] quienes se familiarizaron con los Archivos de Miranda. Todos ellos se dedicaron a fomentar el proceso de la independencia de la América Hispana, buscando una rápida acción por parte de Inglaterra.[227]

James Mill y Jeremy Bentham estaban tan involucrados en el proceso de independencia de la América Hispana que incluso tuvieron el propósito de acompañar a Miranda en su regreso a Caracas en 1810.[228] Al final, no

---

seudónimo que James Mill y Jeremy Bentham habrían utilizado para escribir varios artículos sobre la América Hispana. Véase Mario Rodriguez, *William Burke" and Francisco de Miranda: The World and Deed in Spanish America's Emancipation*, University Press of America, Lanham, New York, London 1994, pp. 123 ss., 509 ss., 519. Véase también Ivan Jasksic, *Andrés Bello. La pasión por el orden*, Editorial Universitaria, Imagen de Chile, Santiago de Chile 2001, pp. 96, 133.

[226] En el grupo había otros supuestos amigos de Miranda, como el Dr. F.S. Constancio, tal vez otro seudónimo. Christopher Domínguez Michael dice que las iniciales FSM fueron utilizadas por José Francisco Fegorara y Fray Servando Teresa de Mier. Véase, *Vida de Fray Servando*, Ed. Era, México 2004, pp. 394, 447 ss. Mario Rodríguez pensó que era una persona verdadera conjeturando que podría haber también viajado a Caracas con el grupo de Miranda, en donde él habría sido un sustituto de "William Burke." Véase Mario Rodríguez, *William Burke" and Francisco de Miranda*, cit. pp. 248, 318, 514, 555.

[227] Por ejemplo, Georges Bastin, en su "Francisco de Miranda, 'precursor' de Traducciones," explica de que es muy claro ver la intervención de Miranda en la publicación del libro de Burke: *South American Independence: or, the Emancipation of South America, the Glory and Interest of England*, en 1807, diciendo también que, como se mencionó anteriormente, en este documento "en su última parte cuando solicita la ayuda monetaria del gobierno, incluidos los números exactos que corresponden a proyectos de Miranda," y también que "En 1808, Miranda nuevamente prepara gran parte del libro de Burke titulado *"Razones adicionales para que nosotros emancipemos inmediatamente a Hispanoamérica"*.. "realizado en dos ediciones en Londres. en la segunda edición ampliada, como se ha dicho, Miranda incluye su traducción al Inglés de la *Lettre aux Espagnols Americains* por Viscardo y Guzmán, como así como cinco documentos con el título "Cartas y proclamas del general Miranda." Después la cooperación entre Miranda y Mill continuó como William Burke, en la redacción de artículos para the *Annual Register* y la *Edinburgh Review*. En particular, en enero 1809, James Mill, con la ayuda de Miranda, publicó un artículo sobre "La emancipación de la América española" para el *Edinburgh Review* de 1809, N° 13, pp. 277-311. Véase Georges Bastin, "Francisco de Miranda, 'precursor' de traducciones," en *Boletín de la Academia Nacional de Historia de Venezuela*, N° 354, Caracas 2006, pp. 167-197; y también en <http://www.histal.umontreal.ca/pdfs/FranciscoMirandaPrecursorDeTraducciones.pdf>.

[228] Véase Mario Rodríguez, *William Burke" and Francisco de Miranda*, cit. pp. 242, 315.

of Francisco de Miranda himself, and of his London friends, Mill and Bentham,[226] who became familiar with the Archives of Miranda. They all were devoted to encourage the process of Spanish American independence, compelling a quick action on the part of England.[227]

James Mill and Jeremy Bentham were so involved in the Spanish American independence process that they had the purpose of accompanying Miranda in his return to Caracas in 1810.[228] In the end, they failed to

---

509 ss., 519 See also Ivan Jasksic, *Andrés Bello. La pasión por el orden*, Editorial Universitaria, Imagen de Chile, Santiago de Chile 2001, pp. 96, 133.

[226] In the group were other supposed friends of Miranda, like Dr. F.S. Constancio, perhaps another penname. Christopher Domínguez Michael says the initials FSM was altogether used by José Francisco Fegorara and Fray Servando de Mier. See in *Vida de Fray Servando*, Ed. Era, México 2004, pp. 394, 447 ss. Mario Rodriguez thought it was a real person guessing that he could have also travelled to Caracas with the Miranda group, where he would have been a stand-in for "William Burke." See Mario Rodriguez, *William Burke" and Francisco de Miranda*, cit. pp. 248, 318, 514, 555.

[227] For instance, Georges Bastin, in his "Francisco de Miranda, 'precursor' de traducciones" explains that it is very clear to see Miranda's intervention in the publication of Burke's book: *South American Independence: or, the Emancipation of South America, the Glory and Interest of England*, in 1807, saying also that, as aforementioned, in this document "in its last part he requests the government monetary support including precise numbers corresponding to Miranda's project"; and also that "In 1808, Miranda again prepares much of the other Burke's book titled *Additional Reasons for our immediately emancipating Spanish America...*" made in two editions in London. In the extended second edition, as stated above, Miranda includes his English translation of the *Lettre aux Espagnols Américains* by Viscardo y Guzman, as well as five documents with the heading "Cartas y Proclamas del General Miranda." Then Miranda and Mill contributing, continued as William Burke, writing articles for the *Annual Register* and the *Edinburgh Review*. Particularly, on January 1809, James Mill, with the help of Miranda, published an article on "Emancipation of Spanish America" for the *Edinburgh Review*, 1809, N° 13, pp. 277-311. See Georges Bastin, "Francisco de Miranda, 'precursor' de traducciones" in *Boletín de la Academia Nacional de Historia de Venezuela*, N° 354, Caracas 2006, pp. 167-197; and also at <http://www.histal.umontreal.ca/pdfs/FranciscoMirandaPrecursorDeTraducciones.pdf>.

[228] See Mario Rodriguez, *William Burke" and Francisco de Miranda*, cit. pp. 242, 315.

pudieron viajar, pero sus estudios, trabajos y documentos viajaron de forma efectiva en los valiosos Archivos de Miranda, por supuesto, en conjunto con "William Burke," que comenzó a publicar sus editoriales en la *Gaceta de Caracas*, incluso antes de su supuesto "viaje" a Caracas. Lo cierto, en todo caso, es que el Archivo de Miranda viajó tres veces en el mismo Sapphire, una Corbeta de la Armada Real: en diciembre de 1810, desde Portsmouth a La Guaira; en Julio de 1812, desde La Guaira a Curacao; y en 1814 de Curaçao a Portsmouth, y en al menos una ocasión, con seguridad, en el registro de los pasajeros a bordo estaba el nombre de "William Burke."

En resultado de todo esto fue que después de publicar tres libros en Londres entre 1806 y 1808, William Burke publicó, en año y medio (1810-1812), más de ochenta editoriales en la *Gaceta de Caracas*, refiriéndose a todos los imaginables sucesos importantes de aquellos tiempos, incluyendo la situación política en España, el debate sobre la tolerancia religiosa y sobre todo, el análisis del gobierno y de la Constitución de los Estados Unidos. Todos estos trabajos se basaron en documentos que habían sido escritos por Mill, Bentham y Miranda, en muchos casos, utilizando los documentos contenidos en los Archivos de Miranda. Además, puede incluso decirse que Juan German Roscio, como editor de la *Gaceta de Caracas*, y Francisco Xavier Ustáriz y Miguel José Sanz también publicaron algunos editoriales bajo el nombre de Burke en la *Gaceta*.

Por todo ello, no es de extrañar, como afirmó Augusto Mijares, que las recomendaciones de Burke en la *Gaceta* "de inmediato trae a la mente algunos de los proyectos de Miranda, donde la terminología es a veces seguida de Burke."[229]

Debe recordarse, por otra parte, que en carta de Roscio a Bello del 9 de junio de 1811, Miranda fue acusado de haber excusado a Burke ante el Arzobispo en la controversia sobre la cuestión religiosa, afirmando que la carta específica que la provocó había sido escrita por "Ustáriz, Tovar y Roscio."[230] También hay que mencionar, un supuesto "choque entre Miranda y Burke" mencionado en la misma carta que Juan Germán Roscio dirigió a Bello el 9 de junio de 1811, y en la cual exhibió todo su rencor en contra del Precursor.[231] En efecto, si en ese año crucial Roscio estaba en contra de las posiciones de Miranda, "Burke" también tenía que ser in-

---

[229] Véase Augusto Mijares, "Estudio Preliminar," William Burke, *Derechos de la América del Sur y México*, Vol. 1, Academia de la Historia, Caracas 1959, p. 21

[230] *Idem*, p. 26

[231] Debe recordarse el hecho de que cinco años antes, en 1807, Roscio fue el fiscal en contra de los miembros de la expedición de Miranda.

travel, but their studies, works and papers did effectively travel in the valued Archives of Miranda, of course, altogether with "William Burke," who began to publish his editorials in the *Gaceta de Caracas* even before his supposed "travel" to Caracas. The thruth, in any case, is that the Archive of Miranda travelled three times in the same Royal nay SMM Sapphire: in December 1810, from Portsmouth to La Guaira; in July 1812, from La Guaira to Curacao; and in 1814 from Curaçao to Portsmouth; y in al least in one of those occasions, for sure, in the passengers list of the vessel was the name of "William Burke.

The result was that after publishing three books in London between 1806 and 1808, William Burke published in one year and a half (1810-1812) more than eighty editorials in the *Gaceta de Caracas* referring to the all imaginable important matters of those times, including the political situation in Spain, discussions on religious tolerance and mainly, analysis of the government and the Constitution of the United States. No doubt exist in my opinion that all those works were based on papers written by Mill, Bentham and Miranda, in many cases using Miranda's documents contained in his Archives. Also, even Juan German Roscio, himself as editor of the *Gaceta de Caracas*, Francisco Xavier Ustáriz and Miguel José Sanz published some works as Burke's editorials in the *Gaceta*.

Not surprisingly, Augusto Mijares says that Burke's recommendations "immediately bring to mind some of Miranda's projects where the terminology is sometimes followed by Burke."[229]

On the other hand, in the letter from Roscio to Bello of June 9, 1811, Miranda was accused of having excused Burke to the Archbishop in the controversy over the religious matter, stating that the specific letter that caused it had been authored by "Ustáriz, Tovar and Roscio."[230] It must also be mentioned, a supposed "clash between Miranda and Burke" that was mentioned in the letter that Juan German Roscio addressed on June 9, 1811, to Andres Bello (who was in London) and where Roscio exhibited his entire grudge against the Precursor.[231] Indeed, if in that crucial year Roscio was against the positions of Miranda, "Burke" had also to be inclu-

---

[229] See Augusto Mijares, "Estudio Preliminar," William Burke, *Derechos de la América del Sur y México,* Vol. 1, Academia de la Historia, Caracas 1959, p. 21

[230] *Idem*, p. 26

[231] A remainder must be made of the fact that five fears earlier, in 1807, Roscio was the Prosecutor against the members of the expedition of Miranda.

cluido debido a que "Burke" fue el nombre que Roscio, como editor de la *Gaceta de Caracas*, también debió haber utilizado, a veces traduciendo el trabajo de Mill, y a veces escribiendo él mismo.

Estos editoriales de la *Gaceta de Caracas* del 11, 15 y 18 de enero de 1811 fueron analizados por Mario Rodríguez, quien llegó a la conclusión de que fueron escritos por un hispano que claramente era Roscio. Lo mismo ocurrió en relación con el ensayo publicado en la edición del 19 de noviembre de 1811, escrito por Ustáriz, y otro ensayo escrito por Miguel José Sanz.[232] El nombre de Burke también fue utilizado por Roscio en *La Bagatela*, editado por Antonio Nariño en Santa Fe.[233] Por otra parte, algunos de los escritos de Burke, incluso, dieron lugar a importantes debates o polémicas como el relativo a la tolerancia religiosa, una cuestión que ya había sido tratada por Bentham en Londres.[234]

Al final, setenta del importante conjunto de editoriales y artículos publicados en la *Gaceta de Caracas* por Burke entre noviembre 1810 y marzo de 1812, fueron recogidos en un nuevo libro de William Burke, el cuarto publicado en seis años, esta vez editado en dos volúmenes en Caracas, titulado *Derechos de la América del Sur y México, de William Burke, autor de "la Independencia del Sur de América, la Gloria e Interés de Inglaterra,"* Caracas, impreso por Gallagher y Lamb, impresores para el Supremo Gobierno, 1811.[235]

Este libro, de hecho, fue publicado incluso antes de que la nueva Constitución Federal de 21 de diciembre de 1811 fuera sancionada: el primer volumen en julio de 1811, y el segundo volumen, en octubre de

---

[232] Véase Mario Rodríguez, *William Burke" and Francisco de Miranda*, cit. pp. 334, 337, 338, 417, 418.

[233] *Idem*, p. 394

[234] Véase el texto del artículo de Burke en la *Gaceta de Caracas* N° 20, de 19 de febrero de 1811, in Pedro Grases (Ed.), *Pensamiento Político de la Emancipación Venezolana*, Biblioteca Ayacucho, Caracas 1988, pp. 90-95 ss. Por otro lado, cabe mencionar que John Mill abordó específicamente el tema de la tolerancia religiosa entre 1807 y 1809 en colaboración con Jeremy Bentham.

[235] Véase en la edición de la Academia de la Historia, William Burke, *Derechos de la América del Sur y México*, 2 vols, Caracas 1959. Tal vez por eso, José M. Portillo Valdés señaló que "William Burke" habría sido, al menos de acuerdo con los escritos publicados en Caracas, una "pluma colectiva" utilizada por James Mill, Francisco de Miranda and John Germán Roscio. Véase José M. Portillo Valdés, *Crisis Atlántica: Autonomía e Independencia en la crisis de la Monarquía Española*, Marcial Pons 2006, p 272, nota 60. Contra Karen Racine, *Francisco de Miranda: A Transatlantic Life in the Age of Revolution*, SRBooks, Wilmington, 2003, p 318.

ded because "Burke" was the name by which Roscio, as editor of the *Gaceta de Caracas*, also wrote, at times translating Mill's work, at times writing directly himself.

These editorials of the *Gaceta de Caracas* dated January 11, 15 and 18, 1811 were analyzed by Mario Rodriguez, who concluded that they were written by an Hispanic who clearly was Roscio. The same occurred regarding the essay published in the issue of November 19, 1811, written by Ustáriz, and another essay written by Miguel José Sanz.[232]. The name of Burke was also used by Roscio as the subscriber to *La Bagatela*, edited by Antonio Nariño in Santa Fe.[233] On the other hand, some of Burke's writings even gave rise to important debates such as the one mentioned on religious tolerance, a matter that has been already treated by Bentham in London.[234]

In the end, seventy of the important set of editorials and articles published by Burke between November 1810 and March 1812 in the *Gaceta*, were collected in a new book of William Burke, the fourth published in six years, this time edited in two volumes in Caracas, titled *Derechos de la America del Sur y Mexico*, [The Rights of South America and Mexico] by *William Burke, el author of "La Independencia del Sur de América, la gloria e interés de Inglaterra," Caracas, printed by Gallagher and Lamb, printers for the Supreme Government, 1811.*[235]

This book, in fact was even published before the new Federal Constitution of December 21, 1811 was sanctioned: the first volume in July 1811,

---

[232] See Mario Rodriguez, *William Burke and Francisco de Miranda, cit.* pp. 334, 337, 338, 417, 418.

[233] *Idem*, p. 394

[234] See the text of Burke's article in the *Gaceta de Caracas* N° 20, de 19 de febrero de 1811, in Pedro Grases (Ed.), *Pensamiento Político de la Emancipación Venezolana*, Biblioteca Ayacucho, Caracas 1988, pp, 90-95ss. On the other hand, it should be mentioned that John Mill specifically addressed the issue of religious tolerance between 1807 and 1809 in collaboration with Jeremy Bentham.

[235] See in the edition of the Academy of History, William Burke, *Derechos de la América del Sur y México*, 2 vols, Caracas 1959. Perhaps for that reason, Joseph M. Portillo Valdés observed that "William Burke" would rather have been, at least according to the writings published in Caracas, a "collective pen" used by James Mill, Francisco de Miranda and John German Roscio. See José M. Portillo Valdés, *Crisis Atlántica: Autonomía e Independencia en la crisis de la Monarquía Española*, Marcial Pons 2006, p 272, nota 60. Contra Karen Racine, *Francisco de Miranda: A Transatlantic Life in the Age of Revolution*, SRBooks, Wilmington, 2003, p. 318.

1811,[236] el último incluso contiene algunos de los textos de los ensayos que serían posteriormente publicados en la *Gaceta de Caracas*, hasta el 20 de marzo de 1811, cuando apareció el último artículo de Burke justo antes del terrible terremoto que ocurrió en Venezuela (26 de marzo de 1812). Durante esos meses de la publicación de los dos volúmenes, sin duda, el propio Miranda debió haber participado en su edición, junto con sus auxiliares inmediatos, Manuel Cortés de Campomares y José María Antepara. El primero, uno de los conspiradores en la Conspiración de San Blas de Madrid y en la Conspiración de Gual y España; y el segundo, el que apareció publicando otro libro con papeles de Miranda en Londres, justo cuando éste viajó a Caracas en 1810: *Miranda y la emancipación suramericana*.

Si William Burke hubiera sido una persona real, habría sido uno de los escritores más distinguidos de su tiempo, y habría sido conocido en los círculos intelectuales de Londres y más tarde de Caracas. Pero el hecho es que no se sabe nada acerca de este personaje, a quien la historiografía venezolana, como hemos dicho, identifica sólo como irlandés, amigo de Francisco de Miranda durante sus últimos años en Londres, y quien supuestamente habría viajado a Venezuela animado por el propio Miranda, contribuyendo con su escritura a las ideas que conformaron la base constitucional del proceso constituyente Venezolano de 1811. En las crónicas de la vida en Caracas durante los días de la independencia, sin embargo, como se dijo, sólo se menciona a por sus escritos y no a su persona.

Las única referencia que se ha hecho acerca de alguien con el nombre de Burk se hizo después del terremoto de marzo 1812, por un escocés llamado John Semple, en una carta que escribió a su hermano Mathew Semple, donde mencionó algunos "americanos" que habían sobrevivido al terremoto, entre ellos uno de apellido Burke.[237] Este "americano" Burke habría sido el mismo Burke que en junio de 1812 Miranda pensó enviar en una misión para negociar el apoyo militar y político con los Estados Unidos.[238] Cabe mencionar que Augusto Mijares se refiere a este hecho, pero de otro modo, indicando que, debido a un supuesto desacuerdo en la relación entre Burke (editoriales de Burke) y Miranda, evitó que Burke

---

[236] Véase Mario Rodríguez, *William Burke" and Francisco de Miranda*, cit. pp. 399, 400, 510, 519.

[237] Véase la carta del 3 de abril de 1811 en *Tres testigos europeos de la Primera República*, Caracas 1934, pp. 86-87

[238] Véase Mario Rodríguez, *William Burke" and Francisco de Miranda*, cit. pp. 399, 400, 455, 456, 474, 568, 570

and the second volume in October 1811,[236] the latter even containing some of the texts of the essays that were subsequently to be published in the *Gaceta de Caracas* up to March 20, 1811, when the last article appeared just before the terrible earthquake that occurred in Venezuela (March 26th, 1812). During those months of the publication of the two volumes, undoubtedly, Miranda himself would have participated in their edition, together with his immediate aids, Manuel Cortés de Campomares and José maría Antepara. The first one, was one of the conspirators of Madrid's San Blas Conspiration and of the Gual y España Conspiration; and the second, the one that appears publishing papers of Miranda, just before his trip to Caracas in 1810: *South American Emancipation...* [Miranda y la emancipación suramericana].

If William Burke had in fact been a real person, he would have been one of the most distinguished writers of his time, which would had been known in the intellectuals circles of London and later of Caracas. But the fact is that nothing is known about this personage whom the Venezuelan historiography identifies only as an Irishmen, a friend of Francisco de Miranda during his last years in London, and who supposedly went to Venezuela, encouraged by Miranda himself, contributing with his writing to the ideas that conformed the constitutional basis of the Venezuelan constitution making process of 1811. In the chronicles of life in Caracas during those days of the independence, nonetheless, he is only mentioned because of his writings and not in any personal character.

The only references that were made about someone with the name of Burk were made after the March 1812 earthquake, by a Scotsman named John Semple, in a letter he wrote to his brother Mathew Semple, mentioned a few "Americans" that had survived the earthquake, among them one named Burke.[237] This "American" Burke would have been the same Burke that in June 1812 Miranda thought of sending on a mission to negotiate military and political support with the United States.[238] It must be mentioned that Augusto Mijares refers to this fact, but in another way, indicating that because a supposed disagreement between Burke (Burke's editorials) and Miranda, he prevented Burke "from leaving the country,

---

[236] See Mario Rodriguez, *William Burke" and Francisco de Miranda*, cit. pp. 399, 400, 510, 519.

[237] See the letter dated April 3, 1811 in *Tres testigos europeos de la Primera República*, Caracas 1934, pp. 86-87

[238] See Mario Rodriguez, *William Burke" and Francisco de Miranda*, cit. pp. 399, 400, 455, 456, 474, 568, 570

"saliera del país, incluso cuando aparentemente tenía documentos para el gobierno de los Estados Unidos del Norte."[239]

En cualquier caso, fue a través de los escritos de Burke y su referencia al sistema constitucional de América del Norte y del funcionamiento del sistema federal de gobierno, que estas ideas influyeron en la redacción de la Constitución Federal Venezuela de 1811 y de los *documentos oficiales* de la Independencia contenidos en el libro de Londres de 1812. Entre muchos otros elementos, esto puede ser corroborado, por ejemplo, en el uso de la expresión norteamericana "derechos del pueblo" y "soberanía del pueblo" en lugar de las expresiones francesas como "derechos del hombre y del ciudadano" o "soberanía de la Nación", contenidas en la Declaración de los Derechos del Pueblo del 1 de julio de 1811.[240]

---

[239] Véase las referencias en Augusto Mijares, "Estudio Preliminar," William Burke, *Derechos de la América del Sur y México*, Vol. 1, Academia de la Historia, Caracas 1959, pp. 25.

[240] Véase William Burke, *Derechos de la América del Sur y México, cit.,* Tomo I, pp. 113, 118, 119, 120, 123, 127, 141, 157, 162, 182, 202, 205, 241.

even when apparently he had Government submissions for the United States of the North." [239]

In any case, it was through Burke's writings referring to the constitutional system of North America and to the functioning of the federal system of government that these ideas influenced the drafting of the Venezuelan 1811 Federal Constitution and of the other *Interesting Official Documents* contained in the 1812 London book. Among many other elements, this can be corroborated, for instance, in the use of the North American expression "rights of the people" and sovereign "of the people" instead of the French expressions: "rights of man and the citizens" or "sovereignty of the Nation," contained in the declaration of the Rights of the People of July 1, 1811.[240]

---

[239] See the references in Augusto Mijares, "Estudio Preliminar," William Burke, *Derechos de la América del Sur y México*, Vol. 1, Academia de la Historia, Caracas 1959, pp. 25.

[240] See William Burke, *Derechos de la América del Sur y México, cit.,* Vol. I, pp. 113, 118, 119, 120, 123, 127, 141, 157, 162, 182, 202, 205, 241.

VII. FRANCISCO DE MIRANDA, LA SEDE LONDINENSE DE LOS ESFUERZOS POR LA INDEPENDENCIA DE SURAMÉRICA Y SUS ÚLTIMOS INTENTOS DE LOGRARLA

William Burke, o mejor dicho, los escritos de William Burke, y través de ellos la influencia de los principios norteamericanos de gobierno en el proceso de independencia de América del Sur, sin duda, fue posible gracias a la presencia de Miranda en Londres a principios del siglo XIX, quien fue el instrumento más formidable para el establecimiento de un círculo extenso que comprendió a todos aquellos que vivían o visitaban Londres con interés en dicho proceso. Se puede decir que de hecho, Miranda tuvo contacto con personas en todo Suramérica, y con todos los suramericanos que vivieron en Londres. Para sólo recordar uno, vale la pena destacar su carta de consejos dirigida a Bernardo O'Higgins, el Libertador de Chile, antes de que éste saliera de Londres para regresar a Santiago de Chile, en la que le decía: "desconfiad de todo hombre que haya pasado de la edad de cuarenta años, a menos que os conste que sea amigo de la literatura y particularmente de aquellos libros que hayan sido prohibidos por la inquisición;" concluyendo con su consejo de que "No olvidéis ni la Inquisición, ni sus espías, ni sus sotanas, ni sus suplicios."[241]

Entre esas relaciones, estaban las establecidas con el mundo de la edición, de los escritores, de los intelectuales, de los libreros especializados, de las casas de impresión, y de los editores de revistas españolas relacionadas con asuntos americanos. Fue debido a esas relaciones que la publicación de los *documentos oficiales* de la Independencia fue posible, pudiendo considerarse el libro *Documentos Oficiales Interesantes*, en forma indirecta, como la última empresa editorial en Londres alentada por Miranda desde Caracas; un libro que como se mencionó, Miranda nunca llegó a ver, pues cuando comenzó a circular en Londres ya estaba preso.

Durante el tiempo en el cual Miranda y sus colaboradores, principalmente Campomares y Antepara, se encontraban en Caracas, el proceso de edición del libro en Londres estuvo en las manos de Andrés Bello, quien después de llegar con la delegación oficial de Venezuela en 1810, nunca más regresó a Venezuela. Para esa tarea, en todo caso, tenía toda la capacidad necesaria: no sólo había sido el editor de la *Gaceta de Caracas* de 1808 a 1810, sino que antes, había tenido una experiencia muy importante del gobierno en Venezuela, como Oficial Mayor de la Capitanía General. También, en los meses previos a su viaje a Londres, había sido un cercano

---

[241] Véase en Francisco de Miranda, *América Espera*, cit, pág. 242-244.

VII. FRANCISCO DE MIRANDA, THE LONDON HEADQUARTERS FOR THE INDEPENDENCE OF SOUTH AMERICA EFFORTS AND HIS LAST INTENTS TO ACHIEVE IT

William Burke, or better, the writings of William Burke, and through them the influence of the North American principles of government in the process of independence of South America, undoubtedly was possible because of the presence of Miranda in London at the beginning of the 19th century, which was the most formidable instrument for the establishment of an extended circle comprising all those living or visiting London with interest in such process. It can be said that Miranda, in fact, had contact with persons all over South America, and with all South Americans staying in London. It is worth highlighting his letter of advice to Bernando O'Higgins, the Liberator of Chile, before he left London to return to Santiago, in which he advised him "Not to trust men that had passed 40 years of age, except if you know for sure that they are devoted readers, and particularly of those books that had been prohibited by the Inquisition," concluding with his advice "Not to forget the Inquisition, nor its spies, its cassocks, nor its tortures."[241]

Among those relations, were those established with the editing world, the writers and intellectuals, specialized booksellers, printing houses, and the editors of journals related to Spanish American matters. It was due to those relations that the publication of the book en the *Interesting Official Documents* of the Independence was possible, being such book, indirectly, the last editorial venture encouraged by Miranda; a book that as mentioned, he never managed to see, being already imprisoned when it began to be available in London.

While Miranda and his aides, mainly Campomares and Antepara, were in Caracas, the editing process of the book in London resulted in the hands of Andrés Bello, who after arriving with the Venezuelan official Delegation in 1810, never again went back to Caracas. For such task, he had all the needed skills: not only had he been the editor for the *Gaceta de Caracas* from 1808 to 1810, but previously he had had an important governmental experience in Venezuela, as *Oficial Mayor* of the Captaincy General, having been in the months prior to his trip to London, a close

---

[241] See in Francisco de Miranda, *América Espera, cit*, pag. 242-244.

colaborador de Juan Germán Roscio, Secretario de Relaciones Exteriores de la Junta Suprema.

Bello, por lo tanto, estaba preparado para manejar el proceso de edición y publicación de tan importante testimonio, el cual asumió hospedándose en la propia casa de Miranda, en su calidad de Secretario de la Delegación Venezolana ante el Gobierno Británico, que fue una posición que le permitió continuar con los contactos y las relaciones que había establecido Miranda con la comunidad de habla hispana en Londres. Entre los miembros de la misma, particular referencia debe hacerse a José María Blanco y Crespo, más conocido como Blanco-White, quien era un distinguido español de Sevilla, exiliado en Londres, editor en 1810 del periódico *El Español*, publicado en castellano en Londres por el librero francés Durlau.[242] Blanco-White fue uno de los primeros europeos que defendió el proceso de independencia en la América Hispana,[243] y como él estaba relacionado con el mundo editorial de la ciudad, él debe haber sido, sin duda, el vehículo mediante el cual Bello, que había permanecido en estrecho contacto con Roscio, tomó a su cargo la edición del libro,[244] con el mismo librero francés, Durlau, quien había sido precisamente el mismo editor de los libros de William Burke, y quien tenía su Librería en la plaza Soho de Londres.

De todos estos hechos, puede decirse que el libro *Documentos Oficiales Interesantes* fue, sin duda, la última aventura editorial indirecta de Miranda en Londres, que había comenzado más de una década antes, en 1794, con sus recuentos de su experiencia durante la guerra francesa[245] y, más

---

[242] Véase *The Life of the Reverend Joseph Blanco White, written by himself with portions of his correspondence*, John Hamilton Thom, London 1845 (Sevilla 1988), p. 22.

[243] El Acta de Independencia fue publicado en *El Español*, N° XVI, London, October 30, 1811, p. 44. Véase el texto en Juan Goytisolo, *Blanco White. El Español y la independencia de Hispanoamérica*, Taurus 2010, pp. 197 ss. Por esta razón, entre otras cosas, el Consejo de Regencia prohibió su difusión en América.

[244] Esta es la misma impresión de Carlos Pi Sunyer, *Patriotas Americanos en Londres. Miranda, Bello y otras figuras*, Monteavila Editores, Caracas 1978, pp. 217-218.

[245] Véase Francisco de Miranda, *Correspondence du général Miranda avec le general Doumoriez, les ministres de la guerre, Pache et Beumonville*, Paris 1794. Este libro fue traducido al Inglés y publicado por Miranda en Londres en 1796. Según Mario Rodríguez, esta publicación fue motivada por las críticas hechas contra Miranda, por considerarlo un "aventurero" al unirse a los ejércitos franceses, en un libro publicado por Jacques Pierre Brissot de Warville, *Letter to his Constituents*, el cual fue traducido por William Burke con Prólogo de Edmond Burke, London 1794. Véase Mario Rodríguez, *"William Burke" and Miranda*, cit., pp. 128, 545-546. Como señaló Rodríguez, este fue el único contac-

collaborator of Juan German Roscio, the Ministry of Foreign Affairs of the Supreme Junta.

Bello was therefore prepared to handle the editing and publication process of such an important testimonial, which he assumed accommodating himself in Miranda's own house, on his capacity as Secretary of the Venezuelan delegation to the British government, a position that allowed him to continue with the contact and relations constructed by Miranda with the Spanish speaking community in London. Among its members, particular reference must be made of José María Blanco y Crespo, better known as Blanco-White, a distinguished Spanish exiled from Seville, editor in 1810 of the newspaper *El Español*, published in Spanish in London by the French bookseller Durlau.[242] Blanco-White was one of the first Europeans to have defended the independence process in Spanish America,[243] and as he was linked to the London publishing world, he must have been, no doubt, the vehicle through which Bello (who had been in close epistolary contact with Roscio) took care of the book's edition[244] using the same French bookseller, Durlau, publisher of the Burke's books, who had its headquarter at Soho Square, London.

From all these facts, it can be said that our *Interesting Official Documents* book, no doubt was the last indirect publishing adventure of Miranda in London, which had begun more than a decade before, in 1794, regarding his French wartime experience,[245] and later, in 1799, upon his

---

[242] See *The Life of the Reverend Joseph Blanco White, written by himself with portions of his correspondence*, John Hamilton Thom, London 1845 (Sevilla 1988), p. 22.

[243] The Independence Act was published in *El Español*, No. XVI, London, October 30, 1811, p. 44. See the text in Juan Goytisolo, *Blanco White. El Español y la independencia de Hispanoamérica*, Taurus 2010, pp. 197 ss. For this reason, among others, the Regency Council prohibited its difussion in America.

[244] This is the same impression of Carlos Pi Sunyer, *Patriotas Americanos en Londres. Miranda, Bello y otras figuras*, Monteavila Editores, Caracas 1978, pp. 217-218.

[245] See Francisco de Miranda, *Correspondence du général Miranda avec le general Doumoriez, les ministres de la guerre, Pache et Beumonville*, Paris 1794. This book was traslated into English and published by Miranda in London in 1976. According to Mario Rodríguez, this publication was motivated by the criticism made against Miranda, considering him an "adventurer" when joining the French Armies, in a book published by Jacques Pierre Brissot de Warville, *Letter to his Constituents*, which was translated by William Burke with the Preface of Edmond Burke, London 1794. See Mario Rodríguez, "William Burke" and Miranda, cit, pp. 128, 545-546. As Rodríguez pointed out, this was

tarde, en 1799, apenas regresó a Londres después de haber comandado el Ejército francés del Norte, con la publicación de la carta escrita en París en 1791 por Juan Pablo Viscardo y Guzmán Nait, un precursor ex-jesuita y notable intelectual de la independencia de América Hispana, titulado *Letter to the Spanish Americans*."[246] El manuscrito de esta carta con todos sus papeles, habían sido dejados por Viscardo, antes de su muerte, al Ministro Americano en Londres, Rufus King, quien decidió dárselos a Miranda. Luego, Miranda, con la ayuda de King, publicó en Londres la carta de Viscardo en 1799, como un libro con pie de imprenta en Filadelfia, titulado *Lettre aux Espagnols-Américains par un de leurs compatriots*,[247] indicándose en la "Publicidad" del mismo que su autor era Viscardo y Guzmán. Dos años más tarde, en 1801, Miranda tradujo la carta al español y la publicó de nuevo, esta vez con pie de imprenta en Londres, como la "*Carta dirigida a los Españoles Americanos por uno de sus compatriotas*."[248] Esta carta, gracias a la publicidad dada a ella por Miranda, tuvo una enorme influencia en el movimiento de Independencia en la América Hispana, habiendo quedado reflejado su contenido, por ejemplo, en la Declaración de la Independencia y en la Constitución de Venezuela de 1811.[249]

Entre las múltiples relaciones y conocidos que Miranda tuvo en Londres, hay que destacar a un joven asistente francés que conoció en la librería Durlau, Pedro Antonio Leleux, quien se convertiría en su secretario personal, y a su asistente en Londres y luego en Caracas, Manuel Cortés Campomares, quien como se dijo, había participado con Picornell y Gomilla en la fallida conspiración de San Blas en Madrid para cambiar la monarquía por un gobierno republicano (1796). Una vez detenido y condenado, fue también enviado a prisión en las mazmorras del Caribe, llegan-

---

to indirecto de Miranda con los escritores irlandeses que murieron antes de finales del siglo. *Idem*, p. 128.

[246] Miranda habría usado sólo algunos de los documentos, porque casi todos los que no estuvieron en los archivos de Miranda fueron encontrados en los archivos dl político estadounidense, Rufus King, quien originalmente los había recibido. Véase Merle E. Simmons, *Los escritos de Juan Pablo Viscardo y Guzmán. Precursor de la Independencia Hispanoamericana*, Universidad Católica Andrés Bello, Caracas, pp. 15-19.

[247] Philadelphia, MDCCXCXIX. La carta también fue publicada en *The Edinburgh Review*. Véase Tomás Polanco Alcántara, *Miranda*, cit. p. 248.

[248] P. Boyle, London 1801.

[249] Véase Georges L. Bastin, "Francisco de Miranda, 'precursor' de traducciones," en *Boletín de la Academia Nacional de Historia de Venezuela*, N° 354, Caracas 2006, pp. 167-197, y también en <http://www.histal.umontreal.ca/pdfs/FranciscoMirandaPrecursorDeTraducciones.pdf>.

arrival in London after having commanded the French Army of the North, with the publication of the letter written in Paris in 1791 by Juan Pablo Viscardo y Guzman Nait, an ex-Jesuit and remarkable intellectual precursor of Spanish American independence, titled *Letter to the Spanish Americans*.[246] The manuscript of this letter with all his papers were left by Viscardo before his death to the American Minister in London, Rufus King, who decided to give them to Miranda. He then, with the help of King, published in London the Viscardo letter in 1799 as a book with the imprint of Philadelphia. The book entitled *Lettre aux espagnols américaines par un de leurs compatriots*,[247] indicated in the "Advertisement" that the author was Viscardo y Guzman. Two years later in 1801, Miranda had the letter translated into Spanish and published it again, this time with London in the imprint, as *Carta dirijida a los españoles americanos por uno de sus compatriotas*.[248] This letter, thanks to the publicity given to it by Miranda, had a huge influence on the independence movement in Spanish America, its contents being reflected, for example, in the very Declaration of Independence and in the Constitution of Venezuela of 1811.[249]

Among the multiple relations and acquaintances Miranda made in London, mention must be made of a French young aid that he meat at the Durlau Bookseller, Pedro Antonio Leleux, who has to become his personal secretary; and of his aid in Caracas, Manuel Cortés Campomanes, who had participated with Picornell y Gomilla in the failed Conspiracy of San Blas in Madrid to change the Monarchy for a republican government (1796). Once detained and condemned, he was sent to prison in the Caribbean

---

the only indirect contact of Miranda with the Irish writers who died before the end of the century. *Idem*, p. 128.

[246] Miranda would have used only some of the papers because almost all of those which were never in Miranda's files were found in the files of the leading American politician, Rufus King, who had originally received them. See Merle E. Simmons, *Los escritos de Juan Pablo Viscardo y Guzmán. Precursor de la Independencia Hispanoamericana*, Universidad Católica Andrés Bello, Caracas, pp. 15-19.

[247] Philadelphia, MDCCXCXIX. The letter was also published in *The Edinburgh Review*. See Tomás Polanco Alcántara, *Miranda, cit*. p. 248.

[248] P. Boyle, London 1801.

[249] See Georges L. Bastin, "Francisco de Miranda, "precursor" de traducciones," en *Boletín de la Academia Nacional de Historia de Venezuela*, N° 354, Caracas 2006, pp.167-197, and also at <http://www.histal.umontreal.ca/pdfs/FranciscoMirandaPrecursorDeTraducciones.pdf>.

do junto con Picornell al Puerto de La Guaira. Después de escapar, participó en 1797 en la Conspiración de Gual y España contra el gobierno colonial, y años después entró en contacto con Miranda en Londres en 1809.[250] Fue Campomares quien le presentó a Miranda a otra persona que debe mencionarse, quien también jugó un papel especial como su ayudante, y quien fue José María Antepara, y quien sería el editor de otro libro importante, esta vez de y sobre Miranda, titulado *South American Emancipation. Documents, Historical and Explanatory Showing the Designs which have been in Progress and the Exertions made by General Miranda for the South American Emancipation, during the last twenty five years* [Miranda y la emancipación suramericana, Documentos, históricos y explicativos, que muestran los proyectos que están en curso y los esfuerzos hechos por el general Miranda durante los últimos veinticinco años para la consecución de este objetivo].[251] Ambos Campomares y Antequera, además, colaboraron con Miranda en la edición del diario *El Colombiano* en Londres en 1810. Ambos viajaron con Miranda a Caracas en 1810, y ambos lograron escapar de La Guaira, la noche del 30 de julio de 1812, en la Corbeta de Guerra HRM Saphire, con el Archivo de Miranda, mientras Miranda era encarcelado.[252]

Fue en julio de 1810, cuando Miranda recibió a los miembros de la delegación oficial enviada a Londres por el nuevo gobierno de la Provincia, compuesto, como ya se ha mencionado, por Simón Bolívar, Luis López Méndez y Andrés Bello. Miranda les presentó a las autoridades británicas poniéndolos en contacto con la comunidad de intelectuales y sus amigos políticos británicos, incluyendo a Mill y a Bentham, así como con los hispanos y americanos residentes en Gran Bretaña, y que estaban en desacuerdo con el proceso de Cádiz en España y apoyaban la revolución hispanoamericana, como Blanco White. Todos ellos formaron un círculo editorial importante que se utilizó en el momento de difundir las ideas de Miranda sobre la independencia de la América española. Fue durante esos meses, con la ayuda de Mill y Bentham, y las traducciones realizadas por Bello, cuando Miranda preparó todos los documentos, artículos y editoriales que viajaron en su Archivo, y que unos meses más

---

[250] Véase Mario Rodríguez, *William Burke" and Francisco de Miranda*, cit. pp. 248, 555.

[251] Editado por R. Juigné, London 1810. Véase la primera edición del libro en español: José María Antepara, *Miranda y la emancipación suramericana, Documentos, históricos y explicativos, que muestran los proyectos que están en curso y los esfuerzos hechos por el general Miranda durante los últimos veinticinco años para la consecución de este objetivo* (Carmen Bohórquez, Prólogo; Amelia Hernández y Andrés Cardinale, Traducción y Notas), Biblioteca Ayacucho, Caracas 2009.

[252] Véase Giovanni Meza Dorta, *Miranda y Bolívar, Dos Visiones*, bid & co, editors, 3a ed., Caracas 2011, pp. 24-27.

dungeon, arriving at the Port of La Guaira. After escaping, he participated in 1797 in the Conspiracy of Gual and España against the colonial government. He got in touch with Miranda in London in 1809,[250] and introduced him to another person that must be mentioned, who also played a special role as an aide of Miranda. It was José María Antepara, who later would edit the important book of and on Miranda titled *South American Emancipation. Documents, Historical and Explanatory Showing the Designs which have been in Progress and the Exertions made by General Miranda for the South American Emancipation, during the last twenty five years*.[251] Both collaborated with Miranda in the editing of the journal *El Colombiano* that he founded and published in London in 1810; and both traveled with Miranda to Caracas in 1810; and both managed to escape from La Guaira the night of July 30, in 1812, on the HRM Sapphire, with Miranda's Archives, while Miranda was imprisoned.[252]

In July 1810, Miranda received the members of the Official Delegation sent to London by the new government of the Province, composed, as already mentioned, by Simón Bolívar and Luis López Mendez and Andrés Bello. Miranda introduced them to the British authorities putting them in contact with the community of intellectuals and British politician friends of Miranda, including Mill and Bentham, as well as with the Hispanics and Americans residing in Great Britain, who disagreed with the Cádiz process in Spain and supported the Spanish American revolution, such as Cortés de Campomares, Antepara and Blanco-White. They all formed the important editorial circle that was used at the time to spread their ideas on the independence of Spanish America. It was during those months, with the aid of Mill and Bentham, and the translations made by Bello, that Miranda prepared all the documents, articles and editorials

---

[250] See Mario Rodriguez, *William Burke" and Francisco de Miranda*, cit. pp. 248, 555.

[251] Edited by R. Juigné, London 1810. See the first Spanish edition in the book: José María Antepara, *Miranda y la emancipación suramericana, Documentos, históricos y explicativos, que muestran los proyectos que están en curso y los esfuerzos hechos por el general Miranda durante los últimos veinticinco años para la consecución de este objetivo* (Carmen Bohórquez, Prólogo; Amelia Hernández y Andrés Cardinale, Traducción y Notas), Biblioteca Ayacucho, Caracas 2009.

[252] See Giovanni Meza Dorta, *Miranda y Bolívar, Dos Viisones*, bid & co, editors, 3a ed,, Caracas 2011, pp. 24-27.

tarde aparecerían publicados en la *Gaceta de Caracas* bajo el nombre de William Burke.[253]

Sin embargo, debe indicarse que el primer artículo del propio Mill y de William Burke fueron publicados incluso antes de la llegada de Miranda a Venezuela, enviados a través de Andrés Bello directamente a Juan Germán Roscio, el editor de la *Gaceta de Caracas*.[254]

Fue así, durante los mismos días cuando los visitantes venezolanos se estaban acostumbrando a la vida en Londres, que el propio Miranda editó en septiembre de 1810, el libro ya mencionado que apareció bajo el nombre de José María Antepara, *La emancipación de América del Sur* ....[255] Para su publicación, Miranda recibió un importante apoyo financiero por parte de algunos exiliados hispanoamericanos. Entre las contribuciones notorias la actividad editorial de Miranda desde su llegada a Londres en 1809, por ejemplo, se destaca la dada por la prominente familia Fagoaga de México, a través del Segundo Marqués de Apartado, José Francisco Fagoaga y Villaurrutia, su hermano Francisco y su primo Wenceslao de Villaurrutia, después del movimiento autonomista liderado por el Ayuntamiento de la Ciudad de México en 1808. Entre los amigos comunes de la familia Fagoaga y Miranda estaba precisamente José María Antepara, que se asoció con Miranda en proyectos editoriales, en libros, al igual que en la nueva publicación de la carta Vizcado y Guzmán y en el periódico *El Colombiano*. En el diseño y publicación de los libros, con el financiamiento de los Fagoaga, contribuyeron Manuel Cortés Campomanes, James Mill y José Blanco White, antes de que éste fundara su propio periódico *El Español*.[256]

---

[253] Véase Mario Rodríguez, *William Burke" and Francisco de Miranda*, cit. pp. 271, 316, 318, 518, 522. Esos documentos, básicamente, viajaron en los archivos de Miranda, aunque algunos de ellos deben haber sido enviados antes por Bello a Roscio, el editor de *Gaceta de Caracas*.

[254] El primer editorial de Burke apareció en la edición de la *Gaceta de Caracas* del 23 de noviembre de 1810, antes de la llegada de Miranda, que fue enviados probablemente junto con algunos suministros traídos de Londres para la imprenta de la *Gaceta*. Véase Mario Rodríguez, *William Burke" and Francisco de Miranda*, cit., pp. 296, 297, 311.

[255] Editado por R. Juigné, London 1810. Véase la primera edición española del libro: José María Antepara, *Miranda y la emancipación suramericana, Documentos, históricos y explicativos, que muestran los proyectos que están en curso y los esfuerzos hechos por el general Miranda durante los últimos veinticinco años para la consecución de este objetivo* (Carmen Bohórquez, Prólogo; Amelia Hernández y Andrés Cardinale, Traducción y Notas), Biblioteca Ayacucho, Caracas 2009.

[256] Véase Salvador Méndez Reyes, "La familia Fagoaga y la Independencia" Ponencia al 49 Congreso Internacional de Americanistas, Quito 1997, en <http://www.naya.org.ar/con-gresos/contenido/49CAI/Reyes.htmen>.

that a few months later would appear published in the *Gaceta de Caracas* under the name of William Burke.[253]

Nonetheless, the first article of Mill himself and of William Burke was published even before the return of Miranda to Venezuela through Andres Bello who sent them directly to Juan Germán Roscio, the editor of the *Gaceta*.[254]

So it was during those same days when the Venezuelan visitors were getting used to life in London, that Miranda himself edited in September 1810, the already mentioned book that appeared under the name of Jose Maria Antepara, titled *South American Emancipation*....[255] For its publishing, he received substantial financial support from some Hispanic American exiles. Noticeable are, for example, the contributions of Mexico's prominent Fagoaga family to the Miranda's publishing activity since the arrival in London, in 1809, of the second Marquis of Apartado, José Francisco Fagoaga y Villaurrutia, his brother Francisco and cousin Wenceslao de Villaurrutia after the autonomy movement led by the City of Mexico Ayuntamiento in 1808. Among the mutual friends of the Fagoaga family and Miranda there was José María Antepara, who was associated with Miranda editorial projects, in books, like the republication of the Viscado y Guzmán letter and in the newspaper *El Colombiano*, which appeared in London every fifteen days, between March and May 1810. In the design and publication of the books with the funding from the Fagoagas, there contributed Manuel Cortés Campomanes, Gould Francis Leckie, James Mill and Joseph Blanco White before the latter founded his own newspaper *El Español*,[256]

---

[253] See Mario Rodriguez, *William Burke" and Francisco de Miranda,* cit. pp. 271, 316, 318, 518, 522. Those documents basically traveled in the archives of Miranda, although some of them must have been sent before by Bello to Roscio, the Editor of the *Gaceta de Caracas*.

[254] The first editorial of Burke appeared in the issue of the *Gaceta de Caracas* of November 23, 1810, before the arrival of Miranda, which were sent probably together with some supplies brought in London for the printing press of the *Gaceta*. See Mario Rodriguez, *William Burke" and Francisco de Miranda,* cit., pp. 296, 297, 311.

[255] Edited by R. Juigné, London 1810. See the first Spanish edition in the book: José María Antepara, *Miranda y la emancipación suramericana, Documentos, históricos y explicativos, que muestran los proyectos que están en curso y los esfuerzos hechos por el general Miranda durante los últimos veinticinco años para la consecución de este objetivo* (Carmen Bohórquez, Prólogo; Amelia Hernández y Andrés Cardinale, Traducción y Notas), Biblioteca Ayacucho, Caracas 2009.

[256] See Salvador Mendez Reyes, "La familia Fagoaga y la Independencia" Ponencia al 49 Congreso Internacional de Americanistas, Quito 1997, published at <http://www.naya.org.ar/congre-sos/contenido/49CAI/Reyes.htmen>.

En cuanto al libro de Antepara sobre la *Emancipación de América del Sur*.., si bien es cierto que no se editó bajo con la autoría de Miranda, el libro contiene una colección de documentos, la mayoría del propio Miranda o sobre él, todos ellos procedentes de su valioso Archivo, incluyendo la Carta de de Viscardo y Guzmán, y el artículo de James Mill sobre la "*Emancipación de América del Sur*" en el que hizo los comentarios a dicha carta.[257]

Este libro de Antepara fue, por tanto, la última de las empresas editoriales directas de Miranda en Londres, con el cual se buscaba, persuadiendo a la opinión pública, presionar al Gobierno británico sobre la necesidad de apoyar a Francisco de Miranda en el proceso de la liberación de la América Hispana y el gran potencial que ello significaba para la prosperidad inglesa a largo plazo. Para este proyecto editorial, Miranda, y por el apoyo sustancial de los Fagoaga, permitió que el nombre de José María Antepara apareciera como editor del libro, escribiendo su prólogo.[258] Una copia del libro fue recibida por Miranda, una vez en Caracas, ya que en octubre de 1810 había viaadoó a Venezuela, acompañado por sus dos amigos Manuel Cortés de Campomanes y José María Antepara, en conjunto con su Archivos, y, sin duda, con la pluma de "William Burke."

Fue, por tanto, en este ambiente dinámico hispanoamericano en Gran Bretaña, que la delegación de Venezuela de 1810 se movió en Londres. Bolívar sólo permaneció en la ciudad unos pocos meses regresando a Venezuela en diciembre del mismo año 1810. Se embarcó, efectivamente, en la corbeta de guerra, *HRM Sapphire* de la Armada Real, donde viajó el Archivo de Miranda. Miranda, por su parte, tuvo que navegar en otro buque, el *Avon*, debido a la petición de las autoridades británicas de que no viajara con la delegación oficial venezolana, por su involucramiento político directo en el proceso de independencia americana, Sin embargo, su precioso Archivo de 62 volúmenes, como se dijo, si navegó en el *Sapphire* bajo la custodia de su secretario Pedro Antonio Leleux, y de Bolívar,[259] llegando a La Guaira, unos días antes de la propia llegada de Miranda, el 10 de diciembre de 1810.

---

[257] *Idem*.

[258] Véase, por ejemplo, la cita al "Manifiesto de Venezuela" en José Guerra (seudónimo de fray Servando Teresa de Mier), *Historia de la revolución de Nueva España o antiguamente Anahuac o Verdadero origen y causas con la relación de sus progresos hasta el presenta año 1813*, Guillermo Glindon, Londres 1813, Vol II, p. 241, nota. Véase la cita en Carlos Pi Sunyer. *Patriotas Americanos en Londres (Miranda, Bello y otras figuras)*, (Ed. y prólogo de Pedro Grases), Monteávila Editores, Caracas 1978, p. 218.

[259] Véase William Spence Robertson, *Diary of Francisco De Miranda: Tour of the United States 1783-1784*, The Hispanic Society of America, New York, 1928, p. xx.

Regarding the Antepara's book on *South American Emancipation*.., if it is true that Miranda's name did not appear as its author, the book contained a collection of documents, most of Miranda or about himself, all coming from his precious Archives, including the Letter of Viscardo y Guzman, and James Mill's article on the "Emancipation of South America"[257] in which he made comments to said letter.

This was, therefore, the last of Miranda's direct editorial ventures in London, aiming to pressure the British Government by persuading the public opinion about the need to support Francisco de Miranda in the process of the liberation of Spanish America and the great potential that it meant for long term English prosperity. For this publishing project, Miranda, having received a major funding from the Fagoagas, allowed the name of José María Antepara to appear as the editor of the book, writing its foreword.[258] A copy of the book was received by Miranda once in Caracas, because in October 1810 he travelled to Venezuela, accompanied by his two friends Manuel Cortes de Campomanes and José María Antepara, altogether with his Archives, and no doubt, with the pen of our William Burke.

It was, therefore, in this Spanish American vibrant environment in Britain where the 1810 Venezuelan delegation operated in London. Bolivar only remained in the city a few months returning to Venezuela in December of the same year, 1810. He sailed in the sloop of war, the *HRM Sapphire* of the Royal Navy, but Miranda had to sail in another vessel (*Avon*), due to the request of the British authorities, based on political motives, to not to travel with the Venezuelan Official delegation. Nonetheless, his precious Archives of 62 volumes actually sailed in the *Sapphire* under the custody of his secretary Pedro Antonio Leleux, and of Bolivar,[259] arriving in La Guaira a few days before Miranda's arrival on December 10, 1810.

---

[257] *Idem.*

[258] See, for instance, the citation to the "Manifiesto de Venezuela" in José Guerra (pseudonym for Brother Servando Teresa de Mier), *Historia de la revolución de Nueva España o antiguamente Anahuac o Verdadero origen y causas con la relación de sus progresos hasta el presenta año 1813*, Guillermo Glindon, Londres 1813, Vol II, p. 241, nota. See the citation in Carlos Pi Sunyer. *Patriotas Americanos en Londres (Miranda, Bello y otras figuras)*, (Ed. y prólogo de Pedro Grases), Monteávila Editores, Caracas 1978, p. 218.

[259] See William Spence Robertson, *Diary of Francisco De Miranda: Tour of the United States 1783-1784*, The Hispanic Society of America, New York, 1928, p. xx.

Para el momento en el cual los viajeros regresaban a Caracas, el Consejo de Regencia de España, desde agosto de 1810, ya había decretado el bloqueo de las costas de Venezuela,[260] a lo cual siguió, en enero de 1811, el nombramiento de Antonio Ignacio de Cortabarria como Comisionado Real para "pacificar" a los venezolanos. Él fue el encargado de organizar la invasión de Venezuela desde la sede colonial ubicada en la isla de Puerto Rico, al mando de Domingo de Monteverde, quien en tal carácter desembarcó en Coro el año siguiente, en febrero de 1812, en la mismas costas, donde seis años antes, Francisco de Miranda había desembarcado por un breve tiempo (1806).

Unos meses más tarde, el 25 de julio de 1812, como se mencionó anteriormente, fue que se firmó la Capitulación entre los dos jefes militares, la cual una vez ignorada por Monteverde, provocó la detención de todos los llamados "monstruos de América," incluidos Roscio y Miranda. Además, la persecución de los patriotas fue generalizada, las dependencias de la República y sus archivos fueron saqueados, sus territorios ocupados por las tropas españolas y todos sus líderes encarcelados o exiliados.

Un mes antes de la Capitulación, el 26 de junio de 1812, Miranda había ordenado el embargo del Puerto de La Guaira, a los efectos de evitar la salida libres de buques, en particular aquellos buques americanos que habían llegado unas semanas antes con ayuda humanitaria para las víctimas del terremoto de marzo. Pensaba que todos los buques podrían ser utilizados para una posible evacuación de oficiales, y funcionarios, incluidos los que, según sus planes, podrían dirigirse hacia Cartagena de Indias con el fin de continuar con los esfuerzos de la independencia. Después de la Capitulación, el 30 de julio de 1812 llegó Miranda a La Guaira, levantando el embargo con la clara intención de abandonar el país.

Anteriormente, había dado instrucciones a su asistente y secretario, Pedro Antonio Leleux, para que pusiera su Archivo a bordo de un barco británico, lo cual hizo, consignándolos, para una mayor seguridad, a un comerciante Inglés llamado George Robertson, de la firma de Robertson & Belt, de Curazao.[261] Así el Archivo fue embarcado precisamente en la

---

[260] José Blanco White comentó sobre esta "acción de la estupidez de la Regencia," en un artículo publicado en el *Morning Chronicle* de Londres el 5 de septiembre de 1810: "Letter of a Cádiz Spaniard to a friend of his in London," que fue reproducida por Roscio en la *Gaceta de Caracas*, en el 30 de octubre 1810. Véase Mario Rodríguez, *"William Burke" and Francisco de Miranda*, cit. p. 313.

[261] Véase William Spence Robertson, *Diary of Francisco De Miranda: Tour of the United States 1783-1784*, The Hispanic Society of America, New York, 1928, p. xxi.

By the time the travelers returned to Caracas, the Council of Regency in Spain had already, since August 1810, decreed the blockade of the coasts of Venezuela,[260] which was followed by the appointment, in January 1811, of Antonio Ignacio de Cortavarría as Royal Commissioner to "pacify" the Venezuelans. He was the one in charge of organizing the invasion of Venezuela from the colonial headquarters located on the island of Puerto Rico, commanded by Domingo de Monteverde, who in such character landed in Coro the following year, in February 1812, on the same coast where six years earlier Francisco de Miranda had landed for a brief time (1806).

A few months later, on July 25, 1812, as aforementioned, the Capitulation was signed between the two military commanders, which once ignored by Monteverde, provoked the detention of all the so-called "monsters" of America," Roscio and Miranda included. In addition, the persecution of patriots was generalized and the dependencies of the Republicand files were ransacked, its territories occupied by Spanish troops and all its leaders imprisoned or exiled.

One month before the Capitulation was signed, on June 26, 1812, Miranda had called an embargo of the port of La Guardia, preventing the free departures of ships, particularly those American ones that had arrived a few weeks earlier with aid for the victims of the March earthquake. He thought that all those ships could be used for a possible political evacuation of men and officers, including those that according to his plans could be headed toward Cartagena de Indias in order to continue with the independence efforts. After the Capitulation, Miranda arrived at La Guaira on July 30, 1812, lifting the embargo with the clear intention of leaving the country.

Previously, he had instructed his aide and secretary, Pedro Antonio Leleux, to place his archives in a British ship, which he did, consigning them for greater safety to an English merchant named George Robertson of the firm Robertson & Belt, of Curacao;[261] so they were effectively

---

[260] José Blanco White commented on this "stupidity action of the Regency," in an article published in the *Morning Chronicle* of London on September 5, 1810: "Letter of a Cádiz Spaniard to a friend of his in London," which was reproduced by Roscio in the *Gaceta de Caracas*, in the October 30th, 1810 issue. See Mario Rodríguez, "William Burke" and Francisco de Miranda, cit. p. 313.

[261] See William Spence Robertson, *Diary of Francisco De Miranda: Tour of the United States 1783-1784*, The Hispanic Society of America, New York, 1928, p. xxi.

misma corbeta de guerra, el *HRM Sapphire*, comandada por el capitán británico Henry Haynes, en la que coincidencialmente había viajado, el mismo Archivo, desde Inglaterra a La Guaira en 1810, con todos los papeles y documentos que posteriormente serían publicados en la *Gaceta de Caracas*, bajo el nombre de William Burke.

El hecho más interesante de toda esta historia es que, como fue reportado oficialmente por el Capitán Haynes en Curazao dos días después, el 1 de agosto de 1812, en el mismo *Sapphire* que navegó el 30 de julio de 1812 desde el puerto de La Guaira, entre sus 37 pasajeros, además de los dos principales ayudantes de Miranda, "teniente general Cortés," sin duda, Manuel Cortes de Campomares, identificado como un español europeo, de profesión "Artillería," y el "capitán José María Antepara," identificado como de América del Sur, de profesión "Infantería;" había dos personas listadas bajo el nombre de Burke: un "William Burke", identificado como británico, de profesión "Cirujano," "previamente en el Servicio británico," y otro "teniente Burke," también identificado como de profesión "Caballería", "previamente en el Servicio británico".[262]

¿Quiénes eran estos Burke? No hay duda de que, debido a la debacle de la noche del 30 de julio de 1812, cuando se expidió la prohibición a los extranjeros para navegar, y se produjo el encarcelamiento de muchos patriotas, algunas personas distintas a las mencionadas por el Capitán Haynes deben haber estado a bordo de su buque, probablemente ocultando sus nombres reales mediante el uso de la denominación "Burke" que nadie iba a cuestionar. Tal vez uno de ellos era, precisamente, Pedro Antonio Leleux, secretario personal y asistente de Miranda a quien le había encargado la tarea de embarcar su Archivos en un barco británico, lo cual hizo en el *Sapphire*, un hecho que testificó el propio Capitán Haynes.[263] Sin embargo, el nombre de Leleux, quien también escapó esa misma noche de La Guaira,[264] tal como informó él mismo, no se incluyó en la lista elaborada por el Capitán Haynes en Curazao. El propio Leleux sólo explicó en una carta enviada a la canciller Vanisttart, probablemente des-

---

[262] Véase W.O.1/112- Curacao. 1812. Vol 2ⁿᵈ. Folios 45 and 46 C.O.T Gov'Hodgson. In *Documentos relativos a la Independencia. Copiados y traducidos en el Record Office de Londres por el doctor Carlos Urdaneta Carrillo.* Año de 1811-1812. Fol. 478-479.

[263] Véase Giovanni Meza Dorta, *Miranda y Bolívar, Dos visions*, 3a ed., bid & co. Editor, Caracas 2011, p. 21.

[264] Véase la carta de Leleux al canciller Nicolás Vansittart del 26 de agosto de 1812, en Giovanni Meza Dorta, *Miranda y Bolívar, Dos visions*, 3a ed., bid & co. Editor, Caracas 2011, Appendix 15, pp. 194-197. Véase en el testimonio del Capitán Haynes, en Tomás Polanco Alcántara, *Miranda, cit.* p. 322.

shipped precisely in the same sloop of war, the HRM *Sapphire*, commanded by the British Captain Henry Haynes, in which coincidentally the same Archives had travelled from London to Caracas in 1810 with all the papers and documents that were later to be published in the *Gaceta de Caracas* under the name of William Burke.

The most interesting fact in all this story is that, as officially reported by Captain Haynes in Curaçao, two days later, on August 1, 1812, in the same HRM *Sapphire* that sailed from the Port of La Guaira on the 30 of July 1812, among its 37 passengers, in addition to the two main aides of Miranda, Lieutenant General Cortes, without doubt, Cortes de Campomares, identified as a Spanish European, profession "Artillery," and Captain José María Antepara, identified as a South American, profession "Infantry"; there were two persons this time under the name of Burke: one "William Burke," identified as British, profession "Surgeon," "previously in the British Service," and another "Lieutenant Burke," also identified as British, profession "Cavalry," "previously in the British Service."[262]

Who were these Burkes? No doubt that due to the debacle of the night of July 30, 1812, the prohibition issued to foreigners to sail and the imprisonment of many patriots, other persons not listed by Captain Haynes must have been on board, probably covering their real names by using the Burke denomination that nobody was going to question. Perhaps one of them was precisely Pedro Antonio Leleux, the personal secretary and aide of Miranda to whom he charged the task of embarking his archives in a British vessel, which he did in the *Sapphire*, a fact the Captain Haynes testified.[263] Nonetheless, the name of Leleux, who also escaped that same night from La Guaira,[264] as he reported, was not included in the list made by Captain Haynes in Curacao. Leleux himself, only explained in his letter sent to Chancellor Vanisttart, probably from Curacao dated

---

[262] See W.O.1/112- Curacao. 1812. Vol 2nd. Folios 45 and 46 C.O.T Gov'Hodgson. In *Documentos relativos a la Independencia. Copiados y traducidos en el Record Office de Londres por el doctor Carlos Urdaneta Carrillo*. Año de 1811-1812. Fol. 478-479.

[263] See Giovanni Meza Dorta, *Miranda y Bolívar, Dos visions*, 3a ed., bid & co. Editor, Caracas 2011, p. 21.

[264] See the letter of Leleux to Chancellor Nicholas Vansittart of August 26, 1812, in Giovanni Meza Dorta, *Miranda y Bolívar, Dos visions*, 3a ed., bid & co. Editor, Caracas 2011, Appendix 15, pp. 194-197. See on the testimony of Captain Haynes, in Tomás Polanco Alcántara, *Mianda, cit.* p. 322.

de Curazao, el 26 de agosto de 1812, que "se las arregló para escapar subiéndose a un barco británico, donde permaneció escondido en un montón de paja para las mulas hasta después de haber vagado por diez día llegó a Curazao a la casa de Robertson & Belt."[265]

¿Zarpó Leloux, de hecho, en el *Sapphire* con el nombre de William Burke, un nombre que conocía perfectamente? Leloux, además, conocía muy bien el Sapphire, porque ya había navegado en él desde Londres a La Guaira en diciembre de 1810, a donde llegó, precisamente, con el mismo Archivos de Miranda, junto con José María Antepara y Simón Bolívar.[266]

El hecho es que, tras la debacle de La Guaira y la caída de la Primera República de Venezuela, el prolífico escritor, William Burke, quien figuraba como pasajero del *Sapphire*, simplemente desapareció. Ninguna otra noticia sobre él se registra en la historia, salvo una referencia en la historiografía venezolana que narra que murió en Jamaica en ese mismo año, 1812.

En cuanto al valioso Archivos de Miranda, después de su viaje a Curaçao también desapareció y sólo fue encontrado más de un siglo después en Inglaterra. Los baúles, con el Archivo, habían sido enviados a Londres desde Curaçao, a través de Jamaica, precisamente en el mismo *HRM Shappire*, en 1814 dirigidos a Lord Bathurst, Secretario de Estado de Guerra y de las Colonias, habiendo permanecido los legajos que contenían en su oficina en Londres, hasta que, como presidente del Consejo Privado, dejó de servir a la Corona en 1830. En 1830 fueron trasladados a su residencia personal en Cirencester, como parte de las cosas de su propiedad personal, donde fueron descubiertos en 1922, por el biógrafo de Miranda, William Spence Robertson.[267]

---

[265] Véase Giovanni Meza Dorta, *Miranda y Bolívar, Dos visions*, 3a ed., bid & co. Editor, Caracas 2011, p. 197.

[266] Véase Mario Rodríguez, *"William Burke" and Miranda, cit*, p. 317. Miranda conoció a Pedro Antonio Leleux en la librería Durlau en Soho Square, Londres, donde entre otros, se distribuían los libros de Burke y el libro *Interesting Official Documents*. Véase Paúl Verna, *Pedro Leleux, el francés edecán secretario y amigo de confianza de Miranda y Bolívar*, Comité Ejecutivo del Bicentenario de Simón Bolívar, Caracas 1982.

[267] Véase William Spence Robertson, *Diary of Francisco De Miranda: Tour of the United States 1783-1784*, The Hispanic Society of America, New York, 1928, p. xxvi.

August 26, 1812, that "he managed to escape and boarded a British ship where he remained hidden in a bunch of straw for mules until after having wandered for ten days I arrived in Curacao to the house of Mss Robinson & Belt." [265]

Did he sail in fact in the *Sapphire* under the name of William Burke, a name that he perfectly knew? Leloux, in addition, knew very well the Sapphire, because he had already sailed in it from London to La Guaira in December 1810, where he arrived precisely with the same archives of Miranda, altogether with José María Antepara and Simón Bolívar.[266]

The fact is that following the debacle of La Guaira and the fall of the First Republic of Venezuela, our prolific writer, William Burke, listed as passenger of the *Sapphire*, simply disappeared. No other news about him is recorded in history except a reference in Venezuelan Historiography that he died in Jamaica that same year, 1812.

As for the precious Archives of Miranda, they also disappeared and were only found more than a century later in England. The archives were eventually sent from Curaçao to London, in the same *HRM Shappire*, via Jamaica, in 1814 to Lord Bathurst, Secretary of State for War and the Colonies, and remained in his office until he ceased to serve the Crown in 1830 as President of the Privy Council. Since 1830 they were transferred to his personal residence in Cirencester, as his personal property, where they were "discovered" in 1922, precisely by the biographer of Miranda: William Spence Robertson[267]

---

[265] See Giovanni Meza Dorta, *Miranda y Bolívar, Dos visions*, 3a ed., bid & co. Editor, Caracas 2011, p. 197.

[266] See Mario Rodríguez, *"William Burke" and Miranda*, cit, p. 317. Miranda had met Pedro Antonio Leleux in the Durlau Bookseller in Soho Square, London, where among others, Burke's books and the *Interesting Official Documents* were distributed. See Paúl Verna, *Pedro Leleux, el francés edecán secretario y amigo de confianza de Miranda y Bolívar*, Comité Ejecutivo del Bicentenario de Simón Bolívar, Caracas 1982.

[267] See William Spence Robertson, *Diary of Francisco De Miranda: Tour of the United States 1783-1784*, The Hispanic Society of America, New York, 1928, p. xxvi.

Por otra parte, como se dijo, fue precisamente en los mismos días de la detención de Miranda en La Guaira, en julio 1812, que las copias del libro, sobre los *Documentos Oficiales Interesantes* de la Independencia, comenzaron a circular en Londres, habiendo sido objeto de citas y comentarios,[268] explicando oficialmente causas de la independencia y la construcción de una nueva República que en realidad ya había desaparecido. En ese momento, las Provincias de Venezuela ya estaban ocupadas por el ejército español, y sometidas a la dictadura militar de la conquista que en ellas se estableció, con un profundo desprecio al marco constitucional republicano que había sido construido en las provincias.

En todo caso, en contrate con ese y todos los gobiernos militares posteriores que se han instalado en Venezuela, el precioso libro de Londres, *Documentos Oficiales Interesantes Relativos a las Provincias Unidas de Venezuela* siempre permanecerá como el testimonio más extraordinario de la primera experiencia de construcción de una república democrática, aplicando los principios del constitucionalismo moderno tal como habían derivado de las revoluciones francesa y norteamericana. En el se incluyeron, como se ha dicho, los principales documentos que apoyaron y validaron el proceso de Independencia de Venezuela desarrollado durante los tres cruciales años, desde 1808 hasta 1811. Estos documentos integran una colección de textos políticos y constitucionales de primera línea, que reflejaron todas las circunstancias y las incertidumbres de lo que fue el primer movimiento de independencia de la América Hispana, y que se llevó a cabo en las siete provincias de la antigua Capitanía General de Venezuela y que condujo a la Revolución hispanoamericana.

El movimiento, como se ha dicho, siguió algunas de las acciones y las progresiones que se habían desarrollado treinta años antes en los Estados Unidos y veinte años antes en Francia. Los documentos que se incluyeron el en libro, también, reflejan las particularidades del primer proceso constituyente que tuvo lugar en la América Hispana después que la independencia fuera declarada formalmente en Venezuela, mostrando así el gran esfuerzo constitucional que se adelantó, entre otros, por destacados juristas que tomaron parte en su redacción; todo con el propósito de formar un nuevo Estado independiente, federal y republicano en los territorios de

---

[268] Véase, por ejemplo, la cita al "Manifiesto de Venezuela" en José Guerra (seudónimo de fray Servando Teresa de Mier), *Historia de la revolución de Nueva España o antiguamente Anahuac o Verdadero origen y causas con la relación de sus progresos hasta el presenta año 1813*, Guillermo Glindon, Londres 1813, Vol II, p. 241, nota. Véase the citation in Carlos Pi Sunyer. *Patriotas Americanos en Londres (Miranda, Bello y otras figuras)*, (Ed. y prólogo de Pedro Grases), Monteávila Editores, Caracas 1978, p. 218.

It was precisely, in the same days of the detention of Miranda in la Guaira, in 1812, that the copies of the book, *Interesting Official Documents*, began to be available in London, even being the subject of quotes and comments,[268] in which the causes of the independence and the construction of a new Republic that already had disappeared, was officially explained. By that time, the provinces of Venezuela were already occupied by the Spanish army, and subjected to the military rule of conquest that was established with profound disdain regarding the constitutional republican framework that had been constructed in the Provinces.

In any case, in contrast with that and all the military regimes that afterward have been installed in Venezuela, the precious book, *Interesting Official Documents relating to the Provinces of Venezuela*, will always remain as the most extraordinary testimony of the first experiment of building a democratic Republic applying the modern principles of constitutionalism derived from the French and American Revolutions. It included, as has been said, the chief documents that supported and validated the independence process of Venezuela which was advanced in the three pivotal years from 1808 to 1811. These documents came to integrate a top political and constitutional collection that reflects all the circumstances and uncertainties of what was the first Spanish American independence movement which was advanced in the seven provinces of the former Captaincy General of Venezuela and which led to the Spanish-American revolution.

The movement, if anything, followed some of the actions and progressions that had been given thirty years ago in the United States and twenty years ago in France. The documents of the book also presented the specificities of the first constituent process that took place in Spanish America after the independence was formally declared, showing thereby the tremendous constitutional effort that was advanced, among others, by prominent jurists who partook in their drafting for the purpose of forming a new federal and republican independent State in the territories of

---

[268] See, for instance, the quotation of the "Manifiesto de Venezuela" in José Guerra (pseudonym for Brother Servando Teresa de Mier), *Historia de la revolución de Nueva España o antiguamente Anahuac o Verdadero origen y causas con la relación de sus progresos hasta el presenta año 1813*, Guillermo Glindon, Londres 1813, Vol II, p. 241, nota. See the citation in Carlos Pi Sunyer. *Patriotas Americanos en Londres (Miranda, Bello y otras figuras)*, (Ed. y prólogo de Pedro Grases), Monteávila Editores, Caracas 1978, p. 218.

las antiguas colonias españolas, separadas del Poder Real. Estas provincias se habían declarado como Estados soberanos, habiendo adoptado cada uno su propia constitución o forma de gobierno (Constituciones Provinciales), bajo los principios del constitucionalismo moderno, sólo unas pocas décadas después de que estos principios habían surgido de las revoluciones americana y francesa.[269]

El libro, como un todo, estaba dirigido a explicar al mundo, con pruebas por escrito, las razones que habían tenido las antiguas provincias para declararse independientes, y sobre todo, como se mencionó anteriormente, estaba dirigido al lector inglés, pues era en Inglaterra donde hasta entonces y como se indica en las *Observaciones Preliminares*:

> "Las prensas públicas no han hecho hasta ahora otra cosa, que estampar sobre Ias revoluciones Americanas una señal de reprobación, presentándonos solamente miras superficiales y hechos alterados, y esto casi siempre con el colorido de la preocupacion ó de la malignidad: de modo que aun las causas y la tendencia de las revoluciones han sido groseramnte desconocidas ó desfiguradas."

En las *Observaciones Preliminares*, por lo tanto, se dijo que Venezuela, con "la resolución de hacerse independiente," sabía que "iba a provocar toda la cólera de sus enemigos," por lo que con la publicación de documentos en el libro, se esperaba que siendo Gran Bretaña un país "de la ilustración y la liberalidad [...] tan mezquinos sentimientos" no existirían, teniendo "hombres que miren con el placer más vivo y puro los progresos de la libertad general, y la extensión de la felicidad del género humano."

Por lo tanto, incluso en la Declaración de Independencia, los redactores afirmaron que "antes de usar de los derechos de que nos tuvo privados la fuerza, por más de tres siglos, y nos ha restituido el orden político de los acontecimientos humanos", Venezuela procedió a "patentizar al universo las razones que han emanado de estos mismos acontecimientos y autorizan el libre uso que vamos a hacer de nuestra soberanía".

Para ello, como se ha mencionado, se siguieron los principios fundamentales del constitucionalismo moderno que en esa forma se aplicaron por primera vez en la historia después de su concepción en las revoluciones americana y francesa del siglo XVIII.

---

[269] Véase *Las Constituciones Provinciales* (Estudio Preliminar por Ángel Francisco Bice), Biblioteca de la Academia Nacional de la Historia, Caracas 1959; Allan R. Brewer-Carías, *Historia Constitucional de Venezuela*, Tomo I, Editorial Alfa, Caracas 2008, pp. 239 ss.

the former Spanish colonies and which new state would be detached from the royal power. These provinces had declared themselves sovereign states, having each adopted its own constitution or form of government (Provincial Constitutions), under the principles of modern constitutionalism, only a few decades after these principles had emerged from the American and French revolutions.[269]

The book, as a whole, was directed to explain to the world, by written evidence, the reasons these former provinces had to declare themselves independent; and particularly, as aforementioned, they were intended for England, where until then and as indicated in the *Preliminary Remarks*:

> "the public prints it has been nevertheless branded with censure and reprobation; they have presented us with nothing but superficial views of disguised facts, often treacherously exaggerated, oftener cloathed in the language of unwarrantable anticipation and unfounded prejudice; nay the causes and circumstances appear rather to have been completely misunderstood."

In the *Preliminary Remarks*, therefore, it was said that Venezuela, with "the resolution of becoming independent," it knew that it would "provoke all the thunder of her enemies" so that with the publication of documents in the book, it was expected that being Britain "a country too liberal, and too enlightened [...] such narrow sentiments" would not exist, having "men, who feel the warm effusions of pleasure, to see advanced the cause of general liberty, and the extension of human happiness."

Therefore, even in the Declaration of Independence, the drafters stated that "before we make use of those Rights, of which we have been deprived by force for more than three centuries, but now restored to us by the political order of human events," Venezuelan proceeded to "to make known to the world the reasons which have emanated from these same occurrences, and which authorise us in the free use we are now about to make of our own Sovereignty."

In doing so, as mentioned, it followed the main principles of modern constitutionalism that were applied for the first time in history after their creation after the American and French revolutions of the 18th century.

---

[269] See *Las Constituciones Provinciales* (Estudio Preliminar por Ángel Francisco Bice), Biblioteca de la Academia Nacional de la Historia, Caracas 1959; AllanR. Brewer-Carías, *Historia Constitucional de Venezuela*, Vol. I, Editorial Alfa, Caracas 2008, pp. 239 ss.

Doscientos años más tarde esos principios siguen siendo hoy en día los principios básicos para establecer la democracia moderna, por lo que no es de extrañar que en un futuro próximo vuelvan a ser esgrimidos con el fin de reconstruir las instituciones que han sido demolidas en Venezuela por el gobierno autoritario que a comienzos del siglo XXI, y durante más de una década, ha asaltado su gobierno. Quizás, entre otras cosas, debamos los venezolanos recordar, doscientos años después de la publicación del libro, lo mismo que el Congreso General en el *Manifiesto* al mundo de 1811 explicaba al referirse a las causas que justificaron la independencia de Venezuela, y mencionar el "derecho de insurrección de los pueblos" contra gobiernos despóticos, partiendo de la afirmación de que "los gobiernos no tienen, no han tenido, ni pueden tener otra duración que la utilidad y felicidad del género humano;" y que los reyes o gobernantes "no son de una naturaleza privilegiada, ni de un orden superior a los demás hombres; que su autoridad emana de la voluntad de los pueblos."

Recordando igualmente lo que se expresó en las *Observaciones Preliminares* del libro, lo cierto es que la "máxima" o "ley inmutable" que allí se atribuyó a Montesquieu, de que "las naciones solo pueden salvarse por la restauración de sus principios perdidos," los venezolanos debemos tomar conciencia de que los principios democráticos y del constitucionalismo recogidos en los *documentos oficiales* de la Independencia que se publicaron en 1812 en el libro londinense, y que ahora reeditamos en Caracas en 2012, a pesar de sus doscientos años, siguen siendo la fuente de inspiración más importante que tenemos para el futuro restablecimiento de la democracia en el país.

New York, Abril 2012

Those principles, two hundred years later, still remain today as the basic principles to establish modern democracies, so it is hardly surprising that in the near future they will again be brandished in order to reconstruct the institutions that have been demolished in Venezuela by the authoritarian government that at the beginning of the 21st century, and during the past decade has assaulted its government. Perhaps, among other things, Venezuelans must remember, two hundred years after the publication of the book, the same that the general Congress explained in its *Manifest* to the world of 1811, on the causes that had justified the independence of Venezuela, mentioning the "right of insurrection of the peoples" against despotic governments, departing from the assessment that governments never had, nor can have, any other duration than the utility and felicity of the human race;" and that "that kings are not of any privileged nature, nor of an order superior to other men; that their authority emanates from the will of the people."

Also remembering what was expressed in the *Preliminary remarks* of the book, what is certain is that the "maxim," or "immutable law" attributed to Montesquieu, in the sense "that nations can be saved only by the recovery of their lost principles;" Venezuelans must be conscious that the democratic and constitutionalism principles gathered in the *Interesting Official Documents* of the Independence published in the 1812 London book, now republish in 2012, despite the two hundred years that have past, continue to be the most important inspiration source that we have for the future reestablishment of democracy in the country.

New York, April 2012

Documentos Interesantes / Interesting Documents
relativos á / relating to
CARACAS.

LONDRES 1812

INTERESTING
OFFICIAL DOCUMENTS

RELATING TO

The United Provinces

OF

VENEZUELA,

VIZ.

PRELIMINARY REMARKS,

THE ACT OF INDEPENDENCE,

PROCLAMATION, MANIFESTO TO THE WORLD OF THE CAUSES WHICH HAVE IMPELLED THE SAID PROVINCES TO SEPARATE FROM THE MOTHER COUNTRY;

TOGETHER WITH

THE CONSTITUTION FRAMED FOR THE ADMINISTRATION OF THEIR GOVERNMENT.

IN SPANISH AND ENGLISH.

London:

PRINTED FOR LONGMAN AND CO. PATERNOSTER-ROW; DULAU, SOHO-SQUARE; HARDING, ST. JAMES'S STREET; W. MASON, NO. 6, HOLYWELL STREET, STRAND, &c. &c.

1812.

Printed by W. Glindon,
Rupert-street, Haymarket.

OBSERVACIONES PRELIMINARES.

Ningun periodo en la historia de las naciones ha sido señalado con acontecimientos tan grandes é interesantes, como el actual. Antiguos y enteros Imperios han sido disueltos, y han perdido su existencia politica, mientras se ven brotar de sus cenizas nuevos Estados, que levantan sus triunfantes penachos sobre sus debiles y abatidos vecinos. Se han verificado revoluciones tan importantes como inesperadas, reforma ha sido el grito general, y los grandes y mejor entendidos intereses del genero humano han despertado un fervor, han inspirado un zelo ilustrado, que no se habia conocido hasta ahora. En Europa, se han visto naciones enteras combatir animosamente por la extirpacion de abusos envejecidos: aquellos mismos que mas acostumbrados estaban á arrastrar las cadenas del despotismo, se han acordado de sus derechos largo tiempo olvidados, y se han reconocido todavia hombres. Mientras los sentimientos publicos tomaban esta direccion en Europa, mientras el suspiro de la libertad se hacia oir en las mas distantes regiones, ¿era de esperar que la America Española, cuyos habitantes habian sido tanto tiempo hollados y esclavizados, y donde mas que en otra parte alguna era indispensable una reforma, fuese la unica que permaneciese tranquila, la unica que resignada con su triste destino viese indolentemente, que quando los Gobiernos de la Peninsula se ocupaban en mejorar la condicion del Español Europeo, á ella sola se cerraba toda perspectiva de mejor suerte, que sus clamores eran desechados, y que aun se le imponia una degradacion todavia mayor, que la que habia sufrido baxo el regimen corrompido de los Ministros de Carlos IV? Aquellos vastos é interesantes estable-

PRELIMINARY REMARKS.

No period of the history of nations, like the present, has been marked by events, so great and interesting. Old and entire empires have been dissolved, and have lost their political being, whilst new ones have sprung up out of their ashes, and raised their triumphant crests, over their weaker and fallen neighbours. Revolutions, both signal and unexpected, have taken place, reform has been the watch-word, and the great and bettered interests of mankind, have awakened a fervour, and inspired an enlightened zeal, hitherto unknown. In Europe, whole nations have been seen to struggle for redress of grievances, even those who have been longest accustomed to clank the galling chains of Despotism, have pondered on their long forgotten rights, and have felt that they were yet men. Whilst such was the sense of feeling in Europe, and similar was the sigh that re-echoed to the most distant poles, could it be expected that Spanish America, those regions so long trampled upon, and enslaved, where a reform was in short the most wanting, would alone stand still, and bear with her former hardships; that she would calmly behold, whilst the governments of Spain, were busied in meliorating their own condition, that she was yet debarred from all relief, her claims unheard, and that she was even left in a more degraded state, than under the corrupt administration of the late ministers of Charles IV. As was natural, these vast

cimientos sintieron, como era natural, el choque eléctrico, y como los cuerpos politicos, á manera de los humanos, estan destinados a llegar por fin á la epoca de la razon, vino el dia en que penetrados los Americanos de la justicia de sus demandas, la reclamaren con el tono de dignidad que les convenia; pero sin otro fruto que el de poner á la luz lo poco que debian prometerse de la liberalidad del Gobierno Español.

Importante como es á la humanidad entera, la gran question que se ha estado agitando por tres años entre la España y sus colonias, lo es doblemente para la Inglaterra en el estado de obstruccion en que se halla el comercio. Sin embargo las prensas Británicas no han hecho " hasta ahora" otra cosa, que estampar sobre las revoluciones Americanas una señal de reprobacion, presentándornos solamente miras superficiales y hechos alterados, y esto casi siempre con el colorido de la preocupacion ó de la malignidad: de modo que aun las causas y la tendencia de las revoluciones han sido groseramente desconocidas ó desfiguradas. Qüestion es esta sin embargo, que el estadista ocupado en asegurar la salud de los Pueblos, ó promover los grandes intereses de los Estados, no debe mirar con indiferencia. Si hay alguna que merezca un exámen atento y desapasionado, es sin duda la que presentan los adjuntos documentos autenticos, que nos atrevemos á ofrecer al publico con la segura esperanza de que senvirán á lo menos para la mas completa y correcta inteligencia de la materia.

Limitados como estamos á unas pocas páginas de observaciones preliminares, no nos es posible discutir plenamente una qüestion tan complicada, ni dar una idea adeqüada de todas las circumstancias que han acompañado á la primera expresion delos sentimientos publicos, en las varias provincias de las Americas Españolas, acerca de su dependencia de la metrópoli; pero basta poner la vista en la maravillosa coincidencia de sucesos que han ocurrido en todas, para hacerse cargo de la generalidad de ideas, y para conocer que todos aquellos pueblos eran igualmente sensibles al estado de abatimiento en que se hallaban sepultados, y cuya pronta reforma era el deber esencial delas primeras autoridades dela nacion. Añadiremos sin embargo, algunas pocas consideracions que servirán para ilustrar el asunto.

and interesting settlements equally felt the electric shock, for political, like human bodies, seem naturally destined to ise from irrational to rational life; and confident of the justice of their demands, they asked redress, but it was denied.

Important as is the great queston that for three years has been agitating between Spain and her Colonies, and doubly so to England, in her present cramped state of trade; by the public prints it has been nevertheless branded with censure and reprobation; they have presented us with nothing but superficial views of disguised facts, often treacherously exaggerated, oftener cloathed in the language of unwarrantable anticipation and unfounded prejudice; nay the causes and circumstances appear rather to have been completely misunderstood. This is nevertheless a question addressed to the statesman busied in the welfare, and charged with the great interests of mankind; it is one that well deserves the test of dispassionate enquiry, and deliberate contemplation, and it is hoped that the following authentic statements will aid to its more correct, and more general comprehension.

Confined as we are to a few pages of preliminary remarks, it would not be possible fully to discuss so complicated a question, or to give an adequate idea of all the circumstances attending the first expressions of public feeling in every division of Spanish America, respecting their relative situation of dependent colonies; but from there being a co-incidence in all, it is proved, that the same sentiments are general, and that every section was sensible of the abject state to which all were sunk, which it became the duty of the first magistracy of the nation to reform. We will, however, subjoin a few illustrative considerations.

vi   OBSERVACIONES PRELIMINARES.

La primera qüestion y la mas importante que se ofrece al tratarlo es, si los establecimientos Españoles al tiempo de la primera invasion de España por los exercitos Franceses, y de la disolucion de la monarquia, requerian, ó no, por la situacion en que se hallaban, la reforma de su régimen administrativo; si la solicitaron, y si les fue concedida. Demasiado notorio es al publico Europeo el estado de miseria y degradacion á que se les habia reducido: nuestros Escritores nacionales y los de la nacion Francesa han tocado demasiadas veces esta materia, para que nos sea necesario detenernos en ella; baste decir que el pueblo gemia baxo la doble opresion de la Corona y del monopolio; gravosas é irracionales restriciones agoviaban á todas las clases, y sofocaban en ellas toda especie de actividad y de industria; las leyes, extraviadas de su benéfico objeto, no servian ya para el castigo del culpable, ni para la proteccion del inocente; actos de la mas barbara arbitrariedad se veian á cada paso y por todas partes; los nativos carecian de una equitativa participacion en los empleos de confianza ó de lucro;* prevalecia un sistema de gobierno tan ignominióso á los códigos de España, y de las Indias, como contrario á los mas esenciales derechos del genero humano, y opuesto á los dictados de la justicia y de la razon: en una palabra, la condicion de los Americanos apenas podia considerarse baxo otro aspecto, que como un vasallage feudal dela España. ¿Quien ignora los vacios inmensos que existian en todos los ramos de industria, ocasionados por la grosera ignorancia de los mas comunes inventos, destinados á

---

* Como una prueba de la poca parte que los Españoles Americanos tenian en los oficios de distincion de su propio pais, añadimos la siguiente lista de las pesonas que han estado alli empleadas desde la conquista.

	Europeos.	Americanos.
Arzobispos y Obispos	702	278
Vireyes	166	4
Capitanes Generales y Gobernadores	588	14
	1456	296

Vease el Censor Extraordinario, Cadiz Enero 26, 1810.

PRELIMINARY REMARKS.

The first and most material question that occurs in treating the subject, is, whether or not, the Spanish Settlements at the time of the entry of the French into Spain, and of the dissolution of the Monarchy, from their situation, required redress and a reform of government; and next, whether they asked it, and were denied. Too much is already known to the European public, and the degraded state of the colonies has been the too frequent theme of our own writers, as well as those of the French, to make it necessary here to give any picture of the state of these said colonies, or of the manner in which they were governed; suffice it to say, that the people were oppressed by the crown, and by monopolies; the commonalty and peasantry groaned under burdensome and unreasonable restrictions, destructive of all enterprize; the laws did not inflict punishment on the guilty, nor afford protection to the innocent; arbitrary acts were common; the natives were debarred* from a fair participation in offices of trust and emolument; a system of government prevailed, disgraceful to the Statute books of Spain and the Indies, opposed to the common rights of mankind, and hostile to the dictates of truth and reason;† the Americans in short, could be considered in no other state than in that of feudal vassallage to Spain. Who is there unapprized of those chasms which existed in the branches of industry, occasioned by wanton ignorance, by which great masses of labour were

---

* As a proof how little the Spanish Americans shared in the offices of distinction in their own country, we add the following statement of persons who have been in command there, since its settlement:

	Europeans.	Americans.
Archbishops and Bishops	702	278
Viceroys	166	4
Captains General and Presidents	588	14
	1456	296

Vide El Censor Evtraordinario.—Cadiz, Jan. 26, 1812.

† The Viceroys held in their own hands, the Executive, Legislative, and Military Powers

simplificar ó disminuir los esfuerzos del hombre? Quien no ha visto en la mayor parte de los reglamentos coloniales de España un sistema de monopolio, dictado por el injusto principio de preferencia á los pocos, y tan hostil á la fecundidad de las artes, como á las primeras bases de la sociedad?* Quien no ha visto en ellos un plan seguido y completo de degradacion, que se extendia aun á la prohibicion delas escuelas mas necesarias?† Estos son hechos que no pueden contradecirse por los mas descarados panegiristas del poder arbitrario, ni paliarse por las especiosas producciones de las prensas de Cadiz, empeñadas en probar las ventajas de la dependencia y del monopolio.

Que los Americanos han hecho repetidos esfuerzos para obtener algunas reformas, y entre otras, alguna parte en la administracion de sus intereses internos, es una cosa suficientemente probada no solo por los primeros reclamos de las respectivas municipalidades y Juntas, sino tambien por los diarios de las Cortes de Cadiz. Las demandas de aquellos pueblos fueron definidas y presentadas al Gobierno Español en 11 proposiciones el 16 de Noviembre de 1810; estas se repitieron el 31 de Diciembre del mismo año, y se insistió de nuevo sobre ellas el 1º de Argosto de 1811, en la bien conocida Representacion de la Diputacion Americana á las Cortes de España: pero nunca se les ha prestado la atencion á que eran acrehedoras. Un estado de insensibilidad y letargo parecio haberse seguido á las violentas convulsiones de una revolucion calamitosa, que hacia al Gobierno de España sordo á los gritos y reclamaciones de una parte benemerita de la Monarquia. Faltaba en aquel Gobierno un principio saludable y

---

* Los Vireyes tenian en sus manos los poderes Executivo, legislativo y militar.

† Es un hecho que no obstante las instancias de la municipalidad, universidad, y todos los cuerpos representativos, no se permitió en Caracas enseñar matematicas, tener imprenta, escuela de pilotage, ni clase de derecno público, ni se toleró que hubiese universidad en Merida, una de las Provincias de Venezuela. En Buenos Ayres y en otras partes han existido iguales restriciones.

suspended, ; who is there that has not beheld a system of monopoly, generated by a false principle of preference to few, but hostile to productive labour, and destructive to the basis of society ; a systematic plan of debasement extending even to the prohibition of the necessary schools ;* these are all facts which the most unblushing advocates for arbitrary power cannot deny, nor can they ever be palliated by the ingenious and specious pieces written in Cadiz to prove the utility and advantages of dependence and monopoly.

That repeated efforts were made for a reform of government, and to obtain the right of legislating locally for themselves in their own concerns, is proved, not only by the applications of the respective American municipalities and Juntas, but also by the Journals of the Cortes and their Debates. The claims of the Americans, were defined and laid before the Spanish Government, in eleven propositions on the 16th November, 1810, they were repeated on the 31st December, and again on the 1st of August, 1811, in the well known *Representacion de la Deputacion Americana á las Cortes de España*, but were never attended to. A torpor seemed to have succeeded to distress, and to the violent convulsions of a calamitous revolution, which appeared to render the government deaf to the just cries and appeals of a well deserving moiety of the nation ; there was wanting a healing and cementing principle of benevolence, nor

---

* It is a fact that notwithstanding the remonstrances of the municipality, the university, and all the representative bodies, in Caracas, it was not allowed to teach mathematics, to have a printing-press, a school for the tuition of navigation, or the study of jus publicum ; and that in Merida, one of the provinces of Venezuela, an university was not tolerated. In Buenos Ayres, and in other parts, similar restrictions existed.

conciliador, y no aparece hasta el dia entre sus actos una medida calculada para curar los males, ó reunir los partidos.

Si los primeros Gobiernos de España hubiéran poseido talentos, miras imparciales, y sobre todo, virtudes proporcionadas al poder de que estuvieron revestidos en las primeras epocas de la revolucion, era tal el entusiasmo de que se habian penetrado los Americanos, que podian haber sido unidos á la metropoli con los vinculos de la mas cordial fraternidad, y haberle conferido beneficios tan importantes, como requeria la humanidad, como dictaban la prudencia y la politica, y como por un principio de gratitud no habiera dexado de producirlos el goce mismo de sus derechos. Pero desgraciadamente para unos y otros, y todavia mas para la causa comun, no se hizo ningun caso ni de lo que importaba la España transalantica, ni de lo que la era debido. Habia llegado á los ojos de la justicia y de la razon el momento de colocarse ambos Continentes sobre un pie de igualdad, y con todo no se ofrecian reformas en el sistema gubernativo de las colonias; no se presentaba perspectiva alguna de consuelo; el antiguo odio á la ilustracion y á la prosperidad era todavia el sentimiento habitual de la administracion Española. Mutua desconfianra y animosidad prevalecian; y un espiritu inextinguible de resentimiento se encendió por fin. El Gobierno de España parecia enteramente destituido de aquellos ilustrados principios, que no ven el bien particular sino como una conseqüencia del general: la exclusion de aquellos beneficios que pertenecen á todos, y no á una porcion particular de la sociedad, se habia hecho y continuaba siendo fundamental y sistematica. Los clamores de los Americanos se dirigian a remover males extensos, inveterados, intolerables; lo que era en ellos un derecho, era al mismo tiempo una medida de politica nacional; y si quando comenzaron aquellas demandas á discutirse, la salud general hubiera sido el objeto de las autoridades Españolas, el conformárse á las reglas de la mas liberal filantropia les hubiera proporcionado medio de perpetuar la union entre las dos grandes porciones de la Monarquia, y de aumentar al mismo tiempo la fuerza total.

is there up to the present day, a proper measure of redress or of conciliation, on record.

Had the early governments of Spain, possessed talents, and disinterested views and virtues, suited to their power, in the first stages of the revolution, such was the enthusiastic spirit which pervaded the breast of every American, that they might have had them united as brothers, and besides have conferred upon them the most important blessings, such as humanity dictated, such as prudence and policy urged, and such as their own rights entitled them to. Unfortunately for both nations, and still more so for the common cause, the long neglected claims of the Americans remained unheard; in the eye of reason and justice that period had arrived, in which both continents were to be placed on an equal footing; yet no redress or reform was offered, every avenue to a fair restoration was closed, and there appears to have been a decided opposition to every revival of light, and to every restitution of happiness and equality. Mutual distrust and animosity gradually were engendered, an inextinguishable spirit of resentment at length flamed, and there appeared nothing left in the governments of Spain, of those enlightened principles which are always directed to the general, and not particular interests; an apathy followed; joined to a systematic exclusion from those diffused enjoyments which belonged to the whole, and not to the detached portions of a nation. The claims of the Americans tended to remove extensive, inveterate, and galling ills; this besides a right, became a measure of national policy, and when first agitated, if the welfare of the people had been really the object of the rulers in Spain, by merely following the dictates of an enlarged philanthropy, we repeat, that they might have associated their American brehren, by which they would have given force to those parts, they have now disjointed.

No podemos detenernos á considerar los diferentes periodos de hostilidad, de agresion mutua, y de completa enemistad, que se han seguido posteriormente; pero aparecerán con suficiente claridad en las declaraciones oficiales de aquellos departamentos, que han sido reducidos al extremo de una absoluta separacion, y quiza no tenemos todavia en Ingles una colection de documentos que baxo este respecto nos ofrezca tantos datos como la presente. Venezuela ha sido la primera en romper las cadenas que la ligaban á la Madre Patria, y al cabo de dos años empleados en vanos esfuerzos para obtener reformas y desagravios, despues de haber sufrido quantos oprobios è indignidades pudiéron acumularse sobre ella, ha proclamado por fin aquel sagrado è incontestable derecho que tiene todo pueblo para adoptar las medidas mas conducentes á su bien estar interno, y mas eficaces para repeler los ataques del enemigo exterior.

La urgencia delas causas que la han compelido a esta medida extrema aperce en el Manifiesto que dirige al mundo imparcial; y la justicia de las miras de sus representantes, dirigidas á la salud de sus constituentes, se echa tambien de ver en la Constitucion formada para la formacion y administracion de las leyes, como en el resultado de sus declaraciones solennes. Es esta una era nueva, en que los habitantes de Venezuela han visto por la primera vez definidos sus derechos y aseguradas sus libertades; un periodo importante y extraordinario, en que sus mandatarios y jueces se han hecho responsables á ellos solos por su futura conducta; pero aunque es inmensa la transicion de su anterior abatimiento al estado de dignidad en que hoy comparecen, se verá el mismo tiempo que los naturales de la America Española estan generalmente tan bien preparados para gozar de los bienes á que aspiran, como los de la nacion que desea prolongar su tirania sobre ellos; y en los documentos que componen este volumen, no se hallarán ni principios menos grandes, ni conseqüencias menos justas, que en las mas celebres medidas de las Cortes, cuya liberalidad y filantropia es harto inferior á la de los

It is not in our power to enter into the different stages of open hostility, mutual aggression, and growing enmity, that have since been followed up; they are better seen from the official declarations of those sections, which have been driven to the extreme of separation; and perhaps no collection of documents is more explanatory thereof, than the following. Venezuela has been the first to break entirely the fetters which bound her to the mother country, and after three years expended in vain efforts of redress, and after bearing with every degradation and indignity that could be heaped upon her, she has asserted that undoubted right, which every people has, to interpose and to adopt such measures, as are most conducive to their own internal welfare, and the most effective to repel foreign attack.

That imperious causes have compelled her to this step, to this last alternative, is seen by the manifesto she addresses to the impartial world, and that the exertions of the representatives of the people are directed to the well-being of their constituents, is also evinced, by the constitution, framed for the administration of law, as well as from the results of their other solemn deliberations. It is indeed, an æra, new to the inhabitants of Venezuela, to see their rights defined, and their liberties secured; it is a period novel and extraordinary, to behold their rulers and judges become answerable to them alone for their conduct; but though the transition from the abject state in which they lately drooped, to the dignified one in which they now stand, is great, it will nevertheless be found, that the natives of Spanish America, are generally as well prepared to share and enjoy the blessings at which they have aimed, as those of the nation, which seeks to prolong its sway over them; and the documents composing this volume, will be found as well constructed, as well argued, and in every sense as sound, as any of the boasted measures of the Cortes, and they exceed them in liberality and philanthropy. To every mind, pure and unpreju-

Americanos. Todo espiritu recto y despreocupado verá las ocurrencias de Venezuela como honestos y equitativos resultados de los deseos del pueblo, dirigidos á la comun seguridad y bien estar; ni los que animados por el interes de la politica Española, se empeñan en acumular pretestos para perpetuar la dependencia, pueden ofrecer una sola razon de necesidad ó justicia, capaz de sufrir un exâmen desapasionado, á menos que se pretenda ser preferible la miseria y envilecimiento de los pueblos, á su libertad y prosperidad.

Al adoptar la resolucion de hacerse independiente, sabia sin duda Venezuela, que iba á provocar toda la colera de sus enemigos, y de quantos estaban interesados en la perpetuidad de su dependencia; pero es de esperar de la ilustracion y liberalidad de este pais que tan mezquinos sentimientos no tendran cabida en sus habitantes, y que no faltan entre ellos hombres que miren con el placer mas vivo y puro los progresos de la libertad general, y la extension de la felicidad del genero humano. Ha sido un principio generalmente reconocido en Europa, y de que se gloria en especial la nacion Inglesa, que hay en el pueblo derechos cuyo inestimable goze debe inspirar á sus poseedores la mas rezelosa vigilancia para asegurarlos contra las asechanzas del poder, y para reparar las brechas que el mas perfecto sistema de gobierno, por una conseqüencia de la naturaleza de todas las instituciones humanas, no puede menos de sufrir con el curso del tiempo. ¿Y se pretenderá que à solos los habitantes de las Américas deben rehusarse tales derechos, y por conseqüencia el de velar sobre su integridad? Se les exîgirá que para la distribucion de justicia hayan de atravesar un oceano de dos mil leguas, y que en momentos tan críticos como el actual, subsistan desnudos de todas las atribuciones de los seres políticos, y dependan de otra nacion, que un enemigo poderoso amenaza aniquilar? Se querrá enfin que las colonias Españolas, como una nave sin timon, queden expuestas á los rudos embates de la mas furiosa tempestad política, y prontas á ser la presa de la primera nacion ambiciosa que tenga bastante fuerza para apoderarse de ellas?

diced, the occurrences of Venezuela, will appear as the fair and honest result of a wish on the part of the people to insure to themselves the greatest security and happiness; nor can any opposite allegations of national policy, for a longer dependence, without redress, be urged, that will bear the test of candour and of reason, unless it can be proved, that a country becomes more interesting by being debased, than when rendered free and prosperous.

In adopting the resolution of becoming independent, Venezuela was no doubt aware, that she was about to provoke all the thunder of her enemies, of those who are interested in the continuation of her subjection; but, it is hoped, that this is a country too liberal, and too enlightened for such narrow sentiments here to exist, and that it contains men, who feel the warm effusions of pleasure, to see advanced the cause of general liberty, and the extension of human happiness. In Europe, it has ever been an avowed maxim, and particularly the boast of the English nation, that on the part of the people there is a right, and that it requires all the watchful jealousy which the inestimable enjoyments of that right can inspire, to guard against the rapid encroachments of power, and to repair the breaches, which even the most perfect systems of government, like all other human institutions, may, in the course of time, sustain. And can it be argued, that the people of Spanish America are alone debarred of that right? Can it be supposed, that for the distribution of justice, they are to traverse an ocean of two thousand leagues, that in moments so critical they are to depend, as political nothings, on a nation, herself threatened with destruction from a powerful foe; and like a vessel deprived of her helm, left to be buffeted by the rude tempests ready to assail them, and be exposed to become the prey of the first ambitious nation that may have the strength to effect their conquest?

El espíritu imparcial, que exámine atentamente los dos lados de la qüestion, necesita de pocas pruebas para conocer con evidencia, que las ideas que se esparcieron en las colonias sobre la desesperada situacion de la España á la entrada de los Franceses en la Andalucia, y el temor de ser arrastrados á caer en manos de los usurpadores, fueron las causas principales de la resolucion tomada por los Americanos de no confiar mas tiempo su seguridad á la administracion de los Europeos, y de poner sus negocios al cuidado de Juntas ó Asambleas Provinciales, formadas al exemplo y por los mismos medios que las de España. Que habia motibo para desconfiar de los Vireyes y capitanes Generales lo han probado los sucesos posteriores, pues no han tenido reparo en proclamar la doctrina de que la America debe correr igual suerte que la Peninsula, y que si la una es conquistada, debe someterse la otra al mismo señor. Los xefes coloniales estaban preparados para esta ocurrencia, y habiendo sido escogidos por el Principe de Paz, nada era mas natural que el que volviesen á sus antiguas miras. ¿Era pues razonable, era justo esperar, que despues de tan larga y funesta experiencia, reposasen tranquilas las colonias sobre las virtudes ó los talentos de tales xefes; ó era prudente el dexarlas á la merced de unos hombres, cuyo único interes era la conservacion de sus empleos, garantida por los Franceses; y por los partidarios Españoles de estos?

Los mayores escritores politicos de nuestro pais han establecido como principio invariable, que las sociedades deben gobernarse por si mismas. Segun Locke, todo gobierno legitimo se deriva del consentimiento del pueblo, porque siendo los hombres naturalmente iguales, no tiene ninguno de ellos derecho de injuriar á los otros en la vida, salud, libertad ó propiedades, y ninguno de quantos componen la sociedad civil está obligado ó sugeto al capricho de otros, sino solamente á leyes fixas y conocidas, hechas para el beneficio de todos: no deben establecerse impuestos, sin el consentimiento de la mayoridad, expresado por el pueblo mismo ó por sus apoderados: los Reyes y Principes, los Magistrados y Funcionarios de todas clases, no exercen otra au-

PRELIMINARY REMARKS.

To the impartial mind, and to him who has carefully examined both sides of the question, much argument will not be necessary, to make it evident, that the ideas which circulated in the Settlements of the hopeless state of Spain, at the time the French entered Andalusia; to which was added the dread of falling into the hands of the same usurpers, were the chief causes of the Americans resolving no longer to trust to the administration of their European governors, conceiving their own affairs more secure when confided to their own assemblies or Juntas, whom they created after the manner of the Provinces of Spain. That they had cause to suspect the whole of the viceroys and governors, has been proved by posterior events; they all proclaimed the doctrine, that America ought to share the same fate as the Peninsula, and that when the one was conquered, the other was to submit; in short, the commanders abroad were prepared for this alternative, they had been previously chosen by the Prince of Peace, and were ready to be moulded to the views on which he had acted. Was it therefore natural, was it reasonable, after their own dear-bought experience, for these distant colonies to have confidence in such chiefs; was it prudent to leave themselves to the mercy of men, who had no other interest in the country, than to prolong the continuation of their command, which had been secured to them by the French, and their Spanish partizans.

The greatest political writers of our own country have established, as an invariable principle, that "Societies ought to be self-governed;" and it has been stated as the sentiments of Locke, "that all legitimate government is derived from the con-
" sent of the people, that men are naturally equal, and that no
" one has a right to injure another in his life, health, liberty,
" or possessions, and that no man, in civil society, ought to be
" subject to the arbitrary will of others, but only to known and
" established laws, made by general consent, for the common
" benefit. That no taxes are to be levied on the people, without
" the consent of the majority, given by themselves, or by their
" deputies. That the ruling power ought to govern by declared

toridad legitima, que la que les ha sido delegada por la nacion; y portanto, quando esta autoridad no se emplea en el pro comunal, tiene el pueblo el derecho de reasumirla, sean quales fueren las manos en que estuviere colocada."

Estos jnenagenables derechos son los que ha exercido Venezuela: sus habitantes han tomado la resolucion de administrar por si mismos sus intereses, y no depender mas tiempo de gobernantes, que contaban con entregarlos á la Francia;* y las pàginas de la historia no podran menos de recordar con aprobacion, el uso que en tales circumstancias ha hecho aquel pueblo de sus derechos: derechos, cuya exîstencia ha sido reconida por los Españoles mas ilustrados, y entre otros por Don Gaspar Jovellanos, quien en el famoso dictamen presentado á la Junta Central el 7 de Octubre de 1808, dice expresamente: " que quando un pueblo descubre la sociedad de que es miembro en inminente peligro, y conoce que los administradores de aquella autoridad que debe gobernarle y defenderle estan sobornados y esclavizados, entra naturalmente en la necesidad de defenderse á si mismo, y de consiguiente adquiere un legitimo aunque extraordinario derecho de insurreccion." ¿Se dira pues que tales máxîmas, solo son fundadas para los Españoles Europeos, y no para los Americanos?

Nuestro inimitable Locke nota justamente,† "que las revoluciones no son nunca ocasionadas por pequeños vicios en el manejo de los negocios públicos." Grandes desaciertos en los que administran, muchas leyes injustas y perniciosas, y todos los deslices de la fragilidad humana son todavia poca parte para que el pueblo se amotine ó murmure; pero si una larga serie de abusos, prevaricaciones y artificios, que todos llevan un mismo camino, hacen visible al pueblo un designio, de manera que todos resientan el peso que los oprime, y vean el término a que son conducidos, no será de extrañar que se levanten y depositen el poder en manos que les asegurn los objetos para que fué instituido el

* Leanse las ordenes de Joseph Napoleon a los diferentes gobiernos de America.
† Tratado sobre el Gobierno civil, Lib. 3, §. 225.

"and received laws, and not by extemporary dictates, and unde-
"termined resolutions. That kings and princes, magistrates,
"and rulers of every class, have no just authority but what is
"delegated to them by the people; and which when not employ-
"ed for their benefit, the people have always a right to resume
"in whatever hands it may be placed."

It is of these sacred rights that the people of Venezuela have availed themselves, they resolved to administer their own concerns, to be no longer dependent on governors who were ready to deliver them up to the French,* and in the eye of reason, and in the pages of impartial history, they will be found to have acted correctly. They have made use of that right which the most enlightened Spaniards have acknowledged to exist, and Don Gaspar Jovellanos, in the famous opinion which he laid before the Central Junta on the 7th Oct. 1808, expressly says, "that when
"a people discovers the imminent danger of the society of which
"it is member, and knows that the administrators of the autho-
"rity who ought to govern and defend it, are suborned and en-
"slaved, it naturally enters into the necessity of defending itself,
"and of consequence acquires an extraordinary and legitimate
"right of insurrection." And can it be argued, that these are maxims only formed for the Spaniards of Europe, and that they do not extend to the Americans?

Our own inimitable Locke justly remarks,† "that revolu-
"tions happen not upon every little mismanagement of public
"affairs. Great mistakes in the ruling part, many wrong and
"inconvenient laws, and all the slips of human frailty, will be
"borne by the people without muting or murmer. But if a
"long train of abuses, prevarications, and artifices, all tending
"the same way, make the design visible to the people, and
"they cannot but feel what they lie under, and see whither they
"are going, it is not to be wondered, that they should then
"rouze themselves, and endeavour to put the rule into such

* Vide the orders from Joseph Napoleon to the different governments of America.
† Treatise on Civil Government, Book 3, §. 225.

Gobierno, y sin los quales los nombres antiguos y las formas especiosas estan tan lexos de valer algo, que mas bien deben tenerse por mucho peores que el estado de naturaleza ó de pura anarquia, pues no son ni menos grandes ni menos inminentes los males, al paso que el remedio es mucho mas distante y difícil.

Montesquieu estableció tambien como una maxîma, si nó como una ley inmutable, que " las naciones solo pueden salvarse por la restauracion de sus principios perdidos." El unico modo de efectuarlo que quedaba á los Americanos, era el de tener gobernantes de su propia eleccion, y responsables á ellos por su conducta: con tales condiciones hubieran accedido gustosos á formar una parte igual y constitutiva de la nacion Española. Solo, pues, el importante fin de su seguridad, y el de libertarse de los males de una orfandad politica, induxeron el pueblo de Venezuela á colocar su confianza en un cuerpo de Representantes de su propia eleccion. El suceso feliz de sus trabajos aparece en las declaraciones del pueblo mismo, y en el contraste de lo que era el pais, y de lo que ya comienza á ser. La futura seguridad de los habitantes está vinculada en el zelo de los miembros que fervorosamente se han consagrado al nuevo órden de cosas, y que impelidos por el estimulo de la regeneracion, parecen competirse en las laudables tareas de dirigir é ilustrar la opinion publica, y en promover el bien general. El sentimiento poderoso del interes comun, y el zelo patriótico difundido por todas las clases, ha producido la mutacion, ha excitado la energia del pueblo. Calloso debe ser á las mas dulces y puras sensaciones, de que es susceptible el corazon del hombre social, el que puede contemplar sin placer esta difusion general de luz y patriotismo, que empieza á resplandecer de un extremo al otro del continente Colombiano, y brilla sobre un pueblo sepultado pocos meses ha en las mas profundas tinieblas.

Que un pueblo capaz de dirigir al mundo los sentimientos contenidos en los adjuntos documentos, habiendo logrado salir del obscuro reyno del vasallage feudal, quiera baxar otra vez de la cumbre de la dignidad y felicidad civil, á la miseria y deshonra que acompañan al Gobierno despotico, parece una de las

" hands which may secure to them the ends for which govern-
" ment was at first erected; and without which, ancient names
" and specious forms, are so far from being better, that they
" are much worse than the state of nature, or pure anarchy, the
" inconveniencies being as great, and as near, but the remedy
" further off, and more difficult."

Montesquieu also established as a maxim, if not an immutable law, "that nations can be saved only by the recovery of their lost principles," and to effect this, the only mode left to the Americans was, to have governors of their own choice, answerable to them alone for their conduct; and under such circumstances they have always been ambitious of forming an equal and component part of the Spanish Nation. It was therefore for their own security and in order to get out of the orphan state in which they were plunged, that the people of Venezuela, resolved to place their confidence in a body of Representatives of their own choice, and that their labours have advanced the public happiness, is evinced by the expressions of the people themselves, by the contrasted state of what the country was, and what it now is; and that there is security for the future, may be anticipated from the ardour of numbers who enthusiastically have devoted tsemselves to the new order of things, and who actuated by the stimulus of regeneration, appear to contend who shall be foremost to guide and improve the public mind, and who shall be most active in the defence and promotion of the public good. A sense of common interests, and the general effect of patriotic feeling has produced the change, has called forth the energies of the people; and he must be callous to the glowings of humanity who can contemplate without pleasure, this great effusion of enlightened patriotic spirit, which already gleams from one extreme to the other of the Columbian Continent, and irradiates a people, heretofore buried in the deepest gloom.

That a people, capable of addressing to the world such sentiments, as are contained in the documents comprising this volume, and that after emerging from the dark reign of feudal

grandes quimeras que pueden ocurrir a los visionarios politicos. ¿ Qué dirémos pues de los planes que hay en pié con el objeto de remachar sus grillos? A la Inglaterra, colocada como se halla en el mas eminente grado de prosperidad y poder, son particularmente interesantes los progresos de las sociedades en economia, legislacion y civilizacion; pero es un deber en su Gobierno promover el bien estar de unos paises que han dado tantas pruebas de afecto hacia ella, que le proporcionan consumo para el quarto del total de sus manufacturas, y que le prometen mas ricos retornos que ninguna otra nacion. El exemplo que dá Venezuela al resto de la America Española es como la Aurora de un dia sereno. ¡Oxala que ninguna ocurrencia siniestra retarde ó impida los progresos de una causa, que tiene por objeto esparcir los beneficios de una regeneracion civil hasta los ultimos confines de aquella hermosa porcion de la tierra!

vassallage, they will ever again descend from the summit of felicity and dignity to which they have attained, to the wretchedness and dishonour attendant on despotic government, appears the wild chimera of political visionaries. What then are we to judge of the plans on foot, to rivet again their chains? Placed as England is, on the elevated political pinnacle on which she now stands, it interests her to view the progress of societies in economy, legislation, and civilization, and it becomes a sacred duty to promote the well being of a country well affected towards her; which besides, affords a consumption of one fourth of the whole of her manufactures, and offers in payment, richer returns than any other nation. The period, in short, which Venezuela presents to the rest of Spanish America, is, as the dawn of a mild and serene day, and it is sincerely to be hoped, that no untoward events, will, in any way, retard or impede her progress in a cause that has for object, to spread the blessings and benefits of regeneration and civil freedom, to the utmost confines of that interesting division of the globe.

N. B. The English reader is requested in *page* 57, *line* 26, for *Good Friday*, to read *Holy Thursday*, and also to bear in mind, that as the documents composing this volume are official, it was necessary to render the version as literal as possible. Any accidental typographical errors that may occur, it is hoped will be attributed to the hurry of publication.

ACTA.

En el Nombre de Dios Todopoderoso,

NOSOTROS los Representantes de las Provincias unidas de CARACAS, CUMANA, BARINAS, MARGARITA, BARCELONA, MERIDA, y TRUXILLO, que forman la Confederacion Americana de Venezuela en el Continente Meridional, reunidos en Congreso, y considerando la plena y absoluta posesion de nuestros derechos, que recobramos justa y legitimamente desde el 19 de Abril de 1810, en conseqüencia de la Jornada de Bayona, y la ocupacion del Trono Español, por la conquista y sucesion de otra nueva Dinastia, constituida sin nuestro consentimiento: queremos antes de usar de los derechos de que nos tuvó privados la fuerza, por mas de tres siglos, y nos ha restituido el orden politico de los acontecimientos humanos, patentizar al Universo las razones, que han emanado de estos mismos acontecimientos, y autorizan el libre uso que vamos à hacer de nuestra Soberania.

Act of Independence.

In the Name of the All-powerful God,

WE the Representatives of the united Provinces of CARACAS, CUMANA, VARINAS, MARGARITA, BARCELONA, MERIDA, and TRUXILLO, forming the American Confederation of Venezuela, in the South Continent, in Congress assembled, considering the full and absolute possession of our Rights, which we recovered justly and legally from the 19th of April, 1810, in consequence of the occurrences in Bayona, and the occupation of the Spanish Throne by conquest, and the succession of a new Dynasty, constituted without our consent: are desirous, before we make use of those Rights, of which we have been deprived by force for more than three ages, but now restored to us by the political order of human events, to make known to the world the reasons which have emanated from these same occurrences, and which authorise us in the free use we are now about to make of our own Sovereignty.

4

No queremos, sin embargo, empezar alegando los derechos que tiene todo pais conquistado, para recuperar su estado de Propriedad è Independencia: olvidamos generosamente la larga serie de males, agravios y privaciones, que el derecho funesto de conquista ha causado indistintamente á todos los descendientes de los Descubridores, Conquistadores y Pobladores de estos países, hechos de peor condicion, por la misma razon que debia favorecerlos; y corriendo un velo sobre los trescientos años de dominacion Española en Amèrica, solo presentarèmos los hechos autenticos y notorios, que han devido desprender y han desprendido de derecho á un mundo de otro, en el trastorno, desórden y conquista que tiene yá disuelta la nacion Española.

Este desorden ha aumentado los males de la America, inutilizandole los recursos y reclamaciones, y autorizando la impunidad de los Gobernantes de España, para insultar y oprimir esta parte de la nacion, dexandola sin el amparo y garantia de las Leyes.

Es contrario al orden, imposible al Gobierno de España, y funesto à la America, el que teniendo esta un territorio infinitamente mas extenso, y una Poblacion incomparablemente mas numerosa, dependa y estè sugeta á un angulo Peninsular del Continente Europeo.

Las Sesiones y Abdicaciones de Bayona; las Jornadas del Escorial, y de Aranjuez, y las Ordenes del lugar Teniente, Duque de Berg, à la America, debieron poner en uso los derechos que hasta entonces ha-

5

We do not wish, nevertheless, to begin by alledging the rights inherent in every conquered country, to recover its state of property and independence; we generously forget the long series of ills, injuries, and privations, which the sad right of conquest has indistinctly caused, to all the descendants of the Discoverers, Conquerors, and Settlers of these Countries, plunged into a worse state by the very same cause that ought to have favoured them; and, drawing a veil over the 300 years of Spanish dominion in America, we will now only present to view the authentic and well-known facts, which ought to have wrested from one world, the right over the other, by the inversion, disorder, and conquest, that have already dissolved the Spanish Nation.

This disorder has increased the ills of America, by rendering void its claims and remonstrances, enabling the Governors of Spain to insult and oppress this part of the Nation, thus leaving it without the succour and guarantee of the Laws.

It is contrary to order, impossible to the Government of Spain, and fatal to the welfare of America, that the latter, possessed of a range of country infinitely more extensive, and a population incomparably more numerous, should depend and be subject to a Peninsular Corner of the European Continent.

The Cessions and Abdications at Bayona, the Revolutions of the Escurial and Aranjuez, and the Orders of the Royal Substitute, the Duke of Berg, sent to America, suffice to give virtue to the rights, which

6

bian sacrificado los Americanos, á la unidad é integridad de la nacion Española

Venezuela antes que nadie reconoció, y conservó generosamente esta integridad por no abandonar la causa de sus hermanos, mientras tuvo la menor apariencia de salvacion.

La America volvió á existir de nuevo, desde que pudo y debió tomar á su cargo su suerte y conservacion; como la España pudo reconocer, ó no, los derechos de un Rey que habia apreciado mas su existencia que la dignidad de la nacion que gobernaba.

Quantos Borbones concurrieron à las invalidas estipulaciones de Bayona, abandonando el territorio Español, contra la voluntad de los Pueblos, faltaron, despreciaron, y hollaron el deber sagrado, que contraxeron con los Españoles de ambos mundos, quando con su sangre y sus tesoros, los colocaron en el Trono á despecho de la casa de Austria; por esta conducta, quedaron inhabiles, é incapaces de gobernar á un Pueblo libre, á quien entregaron como un rebaño de Esclavos.

Los intrusos Gobiernos que se abrogaron la Representacion nacional, aprovecharon perfidamente las disposiciones, que la buena fé, la distancia, la opresion, y la ignorancia, daban á los Americanos contra la nueva Dinastia, que se introduxo en España por la fuerza; y contra sus mismos principios, sostuvieron entre nosotros la ilusion a favor de Fernando, para devorarnos y vexarnos impunemente

till then the Americans had sacrificed to the unity and integrity of the Spanish Nation.

Venezuela was the first to acknowledge, and generously to preserve, this integrity; not to abandon the cause of its brothers, as long as the same retained the least hope of salvation.

America was called into a new existence, since she could, and ought, to take upon herself the charge of her own fate and preservation; as Spain might acknowledge, or not, the rights of a King, who had preferred his own existence to the dignity of the Nation over which he governed.

All the Bourbons concurred to the invalid stipulations of Bayona, abandoning the country of Spain, against the will of the People;---they violated, disdained, and trampled on the sacred duty they had contracted with the Spaniards of both Worlds, when with their blood and treasure they had placed them on the Throne, in despite of the House of Austria. By such a conduct, they were left disqualified and incapable of governing a Free People, whom they delivered up like a flock of Slaves.

The intrusive Governments that arrogated to themselves the National Representation, took advantage of the dispositions which the good faith, distance, oppression, and ignorance, created in the Americans, against the new Dynasty that had entered Spain by means of force; and, contrary to their own principles, they sustained amongst us the illusion in favour of Ferdinand, in order to devour and harass us with

8

quando mas nos prometian la libertad, la igualdad y la fraternidad, en discursos pomposos y frases estudiadas, para encubrir el lazo de una representacion amañada, inútil y degradante.

Luego que se disolvieron, substituyeron y destruyeron entre si las varias formas de Gobierno de España, y que la ley imperiosa de la necesidad, dictò á Venezuela el conservarse a si misma, para ventilar y conservar los derechos de su Rey, y ofrecer un asilo á sus hermanos de Europa, contra los males que les amenazaban, se desconociò toda su anterior conducta, se variaron los principios, y se llamó insurreccion, perfidia é ingratitud, á lo mismo que sirvió de norma á los Gobiernos de España, por que ya se les cerraba la puerta al monopolio de administracion, que querian perpetuar a nombre de un Rey imaginario.

A pesar de nuestras protestas, de nuestra moderacion, de nuestra generosidad, y de la inviolabilidad de nuestros principios, contra la voluntad de nuestros hermanos de Europa, se nos declara en estado de rebelion; se nos bloquea; se nos hostiliza; se nos envian agentes á amotinarnos unos contra otros, y se procura desacreditarnos entre todas las naciones de Europa, implorando sus auxilios para oprimirnos.

Sin hacer el menor aprecio de nuestras razones, sin presentarlas al imparcial juicio del mundo, y sin otros

impunity: at most, they promised to us liberty, equality, and fraternity, conveyed in pompous discourses and studied phrases, for the purpose of covering the snare laid by a cunning, useless, and degrading Representation.

As soon as they were dissolved, and had substituted and destroyed amongst themselves the various forms of the Government of Spain; and as soon as the imperious law of necessity had dictated to Venezuela the urgency of preserving itself, in order to guard and maintain the rights of her King, and to offer an asylum to her European brethren against the ills that threatened them; their former conduct was divulged: they varied their principles, and gave the appellations of insurrection, perfidy, and ingratitude, to the same acts that had served as models for the Governments of Spain; because then was closed to them the gate to the monopoly of administration, which they meant to perpetuate under the name of an imaginary King

Notwithstanding our protests, our moderation, generosity, and the inviolability of our principles, contrary to the wishes of our brethren in Europe, we were declared in a state of rebellion; we were blockaded; war was declared against us; agents were sent amongst us, to excite us one against the other, endeavouring to take away our credit with the other Nations of Europe, by imploring their assistance to oppress us.

Without taking the least notice of our reasons, without presenting them to the impartial judgment of

jueces que nuestros enemigos, se nos condena á una dolorosa incomunicacion con nuestros hermanos; y para añadir el desprecio á la calumnia se nos nombran apoderados contra nuestra expresa voluntad, para que en sus Cortes dispongan arbitrariamente de nuestros intereses, baxo el influxo y la fuerza de nuestros enemigos.

Para sofocar y anonadar los efectos de nuestra representacion, quandó se vieron obligados á concedernosla, nos sometieron á una tarifa mezquina y diminúta, y sugetaron á la voz pasiva de los Ayuntamientos, degradados por el despotismo de los Gobernadores, la forma de la eleccion: lo que era un insulto á nuestra sencillez y buena fé, mas bien que una consideracion á nuestra incontestable importancia politica.

Sordos siempre á los gritos de nuestra Justicia, han procurado los Gobiernos de España, desacreditar todos nuestros esfuerzos, declarando criminales, y sellando con la infamia, el cadalso y la confiscacion, todas las tentativas, que en diversas epocas, han hecho algunos Americanos, para la felicidad de su pais, como lo fue, la que ultimamente nos dictó la propia seguridad, para no ser envueltos en el desorden, que presentiamos, y conducidos á la horrorosa suerte, que vamos ya á apartar de nosotros para siempre: con esta atroz politica, han logrado hacer à nuestros hermanos, insensibles à nuestras desgracias, armarlos contra nosotros, borrar de ellos las dulces impresiones de la

the world, and without any other judges than our own enemies, we are condemned to a mournful incommunication with our brethren; and, to add contempt to calumny, empowered agents are named for us, against our own express will, that in their Cortes they may arbitrarily dispose of our interests, under the influence and force of our enemies.

In order to crush and suppress the effects of our Representation, when they were obliged to grant it to us, we were submitted to a paltry and diminutive scale; and the form of election was subjected to the passive voice of the Municipal Bodies, degraded by the despotism of the Governors: which amounted to an insult to our plain dealing and good faith, more than a consideration of our incontestible political importance.

Always deaf to the cries of justice on our part, the Governments of Spain have endeavoured to discredit all our efforts, by declaring as criminal, and stamping with infamy, and rewarding with the scaffold and confiscation, every attempt, which at different periods some Americans have made, for the felicity of their country: as was that which lately our own security dictated to us, that we might not be driven into a state of disorder which we foresaw, and hurried to that horrid fate which we are about to remove for ever from before us By means of such atrocious policy, they have succeeded in making our brethren insensible to our misfortunes; in arming them against us; in erasing from their bosoms the sweet impressions of

12

amistad, y de la consanguinidad, y convertir en enemigos, una parte de neustra gran familia.

Quando nosotros fieles à nuestras promesas, sacrificabamos nuestra seguridad y dignidad civil, por no abandonar les derechos que generosamente conservamos à Fernando de Borbon, hemos visto, que à las relaciones de la fuerza que le ligaban con el Emperador de los Franceses, ha añadido los vinculos de sangre y amistad, por los que hasta los Gobiernos de España, han declarado ya su resolucion, de no reconocerle sino condicionalmente.

En esta dolorosa alternativa hemos permanecido tres años en una indecision y ambigüedad politica, tan funesta y peligrosa, que ella sola bastaria à autorizar la resolucion que la fé de nuestras promesas, y los vinculos de la fraternidad, nos habian hecho diferir; hasta que la necesidad nos ha obligado à ir mas allà de lo que nos propusimos, impelidos por la conducta hostil, y desnaturalizada de los Gobiernos de España, que nos ha relevado del juramento condicional, con que hemos sido llamados à la augusta representacion que exercemos.

Mas nosotros que nos gloriamos de fundar nuestro proceder en mejores principios, y que no queremos establecer nuestra felicidad sobre la desgracia de nuestros semejantes, miramos, y declaramos como amigos nucstros, compañeros de nuestra suerte, y participes de nuestra felicidad, à los que unidos con nosotros por los vinculos de la sangre, la lengua, y la religion, han sufrido los mismos males en el anterior

13

friendship, of consanguinity; and converting into enemies a part of our own great family.

At a time that we, faithful to our promises, were sacrificing our security and civil dignity, not to abandon the rights which we generously preserved to Ferdinand of Bourbon, we have seen that, to the relations of force which bound him to the Emperor of the French, he has added the ties of blood and friendship; in consequence of which, even the Governments of Spain have already declared their resolution only to acknowledge him conditionally*.

In this mournful alternative we have remained three years, in a state of political indecision and ambiguity, so fatal and dangerous, that this alone would suffice to authorise the resolution, which the faith of our promises and the bonds of fraternity had caused us to defer, till necessity has obliged us to go beyond what we at first proposed, impelled by the hostile and unnatural conduct of the Governments of Spain, which have disburdened us of our conditional oath, by which circumstance, we are called to the august representation we now exercise

But we, who glory in grounding our proceedings on better principles, and not wishing to establish our felicity on the misfortunes of our fellow-beings, do consider and declare as friends, companions of our fate, and participators of our felicity, those who, united to us by the ties of blood, language, and re-

* He was at one time supposed to be married to a relation of Buonaparte.

14

orden; siempre que reconociendo nuestra *absoluta independencia* de el, y de toda otra denominacion extraña, nos ayuden á sostenerla con su vida, su fortuna y su opinion, declarandolos y reconociendolos, (como à todas las demas Naciones) en guerra enemigos, y en paz amigos, hermanos, y compatriotas.

En atencion á todas estas solidas, publicas, e incontesables razones de politica, que tanto persuaden la necesidad de recobrar la dignidad natural, que el orden de los sucesos, nos ha restituido: en uso de los imprescriptibles derechos que tienen los Pueblos, para destruir todo pacto, convenio ó asociacion que no llena los fines para que fueron instituidos los Gobiernos, creemos que no podemos ni debemos conservar los lazos que nos ligaban al Gobierno de Eepaña, y que como todos los Pueblos del mundo, estamos libres y autorizados, para no depender de otra autoridad que la nuestra, y tomar entre las Potencias de la tierra, el puesto igual que el SER SUPREMO, y la naturaleza nos asignan, y á que nos llama la sucesion de los acontecimientos humanos, y nuestro propio bien y utilidad.

Sin embargo de que conocemos las dificultades que trae consigo, y las obligaciones que nos impone el rango que vamos a ocupar en el orden politico del mundo, y la influencia poderosa de las formas y habitudes à que hemos estado, á nuestro pesar, acostumbrados; tambien conocemos que la vergonzosa sumision á ellas, quando podemos sacudirlas, seria mas ignominioso para nosotros, y mas funesto para

15

ligion, have suffered the same evils in the anterior order of things, provided they acknowledge our *absolute independence* of the same, and of any other foreign power whatever; that they aid us to sustain it with their lives, fortune, and sentiments; declaring and acknowledging them (as well as to every other nation,) in war enemies, and in peace friends, brohers, and co-patriots.

In consequence of all these solid, public, and incontestible reasons of policy, which so powerfully urge the necessity of recovering our natural dignity, restored to us by the order of events; and in compliance with the imprescriptible rights enjoyed by nations, to destroy every pact, agreement, or association, which does not answer the purposes for which governments were established; we believe that we cannot, nor ought not, to preserve the bonds which hitherto kept us united to the Government of Spain; and that, like all the other nations of the world, we are free, and authorised not to depend on any other authority than our own, and to take amongst the powers of the earth the place of equality which the Supreme Being and Nature assign to us, and to which we are called by the succession of human events, and urged by our own good and utility.

Notwithstanding we are aware of the difficulties that attend, and the obligations imposed upon us, by the rank we are about to take in the political order of the world; as well as the powerful influence of forms and habitudes, to which unfortunately we have been

16

nuestra posteridad, que nuestra larga y penosa servidumbre, y que es ya de nuestro indispensable deber proveer à nuestra conservacion, seguridad, y felicidad, variando esencialmente todas las formas de nuestra anterior constitucion.

Por tanto, creyendo con todas estas razones satisfecho el respeto que debemos à las opiniones del genero humano, y à la dignidad de las demas Naciones, en cuyo numero vamos à entrar, y con cuya comunicacion y amistad contamos: nosotros los Representantes de las Provincias unidas de Venezuela, poniendo por testigo al Ser Supremo de la justicia de nuestro proceder, y de la rectitud de nuestras intenciones; implorando sus divinos y celestiales auxilios, y ratificandole, en el momento en que nacemos à la dignidad, que su providencia nos restituye el deseo de vivir, y morir libres, creyendo y defendiendo la Santa Catolica, y Apostolica Religion de Jesu-Christo: Nosotros, pues à nombre y con la voluntad, y autoridad que tenemos del virtuoso pueblo de Venezuela, declaramos solemnemente al mundo, que sus Provincias unidas, son y deben ser, desde hoy de hecho y de derecho Estados libres, Soberanos é independientes, y que estan absueltos de toda submision y dependencia de la corona de España, ó de los que se dicen, ó dixeren poderados ò representantes, y que como tal Estado libre è independiente, tiene un pleno poder, para darse la forma de Gobierno, que sea conforme à la voluntad general de sus pueblos, declarar la guerra, hacer la paz, formar alianzas, arreglar tratados de

17

accustomed : we at the same time know, that the shameful submission to them, when we can throw them off, would be still more ignominious for us, and more fatal to our posterity, than our long and painful slavery; and that it now becomes an indispensable duty to provide for our own preservation, security, and felicity, by essentially varying all the forms of our former constitution.

In consequence whereof, considering, by the reasons thus alledged, that we have satisfied the respect which we owe to the opinions of the human race, and the dignity of other nations, in the number of whom we are about to enter, and on whose communication and friendship we rely : We, the Representatives of the United Provinces of Venezuela, calling on the SUPREME BEING to witness the justice of our proceedings and the rectitude of our intentions, do implore his divine and celestial help; and ratifying, at the moment in which we are born to the dignity which his Providence restores to us, the desire we have of living and dying free, and of believing and defending the holy Catholic and Apostolic Religion of Jesus Christ. We, therefore, in the name and by the will and authority which we hold from the virtuous People of Venezuela, DO declare solemnly to the world, that its united Provinces are, and ought to be, from this day, by act and right, Free, Sovereign, and Independent States; and that they are absolved from every submission and dependence on the Throne of Spain, or on those who do, or may call

18

comercio, limite y navegacion, hacer y executar todos los demas actos que hacen y executan las Naciones libres, é independientes. Y para hacer valida, firme y subsistente esta nuestra solemne declaracion, damos y empeñamos mutuamente unas Provincias á otras, nuestras vidas, nuestras fortunas, y el sagrado de nuestro honor nacional. Dada en el Palacio Federal y de Caracas, firmada de nuestra mano, sellada con el gran sello Provisional de la confederacion, refrendada por el Secretario del Congreso, á cinco dias del mes de Julio del año de mil ochocientos once, el primero de nuestra independencia.—Por la Provincia de Caracas.—Ysidoro Antonio Lopez Mendez, Diputado de la Ciudad de Caracas.—Juan German Roscio, por el partido de la Villa de Calabozo.—Felipe Fermin Paul, por el partido de San Sebastian.—Francisco Xavier Uztariz, por el partido de San Sebastian—Nicolas de Castro, Diputado de Caracas.—Juan Antonio Rodriguez Dominguez, Presidente, Diputado de Nutrias en Barinas.—Luis Ygnacio Mendoza, Vice Presidente, Diputado de Obispos en Barinas.—Fernando de Peñalver, Diputado de Valencia.—Gabriel Perez de Pagola, Diputado de Ospino.—Salvador Delgado, Diputado de Nirgua.—El Marques del Toro, Diputado de la Ciudad del Tocuyo.—Juan Antonio Diaz Argote, Diputado de la Villa de Cura.—Gabriel de Ponte, Diputado de Caracas.—Juan José Maya, Diputado de San Felipe.—Luis José de Cazorla, Diputado de Valencia.—Dr. José Vicente Unda, Diputado de

themselves its **Agents** and **Representatives**; and that a free and independent State, thus constituted, has full power to take that form of Government which may be conformable to the general will of the People, to declare war, make peace, form alliances, regulate treaties of commerce, limits, and navigation; and to do and transact every act, in like manner as other free and independent States. And that this, our solemn Declaration, may be held valid, firm, and durable, we hereby mutually bind each Province to the other, and pledge our lives, fortunes, and the sacred tie of our national honour. Done in the Federal Palace of Caracas; signed by our own hands, sealed with the great Provisional Seal of the Confederation, and countersigned by the Secretary of Congress, this 5th day of July, 1811, the first of our Independence.—For the Province of Caracas, Isidoro Antonio Lopez Mendez, Deputy of the City of Caracas.—Juan German Roscio, for the district of the Town of Calabozo.—Felipe Fermin Paul, for the district of San Sebastian.—Francisco Xavier Uztariz, for the district of San Sebastian.—Nicolas De Castro, Deputy for Caracas.—Juan Antonio Rodriguez Dominguez, President, and Deputy for Nutrias in Barinas.—Luis Ignacio Mendoza, Vice-President, Deputy of Obispos in Barinas.—Fernando de Peñalver, Deputy for Valencia.—Gabriel Perez de Pagola, Deputy of Ospino.—Salvador Delgado, Deputy for Nirgua.—The Marquis del Toro, Deputy for the City of Tocuyo.—Juan Antonio Dias Argote, Deputy for the Town of Cura.—

Guanare.—Francisco Xavier Yanes, Diputado de Araure.—Fernando Toro, Diputado de Caracas.—Martin Tovar Ponte, Diputado de San Sebastian.—Juan Toro, Diputado de Valencia.—José Angel de Alamo, Diputado de Barquisimeto.—Francisco Hernandez, Diputado de San Carlos.—Lino de Clemente, Diputado de Caracas.—Por la Provincia de Cumaná, Francisco Xavier de Mayz, Diputado de la Capital.—José Gabriel de Alcalá, Diputado de idem.—Juan Bermudez, Diputado del Sur.—Mariano de la Cova, Diputado del Norte.—Por la de Barcelona—Francisco Miranda, Diputado del Pao.—Francisco Policarpo Ortiz, Diputado de San Diego.—Por la de Barinas.—Juan Nepomuceno de Quintana, Diputado de Achaguas.—Ygnacio Fernandez, Diputado de la Capital de Barinas.—Ygnacio Ramon Briceño, representante de Pedraza.—José de Sata y Bussy, Diputado de San Fernando de Apure.—José Luis Cabrera, Diputado de Guanarito.—Ramon Ygnacio Mendez, Diputado de Guasdualito.—Manual Palacio, Diputado de Mijagual.—Por la de Margarita.—Manual Placido Maneyro.—Por la de Merida.—Antonio Nicholas Briceño, Diputado de Merida.—Manuel Vicente de Maya, Diputado de la Grita.—Por la de Truxillo. Juan Pablo Pacheco —Por la Villa de Aragua Provincia de Barcelona.—José Maria Ramirez. Refrendado: Hay un sello. Francisco Isnardy, Secretario.

21

Gabriel de Ponte, Deputy for Caracas.—Juan Jozé Maya, Deputy of San Felipe.—Luis Jozé de Cazorla, Deputy of Valencia.—Dr. Jozé Vicente Unda, Deputy of Guanare.—Francisco Xavier Yanes, Deputy of Araure.—Fernando Toro, Deputy of Caracas.—Martin Tovar Ponte, Deputy of San Sebastian.—Juan Toro, Deputy of Valencia.—Jose Angel de Alamo, Deputy for Barquisimeto.—Francisco Hernandez, Deputy for San Carlos.—Lino De Clemente, Deputy of Caracas.——For the Province of Cumanà—Francisco Xavier de Mayz, Deputy for the Capital.—Jozé Gabriel de Alcalà, Deputy for ditto.—Juan Bermudez, Deputy for the South.—Mariano de la Cova, Deputy for the North.—For Barcelona—Francisco Miranda, Deputy of Pao.—Francisco Policarpo Ortiz, Deputy for San Diego.—For Barinas—Juan Nepomuceno de Quintana, Deputy for Achaguas.—Ignacio Fernandez, Deputy for the Capital of Barinas.—Ignacio Ramon Briceño, Representative of Pedraza.—Jozé de Sata y Bussy, Deputy for San Fernando de Apure.—Jozé Luis Cabrera, Deputy for Guanarito.—Ramon Ignacio Mendez, Deputy for Guasdualito.—Manuel Palacio, Deputy for Mijagual.—For Margarita—Manuel Placido Maneyro.—For Merida.—Antonio Nicolas Briceño, Deputy for Merida.—Manuel Vicente de Maya, Deputy for La Grita—For Truxillo Juan Pablo Pacheco—For the Town of Aragua, in the Province of Barcelona.—Jozé Maria Ramirez. (Seal.) Legalised.—Francisco Isnardy, Secretary.

22

Decreto del Supremo Poder Executivo.

Palacio Federal de Caracas, 8 *de Julio de* 1811.

Por la Confederacion de Venezuela, el Poder Executivo ordena que la Acta antecedente sea Publicada, Executada, y Autorizada con el Sello del Estado y Confederacion.

CRISTOVAL DE MENDOZA, *Presidente en turno.*
JUAN DE ESCALONA.
BALTAZAR PADRON.
MIGUEL JOSE SANZ, *Secretario de Estado.*
CARLOS MACHADO, *Chanciller Mayor.*
JOSE TOMAS SANTANA, *Secretario de Decretors.*

Aqui el Sello.

23

Decree of the Supreme Executive Power.

Federal Palace of Caracas, July 8, 1811.

For the Confederation of Venezuela, the Executive Power ordains, that the antecedent Act be published, executed, and authorised by the Seal of the State and Confederation.

    CHRISTOVAL DE MENDOZA, *President.*
    JUAN DE ESCALONA,
    BALTAZUR PADRON,
    MIGUEL JOSE SANZ, *Secretary of State,*
    CARLOS MACHADO, *Chancellor,*
    JOZE THOMAS SANTANA, *Secretary of Decrees.*

(L.S.)

ARTICULOS,

COMPREHENDIDOS EN LA

Declaracion de la Sesion Legislativa

DE 1º DE JULIO, DE 1811,

SANCIONADA Y PUBLICADA.

Art. XXV.

TODOS los extrangeros de qualquiera nacion, serán recibidos en la Provincia de Caracas.

XXVI.

LAS personas y las propiedades de los extrangeros, gozarán de la misma seguridad que las de los demas ciudadanos, con tal que reconozcan la Soberanía é independencia, y respeten la Religion Cathólica, única en este pais.

XXVII,

LOS extrangeros que residan en la Provincia de Caracas, habiendose naturalizado, y siendo propietarios gozarán de todos los derechos de ciudadanos.

ARTICLES

COMPREHENDED IN THE

Declaration of the Legislative Session,

OF THE 1st. JULY, 1811.

SANCTIONED AND PUBLISHED.

Art XXV

ALL foreigners of whatever nation, will be received in the province of Caracas.

XXVI.

THE persons and properties of foreigners shall enjoy the same security as those of the other citizens, provided they acknowledge the Sovereignty and independence, and respect the catholic religion, the only one in this country.

XXVII.

THE foreingers who reside in the province of Caracas, being naturalized and having the necessary property shall enjoy all the rights of citizens.

26

ADVERTENCIA.

LA inmensidad de terrenos que hay en la Provincia de Caracas: la abundancia de aguas perennes que los fertilizan: la diversidad de frutos y su preciosidad, ofrecen al hombre laborioso las mas grandes utilidades en la agricultura. La situacion geografica de una grande extension de costas al frente de las Antillas y demas Islas, y el gran consumo de los Estados de Venezuela, confederados con los de Cundinamarca ò Santa Fé, franquean y facilitan su comercio, haciendole el mas ventajoso del Universo. El carácter de los habitantes inclinados á la paz: la suavidad de sus costumbres: la urbanidad de su trato: el afecto que profesan á los extrangeros: y últimamente la benignidad del clima, y una perpetua primavera, convidan al hombre á fixarse en la Provincia de Caracas como agricultor, artesano ó comerciante. El Gobierno interesado en proteger á todos, dará tierras al que quiera cultivarlas, y asegurará en sus respectivas profesiones á los que se dediquen al comercio, á la industria y á las artes. Solo perseguirá y expulsará á los genios turbulentos y ociosos que ponen su conato en turbar la tranquilidad y sosiego de los que trabajan y viven ocupados. El hombre laborioso y pacífico, obtiene en Venezuela toda la proteccion del Gobierno, y la estimacion del Pueblo.

27

OBSERVATION.

THE immense quantity of lands in the province of Caracas, the abundance of perpetual streams which fertilize them the diversity of productions and their richness, offer to the industrious man the greatest advantages in agriculture. The geographical situation of a great extent of coast opposite the Antilles and other Islands, the great consumption of the States of Venezuela, confederated with those of Cundinamarca or Santa-Fé, open and facilitate a commerce the most advantageous in the universe. The peaceable character of the inhabitants, the mildness of their behaviour, the regard they shew to foreigners, and lastly the mildness of the climate, it being a perpetual spring, invite persons to settle in the province of Caracas, as cultivators, artisans or merchants. The Government interested in protecting all, will give lands to any person who may wish to cultivate them: and will secure, in their respective professions, all those who dedicate themselves to commerce, industry and the arts; it will alone prosecute and expel the turbulent and the idle, who apply themselves to disturbing the tranquility and peace of those who live occupied. The industrious and peaceable man will enjoy in Venezuela the protection of government and the estimation of the people.

28

Ademas se advierte que aunque el comercio de negros está prohibido en Venezuela, no comprehende la prohibicion à los extrangeros que vengan con sus esclavos à establecerse con ellos, precisamente destinádos à la agricultura, ó dedicados à algun arte ó profession útil y ventajosa al Estado.

Miguel Jose Sanz,

Sec°. de Estado.

29

And it is also to be observed that notwithstanding the importation of negroes is prohibited in Venezuela, this does not include the foreigners who may come with their slaves, to make agricultural establishments, or to pursue any art or profession useful and advantageous to the state.

Michael Joseph Sanz,

Sec^y. of State.

MANIFIESTO

QUÆ HACE AL MUNDO

LA CONFEDERACION DE VENEZUELA,

EN LA AMERICA MERIDIONAL,

De las razones en que ha fundado su Absoluta Independencia de la España, y de qualquiera otra denominacion extrangera.

Formado, y mandado publicar por acuerdo del Congreso General de sus Provincias-Unidas

Nunc quid agenum sit considerate

LA América condenada por mas de tres siglos á no tener otra existencia que la de servir á aumentar la preponderancia politica de la España, sin la menor influencia ni participacion en su grandeza, hubiera llegado por el órden de unos sucesos en que no ha tenido otra parte que el sufrimiento, á ser el garante y la victima del desórden, corrupcion y conquista que ha desorganizado á la nacion conquistadora, si el instinto de la propia seguridad no hubiese dictado

MANIFEST

MADE TO THE WORLD BY THE

CONFEDERATION OF VENEZUELA,

IN SOUTH AMERICA,

Of the reasons on which she has founded her Absolute Independence of Spain, and of every other Foreign Power whatever.

Done and ordered to be Published by the General Congress of the United Provinces.

Nunc quid sit agendum considerate

SPANISH America, condemned for more than three centuries, to have no other existence than to serve to increase the political preponderance of Spain, without the least influence or participation in her greatness; would eventually have arrived by the order of events, in which she has had no other part than sufferance, to be the sure sacrifice and victim of that same disorder, corruption, and conquest, which have disorganized the nation that first conquered her; if the instinct of self-security had not dictated to the

á los Americanos, que habra llegado el momento de obrar, para coger el fruto de trescientos años de inaccion, y de paciencia

Si el descubrimiento del nuevo mundo fué uno de los acontecimientos mas interesantes á la especie humana, no lo será menos la regeneracion de este mismo mundo degradado desde entónces por la opresion y la servidumbre. La América levantandose del polvo y las cadenas, y sin pasar por las gradaciones politicas de las Naciones, va á conquistar por su turno al antiguo mundo, sin inundarlo, esclavizarlo, ni embrutecerlo. La revolucion mas útil al género humano, será la de la América, quando constituida y gobernada por sí misma, abra los brazos para recibir á los pueblos de la Europa, hollados por la politica, ahuyentados por la guerra, y acosados por el furor de todas las pasiones; sedientos entónces de paz y de tranquilidad, atravesarán el oceano los habitantes del otro hemisferio, sin la ferocidad ni la perfidia de los heroes del siglo 16: como amigos, y no como tiranos: como menesterosos, y no como señores: no para destruir, sino para edificar: no como tigres, sino como hombres que horrorizados de nuestras antiguas desgracias, y enseñados con las suyas, no convertirán su razon en un instinto malefico, ni querrán que nuestros anales sean ya los anales de la sangre y la perversidad. Entonces la navegacion, la geografia, la astronomia, la industria y el comercio, perfeccionados por el descubrimento de la América, para su mal, se convertirán en otros tantos medios de acelerar, con-

Americans, that the moment of acting had arrived, and that it was time to reap the fruits of three hundred years of inaction and patience.

If the discovery of the new world was one of the most interesting occurrences to the human race, no less so will be the regeneration of this same world, degraded from that period by oppression and servitude. America, raising herself from the dust, and freed of her chains, yet without passing through the political gradations of other nations, will, in her turn, triumph over the old world, without inundating it in blood, without enslaving or brutifying it. A revolution the most useful to the human race, will be that of America, when constituted and governed by her own self, she shall open her arms to receive the people of Europe; those who are trampled upon by policy, fleeing from the ills of war, and persecuted by the fury of the passions. In search of peace and tranquillity, the inhabitants of the other hemisphere, will then cross the ocean, not with the perfidy of the heroes of the 16th century; but, as friends, and not as tyrants; as men in need, not as lords; not to destroy, but to build; not as tygers, but as men, who horror-struck with our former misfortunes, and self-taught by their own, will not convert their reason into a malignant spirit, nor wish that our annals be again those of blood, and wretchedness. Then shall navigation, geography, astronomy, industry, and trade, perfected by the discovery of America, though ruinous to her, be converted into so many means to

34

solidar, y perfeccionar la felicidad de ambos mundos

No es este un sueño agradable, sinó un homenage que hace la razon á la Providencia. Escrito estaba en sus inefables designios que no debia gemir la mitad de la especie humana baxo la tirania de la otra mitad, ni habia de llegar el dia del ultimo juicio, sin que una parte de sus criaturas gozáse de todos sus derechos. Todo preparaba esta època de felicidad y de consuelo. En Europa, el choque y la fermentacion de las opiniones, el trastorno y desprecio de las leyes, la profanacion de los derechos que ligaban el Estado, el luxo de las Cortes, la miseria de los campos, el abandono de los talleres, el triunfo del vicio, y la opresion de la virtud: en Amèrica, el aumento de la poblacion, las necessidades creadas fuera de ella, el desarollo de la Agricultura en un suelo nuevo y vigoroso, el gérmen de la industria baxo un clima benéfico, los elementos de las ciencias en una organazion privilegiada, la disposicion para un comercio rico y prospero, y la robustez de una adolescencia politica, todo, todo aceleraba los progresos del mal en un mundo, y los progresos del bien en el otro.

Tal era la ventajosa alternativa que la América esclava presentaba al traves del océano à su Señora la España, quando agoviada por el peso de todos los males, y minada por todos los principios destructores de las sociedades, le pedia que la quitase las cadenas para poder volar à su socorro. Triunfaron, por des-

accelerate, consolidate, and perfect the felicity of both worlds.

This is not a flattering dream but an homage, made by reason to providence. It was written in her ineffable designs, that one half of the human race should not groan under the tyranny of the other, nor could it be supposed that the great fiat of the world's dissolution, could arrive before one part of its creatures had enjoyed all their inherent rights. Every thing as been long preparing for this epoch of felicity and consolation. In Europe, the shock and fermentation of opinions, the inversion and contempt of the laws, the profanation of the bonds that hold together states, the luxury of courts, the sterility of the fields, the cessation of industry, the triumph of vice, and the oppression of virtue; whilst in America, the increase of population, of foreign wants dependant on her, the development of agriculture in a new and vigorous soil, the germ of industry under a beneficent clime, the elements of science under a priviledged organization, the means of a rich and prosperous trade, and the robustness of a political adelescence, all, all accelerated the progress of evil in one world, and that of good in the other.

Such was the advantageous alternative, that enslaved America presented on the other side the ocean, to her mistress Spain, when cast down by the weight of every evil, and undermined by every destructive principle of society, she called upon her to ease her of her chains, that she might fly to her succour. Un-

gracia, las preocupationes: el genio del mal y del desórden se apoderó de los gobiernos: el orgullo resentido occupó el lugar del cálculo y de la prudencia: la ambicion triunfó de la liberalidad : y substituyendo el dolo y la perfidia à la generosidad y la buena fé, se volvieron contra nosotros las armas de que usamos, quando impelidos de nuestra fidelidad y sencillez, enseñamos a la España el camino de resistir y triunfar de sus enemigos, baxo las banderas de un Rey presuntivo, inhábil para reynar, y sin otros derechos que sus desgracias y la generosa compasion de sus pueblos.

Venezuela fué la primera que juró à la España los auxilios generosos que ella creia homenage necesario : Venezuela fué la primera que derramó en su affliccion el bálsamo consolador de la amistad y la fraternidad sobre sus heridas : Venezuela fué la primera que conoció los desórdenes que amenazaban la destruccion de la España: fué la primera que proveyó á su propia conservacion, sin romper los vinculos que la ligaban con ella: fué la primera que sintió los efectos de su ambiciosa ingratitud: fué la primera hostilizada por sus hermanos; y va à ser la primera que recobre su independencia y dignidad civil en el nuevo mundo. Para justificar esta medida de necesidad y de justicia, cree de su deber presentar al Universo las razones que se la han dictado, para no comprometer su decoro y sus principios, quando va á ocupar el alto rango que la Providencia le restituye.

37

fortunately, prejudice triumphed; the genius of evil and of disorder seized on the governments; goaded pride usurped the seat of cool prudence, ambition triumphed over liberality, and substituting deceit and perfidy, for generosity and good faith, they turned against us those very arms which we ourselves used at the time, when impelled by our fidelity and plain dealing, we taught Spain herself the way of resisting her enemies, under the banners of a presumtive king, unfit to reign, and without other titles than the generous compassion of the people, and his own misfortunes.

Venezuela was the first to pledge to Spain, the generous aid which she considered as a necessary homage: Venezuela was the first in her affliction, to pour the consoling balm of friendship and fraternity into her wounds: Venezuela was the first to know the disorders that threatened the destruction of Spain: she was the first to provide for her own safety, without breaking the bonds that held her to the mother couutry: the first to perceive the effects of her ambitious ingratitude: she was the first on whom war was made by her brethren: and she is the first to recover her independence and civil dignity in the new world. In order to justify this measure of necessity and justice, she considers it a duty incumbent on her, to present to the universe, the reasons which have urged her to the same, that her honour and principles may not be doubted or endangered, when she comes to fill the high rank which providence restores to her.

38

Quantos sepan nuestra resolucion, saben tambien qual ha sido nuestra suerte ántes del trastorno que disolvió nuestros pactos con la España, aun quando ellos hubiesen sido legítimos y equitativos. Super fluo es presentar á la Europa imparcial, las desgracias y vexaciones que ella misma ha lamentado quando no nos era permitido á nosotros hacerlo: ni hay tampoco para que inculcarle la injusticia de nuestra dependencia y degradacion quando todas las naciones han mirado como un insulto á la equidad politica, el que la España despoblada, corrompida y sumergida en la inaccion y la pereza por un gobierno despótico, tubiese usurpados exclusivamente á la industria y actividad del Continente, los preciosos é incalculables recursos de un mundo constituido en el feudo y monopolio de una pequeña porcion del otro.

Los intereses de la Europa no pueden estar en contraposicion con la libertad de la quarta parte del mundo que se descubre ahora á la felicidad de las otras tres; solo una Peninsula Meridional puede oponer los intereses de su Gobierno á los de su nacion, paro amotinar el antiguo hemisferio contra el nuevo, ya que se vé en la impotencia de oprimirlo por mas tiempo. Contra estos conatos, mas funestos á nuestro decoro que á nuestra prosperidad, es, que vamos á oponer las razones que desde el 15 de Julio de 1808 han arrancado de nosotros las resoluciones del 19 de Abril de 1810, y 5 de Julio de 1811, cuyas tres épocas formarán el primer periódo de los fastos de Vene-

39

All those who are aware of our resolution, likewise know, what has been our fate previous to the late inversion of things, which alone dissolved our engagements with Spain, even granted that these were legal and equitable It were superfluous to present a fresh to impartial Europe, the misfortunes and vexations she herself has so often lamented, at a time that we ourselves were not allowed to do so; neither is it necessary to aver the injustice of our dependance and degradation, when every nation has viewed as an insult to political equity, that Spain, unpeopled, corrupted, and sunk in a state of inaction and sloth by a despotic government, should have exclusively usurped from the industry and activity of the rest of the continent, the precious and incalculable resources of a world, constituted in the fief and monopoly of a small portion of the other.

The interest of Europe cannot clash with the liberty of a quarter of the globe, that now shews itself to the felicity of the other three; none but a South Penisula can oppose the interests of its government, to those of its nation, in order to raise the old hemisphere against the new one, now that the impossibility of oppressing it any longer, is discovered. In opposition to these endeavours, more fatal to our reputation than to our prosperity, it is, that we are about to display the reasons, which from the 15th July 1808, have wrested from us the resolutions of the 19th of April, 1810, and of the 5th July 1811; which three epochs will form the first period of the glories of regenerated

zuela regenerada, quando el buril imparcial de la historia traze las primeras lineas de la existencia politica de la America del Sur.

Esparcidas en nuestros manifiestos y nuestros papeles publicos casi todas las razones de nuestra resolucion, todos nuestros designios, y todos los justos y decorosos medios que hemos empleado para realizarlos, parecia que debia bastar la comparacion exâcta é imparcial de nuestra conducta con la de los gobiernos de España en estos últimos tiempos; para justificar, no solo nuestra moderacion, no solo nuestras medidas de seguridad, no solo nuestra independencia, sinó hasta la declaracion de una enemistad irreconciliable con los que directa, ó indirectamente, hubiesen contribuido al desnaturalizado sistema adoptado contra nosotros. Nada tendriamos, á la verdad, que hacer, si la buena fé fúese el movil del partido de la opresion contra la libertad; pero por ultima analisis de nuestras desgracias, no podemos salir de la condicion de siervos, sin pasar por la calumniosa nota de ingratos, rebeldes y desagradecidos. Oigan, pues, y juzguen los que no hayan tenido parte en nuestras desgracias, ni quièran tenerla ahora en nuestras disputas, para aumentar la parcialidad de nuestros enemigos; y no pierdan de vista el acta solemne de nuestra justa, necesaria y modesta emancipacion.

Caracas supo las escandalosas escenas del Escorial y Aranjuez, quando ya presentia quales éran sus derechos, y el estado en que los ponian aquellos grandes

41

Venezuela, when the impartial pen of history shall record the first lines of the political existence of South America.

Testified as were in our minifests and public papers, almost all the reasons that influenced our resolution as well as our designs; and all the just and decorous means which we have employed to realize them; it might be supposed, that the exact and impartial comparison of our conduct with that of the governments of Spain, in these latter times, would of itself suffice to justify not only our moderation, not only our measures of security, not only our independence, but even also the declaration of an irreconcilable enmity against those who directly, or indirectly, have contributed to the unnatural system now adopted against us. Nothing in truth should we have to do, if good faith had been the spring of action, used by the party of oppression against liberty; but as the last analysis of our misfortunes, we cannot extricate ourselves from the condition of slaves, without being branded with the calumny of being ingrates, rebels, and unthankful. Let those therefore listen and judge us, who have no part in our misfortunes, and who are now desirous of having none in our disputes, in order not to augment the prejudices of our enemies; and let them not lose sight of the solemn act of our just, necessary, and modest emancipation.

Caracas learnt the scandalous scenes that passed in El Escurial and Aranjuez, at a time that she already perceived what were her rights, and the state in which

sucesos; pero el hábito de obedecer por una parte, la apatia que infunde el despotismo por otra, y la fidelidad y buena fé por último, fueron superiores à toda combinacion por el momento; y ni aun despues que presentados en esta Capital los despachos del Lugarteniente Murat, vacilaron las autoridades sobre su aceptacion, ni fué capaz el Pueblo de Caracas de pensar en otra cosa que en ser fiel, conseqüente y generoso, sin preveer los males à que iba á exponerlo esta noble y bizarra conducta. Sin otro cálculo que el honor, rehusó Venezuela seguir la voz de los mismos Próceres de España, quando los unos apoyando las órdenes del Lugar-teniente del Reyno, exîgian de nosotros el reconocimiento del nuevo Rey; y los otros, declarando y publicando, que la España habia empezado á exîstir de nuevo desde el abandono de sus autoridades, desde las cesiones de los Borbones é introduccion de otra dinastía, recobraban su absoluta independencia y libertad, y daban este exemplo á las Américas para que ellas recuperasen los mismos derechos que alli se proclamaban;* mas luego que el primer paso que dimos á nuestra seguridad, advirtió á la Junta Central que habia èn nosotros algo mas que hábitos y preocupaciones, se empezó á variar el lenguage de la liberalidad y la franqueza: adoptó la

* Varios impresos que salieron en el primer impetu de la revolucion de España. El Conde de Floridablanca contextando por la Junta Central al Consejo de Castilla. Manifiesto de la misna Junta. Y la universidad de Sevilla respondiendo la consulta de esta.

43

these were placed by those great occurrences; but the habit of obedience on the one hand, the apathy produced by despotism on the other; and in short, fidelity and good faith, were at the moment superior to every combination; and after the dispatches of the kingly substitute Murat,* had reached the capital, the authorities did not even waver respecting their reception, it was not possible for the people to think of any thing else, than of being faithful, consistent, and generous, without foreseeing the ills to which this noble and gallant conduct would expose them. Without any other view than that of honour, Venezuela refused to follow the opinion of the leading men of Spain, some of whom in support of the orders of the French Regent of the kingdom, exacted from us allegiance to the new king: others declaring and publishing, that Spain had received a new existance since the abandonment of her authorities, since the cessions of the Bourbons, and the introduction of the new dynasty; that they had recovered their absolute independence and liberty, and that they offered this example to the Americans, that they might recover the same rights there proclaimed :† but as soon as the first step we

* Alluding to various printed pieces that appeared on the first blaze of the revolution of Spain: such as Count Floridablanca, in answer to the Council of Castile, on the part of the Central Junta, manifest of said Junta, and the university of Seville in answer to the consultations of the latter.

† It will be recollected that on the abdication of kings Charles and Ferdinand, Murat was sent on to govern Spain as substitute to Joseph Napoleon.

44

perfidia el talisman de Fernando, inventado por la buena fé: se sofocó, aunque con maña y suavidad, el proyecto sencillo y legal de Caracas, para imitar la conducta representiva de los gobiernos de España:* y se empezó á entablar un nuevo género de despotismo, baxo el nombre facticio de un Rey reconocido por generosidad, y destinado á nuestro mal y desastre, por los que usurpaban la Soberania.

Nuevos Gobernadores y Jueces imbuidos del nuevo sistema proyectado contra la América, decididos à sostenerlo á costa nuestra, y prevenidos de instrucciones para el último resultado de la politica del otro hemisferio, fueron las consequencias de la sorpresa que causó á la Junta Central nuestra inaudita é inesperada generosidad. La abigüedad, la asechanza y la concusion, fueron todos los resortes de su caduca y perecedera administracion: como veian tan expuesto su Imperio, parecia que querian ganar en un dia, lo que habia enriquecido á sus antecesores en muchos años: y como su autoridad estaba respaldada por la de sus comitentes, de nada trataban mas que de sosenerse unos á otros, á la sombra de nuestra ilusion y buena fé. Ninguna ley contraria á estos planes era

---

* Proyecto del año de 1808, para hacer una Junta de Gobierno y conservacion como las de España.

had taken for our security, had convinced the Central Junta that there was in us, something more than habits and prejudices, they began to vary the language of liberality and sincerity; they perfidiously adopted the talisman of Ferdinand, at first invented by good faith; they suppressed, but with cunning and sweetness, the plain and legal project of Caracas to imitate the representative conduct of the governments of Spain, * and they began to set on foot a new species of despotism, under the factitious name of a king, acknowledged only from a principle of generosity, and destined to effect our ill and disaster, by those who had usurped the sovereign power.

Fresh governors and judges, initiated in the new system projected against America, decided to sustain it at our expence, and provided with instructions for even the last political change that might occur in the other hemisphere, were the consequences resulting from the surprise, which our unheard of and unexpected generosity caused to the Central Junta Ambiguity, artifice, and disorder, were all the springs set in motion by this tottering and short lived administration: as they saw their empire exposed, it was evident they wished to gain in one day, what had enriched their ancestors in many years; and as their authority was backed by that of their parasites, all their endeavours

---

* The project agitated in 1803 to form a Junta, intended for the administration of governments and public safety, like those of Spain.

46

ya válida y substitente; y todo arbitrio que favorecièse el nuevo órden de francmazoneria política, habia de tener fuerza de ley, por mas opuesto que fuese á los principios de justicia y équidad. Despues de declarar el Capitain General Emparan á la Audiencia, que no habia en Caracas otra ley ni otra voluntad que la suya, bien manifiesta en varios excesos y violencias, tales como colocar en la plaza de Oydor al Fiscal de lo civil y criminal: sorprehender y abrir los pliegos que dirigia D. Pedro Gonzales Ortega á la Junta Central: arrojar á éste empleado, al Capitan D. Francisco Rodriguez, y al Asesor del Consulado D. Miguél Jozé Sanz, fuera de estas Provincias, confinados á Cadiz y Puerto Rico: encadenar y condenar al trabajo de obras públicas, sin forma ni figura de juicio, una muchedumbre de hombres buenos arrancados de sus hogáres con el pretexto de vagos: revocar y suspender las determinaciones de la Andiencia, quando no eran conformes á su capricho y arbitrariedad: despues de haber hecho nombrar un Síndico contra la voluntad del Ayuntamiento: despues de haber hecho recibir á su Asesor sin títulos ni autoridad: despues de sostener á todo trance su ignorancia y su orgullo: despues de mil disputas escandalosas con la Audiencia y el Ayuntamiento: despues de reconciliarse, al fin con estos despotas todos los togados para hacerse mas impunes

were directed to uphold each other, under the shadow of our illusion and good faith. No statute contrary to these plans was valid and effective, and every measure that favoured the new order of political freemasonry, was to have the force of law, however opposed to the principles of justice and equity. After the declaration of the Captain General Emparan, made to the *Audiencia*, that in Caracas there was no other law nor will but his own; and this fully manifested in several arbitrary acts and excesses, such as placing on the seat of the *oidor*, the fiscal in civil and criminal cases; intercepting and opening the dispatches sent to the Central Junta, by Don Pedro Gonsales Ortega; sending out of those provinces this same functionary, as well as Captain Don Francisco Rodriguez, and the assessor of the board of trade, Don Miguel Jozé Sanz, all embarked for Cadiz and Puerto Rico; as well as condemning to the labour of the public works, without either form or appearance of trial, a considerable multitude of good men, snatched from their homes under the pretence of vagrants; revoking and suspending the resolutions of the *Audiencia*, when not conformable to his caprice and absolute will: after naming a recorder without the consent of the municipal body, creating and causing the assessor to be received without title or authority, after supporting his ignorance and pride to the utmost lengths: after many scandalous disputes between the *Audiencia* and the municipal body, and after all the law characters being reconciled to these

48

é inexpugnables contra nosotros, se convinieron en organizar y llevar á cabo el proyecto, á la sombra de la falacia, del espionage, y la ambigüedad.*

Baxo estos auspicios, se ócultaban las derrotas y desgracias de las armas en España: se forjaban y divulgaban triunfos pomposos é imaginarios contra los Franceses en la Peninsula, y en el Danubio: se hacian iluminar las calles: quemar la pólvora: tocar las campanas: y prostituir la Religion, cantando *Te Deum* y acciones de gracias, como para insultar la Providencia en la perpetuidad de nuestros males. Para no dexarnos tiempo de analizar nuestra suerte, ni de descubrir los lazos que se nos tendian, se figuraban conspiraciones, se inventaban partidos y facciones, se calumniaba á todo el que no se prestaba á iniciarse en los misterios de la perfidia, se inventaban esquadras y emisarios Franceses en nuestros mares y nuestro seno, se limitaban y constreñian nuestras relaciones con las Colonias vecinas, se ponian travas á nuestro comercio; todo con el fin de tenernos en una continua agitacion, para que no fixàsemos la atencion en nuestros verdaderos intereses.

* De todo esto hay testimonios autenticos en nuestros archivos; y apesar de la vigilancia con que se saquearon estos por los parciales de los antiguos mandones, existe en Cumanà una orden del gobierno Español, para promover la discordia entre los nobles y parientes de las familias Americanas: los hay escritos, y notorios de la corrupcion, juego y libertinage que promovia Guevara para desmoralizar al pais: y nadie olvidará las colusiones y sobornos que publicaban los Oydores; y constan de su residencia.

49

despots, in order that they might be more secure and inexpugnable against us, it was agreed to organize and carry into effect, under the shadow of fallacy, the projects of espionage and ambiguity *

Under these auspices the defeats and misfortunes of the Spanish armies were concealed; pompous and imaginary triumphs over the French, in the Peninsula and on the Danube, were forged and announced; they caused the streets to be illuminated; gunpowder was wasted; the bells chimed; and religion was prostituted by Te Deums, and acts of thanks being sung, as if to insult Providence in the perpetuity of our evils. In order to leave us no time to analyze our own fate, or discover the snares laid for us, conspiracies were invented, parties and factions were imagined, every one was calumniated who did not consent to be initiated in the mysteries of perfidy; fleets and emissaries from the French were figured, as being in our seas and amongst us; our relations with the neighbouring colonies were circumscribed and restricted; our trade was newly fettered; and the whole, to the end of keeping us in a state of continual

* Of all this there remains authentic testimony in our archives; notwithstanding the vigilance with which these were examined by the friends of the late authorities, there exists in Cumaná an order of the Spanish government to excite discord amongst the nobles and relations of the American families. There are besides, many written and well known documents of corruption, gambling, and libertinism, promoted by Guevara, to demoralize the country; and no one can ever forget the collusions and subornings publickly used by the oidores, and proved in the place of their residence.

50

Alarmado ya nuestro sufrimiento, y despierta nuestra vigilancia, empezamas á desconfiar de los Gobiernos de España y sus agentes: al traves de sus intrigas y maquinaciones, descubriamos todo el horroroso por venir que nos amenazaba: el genio de la verdad elevado sobre la densa atmosfera de la opresion y la calumnia, nos señalaba con el dedo de la imparcialidad la verdadera suerte de la Peninsula, el desórden de su gobierno, la energía de sus habitantes, el formidable poder de sus enemigos, y la ninguna esperanza de su salvacion. Encerrados en nuestras casas, rodeados de espías, amenazados de infamia y deportacion, apenas podíamos lamentar nuestra situacion, ni hacer otra cosa que murmurar en secreto contra nuestros vigilantes y astutos enemigos. La consonancia de nuestros suspiros, exhalados en la amargura y la opresion, uniformó nuestros sentimientos, y reunió nuestras opiniones: encerrados en las quatro paredes de su casa, é incomunicados entre sí, apenas huvo un ciudadano de Caracas que no pensase que habia llegado el momento de ser libre para siempre, ó de sancionar irrevocablemente una nueva y horrorosa servidumbre.

Todos empezaron á descubrir la nulidad de los actos de Bayona, la invalidacion de los derechos de Fernando, y de todos los Borbones que concurrieron à aquellas ilegítimas estipulaciones: la ignominia con que habian

agitation, that we might not fix our attention on our real interests.

Our forbearance once alarmed, and our vigilance awakened, we began to lose confidence in the governments of Spain and their agents; through the veil of their intrigues and machinations, we discovered the horrid futurity that threatened us: the genius of truth, raised above the dense atmosphere of oppression and calumny, pointed out to us with the finger of impartiality, the true fate of Spain, the disorders of her government, the energy of her inhabitants, the formidable power of her enemies, and the groundless hopes of her salvation. Shut up in our own houses, surrounded by spies, threatened by infamy and banishment, scarcely were we able to bewail our own situation, or to do more than secretly to complain against our vigilant and cunning enemies. The consonance of our blended sighs, exhaled in the moments of bitterness and oppression, at length gave uniformity to our sentiments, and united our opinions. Shut up within the walls of our own houses, and debarred from all communication with our fellow-citizens, scarcely was there one individual of Caracas, who did not think, that the moment of being for ever free had arrived, or else that, of irrevocably sanctioning a new and horrid slavery.

Every one began to discover the nullity of the acts of Bayonne, the invalidity of the rights of Ferdinand, and of all the Bourbons who were parties to the said stipulations; the ignominy with which they had de-

52

entregado como esclavos á los que los habian colocado en el trono contra las pretensiones de la Casa de Austria: la connivencia de los intrusos mandatarios de España, à los planes de la nueva dinastía: la suerte que estos planes preparaban á la América: y la necesidad de tomar un partido que pusiese á cubierto al Nuevo Mundo de los males que le acarreaba el estado de sus relaciones con el antiguo. Veian sumirse sus tesoros en la sima insondable del desórden de la Peninsula: lloraban la sangre de los Américanos, mezclada en la lid con la de los enemigos de la América, para sostener la esclavitud de su Patria: penetraban, apesar de la vigilancia de los tiranos, hasta la misma España; y nada veian mas que desórden, corrupcion, facciones, derrotas, infortunios, traiciones, exercitos dispersos, provincias ocupadas, falanges enemigas, y un gobierno imbecil y tumultuario, formado de tan raros elementos.

Tal era la impresion uniforme y general que advertian en el rostro de todos los Venezolanos los agentes de la opresion, destacados á sostener á toda costa la infame causa de sus constituyentes: cada palabra producia una proscripcion: cada discurso costaba una deportacion á su autor: y cada esfuerzo ó tentativa para hacer en América lo mismo que en España, sino hacia derramar la sangre de los Américanos, era, sin duda, una causa suficiente para la

livered up as slaves, those, who had placed them on the throne, in opposition to the pretensions of the house of Austria; the connivance of the intrusive mandataries of Spain, to the plans of the new dinasty; the fate that these same plans prepared for America, and the necessity of taking some resolve, that might shield the new world from the calamities that were about to result from its relations with the old one. All saw their treasures buried in the unfathomable abyss of the disorders of the Peninsula, they wept for the blood of Americans spilt in the same struggle with that of the enemies of America; in order to sustain the slavery of their own country; notwithstanding the vigilance of their tyrants, they saw into the interior of Spain herself, where they beheld nothing but disorder, corruption, factions, defeats, misfortunes, treacheries, dispersed armies, whole provinces in the power of the enemy, the ready phalanxes of the latter, and at the head of all, a weak and tumultuary government, formed out of such rare elements.

Such was the general and uniform impression noticed on the faces of all the people of Venezuela by the agents of oppression, sent out to support, at every hazard, the infamous cause of their constituents; every word produced a proscription, every discourse cost banishment to its author, and every effort or attempt to do the same in America, as had been done in Spain, if it did not cause the blood of Americans to flow, it it was at least sufficient for the ruin, infamy, and

54

ruina, infamia, y desolacion de muchas familias. *
Tan errado cálculo no pudo ménos que multiplicar, los choques, aumentar con ellos la reaccion popular, preparar el combustible, y disponerlo con la menor chispa á un incendio que consumiése y borrase hasta los vestigios de tan dura y penosa condicion. La España menesterosa y desolada, pendiente su suerte de la generosidad Américana, y casi en el momento de ser borrada del catálago de las naciones, parecia que, trasladada al siglo 16 y 17, empezaba á conquistar de nuevo á la América con armas mas terribles que el hierro y el plomo: cada dia se señalaba por una nueva prueba de la suerte que nos amenazaba; colocados en la horrorosa disyuntiva de ser vendidos á una nacion extraña, ó tener que gemir para siempre en una nueva é irrevocable servidumbre, solo aguardabamos el momento felíz que diese impulso a nuestra opinion, y reuniese nuestras fuerzas para expresarla y sostenerla.

Entre los ayes y las imprecaciones de la exâsperacion general, resonó en nuestros oidos, la irrupcion de los Franceses en las Andalucias, la disolucion de la Junta Central, à impulsos de la execracion pública, y la abortiva institucion de otro nuevo Proteo-Gubernativo, baxo el nombre de Regencia. Anunciabase ésta con ideas mas liberales; y presintiendo

* Deportacion de varios Oficiales de concepto, y ciudadanos de rango y probidad, decretada en 20 de Marzo de 1810, por Emparan.

desolation of many families.* Such a wrong calculation could not fail to multiply the convulsions, to augment, by means of them, the popular re-action, to prepare the combustible, and dispose it in such a manner, that with the least spark it would create a blaze, that would consume, and even efface every vestige of so hard and melancholy a condition. Spain, needy and desolate, her fate dependent on the generosity of America, and almost in the act of being blotted out from the list of nations, appeared as if transported back to the 16th and 17th ages, she again began to conquer America, with arms more terrible than iron and lead; every day gave rise to a new proof, of the fate that awaited us; such a one as would place us in the sad alternative of being sold to a foreign power, or obliged for ever to groan under a fresh and irrevocable servitude; whilst we alone, were expectant on the happy moment, that might give impulse to our opinion, and unite our strength to express, and to sustain it.

Amidst the sighs and imprecations of general exasperation, the irruption of the French into Andalusia, the dissolution of the Central Junta, brought about by the effects of public execration, and the abortive institution of another Protean government, under the name of Regency, reached our ears. This was announced under ideas more liberal, and on

* Vide Act of proscription of several officers of distinction, and citizens of rank and probity, decreed on the 20th March, 1810, by Emparan.

56

ya los esfuerzos de los Américanos para hacer valer los vicios y nulidades de tan raro Gobierno, procuraron reforzar la ilusion con promesas brillantes, teorias estériles de reformas, y anuncios de que ya no estaba nuestra suerte en las manos de los Virreyes, de los Ministros, ni de los Gobernadores; al mismo tiempo que todos estos agentes recibian las mas estrechas órdenes para velar sobre nuestra conducta, sobre nuestras opiniones, y no permitir que estas saliesen de la esfera trazada por la eloqüencia que doraba los hierros preparados en la capciosa y amañada carta de emancipacion.

En qualquiera otra época hubiera esta deslumbrado á los Americanos; pero ya habia trabajado demasiado la Junta de Sevilla y la Central, á favor de nuestro desengaño, y lo que se combinó, meditó, y pulió para conquistarnos de nuevo con frases é hiperboles, sirvió solo para redoblar nuestra vigilancia, reunir nuestras opiniones y formar una firme é incontrastable resolucion de perecer ántes que ser por mas tiempo víctimas de la cábala y la perfidia. El dia en que la Religion celebra los mas augustos misterios de la redencion del género humano, era el que tenia señalado la Providencia para dar principio à la redencion politica de la América. El Jueves Santo, 19 de Abril, se desplomó en Venezuela el coloso del despotismo, se proclamó el imperio de las leyes, y se expulsaron los tiranos con

perceiving the efforts of the Americans to avail themselves of the vices and nullities of so rare a government, they endeavoured to strengthen the illusion by brilliant promises, by theories barren of reform, and by announcing to us, that our fate was no longer in the hands of viceroys, ministers, or governors; at the same time, that all these agents received the most strict orders to watch over our conduct, over our opinions, and not to suffer these to exceed the limits, traced by the eloquence that gilded over the chains, prepared in the captious and cunning letter of emancipation.

At any other period whatever, this would have sufficed to deceive the Americans; but the Junta of Seville, as well as the Central one, had already done too much in order to take the bandage from our eyes; and what was then combined, meditated, and polished, to subject us again, with phrases and hyperboles, only served to redouble our vigilance, to collect our opinions, and to form a firm and unshaken resolution to perish, rather than to remain any longer the victims of cabal and perfidy. The day, on which religion celebrates the most august mystery of the redemption of the human race, was that designated by Providence to be the commencement of the political redemption of America. On Good Friday, the 19th of April, it was, that the Colossus of despotism was cast down in Venezuela, the empire of the laws proclaimed, and the tyrants expelled, with all the felicity, moderation, and tranquillity, that they themselves

58

toda la felicidad, moderacion y tranquilidad que ellos mismos han confesado, y ha llenado de admiracion y afecto hácia nosotros á todo el mundo imparcial.

Quien no hubiera creido que un Pueblo que logra recrobar sus derechos, y librarse de sus opresores, no hubiera en su furor salvado quantas barreras podian ponerlo directa, ó indirectamente, al alcance de la influencia de los Gobiernos que habian hasta entónces sostenido su desgracia y opresion? Venezuela fiel á sus promesas, no hace mas que asegurar su suerte para cumplirlas; y si con una mano firme y generosa deponia á los agentes de su miseria y su esclavitud, colocaba con la otra el nombre de Fernando VII á la frente de su nuevo gobierno, juraba conservar sus derechos, prometia reconocer la unidad é integridad política de la Nacion Española, abrazaba á sus hermanos de Europa, les ofrecia un asilo en sus infortunios y calamidades, detestaba á los enemigos del nombre Español, procuraba la alianza generosa de la Nacion Inglesa, y se prestaba á tomar parte en la felicidad y en la desgracia de la nacion de quien pudo y debió separarse para siempre.

Mas no era esto lo que exîgia de nosotros la Regencia. Quando nos declaraba libres en la teoria de sus planes, nos sujetaba en la práctica á una representacion diminuta é insignificante, creyendo que á quien nada se le debia, estaba en el caso de contentarse con lo que le diésen sus señores. Baxo tan liberal cál-

have confessed; so much so, as even to have filled with admiration and friendship for us, the rest of the impartial world.

Who but would have thought that a nation, recovering its rights, and freeing itself from its oppressors, in its blind fury, would have broken down every barrier that might place it directly, or indirectly within the reach of the influence of those very governments, that had hitherto sustained its misfortunes and oppression. Venezuela, faithful to her promises, does no more than insure her own security in order to comply with them; and if with one strong and generous hand, she deposed the agents of her misery and her slavery, with the other, she placed the name of Ferdinand the 7th at the head of her new government, swore to maintain his rights, promised to acknowledge the unity and integrity of the Spanish nation, opened her arms to her European brethren, offered them an asylum in their misfortunes and calamities, equally hated the enemies of the Spanish name, sought the generous alliance of England, and prepared to take part in the felicity or misfortune of the nation from whom she could, and ought to have eternally separated.

But it was not this, that the Regency exacted from us. When the latter declared us free in the theory of their plans, they subjected us in practice to a small and insignificant representation, believing that those to whom nothing was due, would be content to receive whatever was granted to them by their

60

culo, queria la Regencia mantener nuestra ilusion, y pagarnos en discursos, promesas é inscripciones, nuestra larga servidumbre, y la sangre y los tesoros que derramabamos en España. Bien conociamos nosotros lo poco que debiamos esperar de la política de los intrusos apoderados de Fernando: no ignorabamos, que si no debiamos depender de los Virreyes, Ministros y Gobernadores, con mayor razon no podiamos estar sujetos á un Rey cautivo y sin derechos ni autoridad, ni á un gobierno nulo é ilegítimo, ni á una nacion incapaz de tener derecho sobre otra, ni á un angulo peninsular de la Europa, ocupado casi todo por una fuerza extraña; pero queriendo conquistar nuestra libertad á fuerza de generosidad, de moderacion, y de civismo, reconocimos los imaginarios derechos del hijo de Maria Luisa, respetamos la desgracia de la Nacion, y dando parte de nuestra resolucion á la misma Regencia que desconociamos, le ofrecimos no separarnos de la España siempre que hubiese en ella un gobierno legal, establecido por la voluntad de la Nacion, y en el que tuviese la América la parte que le da la justicia, la necesidad, y la importancia política de su territorio.

Si los trescientos años de nuestra anterior servidumbre, no hubieran bastado para autorizar nuestra emancipacion, habria sobrada causa en la conducta de los gobiernos que se arrogaron la Soberanía de una nacion conquistada, que jamas pudo tener la menor propriedad en la América, declarada parte integrante

masters. Under a calculation so liberal, the Regency was desirous of keeping up our illusion, to pay us with words, promises, and inscriptions for our long slavery, and for the blood and treasure we had expended in Spain. Fully were we aware, how little we had to expect from the policy and the intrusive agents of Ferdinand; we were not ignorant that if we were not to be dependent on viceroys, ministers, and governors, with greater reason we could not be subject either to a king, a captive and without the rights of authority, nor to a government, null and illegitimate, nor to a nation incapable of holding sway over another, nor to a peninsular corner of Europe, nearly wholly occupied by a foreign force. Nevertheless, desirous of effecting our own freedom, by the means of generosity, moderation, and civism, we acknowledged the imaginary rights of the son of Maria Louisa, we respected the misfortunes of the nation, and giving official notice to the same Regency we disowned, we offered not to separate from Spain, as long as she maintained a legal government, established by the will of the nation, and in which America had that part, given to her by justice, necessity, and the political importance of her territory.

If the three hundred years of our former servitude, have not sufficed to authorize our emancipation, there would be sufficient cause in the conduct of the governments, which arrogated to themselves the sovereignty of a conquered nation, which never could have any property in America, declared an integral part of the

62

de ella; quando se quiso envolverla en la conquista. Si los Gobernantes de España hubiesen estado pagados por sus enemigos, no babrian podido hacer mas contra la felicidad de la nacion vinculada en su extrecha union y buena correspodencia con la América. Con el mayor desprecio á nuestra importancia, y á la justicia de nuestros reclamos, quando no pudieron negarnos una apariencia de representacion, la sugetaron á la influencia despótica de sus Agentes sobre los Ayuntamientos, á quienes se cometió la eleccion; y al paso que en España se concedia hasta á las Provincias ocupadas por los Franceses, y á las Islas Canarias y Baleares un Representante á cada 50 mil almas, elégido libremente por el Pueblo, apenas bastaba en América un millon para tener derecho á un representante, nombrado por el Virrey ó Capitan General baxo la firma del Ayuntamiento.

Mientras que nosotros fuertes con el testimonio de nuestra justicia, y con la moderacion de nuestro proceder, esperabamos que si no triunfaban las razones que alegamos á la Regencia para demostrarle la necesidad de nuestra resolucion; se respetarian, al ménos, las generosas disposiciones con que nos prestabamos á no ser enemigos de nuestros oprimidos y desgraciados hermanos; quiso el nuevo gobierno de Caracas no limitar estas disposiciones á estériles raciocinios, y el mundo despreocupado é imparcial, conocerá que Venezuela ha consumido todo el tiempo que ha pasado, desde el 19 de Abril de 1810, hasta el 5 de Julio de

same, whilst they attempted again to involve it in conquest. If the governors of Spain had been paid by her enemies, they could not have done more against the felicity of the nation, bound in its close union and good correspondence with America. With the greatest contempt of our importance, and of the justice of our claims, when they could not deny us the appearance of a representation, they subjected it to the despotic influence of their agents over the municipalities to whom the election was committed; and whilst in Spain, at the same time that they allowed even for the provinces in possession of the French, as well as the Canaries and Balearic islands, a representative for each fifty thousand souls, freely elected by the people; in America, scarcely a million sufficed to have the right of one representative, named by the Viceroy or Captain General, under the signature of the municipality.

At the same time that we, strong in the testimony of our own justice, and the moderation of our proceedings, hoped, that if the reasons we alledged to the Regency to convince them of the necesity of our resolution did not triumph; at least, that the generous dispositions with which we offered not to become the enemy of our oppressed and unfortunate brethren, would be successful, dispositions which the new government of Caracas was desirous should not be limited to barren phrases; and the imprejudiced and impartial world will know, that Venezuela has passed all that time, which intervened between the 19th of

64

1811, en una amarga y penosa alternativa de ingratitudes, insultos y hostilidades, por parte de la España, y de generosidad, moderacion y sufrimiento, por la nuestra. Esta época es la mas interesante de la historia de nuestra revolucion, como que sus acaecimientos ofrecen un contraste tan favorable á nuestra causa, que no ha podido ménos que ganarnos el imparcial juicio de las naciones que no tienen un interes en desacreditar nuestros esfuerzos.

Antes de las resultas de nuestra transformacion política, llegaban cada dia á nuestras manos nuevos motivos para hacer, por cada uno de ellos, lo que hicimos despues de tres siglos de miseria y degradacion. En todos los Buques que llegaban de España, venian nuevos agentes á reforzar con nuevas instrucciones á los que sostenian la causa de la ambicion y la perfidia: con el mismo objeto se negaba el permiso de regresar á España á los militares y demas empleados Europeos; aunque lo pidiesen para hacer la guerra contra los Franceses: se expedian órdenes* para que socolor de no atender sino á la guerra, se embruteciése mas la España y la América, se cerrasen las escuelas, no se habláse de derechos ni premios, ni se hiciése mas que enviar á España dinero, hombres Américanos, viveres, frutos preciosos, sumision y obediencia.

Las gazetas no hablaban mas que de triunfos, victorias, donativos, y reconocimientos arrancados por

---

* El 30 de Abril de 1810.

65

April, 1810, to the 5th of July, 1811, in a bitter and painful alternative of acts of ingratitude, insults and hostilities on the part of Spain, and of generosity, moderation, and forbearance on ours. This period is the most interesting of the history of our revolution, so much so, that its events present a contrast so favourable to our cause, that it cannot have failed to gain over for us, the impartial judgement of those nations, that have no interest to disparage our efforts.

Previous to the result of our political transformation, every day we received fresh motives sufficiently strong, for each to have caused us to do what we have done, after three ages of misery and degradation. In every vessel that arrived from Spain, new agents came out to strengthen with fresh instructions, those who sustained the cause of ambition and perfidy. For the very same purpose, refusal was sent out for the officers, and other Europeans to return to Spain, notwithstanding they asked it to fight against the French; fresh orders were issued,* for the schools to be closed, to the end, that under the pretence of attending only to the war, both Spain and America might be sunk deeper into a state of ignorance, it was ordained that rights and premiums should not be heard of, and that nothing was to be done, but sending to Spain, money, American men, provisions, colonial productions, submission, and obedience.

The public prints were filled with nothing but triumphs, victories, donations and acknowledgements,

* On the 30th April, 1810.

66

el despotismo en los Pueblos que no sabian aun nuestra resolucion; y baxo las mas severas conminaciones se restablecia la inquisicion política con todos sus horrores, contra los que leyesen, tubiésen ó recibiésen otros papeles, no solo estrangeros, sino aun Españoles que no fuesen de la fabrica de la Regencia.* Contra las mismas órdenes expedidas de antemano para alucinar la América, se salvaban todos los tramites en las consultas para empleados ultramarinos, cuyo mérito consistia solo en haber jurado sostener el sistema tramado por los Regentes: con el último escandalo y descaro se declaró nula condenó al fuego, y se proscribieron los autores y promovedores de una órden que favorecia nuestro comercio y alentaba nuestra agricultura; al paso que se nos exîgian auxîlios de todas clases, sin producir la menor cuenta de su destino é inversion: en desprecio de la fé pública se mandaron abrir sin excepcion alguna todas las corresponcias de estos paises, atentado desconocido hasta en el despotismo de Godoy, y adoptado solo para hacer mas tiranico el espionage contra la America. En una palabra, empezaban á realizarse practicamente los planes trazados para perpetuar nuestra servidumbre.

Entre tanto Venezuela, libre y señora de sí misma, en nada pensaba ménos que en imitar la detestable conducta de la Regencia y sus agentes: contenta con

* Ibid.

67

wrested by despotism from the people who were not yet informed of our resolution; and under the most severe threats of punishment, a political inquisition with all its horrors, was established against those who should read, possess, or receive other papers, not only foreign, but even Spanish, that were not out of the Regency's manufacture.* Contrary to the very orders previously issued to deceive the country, every bound was overleaped in the selection of ultramarine functionaries, whose merit alone consisted in having sworn to maintain the system contrived by the Regency; in the most scandalous and barefaced manner the order which favoured our trade, and encouraged our agriculture, was declared null, condemned to be burnt, and its authors and promoters proscribed; aid of every kind was exacted from us, without any account of its destination or expenditure being sent to us; in contempt of every shadow of public faith, and without any exception whatever, all correspondence from these countries was ordered to be opened; an excess unknown even under the despotism of Godoy, and only adopted to cause the espionage over America to be more tyranical. In short, the plans plotted to perpetuate our servitude, now began practically to be realized.

In the mean time Venezuela, free, and mistress of herself, of nothing thought less than to imitate the detestable conduct of the Regency and its agents;

* Date as above.

68

haber asegurado su suerte contra la ambicion de un Gobierno intruso é ilegitimo, y ponerla á cubierto de unos planes demasiado complicados y tenebrosos, no hacia mas que acreditar con hechos positivos sus deseos de paz, amistad, correspondencia y cooperacion con sus hermanos de Europa Quantos se hallavan entre nosotros fueron mirados como tales, y los dos tercios de los empleos politicos, civiles y militares de alta y mediana gerarquia quedaron ó se pusieron en manos de los Europeos, sin otra precaucion que una franqueza y buena fé harto funesta à nuestros intereses: nuestras caxas se abrieron generosamente para auxîliar con luxo, y transportar comoda y profusamente á nuestros tiranos: los Comandantes de los Correos Carmen, Fortuna y Araucana, fueron acogidos en nuestros puertos, y auxîliados con nuestros caudales para seguir y concluir sus respectivas comisiones: y aun los desacatos y delitos del de la Fortuna se sometieron al juicio del Gobierno Español. Aunque la Junta Gubernativa de Caracas presentó las razones de precaucion que la obligaban á no aventurar á la voracidad del Gobierno los fondos públicos que pudieran servir al socorro de la nacion, exhortó y dexó expédita la generosidad de los pueblos para que usasen de sus caudales conforme á los impulsos de su sensibilidad, públicando en sus Gazetas el plañidero manifiesto con que la Regencia pintaba moribunda á la nacion para pedir auxilio; al paso que la hacia parecer vigorosa, organizada y triunfante en

69

content with having sucured her fate against the ambition of an intrusive and illegitimate government, and shielded it against plans too dark and complicated, was satisfied in shewing by positive acts, her desire of peace, friendship, correspondence, and co-operation with her European brothers. All those who were amongst us, were considered as such, and two-thirds of the political, civil and military employments, both of the high and middle classes, remained, or were placed in the hands of Europeans, without any further precaution, but with a sincerity and good faith, that nearly proved fatal to our interests.

Our chests were generously opened, to aid with every luxury, to the end, that our tyrants in their passage from us, might enjoy every convenience and profusion; the captains of the packets, Carmen, Fortuna, and Araucana, were received into our ports, and assisted with money, to enable them to proceed on their voyage, and fulfil their respective commissions; and even the disrespect and crimes of the commander of the Fortuna, were referred to the judgement of the Spanish government. Notwithstanding the governmental Junta of Caracas, manifested the reasons of precaution, which obliged them not to expose to the voracity of the government, the public funds, which were destined to succour the nation, they exhorted and left room for the generosity of the people, to use their fortunes conformably to the impulse of their own sensibility, by publishing in the newspapers, the mournful manifest, in which the Regency pourtray-

70

los Periódicos destinados á alucinarnos: los Comisionados de la Regencia para Quito, Santa Fé y el Perú, fueron hospedados amistosamente, tratados como amigos, y socorridos á su satisfaccion sus urgencias pecuniarias. Pero gastamos mas bien el tiempo en analizar la conducta tenebrosa y suspicaz de nuestros enemigos, puesto que todos sus esfuerzos no han sido bastantes para desnivelar la imperiosa y triunfante impresion de la nuestra.

No eran solo los mandones de nuestro territorio los que estaban autorizados para sostener la horrorosa trama de sus constituyentes: era omnimoda y universal la mision de todos los que inundaron la América desde los funestos y ominosos reynados de las Juntas de Sevilla, Central y Regencia, y con un sistema de francmazoneria política baxo un pacto machiavelico, estaban todos de acuerdo en substituirse, reemplazarse y auxîliarse mutuamente en los planes combinados contra la felicidad y existencia política del Nuevo Mundo. La Isla de Puerto Rico se constituyó, desde luego, la guarida de todos los agentes de la Regencia: el astillero de todas las expediciones: el quartel general de todas las fuerzas anti-Américanas: el taller de todas las imposturas, calumnias, triunfos y amenazas de los Regentes: el refugio de todos los malvados: y el surgidero de una nueva compañia de Filibustiers, para que no faltase ninguna de las calamidades del siglo 16 á la nueva

ed the agonizing state of the nation, in order to implore aid; at the same time, that they represented it vigorous, organized and triumphant in the public prints, destined to deceive us. The commissioners of the Regency bound to Quito, Santa Fè, and Peru, were hospitably received, treated as friends, and their pecuniary wants supplied, to their own satisfaction. —But we lose time, in thus analyzing the dark and cunning conduct of our enemies, as all their endeavours have not sufficed to warp the imperious and triumphing impression of ours.

The arrogant mandataries of our country, were not however, the only ones, authorized to support the horrid plot of their constituents; the same uniform and universal mission, was brought out by all those who inundated America, from the sad and ominous reigns of the Junta of Seville, the Central one, and the Regency; and under the system of political freemasonry, founded on the machiavelic pact, they all accorded in mutually substituting, replacing, and assisting each other, in the plans combined against the felicity and political existence of the new world. The island of Puerto Rico, was immediately made the haunt of all the agents of the Regency, the place of equipment for all the expeditions, the head quarters of all the anti-American forces, the workshop of all the impostures, calumnies, triumphs, and threats of the Regents; the refuge of all the wicked, the rendezvous port of a new set of Filibustiers, in order that there might not be wanting any of the calamities of the

conquista de la América en el 19. Oprimidos los Américanos de Puerto-Rico con las bayonetas, cañones, grilletes y horcas, que rodeaban al Baxá Melendez y sus satélites, tenian que añadir á sus males y desgracias la dolorosa necesidad de contribuir á los nuestros, Tal es la suerte de los Américanos condenados, no solo á ser presidiarios, sino comitres unos de otros.

Aun es mucho mas dura é insultante la conducta que observa la España con la América, comparada con la que aparece respecto de la Francia. Es bien notorio que la nueva dinastia que resiste aun alguna parte de la nacion, ha tenido partidarios muy decididos en muchos de los que se miraban como sus Proceres por su rango, empleos, luces, y conocimientos;* pero todavia no se ha visto uno de los que tanto apetecen la libertad, independencia, y regeneracion de la Peninsula, que haya disculpado siquiera la conducta de las Provincias Americanas, que adoptando los mismos principios de fidelidad, é integridad nacional, hayan querido conservarse á sí mismas independientes de unos gobiernos intrusos, ilegitimos, imbeciles y tumultuarios, como han sido todos los que se han llamado hasta ahora apoderados del Rey, ó Representantes de la Nacion. Irrita ver tanta liberalidad, tanto civismo, y tanto desprendimiento en las Cortes

* Morla, Azanza, Ofarill, Urquijo, Mazarredo, y otros muchos de todas clases y profesiones.

sixteenth century, to the new conquest of America, in the nineteenth. The Americans of Puerto Rico, oppressed by the bayonets, cannons, fetters and gibbets which surrounded the bashaw Melendez, and his satellites, had to add to their own evils and misfortunes, the painful necessity of contributing to ours. Such is the fate of the Americans, condemned not only to be galley slaves, but to be the drivers of each other.

The conduct observed by Spain to America, is harder and more insulting, when compared with that she appears to exercise with regard to France. It is well known, that the new dynasty, still resisted by part of the nation, has had decided partizans in many of those, who considered themselves the first national dignataries, for their rank, offices, talents, and knowledge;* but still there has not appeared one of those who so much desire the liberty, independence, and regeneration of the Peninsula, who has raised his voice in favour of the American provinces; which adopting the same principles of fidelity and national integrity, have of their own accord, been ambitious of preserving themselves independent of such intrusive, illegitimate, weak, and tumultuary governments, as have been all those, which have hitherto called themselves the agents of the King, or representatives of the nation. It is vexing to see so much liberality, so much civism, and so much disinterest in

* Morla, Azanza, Ofarill, Urquijo, Mazarredo, and many others of every class and profession.

con respecto á la España desorganizada, exhausta, y casi conquistada; y tanta mezquindad, tanta suspicacia, tanta preocupacion y tanto orgullo con la América, pacifica, fiel, generosa, decidida á auxiliar á sus hermanos, y la única que puede no dejar ilusorios, en lo esencial, los planes teoricos y brillantes que tanto valor dán el Congreso Español. Quantas trayciones, entregas; asesinatos, perfidias, y concusiones se han visto en la revolucion de España, han pasado como desgracias inseparables de las circunstancias; pero á ninguna de las Provincias rendidas, ó contentas con la dominacion Francesa, se le ha tratado como á Venezuela; habrá sido su conducta analizada y caracterizada conforme á las razones, motivos, y circunstancias que la dictaron: se habrá juzgado esta conforme al derecho de la guerra, y se habrá publicado el juicio de la Nacion conforme á los datos que se hayan tenido presentes; pero ninguna de ellas ha sido hasta ahora declarada traydora, rebelde, y desnaturalizada como Venezuela, y para ninguna de ellas se ha creado una comision pública de amotinadores diplomaticos, para armar Españoles contra Españoles, encender la guerra civil, é incendiar todo lo que no se puede poseer ó dilapidar á nombre de Fernando VII. La América sola es la que está condenada á sufrir, la inaudita condicion de ser hostilizada, destruida, y esclavizada con los mismos auxílios, que ella destinaba para la libertad y felicidad comun de la Nacion, de

75

the Cortes, with regard to Spain, disorganized, exhausted, and nearly conquered; and at the same time, so much meanness, so much suspicion, prejudice, and pride, towards America; tranquil, faithful, generous, decided to aid her bretheren; when it is she alone who can give reality, (in the most essential point at least) to the theoretical and brilliant plans, which make the Spanish congress so exalted. How many treasons, surrenders, assassinations, perfidies, and convulsions, have not appeared in the revolution of Spain; these have passed by as the inseparable misfortunes of circumstances, yet not one of the provinces surrendered, or satisfied with the dominion of the French, has been treated like Venezuela; their conduct must however have been analyzed and characterized according to reasons, motives, and circumstances that dictated it; this must have been judged in conformity to the rights of war, and the sentiments of the nation must have been pronounced, according to the statements laid before it; but not one of them has yet been declared traiterous, in rebellion, and unnaturalized as was Venezuela; for none of them has been created a public commission of diplomatic mutineers, to arm Spaniard against Spaniard, to fan the flame of civil war, and to burn and delapidate all that cannot be held in the name of Ferdinand the seventh. America alone, is condemned to endure the unheard of condition, of being warred upon, destroyed, and enslaved, with the very aids, she destined for the liberty and common felicity of the nation,

76

que se le hizo creer fué parte por algunos momentos.

Parece que la independencia de la América causa mas furor á la España que la oppression estrangera que la amenaza, al ver que contra ella se emplean con preferencia recursos qun no han merecido aun las Provincias que han aclamado al nuevo Rey. El talento incendiario y agitador de un Ministro del Consejo de Indias, no podia tener mas digno empleo que el de conquistar de nuevo á Venezuela con las armas de los Alfingers, y Weslers * á nombre de un Rey colocado en el trono, contra las pretensiones de la familia del que arrendó estos paises a los Factores Alemanes. Baxo este nombre se rompen contra nosotros todos los diques de la iniquidad, y se renuevan los horrores de la conquista, cuya memoria procuramos borrar generosamente de nuesta posteridad: baxo este nombre se nos trata con mas dureza que á los mismos que lo han abandonado ántes que nosotros: y baxo este nombre se quiere continuar el sistema de dominacion Española en América, que ha sido un fenomeno politíco, aun de los tiempos de la realidad, energia, y vigor de la Monarquia Española. ¿Y podra darse alguna ley que nos obligue a conservarle, y sufrir á nombre suyo el torrente de amarguras que descargan sobre nosotros los que se dicen sus apoderados en la Peninsula? Por medio de ellos ha logrado su nombre los tesoros, la obediencia y reconocimiento

* Primeros tiranos de Venezuela, autorizados por Carlos V. y promovedores de la guerra civil entre sus primitivos habitantes.

of which she was led to believe, for a few moments, that she constituted part.

It appears that the independence of America, creates more irritation to Spain, than the foreign oppression that threatens her; for against her, are preferably employed, measures that have not even been used against the very provinces, that have proclaimed the new king. The incendiary and turbulent talent of a minister of the council of the Indies, could not have a more dignified employment, than that of again conquering Venezuela, with the same arms as those of the Alfingers and the Weslers,* in the name of a king placed on the throne, against the pretensions of the family of him, who let out these provinces to the German factors. Under this name, all the sluices of iniquity are opened upon us, and the horrors of the conquest are renewed, the remembrance of which, we had generously endeavoured to blot out from our posterity; under this name, we are treated with more severity, than those who abandoned it before we did; and under this name, it is attempted to continue the system of Spanish dominion in America, which has been held as a political phenomenon, even in the times of the reality, energy, and vigour of the Spanish monarchy. And can their be found, any law that obliges us to preserve it, and to suffer in its name, the torrent of distresses heaped upon us, by those who call themselves its agents in the Peninsula? By their

* The first tyrants of Venezuela, authorized by Charles V, and the promoters of civil war amongst its primitive inhabitants.

78

de las Américas; por medio pues de su flagiciosa conducta en el exercicio de sus poderes ha perdido el nombre de Fernando toda consideracion entre nosotros, y debe ser abandonado para siempre.*

No contento el tirano de Borriquen[†] con hacerse Soberano para declararnos la guerra, insultarnos y calumniarnos en sus insubstanciales, rastreros y aduladores periodicos: no satisfecho con haberse constituido el carcelero gratuito de los Emisarios de paz y confederacion, que le envió su compañero Miyares desde el Castillo de Zapáras de Maracaybo, porque trastornaban los planes que ya tenia recibidos y aceptados de la Regencia y el nuevo Rey de España, en cambio de la Capitanía General de Venezuela que compró barata á los Regentes: no creyendo bien recompensados tan relevantes méritos con el honor de haber servido fielmente á sus *Reyes;* robó con la última impudencia mas de cien mil pesos de los caudales públicos de Caracas, que se habian embarcado en la Fragata Fernando VII para comprar armamento y ropa militar en Londres, baxo seguros de aquella plaza; y para no dejar insulto por hacer, alegó que

* Ex qua persona quis lucrum capit, factum præstare tenetur.
† Nombre primitivo de la Isla de Puerto Rico.

means, this very name obtained the treasure, the obedience and acknowledgement of America; and by means of their flagitious conduct afterwards, in the exercise of their powers, the name of Ferdinand has lost every consideration amongst us, and consequently ought to be abandoned for ever.*

The tyrant of Borriquen,† not content with creating himself into a sovereign, to declare war against us, and with insulting and calumniating us in his flimsy, mean, and flattering prints; not satisfied with constituting himself into the gratuitous jail-keeper, of the emissaries of peace and confederation, sent to him by his comrade Miyares, from the castle of Zapàras de Maracaybo; because they overturned the plans he had received and accepted from the Regency, and the new king of Spain, in exchange for the Captain Generalship of Venezuela, purchased at a cheap rate from the Regents; not considering such superior merit sufficiently rewarded, with the honour of faithfully serving his *kings*, in the most barefaced manner, plundered more than one hundred thousand dollars of the public funds, belonging to Caracas, that had been embarked on board the ship Ferdinand the seventh, in order to purchase stores and military clothing in London, where the insurance was effected, and in order that his insult might be the more com-

* Ex qua persona quis lucrum capit, ejus factum præstare tenetur.

† The primitive name of the island of Puerto Rico.

el gobierno Español podria malversarlos, que la Inglaterra podria apropriarselos desconociendo nuestra resolucion, y que en ninguna parte debian ni podian estar mas seguros que en sus manos, negociados por medio de sus socios de comercio, como en efecto lo fueron en Filadelfia, para dar cuentas del capital quando conquistase Puerto Rico á Venezuela, se rindiése esta á la Regencia, ó volviése Fernando VII á reynar en España: tales parecen los plazos que se impuso á si mismo el Gobernador de Puerto Rico para dar cuenta de tan atroz y escandalosa depredacion; pero no es esto solo lo que ha hecho este digno agente de la Regencia en favor de los designios de sus comitentes.

Aun apesar de tanto insulto, de tánto robo, y de tanta ingratitud, permanecia Venezuela en su resolucion de no variar los principios que se propuso por norma de su conducta: el acto sublime de su representacion nacional, se publicó á nombre de Fernando VII: baxo su autoridad fantástica se sostenian todos los actos de nuestro gobierno y administracion, que ninguna necesidad tenia ya de otro orígen que el del Pueblo que la habia constituido: por las leyes y los codigos de la España, se juzgó una horrible y sanguinaria conspiracion de los Europeos, y se infringieron estas para perdonarles la vida, por no manchar con la sangre de nuestros pérfidos hermanos, la filan-

plete, he alleged, that the Spanish government might waste and misapply them, that England might appropriate them to herself, disowning our resolution; so that in no place they could, or ought to be more secure than in his hands, negociated by means of his partners in trade, as in fact they were, in Philadelphia, adding that account of the capital thereof, was to be given in, when Puerto Rico had conquered Venezuela, when the latter should deliver herself up to the Regency, or when Ferdinand VII. should return to reign in Spain. Such were the periods, it appears, that the governor of Puerto Rico imposed upon himself, to render in account of so atrocious and scandalous a depredation; but this is not all that this worthy agent of the Regency has done, in favour of the designs of his constituents.

Notwithstanding so much insult, robbery, and ingratitude, Venezuela maintained her resolution not to vary the principles she had traced out for her conduct, the sublime act of her national representation was proclaimed in the name of Ferdinand VII. under his fantastical authority, all the acts of our government and administration were sustained, though they required no other origin than the people who had constituted them; by the laws and regulations of Spain was judged a horrible and sanguinary conspiracy of the Europeans, which were even infringed to save their lives, in order that the philanthropic memory of our revolution might not be stained with the blood of our perfidious brethren; under the name of

tropica memoria de nuestra revolucion: baxo el nombre de Fernando, é interponiendo los vinculos de la fraternidad y la patria, se procuró ilustrar y reducir á los mandones de Coro y Maracaybo, que tenian separados perfidamente de nuestros intereses á nuestros hermanos del Occidente: baxo los auspicios del interes reciproco triunfamos de la opresion de Barcelona: y baxo estos mismos reconquistarémos á Guayana arrancada dos veces de nuestra confederacion, como lo está Maracaybo, contra el voto general de sus vecinos.

Parecia que ya no quedaba nada que hacer para la reconciliacion de la España, ó para la entera y absoluta separacion de la América de un sistema de generosidad tan ruinoso y funesto como despreciado y mal correspondido; pero Venezuela quiso agotar todos los medios que estuviesen á su alcance, para que la justicia y la necesidad, no le dexasen otro partido de salud que el de la independencia que debió declarar desde el 19 de Abril de 1810. Despues de haber remitido á la sensibilidad, y no á la venganza las horrorosas escenas de Quito, Pore y la Paz: despues de haberse visto apoyada nuestra causa, con la uniformidad de sentimentos de Buenos Ayres, Santa Fé, la Florida, Mexico, Guatemala y Chile; despues de haber obtenido una garantia indirecta por parte de la Inglaterra: despues de lograr reunir á su causa á Barcelona, Merida y Truxillo: despues de oir alabar su conducta por los hombres imparciales de la Europa: despues de ver triunfar sus principios

83

Ferdinand, and by the interposition of the bonds of fraternity and patriotism, endeavours were made to inform and reduce the imperious mandataries of Coro and Maracaybo, who perfidiously kept separated from our interests, our brethren of the West; under the auspices of reciprocal interest, we triumphed over the oppressive acts of Barcelona, and under the same, we will reconquer Guayana, twice snatched from our confederation, as was Maracaybo, against the general wishes of its inhabitants.

It would have seemed, that nothing was now left to be done for the reconciliation of Spain, or for the entire and absolute separation of America from such a system of generosity, equally as ruinous and calamitous, as contemptible and ungrateful: but Venezuela was desirous of draining every means left within her reach, in order that justice and necessity should leave her no other safe alternative than that of independence, which ought to have been declared from the 15th of July 1808, or from the 19th of April 1810. After appealing to sensibility, and not to vengeance, in the horrid scenes that occurred at Quito, Pore, and La Paz: after beholding our own cause supported by the uniformity of opinions in Buenos Ayres, Santa Fé, the Floridas, Mexico, Guatemala, and Chili; after obtaining an indirect guarantee on the part of England; after hearing our conduct applauded by impartial men in Europe; after seeing the same principles triumph from the Orinoko, as far as El Magdalena; and from Cape Codera, as far as the

84

desde el Orinoco hasta el Magdalena, y desde el Cabo Codera hasta los Andes, tiene que endurar nuevos insultos, ántes que tomar el partido doloroso de romper para siempre con sus hermanos.

Sin haber hecho Caracas otra cosa que imitar á muchas Provincias de España, y usar de los mismos derechos que habia declarado en favor de ella y de toda la América, el Consejo de Regencia: sin haber tenido en esta conducta otros designios que los que le inspiraba la suprema ley de la necesidad para no ser envueltos en una suerte desconosida, y relevar á los Regentes del trabajo de atender al gobierno de paises tan extensos como remotos, quando ellos protestaban no atender sino á la guerra: sin haber roto la unidad é integridad política con la España: sin haber desconocido, como podia y debia, los caducos derechos de Fernando; lexos de aplaudir por conveniencia, ya que no por generosidad, tan justa, necesaria y modesta resolucion; y sin dignarse contestar siquiera, ó someter al juicio de la nacion nuestras quexas y reclamaciones, se la declara en estado de guerra, se anuncia á sus habitantes como rebeldes, y desnaturalizados: se corta toda comunicacion con sus hermanos: se priva de nuestro comercio á la Inglaterra: se aprueba los excesos de Melendez, y se le autoriza para cometer quanto le sugiriese la malignidad de corazon, por mas opuesto que fuese á la razon y justicia, como lo demuestra la órden de 4 de Septiembre de 1810, desconocida por su monstruosidad aun entre los despótas de Constantinopla y del Indostan; y por no

Andes; we have still to endure fresh insults, before we fly to the painful extreme of breaking with our brethren for ever.

Caracas, without having done more than imitate many of the provinces of Spain; and used the same rights which the Council of Regency declared in her favour, as well as that of all America; without having had in this conduct, other designs than those inspired by the supreme law of necessity not to be involved in an unknown fate, and to relieve the Regents of the trouble of attending to the government of countries, as well extensive as remote, at the same time that they protested that they would attend to nothing but the war; without having torn asunder her unity and political integrity with Spain; without having disowned, as was possible and proper, the lame rights of Ferdinand; far from applauding for convenience, if not from sentiments of generosity, so just, necessary, and modest a resolution, and without answering even, or submitting to the judgment of the nation our complaints and claims, is declared in a state of war, her inhabitants are proclaimed rebels, and unnaturalized; every communication is cut off with her brethren; England is deprived of her trade, the excesses of Melendez are approved, and he is authorized to commit whatever his malignity of heart may suggest to him, however opposed to reason and justice, as is proved by the order of the 4th of Sept. 1810, unheard of for its enormity, even amongst the despots of Constantinople or Indostan; and not to

86

faltar un apice á los tramites de la conquista, se envia baxo el nombre de pacificador un nuevo Encomendero, que con muchas mas prerrogativas que los conquistadores y pobladores, se apostase en Puerto Rico para amenazar, robar, piratear, alucinar y amotinar á unos contra otros, á nombre de Fernando VII.

Hasta entónces habian sido mas lentos los progresos del sistema de subversion, anarquía y depredacion que se propuso la Regencia luego que supo los movimientos de Caracas; pero trasladado ya el foco principal de la guerra civil mas cerca de nosotros, adquirieron mas intensidad los subalternos, y se multiplicaron los incendios de las pasiones, y los esfuerzos de los partidos que capitaneaban los Caudillos asalariados por Cortabarria y Melendez. De aqui la energía incendiaria que adquirió la efémera sedicion de Occidente: de aqui la discordia soplada de nuevo por Miyares, hinchado y ensobervecido con la imaginaria Capitanía General de Venezuela: de aqui la sangre Américana derramada á nuestro pesar en las arenas de Coro: de aqui los robos y asesinatos cometidos en nuestras costas por los piratas de la Regencia: de aqui el miserable bloqueo destinado á seducir y commover nuestras poblaciones litorales: de aqui los insultos hechos al pavellon Ingles: de aqui la decadencia de nuestro comercio; de aqui las conjuraciones de los Valles de Aragua y Cumaná: de aqui la horrorosa perfidia de Guayana, y la deportacion insultante de sus Proceres á las mazmorras de Puerto Rico:

87

deviate in the least from the plots of the conquest, a new *Encomendero* is sent out under the name of a pacificator, who, with more prerogatives than the conquerors and settlers themselves was to take his post in Puerto Rico, and thence to threaten, rob, pirate, deceive, excite civil disturbances, and all in the name of Ferdinand VII.

Till then the progress of the system of subversion, anarchy, and depredation, which the Regency proposed to itself on hearing of the movements of Caracas, had been but slow, but the principal focus of the civil war, being transferred nearer to us, the subaltern agents acquired more strength; the flames of the passions were multiplied, as well as the efforts of the parties directed by the chiefs hired by Cortavarria and Melendez. Hence originated the incendiary energy acquired by the ephemeral sedition of the West; hence the discord newly fanned by Miyares, rendered vain and arrogant by the imaginary and promised Captain-generalship of Venezuela; hence the American blood, in spite of ourselves, spilt on the sands of Coro; hence the robberies and assassinations committed on our coasts by the pirates of the Regency; hence that miserable blockade, intended to seduce and rise up our shore settlements; hence the insults committed on the English flag; hence the falling off of our trade; hence the conspiracies of the vallies of Aragua and Cumanà; hence the horrid perfidy in Guyana, and the insulting deportation of its leading characters to

88

de aqui los generosos é imparciales oficios de reconciliacion, interpuestos sinceramente por un Representante del Gobierno Britanico en las Antillas, y despreciados por el pseudo pacificador:* de aqui, finalmente, todos los males, todas las atrocidades, y todos los crímenes que son y serán eternamente inseparables de los nombres de Cortabarria y Melendez en Venezuela, y que han impelido à su gobierno á ir mas allá de lo que se propuso al tomar á su cargo la suerte de los que lo honraron con su confianza.

La mision de Cortabarria en el siglo 19, comparado el estado de la España que la decretó, y el de la América á quien se dirigia, demuestra hasta que punto ciega el prestigio de la ambicion á los que fundan en el embrutecimiento de los Pueblos todo el origen de su autoridad. Con este solo hecho habria bastante para autorizar nuestra conducta. El espiritu de Carlos V, la memoria de Cortes y Pizarro, y los manes de Montezuma y Atahualpa se reproducen involuntariamente en nuestra imaginacion, al ver renovados los Adelantados, Pesquisidores, y Encomenderos en un pais, que contando trescientos años de sumision y sacrificios, habia prometido continuarlos, sin otra condicion que la de ser libre, para que la

---

* Oficio del Exemo. Sr. Almirante Cochrane, en la Secretaria de Estado.

the Moorish dungeons of Puerto Rico;* hence the generous and impartial offices of reconciliation, sincerely interposed by a representative of the British government in the Antilles, and rejected by the pseudo-pacificator;† hence, in short, all the evils, all the atrocities, and all the crimes, which are, and ever will be, inseparable to the names of Cortavarria and Melendez in Venezuela, and which have impelled her government to go beyond what was proposed, when it took upon itself the fate of those who honoured it with their confidence.

The mission of Cortavarria in the 19th century, and the state of Spain who decreed it, compared with America, against whom it is directed, evinces, to what an extreme the illusion of ambition blinds those, who on the depravation of the people, found all the origin of their authority. This act alone sufficed to authorize our conduct. The spirit of Charles V. the memory of Cortes and Pizarro, and the manes of Montezuma and Atahualpa, are involuntarily reproduced to our imagination, when we see the *Adelantados*, *Pesquisidores*, and *Encomendoros* ‡ renewed in a country, which having endured 300 years of submission and sacrifices, had promised to continue in allegiance on the only condition of being free, in or-

* These are dungeons constructed like those of Tunis and Algiers.

† The official dispatch of Admiral Cochrane in the Secretary of State's Office.

‡ Offices peculiar to the first settlement of America.

servidumbre no mancillase el merito de la fidelidad. La plenipotencia escandalosa du un hombre autorizado por en Gobierno intruso é ilegitimo, para que con el nombre insultante de Pacificador despotizase, amotinase, robase, y (para colmo del ultrage) perdonase á un Pueblo noble, inocente, pacifico, generoso y dueño de sus derechos, solo puede creerse en el delirio impotente de un gobierno que tiraniza á una nacion desorganizada y aturdida con la horrorosa tempestad que descarga sobre ella; pero como los males de este desórden, y los abusos de aquella usurpacion podrian creerse no imputables á Fernando reconocido ya en Venezuela quando estaba impedido de remediar tanto insulto, tanto atentado, y tanta violencia cometida en su nombre, creemos necesario remontar al orígen de sus derechos, para descender á la nulidad é invalidacion del generoso juramento con que los hemos reconocido condicionalmente; aunque tengamos que violar, á nuestro pesar, el espontaneo silencio que nos hemos impuesto sobre todo lo que sea anterior á las jornadas del Escorial y de Aranjuez.

Es constante que la América no pertenece, ni puede pertenecer al territorio Espanol; pero tambien lo es que los derechos que justa ó injustamente tenian á ella los Borbones, aun que fuesen hereditarios, no podian ser enagenados sin el consentimiento de los pueblos, y

der that the circumstances of slavery, might not blemish the merit of fidelity. The scandalous plenitude of power confided to a man, authorized by an intrusive and illegitimate government, that under the insulting name of pacificator, he might despotize, excite, rob, and (to crown the insult) that he might offer pardon to a people, noble, innocent, tranquil, generous, and masters of their own rights; could only be credited in the impotent delirium of a government that tyranises over a nation disorganized and stunned by the horrid tempest that overtakes her; but as the ills of this disorder, and the abuses of such an usurpation might be considered as not imputable to Ferdinand, already acknowledged in Venezuela, at the same time that he was unable to remedy so much insult, such excesses, and so much violence committed in his name, we consider it necessary to remount to the origin of these same rights, that we may then descend to the nullity and invalidity of the generous oath by which we conditionally acknowledged him; notwithstanding we have, in spite of ourselves, to violate the spontaneous silence we had imposed upon us, respecting every thing that was anterior to the transactions of El Escurial and Aranjuez.

It is an evident fact, that America does not belong, to the territory of Spain, and it is moreover also true, that the rights which the Bourbons, justly or unjustly, had to it, notwithstanding they were hereditary, could not be disposed of without the consent

92

particularmente de los de América, que al elegir entre la dinastía Francesa y Austriaca, pudieron hacer én el siglo 17 lo que han hecho en el 19. La Bula de Alexandro VI, y los justos títulos que alegó la casa de Austria en el codigo Américano, no tuvieron otro orígen que el derecho de conquista, cedido parcialmente á los conquistadores y pobladores por la ayuda qu eprestaban á la Corona para extender su dominacion en América. Prescindiendo de la despoblacion del territorio, del exterminio de los naturales, y de la emigracion que sufrió la supuesta Metrópoli, parece que acabado el furor de conquista: satisfecha la sed de oro: declarado el equilibrio continental á favor de la España con la ventajosa adquisicion de la América: destruido y aniquilado el gobierno feudal desde el reynado de los Borbones en España: y sofocado todo derecho que no tubiese orígen en las concesiones ó rescriptos del Principe, quedaron suspensos de los suyos los conquistadores y pobladores. Demostrada que sea la caducidad é invalidacion de los que se arrogaron los Borbones, deben revivir los títulos con que poseyeron estos paises los Américanos descendientes de los conquistadores; no en perjuicio de los naturales y primitivos proprietarios, sino para igualarlos en el goce de la libertad, propriedad é independencia que han adquirido, con mas derecho que los

of the people, and particularly of those of America, who, on the election between the French and Austrian dynasties, might have done in the 17th century, what they have now done in the 19th. The bull of Alexander IV. and the just titles which the house of Austria alledged in the American code, had no other origin, than the right of conquest, partially ceded to the conquerors and settlers, for the aid they had rendered to the crown in order to extend its dominion in America. Without taking into consideration the depopulation of the country, the extermination of the natives, and the emigration which the supposed mother country sustained, it appears, that when the fury of conquest had ceased; when the thirst for gold was satisfied; when the continental equilibrium was declared in favour of Spain, by the advantageous acquisition of America; the feudal government destroyed and rooted up from the time of the reign of the Bourbons in Spain, and every right extinct that did not originate in the new concessions or mandates of the prince, the conquerors and settlers then became absolved of theirs. As soon as the lameness and invalidity of the rights arrogated to themselves by the Bourbons, is demonstrated; the titles by which the Americans, descendents of the conquerors, possessed these countries, revive; not in detriment to the natives and primitive proprietors, but to equalise them in the enjoyment of liberty, property, and in-

94

Borbones, y qualquiera otro á quien ellos hayan cedido la América, sin consentimiento de los Americanos, señores naturales de ella.

Que la América no pertenece al territorio Español, es un principio de derecho natural, y una ley del derecho positivo. Ninguno de los títulos justos ó injustos que exîsten de su servidumbre, puede aplicarse á los Españoles de Europa; y toda la liberalidad de Alexandro VI. no pudo hacer otra cosa que declarar á los Reyes Austriacos promovedores de la fé, para hallar un derecho preternatural con que hacerlos Señores de la América. Ni el título de Metrópoli, ni la prerrogativa de Madre Patria pudo ser jamas un orígen de Señorío para la Península de España: el primero lo perdió desde que salió de ella y renunció sus derechos el Monarca tolerado por los Americanos: y la segunda fué siempre un abuso escandaloso de voces, como el de llamar felicidad á nuestra esclavitud, protectores de Indios á los Fiscales, é hijos á los Américanos sin derecho ni dignidad civil. Por el solo hecho de pasar los hombres de un pais á otro para poblarlo, no adquieren propriedad los que no abandonan sus hogares, ni se exponen á las fatigas inseparrables de la emigracion; los que conquistan y adquieren la posesion del pais con su trabajo, industria, cultivo y enlace con los naturales de él, son los que tienen un derecho preferente á conservarlo y transmitirlo á su posteridad nacida en aquel territorio; y si el suelo donde nace el hombre fuese un orígen de

95

dependence, which they always held by a right stronger than that of the Bourbons, or of any others to whom they may have ceded America, without the consent of the Americans, its natural owners.

That America does not belong to the territory of Spain, is a principle of natural, and a law of positive right. No title, just or unjust, which exists of her slavery, can apply to the Spaniards of Europe; and all the liberality of Alexander VI, could not do more, than declare the Austrian kings promoters of the faith, in order to find out for them a preternatural right, whereby to make them Lords of America. Neither the pre-eminence of the parent state, nor the prerogative of the mother country, could at any time ground the origin of Lordship on the part of Spain. The first was lost, from the time that the monarch, aknowledged by the Americans, left the country and renounced his rights, and the second always amountted to nothing more than a scandalous abuse of words; as was that of calling our slavery, felicity: that of saying the *fiscals* were the protectors of the Indians; and that the sons of Americans were divested of every right and civil dignity. By the mere act of men passing from one country to another to settle it, those who do not leave their homes, acquire no property, nor do they expose themselves to the hardships inseparable to emigration. Those who conquer and obtain possession of a country by means of their labour, industry, cultivation, and connection with the natives thereof, are they who have a preferable

la Soberanía, ó un título de adquisicion, seria la voluntad general de los pueblos, y la suerte del género humano, una cosa apegada á la tierra como los árboles, montes, rios y lagos.

Jamas pudo ser tampoco un título de propiedad para el resto de un pueblo, el haber pasado á otro una parte de él para poblarlo; por este derecho perteneceria la España á los Fenicios ó sus descendientes, y á los Cartagineses donde quiera que se hallasen;* y todas las naciones de la Europa tendrian que mudar de domicilio para restablecer el raro derecho territorial, tan precario como las necesidades y el capricho de los hombres. El abuso moral de la maternidad de la España con respecto á la América, es aun todavia mas insignificante: bien sabido es, que en el órden natural es del deber del padre emancipar al hijo, quando saliendo de la minoridad puede hacer uso de sus fuerzas y su razon para proveer á su subsistencia; y que es del derecho del hijo hacerlo, quando la crueldad ó disipacion del padre ó tutor, comprometen su suerte, ó exponen su partrimonio á ser presa de un codicioso ó un usurpador: comparense baxo estos principios los trescientos años de nuestra filiacion con la España; y aun quando se probase

* En esta paridad no se entra en las disputas de historia primitiva.

97

right to preserve it and transmit it to their posterity born therein; for if the country where one is born, were considered as an origin of sovereignty, or a title of acquisition, the general will of nations, and the fate of the human race, would then be riveted to the soil, in like manner as are the trees, mountains, rivers and lakes.

Neither could it ever be considered as a title of property to the rest of a nation, for one part thereof to have past over to another country to settle it; for by a right of this nature, Spain herself would belong to the Phœnicians, their descendants, or to the Carthagenians, wherever they may be found*; even the whole of the nations of Europe, would have to change their abodes to make room and re-establish so singular a territorial right; home would then become as precarious as are the wants and caprices of men. The moral abuse of the maternity of Spain, with regard to America, is still more insignificant, for it is well known, that in the natural order of things, it is the duty of the father to emancipate his son, as soon as getting out of his minority, he is able to use his strength and reason to provide for his own subsistence; and also, that it is the duty of the son to emancipate himself, whenever the cruelty or extravagance of the father or tutor endanger his wellbeing, or expose his patrimony to be the prey of a miser or an usurper. Under these principles, let a

* In this comparison, no notice is taken of the disputes respecting primitive history.

que ella fué nuestra madre, restaria aun por probar que nosotros somos todavia sus hijos menores ó pupilos.

Quando la España ha revocado en duda los derechos de los Borbones y de qualquiera otra dinastia, única fuente, aunque no muy clara, del dominio Español en América, parecia que estaban los Américanos relevados de alegar razones para destruir unos principios caducos ya en su orígen; mas como puede hacerse cargo á Venezuela del juramento condicional con que reconoció á Fernando VII el Cuerpo Representativo que ha declarado su independencia de toda Soberanía extraña, no quiere este augusto Cuerpo dexar nada al escrupulo de las conciencias, á los prestigios de la ignorancia, y á la malicia de la ambicion resentida, con que desacreditar, calumniar y debilitar una resolucion tomada con la madurez y detenimiento proprios de su importancia y trascendencia.

Sabido es que el juramento promisorio de que tratamos, no es otra cosa que un vinculo accesorio, que supone siempre la validacion y legitimidad del contrato que por él se ratifica: quando en el contrato no hay ningun vicio que lo haga nulo ó ilegitimo, basta esto para creer que Dios invocado por el juramento, no rehusará ser testigo y garante del cumplimiento de nuestras promesas; por que la obligacion de cumplirlas, está fundada sobre una maxîma

comparison be made of the three hundred years of our filiation to Spain; and even when it should be proved that she was our mother, it would still remain to be proved, that we are yet her minors or pupils.

At any period, when Spain has entertained any doubt of the rights of the Bourbons, or of any other dynasty, the only source, and that not very clear, of the Spanish dominion in America; it appeared as if the Americans were excluded from alleging any reasons that might destroy such claims, doubtful from their very origin; but as Venezuela may be hereafter reproached for the conditional oath by which the representative body that now declares its independence of every other foreign power, previously acknowledged Ferdinand VIIth; this same august body feels anxious that no handle should be left for the scruples of conscience, for the illusions of ignorance, and for the malice of wounded ambition, whereby to discredit, calumniate, and weaken a resolution, taken with a maturity and deliberation suitable to its magnitude and importance.

It is well known, that the promissory oath in question, is no more than an accessory bond, which always pre-supposes the validity and legitimacy of the contract ratified by the same. When in the contract, there is no vice which may render it null and illegitimate, it is, that we believe, that God invoked by an oath, will not then refuse to witness and guarantee the fulfilment of our promises, be-

100

evidente de la ley natural, instituida por el divino Autor. Jamas podrá Dios ser garante de nada que no sea obligatorio en el órden natural, ni puede suponerse que acepte contrato alguno que se oponga á las leyes que él mismo ha establecido para la felicidad del genero humano. Seria insultar su sabiduria, creer que puede prestarse á nuestros votos quando nos pluga interponer su divino nombre en un contrato que choque contra nuestra libertad, único orígen de la moralidad de nuestras acciones: semejante suposicion indicaria que Dios tenia algun interes en multiplicar nuestros deberes, en perjuicio de la libertad natural, por medio de estos compromisos. Aun quando el juramento añadiese nueva obligacion á la del contrato solemnizado por él, siempre seria la nulidad del uno inseperable de la nulidad del otro; y si el que viola un contrato jurado es criminal y digno de castigo, es porque ha quebrantado la buena fé, único lazo de la sociedad; sin que el perjurio haga otra cosa que aumentar el delito, y agravar la pena. La ley natural que nos obliga á cumplir nuestras promesas, y la divina que nos prohibe invocar el nombre de Dios en vano, no alteran en nada la naturaleza de las obligaciones contraidas baxo los efectos simultaneos é inseperables de ambas leyes, de modo que la infraccion de la una, supone siempre la infraccion de la otra. Para nuestro mismo bien tomamos à Dios

101

cause the obligation to comply with them, is founded on an evident maxim of the natural law, instituted by the Divine Author. God can at no time guarantee any thing, that is not binding in the natural order of things, nor can it be supposed he will accept of any contract, opposed to those very laws he himself has established, for the felicity of the human race. It would be to insult his wisdom, to believe, that he is capable of listening to our vows, when we implore his divine concurrence to a contract, that clashes with our own liberty, the only origin of the morality of our actions; such a supposition would indicate, that God had an interest in multiplying our duties, in prejudice to natural liberty, by means of such agreements. Even when the oath were to add any new obligation to that of the contract thereby confirmed, the nullity of the one, would at all times be inseparable to the nullity of the other; and if he who violates a sworn contract, is criminal and worthy of punishment, it is, because he has violated good faith, the only bond of society; without the perjury doing more than serving to increase the crime, and to aggravate the punishment. That natural law which obliges us to fulfil our promises, and that divine one which forbids us to invoke the name of God in vain, do not in any manner alter the nature of the obligations contracted under the simultaneous and inseparable effects of both laws; so that the infraction of the one, supposes the infraction of the other. For our own good, we call on God to wit-

por testigo de nuestras promesas, y quando creemos que puede salir garante de ellas, y vengar su violacion, es solo porque nada tiene en si el contrato capaz de hacerlo invalido, ilicito, indigno, ó contrario á la eterna justicia del arbitro supremo, á quien lo sometemos. Baxo estos principios debe analizarse el juramento condicional con que el Congreso de Venezuela ha prometido conservar los derechos que legitimamente tuviese Fernando VII; sin atribuirle ninguno que siendo contrario á la libertad de sus Pueblos, invalidase por lo mismo el contrato, y anuláse el juramento.

Hemos visto, al fin, que á impulsos de la conducta de los gobiernos de España, han llegado los Venezolanos à conocer la nulidad en que cayeron los tolerados derechos de Fernando por las jornadas del Escorial y Aranjuez, y los de toda su casa por las cesiones y abdicaciones de Bayona: de la demostracion de esta verdad, nace como un corolario la nulidad de un juramento que, ademas de condicional, no pudo jamas subsistir mas allá del contrato á que fué añadido como vinculo accesorio. Conservar los derechos de Fernando, fué lo único que prometió Caracas el 19 de Abril, quando ignoraba aun si los habia perdido*; y quando aunque los conservase con respecto à la España, quedaba todavia por de-

---

* Judicio caret juramentum incautum. Div. Tom. 22. p. 89. art. 3. Si vero sit quidem possibile fieri; sed fieri non debeat, vel quia est per se malum, vel quia est boni impeditivum, tunc juramento deest justitia, et ideo non est servandum. Quest. cit. art. 7.

ness our promises, and when we believe that he can guarantee them and avenge their violation, it is alone, because the contract has nothing in itself capable of rendering it invalid, illicit, unworthy of, or contrary to, the eternal justice of the Supreme Arbiter, to whom we submit it. Under these principles it is that we are to analyze the conditional oath by which the Congress of Venezuela has promised to preserve the rights legally held by Ferdinand VII. without attributing to it any other, which, being contrary to the liberty of the people, would of consequence invalidate the contract, and annul the oath.

We have at length seen, that, impelled by the conduct of the governments of Spain, the people of Venezuela became sensible of the circumstances, by which the tolerated rights of Ferdinand VII. were rendered void in consequence of the transactions of El Escurial and Aranjuez; as well as those of all his house, by the cessions and abdications made at Bayonne; and from the demonstration of this truth, follows, as a corollary, the invalidity of an oath, which, besides being conditional, could not subsist beyond the contract to which it was added, as an accessory bond. To preserve the rights of Ferdinand, was all that Caracas promised on the 19th of April, at a time she was ignorant he had lost them*;

* Judicio caret juramentum incautum. Div. Tom. 22 p. 89. art. 3. Si vero sit quidem possibile fieri; sed fieri non debeat, vel quia est per se malum, vel quia est boni impeditivum, tunc juramento deest justitia, et ideo non est servandum. Quest. cit. art. 7.

104

mostrar si podia ceder por ellos la América á otra dinastia, sin su consentimiento. Las noticias que apesar de la opresion y suspicacia de los intrusos gobiernos de España, ha adquirido Venezuela de la conducta de los Borbones, y los efectos funestos que iba á tener en América esta conducta, han formado un cuerpo de pruebas irrefragables, de que no teniendo Fernando ningun derecho, debió caducar, y caducó la conservaduria que le prometio Venezuela, y el juramento que solemnizó esta promesa †. De la primera parte del aserto, es conseqüencia legítima la nulidad de la segunda.

Ni el Escorial, ni Aranjuez, ni Bayona, fueron los primeros teatros de las transacciones que despojaron á los Borbones de sus derechos sobre la América. Ya se habian quebrantado en Basilea y en la Corte de España, las leyes fundamentales de la dominacion Española en estos paises *. Carlos IV. cedió contra una de ellas † la Isla de Santo Domingo á la Francia, y enagenò la Luisiana en obsequio de esta Nacion extrangera; y estas inauditas

† Jurabis in veritate, et in judicio, et in justitia. Jerem. Cap. 4.
‡ Tratado de Basilea de 15 de Julio de 1795.
§ Ley 1. tit. 1. de la Recopil. de Indias.

105

and even if he retained them, with regard to Spain, it remains to be proved, whether, by virtue of the same, he was able to cede America to another dynasty, without her own consent. The advices, which in spite of the oppression and cunning of the intrusive governments of Spain, Venezuela was enabled to obtain of the conduct of the Bourbons, and the fatal effects the same was about to entail on America, have constituted a body of irrefragable proofs, evincing, that as Ferdinand no longer retained any rights, the preservation thereof, which Venezuela promised, as well as the oath by which she confirmed this promise, consequently are, and ought to be done away.* Of the first part of the position, the nullity of the second, becomes a legitimate consequence.

But neither the Escurial, Aranjuez, or Bayona, were the first theatres of the transactions, which deprived the Bourbons of their rights to America. Already in Basil and in the court of Spain, the fundamental laws of the Spanish dominion in these countries, had been broken through.† Charles IV, contrary to one of them, ceded the island of St. Domingo to France,‡ and disposed of Louisiana to the same foreign power, which unheard of, and scandalous in-

* Jurabis in veritate, et in judicio, et in justicia. Jerem. Cap. 4.

† The treaty of Basil made on the 15th July 1795, and by which Godoy obtained the title of Prince of Peace.

‡ Law 1, Tit. 1, of the Recopil de Indias.

106

y escandalosas infracciones autorizaron á los Americanos contra quienes se cometieron, y á toda la posteridad del pueblo Colombiano para separarse de la obediencia y juramento que tenia prestado á la corona de Castilla, como tuvo derecho para protestar contra el peligro inminente que amenazaba á la integridad de la monarquía en ambos mundos, la introduccion de las tropas Francesas en España ántes de la jornada de Bayona; llamadas sin duda por alguna de las facciones Borbonicas, para usurpar la soberanía nacional á favór de un intruso, de un estrangero, ó de un traydor; pero estando estos sucesos del lado de allá de la linea que hemos demarcado á nuestras razones, bolveremos á pasarla para entrar en las que han autorizado nuestra conducta desde el año de 1808.

Todos conocen el suceso del Escorial en 1807; pero quizá habrá quien ignore los efectos naturales de semejante suceso. No es nuestro animo entrar á averiguar el origen de la discordia introducida en la casa y familia de Carlos IV.; atrybuyensela reciprocamente la Inglaterra y la Francia; y ambos gobiernos tienen acusadores y defensores: tampoco es de nuestro proposito el casamiento ajustado entre Fernando y la entenada de Bonaparte: la paz de Tilsit: las conferencias de Erfuhrt: el tratado secreto de S. Cloud: y la emigracion de la casa de Braganza al Brazil. Lo cierto y lo propio de nosotros, es que por la jornada del Escorial, quedó Fernando septimo declarado traydor contra su padre Carlos IV. Cien

fractions, authorized the Americans, against whom they were committed, as well as the whole of the Columbian people, to separate from the obedience and lay aside the oath, by which they had bound themselves to the crown of Castile, in like manner, as they were entitled to protest against the eminent danger, which threatened the integrity of the monarchy in both worlds, by the introduction of French troops into Spain, previous to the transactions of Bayona; invited there, no doubt, by one of the Bourbon factions, in order to usurp the national sovereignty in favour of an intruder, a foreigner, or a traitor; but as these events are prior to the period we have fixed for our discussion, we will return to treat of those which have authorized our conduct, since the year 1808.

Every one is aware of the occurrences which happened at the Escurial, in 1807, but perhaps every one is not acquainted with the natural effects of these events. It is not our intention here to enter into the discovery of the origin of the discord that existed in the family of Charles IV. let England and France attribute it to themselves, both governments have their accusers and defenders; neither is it to our purpose to notice the marriage agreed on between Ferdinand and the daughter-in law of Buonaparte, the peace of Tilsit, the conferences at Erfuhrt, the secret treaty of St. Cloud, and the emigration of the house of Braganza to the Brazils. What most materially concerns us, is, that by the transactions of

108

plumas y cien prensas publicaron á un tiempo por ambos mundos su perfidia, yel perdon que á sus ruegos le concedió su padre; pero este perdon como atributo de la soberanía y de la autoridad paterna, relevó al hijo únicamente de la pena corporal; el Rey su padre no tuvo facultad para dispensarle la infamia y la inhabilidad que las leyes constitucionales de España imponen al traydor, no solo para obtener la dignidad Real, pero ni aun el último de los cargos y empleos civiles. Fernando no pudo ser jamas Rey de España, ni de las Indias.

A esta condicion quedó reducido el heredero de la Corona, hasta el mes de Marzo de 1808, que hallandose la Corte en Aranjuez, se reduxo por los parciales de Fernando á insurreccion y motin, el proyecto frustrado en el Escorial. La exâsperacion publica contra el ministerio de Godoy, sirvió de pretexto á la faccion de Fernando, para convertir indirectamente en provecho de la nacion lo que se cálculó, tal vez, baxo otros designios, El haber usado de la fuerza contra su padre: el no haberse valido de la suplica y el convencimiento: el haber amotinado el pueblo: el haberlo reunido al frente del palacio para sorprehenderlo, arrastrar al ministro, y forzar al Rey á abdicar la corona; lejos de darle derecho á ella, no hizo mas que aumentar su crimen, agravar su traicion, y consumar su inhabilidad para subir á un tro-

109

El Escurial, Ferdinand VII. was declared a traitor against his father, Charles IV. A hundred pens, and a hundred presses published at the same time in both worlds, his perfidy, and the pardon which at his prayer, was granted to him by his father, but this pardon as an attribute of the sovereignty and of paternal authority, only absolved the son from corporal punishment; the king his father, had no power to free him from the infamy and inability which the constitutional laws of Spain impose on the traitor, not only to hinder him from obtaining the royal dignity, but even the lowest office or civil employment. Ferdinand, therefore, never could be king of Spain, or of the Indies.

To this condition the heir of the crown remained reduced, till the month of March, 1808, when, whilst the court was at Aranjuez, the project frustrated at the Escurial was converted into insurrection and open mutiny, by the friends of Ferdinand. The public exasperation against the ministry of Godoy, served as a pretext to the faction of Ferdinand, and as a plea indirectly to convert into the good of the nation, what was perhaps calculated under other designs. The fact of using force against his father; his not rather recurring to supplication and convincing arguments; his having excited mutiny on the part of the people; his having assembled them in front of the palace in order to surprise it, to insult the minister, and force the king to abdicate his crown; far from giving him any

no desocupado por la violencia, la perfidia y las facciones. Carlos IV. ultrajado, desobedecido y amenazado con la fuerza, no tubo otro partido favorable á su decoro y su venganza, que emigrar á Francia para implorar la proteccion de Bonaparte, á favor de su dignidad real ofendida. Baxo la nulidad de la renuncia de Aranjuez, se juntan en Bayona todos los Borbones, atraidos contra la voluntad de los pueblos, á cuya salud prefirieron sus resentimientos particulares: aprovechóse de ellos el Emperador de los Franceses, y quando tuvo baxo sus armas y su influxo á toda la familia de Fernando, con varios próceres Españoles y suplentes por Diputados en Cortes, hizo que aquel restituyese la corona á su padre, y que éste la renunciase en el Emperador, para trasladarla en seguida á su hermano José Bonaparte.

Ignoraba todo esto, ó sabialo muy por encima Venezuela, quando llegaron á Caracas los emisarios del nuevo Rey. La inocencia de Fernándo en contraposicion de la insolencia y despotismo del favorito Godoy, fué el movil de su conducta, y la norma de la de las autoridades vacilantes el 15 Julio de 1808; y entre la alternativa de entregarse á una Potencia extraña, ó de ser fiel á un Rey que aparecia desgra-

title to it; only tended to increase his crime, to aggravate his treachery, and complete his inability to ascend the throne, vacated by means of violence, perfidy, and factions. Charles IV. outraged, disobeyed, and threatened with force, had no other alternative left him, suitable to his decorum, and favourable to his vengeance; than to emigrate to France to implore the protection of Buonaparte, in favour of his offended royal dignity. Under the nullity of the abdications of Aranjuez, all the Bourbons assemble in Bayona, carried there against the will of the people, to whose safety they preferred their own particular resentments; the Emperor of the French, took advantage of them, and when he held under his controul, and within his influence, the whole family of Ferdinand, as well as several of the first Spanish dignitaries and substitutes for deputies in the Cortes; he caused the son to restore the crown to his father, and the latter then to make it over to him the Emperor, in order that he might afterwards confer it on his brother Joseph Napoleon.

Venezuela was ignorant of all this, or at least only knew it partially, when the emissaries of the new king reached Caracas. The innocence of Ferdinand, compared with the insolence and despotism of the favourite Godoy, impelled and directed her conduct, when the local authorities wavered on the 15th of July, 1808; and being left to choose between the alternative of delivering herself up to a foreign

112

ciado y perseguido, triunfó la ignorancia de los sucesos del verdadero interes de la patria, y fué reconocido Fernando, creyendo que mantenida por este medio la unidad de la nacion, se salvaria de la opresion que la amenazaba, y se rescataria un Rey de cuyas virtudes, sabiduria y derechos estabamos falsamente procupados. Ménos que esto necesitaban los que contaban con nuestra buena fé para oprîmirnos: Fernando inhabil para obtener la corona, imposibilitado de ceñirla, anunciado ya sin derechos á la sucesion por los Proceres de España, incapaz de gobernar la América, y baxo las cadenas y el influxo de una Potencia enemiga, se volvió desde entónces, por la ilusion, un Principe legítimo, pero desgraciado, se fingió un deber el reconocerlo, se volvieron sus herederos y apoderados, quantos tuvieron audacia para decirlo, y aprovechando la innata fidelidad de los Españoles de ambos mundos, empezaron á tiranizarlos nuevamente los intrusos gobiernos que se apropiaron la Soberanía del pueblo á nombre de un Rey quimerico; y hasta la Junta mercantil de Cadiz, quiso exercer dominio sobre la América.

power, or of remaining faithful to a king, who appeared unfortunate and persecuted, the ignorance of events triumphed over the true interests of the country, and Ferdinand was acknowledged, under a belief that, by this means, the unity of the nation being maintained, she would be saved from the threatened oppression, and a king be ransomed, of whose virtues, wisdom and rights, we were falsely prepossessed. But less was requisite to oppress us, on the part of those who relied on our good faith. Ferdinand, disqualified and unable to obtain the crown; previously announced by the leaders of Spain as dispossessed of his rights to the succession; incapable of governing in America, held in bondage, and under the influence of a foreign power; from that time, became by illusion, a legitimate but unfortunate prince; it was feigned a duty to acknowledge him; as many as had the audacity to call themselves such, became his self-created heirs and representatives, and taking advantage of the innate fidelity of the Spaniards of both worlds, and forming themselves into intrusive governments, they appropriated to themselves the sovereignty of the people, in the name of a chimerical king, began to exercise new tyrannies, and even of the commercial Junta of Cadiz sought to extend her control over America.

114

Tales han sido los antecedentes y las conseqüencias de un juramento, que dictado por la sencillez y la generosidad, y conservado condicionalmente por la buena fé, quiere ahora oponerse para perpetuar los males que la costosa experiencia de tres años, nos ha demostrado como inseparables de tan funesto y ruinoso compromiso. Enseñados como lo estamos por la serie de males, insultos, vexaciones, é ingratitudes que hemos patentizado, desde el 15 de Julio de 1808, hasta el 5 de Julio de 1811; tiempo es ya de que abandonemos un talisman, que inventado por la ignorancia, y adoptado por la fidelidad, está desde entonces amontonando sobre nosotros todos los males de la ambigüedad, la suspicacia y la discordia. Derechos de Fernando y representacion legítima de ellos, por parte de los intrusos gobiernos de España: fidelidad y obligaciones de compasion y gratitud, por la nuestra, son los dos resortes favoritos que se juegan alternativamente para sostener nuestra ilusion, devorar nuestra sustancia, prolongar nuestra degradacion, multiplicar nuestros males, y prepararnos á recibir pasiva é ignominiosamente la suerte que nos destinen los que tan buena nos la están haciendo por tres siglos. Fernando VII es la contraseña universal de la tirania en España y en América.

Apenas se conoció la vigilante desconfianza que habian producido entre nosotros las inconseqüencias, artes y falsias de los rápidos y raros gobiernos que

115

Such have been the antecedents and consequences of an oath, which dictated by candour and generosity, and conditionally maintained by good faith, is now brought against us, in order to perpetuate those evils, which the dear bought experience of three years has proved to be inseparable to so fatal and ruinous an engagement. Taught, as we are, by a series of evils, insults, hardships, and ingratitude, during an interval from the 15th of July, 1808, till the 5th of July, 1811, and such as we have already fully manifested; it becomes full time that we should abandon a talisman invented by ignorance, and adopted by a misguided fidelity, for ever since it was, it has not failed to heap upon us all the evils attendant on an ambiguous state, and on suspicion and discord. The rights of Ferdinand, and the legitimate representation of them on the part of the intrusive governments of Spain, fidelity and the obligations of compassion and gratitude on ours, are the two favourite springs alternately played to sustain our illusion, to devour our substance, prolong our degradation, multiply our evils, and to prepare us ignominiously to receive that passive fate, prepared for us by those, who have dealt with us so kindly for three centuries. Ferdinand the Seventh, is the universal watch-word for tyranny in Spain, as well as America.

No sooner was that vigilant and suspicious fear, produced amongst us by the contradictory acts, the arts and falsehoods of the strange and short-lived go-

116

se están sucediendo en España desde la Junta de Sevilla, se apeló á una aparente liberalidad, para cubrir de flores el lazo que no veíamos quando estabamos cubiertos con el velo de la sencillez, rasgado all fin por la desconfianza. Con este fin se aceleraron y congregaron tumultuariamente las Cortes que deseaba la nacion, que resistia el gobierno comercial de Cadiz, y que se creyeron al fin necesarias para contener el torrente de la libertad y la justicia, que rompia por todas partes los diques de la opresion y la iniquidad en el nuevo mundo; pero aun todavia se creyó que el habito de obedecer, reconocer y depender seria en nosotros snperior al desengaño que á tanta costa acababamos de adquirir. Increible parece por que especie de prestigio funesto para la España, se cree que la parte de la nacion que pasa el oceano, ó nace entre los trópicos, adquire una constitucion para la servidumbre, incapaz de ceder á los conatos de la libertad. Tan notorios como fatales son los efectos de esta arraigada preocupacion, convertida al fin en provecho de la América. Tal vez sin ella no hubiera perdido la España el rango de nacion; y la América no tendria que pasar para adquirirlo, por los amargos trámites de una guerra civil, mas ominosa para sus promovedores que para nosotros mismos

vernments, which have succeeded one another in Spain, since the Junta of Seville, there made known, than they recurred to a system of apparent liberality towards us, in order to cover with flowers the very snare we had not perceived whilst shrowded by the veil of candour, at length rent asunder by mistrust. For this purpose, were accelerated and tumultuously assembled the Cortes, so desired by the nation, yet opposed by the commercial government of Cadiz, but which were at length considered necessary, in order to restrain the torrent of liberty and justice, which in every quarter burst the mounds of oppression and iniquity in the new world: still it was supposed that the habit of obedience, submisssion, and dependence, would, in us, be superior to the conviction, which at so great an expence, we had just obtained. It appears incredible by what kind of deception, fatal to Spain, it is believed, that the part of the nation which passes the ocean, or is born under the tropics, acquires a constitution suitable to servitude, and incapable of ceding to the efforts of liberty. As notorious to the world, as they are fatal, are the effects of this strong rooted prejudice, at length converted into the good of America. Perhaps without it, Spain would not have lost the rank of a nation, and America, in obtaining it, would not have had to have passed through the bitter ordeal of a civil war, more ominous still for its promoters, than for ourselves.

118

Harto demostrados estan un nuestros papeles públicos, * los vicios de que adolecen las Cortes con respecto á la América, y el ilegítimo é insultante arbitrio adoptado por ellas para darnos una representacion que resistiriamos. aun que fuesemos, como vociferó la Regencia, partes integrantes de la nacion, y no tuviesemos otra quexa que alegar contra su gobierno, sino la escandalosa usurpacion que hace de nuestros derechos, quando mas necesita de nuestros auxilios. A su noticia habrán llegado, sin duda, las razones que dimos á su perfido enviado† quando frustradas las misiones anteriores, inutilizadas las quantiosas remesas de gazetas llenas de triunfos, reformas, heróicidades y lamentos, y conocida la ineficacia de los bloqueos, Pacificadores, esquadras y expediciones, se creyó que era necesario deslumbrar el amor propio de los Americanos, sentando baxo el Solio de las Cortes á los que ellos no habian nombrado, ni podian nombrar los que los crearon suplentes con los de las Provincias ocupadas, sometidas y contentas con la dominicion Francesa. Por si estuviese ya usado este resorte pueril, tan fecundo para la España, se previnó al enviado, que se esco-

---

* Gazetas de Caracas de 4 de Enero, y siguientes.
† Conducta execrable y notoria de Montenegro, desnaturalizado por el Gobierno Español.

119

Our public prints have already sufficiently well manifested the defects, under which the Cortes laboured respecting America, and the illegal and insulting measures by them adopted, to give us therein, a representation which we could not but oppose, even though we were, as the Regency had loudly boasted us to be, integral parts of the nation, and had no other complaints to allege against their government, than the scandalous usurpation of our rights, at a moment they most required our aid. They will have been informed, no doubt, of the reasons we gave their perfidious envoy,* at a time that the former missions being frustrated, the great shipments of newspapers, filled with triumphs, reforms, heroic acts, and lamentations, being rendered useless, and the inefficacy of blockades, pacificators, squadrons, and expeditions, made known; it was thought necessary to dazzle the self love of the Americans, by seating near the throne of the Cortes, members whom the latter had never named, nor who could be chosen by those who created them into their substitutes, as in like manner they did others for the provinces in possession of the French, and submitted to, and content with their dominion. In case this puerile measure, of which Spain has been prolific,

* Caracas Gazettes of the 4th of January and the following ones. See also the remonstrance of the American Deputation to the Cortes, dated August 1, 1810.

Montenegro, execrable and notorious for his conduct, and unnaturalized by the Spanish government.

gió Américano y Caraqueño para aumentar la ilusion: que en caso de que prevaleciese la energía caracterizada de rebelion, contra la perfidia bautizada con el nombre de fraternidad, se atizase la hoguera de las pasiones encendida en Coro y Maracaybo; y que la discordia sacudiendo de nuevo las vivoras de su cabeza, conduxese de la mano al Heraldo de las Cortes con el estandarte de la rebelion, por los alucinados distritos de Venezuela que no hubiesen podido triunfar de sus tiranos.

Forjabanse, empero, nuevos ardides, para que el doblez y la astucia preparasen el camino á las huestes sanguinarias de los caudillos de Coro, Maracaybo, y Puerto-Rico: convencidas las Cortes de que la conducta de Fernando, sus vinculos de afinidad con el Emperador de los Franceses, y el influxo de este sobre todos los Borbones constituidos ya baxo su tutela, empezaban á debilitar las capciosas impresiones que habia producido en los Américanos la fidelidad sostenida á la sombra de la ilusion, se empezaron á abrir contrafuegos para precaver el incendio prendido por ellas mismas, y limitarlo á lo preciso y necesario para sus vastos, complicados, y remotos designios. Para esto se escribió el eloqüente manifiesto que asestaron las Cortes en 9 de Enero de este año á la América, con una locucion digna de mejor objeto: baxo la brillantez del discurso, se descubria

should not have its due effect, the envoy was directed, (and an American and a native of Caracas, in order to add to the illusion, was for this purpose selected) that in case the energy of the country, now defined rebellion, should prevail against perfidy to which the name of fraternity was given, he was to add fuel to the flame of the passions, already kindled in Coro and Maracaybo, and that discord, again raising her serpent head, was to lead the herald of the Cortes by the hand under the standard of rebellion, through the deceived districts of Venezuela, which had not been able to triumph over their tyrants.

New artifices were still forged, in order that duplicity and cunning, might prepare the road to the sanguinary armies of the chiefs of Coro, Maracaybo, and Puerto Rico; and when the Cortes were convinced that the conduct of Ferdinand, his bonds of affinity with the Emperor of the French, and the influence of the latter over all the Bourbons already placed under his tutelage, began to weaken the insidious impressions, which fidelity, sustained by illusion, had produced in the Americans; preventatives were placed, in order to stop the flame thus enkindled, and limit it to what was yet necessary for their vast, complicated, and remote designs. For this purpose, was written the eloquent manifest which the Cortes aimed on the 9th of January, 1811, against America, worded in a style worthy of a better object, but under the brilliancy of diction, the back ground

el fondo de la perspectiva presentada para alucinarnos. Temiendo que nos anticipasemos á protestar todas estas nulidades, se empezó á calcular sobre lo que se sabía, para no aventurar lo que se ocultaba. Fernando desgraciado, fué el pretexto que atraxó á sus pseudo-representantes, los tesoros, la sumision, y la esclavitud de la América, despues de la jornada de Bayona; y Fernando seducido engañado y prostituido á los designios del Emperador de los Franceses, es ya lo último á que apelan para apagar la llama de la libertad que Venezuela ha prendido en el continente Meridional. En uno de nuestros Periodicos * hemos descubierto el verdadero espiritu del manifiesto en qüestion, reducido al siguiente raciocinio que puede mirarse como su exâcto comentario " La América se
" vé amenazada de ser víctima de una Nacion ex-
" traña, ó de continuar esclava nuestra; para reco-
" brar sus derechos y no depender de nadie, ha creido
" necesario no romper violentamente los vinculos que
" la ligaban á estos pueblos; Fernando ha sido la
" señal de reunion que ha adoptado el nuevo mundo,
" y hemos seguido nosotros; él está sospechado de
" connivencia con el Emperador de los Franceses, y
" si nos abandonamos ciegamente á reconocerlo, da-
" mos un pretexto á los Americanos, que nos crean
" aun sus Representantes para negarnos abiertamente

* Mercurio Venezolano de Febrero de 1811.

of the perspective, designed to deceive us, was discovered. Fearing that we should be beforehand to protest against the whole of these nullities, they began to calculate on what was already known, not to risque what was yet hidden. The misfortunes of Ferdinand, were the pretexts that had obtained for his pseudo-representatives, the treasures, submission and slavery of America, after the events of Bayona; and Ferdinand seduced, deceived and prostituted to the designs of the Emperor of the French, is now the last resourse to which they fly, to extinguish the flames of liberty, which Venezuela had kindled in the South Continent. In one of our periodical works,* we have discovered the true spirit of the manifest in question, reduced to the following reasoning, which may be considered as an exact commentary:—" America is threatened to be-
" come the victim of a foreign power, or to continue
" to be our slave; but in order to recover her rights,
" and throw off all dependency whatever, she has con-
" sidered it necessary not violently to break the ties
" which held her bound to this country. Ferdi-
" nand has been the signal of re-union which the new
" world has adopted, and we have followed; he is
" suspected of connivance with the Emperor of the
" French, and if we give ourselves up blindly to
" acknowledge him, we afford the Americans a
" pretext for believing us still his representatives

* Mercurio Venezolano for Feb. 1811.

"esta representacion: puesto que ya empiezan á
"traslucirse en algunos puntos de América estos
"designios, manifestemos de antemano nuestra in-
"tencion de no reconocer á Fernando, sino con cier-
"tas condiciones; estas no se verificarán jamas; y
"mientras que Fernando, ni de hecho ni de derecho
"es nuestro Rey, lo seremos nosotros de la América,
"y este pais tan codiciado de nosotros, y tan dificil
"de mantener en la esclavitud, no se nos irá tan
"pronto de las manos."

Este reluciente aparato de liberalidad es ahora el muelle real y visible de la complicada maquina destinada á conmover la América; al paso que entre las quatro paredes de las Cortes se desatiende nuestra justicia, se eluden nuestros esfuerzos, se desprecian nuestras resoluciones, se sostienen á nuestros enemigos, se sofoca la voz de nuestros imaginarios representantes, se renueva para ellos la Inquisicion* al paso que se publica la libertad de Imprenta, y se controvierte si la Regencia pudo declararnos libres, y parte intregante de la nacion: † Quando un Americano digno de este nombre levanta la voz contra los

---

* Hay noticias positivas de que el Sr. Mexia, Suplente de Santa Fe, ha sido encerrado en la Inquisicion por su liberalidad de ideas.

† El Conciso. Los Diarios de Cortes; y quantos papeles vienen de España.

125

" and openly denying us this character, and as these
" designs already begin to be understood in some
" parts of America, let us previously manifest our
" intention, not to acknowledge Ferdinand but
" under certain conditions; these will never be
" carried into effect, and whilst Ferdinand neither in
" fact, or right, is our king, we shall be enabled to
" reign over America, which country so much
" coveted by us, and so difficult to maintain in
" slavery, will not then so easily slip through our
" fingers."*

This resplendent appearance of liberality, is now the real and visible spring, of the complicated machine destined to stir up, and excite commotions in America; at the same time, that within the walls of the Cortes, justice to us is overlooked, our efforts are eluded, our resolutions contemned, our enemies upheld, the voices of our imaginary representatives suppressed, the inquisition is renewed † against them, at the same time that the liberty of the press is proclaimed, and it is controversially discussed, whether the Regency could or not, declare us free, and an integral part of the nation.‡ When an American, worthy of that name,

* These are expressions put into the mouth of a Spaniard, and illustrative of the opinions agitated in the Cortes respecting the allegiance to Ferdinand.

† El Sr. Mexia, was at one time in danger of being put into the inquisition, for his liberal sentiments.

‡ Vide El Conciso, The Diarios of Cadiz, and all the papers that came from Spain.

126

abusos de la Regencia en Puerto-Rico, se procuraron acallar teoricamente los justos, energicos, é imperiosos reclamos que lo distinguen de los satelites del despotismo, y con un decreto breve, amañado, é insignificante, se procura salir del conflicto de la justicia contra la iniquidad. Melendez, nombrado Rey de Puerto Rico por la Regencia, queda por un Decreto de las Cortes con la investidura equivalente de Gobernador, nombres sinonimos en América:* por que ya parecia demasiado monstruoso que hubiese dos Reyes en una pequeña Isla de las Antillas Españolas. Cortabarria solo bastaba para eludir los efectos del decreto dictado solo por un involuntario sentimiento de decencia. Así fué, que quando se declaraba iniqua, arbitraria, y tiranica la investidura concedida por la Regencia á Melendez, y se ampliaba la revocacion á todos los paises de América que se hallasen en el mismo caso que Puerto-Rico, nada se decia del Plenipotenciario Cortabarria, autorizado por la misma Regencia contra Venezuela, con las facultades mas raras y escandalosas de que hay memoria en los fastos del despotismo orgánico.

Despues del Decreto de las Cortes es que se han sentido mas los efectos de la discordia, promovida, sostenida, y calculada desde el fatal observatorio de Puerto-Rico: despues del decreto de las Cortes han sido asesinados inhumanamente los pescadores y cos-

* Representacion de Don Ramon Power a las Cortes, contra la orden de la Regencia de 4 de Septiembre de 1810.

127

raises his voice against the abuses of the Regency, in Puerto Rico: endeavours are made to silence his just, energetic, and imperious claims, which distinguish him from the satellites of despotism, and by means of a decree, short, cunning, and insignificant, they strive to get out of the conflict of justice against iniquity. Melendez, named king of Puerto Rico by the Regency, by a decree of the Cortes is left with the equivalent investiture of governor, synonimous names in America;* because it now appeared, too monstrous to have two kings, in a small island of the Spanish Antilles. Cortavarria alone, was sufficient to elude the effects of a decree, only dictated by an involuntary sentiment of decency. Thus it happened, that when the investiture, granted by the Regency to Melendez was declared iniquitous, arbitrary, and tyrannical, and a revocation was extended to all the countries of America, then situated as was Puerto Rico, nothing was said of the plenipotentiary Cortavarria, authorized by the same Regency against Venezuela, with powers, the most uncommon and scandalous, ever remembered in the annals of organical despotism.

It was after this decree of the Cortes, that the effects of that discord, promoted, sustained, and aimed from the fatal observatory of Puerto Rico, were more severely felt; it was after this decree, that the fishermen and coasters were inhumanly assassinated in Ocumare, by the pirates of Cortavarria; after the publication of the same, Cumanà and Barcelona

* Remonstrances of Don Ramon Power to the Cortes, against the order of the Regency of the 10th of Sept. 1810.

128

taneros en Ocumáre, por los Piratas de Cortabarria: despues del decreto de las Cortes, han sido bloqueadas, amenazadas é intimadas, Cumaná y Barcelona: despues del decreto de las Cortes se ha organizado y tramado una nueva y sanguinaria conjuracion contra Venezuela, por el vil Emisario introducido pérfidamente en el seno pacífico de su patria para devorarla, se ha alucinado á la clase mas sencilla y laboriosa de los alienigenas de Venezuela, se han sacrificado á la justicia y la tranquilidad los caudillos conducidos, â nuestro pesar, al cadalso: por las sugestiones del Pacificador de las Cortes, despues del decreto de estas, se ha turbado é interrumpido en Valencia, la unidad política de nuestra constitucion: se ha procurado seducir, en vano, á otras Ciudades de lo interior: y se ha hecho una falsa intimacion á Carora por los facciosos de Occidente, para que en un mismo dia quedase sumergida Venezuela en la sangre, el llanto y la desolacion, asaltada hostilmente por quantos puntos han estado al alcance de los agitadores, que tiene esparcidos contra nosotros el mismo gobierno que expidió el decreto á favor de Puerto-Rico, y de toda la América. El nombre de Fernando VII, es el pretexto con que va á devorarse el nuevo mundo; si el exemplo de Venezuela no hace que se distingan, de hoy mas, las banderas de la libertad clara y decidida, de las de la fidelidad maliciosa y simulada.

El amargo deber de vindicarnos nos llevaria mas

129

were blockaded, threatened, and summoned; a new and sanguinary conspiracy, against Venezuela, was plotted and organized, by a vile emissary, who perfidiously entered the pacific bosom of his country, in order to devour it; deceptions were successively practised on the most innocent and laborious classes of the imported colonists * of Venezuela; and in spite of our endeavours, the chief instigators were lead to the block, as a sacrifice to justice and tranquility. By the suggestions of the Pacificator of the Cortes, and posterior to their said decree, the political unity of our constitution was interrupted in Valencia; attempts were in vain made to seduce other cities of the interior; á false summons was sent to Carora by the factious leaders of the West, in order that on the same day, Venezuela might be deluged in blood, and sunk in affliction and desolation; be hostilely assaulted from every point within the reach of the conspirators, who were scattered amongst us by the same government, which issued the decree in favour of Puerto Rico and of all America. The name of Ferdinand VII. is the pretext under which the new world is about to be laid waste, if the example of Venezuela does not henceforward cause the banners of an unshaken and decided liberty, to be distinguished from those of a malicious and dissembled fidelity.

The bitter duty of vindicating ourselves would still carry us further, if we did not dread splitting

* These are principally emigrants from the Canary Islands, employed in tillage, remarkable for their sobriety and industry.

allá, si no temiésemos caer en el escollo de los gobiernos de España, substituyendo el resentimiento á la justicia; quando podemos oponer tres siglos de agravios contra ella, por tres años de esfuerzos lícitos, generosos, y filantrópicos, empleados en vano para obtener lo que jamas pudimos enagenar. Si fuesen la hiel y el veneno los agentes de esta nuestra solemne, veraz, y sencilla manifestacion, hubieramos empezado á destruir los derechos de Fernando por la ilegitimidad de su origen, declarada en Bayona por su madre, y publicada en los periódicos Franceses y Españoles: haríamos valer los defectos personales de Fernando, su ineptitud para reynar, su debil y degradada conducta en las Cortes de Bayona, su nula é insignificante educacion, y las ningunas señales que dió para fundar las gigantescas esperanzas de los gobiernos de España, que no tuvieron otro origen que la ilusion de la América, ni otro apoyo que el interes político de la Inglaterra, muy distante de los derechos de los Borbones. La opinion pública de España, y la experiencia de la revolucion del Reyno, nos suministrarian bastantes pruebas de la conducta de la madre, y de las qualidades del hijo, sin recurrir al manifiesto del Ministro Azanza,* y á las memorias secretas de Maria Luisa; pero la decencia es la norma de nuestra conducta: á ella estamos prontos â sacrificar nuestras

---

* Publicado despues de la jornada de Bayona, y circulado en esta Capital, apesar de la anterior opresion.

131

on the same rocks as the government of Spain, by substituting resentment for justice; at the same time that we can charge her with three centuries of injuries, backed by three years of lawful, generous and philanthropic efforts, in vain expended to obtain what it was never in our power to dispose of. Had gall and poison been the chief agents of this our solemn, true and candid manifest, we should have began by destroying the rights of Ferdinand, in consequence of the illegitimacy of his origin, declared by his mother in Bayona, and published in the French and Spanish papers; we should have proved the personal defects of Ferdinand, his ineptitude to reign, his weak and degraded conduct in the Cortes of Bayona, his inefficient and insignificant education, and the want of proofs which he never gave to found the gigantic hopes of the governments of Spain, which had no other origin than the illusion of America, nor any other support than the political interest of England, much opposed to the rights of the Bourbons. The public opinion of Spain, and the experience of the revolution of the kingdom, furnish us with sufficient proofs of the conduct of the mother, and the qualities of the son, without recurring to the manifest of Minister Azanza* and the secret memoirs of Maria Louisa; but decency is the guide of our conduct, to her we are ready to sacrifice our

---

* Published after the transactions of Bayona, and circulated in Caracas, notwithstanding the former oppression.

mejores razones; hartas son las alegadas para demostrar la justicia, necesidad y utilidad de nuestra resolucion, á cuyo apoyo solo faltan los exemplos con que vamos á sellar el juicio de nuestra independencia.

Es necesario que los partidarios de la esclavitud del nuevo mundo proscriban ó falsifiquen la historia, ese monumento inalterable de los derechos y usurpaciones del genero humano, para sostener que la América no pudo estar sujeta á la alternativa de todas las naciones. Aun quando hubiesen sido incontestables los derechos de los Borbones, é indestructible el juramento que hemos desvanecido, bastaria solo la injusticia, la fuerza, y el engaño con que se nos arrancó, para que fuese nulo é invalido, desde que empezó á conocerse que era opuesto á nuestra libertad, gravoso á nuestros derechos, perjudicial á nuestros intereses, y funesto á nuestra tranquilidad. Tal es la naturaleza del juramento prestado á los conquistadores, ó á los herederos de estos, mientras tienen oprimidos los pueblos con la fuerza que les proporcionó la conquista. De otro modo no hubiera jamas recobrado su libertad la España juramentada á los Cartagineses, Romanos, Godos, Arabes, y casi á los Franceses, en el mismo tiempo que deconocia los derechos de la América para no depender de nadie, desde que pudo hacerlo, como la España y las demas Naciones. Superfluo seria recordar á nuestros enemi-

133

best reasons. Sufficient has already been alleged to prove the justice, necessity and utility of our resolution, to the support of which nothing is wanting, but the examples by which we will strive to justify our independence.

It were necessary for the partizans of slavery in the new world, either to destroy, or to falsify history, that unchangeable monument of the rights and usurpations of the human race, before they could maintain that America was not liable to the same changes that all other nations have experienced. Even when the rights of the Bourbons had been incontestible, and indelible the oath, which we have proved not to exist; the injustice, force and deceit, with which the same was snatched from us, would suffice to render it void and of no effect, as soon as it was discovered to be opposed to our liberty, grievous to our rights, prejudicial to our interests, and fatal to our tranquility. Such is the nature of the oath made to the conquerors, and to their heirs, at the same time that the crown holds them in oppression by means of that same additional strength it obtained by the resources of their conquest. In this manner it was, that Spain herself recovered her rights after she had sworn allegiance to the Carthagenians, Romans, Goths, Arabs, and almost to the French; nevertheless she yet disowns the rights of America, no longer to depend on any nation from the time she is capable of throwing off its yoke, and following the example both of Spain, and of other nations. It would be

134

gos lo que ellos mismos saben, y en lo que ellos mismos han fundado el derecho sagrado de su libertad é independencia, digna, por cierto de no ser mancillada con la esclavitud de la mayor parte de la nacion situada del otro lado del oceano; pero no son ellos, por desgracia, los únicos á quien necesitamos convencer con exèmplos palpables, de la justicia, y semejanza comun que tiene nuestra independencia con la de todas las naciones que la han perdido, y han vuelto á recobrarla. Cebados los prestigios de la servidumbre en la sencillez de los Américanos, y sostenidos por el abuso mas criminal que puede hacer la supersticion del dogma y la religion, dictada para la libertad, felicidad, y salvacion de los pueblos; preciso es tranquilizar la piedad alucinada, ilustrar la ignorancia sorprehendida, y estimular la apatia alhagada con la tranquilidad de los calabozos; para que todos sepan que los gobiernos no tienen, no han tenido, ni puedan tener otra duracion que la utilidad y felicidad del genero humano; que los Reyes no son de una naturaleza privilegiada, ni de un órden superior á los demas hombres; que su autoridod emana de la voluntad de los pueblos, dirigida y sostenida por la Providencia de Dios que dexa nuestras acciones al libre alvedrio: que su omnipotencia no interviene á favor de tal ó tal forma de gobierno; y que ni la religion; ni sus Mi-

135

superfluous to remind our enemies of what they already know, and in what they have themselves founded the sacred right of their own liberty and independence; epochs so memorable, that they were worthy of not being tarnished with the slavery of the greatest part of the nation, situated on the other side of the ocean. But unfortunately, it is not they alone whom it is requisite to convince by palpable examples, of the justice and common resemblance our independence bears with that of all other nations which had lost, and again recovered it. The illusions of slavery, kept alive by the candour of the Americans, and sustained by the most criminal abuse* that can be made by superstition of the established belief and religion, which one would suppose were only dictated for the liberty, felicity and salvation of the people; renders it necessary to tranquilize the deceived piety of some, to instruct their unwary ignorance, and stimulate their apathy, that had slumbered since the unusual tranquility of the new order of things; it is, in short, time to inculcate, that governments never had, nor can have, any other duration than the utility and felicity of the human race, that kings are not of any priviledged nature, nor of an order superior to other men; that their authority emanates from the will of the people, directed

---

* The excommunications denounced against the people of Caracas for changing their government.

nistros anatematizan, ni pueden anatematizar los esfuerzos que hace una nacion para ser independiente en el órden político, y depender solo de Dios y de su Vicario en el órden moral, y religioso.

El Pueblo de Dios gobernado por el mismo, y dirigido por milagros, portentos y beneficios, que tal vez no se repetirán jamas, ofrece una prueba del derecho de insurreccion de los pueblos, que nada dexará que desear á la piedad ortodoxâ de los amantes del órden pùblico. Sugetos los Hebreos á Faraon, y ligados á su obediencia por la fuerza, se reunen á Moyses, y baxo su direcion, triunfan de sus enemigos, y recobran su independencia, sin que el mismo Dios, ni su Caudillo Profeta y Legislador Moyses les increpase su conducta, ni los sujetase á ninguna maldicion ni anatema: subyugados despues por la fuerza de Nabucodonosor primero, baxo la direccion de Olofernes, envia el mismo Dios á Judith que rescatase la independencia de su pueblo con la muerte del General Babilonio. Baxo Antioco Epifanes, levantaron Matatias y sus hijos el estandarte de la independencia; y Dios bendixó y ayudó sus esfuerzos hasta conseguir la entera libertad de su pueblo contra la opresion de aquel Rey impio, y

137

and supported by the Providence of God, who leaves our actions to our own free will; that his omnipotence does not interfere in favour of this or that form of government, and that neither religion or its ministers can anathematize the efforts of a nation struggling to be free and independent in the political order of things, and resolved to depend only on God, and on his vicar in a moral and religious sense.

The very people of God governed by himself, and directed by such miracles, portentuous signs and favours, as perhaps will never again be repeated, offer a proof of the rights of insurrection on the part of the people, sufficiently satisfactory to the orthodox piety of the friends of public order. The Israelites, subject to Pharaoh, and bound to his obedience by force, collect round Moses, and under his direction triumph over their enemies, and recover their independence, without either God, or his chief prophet and legislator Moses, blaming them for their conduct, or subjecting them to the least malediction or anathema. This same people being afterwards subjected by the forces of Nebuchadnezzar the First, under the direction Holofernes, God himself sends Judith to obtain their independence, by the death of the Babylonian General. Under Antiochus Epiphanes, Mathathias and his sons raised the standard of independence, and God blessed and aided his efforts till he obtained the entire liberty of his people, against the oppression of that same impious king and his suc-

138

sus sucesores. * No solo contra los Reyes extrangeros que los oprimian usaron los Israelitas del derecho de insurreccion, quebrantando la obediencia á que los ligaba la fuerza; contra los que el mismo Dios les habia dado dentro de su patria y familia, les vemos reclamar este derecho imprescriptible, siempre que lo exîgia su libertad, su utilidad, y el sagrado de los pactos con que el mismo Dios los sugetó á los que eligiô para gobernarlos. David obtiene el reconocimiento de los Hebreos á favor de su dinastia, y su hijo Salomón lo ratificó á favor de su posteridad; pero apenas muere este Rey que habia oprimido á sus vasallos con pechos y contribuciones, para sostener el fausto de su Corte, y el luxo y suntuosidad de sus placeres, queda solo reconocido su hijo Roboam por las tribus de Judá y Benjamin: las otras diez, usando de sus derechos, recobran su independencia política; y en fuero de ella depositan su soveranía en Jeroboam, hijo de Nabath. La dureza momentanea y pasagera del Reynado de Solomón bastó á los Hebreos para anular la obediencia prestada á su dinastía, y colocar á otra en el trono, sin aguardar á que Dios les hubiese dicho que ya su suerte no dependia de los Reyes de Judá, ni de los Ministros, Sacerdotes y Caudillos de Solomon. ¿Y será de peor condicion el pueblo cristiano de Venezuela, para que declarado libre por el gobierno de España, despues de trescientos

* Machab. Lib. 1. Cap. 2.

139

cessors.* Not only against the foreign kings who oppressed them, did the Israelites make use of the right of insurrection, by breaking through the obedience to which they were bound by force; but even against those whom God had given them in their own country, and of their own nation, do we behold them claim this inprescriptible right, whenever their liberty and their advantage required it, or when the sacred character of those pacts, by which God himself bound them to those he chose as their governors had been profaned. David obtains the allegiance of the Israelites in favour of his dynasty, and his son Solomon ratified it in favour of his posterity, but scarcely was this king dead, who had oppressed his subjects by exactions and contributions to support the splendour of his court, and the luxury and sumptuousness of his pleasures, than the tribes of Judah and Benjamin alone acknowledged his son, and the other ten, availing themselves of their rights, recover their political independence, and in exercise thereof, deposit their sovereignty in Jeroboam, son of Nabath. The momentaneous and passing hardships of the reign of Solomon, sufficed for the Israelites to annul their obedience sworn to his line, and to place another on the throne, without waiting for God to tell them, that their fate no longer depended on the kings of Judah, nor on the ministers, priests, or chiefs of Solomon. And shall the christian people

---

* Machab. Lib. 1 cap. 2.

140

años de cautiverio, pechos, vexaciones é injusticias, no pueda hacer lo que el mismo Dios de Israel que adora, permitió en otro tiempo á su pueblo, sin indignarse, ni argüirlo en su furor? Su dedo divino es el norte de nuestra conducta, y á sus eternos juicios quedará sometida nuestra resolucion.

Si la independencia del pueblo Hebreo no fué un pecado contra la ley escrita; no podrá serlo la del pueblo Cristiano contra la ley de gracia. Jamas ha excomulgado la Silla Apostolica á ninguna nacion que se ha levantado contra la tirania de los Reyes ó los gobiernos que violaban el pacto social. Los Suizos, los Holandeses, los Franceses y los Américanos del Norte proclamaron su independencia, trastornaron su constitucion, y variaron la forma de su gobierno; sin haber incurrido en otras censuras que las que pudo haber fulminado la Iglesia por los atentados contra el dogma, la disciplina ó la piedad, y sin que estas trascendiesen á la política, ni al órden civil de los pueblos. Ligados estaban los Suizos con juramento á la Alemania, como lo estaban los Holandeses á la España, los Franceses á Luis XVI, y los Américanos á Jorge III, pero ni ellos, ni los demas Principes que favorecieron su independencia, fueron excomulgados por el Papa. El abuelo de Fernando VII, uno de los Reyes mas piadosos y

141

of Venezuela be still in a worse plight, and after being declared free by the government of Spain, after 300 years of captivity, exactions, hardships and injustice, shall they not be allowed to do what the God of Israel, whom they equally adore, formerly permitted to his people, without being spurned, and without vengeance being deprecated upon them? It is his divine hand that guides our conduct, and to his eternal judgements our resolution shall be submitted.

If the independence of the Hebrew people was not a sin against the written law, that of a Christian people cannot be such against the law of grace. At no time has the Apostolical see excommunicated any nation that has risen up against the tyranny of those kings or governments, which had violated the social compact. The Swiss, Dutch, French, and North Americans, proclaimed their independence, overturned their constitution, and varied their forms of government, without having incurred any other spiritual censures than those which the church might have fulminated for the infringements on the belief, discipline or piety, but without their being connected with political measures, or alluding to the civil transactions of the people. The Swiss were bound by oath to Germany; as were also the Dutch to Spain; the French to Louis XVI. and the Americans to George III. yet neither they, nor the other prinees who favoured their independence, were excommunicated by the Pope. The grand-father of Ferdinand VII. one of

católico que han ocupado el trono de España, protegió con su sobrino Luis XVI la independencia de la América del Norte; sin temer las censuras eclesiasticas, ni la colera del cielo; y ahora que el órden de los sucesos la presenta con mas justicia á la América del Sur, quieren los que se dicen apoderados de su nieto, abusar de la Religion que tanto respetó Carlos III, para continuar en la mas atroz é inaudita de las usurpaciones—— ¡ Dios justo, Dios omnipotente, Dios piadoso! ¿ Hasta quando ha de disputar el fanátismo, el imperio á la sagrada Religion, que enviaste á la sencilla América para tu gloria y su felicidad ?

Los sucesos que se han acumulado en la Europa para terminar la servidumbre de la América, han entrado, sin duda, en los altos designios de la Providencia. Al traves de dos mil leguas de oceano, no hemos hecho otra cosa, en tres años que han transcurrido desde que debimos ser libres é independientes, hasta que resolvimos serlo, que pasar por los amargos trámites de las asechanzas, las conjuraciones, los insultos, las hostilidades y las depredaciones de los mismos á quienes convidabamos á participar de los bienes de nuestra regeneracion, y para cuya felicidad queriamos abrir las puertas del nuevo mundo, esclavizado á la comunicacion del viejo, devastado é incendiado por la guerra, la hambre y la desolacion. Tres distintas oligarquias nos han declarado la guerra,

143

the most pious and catholic kings that ever filled the throne of Spain, together with his nephew Louis XVI. protected the independence of North America, without dreading ecclesiastical censures, or the anger of heaven; and now that the order of events more justly places it within the reach of South America, those who call themselves the authorized agents of his grandson, wish to abuse that same religion, so much respected even by Charles III. in order to prolong the most atrocious and unheard of usurpations.— Just, omnipotent, and merciful God! Till when will fanaticism dispute the empire of that sacred religion, which thou sent to the uncorrupted regions of America, for thy glory and her felicity?

The events which have accumulated in Europe, to terminate the servitude of America, have, beyond doubt, entered into the high designs of Providence. Placed at a transatlantic distance of two thousand leagues, we have done nothing, in the three years which have elapsed since we ought to be free and independent, till the period when we resolved to be so, than pass through the bitter trials of stratagems, conspiracies, insults, hostilities and depredations, on the part of that same nation whom we invite to partake of the goods of our regeneration, and for whose felicity we wished to open the gates of the new world, heretofore closed to all communication with the old one; now wasted and inflamed by war, hunger, and desolation. Three distinct oligarchies have declared war against us, have contemned

144

han despreciado nuestros reclamos, han amotinado a nuestros hermanos, han sembrado la desconfianza y el rencor entre nuestra gran familia, han tramado tres horribles conjuraciones contra nuestra libertad, han interrumpido nuestro comercio, han desalentado nuestra agricultura, han denigrado nuestra conducta, y han concitado contra nosotros las fuerzas de la Europa, implorando, en vano, su auxîlio para oprimirnos. Una misma bandera, una misma lengua, una misma religion, y unas mismas leyes, han confundido, hasta ahora, el partido de la libertad con el de la tiranía: Fernando VII libertador, ha peleado contra Fernando VII opresor; y sino hubiesmos resuelto abandonar un nombre sinonimo del crímen y la virtud, seria al fin esclavizada la América, con lo mismo que sirve á la independencia de la España.

De tal naturaleza han sido los imperiosos desengaños que han impelido á Venezuela, á separar para siempre su suerte, de un nombre tan ominoso y fatal. Colocada por él en la irrevocable disyuntiva de ser esclava ó enemiga de sus hermanos, ha querido comprar la libertad á costa de la amistad; sin impedir los medios de reconciliacion que desea. Razones muy poderosas, intereses muy sagrados, meditaciones muy serias, reflexîones muy profundas, discuciones muy largas, debàtes muy sostenidos, combinaciones muy analizadas, sucesos muy imperiosos, riesgos muy urgentes, y una opinion pública bien pronunciada y sostenida, han sido los datos que han

our claims, have excited civil dissensions amongst us, have sown the seeds of discord and mistrust in our great family, have plotted three horrible conspiracies against our liberty, have interrupted our trade, have suppressed our agriculture, have traduced our conduct, and have sought to raise against us an Europian power, by vainly imploring its aid to oppress us. The same flag, the same language, the same religion, and the same laws, have, till now, confounded the party of liberty, with that of tyranny; Ferdinand VII. as liberator, has been opposed to Ferdinand VII. as oppressor; and if we had not resolved to abandon a name, at the same time synonimous with crime and virtue, America would at length be enslaved by the same force that is wielded for the independence of Spain.

Such has been the nature of the imperious impulse of conviction, tending to open our eyes, and to impel Venezuela eternally to separate from a name so ominous and so fatal. By it, placed in the irrevocable alternative, of being the slave, or the enemy of her brethren, she has preferred purchasing her own freedom, at the expence of friendship, without obstructing the means of that reconciliation she desired. Reasons the most powerful, interests the most sacred, meditations the most serious, considerations the most profound, long discussions, contested debates, combinations well analysed imperious events, most urgent dangers, and the public opinion clearly pronounced and firmly sustained, have been tne pre-

146

precedido á la declaracion solemne que el cinco de Julio hizo el Congreso General de Venezuela de la independencia absoluta de esta parte de la América Meridional: independencia deseada y aclamada por el pueblo de la Capital, sancionada por los Poderes de la Confederacion, reconocida por los Representantes de las provincias, jurada y aplaudida por el Gefe de la Iglesia Venezolana, y sostenida con las vidas, las fortunas, y honor de todos los ciudadanos.

¡Hombres libres, compañeros de nuestra suerte! Vosotros que habeis sabido purgar vuestra alma del temor ó la esperanza; " dirigid desde la elevacion
" en que os colocan vuestras virtudes una mirada
" imparcial y desinteresada sobre el quadro que
" acaba de trazaros Venezuela. Ella os constituye
" arbitros de sus diferencias con la España, y jueces
" de sus nuevos destinos. Si os han afectado nuestros
" males, y os intresa nuestra felicidad, reunid á los
" nuestros, vuestros esfurzos, para que el prestigio
" de la ambicion no triunfe mas de la liberalidad y
" la justicia. A vosotros toca el desengaño que
" una funesta rivalidad imposibilita á la América,
" con respecto á la España. Contened el vértigo
" que se ha apoderado de sus gobiernos: demostradle
" los bienes reciprocos de nuestra regeneracion: des-
" cubridle la alhagueña perspectiva que no les deja
" ver en América el monopolio que tiene metalizados
" sus corazones: decidle lo que les amenaza en
" Europa, y á lo que pueden aspirar en un mundo
" nuevo, pacifico, sencillo, y colmado ya de todas las

cursors of that solemn declaration, made on the 5th of July, by the General Congress of Venezuela, of the absolute independence of this part of South America; an act, sighed for and applauded by the people of the capital, sanctioned by the powers of the Confederation, acknowledged by the Representatives of the provinces, sworn to and propitiously hailed by the chief of the church of Venezuela, and to be maintained with the lives, fortunes, and honours of all the Citizens.

Free men, companions of our fate! Ye who have known how to divest your hearts of fear or of hope; direct, from the elevation on which your virtues have placed you, an impartial and disinterested look, on the portrait which Venezuela has just traced out for you. She constitutes you the arbitrators of her differences with Spain, and judges of her new destinies. If you have been affected by our evils, and are interested in our felicity, unite with us your efforts, that the artifices of ambition may not any longer triumph over liberality and justice. To you belong the offices of conviction towards Spain, which an unfortunate rivality places beyond the reach of America. Contain the giddiness which has seized upon her governments; point out to them the reciprocal benefits of our regeneration; unfold to them the soothing prospect which they are debarred from beholding in America, by the monopoly that has hardened their hearts; tell them what threatens them in Europe, and what they may expect in the new world,

148

" bendiciones de la libertad: y juradle, por último,
" á nuestro nombre: que Venezuela espera con los
" brazos abiertos á sus hermanos, para partir con
" ellos su felicidad; sin otro sacrificio que el de las
" preocupaciones, el orgullo y la ambicion, que
" han hecho infelices por tres siglos á ambas Es-
" pañas."

Palacio Federal de Caracas 30
de Julio de 1811.

JUAN ANTONIO RODRIGUEZ DOMINGUEZ,
Presidente.

FRANCISCO ISNARDY,
Secretario.

149

tranquil, uncorrupted, and already crowned with all the benedictions of liberty; swear to them, in short, in our name, that Venezuela awaits her brethren with open arms to share her happiness with them, without asking any other sacrifice than that of prejudice, pride and ambition, which have, for three ages, produced the united misery of both countries.

Federal Palace of Caracas, this
30th of July, 1811.

JUAN ANTONIO RODRIGUEZ DOMINGUEZ, Pres^t.
FRANCISCO ISNARDY, Sec^y.

CONSTITUCION FEDERAL,

PARA LOS

ESTADOS DE VENEZUELA,

Hecha por los Representantes de Margarita, de Mérida, de Cumaná, de Barínas, de Barcelona, de Truxillo, y de Carácas, reunidos en Congreso General.

EN EL NOMBRE DE DIOS TODO PODEROSO.

NOS el Pueblo de los Estados de Venezuela, usando de nuestra Soberanía, y deseando establecer entre nosotros la mejor administracion de justicia, procurar el bien general, asegurar la tranquilidad interior, proveer en comun à la defensa exterior, sostener nuestra Libertad é Independencia política, conservar pura é ilesa la sagrada religion de nuestros

FEDERAL CONSTITUTION,

FOR THE

STATES OF VENEZUELA,

Made by the Representatives for Margarita, Merida, Cumaná, Varinas, Barcelona, Truxillo, and Caracas, in GENERAL CONGRESS *Assembled.*

IN THE NAME OF THE ALL POWERFUL GOD.

WE the people of the States of Venezuela, acting from our own Sovereignty, and anxious to establish amongst ourselves the best possible administration of justice, to provide for the general good, to secure the tranquillity of the interiour, to make provision in common for our exteriour defence, to sustain our political liberty and independence, to preserve pure

152

mayores, asegurar perpetuamente a nuestra posteridad el goce de estos bienes, y estrecharnos mutuamente con la mas inalterable union, y sincera amistad, hemos resuelto confederarnos solemnemente para formar y establecer la siguiente Constitucion, por la qual se han de gobernar y administrar estos Estados.

PRELIMINAR.

Bases del Pacto Federativo que ha de constituir la Autoridad general de la Confederacion

En todo lo que por el Pacto Federal no estuviere expresamente delegado á la Autoridad general de la Confederacion, conservará cada una de las Provincias que la componen, su Soberanía, Libertad, é Independencia: en uso de ellas, tendrán el derecho exclusivo de arreglar su Gobierno y Administracion territorial, baxo las leyes que crean convenientes, con tal que no sean de las comprehendidas en esta Constitucion, ni se opongan, ó perjudiquen à los Pactos Federativos que por ella se establecen. Del mismo derecho gozarán todos aquellos territorios que por division del actual, ó por agregacion á él, vengan á ser parte de esta Confederacion quando el Congreso General reunido les declare la representacion de tales, ó la obtengan por aquella via, y

153

and untouched, the sacred religion of our ancestors, to secure and perpetuate to our posterity, the enjoyment of these goods, and to mutually bind ourselves together, by the most unalterable union and sincere friendship, HAVE resolved solemnly to confederate together, in order to form and establish the following constitution, by which the said States are in future to be governed and administered.

PRELIMINARY.

Bases of the Federate Compact, which is to constitute the general authority of the Confederation.—

In whatever case, that by the Federal Compact, is not expressly delegated to the general authority of the Confederation, each one of the provinces composing the same, shall preserve its sovereignty, liberty, and independence; and in the exercise thereof, they shall have the exclusive right of regulating their own territorial government and administration, under such laws as they shall deem fit, provided they are not such as are comprehended in this constitution, and are not opposed or prejudicial to the Federate Compacts, thereby established. The same rights shall be enjoyed by all those districts which by division of the present union, or by posteriour aggregation thereto, shall hereafter form part of this confederation, whenever the general Congress assembled shall declare them entitled to such representation, or they obtain the

154

fórma que él establezca para las occurrencias de esta clase quando no se halle reunido.

Hacer efectiva la mutua garantia y seguridad que se prestan entre sí los Estados, para conservar su libertad civil, su independencia política, y su culto religioso, es la primera, y la mas sagrada de las facultades de la Confederacion, en quien reside exclusivamente la Representacion Nacional. Por ella está encargada de las relaciones estrangeras,—de la defensa comun y general de los Estados Confederados,—de conservar la paz pública contra las commociones internas, ó los ataques exteriores,—de arreglar el comercio exterior, y él de los Estados entre sí,—de levantar y mantener Exercitos, quando sean necesarios para mantener la libertad, integridad, é independencia de la Nacion,—de construir, y equipar Baxeles de guerra,—de celebrar y concluir tratados y alianzas con las demas Naciones,—de declararles la guerra, y hacer la paz,—de imponer las contribuciones indispensables para estos fines, ú otros convenientes à la seguridad, tranquilidad, y felicidad comun, con plena y absoluta autoridad para establecer las Leyes generales de la union, juzgar, y hacer executar quanto por ellas quede resuelto y determinado.

El exercicio de esta autoridad confiada à la Confederacion, no podrá jamàs hallarse reunido en sus diversas funciones. El Poder Supremo debe estar dividido en Legislativo, Executivo, y Judicial, y confiado á distintos Cuerpos independientes entre sí, en

155

same by that means, or form, which the latter may establish for similar cases, when not assembled.

To render effective the mutual guarantee and security entered into by the States amongst themselves, to preserve their civil liberty, their political independence, and their religious worship, is the first and most sacred of the powers of the Confederation, in whom exclusively resides the national Representation. By the same it is charged with all foreign relations—with the common and general defence of the Confederate States—with the preservation of public peace, from internal commotions, or exteriour attacks—the regulating of exteriour trade and of the States amongst themselves—the raising and maintaining armies, whenever they may be necessary to preserve the liberty, integrity, and independence of the nation—to build and equip vessels of war—to make and confirm treaties and alliances with other nations—to declare war and make peace—to impose the necessary taxes for these purposes, or to adopt other measures that may tend to the security, tranquility, and common felicity, together with the full and absolute power to enact general laws for the union, to judge and to cause to be fulfilled, whatever by the same may be resolved and decreed

The exercise of this authority confided to the Confederation, can at no time be united in its different functions. The Supreme power is to be divided into Legislative, Executive, and Judicial, and confided to distinct bodies, independent of each other, as well as

156

sus respectivas facultades. Los individuos que fueren nombrados para exercerlas, se sugetarán inviolablemente al modo, y reglas que en esta Constitucion se les prescriben para el cumplimiento, y desempeño de sus destinos.

CAPITULO PRIMERO.

De la Religion.

1. La Religion Católica, Apostólica, Romana, es tambien la del Estado, y la única, y exclusiva de los habitantes de Venezuela. Su proteccion, conservacion, pureza, é inviolabilidad será uno de los primeros deberes de la Representacion nacional, que no permitirá jamás en todo el territorio de la Confederacion, ningun otro culto público, ni privado, ni doctrina contraria á la de Jesu-Christo.

2. Las relaciones que en conseqüencia del nuevo órden político deben entablarse entre Venezuela, y la Silla Apostólica, serán tambien peculiares á la Confederacion, como igualmente las que deban promoverse con los actuales Prelados Diocesanos, mientras no se logre el acceso directo à la autoridad Pontificia.

157

in their respective faculties. The persons who may be named to exercise them, shall inviolably subject themselves to the manner and rules, which in this Constitution may be prescribed to them, for the administration and fulfilment of their charges.

CHAPTER I,

OF RELIGION.

1. The Catholic, Apostolic, and Roman religion, is also that of the State, and the only and exclusive one of the inhabitants of Venezuela. Its protection, conservation, purity, and inviolability, shall be one of the first duties of the national Representation, who shall not, at any time, allow within the limits of the Confederation, any public, or private, worship or doctrine, contrary to that of Jesus Christ.

2. The relations, which in consequence of the new political order, are to be entered upon between Venezuela and the Apostolical see, shall also be vested in the Confederation, as well as those which may be agitated with the present diocesan prelates, in the mean time that direct intercourse cannot be had with the Pontifical authority.

CAPITULO SEGUNDO.

Del Poder Legislativo.

SECCION PRIMERA.

Division, límites, y funciones de este Poder.

3. El Congreso general de Venezuela, estará dividido en una Cámara de Representantes, y un Senado, á cuyos dos Cuerpos se confia todo el Poder legislativo, establecido por la presente Constitucion.

4. En qualquiera de los dos podrán tener principio las leyes; y cada uno respectivamente podrá proponer al otro reparos, alteraciones, ó adiciones, ó rehusar á la ley propuesta, su consentimiento por una negativa absoluta.

5. Solo las leyes sobre contribuciones, tasas é impuestos, están exceptuadas de esta regla. Estas no pueden tener principio sino en la Cámara de Representantes; quedando al Senado el derecho ordinario de adicionarlas, alterarlas, ó rehusarlas.

6. Quando el proyecto de ley haya sido admitido conforme á las reglas de debate que se hayan prescripto estas Cámaras, sufrirá tres discuciones en sesiones distintas con el intervalo de un dia á lo menos entre cada una, sin lo qual no podrá pasárse á deliberar sobre él.

7. Las proposiciones urgentes están exceptuadas de estos trámites; pero para ello debe discutirse, y de-

CHAP. II,

OF THE LEGISLATIVE POWER.

Sec. 1st.—Divisions, Limits, and Functions of this Power

3. The General Congress of Venezuela shall be divided into a House of Représentatives, and a Senate, to which two bodies is confided, all the legislative power, established by the present Constitution.

4. In either of them any law may originate, and each respectively may propose to the other, amendments, alterations, or additions, or refuse its consent to the law proposed, by an absolute negative.

5. The laws relating to contributions, taxes, and imposts, are excepted from this law. These can only originate in the house of Representatives, the ordinary right of adding thereto, altering or refusing them, being left to the Senate.

6. When the proposal of a law or bill has been admitted, conformably to the rules of debate prescribed to themselves by the two Houses, it shall undergo three different discussions in distinct sessions, with the interval of a day at least between each, without which, it shall not be lawful to pass the House.

7. Urgent bills are excepted from these forms, but in order that this point may be established, the urgency

clararse previamente la urgencia en cada una de las Cámaras.

8. Ninguna proposicion rechazada por una de ellas podrá repetirse hasta despues de un nño; pero podrán hacerse otras que contengan parte de las rechazadas.

9. Ningun proyecto de ley, ó proposicion constitucionalmente aceptado, discutido, y deliberado en ambas Camaras, podrá tenerse por Ley del Estado, hasta que presentado al Cuerpo Executivo sea firmado por él. Si no lo hiciere, enviará el proyecto con sus reparos á la Camara, donde hubiere tenido su iniciativa; y en esta se tomará razon integra de los reparos en el registro de sus sesiones, y se pasará à exâminar de nuevo la materia; que resultando segunda vez aprobada por la pluralidad de dos terceras partes, pasará baxo iguales tramites à la otra Camara, y obtenida en ella igual aprobacion, tendrá desde entónces el proyecto fuerza de Ley. En todos estos casos se expresarán los votos de las Camaras por *si* ò *no*, quedando registrados los nombres de los que votaron en *pro*, ó en *Contra*.

10. Si el Cuerpo Executivo no volviese el proyecto á la Camara de su orîgen dentro del término de diez dias contados desde su recibo, con exclusion de los feriados, tendrá fuerza de Ley, y deberá ser promulgada como tal constitucionalmente; pero si por emplazamiento, suspension, ó receso del Congreso, no pudiese volver à él el proyecto àntes del termino se-

161

is to be discussed, and previously declared in each of the two houses.

8. No bill rejected by one of them, can be repeated till after the lapse of one year, but others may be made containing part of those rejected.

9. No project, law, or bill, constitutionally accepted, discussed, and passed in both houses, shall be considered as a law of the State, till it has been presented to the Executive body, and by it signed. If the latter should withhold its assent, the projected bill with such amendments, as the Executive may suggest, shall be returned to the house where it originated, wherein due note shall be taken of such amendments on the journals, they proceeding afresh to examine the case, which if again approved by a plurality of two thirds, the same shall, under similar forms, pass on to the other house, wherein the same approbation being obtained, the bill from that instant shall have the full force of a law. In all these cases, the votes of the houses shall be expressed by *yea* and *nay*, and a register kept of the names of those who voted *for* or *against* the bill.

10. If the Executive should not return the bill to the house whence it originated, in the term of ten days after its receipt, exclusive of holidays, the same shall have the full force of law, and shall be constitutionally promulgated as such; but if in consequence of summons, suspension, or recess of Congress, the bill cannot have been returned before the period fixed, it shall remain without effect, unless the Execu-

162.

ñalado, quedará sin efecto, a ménos que el Poder Executivo no resuelva aprobarlo sin reparos, ó adiciones; pero en caso de ponerlas, podrá presentarse el proyecto con ellas á las Camaras en la inmediata Asamblea siguiente á la expiracion del plazo.

11. Las demas resoluciones, decretos, dictamenes, y actas de las Camaras (excepto las de emplazamiento) deberán tambien pasarse al Poder Executivo para su conformidad ántes de tener efecto. En el caso de que este no se conforme, volverán a seguir los tramites prescriptos para las leyes; y siendo de nuevo confirmados como ellas, deberán llevarse á execucion. Las leyes, decretos, dictamenes, actas, y resoluciones urgentes están tambien sujetas á esta regla; pero el Poder Executivo debe poner sus reparos sobre la urgencia y sobre lo substancial de la misma ley simultaneamente dentro de dos dias despues de su recibo, y no haciendolo se tendrán como aprobadas por él.

12. La fórmula de redaccion con que han de pasar las leyes, actos, decretos y resoluciones de una á otra Cámara, y al Poder Executivo, será un preambulo que contenga: el dia de la sesion en que se discutió en cada Cámara la materia: la fecha de las respectivas resoluciones, inclusa la de urgencia quando la haya; y la exposicion de las razones y fundamentos que han motivado le resolucion. Quando se omita algunos de estos requisitos, deberá volverse el acto

tive Power shall resolve on approving the same, without any alterations or additions, but in case these should be added, the bill, together with the additions thereto, shall be laid before the houses, in the next session subsequent to the period expired.

11. All other resolutions, decrees, opinions, and acts of both houses, (excepting those of summons) shall likewise be refered to the Executive Power in order to receive its assent, before they can be carried into full effect. In case the latter should refuse such assent, they shall again pass through the forms prescribed for the enaction of laws, and being in like manner newly confirmed, they are to be carried into execution. The laws, decrees, opinions, acts, and resolutions, which may be held as urgent, are also to be subject to this rule, but the Executive Power is in this case, to state its objections respecting the urgency, as well as the substance of any law, within the space of two days after its receipt, in default of which, the same shall be considered as approved by it.

12. The form of the draft or sketch under which the laws, acts, decrees and resolutions are to pass from one house to the other, as well as to the Executive, shall be a preamble therein contained, with a minute of the day of the session on which the subject was discussed in each house, the date of the respective resolutions, a statement of the urgency in case there is any, as well as an exposition of the reasons and foundations which have given rise to the

164.

dentro de dos dias à la Cámara donde se note la omision, ó à la del origen si hubiere ocurrido en ambas.

13. Estos requísitos no acompañarán á la ley en su promulgacion: ella saldrá entonces redactada clara, sencilla, precisa y uniformemente, sin otra cosa que un membrete que explique su contenido con la nominacion de ley, acto, ò decreto, y lo dispositivo de la misma ley, baxo la fórmula de estilo siguiente: *El Senado, y la Cámara de Representantes de los Estados-Unidos de Venezuela, juntos en Congreso decretaron:* y en seguida la parte dispositiva de la ley, acto, ó decreto. Estas fórmulas podrán variarse si las circumstancias y la conformidad de los pueblos que se agreguen à esta confederacion, lo creyesen necesario.

SECCION SEGUNDA.

Eleccion de da Cámara de Representantes.

14. Los que compongan la Cámara de Representantes deben ser nombrados por los electores populares de cada Provincia para servir por quatro años este encargo; y el número total respectivo se renovará cada dos por mitad, sin que ninguno de ellos pueda ser reelegido inmediatamente.

resolution. Whenever any of these requisites are omitted, the act shall be returned within two days to the house wherein the omission has been noted, or to that where the same originated, if it has occurred in both.

13. These requisites shall not accompany the law in its promulgation, it shall then be drawn out in a clear, simple, precise and uniform manner, without any thing more than a plain heading, explanatory of its contents, with the name of the law, act, or decree, the dispositive part of the same law being preceded by the following words, *" The Senate and House of Representatives of the United States of Venezuela, in Congress assembled, have decreed, &c."* then is to follow the decretive part of the same. These forms can be varied, if circumstances and the assent of the provinces that may hereafter be annexed to this confederation, should make it requisite.

SECTION II.

Election of the House of Representatives.

14. Those who compose the House of Representatives, are to be named by the popular electors of each province, to serve in this charge during the space of four years; and the total number respectively, shall be renewed every two years, in the proportion of one half, without any being allowed to be re-elected immediately,

15. Nadie podrá ser elegido ántes de la edad de veinticinco años: si no ha sido por cinco inmediatamente ántes de la eleccion ciudadano de la Confederacion de Venezuela; y si no goza en ella una propriedad de qualquiera clase.

16. La condicion de domicilio y residencia requerida aquí para los Representantes, no excluye à los que hayan estado ausentes en servicio del Estado, ni à los que hayan permanecido fuera de él con permiso del Gobierno en asuntos propios, con tal que su ausencia no haya pasado de tres años; ni à los naturales del territorio de Venezuela, que habiendo estado fuera de él, se hubiesen restituido y hallado presentes à la declaratoria de su absoluta Independencia, y la hubiesen reconocido y jurado.

17. La poblacion de las Provincias será la que determine el numero de los Representantes que les corresponda, en razon de uno por cada veínte mil almas de todas condiciones, sexós y edades. Por ahora servirá para el cómputo el censo civil practicado últimamente, que en lo sucesivo se renovará cada cinco años; y si hechas las divisiones de veinte mil, resultare algun residuo que pase de diez mil, habrá por él un Representante mas.

18. Esta proporcion de uno por veinte mil, continuará siendo la regla de la representacion, hasta que el número de los Representantes llegue à sesenta; y aunque se aumentase la poblacion, no se aumentará por eso el número, sino se elevará la proporcion hasta

15. No one can be elected under the age of 25, and if he has not been for five years immediately previous to his election, a citizen of the Confederation of Venezuela, nor unless he enjoys property of some nature therein.

16. The requisite of previous residence above required for the Representatives, does not exclude those who may have been absent in the service of the State, nor those who may have been abroad under permission of the government, on their own affairs, if their absence has not exceeded three years, nor the natives of Venezuela, who having been out of the country before, had returned, and were present at the declaration of absolute independence, and have acknowledged and sworn to the same.

17. The population of the provinces shall determine the number of the Representatives belonging to each, at the rate of one for each twenty thousand souls of all classes, sexes, and ages. For the present, the civil census lately made, shall serve for the calculation, but in future, the same shall be renewed every five years, and if after the divisions of twenty thousand have been made, there should result any residue exceeding ten thousand, a Representative shall be elected for the same.

18. This proportion of one for every twenty thousand, shall remain as the law for the representation, till the number of the Representatives reaches seventy, when notwithstanding the population may have increased, the number shall nevertheless not be en-

que cosrreponda un Representante à cada treinta mil almas. En este estado continuarà la proporcion de uno por treinta mil, hasta que lleguen à ciento los Representantes; y entónces como en el caso anterior, se elevarà la proporcion à quarenta mil por uno, hasta que lleguen à docientos por el aumento progresivo de la poblacion, en cuyo caso se procederá de modo que la regla de proporcion no suba de uno por cincuenta mil almas.

19. Quando por muerte, renuncia, ú otra causa vacàre alguna plaza de Representante, entrará à servirla el que en las últimas elecciones hubiese obtenido la segunda mayoría de votos, y se considerará nombrado por el tiempo que falte al primero. Si este fuese ménos de un año, no se le contará como obstáculo para poder ser elegido en las inmediatas elecciones.

20. Estas se executarán con uniformidad en todo el territorio de la Confederacion, procediendo para ello del modo siguiente:

21. El dia primero de Noviembre de cada dos años, se reunirán los sufragantes en todas las parroquias del Estado, para elegir libre y espontaneamente los electores parroquiales que han de nombrar el Representante ó Representantes que correspondan aquel biennio à su Provincia.

larged, but the proportion shall be raised, till a Representative shall be found to correspond to each thirty thousand souls. In this state is the proportion of one for every thirty thousand to continue, till the number of Representatives reaches one hundred, and then as in the former case, the proportion shall be raised to forty thousand for one, till the number, by the progressive increase of population, has reached two hundred, in which case it shall be regulated in such manner, that the rule of proportion does not give more than one for each fifty thousand souls.

19. When, in consequence of death, resignation, or any other cause, the seat of a Representative shall be vacated, it shall be filled by the person who in the last election had obtained the second majority of votes, and he shall be considered as elected to serve during all the time that remained for the first, and if he should have served less than a year, it shall not be held as an obstacle to his obtaining a seat at the next election.

20. The elections shall be conducted with the same uniformity throughout the whole territory of the Confederation, and in the following manner.

21. The first day of November of every two years, the voters shall collect in all the parishes of the State, in order to choose freely and voluntarily the parochial electors, who are to name the Representative or Representatives, which for the next two succeeding years, correspond to the province.

22. A cada mil almas de poblacion, y à cada Parroquia, aunque no llegue à este número, se dará un elector; luego que estén nombrados se disolverá la Congregacion parroquial: y los Electoros se hallarán reunidos indefectiblemente el quince de Noviembre en la Ciudad ó Villa que fuere cabeza del Partido capitular, para nombrar los Representantes.

23. El resultado de la Congregacion electoral, se remitirá por ahora inmediatamente al Gobierno provincial; y quando este se reforme popularmente, al Presidente del Senado, ó primera Cámara del Cuerpo legislativo de ella, que en todas deberá hallarse reunido en los primeros dias de Diciembre.

24. El Gefe del Gobierno actual, ô el Presidente del Senado quando lo haya, abrirá à presencia de la Legislatura provincial que se hallará reunida, las votaciones que se remitan de los Partidos para contar los votos. Se tendrán por elegidos para Representantes los que hayan reunido à su favor la mayoría del número total de los Electores nombrados; y en caso de igualdad de mayoría entre dos ó mas personas, elegirá entre ellos la Legislatura; pero si ninguna llegase à reunir la mitad, la Legislatura entónces escogerá de los que hayan tenido mas votos, un número triple, ó doble si fuere preciso de los Representantes que toquen à su Provincia, para elegir

22. Each thousand souls, or each parish, notwithstanding it does not reach that amount of population, shall have one elector, and the nomination of these being effected, the parochial meeting shall be dissolved, and the electors shall without fail, be collected on the 15th of November, in the city or chief town of the district, in order there to name the Representatives.

23. The results of the electoral meetings shall be immediately referred, for the present, to the Provincial government, and when this is popularly reformed, to the President of the Senate, or of the first House of the Legislative body of the same, which in every province is to be in session at the beginning of December.

24. The chief of the present government, or the President of the Senate, when this is established, shall open in the presence of the Provincial legislature for that purpose assembled, the results of the polls which may have been forwarded from the districts, in order to count the votes. Those shall be considered as elected to serve as Representatives, who may have united in themselves the greatest number of the electors chosen, and in case the majorities should be equal between two or more persons, the legislature shall choose between them; but if no one should be found to have received half of the votes, the legislature shall then choose amongst those who may have the greatest number, a third or double quantity of Representatives more than necessary to

entre estos los que deban serlo. Para esta eleccion podrá atenderse à qualquiera especie de mayoria, añadiendo á los votos de la Legislatura los que cada uno hubiese obtenido desde las Congregaciones electorales de las cabezas de partido. En caso de igualdad en la última eleccion de la Legislatura, decidirá el voto del Presidente.

25. Mientras no se organizan constitucional y uniformemente las Legislaturas de las Provincias, podrán hacer sus Gobiernos actuales lo prevenido anteriormente, juntandose en un lugar determinado todos sus miembros en union de las Municipalidades de la Capital, y doce personas de arraigo conocido elegidas previamente por las mismas Municipalidades.

26. Todo hombre libre tendrà derecho de sufragio en las Congregaciones Parroquiales, si á esta calidad añade la de ser Ciudadano de Venezuela, residente en la Parroquia ó Pueblo donde sufraga: si fuere mayor de veintiun años, siendo soltero, ó menor siendo casado, y velado, y si poseyere un caudal libre del valor de seiscientos pesos en las Capitales de Provincia siendo soltero, y de quatrocientos siendo casado, aunque pertenezcan á la muger, ó de quatrocientos en las demas poblaciones en el primer caso, y docientos en el segundo: ó si tubiere grado, ú aprobacion pública en una ciencia, ó arte liberal, ó mecanica: ó si fuere propietario, ó arrendador de tierras, para sementeras, ó ganado con tal que sus

173

serve for the province, in order again to make amongst them the definitive choice. For this election any kind of majority may suffice, by adding to the votes of the Legislature those which each may have obtained from the electoral meetings of the chief towns. In case of a parity of votes in the definitive election of the Legislature, the vote of the President shall decide.

25. In the mean time that the Legislatures of the provinces are not organized constitutionally and with uniformity, their present governments are to proceed in the regulations above specified, by assembling in a place determined; all their members in union with those of the municipalities of the capital, and twelve persons of known property, previously elected by the said municipalities.

26. Every free man shall have the right of voting in the parochial meetings, if to this quality he adds that of being a citizen of Venezuela, and resident in the parish or town where he votes: further, if he is aged 21 years and unmarried, and if married and settled, even if he should be under that age, and possessed of a free property to the value of six hundred dollars in the chief towns of the province when unmarried, and of four hundred dollars married, although the same belongs to the wife, or of four hundred in the other towns in the first case, and two hundred in the second. Also if he holds any office or public testimony of the exercise of any seience, or liberal and mechanic art, or if he is the

productos sean los asignados para los respectivos casos de soltero, ú casado.

27. Seran excluidos de este derecho los dementes, los sordomudos, los fallidos, los deudores á caudales publicos con plazo cumplido, los estrangeros, los transeuntes, los vagos publicos y notorios, los que hayan sufrido infamia no purgada por la Ley, los que tengan causa criminal de gravedad abierta, y los que siendo casados no vivan con sus mugeres, sin motivo legal.

28. Ademas de las qualidades referidas para los sufragantes parroquiales, deben los que han de tener voto en las Congregaciones electorales, ser vecinos del partido Capitular donde votaren, y poseer una propiedad libre de seis mil pesos en la Capital de Caracas, siendo solteros, y de quatro mil siendo casados, cuya propiedad será en las demas Capitales, Ciudades, y Villas, de quatro mil siendo soltero, y tres mil siendo casado.

29. Tambien se conceden los mismos derechos á los Empleados públicos con sueldo del Estado, con tal que este sea de trecientos pesos anuales para votar en las Congregaciones parroquiales, y de mil para los Electores capitulares. Pero todos ellos estan inhabiles para ser miembros de las Camaras de Representantes, y senadores mientras no renuncien al exer-

owner of, or renter of seed lands, or cattle, provided the produce amounts to the respective sums stipulated for married and single persons.

27. Those excluded from this right, are the lunatic, deaf and dumb, bankrupts, debtors to public property after the expiration of the periods fixed for payment, foreigners, persons without fixed residence, public and notorious vagrants, persons who may have been subject to any infamy not wiped away by law, those under criminal prosecution, and married persons not cohabiting with their wives without legal motives.

28. Besides the above stated qualities requisite for the parish voters, those who are entitled to vote in the electoral meetings, are to be residents of the district where they give suffrage, and to possess a free property to the value of six thousand dollars in the capital of Caracas, if unmarried; and of four thousand if married, which amount of property in the other capitals, cities and towns, shall be four thousand for unmarried persons, and three thousand for those married.

29. The same rights are also granted to public functionaries enjoying salaries from the State, provided these are equal to three hundred dollars per year; all such shall vote in the parochial meetings, and in the electoral ones, if their salaries reach one thousand. All such are nevertheless disqualified from being members of the Houses of Representatives and Senate, as long as they retain the exercise

eicio de sus empleos, y al goce de sus respectivos sueldos por todo el tiempo que dure la representacion.

30. Es un derecho exclusivo y propio de las respectivas Municipalidades, el convocar conforme à la Constitucion las Asambleas primarias y electorales, y todas las demas que resolviere el Gobierno de su Provincia.

31. Qualquiera de sus miembros, ó de los Jueces, y personas notables de los Pueblos de su distrito podràn ser autorizados por ellas presidir y concluir las Asambleas parroquiales; pero las Electorales las presidirá uno de los Alcaldes, y las autorizarà el Escrivano municipal.

32. Si hubiese por parte de las Municipalidades omision en hacer oportunamente estas convocatorias, podràn los Ciudadanos reunirse espontaneamente en los dias señalados por la Constitucion para ellas, y hacer con órden, tranquilidad, y moderacion lo que no hubiese hecho el Cuerpo Municipal, hasta comunicar despues de disueltas las Congregaciones, el resultado al Gobierno Provincial respectivo.

33. El uso de esta facultad, tanto por parte de las Municipalidades, como de los Ciudadanos, fuera de los casos y tiempos prevenidos en esta Constitucion, será un atentado contra la seguridad pública, y una traicion à las leyes del Estado; y nunca pasaràn las funciones de estas Congregaciones del nombramiento de Electores, ó Representantes del Congreso General, ó Legislatura Provincial respectiva, sin tratar en

of their functions, and enjoy their respective salaries during the time of their representation.

30. It is the exclusive and sole right of the respective municipalities to convene, in conformity to the constitution, primary and electoral meetings, and all others which may be resolved on by the government of each province.

31. Any one of its members, a judge, or a distinguished personage in the towns, can by them be authorized to preside in, and to close the parochial meetings, but electoral meetings shall be presided by a justice of the peace, and the acts thereof shall be legalized by the municipal notary.

32. If there should be any omission on the part of the muncipalities, to convene these meetings in due time, the citizens can, in that case, assemble on the days assigned by the constitution for that purpose, and do what the municipality has not done; but with order, tranquility and moderation; they are moreover authorized to communicate the results of the meetings after their dissolution, to the respective Provincial governments.

33. The use of this faculty, as well on the part of the Municipalities, as on that of the citizens, excepting in the cases and times fixed by the constitution, shall be held as a transgression against the public security, and a treason against the laws of the State; nor shall the functions of these meetings exceed the nomination of electors, that of Representatives to the General Congress, or to the respective provincial Le-

manera alguna de otra cosa que no prevenga la Constitucion.

34. Las calificaciones de propiedad serán peculiares à las respectivas Municipalidades que llevarán permanentemente un registro civil de los Ciudadanos aptos para votar en las Congregaciones parroquiales, y electorales de su partido, en la forma que estableciere la respectiva Constitucion Provincial.

35. La falta actual que hay del registro civil ordenado por el articulo anterior para establecer las calificaciones de los Ciudadanos, podrà suplirse autorizando los Cabildos á los mismos que nombren para presidir las Asambleas primarias, ó parroquiales para formar un censo en cada Parroquia con vista del último formado para el actual Congreso, y del Eclesiastico autorizado por el Cura, ó su Teniente, y quatro vecinos honrados, padres de familia, y propietarios del Pueblo, que baxo juramento testifiquen tener los comprehendidos en el censo las calidades requeridas para ser sufragantes, ó electores.

36. Obtenida por este medio la poblacion total de la Parroquia, se sabrà el Elector, ó Electores que le correspondan, y se formará una lista por ella de los Ciudadanos que resulten con derecho á sufragio,

gislature, nor shall they be allowed to transact any other business that is not assigned them by the Constitution.

34. The qualifications of property shall be left in charge of the respective Municipalities, who shall at all times keep a civil register of the Citizens authorized to vote in the parochial meetings, as well as of those capable of being returned as electors for the district, under the form that may be established by the respective Provincial Constitutions.

35. The want at present experienced of a civil Register ordained by the above article, in order to establish the qualifications of the citizens, may be supplied by an authority conferred by the municipal bodies on those they may name to preside in the primary or parochial meetings, establishing a census in each parish founded on the late one drawn up for the present Congress, or it may be done by the Ecclesiastical body authorized by the Curate or his deputy, together with four respectable citizens, housekeepers, and landholders in the same town, who under oath, shall testify that those comprehended in the list, possess the qualities requisite for voters, or for electors.

36. The total population of the parish being by this means established, the number of electors that may correspond to the same will be ascertained; a list is also to be made out of the citizens found therein with the right of vote, as well as another of those

y otra de los que estén habiles para ser Electores en la Congregacion capitular.

37. Estas tres listas se llevarán por el comisionado á la Asamblea primaria ó parroquial, para que los sufragantes con conocimiento de ella procedan á nombrar de los de la última lista el Elector, ó Electores que correspondan á aquella Parroquia.

38. Verificado esto se presentará todo ello por el comisionado al Cuerpo Municipal del partido, para que sirva á formar el registro civil provisional, mientras por el Congreso no se establezca otra formula.

39. El acto de eleccion parroquial y electoral será público, como es propio de un Pueblo libre y virtuoso, y en él se procederá del modo siguiente.

40. Los Electores primarios, ò sufragantes parroquiales llevarán sus votos en persona por escrito, ó de palabra al Alcalde de quartel, ó Juez que se nombráre dentro del término de ocho dias, desde aquel en que se abriese la eleccion; y en el primero de Noviembre se procederá al escrutinio ante el mismo Juez con seis personas respetables de la Parroquia, á cuyas puertas se fixará la votacion, y su resultado.

41. En las Congregaciones electorales dará su voto cada Elector en un billete firmado, ó en secreto á la voz al Presidente de la Congregacion que lo hará escribir en el acto por el Secretario à presencia de dos testigos. Reunidos los votos en secreto, se prac-

181

who may be qualified to serve as electors at the meetings held for that purpose.

37. These three lists are to be carried by the commissioner to the primary or parochial meetings, that the voters in conformity thereto, may proceed to name out of the last list the elector or electors corresponding to that parish.

38. This being done, the whole shall be laid before the Municipal body by the commissioner, that the same may serve to form a provincial civil Register, in the mean time, and till Congress shall establish another form.

39. The parochial and electoral elections shall be public, as becomes a free and virtuous people, and conducted in the following manner.

40. The primary electors or parish voters shall carry their written or verbal votes in person to the magistrate of the district, or to the judge who may be named within the term of eight days from that on which the polling is opened, and on the first of November the votes shall be added up in presence of the said judge, and six respectable persons of the parish, and a statement of the votes and results be fixed on the doors of the parish church.

41. In the electoral meetings each elector shall give his vote on a signed ticket or verbally to the President of the meeting, who shall cause the same to be entered down on the list by the Secretary, in presence of two witnesses. The votes being thus privately collected, the additions thereof shall be

ticará en público el escrutinio, formando lista por órden alfabetico, y se leerán luego en voz alta los votos con el nombre de cada Elector.

42. Las dudas, ó dificultades que se susciten en las Asambleas primarias ù electorales sobre qualidades ó formas, se decidirán en las primeras por el Presidente y sus asociados, y en las segundas por la misma Congregacion; pero de ambas podrá apelarse en último recurso á la Legislatura provincial, sin que entre tanto se suspenda por eso el efecto de la eleccion respectiva.

43. La Camara de Representantes al principiar sus Sesiones elegirà para el tiempo que duraren estas, un Presidente y Vice-Presidente de sus miembros que podrá mudar en caso de prorroga, ó convocacion extraordinaria; tambien nombrará fuera de su seno el Secretario, y demas Oficiales que juzgue necesarios para el desempeño de sus trabajos, siendo de su autoridad la asignacion de sueldos, ó gratificaciones de los referidos empleados.

44. Todos los empleados de la Confederacion están sujetos á la inspeccion de la Camara de Representantes en el desempeño de sus funciones, y por ella seràn acusados ante el Senado de todos los casos de traicion, colusion, ó malversacion, y este admitirá, oirá, rechazará, y juzgará estas acusaciones, sin que puedan someterse à su juicio por otro órgano que el

made in public, and a list in alphabetical order made out, when the votes shall be read aloud, with the names of each elector

42. The doubts or difficulties that may arise in the primary or electoral meetings respecting qualifications or forms, in the first shall be decided by the president and his associate judges, and in the second by the meeting itself; but from both there can be a definitive appeal to the provincial Legislature, without in the mean time, the effect of the respective elections being suspended.

43. The House of Representatives on opening the session shall elect for the time of its duration, a president and vice-president out of its own members, who can be changed in case of prorogation or extraordinary summons: it shall also name out of the house a secretary and the other officers it may judge necessary to perform the various duties; it being in like manner authorized to fix the salaries and emoluments which the said functionaries are to receive.

44. All persons employed under the Confederation are subject to the inspection of the House of Representatives in the discharge of their duties, and by the same they are to be accused before the Senate in all cases of treason, collusion, or malversation; and the latter shall admit, hear, examine and judge such accusations, without their being able to be submitted to their judgment through any other organ than

de la Camara, á quien toca exclusivamente este derecho.

SECCION TERCERA.

Eleccion de los Senadores.

45. El Senado de la Confederacion lo compondrá por ahora un número de individuos, cuya proporcion no pasará de la tercera, ni será ménos de la quinta parte del número de los Representantes: quando estos pasen de ciento, estará la proporcion de aquellos entre la quarta, y la quinta: y quando de docientos, entre la quinta, y la sexta.

46. Este cálculo indica al presente que debe haber de cada Provincia un Senador por cada setenta mil almas de todas condiciones, sexôs, y edades con arreglo á los censos que rigen; pero siempre nombrará uno la que no llegue al número señalado, y otro la que deducida la quota ó quotas de setenta mil, tenga un residuo de treinta mil almas.

47. El término de las funciones de Senador será el de seis años, y cada dos se renovará el Cuerpo por terceras partes, siendo los primeros á quienes toque este turno á los dos años de la primera reunion, los de las Provincias que hubieren dado mayor número, y así sucesivamente, de modo que ninguno pase de los seis años asignados.

185

that of the said House, to whom exclusively this right belongs.

SECTION III

Election of Senators.

45. The Senate of the Confederation shall, for the present, be composed of a number of individuals, whose proportion shall not exceed a third, and shall not be less than a fifth part of the number of Representatives; that is, when the latter exceed one hundred, their proportion shall then be between the fourth and fifth part, and when two hundred, between that of a fifth and sixth.

46. This calculation at present indicates, that for each province there is to be one Senator for every twenty thousand souls of all conditions, classes and ages, according to the census of the country now in force; but each province shall nevertheless name one, although its population does not reach the amount specified; as well as the others, which after deducting the quota or quotas of seventy thousand, may have left a residuum of thirty thousand souls.

47. The time limited for the functions of a Senator shall be six years, and every two years the body shall be renewed, in the proportion of two thirds; this change devolving in the first instance, on those provinces which may have sent up the greatest number, and thus successively, in such manner that none exceed the six years to which they are limited.

186

48. La eleccion originaria y sucesiva en los años de turno, se hará por la Legislatura provincial, segun la forma que ellas se prescriban; pero con las condiciones de que:

49. Para ser Senador ha de tener el elegido treinta años de edad: diez años de ciudanano avecindado en el territorio de Venezuela inmediatamente antes de la eleccion con las excepciones comprehendidas en el paragrafo diesyseis, y ha de gozar en él una propiedad de seis mil pesos.

50. El Senado elegirá fuera de su seno un Secretario, y los demas Oficiales y empleados que necesite, siendo privativa al mismo Cuerpo la asignacion de sueldos, acensos, y gratificaciones de estos empleados, y tambien un Presidente y Vice, como previene el parrafo 43 para los Representantes.

51. Quando vacare alguna plaza de Senador por muerte, renuncia, ú otra causa durante el receso de la Legislatura provincial á que corresponda la vacante, el Poder Executivo de ella podrá nombrar interinamente quien la sirva hasta la proxîma reunion de la Legislatura, en que habrá de proveerse en propiedad.

SECCION QUARTA.

Funciones y facultades del Senado.

52. El Senado tiene todo el poder natural, é incidente de una Corte de Justicia para admitir, oir,

48. The first election, and those which may be made in the successive years in rotation, shall be conducted by the provincial Legislature, in the manner which they themselves may prescribe, but with the following conditions.

49. The Senator elect shall be aged thirty years, have been ten years a citizen and resident in the territory of Venezuela immediately preceding his election, with the exception stated in article 16, and he shall possess therein a clear property worth six thousand dollars.

50. The Senate shall elect out of the House a Secretary, and the other functionaries required, and shall be allowed to assign salaries, advancement, and emoluments for them, as well as a President and Vice president, as stated in article 43, for the house of Representatives.

51. When by death, resignation, or any other cause, the place of a Senator should be vacated, and this during the recess of the provincial Legislature to whom it belongs to fill up the vacancy, the Executive power of the same, shall be authorized to name a temporary substitute to serve till the next meeting of the Legislature, when a fresh member shall be provided.

SECTION IV.

Functions and faculties of the Senate.

52. The Senate has all the natural and incidental power belonging to a Court of Justice, to admit,

juzgar, y sentenciar á qualesquiera de los empleados principales en servicio de la Confederacion, acusados por la Camara de Representantes de felonía, mala conducta, usurpacion ó corrupcion en el uso de sus funciones, arreglandose á la evidencia, y à la justicia en estos procedimientos, y prestando para ello un juramento especial sobre los Evangelios antes de empezar la actuacion.

53. Tambien podrá juzgar, y sentencíar à qualquiera otro de los empleados inferiores, quando instruido de sus faltas, ó delitos advierta omision en sus respectivos Gefes para hacerlo, precediendo siempre la acusacion de la Camara.

54. Inmediatamente pasará al acusado copia legal de la acusacion, y le señalará tiempo, y lugar para evaquar el juicio, sirviendose para esto del Ministro, ó comisionado que tenga á bien elegir, y teniendo consideracion á la distancia en que resida el acusado, y á la naturaleza del juicio que va á sufrir.

55. Luego que haya tenido su efecto la citacion, y emplazamiento del Senado compareciendo en fuerza de ella el acusado, se le oirán libremente las pruebas y testigos que presentáre, y la defensa que hiciere por sí, ó por Letrado; pero si por renuencia, ú omision dexáre de comparecer, exâminará el Senado los cargos, y pruebas, que haya contra él, y pronunciará un juicio tan válido y efectivo, como si el

hear, judge, and sentence any of the principal functionaries in the service of the Confederation, who may have been accused by the House of Representatives, of felony, misbehaviour, usurpation or corruption in the use of their functions, abiding therein by the evidence produced, and according to justice in such proceedings, having previously taken a special oath on the holy Evangels before the case is opened.

53. The Senate has also power to judge and sentence any other of the inferior functionaries, when having taken cognizance of their defaults or crimes, there has been noted any omission on the part of their chiefs to do it, but the accusation must, in the first instance, proceed from the lower House.

54. They shall immediately transmit legal copy of the indictment to the accused, fixing a period and place for his appearance and to make answer; such minister or commissioner being used for this purpose, as the House may judge proper, and consideration being also had to the distance at which the accused may reside, and the nature of the judgment he is about to undergo.

55. As soon as the citation and summons of the Senate to the accused have been made, and he has by virtue thereof appeared, the witnesses he may bring forward shall be freely heard, and the proofs examined, as well as the defence he may make, either personally or by council; but if by default or omission he should fail to appear, the Senate shall then proceed to examine the charges and proofs there

acusado hubiese comparecido, y respuesto á la acusacion.

56. En estos juicios, si no hubiese Letrado en el Cuerpo del Senado, deberá este citar para que dirija el juicio, á alguno de los Ministros de la Alta Corte de Justicia, ú á otro Letrado de crédito que merezca su confianza, á los quales solo se concederá voto consultivo en la materia.

57. Para que pueden tener efecto, y validacion, las sentencias pronunciadas por el Senado en estos juicios, han de concurrir precisamente á ellas las dos terceras partes de los votos de los Senadores que se halláren presentes en el número necesario para formar sesion constitucionalmente.

58. Estas sentencias no tendrán otro efecto que el de deponer al acusado de su empleo, en fuerza de la verdad conocida por averiguacion previa, declarandolo incapaz de obtener cargo honorífico, ò lucrativo en la Confederacion, sin que esto lo releve de ser ulteriormente perseguido, juzgado, y sentenciado por los competentes Tribunales de Justicia.

SECCION QUINTA.

Funciones económicas, y prerogativas comunes á ambas Cámaras

59. La calificacion de elecciones, calidades, y admision de sus respectivos miembros, será del resorte

191

may be against him, and shall pronounce judgment as valid and effective, as if the accused had appeared and answered to his indictment.

56. In these cases, if there is no counsellor in the body of the Senate, the latter is in that case to call in one of the members of the high Court of Justice to direct the proceedings, or any other counsellor of respectability, who may possess their confidence, but to any such in the matter, a consultive voice only is to be granted.

57. In order that judgments pronounced by the Senate in such cases should have their due effect and validity, there shall necessarily be a concurrence of two third parts of the votes of the Senators, of whom there shall be present a sufficient number to render the session constitutional.

58. These judgments shall have no other effect than to deprive the accused of his place, in consequence of the facts that may be established by the examination, declaring him incapable of again receiving any honourable or lucrative charge under the Confederation; but without this exempting him from being ulteriorly prosecuted, judged and sentenced by the competent courts of justice.

SECTION V.

Economical and prerogative functions common to both Houses.

59. The qualifications for elections, the requisites, and admission of their respective members, shall

privativo de cada Cámara, como igualmente la resolucion de las dudas que sobre esto puedan ocurrir. Del mismo modo podrán fixar el número constitucional para las sesiones, que nunca podrá ser ménos de las dos terceras partes ; y en todo caso el número exîstente, aunque sea menor, podrá compeler á los que falten á reunirse baxo las penas que ellas estableciéren.

60. El Presidente de cada una de las Cámaras será siempre el conducto por donde se verifiquen tanto estas medidas coactivas, como las demas convocaciones extraordinarias que constitucionalmente exîjan las circunstancias.

61. El proceder de cada Cámara en sus sesiones, debates, y deliberaciones, será establecido por ellas mismas, y baxo estas reglas podrá castigar á qualquiera de sus miembros que las infrija, ò que de otra manera se haga culpable con las penas que establezca, hasta expelerlos de su seno, quando reunidas las dos terceras partes de sus miembros, lo decida la unanimidad de los dos tercios presentes.

62. Las Camaras gozarán en el lugar de sus sesiones el derecho exclusivo de Policía, y tendrán á sus órdenes inmediatas una guardia nacional capaz de mantener el decoro de su representacion, y el sosiego, órden, y libertad de sus resoluciones.

63. En uso de este derecho podrán tambien castigar con arresto que no exceda de treinta dias á

devolve as a particular privilege on each House, as well as the solution of any doubts that may arise respecting the same. In the same manner they are authorized to fix what number of members present, may render the session constitutional and form a quorum; and in all cases the number met, notwithstanding it is the smallest, may compel those who have not joined, under the penalties they may think fit to establish.

60. The President of each House shall always be the channel through which all these coactive measures are executed, as well as all other extraordinary summons that circumstances may require.

61. The mode of proceeding in both Houses in their sessions, debates, and resolutions, shall be established by themselves, and under such rules they are authorized to punish any of their members who may infringe them, or who may in any other manner incur blame, or make himself liable to the penalties agreed on, even to the expelling him from amongst themselves, whenever (the two third parts of the whole members being present) it should be so unanimously decided by two thirds of those in Session.

62. Both Houses shall enjoy the exclusive right of police within the places of their own sessions, and they shall have at their immediate orders a national guard, capable of maintaining the decorum of their representation, quiet, order, and the freedom of their resolutions.

63 In the exercise of this right, they may also punish with arrest, not to exceed thirty days, any

qualquiera individuo que desordenada y vilipendiosamente faltàse al respeto èn su presencia, ò que amenazàre de qualesquier modo atentar contra el Cuerpo, ò contra la persona, ò bienes de alguno de sus individuos durante las sesiones, ó yendo y viniendo á ellas por qualquiera cosa que hubiese dicho, ò hecho en los debates, ó que embarazàse, ó perturbase sus deliberaciones, molestando y deteniendo á los Oficiales, ò empleados de las Cámaras en la execucion de sus órdenes, ó que asaltàse y detuviese qualquier testigo, ú otra persona citada, y esperada por qualquiera de las dos Cámaras, ó que pusièse en libertad á qualquiera persona detenida por ellas, conociendo, y constandole ser tal.

64. El proceder de cada Cámara constará solemnemente de un Registro diario en que se asienten sus debates y resoluciones; de estas se promulgarán las que no deban permanecer ocultas, segun el acuerdo de cada una; y siempre que lo reclame la quinta parte de los miembros presentes, deberán expresarse nominalmente los votos de sus individuos sobre toda mocion, ó deliberacion.

65. Ninguna de las dos Cámaras, mientras se hallen reunidas, podrá suspender sus sesiones mas de tres dias, sin el consentimiento de la otra, ni emplazarse ó citarse para otro lugar distinto de aquel en que residieren las dos sin el mismo consentimiento.

individual whatever, who in a disorderly manner, or out of contempt, should behave disrespectfully in their presence, or threaten in any manner to do any act against the House, or the person or property of any of the members during the session, or in going to, or coming from, the same, for any thing they may have said or done in the debates, or who may hinder or disturb their deliberations, or obstruct or detain the officers or functionaries of the houses in the execution of their orders; who may assault or detain any witness or person cited and waited for by either of the houses, or who may set at liberty any person detained by them, knowing and fully convinced they were such.

64. The proceedings of each house shall be formally entered on daily registers, on which shall be transcribed the debates and resolutions; those shall be published, which are not intended to be kept secret, according to the opinion of each house; and whenever it is claimed by a fifth part of the numbers present, the names of each individual, as they have voted on any motion or resolution, are to be expressed at full length.

65. Neither of the Houses, whilst in session, shall be allowed to adjourn for more than three days, without the consent of the other, nor be summoned or cited to meet in any other place than that destined for the meeting of both, without the same consent being previously obtained.

66. Los Representantes y Senadores recibirán por sus servicios la indemnizacion que la ley les señale sobre los fondos comunes de la Confederacion, computandose por el Congreso el tiempo que deben haber invertido en venir de sus domicilios al lugar de la reunion, y restituirse á ellos concluidas las sesiones.

SECCION SEXTA.

Tiempo, lugar, y duracion de las sesiones Legislativas de ambas Cámaras.

67. El dia quince de Enero de cada año se verificará la apertura del Congreso en la ciudad Federal que está señalada por ley particular, y que nunca podrá ser la capital de ninguna Provincia, y sus sesiones no podrán exceder del término ordinario de un mes ; pero si se creyese necesario prorrogarlas extraordinariamente, deberá preceder una resolucion expresa del Congreso, señalando un término definido que no podrá exceder tampoco de otro mes prorrogable del mismo modo ; y si ántes de concluirse qualquiera de estos determinados periodos hubiere dado evasion á los negocios que llamaron su atencion, podrá terminar desde luego sus sesiones.

68. Durante estas, podrà tambien disolverse, y emplazarse para otro tiempo y lugar, expresa y previamente designados ; y el Poder Executivo no podrá tener otra intervencion en estas resoluciones, sino

66. The Representative members, as well as the Senators, shall receive for their services that remuneration which the law may assign them out of the public funds of the Confederation, allowances being also granted by Congress, for the time and distance of coming from their homes to the place of Session, as well as for returning when the House breaks up.

SECTION VI.

Time, Place, and Duration of the Legislative Sessions of both Houses.

67. On the 15th day of January, in every year, the Congress shall be opened in the Federal city,* which is fixed by a particular law, and which can never be the capital of any Province, and its sessions shall not exceed the ordinary term of one month; but if it should be thought necessary extraordinarily to prorogue the House, an express resolution is to precede naming a definitive period, which is not to exceed a month; when another prorogation may take place in the same manner; and if before any of these periods the business brought before the House is finished, the Session may then be ended.

68. During the Sessions, the Houses may be dissolved and summoned for another time and place expressly and previously fixed upon; and the Executive Power shall have no other intervention in these resolutions, excepting that of naming, in case of dis-

---

* By a late law of Congress, Valencia has been made the Federal city, and the delegates were assembled there, at the time of the late earthquake at Caracas.

198

la de fixar, en caso de discordia entre ambas Cámaras, sobre el tiempo y lugar, un término que no exceda el mayor de la disputa para la reunion en el mismo lugar en que se encontràren entónces.

69. La inmunidad personal de los Representantes y Senadores, en todos los casos, excepto los prevenidos en el párrafo sesenta y uno, y los de traicion ó perturbacion de la paz pública, se reduce á no poder ser aprisionados durante el tiempo que desempeñan sus funciones legislativas, y el que gastarán en venir á ellas ó restituirse á sus domicilios, y no poder ser responsables de sus discursos ú opiniones en otro lugar que en la Cámara en que los hubiesen expresado.

70. Ninguno de ellos durante el tiempo para que ha sido elegido, y aunque no esté en exercicio de sus funciones, podrà aceptar empleos, ni cargo alguno civil que haya sido creado, ó aumentado en sueldos, ó emolumentos durante el tiempo de su autoridad legislativa.

SECCION SEPTIMA.

Atribuciones especiales del Poder Legislativo.

71. El Congreso tendrà pleno poder y autoridad de levantar y mantener exercitos para la defensa comun, y disminuirlos oportunamente,—de construir, equipar, y mantener una marina nacional,—de for-

agreement between the Houses, respecting the time and place, a term that does not exceed the greatest period agitated in the disputes for assembling in the same place.

69. The personal immunity of the Representatives of the People and Senators, in every case, excepting such as are specified in Article 61, and those of treason and disturbance of the public peace, is confined to their not being liable to arrest, during the time they hold their Legislative functions, and that which they may expend in going to or coming from their homes to attend the sittings, and their not being answerable for their sentiments and opinions, but in the House where the same have been expressed.

70. None of them, during the time for which they have been elected, and notwithstanding they are not in the immediate exercise of their functions, shall be allowed to accept of any office or civil charge, that may have been created or increased in salary, or attended with remuneration, and this during the time of their legislative authority.

SECTION VII.

Special Attributes of the Legislative Power.

71. The Congress shall have full power and authority to raise and maintain armies for the common defence, and to diminish them, as may be deemed necessary; to build, equip, and maintain a national

200

mar reglamentos y ordenanzas para el gobierno, administracion y disciplina de las referidas tropas de tierra, y mar,—de hacer reunir las milicias de todas las Provincias, ó parte de ellas, quando lo exija la execucion de las leyes de la union, y sea necesario contener las insurrecciones, y repeler las invasiones, —de disponer la organizacion, armamento y disciplina de las referidas milicias, y la administracion y gobierno de la parte de ella que estuviere empleada en servicio del Estado, reservando á las Provincias la nominacion de sus respectivos Oficiales, en la forma que prescribieren sus constituciones particulares, y la facultad de dirigir, citar, y executar por símismas la enseñanza de la disciplina ordenada por el Congreso,—de establecer, y percibir toda suerte de impuestos, derechos, y contribuciones que sean necesarias para sostener los exercitos, y esquadras, siempre que lo exijan la defensa, y seguridad comun, y el bien general del Estado, con tal que las referidas contribuciones se impongan, y perciban uniformemente en todo el territorio de la Confederacion,— de contraher deudas por medio de empréstito de dinero sobre el crédito del Estado,—de reglar el comercio con las naciones extrangeras, determinando la qüota de sus contribuciones, y la recaudacion, é inversion de sus productos en las exigencias comunes, y para reglar el de las Provincias entresí,—de disponer abosolutamente del ramo del tabaco, mò, y

201

navy; to form regulations and laws for the Government; administration and discipline of the said land and sea forces; to call out the militia of all the provinces, or part of them, when the execution of the laws of the union, and the necessity of repressing insurrections and repelling invasions, may make it requisite; to regulate the organization, arming, and discipline of the said militia, as well as the government and administration of that part thereof, employed in the service of the State; the nomination of the respective officers being left to the provinces, to be done in the manner prescribed by their particular constitutions, as well as the power of directing, assembling, and teaching the discipline ordained by Congress---to establish and collect all kinds of taxes, duties, and contributions, that may be necessary to maintain armies and squadrons, whenever the defence, common security, and general good of the State, may require it; provided that the said contributions are uniformly imposed and levied throughout the whole Confederation—to contract debts by means of loans of money on the credit of the State—to regulate trade with foreign nations, determining the proportions of contributions to be exacted from the commercial bodies, as well as the repayment or expenditure of the proceeds of the same, in cases of need, and also to regulate the trade of the Provinces between themselves—to dispose, in an absolute manner, of the monopoly of raw and

202

chimó, derechos de importacion y exportacion, reglando, y dirigiendo en todas la inversion de los gastos, y la recoleccion de los productos que han de entrar por ahora en la Tesorería nacional, como renta privilegiada de la Confederacion, y la mas propia para servir á la defensa, y seguridad comun,—de acuñar, y batir moneda, determinar su valor, y el de las extrangeras, introducir la de papel si fuere necesario, y fixar uniformemente los pesos, y medidas en toda la extension de la Confederacion,—de arreglar, y establecer las postas, y correos generales del Estado, y asignar la contribucion para ellas, y para designar los grandes caminos, dexando al cargo, y deliberacion de las Provincias las ramificaciones secundarias que faciliten la comunicacion de sus pueblos interiores entre sí, y con las vias generales, —de declarar la guerra y hacer la paz, conceder en todo tiempo patentes de corso y de represalias, y establecer reglamentos para las presas de tierra, y de mar; sea para conocer, y decidir sobre su legalidad, como para determinar el modo con que deben dividirse, y emplearse,—de hacer leyes sobre el modo de juzgar, y castigar las pirateriás, y todos los atentados cometidos en alta mar contra el derecho de gentes,—de constituir Tribunales inferiores, que conozcan de los asuntos propios de la Confederacion en todo el territorio del Estado, baxo la autoridad,

203

prepared tobacco,* import and export duties, and to regulate and direct the expenditure and the collection of the revenue that is to enter into the national treasury, as a privileged income belonging to the Confederation, and the most proper to serve for its defence and common security—to coin and stamp money—determine its value, as well as that of foreign monies; introduce paper money, if necessary, and to fix uniformly the weights and measures throughout the whole extent of the Confederation; to regulate and establish posts, and general mails, throughout the State, and assign the expences of postage, as well as to trace the main roads, leaving to the charge and resolutions of the provinces, the cross roads, neccessary for the communication of the inland towns and general conveyances—to declare war, and make peace, to grant at all times letters of marque and reprisal, to establish regulations for captures by sea and land, as well to examine and decide on their legality, as to determine in what manner they are to be divided and laid out—to make laws respecting the manner of judging and punishing piracies, and all crimes committed on the high seas, against the rights of nations—to institute inferiour tribunals, to take cognizance of all matters belonging to the Confederation, throughout the whole of the State, under the

* Mó and chimó, in the original, means a juice or essence extracted from tobacco, and used by the inhabitants, instead of chewing. It is carried in a small box, and being an extract, enters into the general monopoly to which tobacco is subject,

204

y jurisdiccion del Supremo Tribunal de Justicia, y detallar los Agentes subalternos del Poder Executivo en el mismo territorio que no expresáre esta Constitucion,—de establecer una forma permanente, y uniforme de naturalizacion en todas las Provincias de la union, y leyes sobre las bancarrotas,—de formar las relativas al castigo de los falsificadores de efectos públicos, y de la moneda corriente del Estado,—de exercer un derecho exclusivo de legislacion en todos los casos, sobre toda suerte de objetos del resorte legislativo, federal, ò provincial en el lugar donde, por el consentimiento de los Representantes de los Pueblos que componen, y se unieren á la Confederacion, se determinare fixar en último resorte la residencia del Gobierno federal,—de examinar todas las leyes que formásen las Legislaturas provinciales, y exponer su dictámen sobre si se oponen ò no á la autoridad de la Confederacion; y de hacer todas las leyes y ordenanzas que sean necesarias y propias á poner en execucion los poderes antecedentes, y todos los otros concedidos por esta Constitucion al Gobierno de los Estados-Unidos.

205

authority and jurisdiction of the Supreme court of Justice, and to name the subaltern agents, of the Executive power, in those parts not expressed in this Constitution—to establish a permanent and uniform manner of naturalization, in all the provinces of the union, as well as bankrupt laws—to make laws for the punishment of forgers of public deeds, and of the current money of the State—to exercise an exclusive right of legislating in all cases, respecting all kinds of matters, relating to legislative, federal, or provincial concerns, in that place where by consent of the Representatives of the people, who at present compose, or may be hereafter united to the Confederation, it may be determined ultimately, to fix the residence of the Federal government, to examine all the laws which may be made by provincial Legislatures, and to state, whether they are, or are not, opposed to the authority of the Confederation, and to make all the laws and regulations, which may be necessary and proper, to carry into execution, the preceding power, as well as all the others granted by this Constitution, to the government of the United States.

CAPITULO TERCERO

Del Poder Executivo.

SECCION PRIMERA.

De su naturaleza, qualidades, y duracion.

72. El Poder Executivo constitucional de la Confederacion residirà en la Ciudad federal depositado en tres individuos elegidos popularmente, y los que lo fueren deberán tener las qualiqades siguientes.

73. Han de ser nacidos en el continente Colombiano ó sus islas (llamado àntes América Española) y han de haber residido en el territorio de la union diez años inmediatamente ántes de ser elegidos con las excepciones prevenidas en el paragrafo diesiseis, sobre residencia y domicilio para los Representantes, debiendo ademas gozar alguna propiedad de qualquiera clase en bienes libres.

74. No están excluidos de la eleccion los nacidos en la Península Española é Islas Canarias, que hallandose en Venezuela al tiempo de su Independencia política, la reconocieron, juraron, y eontribuyeron à sostenerla, y que tengan ademas la propiedad y años de residencia prescriptas en el anterior §.

75. La duracion de sus funciones será de quatro años, y al cabo de ellos serán reemplazados los tres

CHAP. III,

OF THE EXECUTIVE POWER.

Sec. 1st.—Of its Nature, Qualities, and Duration.

72. The Executive constitutional power shall reside in the Federal city, lodged in three individuals popularly elected, and those who are thus chosen, are to have the following qualities.

73. They shall have been born on the Columbian Continent, or in the islands formerly designated Spanish America, and they shall have resided in the territory of the union, ten years, immediately preceding their election, with the exceptions stipulated in Article 16, respecting the residence requisite for Representatives, and they shall be possessed of some free property.

74. Natives of Spain and of the Canary islands, are not excluded from this election, provided they were in Venezuela, at the time of declaring her political Independence, that they acknowledged, swore allegiance thereto, and helped to sustain it, and who are besides, possessed of the property, and can prove the number of years of residence prescribed in the above article.

75. The duration of their functions, shall be for four years, at the expiration of which the three in-

208

individuos del Poder Executivo en la misma forma que ellos fueron elegidos.

Seccion segunda.

Eleccion Del Poder Executivo.

76. Luego que se hallen reunidas el dia quince de Noviembre cada quatro años las Congregaciones electorales que para la eleccion de Representantes designa el paragrafo veintidos, y hayan hecho la de estos, procederán el dia siguiente á dar su voto los mismos Electores por escrito ú de palabra, para los individuos que han de componer el Poder Executivo federal.

77. Cada Elector nombrará tres personas, de las quales una, quando ménos, ha de ser habitante de otra Provincia distinta de la en que vota.

78. Concluida la votacion, verificado el cálculo y escrutinio, y publicado en voz alta como en la eleccion de Representantes, se formarán con distincion las listas de las personas en quienes se hubiere votado para miembros del Poder Executivo con expresion del número de votos que cada uno hubiese obtenido.

79. Estas listas se firmarán, y certificarán por el Presidente, Electores, y Sectetario de las respectivas Congregaciones, y se remitirán cerradas, y selladas al Presidente que fuere del Senado de la Confederacion.

dividuals composing the Executive Power, shall be replaced in the same manner they were elected.

SECTION II.

Election of the Executive Power.

76. As soon as the electoral meetings have assembled, on the 15th November, every four years, as stipulated by the 22d article, for the nomination of Representatives, and that this has been effected, the following day, the same electors shall proceed to give their votes in writing, or verbally, for the persons who are to compose the Federal Executive Power.

77. Each elector shall name three persons, of whom one at least, shall be a resident of another province, and not of that in which he votes.

78. The voting being ended, and the examination and results thereof being calculated, and publicly read, in the same manner as in the election of the Representatives, the lists shall then be made out, particularizing the persons who may have voted for the members of the Executive Power, with a statement of the number of votes, each has obtained.

79. These lists shall be signed, and certified by the President, Electors, and Secretary of the respective meetings, and shall be then remitted inclosed and sealed, to the President, for the time being of the Senate of the Confederation.

80. Luego que este las haya recibido, las abrirá todas à presencia del Senado, y Camara de Representantes, que á este fin se hallarán reunidos en una sala para contar los votos.

81. Las tres personas que hubieren reunido mayor número de votos para miembros del Poder Executivo lo serán, si el tal número compusiese las tres mayorias del número total de los Electores presentes en todas las Congregaciones del Estado; si ninguno hubiese obtenido esta mayoria, se tomarán entónces las nueve personas que hubiesen reunido mayor número de votos, y de ellos escogerá tres por cedulas la Camara de Representantes para componer el Poder Executivo que lo serán aquellas que obtuvieren una mayoría de la mitad de los miembros de la Camara que se hallaren presentes à la eleccion.

82. Si ninguno obtuviese esta mayoria escogerá el Senado por cedulas tres de entre las seis personas que hubiesen sacado mas votos en la Camara, y quedarán elegidos los que reunan mayor número en el Senado. Todas estas operaciones de las Camaras se haran tambien quando no los tres, sino uno ú dos, sean los que no hayan obtenido la mayoría absoluta, escogiendose en tales casos el número doble ó triple que está designado para los tres, en su proporcion respectiva.

83. El ascendiente y descendiente en linea recta, los hermanos, el tio, y el sobrino, los primos her-

80. When he has received the same, he shall open the whole of them in the presence of the Senate, and of the House of Representatives, who shall be assembled together to count the votes.

81. Those persons who may have received the greatest number of votes to be members of the Executive Power, shall be considered as elected, if that same number constitutes the three majorities, of the total of the electors present in the whole meetings of the State, but if no person shall have received this decided majority, the nine persons shall then be taken, who may have obtained the greatest number of votes, of whom by ballot, the House of Representatives shall choose three to compose the Executive Power, and those shall be held as duly elected, who have in their favour, a majority of one half of the members of the House present at the election.

82. If no one has obtained this majority, the Senate shall choose by ballot three of the six persons who may have obtained most votes in the House, and those shall be considered as elected who may have got most votes in the Senate. All these operations of the Houses shall be complied with in all cases in which either one, two, or the whole three may not have obtained an absolute majority, but in the first and second instance, a double or triple number is to be chosen to that designated for the whole three, and so in proportion.

83. A descendant in a direct line, brothers, an uncle, nephew, cousins, and those allied to each

manos, y los aliados por afinidad en los referidos grados, no podrán ser à un mismo tiempo miembros del Poder Executivo : en caso de resultar electos dos parientes en los grados insinuados quedará excluido el que hubiere obtenido menor número de votos; y en caso de igualdad decidirá la suerte la exclusion.

84. El que obtenga en el cálculo de ambas Camaras la mayoría mas inmediata á las tres requeridas para los miembros del Poder Executivo, se tendrá por elegido para Lugar-teniente de este en las ausencias, enfermedades, muerte, renuncia, ò deposicion de alguno de los miembros; y si resultasen dos con igualdad de votos, sorteará la Camara el que haya de quedar en este caso.

85. Quando por alguno de las causas indicadas faltáse alguno de los miembros del Poder Executivo, y entráse en su lugar el Teniente de que habla el paragrafo anterior, se entenderá nombrado desde luego para reemplazarle el que hubiese obtenido en las elecciones la inmediata mayoría de votos, que valdrá del mismo modo á los demas en las faltas, y reemplazos succesivos.

Seccion tercera.

Atribuciones del Poder Executivo.

86. El Poder Executivo tendrá en toda la Confederacion el mando supremo de las armas de mar, y tierra, y de las milicias nacionales quando se hallen en servicio de la Nacion.

other by affinity in the above mentioned degrees, cannot at the same time be members of the Executive Power ; and in case of the election of two relations in the degrees above stated, he shall be excluded who has obtained the lowest number of votes, and in case of an equality, lots shall decide the exclusion.

84. In summing up the votes of both Houses, the person who shall have obtained the majority next to the three requisite to form the Executive Power, shall be considered as elected as a substitute in case of absence, sickness, death, resignation, or removal of any of the members, and if two should obtain a parity of votes, the House shall cast lots which is to serve in the above cases.

85. When for the causes above stated, any of the members of the Executive Power should be wanting, and the substitution as stipulated in the above article should take the place, it shall be understood that he is legally elected as substitute, who has obtained in the elections the next majority of votes, which shall be equally valid for those who may follow, in case of successive vacancies,

SECTION III.

Attributes of the Executive Power.

86. The Executive Power throughout the whole Confederation, shall have the supreme command of the land and sea forces, and of the national militia when in the service of the State.

214

87. Podra pedir, y deberán darle los principales oficiales del resorte Executivo en todos sus ramos, quantos informes necesitáre por escrito, ó de palabra relativos á la buena administracion general del Estado, y desempeño de la confianza respectiva que depositáre en los empleados públicos de todas clases.

88. En favor, y amparo de la humanidad podrá perdonar, y mitigar la pena aunque sea capital en los crímenes de Estado, y no en otros; pero debe consultar al Poder Judicial expresandole las razones de conveniencia política que le inducen á ello, y solo podrá tener efecto el perdon, ò commutacion quando sea favorable el dictámen de los Jueces que hayan actuado en el proceso.

89. Solo en el caso de injusticia evidente y notoria, que irrogue perjuicio irreparable, podrá rechazar, y dexar sin efecto las sentencias que le pase el Poder Judicial; pero quando por solo su dictámen crea que estas son contrarias á la ley, deberá pasar en consulta sus reparos al Senado, quando esté reunido, ó á la comision que él dexarà autorizada en su receso para ocurrir à estos casos.

90. El Senado ó sus Delegados en estas consultas, servirán de Jueces, y pronunciarán sobre ellas definitivamente, declarando si tiene lugar ó no la negativa del Poder Executivo à el cumplimiento de la

87. It is authorized to ask, and all the principal officers of the State in every branch are obliged to give, every information the former may require, in writing or verbally, relating generally to the good administration of the State, and to the discharge of the respective trusts lodged with the public functionaries of every class.

88. In favour of, and in behalf of humanity, it shall have power to pardon and mitigate the punishment, notwithstanding it be capital, of State crimes, but not in others; but previously consulting the Judicial power, who is to be made acquainted with the motives of political convenience, which induce the Executive to do it; and the pardon or change of punishment are only to take place, when the same are in conformity to the opinions of the Judges, who have sat on the trial.

89. Only in cases of evident and notorious injustice, such as may be attended with irreparable injury, is the Executive allowed to reject and over-rule the opinion of the Judicial power; but when the former is persuaded that these opinions are contrary to law, the objections are to be stated by way of consultation to the Senate, when assembled, or to the Commissioners, which the latter may, at its recess, have left authorized to act in similar cases.

90. The Senate or its delegates in these consultations, shall be as judges, and pronounce thereon definitively, declaring whether or not the negative of the Executive is to counteract the fulfilment of the

216

sentencia que deberá executarse en el segundo caso inmediatamente, y en el primero devolverse al Poder Judicial para que asociado con dos miembros mas elegidos por el Senado ó su comision, se vea la causa, y reforme dicha sentencia.

91. Pero si la sentencia hubiese recaido sobre acusacion hecha por la Camara de Representantes, solo podrá el Poder Executivo suspenderla hasta la proxima reunion del Congreso, á quien solo compete en estos casos el perdon, ó relaxamiento de la pena.

92. Quando una urgente utilidad, y seguridad pública lo exijan, podrá el Poder Executivo decretar, y publicar indultos generales durante el receso del Congreso.

93. Con previo aviso, consejo, y consentimiento del Senado, sancionado por el voto de las dos terceras partes de los Senadores, que se halláren presentes en número constitucional, podrà el Poder Executivo concluir tratados, y negociaciones con las otras Potencias, ò Estados extraños à esta Confederacion.

94. Baxo las mismas condiciones, y requisitos nombrará los Embajadores, Enviados, Consules, y Ministros, los Jueces de la Alta Corte de Justicia, y todos los demas Oficiales, y Empleados en el Gobierno del Estado, que no estén expresamente indicados en la Constitucion, ó por alguna Ley establecida, ò que se establezca por el Congreso.

sentence, which in the latter case is to be immediately executed; and in the first it is to be referred back to the Judiciary, who with the addition of two members elected by the Senate, or by their commission, is to reconsider the case, and reform the said sentence.

91. But if the sentence shall have followed an accusation made by the House of Representatives, the Executive Power, in that case, can only suspend it till the next meeting of Congress, to whom then alone belongs the pardon or the relaxation of the punishment.

92. When any urgent advantage or the public security demands it; the Executive may decree and publish general indults during the recess of Congress.

93. By previous notice being given, and by the counsel and consent of the Senate, sanctioned by the vote of two-third parts of the Senators, assembled in sufficient number to form a constitutional sitting, the Executive may enter into treaties and negociations with other Powers and States not belonging to this Confederation.

94. Under the same conditions and requisites, it is also authorized to name Ambassadors, Envoys, Consuls, Ministers, Judges of the high court of Justice, and all the other officers and functionaries in the government of the State, who may not be expressly indicated in the Constitution, or by some established law, or by one that may in future be established by Congress.

95. Por leyes particulares podrá este descargar al Poder Executivo y al Senado del improbo trabajo de nombrar todos los subalternos del Gobierno, cometiendo su nombramiento á solo el Poder Executivo, á las Cortes de Justicia, ó á los Gefes de los varios ramos de administracion segun lo estimáre conveniente.

96. Tambien necesitará el Poder Executivo del previo aviso, consejo, y consentimiento del Senado para conceder grados militares, y otras recompensas honorificas, compatibles con la naturaleza del Gobierno, aunque sea por acciones de guerra, ú otros servicios importantes; y si estas recompensas fuésen pecuniarias deberà preceder el consentimiento de la Cámara de Representantes para su concesion.

97. Pero durante el receso del Senado, podrá el Poder Executivo proveer por sí solo los empleos que vacasen, concediendolos como én comision hasta la Sesion siguiente, si ántes no se reuniése por acaso el Senado.

98. Por sí solo podrà el Poder Executivo elegir, y nombrar los sujetos que han de servir las Secretarias que el Poder Legislativo haya creido necesarias para el despacho de todos los ramos del Gobierno federal, y nombrará tambien los Oficiales, y empleados en ellas, quando sean ciudadanos de la Confederacion; pero no siendolo deberà consultar y seguir el dictámen, y deliberacion del Senado en semejantes nombramientos.

219

95. By particular laws, the latter may relieve the Executive and the Senate of the troublesome task of nominating the whole of the subaltern officers of government, by confiding this charge only to the Executive, to the courts of Justice, or to the heads of the different branches of administration, as may appear most convenient

96. The Executive Power must likewise first obtain the advice, counsel and consent of the Senate, in order to grant military grades, and other honorable remunerations, compatible with the nature of government, notwithstanding they are to reward warlike acts, or important services, and if these compensations are pecuniary, the consent of the House of Representatives must be previously given.

97. But during the recess of the Senate, the Executive Power is authorized to fill the offices that may become vacant, granting them as it were by commission, till the next session, if the Senate does not assemble before that period.

98. The Executive Power is authorized by itself, to elect and name the persons who are to serve in the State offices, which the Legislative Power may have considered necessary for the dispatch of all the branches of the Federal government; as well as to nominate the clerks and functionaries for the same, provided they are citizens belonging to the Confederation, but if not, it is to consult and follow the opinion and resolution of the Senate in such appointments.

99. Como conseqüencia de esta facultad podrá removerlos tambien de sus destinos quando lo juzgue conveniente; pero si esta remocion la hiciere no por faltas, ò crímenes indecorosos, sino por ineptitud, incapacidad ú otros defectos compatibles con la inocencia é integridad, deberá entónces recomendar al Congreso el merito anterior de estos Empleados, para que sean recompensados é indemnizados competentemente en otros destinos, con utilidad de la Nacion.

SECCION QUARTA,

Deberes del Poder Executivo.

100. El Poder Executivo conformandose á las leyes y resoluciones que en las varias ocurrencias le comunique el Congreso, proveerá con todos los recursos del resorte de su autoridad, á la seguridad interior y exterior del Estado, dirigiendo para esto proclamas á los pueblos de lo interior, intimaciones, órdenes, y todo quanto crea conveniente.

101. Aunque por una conseqüencia de estos principios puede hacer una guerra defensiva para repeler qualquier ataque imprevisto, no podrá continuarla sin el consentimiento del Congreso, que convocará inmediatamente, si no se hallare reunido, y nunca podrá sin este consentimiento hacer la guerra fuera del territorio de la Confederacion.

99. As a consequence of this faculty, it can also remove them from their situations when it may think proper, but if such removal does not take place in consequence of faults and misdemeanours, but from a want of talent and ability, or from any other defect, not incompatible with their innocence and integrity, it ought then to recommend the former merit of these functionaries to Congress, that they may be remunerated and competently indemnified with other situations in the service of the nation.

SECTION IV.

Duties of the Executive Power.

100. The Executive Power, in conformity to the laws and resolutions which on various occasions may be communicated to it by Congress, will provide by every means within the reach of its authority, for the interior and exterior security of the State, directing for this purpose proclamations to the towns of the interior, as well as notifications, orders, and whatever may be thought necessary.

101. Notwithstanding by a consequence of these principles, the Executive is authorized to undertake a defensive war, in order to repel any sudden attack; it cannot continue the same without the consent of Congress, which shall be assembled, if not then sitting, and without this previous consent, the former has not power to wage war out of the territory of the Confederation.

102. Todos los años presentará al Congreso en sus dos Cámaras, una razon circunstanciada del estado de la nacion en sus rentas, gastos y recursos, indicandole las reformas que deban hacerse en los ramos de la administracion pública, y todo lo demas que en general deba tomarse en consideracion por las Cámaras, sin presentarle nunca proyectos de ley, formados ò redactados como tales.

103. En todo tiempo dará tambien á las Cámaras las cuentas, informes, é ilustraciones que por ellas se le pidan, pudiendo reservar las que por entónces no sean de publicar, y en igual caso podrá reservar tambien del conocimiento de la Càmara de Representantes, aquellas negociaciones ò tratados secretos que hubiere entablado con aviso, consejo, y consentimiento del Senado.

104. En toda ocurrencia extraordinaria deberá convocar al Congreso, ò á una de sus Cámaras; y en caso de diferencia entre ellas sobre la época de su emplazamiento, podrá fixarles un término para su reunion, como se previene en el paragrafo 68.

105. Será uno de sus principales deberes velar sobre la exàcta, fiel, é inviolable execucion de las leyes; y para esto y qualquiera otra medida del resorte de su autoridad, podrá delegarla en los oficiales y empleados del Estado que estimáre conveniente al mejor desempeño de esta importante obligacion.

102. Every year it shall lay before both Houses of Congress, a particular statement of the situation of the country, with regard to revenue, expences and resources, pointing out the reforms that ought to be made in the branches of public administration, as well as every thing else that ought to come under the consideration of the two Houses, but without presenting the projected forms of a law, drawn up and worded as such.

103. It shall also be held at all times bound to lay before the Houses, the accounts, information and explanations, which the latter may require, reserving only those which for the moment are not to be published; and in similar cases the Executive may withold from the knowledge of the House of Representatives, those secret treaties or negociations it may have entered into with the advice, counsel and consent of the Senate.

104. In all extraordinary occurrences, the Executive is to convene Congress, or at least one of the Houses, and in case of any difference between them respecting the period of their summons, it can then fix the time of assembling, as stipulated in article 68.

105. It shall be one of its principal duties to watch over the exact, faithful and inviolable execution of the laws, and for this as well as every other measure devolving on its authority, it may delegate the same to the officers and functionaries of the State, the most suitable to fulfil so important an obligation.

106. Para los mismos fines, y arreglandose á la forma que prescribiére el Congreso, podrá el Poder Executivo comisionar cerca de los Tribunales y Cortes de justicia de la Confederacion, Agentes ò Delegados para requerirlas sobre la observancia de las formas legales y exâcta aplicacion de las leyes ántes de terminarse los juicios, comunicando al Congreso las reformas que crea necesarias, segun el informe de estos comisionados.

107. El Poder Executivo como gefe permanente del Estado, será el que reciba á nombre suyo los Embaxadores y demas Enviados, y Ministros públicos de las naciones extrangeras.

SECCION QUINTA.

Disposiciones generales relativas al Poder Executivo.

108. Los Poderes Executivos provinciales, ò los Gefes encargados del gobierno de las Provincias, serán en ella los Agentes naturales é inmediatos del Poder Executivo federal, para todo aquello que por el Congreso general no estuviere cometido à Empleados particulares en los ramos de Marina, Exercito, y Hacienda Nacional en los puertos y plazas de las Provincias.

109. Inmediatamente que el Poder Executivo, ò alguno de sus miembros sean acusados y convencidos ante el Senado de traicion, venalidad ò usurpacion, serán desde luego destituidos de sus funciones, y su-

106. For the same purposes, and in conformity to the manner which may be prescribed by Congress, the Executive Power may commission agents or delegates near the tribunals and courts of justice, to remonstrate with them respecting the observance of the legal forms, and the exact application of the laws, before the suits are closed ; communicating to Congress the reforms that may be considered necessary, from the reports of these commissioners.

107. The Executive Power, as chief of the State, shall be authorized to receive in its name, the ambassadors, envoys, and public ministers of foreign nations.

SECTION V.

General dispositions relative to the Executive Power.

108. The provincial Executive Powers, or the chiefs charged with the government of the provinces, shall in each be the natural and immediate agents of the Federal Executive Power, respecting every thing that by the general Congress, has not been particularly given in charge to the officers employed in the navy, army, and the branches of the national finance in the ports or principal places of the provinces.

109. As soon as ever the Executive Power, or any one of the members thereof, shall be accused before the Senate, and convicted of treason, venality or usurpation; they shall be immediately divested of

jetos à las conseqüencias de este juicio que se expresan en el paragrafo 58.

CAPITULO QUARTO.

Del Poder Judicial.

SECCION PRIMERA.

Naturaleza, eleccion, y duracion de este Poder.

110. El Poder Judicial de la Confederacion estará depositado en una Corte Suprema de justicia, residente en la ciudad federal, y los demas Tribunales subalternos y juzgados inferiores que el Congreso estableciere temporalmente en el territorio de la union.

111. Los Ministros de la Corte Suprema de justicia, y los de las demas Cortes subalternas, serán nombrados por El Poder Executivo en la forma prescripta en el paragrafo 94.

112. El Congreso señalará y determinará el número de Ministros que deben componer las Cortes de Justicia, con tal que los elegidos sean de edad de treinta años para la Suprema, y de veinticinco para las demas, y tengan las calidades de vecindad, concepto, probidad, y sean Abogados recibidos en el Estado.

their functions, and subjected to the consequences of the judgment, stipulated in article 58.

CHAP. IV.

OF THE JUDICIAL POWER.

Sec. 1st.—Nature, Election, and Duration of this Power.

110. The Judicial Power of the Confederation shall be lodged in a Supreme Court of Justice, resident in the Federal city, and in the other inferior tribunals and judicatures, which Congress may establish, for the present, in the territory of the union.

111. The ministers of the Supreme Court of Justice, and those of the inferior ones, shall be named by the Executive Power, in the manner prescribed in article 94.

112. The Congress shall point out and determine the number of ministers, who are to compose the Courts of Justice, provided those elected be of the age of thirty years for the Supreme court, and twenty-five for the others, and that they possess the qualities of residence, respectability, probity, and are lawyers received in the State.

113. Todos ellos conservarán sus empleos por el tiempo que no se hagan incapaces de continuar en ellos por su mala conducta.

114. En periodos fixos determinados por la ley, recibirán por este servicio los sueldos que se les asignáren, y que no podrán ser en manera alguna disminuidos, mientras permaneciéren en sus respectivas funciones.

Seccion segunda.

Atribuciones del Poder Judicial.

115. El Poder Judicial de la Confederacion, estará circunscripto à los casos cometidos por ella; y son, —todos los asuntos contenciosos, civiles, ó criminales que se deriven del contenido de esta Constitucion,—los tratados ò negociaciones hechas baxo su autoridad,—todo lo concerniente à Embaxadores, Ministros, Cónsules,—los asuntos pertenecientes à Almirantazgo, y jurisdiccion marìtima,—las diferencias en que el Estado federal tenga ò sea parte,—las que se susciten entre dos ó mas Provincias,—entre una Provincia, y uno ò muchos ciudadanos de otra,—entre ciudadanos de una misma Provincia que disputáren tierras concedidas por diferentes Provincias,—entre una Provincia, ò ciudadanos de ella, y otros Estados, ciudadanos, ò vasallos extrangeros.

116. En estos casos exercerá su autoridad la Suprema Corte de justicia por apelacion, segun las reg-

113. The whole of them shall preserve their offices till their bad conduct may render them incapable of retaining them

114. At fixed periods determined by law, they shall receive for this service, the salaries that may be assigned them; and which cannot in any manner be diminished, as long as they fulfil their respective functions.

SECTION II.

Attributes of the Judicial Power.

115. The Judicial Power of the Confederation shall be circumscribed to the matters confided thereto by the latter; viz. all the litigious, civil or criminal questions, which may arise from the contents of this Constitution—the treaties and negociations carried into effect under its authority—every thing concerning ambassadors, ministers, and consuls—matters belonging to the Admiralty and maritime jurisdiction—the differences in which the Federal State may have, or form part—those which may arise between two or more provinces—between a province, and one or more citizens of another—between citizens of the same province, who may dispute lands granted by different provinces—between one province, or citizens thereof, and other States, citizens, or foreign vassals.

116. In these cases, the Supreme Court of Justice shall exercise its authority by appeal, according

las y excepciones que le prescribiere el Congreso ; pero en todos los concernientes à Embaxadores, Ministros, y Cónsules, y en los que alguna Provincia fuere parte interesada, la exercerá exclusiva y originalmente.

117. Todos los juicios criminales ordinarios que no se deriven del derecho de acusacion concedido à la Cámara de Representantes por el paragrafo quarenta y quatro, se terminarán por jurados luégo que se establezca en Venezuela este sistema de legislacion criminal, cuya actuacion se hará en la misma Provincia en que se hubiese cometido el delito ; pero quando el crímen sea fuera de los límites de la Confederacion contra el derecho de gentes, determinará el Congreso por una ley particular el lugar en que haya de seguirse el juicio.

118. La Suprema Corte de justicia tendrá el derecho exclusivo de exâminar, aprobar y expedir titulos à todos los Abogados de la Confederacion que acrediten sus estudios con testimonio de su respectivo Gobierno ; y los que los obtengan en esta forma, estarán autorizados para abogar en toda ella, aun donde haya colegios de Abogados, cuyos privilegios exclusivos para actuacion, quedan derogados, y tendrán opcion à los empleos y comisiones propias de esta profesion ; siendo presentados los referidos títulos al Poder Executivo de la union, ántes de exercerla,

to the rules and exceptions prescribed by Congress, but in those in which a province bears an interested part, the same shall in that case, exercise its own original and exclusive authority.

117. All the ordinary criminal cases, which may not belong to the right of accusation granted to the House of Representatives by the 44th article, shall be tried by juries, as soon as this criminal system of legislation may be established in Venezuela; the proceedings whereof shall take place in the same province in which the crime was committed; but when it has occurred out of the limits of the Confederation, and is against the law of nations, the Congress by a particular law, shall determine the place in which the trial is to take place.

118. The Supreme Court of Justice shall have the exclusive right of examining, approving and granting diplomas to all the attornies of the Confederation, who may have proved under the testimony of their respective governments, that they have performed the necessary courses of studies; and those who may in this manner obtain them, shall be authorized to practice throughout the whole of the same, even where there may be colleges of lawyers, whose exclusive privileges to practice are hereby annulled; and they shall also have the right of being elected to any of the offices and commissions belonging to their profession, the above titles being previously presented to the Executive Power of the union, before the said right is exercised, in order to

para que les ponga el correspondiente pase; lo que igualmente se practicará con los Abogados que habiendo sido recibidos fuera de Venezuela, quieran abogar en ella.

CAPITULO QUINTO

SECCION PRIMERA.

De las Provincias.

Límites de la autoridad de cada una.

119. Ninguna provincia particular puede exercer acto alguno que corresponda á las atribuciones concedidas al Congreso, y al Poder Executivo de la Confederacion, ni hacer ley que comprometa los contratos generales de ella.

120. Por consiguiente ni dos, ni mas Provincias pueden formar alianzas, ó Confederaciones entre si, concluir tratados particulares sin el consentimiento del Congreso; y para obtenerlo deben especificarle el fin, términos, y duracion de estos tratados, ó convenciones particulares.

121 Tampoco pueden sin los mismos requisitos y consentimiento, levantar, ni mantener tropas, ó baxeles de guerra en tiempo de paz, ni entablar, ó concluir pactos, estipulaciones, ni convenios con ninguna potencia extrangera.

receive the necessary warrant; which form shall also be observed by those lawyers who having been received out of Venezuela, may there wish to practice their profession.

CHAP. V.

Sec. 1st.—*Of the Provinces, Limits of the Authority of each.*

119. No particular province shall be allowed to exercise any act which may belong to the attributes granted to Congress, and to the Executive Power of the Confederation; nor to make any law that may affect the general contracts of the same.

120. Consequently, neither two nor more provinces shall be allowed to form alliances, or Confederations amongst themselves; nor to conclude particular agreements without the consent of Congress, and in order to obtain the same, they are to specify thereto the object, terms, and duration of all such agreements, or particular conventions.

121. Neither can they without the same requisites and consent of Congress, raise or maintain troops, or vessels of war in time of peace, nor set on foot or conclude contracts, stipulations, or agreements with any foreign power.

122. De los mismos requisitos, y anuencia necesitan para poder establecer derechos de tonelada, importacion, y exportacion al comercio extrangero en sus respectivos Puertos, y al comercio interior, y de cabotage entre sí; pues que las leyes generales de la union deben procurar uniformarlo en la libertad de toda suerte de trabas funestas á su prosperidad.

123. Sin los mismos requisitos, y consentimiento no podrán emprehender otra guerra que la puramente defensiva en un ataque repentino, ó riesgo inminente, ó inevitable de ser atacadas, dando inmediatamente parte de estas ocurrencias al Gobierno federal para que provea à ellas oportunamente.

124. Para que las leyes particulares de las Provincias no pueden nunca entorpecer la marcha de las federales, se someterán siempre al juicio del Congreso ántes de tener fuerza, y valor de tales en sus respectivos departamentos, pudiendose entre tanto llevar á execucion, mientras las revee el Congreso.

SECCION SEGUNDA.

Correspondencia reciproca entre sí.

125. Los actos públicos de todas clases, y las sentencias judiciales sancionadas por los Poderes Magistrados y Jueces de una Provincia, tendrán entera

235

122. It shall not be lawful for them, without the same previous requisites and consent, to establish tonnage, import and export duties, on foreign trade in their respective ports, or on the interior and coasting trade: for it is the duty of the general laws of the union, to endeavour to render the same uniform in the freedom of every kind of restraints, that may affect the prosperity of each

123. Without the same requisites and consent, it shall not be lawful for them to undertake any war, that is not purely defensive, and in case of a sudden attack, imminent danger, or the certain dread of some assault; giving immediate notice to the Federal government of all similar occurrences, in order that it may make timely provision against the same.

124. In order that the particular laws of the provinces, may in no wise counteract those enacted by the Confederation, they shall at all times be previously submitted to the judgment of the Congress, before they have their full force and effect, in their respective departments; it being however lawful to carry them into execution, in the mean time that they are revised by Congress.

SECTION II.

Reciprocal Correspondence between each.

125. All public acts of every kind, as well as judicial sentences, sanctioned by the authorities, magistrates, and judges of one province, shall re-

fé, y credito en todas las demas comforme à las leyes generales que el Congreso estableciere para el uniforme, é invariable efecto de estos actos, y documentos.

126. Todo hombre libre de una Provincia, sin nota de vago ò reato judicial, gozará en las demas de todos los derechos de ciudadano libre de ellas; y los habitantes de la una, tendrán libre y franca la entrada y salida en las otras, y gozarán en ellas de todas las ventajas y beneficios de su industria, comercio é instruccion, sujetandose à las leyes, impuestos y restricciones del territorio en que se halláren, con tal que estas leyes no se dirijan à impedir la traslacion de una propiedad introducida en una Provincia, para qualquiera de las otras que quisiere el proprietario.

127. Las Provincias à requerimiento de sus respectivos Poderes Executivos, se entregarán recîprocamente qualesquiera de los reos acusados de crímen de Estado, hurto, homicidio, ú otros graves, refugiados en ellas, para que sean juzgados por la autoridad provincial à que corresponda.

Seccion tercera.

Aumento sucesivo de la Confederacion.

128. Luego que libres de la opresion que sufren las Provincias de Coro, Maracaybo y Guayana, puedan y quieran unirse à la Confederacion, serán ad-

ceive full credit and belief in all the others, in conformity to the general laws, which Congress may establish for the uniform, and invariable effects which are to accompany similar documents.

126. Every free man of one province, who may not be known as a vagrant, or marked by some public criminality, shall in all the others, enjoy all the rights of a free citizen thereof; and the inhabitants of one, shall have free ingress and egress from the rest, and shall enjoy therein all the advantages and benefits of their industry, commerce and tuition, subjecting themselves to the laws, imposts, and restrictions of the district in which they may be; provided that these same laws are not opposed to the transfer of any property, introduced into one province, for any of the others, the owners thereof may wish.

127. The provinces at the requisition of the respective Executive Powers, shall reciprocally deliver up to each other, all persons accused of State crimes, robbery, murder or other capital offences, who may have taken refuge therein, that they may be tried by the provincial authority to whom the same belongs.

SECTION III.

Successive increase of the Confederation.

128. As soon as the province of Coro, Maracaybo, and Guayana, freed from the opression under which they now labour, are able and desirous of being

mitidas à ella, sin que la violenta separacion en que à su pesar y el nuestro han permanecido, pueda alterar pára con ellas los principios de igualdad, justicia y fraternidad, de que gozarán desde luego como todas las demas Provincias de la union.

129. Del mismo modo, y baxo los mismos principios serán tambien admitidas é incorporadas qualesquiera otras del continente Colombiano (ántes América Española) que quieran unirse baxo las condiciones y garantías necesarias para fortificar la union con el aumento y enlace de sus partes integrantes.

130. Aunque el conocimiento, exâmen, y resolucion de estas materias y qualesquiera otras que tengan relacion con ellas, es del exclusivo resorte del Congreso, durante el tiempo de su seceso podrá el Poder Executivo promover, y executar quanto convenga á los progresos de la Union, baxo las reglas que para ello le prescribiére el Congreso.

131. A este toca tambien conocer exclusivamente de la formacion, ó establecimiento de nuevas Provincias en la Confederacion, ya sea por division del territorio de otra, ó por la reunion de dos, ó mas, ó de partes de cada una de ellas; pero nunca quedará concluido el establecimiento sin el acuerdo y consen-

united to the confederation, they shall be admitted to the same, without the forced separation, in which in spite of themselves and us, they have been kept, making any difference in the principles of equality, justice, and fraternity, which they shall enjoy from that time, the same as the other provinces of the union.

129. In like manner and under the same principles, shall be admitted and incorporated, any other of the provinces of the Columbian continent, (before Spanish America) which may be desirious of uniting therewith, under the necessary conditions and guarantees, in order to strengthen the union, by the addition and connexion of their integral parts.

130. Notwithstanding the cognizance, examination, and determination of these matters, or any others that may have any relation thereto, exclusively belongs to the authority of Congress, during the time of its recess, the Executive Power is authorized to promote, and do every thing that may contribute to the progress of the union, under the regulations which may be prescribed by Congress.

131. It also exclusively belongs to the latter, to regulate the formation or establishment, of new provinces in the Confederation, whether it be by a division of the territory of one, or by the union of two, or more, or of parts of any of them; but the establishment thereof shall not be considered as definitively settled, till the accord and consent of the

timiento del Congreso, y de las Provincias interesadas en la reunion, ó division.

132. El Congreso será igualmente arbitro para disponer de todo territorio, y propriedad del Estado, baxo las leyes, reglamentos, y ordenanzas que para ello expidiere, con tal qne en ellas no se altere, ni interprete parte alguna de esta Constitucion, de modo que dañe á los derechos generales de la Union, ò á los particulares de las Provicias.

Seccion quarta.

Mntua garatìa de las Provincias entre sí.

133. El Gobierno de la Union asegura, y garantiza á las Provincias la forma del Gobierno Republicano que cada una de ellas adoptáre para la administracion de sus negocios domesticos: sin aprobar Constitucion alguna Provincial que se oponga à los principios liberales, y francos de representacion admitidos en esta, ni consentir que en tiempo alguno se establezca otra forma de Gobierno en toda la Confederacion.

134. Tambien afianza á las mismas Provincias su libertad, é independencia reciprocas en la parte de su Soberanía que se han reservado; y siendo justo,

241

Congress is obtained, as well as of the provinces interested in the annexation or division.

132. Congress shall also have the power to dispose of all lands and property belonging to the State, under the laws, regulations, and ordinances which it may form for the same; provided that no part of this Constitution is altered or interpreted so as to injure the general rights of the Union, or the particular ones of the provinces.

SECTION IV.

Mutual guarantee of the provinces to each other.

133. The government of the Union secures and guarantees to the provinces, the form of that Republican government, which each may adopt for the administration of its domestic concerns; but without approving of any provincial Constitution which may be opposed to the liberal and free principles of representation herein contained, and without at any time consenting that any other form of government be established throughout the whole of the Confederation.

134. It also confirms to the said provinces, their reciprocal liberty and independence, in that part of their sovereignty which they have reserved to themselves; and when just and necessary, it will protect and aid each one of them against all invasions or domestic violence, with the plenitude of power and force which may be confided to it, for the preser-

y necesario protegerá y auxîliará á cada una de ellas contra toda invasion, ó violencia doméstica, con la plenitud de poder y fuerza que se le confia para la conservacion de la paz y seguridad general; siempre que fuere requerido para ello por la Legislatura provincial, ó por el Poder Executivo quando el Legislativo no estuviere reunido, ni pudiere ser convocado.

CAPITULO SEXTO.

Revision, y reforma de la Constitucion.

135. En todos los casos en que las dos terceras partes de cada una de las Cámaras del Congreso, ó de las Legislaturas provinciales se propusieren, y aprobaren original, y reciprocamente algunas reformas, ó alterciones que crean necesarias en esta Constitucion, se tendrán estas por validas, y harán desde entònces parte de la misma Constitucion.

136. Ya provenga la reforma del Congreso, ò de las Legislaturas, permanecerán los artículos sometidos à la reforma en toda su fuerza y vigor, hasta que uno de los Cuerpos autorizado para ella, haya aprobado y sancionado lo propuesto por el otro en la forma prevenida en el paragrafo anterior.

vation of the general peace and security, whenever the same may be required of it by the Provincial Legislature, or by the Executive Power, in case the former is not assembled, and cannot be convened.

CHAP. VI.

Revisal and reform of the Constitution.

135. In all cases wherein two-thirds of each of the Houses of Congress, or of the Provincial Legislatures, shall propose, and originally, and reciprocally approve, of any reforms or alterations which they may consider necessary to this Constitution, the same shall then be held as valid, and thenceforward form part thereof.

136. Whether the reform originates with the Congress, or with the Legislatures, the articles submitted to a reform, shall remain in their full force and vigour, till one of the bodies authorized to that effect, shall have approved of, and sanctioned the alteration proposed by the other, in the manner prescribed in the preceding article.

CAPITULO SEPTIMO

Sancion ò ratificacion de la Constitucion.

137. El pueblo de cada Provincia por medio de convenciones particulares, reunidas expresamente para el caso, ó por el órgano de sus Electores capitulares, autorizados determinadamente al intento, ó por la voz de los Sufragantes parroquiales que hayan formado las Asambleas primarias para la eleccion de Representantes, expresará solemnemente su voluntad libre y espontanea de aceptar, rechazar, ó modificar en todo, ò en parte esta Constitucion.

138. Leida la presente Constitucion á las Corporaciones que hubiere hecho formar cada Gobierno provincial, segun el artículo anterior, para su aprobacion, y verificada esta con las modificaciones ò alteraciones que ocurrieren por pluralidad, se jurará su observancia solemnemente, y se procederá dentro de tercero diá á nombrar los funcionarios que les correspondan de los poderes que forman la Representacion nacional, cuya eleccion se hará en todo caso por los Electores que van designados.

139. El resultado de ambas operaciones se comunicará por las respectivas Municipalidades al Gobierno de su Provincia, para que presentandolo al Congreso quando se reuna, se resuelva por él lo conveniente.

CHAP. VII

Sanction or ratification of the Constitution.

137. The people of each province, by means of particular meetings, expressly convened for the purpose, or through the organ of their district electors, conclusively authorized to that effect, or by the voice of their parochial voters, who may have formed the primary meetings for the election of Representatives, shall solemnly express their free and spontaneous will, to accept, reject, or to modify the whole, or part of this Constitution.

138. The present Constitution, in order to receive their approbation, being read to the Corporations each provincial government may have caused to be formed, in conformity to the preceding article; the same being obtained; together with the modifications and alterations which may occur by a plurality of votes; the observance thereof shall be solemnly sworn; and within the third day, they shall proceed to name their respective functionaries to fill the powers created by the national Representation, which choice shall in all cases, be made by the electors already pointed out.

139. The results of both operations, shall by the respective Municipalities, be communicated to the government of the corresponding province, in order

140. Las Provincias que se incorporen de nuevo á la Confederacion, llenarán en su oportunidad estas mismas formalidades; aunque el no hacerlo ahora por causas poderosas ó insuperables, no será obstáculo para reunirse en el momento en que sus Gobiernos lo pidan por Comisionados ò Delegados al Congreso, quando esté reunido, ò al Poder Executivo durante el receso.

CAPITULO OCTAVO.

Derechos del hombre que se reconocerán y respetarán en toda la extension del Estado.

Seccion primera.

Soberanía del Pueblo.

141. Despues de constituidos los hombres en sociedad, han renunciado à aquella libertad ilimitada y licenciosa á que fácilmente los conducian sus pasiones, propria solo del estado salvage. El establecimiento de la sociedad presupone la renuncia de estos derechos funestos, la adquisicion de otros mas dulces y pacificos, y la sujecion á ciertos deberes mutuos.

142. El pacto social asegura á cada individuo el goce y posesion de sus bienes, sin lesion del derecho que los demas tengan á los suyos.

that the same being laid before Congress, when assembled, the latter may decide thereon.

140. The Provinces which may be newly incorporated to the Confederation, shall at a proper time, comply with these formalities; and notwithstanding they may not for the present, urged by powerful and insuperable causes, have fulfilled the same, it shall not nevertheless be an obstacle against future annexation, whenever their governments may demand the same, by commissioners or delegates to Congress, when assembled, or to the Executive Power, during its recess.

CHAP. VIII.

Rights of man, which are to be acknowledged and respected throughout the whole extent of the State.

SECTION III.
Sovereignty of the People.

141. After men have been constituted into society, they have renounced that unlimited and licentious liberty to which they were easily lead by their passions, it being only adapted to a savage state. The establishment of society pre-supposes the renunciation of these fatal rights, the acquisition of others more sweet and pacific, as well as a subjection to certain mutual duties.

142. The social compact secures to each individual, the enjoyment and possession of his property, without detriment to the right which others may have to theirs.

248

143. Una sociedad de hombres reunidos baxo unas mismas leyes, costumbres, y gobierno, forma una soberanía.

144. La soberanía de un pais, ò supremo poder de reglar, y dirigir equitativamente los intereses de la comunidad, reside pues esencial y originalmente en la masa general de sus habitantes, y se exercita por medio de Apoderados ò Representantes de estos, nombrados y establecidos conforme á la Constitucion.

145. Ningun individuo, ninguna familia, ninguna porcion ò reunion de ciudadanos, ninguna corporacion particular, ningun pueblo, ciudad, ò partido, puede atribuirse la soberanía de la sociedad, que es imprescriptible, inagenable é indivisible en su esencia y orígen, ni persona alguna podrà exercer qualquiera funcion pública del gobierno, si no la ha obtenido por la Constitucion.

146. Los Magistrados y oficiales del Gobierno, investidos de qualquiera especie de autoridad, sea en el Departamento Legislativo, en el Executivo, ó en el Judicial, son de consiguiente meros Agentes y Representantes del pueblo en las funciones que exercen, y en todo tiempo responsables à los hombres ò habitantes de su conducta pública por vias legítimas y constitucionales.

147. Todos los ciudadanos tienen derecho indistintamente à los empleos públicos, del modo, en las formas, y con las condiciones prescriptas por la ley, no siendo aquellos la propiedad exclusiva de alguna clase de hombres en particular; y ningun hombre

249

143. A society of men, united under the same laws, customs, and government, form a sovereignty.

144. The sovereignty of a country, or the supreme power of regulating and equitably directing the interests of the community, therefore essentially, and originally, resides in the general mass of its inhabitants, and is exercised by means of their empowered agents or representatives, named and established in conformity to the Constitution.

145. No individual, no family, no portion or reunion of citizens, no particular corporation, no town, city, or district, shall attribute to itself the sovereignty of the society, which is imprescriptible, unalienable, and indivisible in its essence and origin; and no person whatever shall exercise any public function of government, unless he has obtained it by the Constitution.

146. The magistrates and officers of government, invested with any species of authority, either in the Legislative, Executive, or Judicial departments, are of consequence, mere agents and representatives of the people in the functions they exercise, and are at all times responsible to them for their public conduct, through the legal and constitutional channels.

147. Every citizen, without distinction, has a right to the public employments, in the manner and under the forms and conditions prescribed by law; the same not being the exclusive property of any particular class of men; and no man, corporation, or society of men, shall have any other title, whereby

corporacion ó asociacion de hombres, tendrá otro título para obtener ventajas y consideraciones particulares, distintas de las de los otros en la opcion à los empleos que forman una carrera pública : sino el que proviene de los servicios hechos al Estado.

148. No siendo estos títulos ni servicios en manera alguna hereditarios por la naturaleza, ni transmisibles à los hijos, descendientes, ú otras relaciones de sangre, la idea de un hombre nacido magistrado, legislador, juez, militar, ò empleado de qualquiera suerte, es absurda, y contraria á la naturaleza.

149. La ley es la expresion libre de la voluntad general, ò de la mayoría de los ciudadanos indicada por el órgano de sus Representantes legalmente constituidos. Ella se funda sobre la justicia, y la utilidad comun, y ha de proteger la libertad pública é individual contra toda opresion ò violencia.

150. Los actos exercidos contra qualquiera persona fuera de los casos, y contra las formas que la ley determina, son iniquos, y si por ellos se usurpa la autoridad constitucional, ó la libertad del pueblo, serán tiránicos.

Seccion segunda.

Derechos del hombre en sociedad.

151. El objeto de la sociedad, es la felicidad comun; y los Gobiernos han sido instituidos para asegurar al hombre en ella, protegiendo la mejora y perfeccion de sus facultades físicas y morales, au-

to obtain advantages or particular considerations, distinct from others, in the choice of offices, which may constitute a public career, excepting those which may arise from services to the State.

148. These same titles being however in no wise hereditary by nature, or transmissible to the sons, descendants, or to other relations by blood, the idea of a man being born a magistrate, legislator, judge, soldier, or functionary of any kind, is absurd, and contrary to nature.

149. The law is the free expression of the general will, or of the majority of the citizens, indicated through the organ of their Representatives legally constituted. It is also founded on justice and common utility, and is to protect public and individual liberty, against oppression and violence.

150. All acts exercised against any person, out of the cases and contrary to the forms which the law determines, are iniquitous; and if by the same they usurp the constitutional authority or the liberty of the people, they shall be deemed tyrannical.

SECTION II.

Rights of Man in Society.

151. The object of society, is the felicity of all; and governments have been instituted to secure man in the same, by protecting the amelioration of his physical and moral faculties, increasing the sphere of

mentando la esfera de sus goces, y procurandole el mas justo y honesto exercicio de sus derechos.

152. Estos derechos son la libertad, la igualdad, la propiedad, y la seguridad.

153. La libertad es la facultad de hacer todo lo que no daña á los derechos de otros individuos, ni al cuerpo de la sociedad, cuyos limites solo pueden determinarse por la ley, por que de otra suerte serian arbitrarios, y ruinosos á la misma libertad.

154. La igualdad consiste en que la ley sea una misma para todos los Ciudadanos, sea que castigue, ò que proteja. Ella no reconoce distincion de nacimiento, ni herencia de poderes.

155. La propiedad es el derecho que cada uno tiene de gozar y disponer de los bienes que haya adquirido con su trabajo, é industria.

156. La seguridad existe en la garantia, y proteccion que da la sociedad á cada uno de sus miembros sobre la conservacion de su persona, de sus derechos, y de sus propiedades.

157. No se puede impedir lo que no està prohibido por la ley, y ninguno podrá ser obligado á hacer lo que ella no prescribe.

158. Tampoco podrán los Ciudadanos ser reconvenidos en juicio, acusados, presos ni detenidos, sino en los casos, y en las formas determinadas por la ley; y el que provocáre, solicitáre, expidiére, subscribiére, executáre, ó hiciére executar órdenes, y actos arbitrarios, deberà ser castigado; pero todo Ciudadano

his enjoyments, and obtaining for him, the most just, and honest exercise of his rights.

152. These rights are, liberty, equality, right of property and security.

153. Liberty, is the faculty of doing every thing that does not injure the rights of other individuals, or the body of society, whose limits can only be determined by law, for otherwise they would become arbitrary, and ruinous to liberty itself.

154. Equality, consists, in that the law is the same for all citizens; it is what punishes and what protects; it neither knows the distinction of birth, nor the inheritance of power.

155. Property, is the right which each enjoys of disposing of the goods, which he may have obtained by his labour and industry.

156. Security, exists in the guarantee and protection which society gives to each of its members, with regard to the preservation of their persons, rights, and properties.

157. It shall not be lawful to hinder any thing not prohibited by law, and no one shall be obliged to do any thing, that is not thereby prescribed.

158. Neither can the citizens be recriminated, accused, held in custody, nor detained, excepting in the cases and manner determined by law ; and he who may incite, solicit, issue, subscribe, execute, or cause to be executed, arbitrary orders or acts, shall be punished; but every citizen who may be called upon,

que fuese llamado, ò aprehendido en virtud de la ley, debe obedecer al instante, pues se hace culpable por la resistencia.

159. Todo hombre debe presumirse inocente hasta que no haya sido declarado culpable con arreglo á las leyes; y si entretanto se juzga indispensable asegurar su persona; qualquier rigor que no sea para esto sumamente necesario, debe ser reprimido.

160 Ninguno podrá ser juzgado, ni condenado al sufrimiento de alguna pena en materias criminales, sino despues que haya sido oido legalmente. Toda persona en semejantes casos tendrá derecho para pedir el motivo de la acusacion intentada contra ella, y conocer de su naturaleza para ser confrontada con sus acusadores, y testigos contrarios, para producir otros en su favor, y quantas pruebas puedan serle favorables dentro de términos regulares, por sí, por su poder, ò por defensor de su eleccion; y ninguna será compelida, ni forzada en ninguna causa à dar testimonio contra sí misma, como tampoco los acendientes, y decendientes, ni los colaterales, hasta el quarto grado civil de consanguinidad, y segunda de afinidad.

161. El Congreso, con la brevedad posible, establecerà por una ley detalladamente el juicio por jurados para los casos criminales y civiles. á que comunmente se aplica en otras naciones, con todas las formas propias de este procedimiento, y harà entónces las declaraciones que aqui correspondan en favor de la libertad

or apprehended by virtue of the law, ought instantly to obey, for he becomes culpable by resistance.

159. Every person shall be presumed innocent, till he has been declared guilty in conformity to the laws; and if in the mean time it should be thought necessary to secure him personally, all severity that may not be essentially necessary to this end, is to be suppressed.

160. No person shall be judged, or condemned, to the sufferance of any punishment in criminal matters, till after he has been legally heard. Every one in similar cases, shall have the right of demanding the motive of the accusation attempted against him, and to have knowledge of its nature; to be confronted against his accusers and opponent witnesses; to produce others in his favour, as well as every other proof that may be favourable to his cause, within proper periods, either by means of himself, by powers, or by an attorney of his own choice; but no person shall be compelled or forced in any cause, to give testimony against himself, nor against direct or collateral relations to the fourth civil grade of consanguinity, and the second of affinity.

161. Congress shall, with all possible brevity, establish by law and at full length, the trial by juries, for criminal and civil cases to which the same is commonly applied by other nations; together with all the forms of proceeding therein; and it shall, at the same time, make the declarations belonging to this place, in favour of liberty and personal security,

y seguridad personal, para que sean parte de esta, y se observen en todo el Estado.

162. Toda persona tiene derecho á estar segura de que no sufrirá pesquiza alguna, registro, averiguacion, capturas, ò embargos irregulares, é indebidos de su persona, su casa, y sus bienes; y qualquiera órden de los Magistrados para registrar lúgares sospechosos sin probabilidad de algun hecho grave que lo exija, ni expres adesignacion de los referidos lugares, ó para apoderarse de alguna, ó algunas personas, y de sus propriedades, sin nombrarlas, ni indicar los motivos del procedimiento, ni que haya precedido testimonio, ó deposicion jurada de personas creibles, será contraria á aquel derecho, peligrosa á la libertad, y no deberá expedirse.

163. La casa de todo Ciudadano es un asilo inviolable. Ninguno tiene derecho de entrar en ella, sino en los casos de incendio, inundacion ó reclamacion que provenga del interior de la misma casa, ò quando lo exija algun procedimiento criminal conforme á las leyes, baxo la responsabilidad de las autoridades constituidas que expidieren los decretos: las visitas domiciliarias, y execuciones civiles solo podrán hacerse de dia, en virtud de la ley, y con respecto à la persona y objetos, expresamente indicados en la acta que ordenáre la visita, ó la execucion.

164. Quando se acordáren por la pública autoridad semejantes actos, se limitarán estos á la persona, y objetos expresamente indicados en el decreto, en que se ordena la visita y execucion, el qual no po-

that they may form part of this Constitution, and be observed throughout the whole State.

162. Every person has the right of being secure of not suffering any search, inquest, examination, or irregular and unlawful seizure of his person, house, or property ; and any order of a magistrate to examine suspicious places, (without the probability of some grievous act requiring the same) and not expressly designating the said places; or for the seizure of one or more persons, or their property, without naming the same, and indicating the motives of such procedure, together with the previous testimony, and sworn deposition of creditable persons, shall be held as contrary to the above right, dangerous to liberty, and unlawful to issue.

163. The house of every citizen is an inviolable sanctuary. No one has any right to enter therein, excepting in cases of fire, inundation, or on aid being demanded therefrom ; or when any criminal proceedings take place in conformity to the laws, and under the responsibility of the Constitutional authorities which may have issued the decrees. Domiciliary searches and civil executions can only take place during day, by virtue of the law, and with respect to the person and objects expressly named in the act, ordaining such search or execution.

164 When, by public authority, similar acts are granted, the same shall be limited to the person and objects, expressly pointed out in the decree, ordaining the said search and execution ; which shall not how-

drá extenderse al registro, y exámen de los papeles particulares, pues estos deben mirarse como inviolables; igualmente que las correspondencias epistolares de todos los Ciudadanos que no podrán ser interceptadas por ninguna autoridad, ni tales documentos probarán nada en juicio, sino es que se exhiban por la misma persona à quien se hubiesen dirigido por su autor, y nunca por otra tercera, ni por el reprobado medio de la interceptacion. Se exceptuan los delitos de alta traicion contra el Estado, el de falsedad y demas que se cometen, y executan precisamente por la escritura, en cuyos casos se procederá al registro, exàmen y aprehension de tales documentos con arreglo á lo dispuesto por las leyes.

165. Todo individuo de la sociedad teniendo derecho á ser protegido por ella en el góce de su vida, de su libertad, y de sus propiedades con arreglo á las leyes, està obligado de consiguiente à contribuir por su parte para las expensas do esta proteccion, y à prestar sus servicios personales, ó un equivalente de ellos quando sea necesario; pero ninguno podrà ser privado de la menor porcion de su propiedad, ni esta podrá aplicarse à usos públicos, sin su propio consentimiento, ó el de los Cuerpos Legislativos representantes del Pueblo; y quando alguna pública necesidad legalmente comprobada exîgiere que la propiedad de algun Cindadano se aplique á usos semejantes, deberá recibir por ella una justa indemnizacion.

166. Ningun subsidio, carga, impuesto, tasa ó contribucion podrá establecerse, ni cobrarse, baxo qual-

ever, be extended to the inquest and examination of individual papers; these shall be held inviolable, in like manner as the epistolary correspondences of all citizens, which it shall not be lawful for any authority to intercept, nor shall the same be valid in a court of justice, unless produced by the person to whom they have been forwarded by their author, but never by a third person, or when obtained by the reprobated means of interception. Crimes of high treason against the State, are however, excepted; as well as forgery and others, which may be committed by writing; in which cases, the search, examination, and seizure of any such documents, shall take place according to the dispositions of the law.

165. Every individual of society holding the right to be protected by the same in the enjoyment of his life, liberty, and property, according to the laws, is of consequence bound to contribute on his part to the expences of this protection, and to lend his personal services, or an equivalent for the same, whenever it may be necessary; but no person shall be deprived of the smallest portion of his property, nor can the same be applied to public uses without his own consent, or that of the Legislative bodies representing the people, and when any public necessity legally proved, should require that the property of any citizen be applied to similar uses, he is to receive therefore a just indemnity.

166. No subsidy, charge, impost, tax or contribution, can be established or levied, under any

quiera pretexto que sea, sin el consentimiento del Pueblo expresado por el órgano de sus Representantes. Todas las contribuciones tienen por objeto la utilidad general, y los Ciudadanos el derecho de vigilar sobre su inversion, y de hacerse dar cuenta de ellas por el referido conducto.

167. Ningun género de trabajo, de cultura, de industria, ó de comercio serán prohibidos à los ciudadanos, excepto aquellos que ahora forman la subsistencia del Estado, que despues oportunamente se libertarán quando el Congreso lo juzgue útil, y conveniente à la causa pública.

168. La libertad de reclamar cada ciudadano sus derechos ante los depositarios de la autoridad pública, con la moderacion, y respeto debidos, en ningun caso podrà impedirse, ni limitarse. Todos, por el contrario, deberán hallar un remedio pronto, y seguro, con arreglo à las leyes, de las injurias, y daños que sufrieren en sus personas, en sus propiedades, en su honor, y estimacion.

169. Todos los extrangeros, de qualquiera nacion que sean, se recibirán en el Estado. Sus personas, y propiedades gozarán de la misma seguridad que las de los demas ciudadanos, siempre que respeten la Religion Católica, única del Pais, y que reconozcan la independencia de estos pueblos, su soberania, y las autoridades constituidas por la voluntad general de sus habitantes.

170. Ninguna ley criminal, ni civil podrà tener efecto retroactivo, y qualquiera que se haga para juzgar, ó castigar acciones cometidas antes que ella

pretext whatever, without the consent of the people expressed through the organ of their Representatives. All contributions have for object the general utility, and the citizens have the right of watching over their expenditure, and to cause account thereof to be laid before them, through the same channel.

167. No kind of labour, culture, industry, or trade, shall be prohibited to the citizens, excepting those which at present form the subsistence of the State, but which shall hereafter be opened when Congress may judge it useful and conducive to the public cause.

168. The liberty of each citizen claiming his rights before the depositaries of the public authority, with due moderation and respect, can in no case be hindered or withheld. All, on the contrary, ought to find a ready and sure remedy, in conformity to the laws, for the injuries and damages they may sustain in their persons, properties, honour, and good opinion.

169. All foreigners, of whatever nation they may be of, shall be received into the State. Their persons and properties shall enjoy the same security as those of the other citizens, provided they respect the Catholic religion, the only one tolerated; that they acknowledge the independence of this country, its sovereignty, and the authorities constituted by the general will of the inhabitants.

170. No law, criminal or civil, shall have a retroactive effect, and any that may be enacted, in order to judge and punish acts committed before the ex-

exista será tenida por injusta. opresiva, é inconforme con los principios fundamentales de un Gobierno libre.

171. Nunca se exîgiràn cauciones excesivas, ni se impondràn penas pecuniarias desproporcionadas con los delitos, ni se condenarán los hombres á castigos crueles, ridículos, y desusados. Las leyes sanguinarias deben disminuirse, como que su freqüente aplicacion es inconducente à la salud del Estado, y no ménos injusta que impolìtica, siendo el verdadero designio de los castigos, corregir, y no exterminar el género humano.

172. Todo tratamiento que agrave la pena determinada por la ley, es un delito.

173. El uso de la tortura, queda abolido perpetuamente.

174. Toda persona que fuere legalmente detenida, ó presa, deberá ponerse en libertad luego que dé caucion, ò fianza suficiente, excepto en los casos en que haya pruebas evidentes, ó grande presuncion de delitos capitales. Si la prision proviene de deudas, y no hubiere evidencia, ó vehemente presuncion de fraude, tampoco deberá permanecer en ella, luego que sus bienes se hayan puesto á la disposicion de sus respectivos acreedores, conforme à las leyes.

175. Ninguna sentencia pronunciada por traicion contra el Estado, ó qualquiera otro delito arrastrará infamia à los hijos, y descendientes del reo.

176. Ningun ciudadano de las Provincias del Estado, excepto los que estvuieren empleados en el ex-

istence of the same, shall be held as unjust, oppressive, and incompatible with the fundamental principles of a free government.

171. It shall never be lawful to demand excesssive securities, nor shall pecuniary fines be exacted, disproportioned to the crimes, or persons be condemned to cruel, ridiculous, or unusual punishments. Sanguinary laws ought to be diminished, as their frequent application is injurious to the State, and not less unjust than impolitic; for the true object of punishments, is to correct, rather than destroy the human race.

172. All treatment that may render more grievous the punishment determined by law, shall be held as a crime.

173. The use of the torture, is for ever abolished.

174. Every person who may be legally detained or held in custody, shall be set free, as soon as he has given sufficient security; excepting in the cases in which there are evident proofs, or great presumption of capital crimes. If the arrest arises from debt, and there is no evident proof, or great presumption of fraud, the prisoner shall not be detained as soon as his property has been delivered up to his creditors, in conformity to the laws.

175. No sentence pronounced for treason against the State, or for any other crime, shall entail infamy on the children or desendants of the criminal.

176. No citizen of the provinces of the State, excepting those employed in the army, navy, or militia

ercito, en la marina, ó en las milicias, que se halláren en actual servicio, deberá sugetarse à las leyes militares, ni sufrir castigos provenidos de ellas.

177. Los militares, en tiempo de paz, no podrán aquartelarse, ni tomar alojamiento en las casas de los demas ciudadanos particulares sin el consentimiento de sus dueños, ni en tiempo de guerra, sino por órden de los Magistrados civiles, conforme á las leyes.

178. Una milicia bien reglada, é instruida, compuesta de los ciudadanos, es la defensa natural mas conveniente, y mas segura á un Estado libre. No deberá haber por tanto tropas veteranas en tiempo de paz, sino las rigorosamente precisas para la seguridad del pais, con el consentimiento del Congreso.

179. Tampoco se impedirá à los ciudadanos el derecho de tener, y llevar armas lícitas, y permitidas para su defensa; y el Poder Militar en todos cásos se conservará en una exâcta subordinacion á la autoridad civil, y será dirigido por ella.

180. No habrá fuero alguno personal: solo la naturaleza de las materias determinará los Magistrados á que pertenezca su conocimiento; y los empleados de qualquier ramo, en los casos que ocurran sobre asuntos que no fueren propios de su profesion, y carrera, se sujetarán al juicio de los Magistrados, y Tribunales ordinarios, como los demas ciudadanos.

181. Será libre el derecho de manifestar los pensamientos por medio de la imprenta; pero qualquiera que lo exerza se hará responsable á las leyes, si ataca, y perturba con sus opiniones la tranquilidad

then in actual service, shall be subjected to military law, nor suffer punishments inflicted by the same.

177. Soldiers in time of peace, shall not be allowed to quarter themselves, nor take up lodgings, in the houses of private citizens, without the consent of the owners; nor in time of war, but by order of the civil magistrates, conformably to the laws.

176. A well regulated and trained militia, composed of the citizens, is the most proper and natural defence, as well as the most secure, to a free State. For this reason, it shall not be lawful in time of peace, to keep up an establishment of regulars, greater than is absolutely necessary for the security of the country, by the consent of Congress.

179. Neither shall it be unlawful, for the citizens to have and carry legal arms, such as are permitted for their own defence; and the military power shall, in all cases, mantain a strict subordination to the civil authority, and be directed by the same.

180. No personal privileges or immunities shall be allowed, the nature of the matter, shall alone determine the magistrates who take cognizance thereof: and the functionaries of every class, in the cases which do not touch their profession and employment, shall be subject to the ordinary magistrates and tribunals, the same as the other citizens.

181. The right of manifesting all ideas by means of the press, shall be free; but any person who may exercise the same, shall be answerable to the laws, if he attacks and disturbs by his opinions, the public

pública, el dogma, la moral cristiana, la propiedad, honor, y estimacion de algun ciudadano.

182. Las Legislaturas provinciales tendrán el derecho de peticion al Congreso, y no se impedirá á los habitantes el de reunirse ordenada y pacíficamente en sus respectivas Parroquias para consultarse, y tratar sobre sus intereses, dar instrucciones á sus Representantes en el Congreso, ò en la Provincia, ó dirigir peticiones al uno ó al otro Cuerpo legislativo, sobre raparacion de agravios, ó males que sufran en sus propios negocios.

183. Para todos estos casos deberá preceder necesariamente solicitud expresa por escrito de los padres de familia, y hombres buenos de la Parroquia, quando menos en número de seis, pidiendo la reunion a la respectiva Municipalidad, y esta determinarà el dia, y comisionará algun Magistrado, ò persona respetable del partido para que presida la Junta, y despues de concluida, y extendida la acta, la remita á la Municipalidad que le dará la direccion conveniente.

184. A estas Juntas solo podràn concurrir los Ciudadanos sufragantes, ò Electores, y las Legislaturas no están absolutamente obligadas á conceder las peticiones, sino á tomarlas en consideracion para proceder en sus funciones del modo que pareciére mas conforme al bien general.

18 . El poder de suspender las leyes, ò de detener su execucion, nunca deberá exercitarse, sino por las Legislaturas respectivas, ó por autoridad dimanada de ellas paro solo aquellos casos particulares que hu-

tranquility, the belief, Christian morality, or the property, honour and good opinion of any citizen.

182. The provincial Legislatures, shall have the right of petitioning Congress, and it shall not be unlawful for the inhabitants to assemble, orderly and quietly, in their respective parishes, in order to consult and treat respecting their own concerns, to give instructions to their Representatives in Congress or in the province, or to direct petitions to one or other of the Legislative bodies, respecting the reform of grievances or ills, they may suffer in their affairs.

183. For cases of this nature, a previous petition ought necessarily to be made out, signed by the heads of families, and other respectable persons of the parish, to at least the number of six, praying the respective municipality, that the meeting may take place, and the latter shall determine the day, and commission a magistrate or some other respectable person of the parish, to preside in the meeting, which being closed and the act drawn up, he shall remit the same to the municipality, in order to forward it to its destination.

184. Voting citizens or electors, are alone allowed to concur in these meetings, and the legislatures are not absolutely obliged to accede to these petitions, but to take them into consideration, in order to proceed in their functions, in the manner which may appear most conformable to the general good.

185. The power of suspending the laws, or of stopping their execution, shall at no time be exercised,

bieren expresamente provisto fuera de los que expresa la Constitucion; y toda suspension, ó detencion que se haga en virtud de qualquiera autoridad sin el consentimiento de los Representantes del Pueblo, se rechazarà como un atentado á sus derechos.

186. El Poder Legislativo suplirà provisionalmente á todos los casos en que la Constitucion respectiva estuviere muda, y proveerá con oportunidad arreglandose á la misma Constitucion la adiccion ò reforma que pareciere necesario hacer en ella.

187. El derecho del Pueblo para participar en la Legislatura es la mejor seguridad, y el mas firme fundamento de un gobierno libre: por tanto es preciso que las elecciones sean libres y freqüentes, y que los Ciudadanos en quienes concurren las calificaciones de moderadas propiedades, y demas que procuran un mayor interes á la comunidad, tengan derecho para sufragar, y elegir los miembros de la Legislatura á epocas señaladas y poco distantes, como previene la Constitucion.

188. Una dilatada continuacion en los principales funcionarios del Poder Executivo, es peligrosa à la libertad; y esta circunstancia reclama poderosamente una rotacion periodica entre los miembros del referido Departamento para asegurarla.

excepting by the respective Legislatures, or by some authority emanating from them for those particular cases only, which they may have expressly foreseen, to be exceptions to what is enacted by the Constitution; and all suspensions and obstruction to the execution thereof, which may take place without the consent of the Representatives of the people, shall be repelled as an infringement on their rights.

186. The Legislative Power shall in the mean time, act in all cases respecting which the Constitution may have been silent, and opportunely provide for the same; incorporating therein the additions or reforms, which it may have thought necessary to make in the Constitution.

187. The right of the people to participate in the Legislature, is the best security and the firmest foundation of a free government: in consequence whereof, it is necessary for the elections to be free and frequent, and that the citizens who may possess the qualifications of a moderate property, and who are besides desirous to promote the good of the community, should have the right of voting and electing the members of the legislature, at fixed periods, and not too long, as is enacted by the constitution.

188. A too long continuation in office on the part of the principal functionaries of the Executive Power, is dangerous to liberty; and this circumstance powerfully calls for a periodical rotation, between the members of the said department, in order to secure the same.

189. Los tres departamentos esenciales del Gobierno, á saber: el Legislativo, el Executivo, y el Judicial, es preciso que se conserven tan separados, é independientes el uno del otro, quanto lo exîja la naturaleza de un Gobierno libre, ó quanto es conveniente con la cadena de conexion que liga toda la fabrica de la Constitucion en un modo indisoluble de amistad, y union.

190. La emigracion de unas Provincias á otras, será enteramente libre.

191. Los Gobiernos se han constituido para la felicidad comun, para la proteccion y seguridad de los Pueblos que los componen, y no para el benéficio, honor, ó privado interes de algun hombre, de alguna familia, ó de alguna clase de hombres en particular, que solo son una parte de la comunidad. El mejor de todos los Gobiernos será el que fuére mas propio para producir la mayor suma de bien, y de felicidad, y estuviere mas à cubierto del peligro de una mala administracion; y quantas veces se reconociere que un Gobierno és incapaz de llenar estos objetos, ó que fuere contrario á ellos la mayoría de la nacion, tiene indubitablemente el derecho inagenable, é imprescriptible de abolirlo, cambiarlo, ó reformarlo, del modo que juzgue mas propio para procurar el bien público. Para obtener esta indispensable mayoría, sin daño de la justicia ni de la libertad general, la Constitucion presenta y ordena los medios mas razonables, justos, y regulares en el

271

189. The three essential departments of governments, viz. the legislative, executive and judicial, must necessarily be kept as distinct and independent of each other, as the nature of a free government requires, and as much as is consistent with the great chain of connexion, which binds together the whole fabric of the constitution, by an indissoluble tie of friendship and union.

190. The emigration from one province to another, shall be perfectly free.

191. Governments have been instituted for the common felicity, for the protection and security of the people forming the same, and not for the benefit, honour, or private interest of any one person, family, or of any one particular class of men, who only constitute part of the community. The best of all governments is that which is the most proper to produce the greatest proportion of good, and of happiness, and is less exposed to the danger of bad administration; therefore as many times as a government may be found incapable of answering these ends, or that the majority of the nation is opposed to the same, it has undoubtedly an unalienable and inprescriptible right of abolishing, changing, or reforming it in the manner which may be conceived most conducive to the public good. In order to obtain this indispensible majority without any injury to justice, and to general liberty, the constitution presents, and ordains the most reasonable, just, and regular means in the chapter of the revisal thereof, and.

capítulo de la revision, y las Provincias adoptaràn otros semejantes, ó equivalentes en sus respectivas Constituciones.

SECCION TERCERA.

Deberes del hombre en la sociedad.

192. La declaracion de los derechos contiene las obligaciones de los Legisladores; pero la conservacion de la sociedad pide que los que la componen, conozcan, y llenen igualmente las suyas.

193. Los derechos de los otros son el límite moral de los nuestros, y el principio de nuestros deberes relativamente à los demas individuos del Cuerpo social. Ellos reposan sobre dos principios que la naturaleza ha gravado en todos los corazones; á saber: *Haz siempre á los otros todo el bien que quisieras recibir de ellos. No hagas à otro, lo que no quisieras que se te hiciése.*

194. Son deberes de cada individuo para con la sociedad, vivir sometido à las leyes, obedecer, y respetar à los Magistrados y autoridades constituidas, que son sus órganos, mantener la libertad, y la igualdad de derechos; contribuir á los gastos públicos, y servir à la Patria quando ella lo exija, haciendole el sacrificio de sus bienes, y de su vida, si es necesario.

195. Ninguno es hombre de bien, ni buen ciudadano, si no observa las leyes fiel y religiosamente, si

the provinces will adopt other similar or equivalent ones, in their respective Constitutions.

SECTION III.

Duties of man in society.

192. The declaration of rights, contains the obligations of the Legislators, but the preservation of society demands, that those who constitute the same, equally know and fulfil theirs.

193. The rights of others, become the moral limits of ours, and the ground work of our duties relatively to the rest of the individuals forming the social body. They are founded on two principles, which nature has imprinted on the hearts of all, viz. 1st, *Do thou to others at all times, all the good thou wouldest wish to receive from them.* 2dly, *Do not thou to another, what thou wouldest not wish done to thee.*

194. It is the duty of every individual in society, to live in obedience to the laws, to obey and respect the magistrates and constituted authorites, who are his own organs; to maintain the liberty and the equality of rights; to contribute to the public expences, and to serve his country when requisite, making for the same the sacrifice of his property, and of his life, should it be necessary.

195. No one is a good man or a good citizen, who does not faithfully and religiously observe the

no es buen hijo, buen hermano, buen amigo, buen esposo, y buen padre de familia.

196. Qualquiera que traspasa las leyes abiertamente, ò que sin violarlas á las claras, las elude con astucia, ó con rodeos artificiosos y culpables, es enemigo de la sociedad, ofende los intereses de todos, y se hace indigno de la benevolencia y estimacion públicas.

Seccion quarta.

Deberes del Cuerpo social.

197. La Sociedad afianza á los individuos que la componen el goce de su vida, de su libertad, de sus propiedades, y demas derechos naturales; en esto consiste la garantia social que resulta de la accion reunida de los miembros del Cuerpo, y depositada en la Soberanía nacional.

198. Siendo instituidos los Gobiernos para el bien, y felicidad comun de los hombres, la Sociedad debe proporcionar auxilios á los indigentes, y desgraciados, y la instruccion à todos los Ciudadanos.

199. *Para precaver toda transgresion de los altos poderes que nos han sido confiados, declaramos: que todas y cada una de las cosas constituidas en la anterior declaracion de derechos, están exéntas y fuera del alcance del Poder general ordinario del Gobierno, y que conteniendo ó apoyandose sobre los indestructibles y sagrados principios de la naturaleza, toda ley contraria*

laws; and if he is not also a good son, a good brother, a good friend, a good husband, and a good father of his family.

196. Any person who openly breaks through the laws, or who without openly violating, eludes them by cunning and artful and culpable subterfuges, is an enemy to society, transgresses against the interests of all, and renders himself unworthy of the public benevolence and esteem.

SECTION IV.

Duties of the social Body.

197. Society secures to the individuals composing the same, the enjoyment of their lives, liberties, and properties, as well as all other natural rights; and in this consists the social guarantee resulting from the united concurrence of the members of the body, deposited in the national sovereignty.

198. Governments being instituted for the good and common felicity of all persons, society is bound to give aid to the indigent and unfortunate, as well as instruction to all needful citizens.

199. *In order to guard against every transgression that may arise from the high powers confided to us, we declare, that each and every one of the things constituted in the above declaration of rights, are exempt and beyond the reach of the general power invested in government, and being contained in, and founded on the indistructible and sacred principles of nature, every*

276

á ellas que se expida por la Legislatura federal, ó por las Provincias, será absolutamente nula y de ningun valor.

CAPITULO NONO

Disposiciones generales.

200. Como la parte de ciudadanos que hasta hoy se ha denominado *Indios*, no ha conseguido el fruto apreciable de algunas leyes que la monarquía Española dictó á su favor, porque los encargados del gobierno en estos paises tenian olvidada su execucion; y como las basas del sistema de gobierno que en esta Constitucion ha adoptado Venezuela, no son otras que la de la justicia y la igualdad, encarga muy particularmente á los Gobiernos provinciales, que así como han de aplicar sus fatigas y cuidados para conseguir la ilustracion de todos los habitantes del Estado, proporcionarles escuelas, academias, y colegios en donde aprendan todos los que quieran los principios de Religion, de la sana moral, de la política, de las ciencias, y artes útiles y necesarias para el sostenimiento y prosperidad de los pueblos, procuren por todos los medios posibles atraher á los referidos ciudadanos naturales á estas casas de ilustracion y enseñanza, hacerles comprehender la íntima union

277

law contrary to the same which may be enacted by the Federal Legislature, or by the provinces, shall be absolutely null and of no effect.

CHAP. IX.

General Dispositions.

200. As that class of citizens, hitherto denominated *Indians*, has not till now, reaped the advantage of certain laws which the Spanish Monarchy dictated in their favour, in consequence of the functionaries of the government having forgotten their execution, and as the basis of the system of goverment, which Venezuela has adopted in this Constitution, is no other than that of justice and equality, the provincial governments are hereby most particularly enjoined, that in like manner as they are to apply their cares and endeavours, in order to obtain the instruction of all the inhabitants of the State, to provide for them schools, academies, and colleges, where all may learn the principles of religion, of sound morality, of policy, of science, and of the useful and necessary arts, such as are conducive to the maintainance and prosperity of the people; that they in like manner endeavour by every possible means to draw to the same houses of tuition, the said citizen-

que tienen con todos los demas ciudadanos, las consideraciones que como aquellos merecen del Gobierno, y los derechos de que gozan por solo el hecho de ser hombres iguales à todos los de su especie, à fin de conseguir por este medio sacarlos del abatimiento y rusticidad en que los ha mantenido el antiguo estado de las cosas, y que no permanezcan por mas tiempo aislados, y aun temerosos de tratar á los demas hombres; prohibiendo desde ahora, que puedan aplicarse involuntariamente á prestar sus servicios á los Tenientes, ó Curas de sus parroquias, ni á otra persona alguna, y permitiendoles el reparto en propiedad de las tierras que les estaban concedidas y de que están en posesion, para que á proporcion entre los padres de familia de cada pueblo, las dividan y dispongan de ellas como verdaderos señores, segun los términos y reglamentos que formen los Gobiernos provinciales.

201. Se revocan por consiguiente, y quedan sin valor alguno las leyes que en el anterior gobierno concedieron ciertos tribunales, protéctores, y privilegios de menor edad á dichos naturales, las quales dirigiendose al parecer á protegerlos, les han perjudicado sobre manera, segun ha acreditado la experiencia.

natives, to cause them to comprehend the intimate union by which they are bound to the rest of the citizens, to teach them that they merit the same considerations from Government, to inculcate to them the rights which they enjoy, by the simple act of their being men equal to all others of the same kind; to the end, that by this means, they may be raised from the abject and ignorant state in which they have been kept by the ancient order of things, and that they may no longer remain isolated and fearful of dealing with other men; it being hereby prohibited for them henceforward to be employed against their own will, in the service of the curates of their parishes, or of any other person; they being also allowed to divide and lay out the grounds granted to them, and of which they hold possession; that the same may be proportionably parcelled out amongst the fathers of families of each town, for their own uses and purposes, and in conformity to the regulations which may be established by the provincial Governments.

201. Consequently, hereby are revoked, and rendered null and void, all the laws which under the former Government granted to the natives, certain tribunals, protectors, and the privilege of their always being considered as minors, which privileges, though apparently directed to protect, have nevertheless been extremely injurious to them, as experience has proved.

202. El comercio iniquo de negros prohibido por decreto de la Junta Suprema de Caracas, en 14 de Agosto de 1810, queda solemne y constitucionalmente abolido en todo el territorio de la union, sin que puedan de modo alguno introducirse esclavos de ninguna especie por via de especulacion mercantil.

203. Del mismo modo quedan revocadas y anuladas en todas sus partes, las leyes antiguas que imponian degradacion civil á una parte de la poblacion libre de Venezuela, conocida hasta ahora baxo la denominacion de *pardos*: estos quedan en posesion de su estimacion natural y civil, y restituidos á los imprescriptibles derechos que les corresponden como á los demas ciudadanos.

204. Quedan extinguidos todos los títulos concedidos por el anterior Gobierno, y ni el Congreso, ni las Legislaturas provinciales podrán conceder otro alguno de nobleza, honores, ò distinciones hereditarias, ni crear empleos, ú oficio alguno, cuyos sueldos ó emolumentos puedan durar mas tiempo que el de la buena conducta de los que los sirvan.

205 Qualquiera persona que exerza algun empleo de confianza ú honor, baxo la autoridad del Estado, no podrá aceptar regalo, título, ó emolumento de algun Rey, Principe, ó Estado extrangero, sin el consentimiento del Congreso.

206. El Presidente y miembros que fueren del Executivo: los Senadores, los Representantes, los militares y demas empleados civiles, ántes de entrar

281

202. The vile traffic of slaves, prohibited by decree of the Supreme Junta of Caracas, on the 14th of July 1810, is hereby solemnly and constitutionally abolished in the whole territory of the Union, without it being lawful in any manner to import slaves of any kind, for the purposes of mercantile speculation.

203. In the same manner are revoked and annulled, in every sense, the ancient laws which imposed a civil degradation on that part of the free population of Venezuela, hitherto known under the denomination of *persons of colour*; these shall all remain in the possession of their natural and civil rank and be restored to the imprescriptible rights belonging to them, in like manner as the rest of the citizens.

204. All titles granted by the former goverments are extinguished; and neither Congress, nor the Provincial Legislatures, shall grant any others, either of nobility, honours, or hereditary distinctions; nor create offices or places of any nature, whose salaries or emoluments, last longer than the good conduct of those who fill them.

205. Any person who may hold any office of confidence or honour, under the authority of the State, shall not be allowed to accept any present, title, or emolument, from any king, prince, or foreign power, without the consent of Congress.

206. The President and members of the Executive, Senators and Representatives, the military, and all civil functionaries, before they enter on the exer-

en el exercicio de sus funciones, deberán prestar juramento de fidelidad al Estado, de sostener y defender la Constitucion, de cumplir bien y fielmente los deberes de sus oficios, y de proteger y conservar pura é ilesa, en estos pueblos, la Religion católica, apostólica, romana, que ellos profesan.

207. El Poder Executivo prestará el juramento en manos del Presidente del Senado, à presencia de las dos Cámaras; y los Senadores y Representantes en manos del Presidente en turno del Executivo, y à presencia de los otros dos individuos que lo componen.

208. El Congreso determinará la fórmula del juramento, y ante que personas deban prestarlo los demas oficiales y empleados de la Confederacion.

209. El Pueblo de cada Provincia tendrá facultad para revocar la nominacion de sus Delegados en el Congreso, ó alguno de ellos en qualquiera tiempo del año, y para enviar otros en lugar de los primeros, por el que à estos faltare al tiempo de la revocacion.

210. El medio de inquirir y saber la voluntad general de los Pueblos, sobre estas revocaciones, será del resorte exclusivo y peculiar de las Legislaturas provinciales, segun lo que para ello establecieren sus respectivas Constituciones.

211. Se prohibe á todos los Ciudadanos asistir con armas á las Congregaciones parroquiales y electorales que prescribe la Constitucion, y à las reuniones pacificas de que habla el §. 182 y siguiente,

cise of their functions, shall take oaths of fidelity to the State, and swear to maintain and defend the Constitution, to fulfil well and faithfully the duties of their offices, and to protect and preserve pure and untouched in this country, the Catholic, Apostolic, and Roman religion, which they themselves profess.

207. The Executive Power shall have the oath administered by the President of the Senate, in presence of the two Houses; and the Senators and Representatives, by the President for the time being of the Executive, and in the presence of the other two individuals composing the same.

208. Congress shall determine the form of the oath, and by whom it is to be administered, to the other officers and funtionaries of the Confederation.

209. The inhabitants of each province, shall be allowed to revoke the nomination of their Delegates to Congress, or any one of them, at any time of the year, as well as to send there others, in place of the first, for the time left them to serve.

210. The means of ascertaining the general will of the people, respecting these revocations, shall be through the exclusive and peculiar channel of the provincial Legislatures, and in conformity to what may be established by their respective Constitutions.

211. It is prohibited for all citizens to assist at the parochial and electoral meetings, prescribed by the Constitution, with arms, as well as at the peaceable meetings mentioned in article 182, and the following

baxo la pena de perder por diez años el derecho de votar, y de concurrir à ellas.

212. Qualquiera que fuere legítimamente convencido de haber comprado, ó vendido sufragios en las referidas Congregaciones, ó de haber procurado la eleccion de algun individuo con amenazas, intrigas, artificios, u otro genero de seduccion, serà excluido de las mismas Asambleas, y del exercicio de toda funcion pública por espacio de veinte años; y en caso de reincidencia, la exclusion será perpetua, publicandose una y otra en el districto del Partido capitular, por una proclama de la Municipalidad que circulará en los papeles públicos.

213. Ni los sufragantes Parroquiales, ni los Electores capitulares recibirán recompensa alguna del Estado por concurrir à sus respectivas Congregaciones, y exercer en ellas lo que previene la Constitucion, aunque sea necesario á veces emplear algunos dias para concluir lo que ocurriére.

214. Los Ciudadanos solo podrán exercer sus derechos políticos en las Congregaciones parroquiales y electorales, y en los casos y formas prescriptas por la Constitucion.

215. Ningun individuo, ó asociacion particular podrá hacer peticiones à las autoridades constituidas en nombre del Pueblo, ni ménos abrogarse la calificacion de *Pueblo Soberano*; y el ciudadano, ó ciudadanos que contraviniéren à este paragrafo, hollando

one, under the penalty of losing for ten years, the right of voting, or assisting at the same.

212. Any person who may have been legally convicted, of having purchased or sold votes, in the said meetings, or of having obtained the election of any person, by means of threats, intrigue, artifices, or any kind of seduction, shall be excluded from the said meetings, and from the exercise of all public functions for the space of twenty years; and in case of the same occuring a second time, the exclusion shall be for ever; both being published throughout the chief district, by means of a proclamation of the municipality, which shall also circulate in the public papers.

213. Neither the parish voters, or the district electors, shall be allowed to receive any recompence from the state, for attending these meetings, in order to exercise therein what is prescribed by the Constitution; notwithstanding it may sometimes be necessary to expend some days to finish what may occur.

214. The citizens shall alone be allowed to exercise their political rights in the parish and district meetings, and in the cases and manner prescribed by the Constitution.

215. No individual, or any particular society, shall be allowed to lay petitions before the constituted authorities, in the name of the people; and much less to arrogate to themselves the title of *sovereign people*; and the citizen or citizens, who may transgress against this article, by disregarding the respect

el respeto y veneracion debidas à la representacion y voz del Pueblo, que solo se expresa por la voluntad general, ó por el organo de sus Representantes legìtimos en las Legislaturas, seràn perseguidos, presos, y juzgados con arreglo á las leyes.

216. Toda reunion de gente armada, baxo qualquiera pretexto que se forme, si no emana de ordenes de las autoridades constituidas, es un atentado contra la seguridad pública, y debe dispersarse inmediatamente por la fuerza; y toda reunion de gente sin armas que no tenga el mismo orígen legítimo, se disolverá primero por ordenes verbales; y siendo necesario, se destruirá por las armas en caso de resistencia, ó de tenaz obstinacion.

217. Al Presidente y miembros del Poder Executivo, Senadores, Representantes, y demas empleados por el Gobierno de la Confederacion, se abonarán sus respectivos sueldos del tesoro comun de la union

218. No se extraherá de él cantidad alguna de numerario en plata, oro, papel, ú otra forma equivalente, sino para los objetos, é inversiones ordenadas por la ley, y anualmente se publicará por el Congreso un estado, y cuenta regular de las entradas y gastos de los fondos públicos, para conocimiento de todos, luego que el Poder Executivo verifique lo dispuesto en el §. 102.

219. Nunca se impondrá capitacion, ú otro impuesto directo sobre las personas de los Ciudadanos,

and veneration due to the representation and voice of the people, which can only be expressed by the general will, or through the organ of their legitimate Representatives in the Legislatures, shall be prosecuted, taken into custody, and judged according to the laws.

216. All assemblage of armed persons under whatsoever pretext they may be collected, unless by the authority of the constituted authorities, is an offence against the public security, and is to be immediately dispersed by means of force; and all assemblage of persons unarmed, which has not the same legal origin, shall in the first instance be dissolved by verbal orders, and if necessary, it shall be dispersed by force of arms, in case of resistance, or great obstinacy.

217. The President and Members of the Executive Power, as well as the Senators, Representatives, and all other Functionaries of the Confederation, shall receive their respective salaries out of the treasury of the union.

218. No quantity of money in silver, gold, paper, or any other equivalent form, shall be taken out of the same, excepting for the purposes and payments ordained by law: and the Congress shall annually publish a statement, and regular account of the receipts and expenditure of the public monies, for the information of all, as soon as the Executive has carried into effect what is stipulated by article 102.

219. No capitation tax or any direct impost, shall be levied on the persons of the citizens, but in confor-

sino en razon del número de poblacion de cada Provincia, segun lo indicáren los censos que el Congreso dispondrá se executen cada cinco años, en toda la extension del Estado.

220. No se dará preferencia à los puertos de una Provincia sobre los de otra, por reglamento alguno de comercio, ó de rentas, ni se concederán privilegios, ó derechos exclusivos á compañias de comercio, ó corporaciones industriales, ni se impondrán otras limitaciones á la libertad del comercio, y al exercicio de la agricultura y de la industría, sino las que previene expresamente la Constitucion.

221. Toda Ley prohibitiva sobre estos objetos, quando las circunstancias la hagan necesaria, deberá estimarse por pura, y esencialmente provisional; y para tener efecto por mas de un año, se deberà renovar con formalidad al cabo de este periodo, repitiendose lo mismo sucesivamente.

222. Mientras el Congreso no determináre una formula permanente de naturalizacion para los extrangeros, adquirirán estos el derecho de Ciudadanos, y aptitud para votar, elegir, y tomar asiento en la representacion nacional, si habiendo declarado su intencion de establecerse en el pais ante una Municipalidad, hechose inscribir en el registro civil de ella, y renunciado al derecho de ciudadano en su patria, adquirieren un domicilio y residencia en el territorio

mity to the quantity of population contained in each province, and according to the census which Congress will ordain to be taken every five years, throughout the whole extent of the state.

220. No preference shall be given to the ports of one province over those of another, either by any regulations of trade or finance; nor shall privileges or exclusive rights be granted to trading companies, or societies of industry; nor shall any restrictions be laid on the freedom of trade, or on the pursuits of agriculture and industry, excepting what are expressly stipulated by the Constitution.

221. All prohibitive laws respecting similar matters, whenever circumstances may render the same necessary, shall be held as purely and essentially provisional; and in order that the same may have effect more than one year, it shall be requisite to renew them with all the necessary formalities, at the end of that period, and in like manner successively.

222. In the mean time that Congress has not established a permanent form of naturalization for foreigners, the same shall obtain the right of citizens, as well as the power of voting, electing, and taking a seat in the house of the national Representatives, if, having declared their intention to establish themselves in the country before a municipality, and caused their names to be inscribed on the civil registers thereof, and having also renounced their right of citizenship to their own country, they have acquired the domiciliary rights and residence

del Estado, por el tiempo de siete años, y llenáren las demas condiciones prescriptas en la Constitucion, para exercer las funciones referidas.

223. En todos los actos públicos se usará de la Era Colombiana, y para evitar toda confusion en los computos al comparar esta época con la vulgar Cristiana, casí generalmente usada en todos los pueblos cultos, comenzará aquella á contarse desde el dia primero de Enero, del año de N. S. mil ochocientos once, que será el primero de nuestra Independencia.

224. El Congreso suplirà con providencias oportunas, á todas las partes de esta Constitucion que no puedan ponerse én execucion inmediatamente, y de un modo general, para evitar los perjuicios é inconvenientes que de otra suerte pudiéran resultar al Estado.

225. El que hallandose en una Provincia violáre sus leyes, será juzgado con arreglo á ellas por sus Magistrados provinciales; pero si infringiése las de la Union, lo será conforme à estas por los funcionarios de la misma Confederacion; y para que no sea necesario que en todas partes haya Tribunales de la Confederacion, ni que sean extrahidos de sus vecindarios los individuos comprehendidos en estos casos, el Congreso determinará por ley, los Tribunales, y la forma con que estos darán comisiones

within the State, during the period of seven years, and have besides fulfilled the other conditions prescribed by the Constitution, in order to exercise the functions above stated.

223. In all public acts the Columbian Era shall be used, and in order to avoid all mistakes in calculations, in comparing this period with the common Christian Era, generally used by civilized countries, the former shall date from the first day of January of the year of our Lord, one thousand eight hundred and eleven, which shall be the first of our Independence.

224. Congress shall be authorized by means of timely regulations, to provide for all parts of this Constitution which cannot be immediately carried into execution, and in a general manner in order to avoid the injuries and inconveniences which might otherwise result to the State.

225. Any person who being in any province should violate the laws, shall be judged in conformity thereto, by its provincial magistrates; but if he should transgress against those of the union, he shall be judged in conformity to the same, by the functionaries of the confederation; and in order that it may not be necessary to have tribunals belonging to the confederation in every place, and that the persons comprehended in these cases may not be taken out of their places of residence, Congress shall determine by law the said tribunals, and the forms under which

para examinar y juzgar las ocurrencias en las mismas Provincias.

226. Nadie tendrá en la Confederacion de Venezuela otro título, ni tratamiento público que el de *ciudadano*, única denominacion de todos los hombres libres que componen la Nacion; pero á las Camaras representatiyas, al Poder Executivo, y á la Suprema Corte de Justicia se dará por todos los Ciudadanos, el mismo tratamiento con la adicion de *Honorable* para las primeras, *Respetable* para el segundo, y *Recto* para la tercera.

227. La presente Constitucion, las leyes que en conseqüencia se expidan para executarla, y todos los tratados que se concluyan baxo la autoridad del Gobierno de la Union, serán la ley suprema del Estado en toda la extension de la Confederacion, y las autoridades y habitantes de las Provincias, estarán obligados à obedecerlas, y observarlas religiosamente sin excusa, ni pretexto alguno; pero las leyes que se expediéren contra el tenor de ella, no tendrán ningun valor, sino quando hubiéren llenado las condiciones requeridas para una justa, y legítima revision, y sancion.

228. Entretanto que se verifica la composicion de un codigo civil y criminal, acordado por el Supremo Congreso en 8 de Marzo último, adaptable á la forma de Gobierno establecido en Venezuela, se declara en su fuerza y vigor, el codigo que hasta aqui

they shall issue commissions to examine and judge all cases in the respective provinces.

226. No person within the Confederation of Venezuela, shall enjoy any other title or address than that of *citizen*, the only denomination of all the free persons composing the nation; but the Houses of Representatives, the Executive Power, and the supreme Court of Justice, by all Citizens shall be addressed under the same names, with the addition of *Honourable* for the first, *Respectable* for the second, and *Upright* for the third.

227. The present Constitution, the laws that in confequence thereof may be enacted for its execution, as well as all the treaties which may be carried into effect under the government of the union, shall be held as the Supreme law of the State throughout the whole extent of the Confederation; and the authorites and inhabitants of the provinces, shall be bound to obey and religiously to observe the same, without fail or pretext; but the laws which may be enacted in opposition thereto, shall be considered as without effect, unless they have passed through the forms requisite for a just, and legal revisal and sanction.

228. In the mean time, and till the formation of a civil and criminal code is carried into effect, as decreed by the Supreme Congress on the 8th of March ult. adapted to the form of government established in Venezuela, it is hereby declared, that the code by

294

nos ha regido en todas las materias y puntos que, directa ó indirectamente, no se opongan á lo establecido en esta Constitucion.

Y por quanto el Supremo Legislador del Universo ha querido inspirar en nuestros corazones, la amistad y union mas sinceras entre nosotros mismos, y con los demas habitantes del Continente Colombiano, que quieran asociarsenos para defender nuestra Religion, nuestra Soberanía natural, y nuestra Independencia: por tanto nosotros, el referido Pueblo de Venezuela, habiendo ordenado con entera libertad la Constitucion precedente que contiene las reglas, principios, y objetos de nuestra Confederacion y alianza perpetua, tomandando à la misma Divinidad por testigo de la sinceridad de nuestras intenciones, é implorando su poderoso auxilio para gozar por siempre las bendiciones de la libertad, y de los imprescriptibles derechos que hemos merecido à su beneficencia generosa, nos obligamos, y comprometemos á observar, y cumplir inviolablemente todas y cada una de las cosas que en ella se comprehenden, desde que sea ratificada en la forma que en la misma se previene; protextando sin embargo alterar, y mudar en qualquier tiempo estas resoluciones, conforme á la mayoría de los Pueblos de Colombia que quieran reunirse en un Cuerpo nacional para la defensa y conservacion de su libertad, é Independencia política, modificandolas, corrigiendolas, y acomodandolas oportunamente y á pluralidad y de comun acuerdo entre nosotros mismos,

which we have hitherto been governed, shall retain its due and full force and vigour in all the points and matters which directly or indirectly may not be opposed to what is established by this Constitution.

And whereas the Supreme Legislator of the universe, has been pleased to inspire into our hearts, the most mutual and sincere friendship and union, as well amongst ourselves, as with the rest of the inhabitants of the Columbian Continent, who may wish to associate with us in order to defend our religion, our natural sovereignty, and our independence; therefore We, the said people of Venezuela, having freely ordained the preceding Constitution, containing the regulations, principles, and objects of our Confederation and perpetual alliance; and calling upon the same divinity to witness the sincerity of our intentions, and imploring his powerful aid to secure to us for ever, the blessings of liberty, and the imprescriptible rights we have, from his generous beneficense, obtained; do mutually bind ourselves and engage, to observe and inviolably to fulfil, all and each of the things therein contained, from the time the same is ratified in the manner stipulated therein; protesting nevertheless, to alter, and at any time to change these said resolutions, whenever, and in conformity to the majority of the people of Columbia, united in a national body for the defence and preservation of their liberty, and political independence, the same may be desired; modifying, correcting, and suiting the same opportunely according to a plurality, and

296

en todo lo que tubiére relaciones directas con los intereses generales de los referidos Pueblos, y fuére convenido por el órgano de sus legítimos Representantes reunidos en un Congreso general de la Colombia, ó de alguna parte considerable de ella, y sancionado por los comitentes; constituyendonos entretanto en esta union, todas y cada una de las Provincias que concurrieron á formarla, garantes las unas á las otras de la integridad de nuestros respectivos territorios y derechos esenciales, con nuestras vidas, nuestras fortunas y nuestro honor; y confiamos, y recomendamos la inviolabilidad y conservacion de esta Constitucion á la fidelidad de los Cuerpos Legislativos, de los Poderes Executivos, Jueces, y Empleados de la Union y de las Provincias, y á la vigilancia y virtudes de los padres de familia, madres, esposas, y ciudadanos del Estado.

Dada en el Palacio Federal de Caracas, à veintiuno de Diciembre del año del Señor mil ochocientos once, primero de nuestra Independencia.

    Juan Toro, *Presidente.*
    Isidoro Ant. Lopez Mendez.
    Juan José de Maya.
    Nicolas de Castro.
    Lino de Clemente.
    José Maria Ramirez
    Domingo de Alvarado.
    Manuel Placido Maneyro.

our own common consent, in every thing which may have a direct tendency to the general interests of the said people, and as agreed upon through the organ of their legal Representatives assembled in the general Congress of Columbia, or of any considerable part thereof, and sanctioned by its Constituents; constitutiug ourselves in the mean time, in this union, all and each one of the provinces concurring to form the same, guarantees each one to the other, of the integrity of our respective territories and essential rights, with our lives, our fortunes, and our honour; and we confide and recommend the inviolability and conservation of this Constitution to the fidelity of the Legislative bodies, of the Executive powers, judges and functionaries of the union, and of the provinces, as well as to the vigilance and virtues of all fathers of families, mothers, wives and citizens of the State.

Done in the Federal Palace of Caracas, this twenty-first day of December, in the year of our Lord one thousand eight hundred and eleven, and the first of our Independence.

>Juan Toro, President.
>Isidoro Antonio Lopez Mendez.
>Juan Jozé de Maya.
>Nicolas de Castro.
>Lino de Clemente.
>Jozé Maria Ramirez.
>Domingo de Alvarado.
>Manuel Placido Maneyro.

298

Mariano de la Cova.
Francisco Xavier de Maiz.
Antonio Nicolas Brizeño.
Francisco X. Yanes.
Manuel Palacio.
José de Sata y Bussy.
José Ignacio Brizeño.
José Gabriel de Alcalá.
Bartolome Blandin.
Francisco Policarpo Ortiz.
Martin Tovar.
Felipe Fermin Paul.
José Luis Cabrera.
Francisco Hernandez.
Francisco del Toro.
José Angel de Alamo.
Gabriel Perez de Pagola.
Francisco X. Ustariz.
Juan German Roscio.
Fernando Peñalver.

(L. S.)

Baxo los reparos que se expresan al pie de esta acta n.º 2, firmo esta Constitucion.

Francisco de Miranda, Vice-Presidente.

299

Mariano de la Cova.
Francisco Xavier de Maiz.
Antonio Nicolas Brizeño.
Francisco X. Yanes.
Manuel Palacio.
Jozé de Sata y Bussy.
Joze Ignacio Brizeño.
Jozé Gabriel de Alcalá.
Bartolomé Blandin.
Francisco Policarpo Ortiz.
Martin Tovar.
Felipe Fermin Paul.
Jozé Luis Cabrera.
Francisco Hernandez.
Francisco del Toro.
Jozé Angel de Alamo.
Gabriel Perez de Pagola.
Francisco X. Ustariz.
Juan German Roscio.
Fernando Peñalver.

(L. S.)

Under the objections stated at the end of this act, No. 2, I sign this Constitution.

Francisco de Miranda, Vice President.

300

Subscribo á todo, ménos al artículo 180, reiterando mi protesta hecha en 5 del corriente.

Juan Nepomuceno Quintana.

Subscribo á todo, ménos al artículo 180 que trata de abolir el fuero personal de los clerigos, sobre el que he protextado solemnemente, lo que se insertará á continuacion de esta Constitucion.

Manuel Vicente de Maya.

Subscribo en los mismos términos que el Sr. Maya, acompañandose la protexta que he entregado hoy.

Luis José Cazorla.

Subscribo á toda la Constitucion, ménos al capitulo del fuero.

Luis José de Rivas y Tovar.

Baxo mi protexta del acuerdo de diez y seis de los corrientes.

Salvador Delgado.

Subscribo á todo, excepto el desafuero.

José Vicente Unda.

301

I subscribe to the whole, with the exception of article 180; renewing my protest made on the 5th instant.

Juan Nepomuceno Quintana.

I subscribe to the whole, with the exception of article 180, which relates to the abolition of the personal immunity of the Clergy respecting which I have solemnly protested, which act is to be inserted at the end of this Constitution.

Manuel Vicente Maya.

I subscribe, under the same exceptions, as Señor Maya, and under the accompanying protest delivered this day.

Luis Jozé Cazorla.

I subscribe to the whole of the Constitution, with the exception of the article respecting immunities.

Luis Jozé de Rivas y Tovar.

Under my protest as made on the 16th instant.

Salvador Delgado.

I subscribe to the whole, with the exception of the article which annuls immunities.

Jozé Vicente Unda.

302

Subscribo la presente Constitucion, con exclusion del artículo 180, y con arreglo á la protexta que hice en 5 del corriente, y acompaña la Constitucion; y en los mismos términos que corre la de Don Juan Quitana.

Luis Ignacio Mendoza.

Subscribo á todo lo sancionado en esta Constitucion, á excepcion del capítulo que habla del fuero eclesiastico, segun las protextas que he hecho en las actas del dia 5 del presente.

Juan Antonio Diaz Argote.

Francisco Isnárdi, Secretario.

ALOCUCION.

Venezolanos: Antes de cumplirse los dos primeros años de vuestra libertad, vais á fixar el destino de la patria, pronunciando sobre la Constitucion que os presentan vuestros Representantes.

Ni las revoluciones del otro hemisferio, ni las convulsiones de los grandes imperios que lo dividen, ni los intereses opuestos de la política Europea, han venido á detener la marcha pacifica y moderada que emprendisteis el memorable 19 de Abril, de 1810.

I subscribe to the present Constitution, with the exception of article 180, and in conformity to my protest made on the 5th instant, annexed to this Constitution, and in similar terms to those of Señor Quintana.

Luis Ignacio Mendoza.

I subscribe to the whole of what is sanctioned in this Constitution, excepting the article which treats of the ecclesiastical immunity, and in conformity to the protest made on the 5th instant.

Juan Antonio Diaz Argote.
Francisco Isnardi, Secretary.

ADDRESS.

Inhabitants of Venezuela! Two years have not evolved since you became free, and you are already about to fix the destiny of your country, by sanctioning the Constitution which your Representatives lay before you.

Neither the revolutions of the other hemisphere, nor the convulsions of the great empires into which it is divided, nor the clashing interests of European policy, have obstructed the pacific and temperate career on which you entered, on the memorable 19th of April 1810.

El interes general de la América, puesto en accion por vuestro glorioso exemplo, el patriotismo guiado por la filantropía, y la libertad ayudada de la justicia, han sido los agentes que han dirigido vuestra conducta para dar al mundo el primer exemplo de un pueblo libre, sin los horrores de la anarquía, ni los crímenes de las pasiones revolucionarias.

Eterno será en los fastos de la América, el corto periodo en que habeis hecho lo que ha costado à todas las naciones épocas funestas de sangre y desolacion; y si la consternada Europa no tuviese que admirar nada en vuestra Constitucion, confesará, al ménos, que son dignos de ella los que han sabido conseguirla sin devorarse, y sabrán sancionarla con la dignidad de hombres libres.

Llegó el momento, Venezolanos, en que tengais un gobierno, que en la exatitud de sus elementos contenga la garantía de su duracion, y asegure con ella, vuestra union y felicidad.

Tal fué el deber que impusisteis á vuestros mandatarios el 2 de Marzo: à vosotros toca juzgar si lo han cumplido; y á ellos el aseguraros que sus fervorosos deseos, su infatigable constancia, y su buena fé, es lo único que puede hacerles esperar la aprobacion de unas tareas, emprendidas y consumadas solo para vuestro bien.

305

The general interest of America, roused and brought into action by your glorious example; patriotism guided by philanthropy, and liberty aided by justice, have been the agents which have directed your conduct, and enabled you to exhibit to the world, the first example of a nation, rendered free without the horrors of anarchy, or the crimes of revolutionary passions.

Eternal in the annals of America, shall be that short period, in which you have accomplished what has cost all other nations fatal ages of blood and desolation; and if astonished Europe should find nothing to admire in your Constitution, she will at least acknowledge, that those are worthy of being her own citizens, who have known how to obtain it without self-destruction, and are ready to sanction it with the dignity of freemen.

The period is at length arrived, Inhabitants of Venezuela, when you are possessed of a government, which, in the exact combination of its elements, contains the guarantee of its duration, and with it ensures your union and felicity.

Such was the duty you imposed on your constituted Representatives, on the 2d of March; to you it now belongs to judge whether they have fulfilled it, and to them it only remains to assure you, that their warmest wishes, their indefatigable constancy, and their good faith, are the only titles by which they hope to see approved, so weighty a task, undertaken and completed solely for your good.

x

306

Patriotas del 19 de Abril, que habeis permanecido incontrastables en los reveses de la fortuna, é inaccesibles á los choques de las facciones. Guerreros generosos, que habeis derramado vuestra sangre por la patria: ciudadanos que amais el órden y la tranquilidad, aceptad como prenda de tantos bienes, el gobierno que os ofrecen vuestros Representantes

El solo puede señalandoos vuestros derechos y vuestros deberes, proporcionaros la garantía social, y con ella la libertad, la paz, la abundancia, y la felicidad.

Independencia política, y felicidad social, fueron vuestros votos el 5 de Julio de 1811: independencia política y felicidad social, han sido los principios que han dirigido desde entonces á los que para llenar el destino á que los elevò vuestra confianza, han sacrificado su existencia á tan ardua como importante empresa.

Venezolanos: ciudadanos todos, union y confianza es lo único que os pedimos en recompensa de los desvelos y sacrificios que nos ha merecido vuestra suerte: reunios todos en una sola familia por los intereses de una patria, y caiga un velo impenetrable sobre todo lo que sea anterior á la época augusta que vais à establecer.

Siglos enteros de gloria han pasado para la América, desde que resolvisteis ser libres, hasta que conseguisteis serlo por medio de la Constitucion, sin la qual aun no habiais expresado solemnemente al

307

Patriots of the 19th April, ye who have remained firm under adversity, and invulnerable to the assaults of factions! Generous warriors, who have spilt your blood for your country, and ye citizens, who love order and tranquility, accept, as the pledge of your future good, the government which your Representatives now offer you.

It alone, by pointing out to you your rights and duties, can obtain for you social security, and with it, liberty, peace, abundance, and felicity.

Political independence and social felicity, were what you aspired to on the 5th of July 1811; political independence and social felicity, have been the principles, which, from that period, have directed those, who, in order to fulfil the object to which your cofidence raised them, have sacrificed their own existence, to so arduous and important an undertaking.

Inhabitants of Venezuela, citizens all, union and confidence is alone what we ask of you, in return for the labour and sacrifices we have expended in your behalf; unite all in one great family for the good of your country, and let the veil of oblivion be thrown over every thing, anterior to the august era, on which you are about to enter.

Memorable in the annals of America will be that period, which intervened from the time you resolved to be free, till you became so, by virtue of the present Constitution; without which you could not have solemnly declared your intention to the world,

mundo vuestra voluntad, ni el modo de llevarla á efecto.

El término de la revolucion se acerca: apresuraos á llegar á él por medio de la Constitucion que os ofrecemos, si quereis sumir en la nada los proyectos de nuestros enemigos, y apartar para siempre de nosotros, los males que ellos nos han causado.

Pueblo soberano, oye la voz de tus mandatarios, el proyecto del contrato social que ellos te ofrecen, fué sugerido solo por el deseo de tu felicidad: tú solo debes sancionarlo: colòcate ántes entre lo pasado y lo futuro: consulta tu interes y tu gloria, y la patria quedará salvada.

Palacio Federal de Venezuela, veintitres de Diciembre de mil ochocientos once, primero de la Independencia.

Juan Toro, Presidente.
Francisco Isnardi, Secretario.

309

nor the means by which they were to be accomplished.

The end of the revolution is now at hand; hasten to reach it by means of the Constitution we offer you, if you are desirous of frustrating the projects of your enemies, and of for ever removing from you, the ills which they have hitherto heaped upon us.

Sovereign People! listen to the voice of your Representatives; the social contract they now offer you, was only dictated by a regard for your welfare; to you alone it belongs to sanction it; reflect well on what is gone by, and what is yet to come; consult your own interest, and your own glory, and our country is safe.

Federal Palace of Venezuela, this 23d day of December, 1811, and first of our Independence.

Juan Toro, **President.**
Francisco Isnardy, **Secretary.**

Printed by W. Glindon, Rupert-Street, Haymarket.

ÍNDICE GENERAL

NOTA DEL AUTOR / *AUTHOR'S NOTE*
Por / by **Allan R. Brewer-Carías** i

A MANERA DE PRÓLOGO / *AS A PREFACE*
El PENSAMIENTO CONSTITUCIONAL DE JUAN GERMÁN ROSCIO Y FRANCISCO JAVIER YANES / *CONSTITUTIONAL THINKING OF JUAN GERMÁN ROSCIO AND FRANCISCO JAVIER YANES*
Por / by **José Ignacio Hernández G.** 1

INTRODUCCIÓN 2

INTRODUCTION 3

I. BREVE APROXIMACIÓN A LAS OBRAS DE ROSCIO Y YANES 14

　I. BRIEF PROXIMITY OF THE WORKS OF ROSCIO AND YANES 15

II. LA SOBERANÍA POPULAR Y EL CARÁCTER LIMITADO DEL PODER PÚBLICO. LA IDEA DE LA SUPREMACÍA CONSTITUCIONAL 22

　II. POPULAR SOVEREIGNTY AND THE LIMITED NATURE OF THE PUBLIC POWER. THE IDEA OF CONSTITUTIONAL SUPREMACY 23

III. LA LEY, EXPRESIÓN DE LA VOLUNTAD GENERAL 26

　III. THE LAW, EXPRESSION OF GENERAL WILL 27

IV. LA OBEDIENCIA A LA LEY: UNA OBEDIENCIA RACIONAL 28

　IV. THE OBEDIENCE TO THE LAW: A RATIONAL OBEDIENCE 29

V. LA LIBERTAD Y LA LEY. LA PROPIEDAD, IGUALDAD Y SEGURIDAD EN LA OBRA DE YANES.................................. 30

V. FREEDOM AND THE LAW. THE PROPERTY, EQUALITY AND SECURITY IN THE WORK OF YANES.............. 31

VI. EL CARÁCTER LIMITADO DEL GOBIERNO Y EL CONCEPTO DE TIRANÍA 36

VI. THE LIMITED NATURE OF THE GOVERNMENT AND THE CONCEPT OF TYRANNY 37

VII. EL GOBIERNO AL SERVICIO DE LOS CIUDADANOS 38

VII. THE GOVERNMENT AT THE SERVICE OF CITIZENS..... 39

VIII. LA SEPARACIÓN DE PODERES.. 42

VIII. THE SEPARATION OF POWERS 43

IX. EL RÉGIMEN FEDERAL EN LA OBRA DE YANES Y EL SISTEMA AMERICANO 44

IX. THE FEDERAL REGIME IN THE WORK OF YANES AND THE AMERICAN SYSTEM 45

X. LA INTERPRETACIÓN DE LOS DOCUMENTOS HISTÓRICOS RECOPILADOS A TRAVÉS DEL PENSAMIENTO DE ROSCIO Y DE YANES 48

X. THE INTERPRETATION OF THE HISTORICAL DOCUMENTS GATHERED THROUGH THE THOUGHT OF ROSCIO AND YANES 49

XI. A MODO DE RECAPITULACIÓN. LA REPÚBLICA LIBERAL EN ROSCIO Y YANES 52

XI. BY MEANS OF RECAP: THE LIBERAL REPUBLIC IN ROSCIO AND YANES 53

INTRODUCCIÓN GENERAL / *GENERAL INTRODUCTION*

SOBRE EL SIGNIFICADO Y LA IMPORTANCIA DEL LIBRO: DOCUMENTOS OFICIALES INTERESANTES RELATIVOS A LAS PROVINCIAS UNIDAS DE VENEZUELA, PUBLICADO EN LONDRES EN 1812 / *ON THE MEANING AND IMPORTANCE OF THE BOOK: INTERESTING OFFICIAL DOCUMENTS RELATING TO THE UNITED PROVINCES OF VENEZUELA, PUBLISHED IN LONDON IN 1812*

Por/ by Allan R. Brewer-Carías... 59

I. LOS ANTECEDENTES DEL PROCESO DE INDEPENDENCIA DE VENEZUELA DE 1811: LA CRISIS POLÍTICA DE ESPAÑA DESDE 1808 70

    I. THE BACKGROUND OF THE 1811 INDEPENDENCE PROCESS OF VENEZUELA: THE POLITICAL CRISIS OF SPAIN SINCE 1808 71

II. LA DEPOSICIÓN DE LAS AUTORIDADES COLONIALES, LA INDEPENDENCIA Y EL PROCESO CONSTITUYENTE ENTRE 1810 Y 1811 96

    II. THE DEPOSITION OF THE COLONIAL AUTHORITIES, THE INDEPENDENCE AND THE CONSTITUTION MAKING PROCESS IN 1810 AND 1811 97

III. LA REACCIÓN DE LAS AUTORIDADES ESPAÑOLAS CONTRA LAS PROVINCIAS DE VENEZUELA: EL BLOQUEO Y LA INVASIÓN MILITAR PARA "PACIFICAR" LAS PROVINCIAS 154

    III. THE REACTION OF THE SPANISH AUTHORITIES AGAINST THE PROVINCES OF VENEZUELA: THE BLOCKADE AND THE MILITARY INVASION TO "PACIFY" THE PROVINCES 155

IV. LOS REDACTORES DE LOS DOCUMENTOS OFICIALES INTERESANTES DE LA INDEPENDENCIA DE VENEZUELA, SU ENCARCELAMIENTO A LA CAÍDA DE LA REPÚBLICA, Y EL CONSIGUIENTE DESPRECIO POR LA CONSTITUCIÓN 194

    IV. THE DRAFTERS OF THE INTERESTING OFFICIAL DOCUMENTS OF THE VENEZUELAN INDEPENDENCE, THEIR IMPRISONMENT AT THE FALL OF THE REPUBLIC, AND THE SUBSEQUENT COMPETENT OF THE CONSTITUTION 195

V. LA PUBLICACIÓN DEL LIBRO DOCUMENTOS OFICIALES INTERESANTES EN LONDRES, EN 1812, COMO TESTIMONIO ESCRITO DEL PROCESO DE INDEPENDENCIA, Y EL PAPEL DESEMPEÑADO EN EL PROYECTO POR FRANCISCO DE MIRANDA 214

    V. THE PUBLICATION OF THE BOOK INTERESTING OFFICIAL DOCUMENTS IN LONDON IN 1812 AS THE WRITTEN TESTIMONY OF THE INDEPENDENCE PROCESS, AND THE ROLE PLAYED IN THE PROJECT BY FRANCISCO DE MIRANDA 215

VI. LOS DOCUMENTOS OFICIALES INTERESANTES RELACIONADOS CON LA INDEPENDENCIA DE VENEZUELA, SU INSPIRACIÓN EN LAS IDEAS DE LA REVOLUCIÓN FRANCESA Y AMERICANA, Y EL PAPEL DESEMPEÑADO POR UN TAL "WILLIAM BURKE".................................. 232

VI. THE INTERESTING OFFICIAL DOCUMENTS RELATED TO THE VENEZUELAN INDEPENDENCE, THEIR INSPIRATION ON THE IDEAS OF THE FRENCH AND AMERICAN REVOLUTION, AND THE ROLE PLAYED BY A CERTAIN "WILLIAM BURKE"................................ 233

VII. FRANCISCO DE MIRANDA, LA SEDE LONDINENSE DE LOS ESFUERZOS POR LA INDEPENDENCIA DE SURAMÉRICA Y SUS ÚLTIMOS INTENTOS DE LOGRARLA..... 276

VII. FRANCISCO DE MIRANDA, THE LONDON HEADQUARTERS FOR THE INDEPENDENCE OF SOUTH AMERICA EFFORTS AND HIS LAST INTENTS TO ACHIEVE IT 277

DOCUMENTOS OFICIALES INTERESANTES RELATIVOS A LAS PROVINCIAS UNIDAS DE VENEZUELA / *INTERESTING OFFICIAL DOCUMENTS RELATING TO THE UNITED PROVINCES OF VENEZUELA*, London 1812................ 301

OBSERVACIONES PRELIMINARES.. 306
    PRELIMINARY REMARKS 307
ACTA.. 330
    ACT OF INDEPENDENCE... 331
ARTICULOS 352
    ARTICLES 353
MANIFIESTO 358
    MANIFIEST 359
CONSTITUCIÓN FEDERAL.. 478
    FEDERAL CONSTITUTION... 479
PRELIMINAR: Bases del Pacto Federativo que ha de constituir la Autoridad general de la Confederación.. 480
    PRELIMINARY: Bases of the Federate Compact, which is to constitute the general authority of the Confederation.. 481
CAPÍTULO PRIMERO: De la Religión 484
    CHAPTER I: Of Religion 485
CAPITULO SEGUNDO: DEL PODER LEGISLATIVO 486

CHAPTER II: OF THE LEGISLATIVE POWER 487
 Sección Primera: División, límites, y funciones de este Poder 486
  Section I: Divisions, Limits, and Functions of this Power 487
 Sección Segunda: Elección de la Cámara de Representantes 492
  Section II: Election of the House of Representatives 493
 Sección Tercera: Elección de los Senadores 512
  Section III: Election of Senators 513
 Sección Quarta: Funciones y facultades del Senado 514
  Section IV: Functions and faculties of the Senate 515
 Sección Quinta: Funciones económicas, y prerrogativas comunes a ambas Cámaras 518
  Section V: Economical and prerogative functions common to both House 519
 Sección Sexta: Tiempo, lugar, y duración de las sesiones Legislativas de ambas Cámaras 524
  Section VI: Time, Place, and Duration of the Legislative Sessions of both House 525
 Sección Séptima: Atribuciones especiales del Poder Legislativo ... 526
  Section VII: Special Attributes of the Legislative Power 527
CAPITULO TERCERO: DEL PODER EXECUTIVO 534
CHAPTER II: OF THE EXECUTIVE POWER 535
 Sección Primera: De su naturaleza, qualidades, y duración 534
  Section I: Of its Nature, Qualities, and Duration 535
 Sección Segunda: Elección del Poder Executivo 536
  Section II: Election of the Executive Power 537
 Sección Tercera: Atribuciones del Poder Executivo 540
  Section III: Attributes of the Executive Power 541
 Sección Quarta: Derechos del Poder Executivo 548
  Section IV: Duties of the Executive Power 549
 Sección Quinta: Disposiciones generales al Poder Executive 552
  Section V: General dispositions relative to the Executive Power 553
CAPITULO CUARTO: DEL PODER JUDICIAL 554
CHAPTER IV: OF THE JUDICIAL POWER 555
 Sección Primera: Naturaleza, elección, y duración de este Poder 554
  Section I: Nature, Election, and Duration of this Power 555
 Sección Segunda: Atribuciones del Poder Judicial 556
  Section II: Attributes of the Judicial Power 557

CAPITULO QUINTO 560
    CHAPTER V 560
    Sección Primera: De las Provincias, Límites de la autoridad de cada una 560
        Section I: Of the Provinces, Limits of the Authority of each 561
    Sección Segunda: Correspondencia recíproca entre sí 562
        Section II: Reciprocal Correspondence between each 563
    Sección Tercera: Aumento sucesivo de la Confederación 564
        Section III: Successive increase of the Confederation 565
    Sección Quarta: Mutua garantía de las Provincias entre sí 568
        Section IV: Mutual guarantee of the provinces to each other 569

CAPITULO SEXTO: REVISIÓN, Y REFORMA DE LA CONSTITUCIÓN 570
    CHAPTER VI: REVISAL AND REFORM OF THE CONSTITUTION 571

CAPITULO SÉPTIMO: SANCIÓN O RATIFICACIÓN DE LA CONSTITUCIÓN 572
    CHAPTER VII: SANCTION OR RATIFICATION OF THE CONSTITUTION 573

CAPITULO OCTAVO: DERECHOS DEL HOMBRE QUE SE RECONOCERÁN Y RESPETARÁN EN TODA LA EXTENSIÓN DEL ESTADO 574
    CHAPTER VIII: RIGHTS OF MAN, WICH ARE TO BE ACKNOWLEDGED AND RESPECTED THROUGHOUT THE WHOLE EXTENT OF THE STATE 575
    Sección Primera: Soberanía del Pueblo 574
        Section I: Sovereignty of the People 575
    Sección Segunda: Derechos del hombre en sociedad 578
        Section II: Rights of Man in Society 579
    Sección Tercera: Deberes del hombre en la sociedad 600
        Section III: Duties of man in society 601
    Sección Quarta: Deberes del Cuerpo social 602
        Section IV: Duties of the social Body 603

CAPITULO NONO: DISPOSICIONES GENERALES 604
    CHAPTER IX: GENERAL DISPOSITIONS 605

www.ingramcontent.com/pod-product-compliance
Lightning Source LLC
Chambersburg PA
CBHW021712300426
44114CB00009B/113